알찬 예제로
배우는
series

엑셀+파워포인트
2016

곽소아 지음

EXCEL
POWERPOINT

Kyohaksa

알찬 예제로 배우는

Excel 2016 + Powerpoint 2016

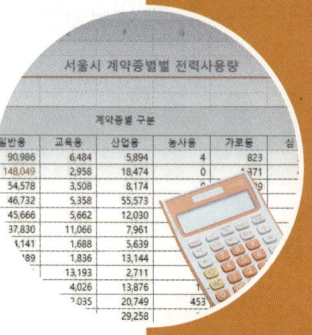

머리말

오늘날 우리는 수 많은 정보들을 수집하고, 만들고, 때로는 공유하기도 한다.

여기서 '정보'란, '데이터를 의미있는 자료로 만든 것'을 의미하는 것으로, 현대인들이 경험하는 '정보의 양과 질'은 삶의 질을 좌우하는 중요한 요소가 되었다.

'목적에 맞게 데이터를 수집·가공·분석하여 좋은 정보를 창출하는 능력', 그리고 '타인에게 정보를 효과적으로 전달하거나 공유하는 능력'은 업무, 학습 및 일상생활에서까지 요구되고 있다. 심지어는 남녀노소 모두에게 필요한 능력으로 자리매김하고 있으며, 향후 생성되는 데이터 양과 비례하여 그 중요성이 더욱 커질 것으로 예상된다.

이러한 맥락에서 「Excel 2016」, 「PowerPoint 2016」은 현대인들에게 필요한 최적의 프로그램이라 할 수 있다.

두 프로그램 모두 2016 버전에서는 데이터를 더욱 다양한 방법으로 분석하고 시각화할 수 있게 되었으며, 기본으로 제공되는 기능 외에도 사용자가 원하는 기능을 직접 만들거나(매크로) 구입(Store)하여 사용할 수 있도록 관련 기능이 개선되었다. 또한, 여러 사용자들이 함께 자료를 공유하고 협업하는 기능이 추가되었으며, 누구나 쉽게 전문가 수준의 자료를 만들고 관리할 수 있도록 다양한 기능들이 보완되었다.

본 도서는 Excel 2016과 PowerPoint 2016의 핵심 기능들을 '더욱 쉽게, 효과적으로 다룰 수 있도록' 하는데 중점을 두었다. 그리고 다양한 주제의 실습예제를 제시하여, 독자들로 하여금 다양한 목적에 맞게 관련 기능을 활용할 수 있도록 하였다.

본 도서를 통해, 많은 이들이 좋은 정보를 만들고, 소비하고, 공유하게 되길 바란다.

원고를 무사히 마칠 수 있도록 힘이 되어준 가족과 교학사에 감사의 마음을 전하며...

2017년 7월 저자 곽소아

이 책의 포지션

엑셀과 파워포인트를 알고 싶고 다양한 그래픽 노하우가 필요하다면 알찬 예제로 배우는 엑셀 2016 + 파워포인트 2016이 정답입니다.

Version _ Excel 2016,
Version _ Powerpoint 2016

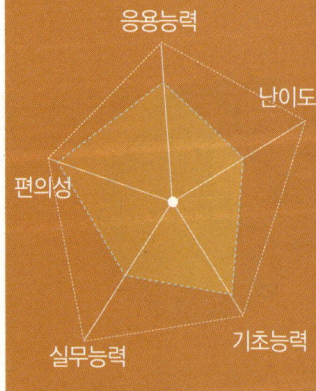

Series Point

알찬 예제로 배우는 시리즈만의 7대 특징

실습과 실전 문제 중심으로 구성

하나의 실습을 진행하는데 있어 먼저 소스와 완성 샘플을 보여주고, 전체적인
제작 포인트를 제시하여 예제에 접근하는데 필요한 기본 골격을 확실히
심어준 상태에서 따라해 볼 수 있어 빠른 이해 및 다양한 응용이 가능합니다.

반복 학습에 따른 실력 향상 극대화

하나의 섹션이 시작될 때마다 전체적인 개요를 잡아주고 실습에
들어감과   동시에, 해당 섹션의 마지막에 내용을 한 번 더 총정리 해주어
반복 학습에 따른 능률의 극대화를 꾀했습니다.

예제의 양과 질적인 면에서 알차게 구성

일상생활이나 업무에 조금만 응용하면 사용할 수 있는 예제들만을
엄선하여 단계별 난이도 조정에 따라 배열해 놓아, 기초부터 차근차근
실력을 향상시킬 수 있습니다.

베테랑 강사들의 알찬 노하우를 제공

실습 중간중간에 필자들이 현장에서 강의하면서 교안에 빽빽하게
써놓았던 자기만의 노하우 및 학생들의 집중적인 질문을 받았던 핵심 사항을
[강의노트]라는 제목하에 달아 놓아 저자의 노하우를 고스란히   자신의 재산
으로 만들 수 있습니다.

강의 교재로 최적화한 구성

일선에서의 교육에 맞도록 최대한 실습 위주로 만들었고, 기능에 대한 설명은
한눈에 볼 수 있게끔 일목요연하게 정돈시켜 놓았습니다.

교재 자료 온라인 다운로드 제공

본 교재에 사용된 예제 파일 및 완성 파일은 (주)교학사 홈페이지(www.
kyohak.co.kr) [IT/기술/수험서]-[도서 자료]의 자료실에 등록되어 있습니다.
교육시 필요한 자료들은 언제든지 이곳에서 다운로드하면 됩니다.

스스로 마스터할 수 있는 능력을 배양

매 단원 직접 해보기 및 실전 문제를 통해 다양한 응용력을 키우고,
의문사항은 교학사 도서문의를 통해 언제든지 문의 및 해결하여 자신을 한
단계 업그레이드시킬 수 있습니다.

알찬 예제로 배우는 시리즈의 예제 및 결과 파일은 교학사 홈페이지 (www.kyohak.co.kr)에서 다운 받을 수 있습니다.

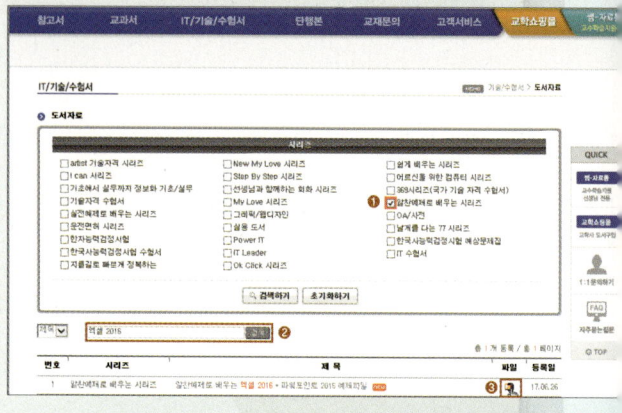

1. 인터넷 브라우저를 실행한 후 교학사 홈페이지(www.kyohak.co.kr)에 접속합니다. 상단 메뉴에서 [IT/기술/수험서]–[도서자료]를 클릭합니다.
2. [알찬예제로 배우는 시리즈]를 선택한 후 검색 창에 "엑셀 2016"을 입력한 후 [검색] 버튼을 클릭합니다.
3. 검색된 도서의 압축 아이콘을 클릭하여 다운로드합니다.
4. 다운로드가 완료되면 압축을 풀어 사용합니다.

알찬 예제로 배우는
Excel 2016 + Powerpoint 2016
01.

일러두기

본문은 예제 중심으로 구성되어 있습니다. 따라서 모든 예제들을 따라하기 전에 꼭 '소스 미리보기'를 먼저 보십시오.
소스 미리보기에서는 어떤 파일을 가지고 어떤 결과를 만들어 내는지 한눈에 확인할 수 있습니다. 뿐만 아니라 그 예제를 만들어 가는데 꼭 필요한 '제작 포인트'가 서술되어 있어 쉽게 섹션의 핵심 기능을 알고 시작할 수 있습니다.

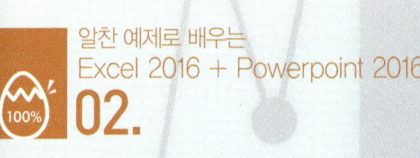
이 책의 구성

dolor sit amet

consectetur adipiscing elit
Maecenas varius odio a male-
suada dapibus.

Pellentesque ac
hendrerit diam,
ac congue dui.

섹션 설명

섹션에서 다룰 내용에 대한 전체적인 개념을 설명합니다.
본문에 대한 이해도를 높이기 위한 코너이므로 필독해 주세요.

직접 해보기

실제로 만들어 가는 과정을 따라하기 식으로 설명하여
누구나 쉽게 예제를 만들어 나갈 수 있고 알찬 기능을 익힐
수 있도록 구성하였습니다.

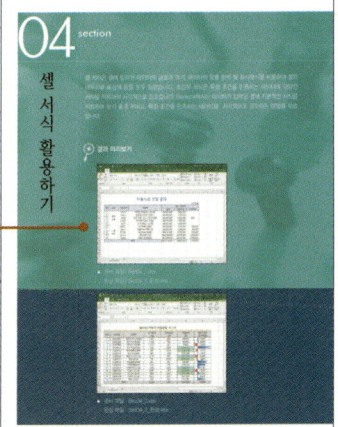

소스 미리보기

본문에서 배울 예제의
준비 파일과 완성
파일을 미리 보여주어,
전체적인 흐름을 잡을
수 있도록 하였습니다.

강의노트

알아두면 도움이 되는
내용, 막히는 부분을
더 쉽게 이해할 수
있도록 설명해 줍니다.

보충수업

해당 섹션에서 설명한
부분 이외에 좀더
고급적인 기능이나
알아두면 큰 도움이 될
부분을 기술하고
있습니다.

정리 한마당

해당 섹션에서 설명한
내용들을 간단하게
정리하고 있습니다.

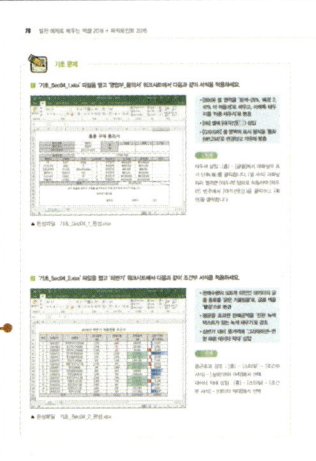

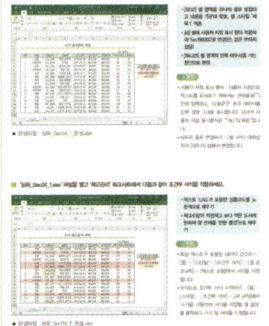

기초 문제

본문에서 배운 내용을
바탕으로 기초적인
문제를 혼자서 풀어볼
수 있도록 하였습니다.

심화 문제

앞에서 배운 내용을
응용하여 혼자서 실습
해 볼 수 있도록 실습
예제를 수록하였습니
다. 준비 파일과
완성 파일을 보여주고
실습에 필요한 간단한
힌트도 제공합니다.

LOREM
IPSUM 01

A   B   C

알찬 예제로 배우는
Excel 2016 + Powerpoint 2016
03.

Contents

알찬 예제로 배우는
Excel 2016 + Powerpoint 2016
03.

Contents

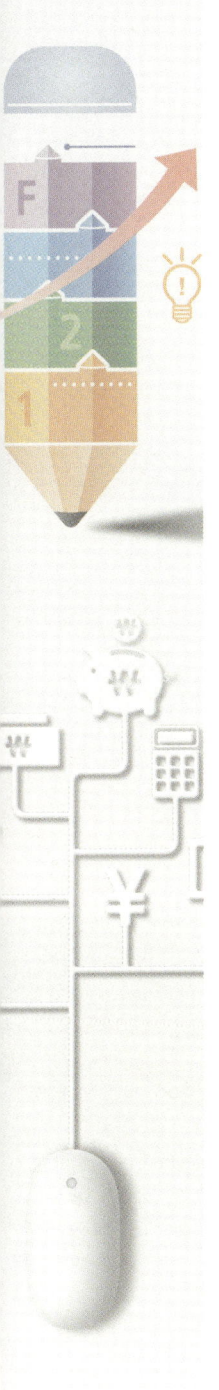

Excel

p.a.r.t 01

01 section

Excel 2016 시작하기

엑셀(Excel) 프로그램은 데이터를 효과적으로 관리하고 분석하기 위해 사용하는 소프트웨어입니다. 간단한 가계부부터 회계분석, 고객 관리 및 비즈니스 결정을 위한 문서까지 작성할 수 있습니다. 특히 다양한 함수식과 차트를 활용하면 전문가 수준의 문서를 만들 수 있습니다. Section01에서는 엑셀 2016의 새 기능 및 주요 기능을 살펴보고 새 통합 문서를 만들어 봅니다. 그리고 통합 문서를 저장하는 방법, 암호로 문서를 보호하는 방법, 문서를 보기 좋게 인쇄하는 방법들을 학습합니다.

결과 미리보기

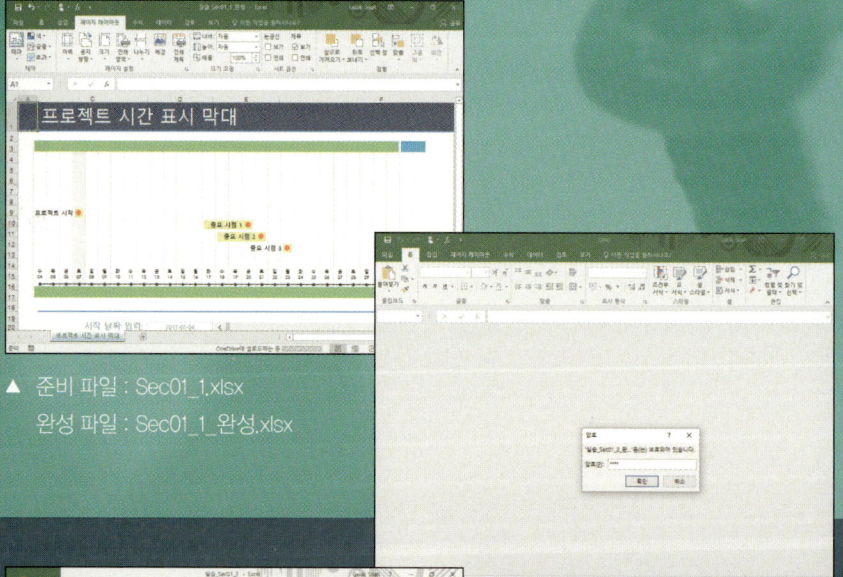

▲ 준비 파일 : Sec01_1.xlsx
　 완성 파일 : Sec01_1_완성.xlsx

▲ 준비 파일 : Sec01_2.xlsx
　 완성 파일 : Sec01_2_완성.xlsx

▲ 준비 파일 : Sec01_3.xlsx
　 완성 파일 : Sec01_3_완성.xlsx

Excel 1 | **엑셀 2016 시작하기**

엑셀 2016에서는 빠르고 쉬운 도움말 검색, 분석기능의 강화, 공동 작업을 통한 협업 등이 향상되었습니다. 엑셀 2016을 실행하면 최근에 열었던 통합 문서를 목록으로 확인할 수 있으며, 최근 항목에 표시되지 않은 문서는 검색하여 열 수 있습니다. 엑셀 2016을 실행하여 화면을 살펴보고 엑셀의 주요 메뉴의 기능과 위치를 알아봅니다.

직접 해보기 | **엑셀 2016 실행하기**

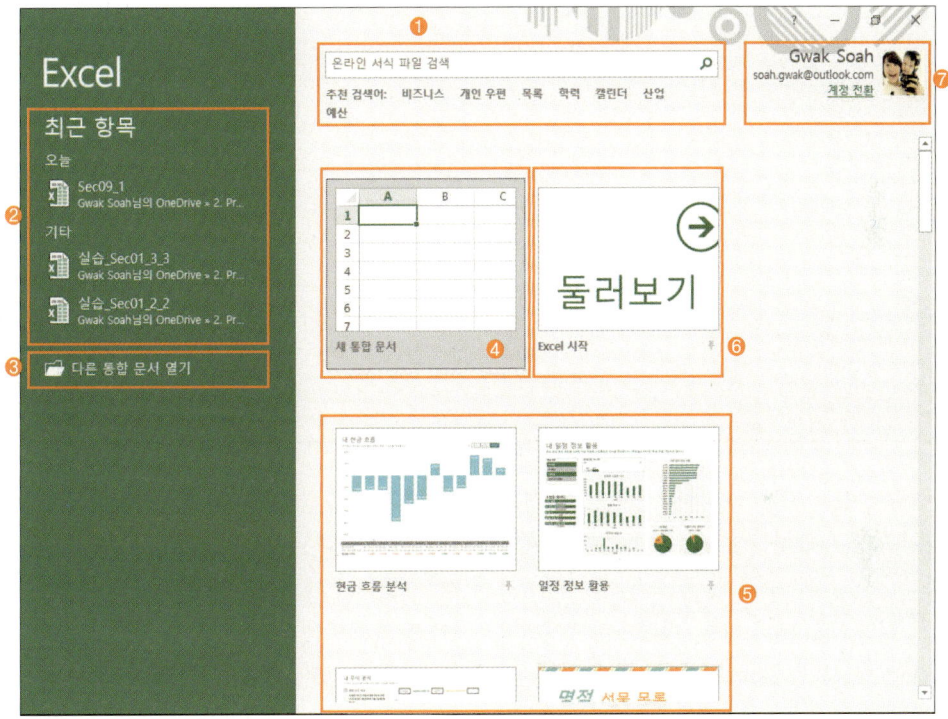

❶ **온라인 검색 상자** : 키워드를 입력하여 온라인에서 원하는 서식 파일 및 테마를 검색하고 선택할 수 있습니다.

❷ **사용자 계정** : 로그인한 사용자의 계정과 등록한 사진이 표시됩니다. 계정을 전환하거나 추가할 수 있으며, 로그아웃 할 수 있습니다.

❸ **최근 항목** : 최근에 작업한 문서 이름과 문서 위치가 목록으로 표시됩니다. 목록에서 원하는 문서를 선택하면 빠르게 실행할 수 있습니다.

❹ **다른 통합 문서 열기** : 최근 항목에 표시되지 않은 다른 문서를 검색하여 열 수 있습니다.

❺ **새 통합 문서** : 새로 작업할 문서로 빈 셀과 워크시트로 구성된 통합 문서입니다.

❻ **서식 파일** : 엑셀 2016에서 기본적으로 제공하는 서식파일입니다.

직접 해보기   엑셀 2016 화면구성 살펴보기

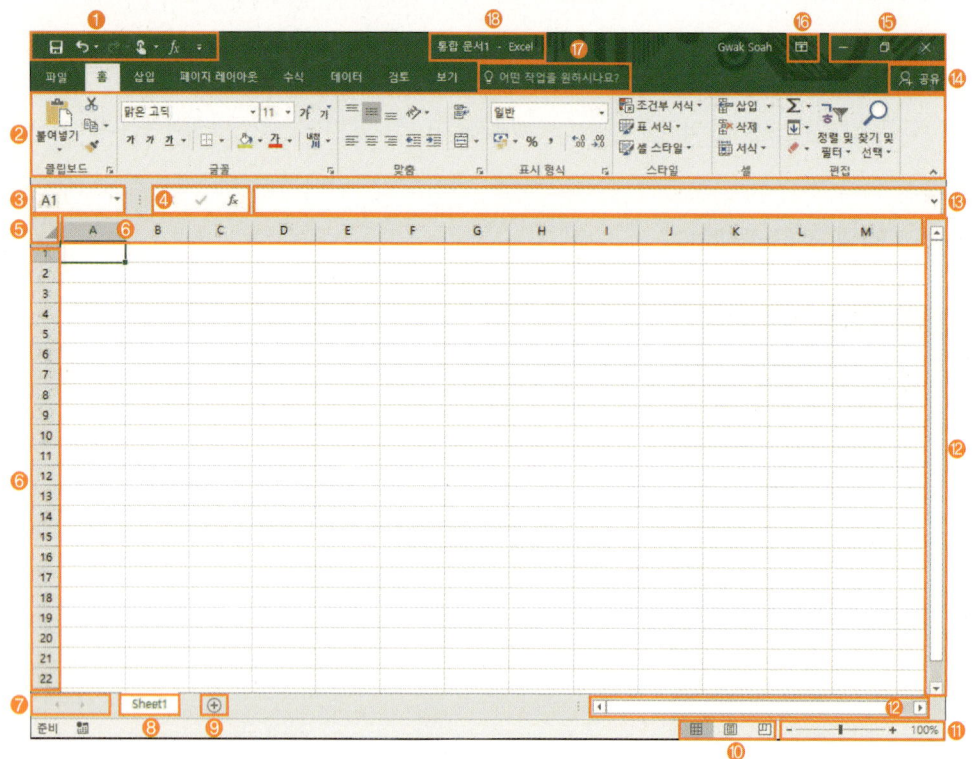

❶ 빠른 실행 도구 모음 : 자주 사용하는 도구를 모아놓은 곳으로, 사용자의 필요에 따라 도구를 추가 또는 삭제할 수 있습니다.

❷ 리본메뉴 : 여러 개의 탭과 그룹, 명령으로 구성되어 있습니다. 해상도에 따라 기능의 배열이 조금씩 다를 수 있습니다.

❸ 이름 상자 : 셀 또는 범위에 작성한 이름이 표시됩니다.

❹ 취소, 입력, 함수 삽입 단추 : 데이터를 입력하거나 취소할 수 있으며, 함수 마법사를 실행할 수 있습니다.

❺ 시트 전체 선택 단추 : 워크시트의 전체 범위를 선택합니다.

❻ 행 머리글, 열 머리글 : 워크시트의 행과 열의 이름을 표시합니다.

❼ 시트 스크롤 단추 : 왼쪽 또는 오른쪽 시트로 스크롤합니다.

❽ 시트 탭 : 워크시트의 이름이 표시됩니다.

❾ 새 시트 : 새로운 워크시트를 추가합니다.

❿ 화면보기 단추 : 원하는 문서 보기 상태로 변환할 수 있는 단추입니다.

⓫ 확대/축소 슬라이드 바 : 통합 문서 화면을 확대/축소할 수 있습니다.

⓬ 스크롤바 : 마우스를 가로 또는 세로로 드래그하여 워크시트의 화면을 이동합니다.

⓭ 수식 입력 줄 : 셀에 입력한 데이터 또는 수식이 표시됩니다.

⓮ 공유 : 계정으로 로그인한 사용자들은 해당 문서를 서로 공유할 수 있습니다. 문서를 작업하고 있는 사용자를 확인할 수 있으며 공유 옵션을 지정할 수 있습니다.

⓯ 창 조절 단추 : 창의 크기를 조절하거나 프로그램을 종료할 수 있습니다.

⓰ 리본 메뉴 표시 옵션 단추 : 리본 메뉴의 탭과 명령 단추들을 모두 표시하거나 숨길 수 있습니다.

⓱ 검색 상자 : 검색 상자에 키워드나 구를 입력하여 원하는 엑셀 기능과 명령을 찾을 수 있고, 도움말 콘텐츠를 검색하거나 온라인으로 자세한 정보를 확인할 수 있습니다.

⓲ 제목 표시줄 : 현재 실행 중인 통합 문서의 이름과 프로그램 이름이 표시됩니다.

Excel 2 | 새 통합 문서 만들기

엑셀 2016에서는 다양한 서식 파일과 테마를 적용하여 통합 문서를 작성할 수 있습니다. Microsoft Office에서 제공하는 기본 서식을 적용하여 새 통합 문서를 만들고 통합 문서의 테마를 변경해 봅니다.

직접 해보기 새 통합 문서 만들기

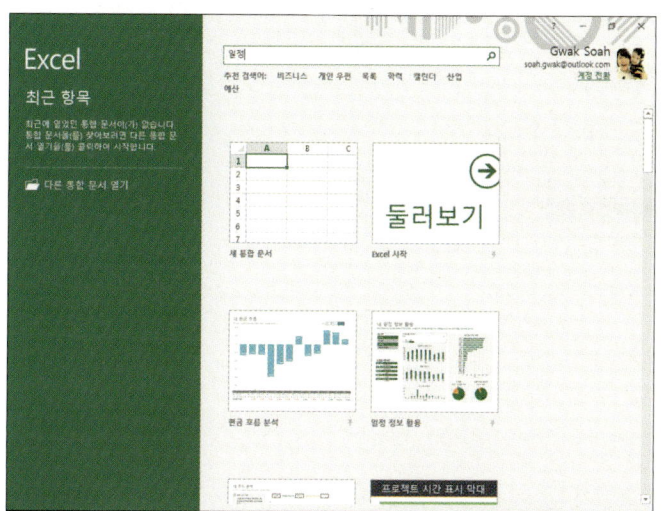

01 엑셀 2016을 실행합니다. [새 통합문서]를 클릭하면 빈 통합 문서가 만들어집니다. 여기서는 엑셀에서 제공하는 기본 서식 파일을 적용하여 문서를 만들려고 합니다. [온라인 검색 상자에 "일정"을 입력하고 Enter 를 누릅니다.

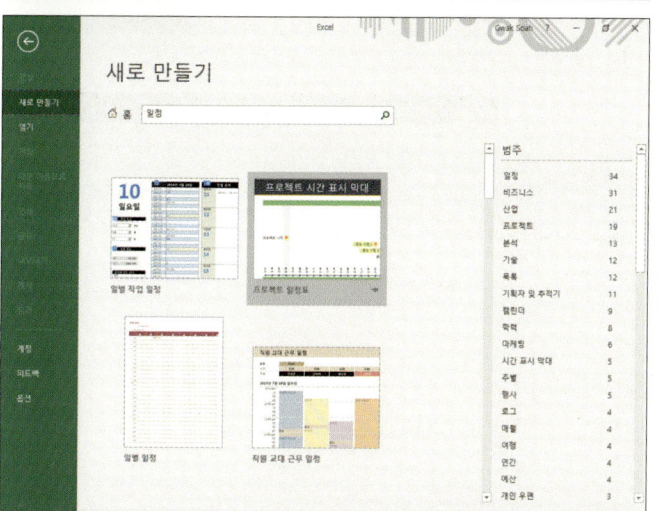

02 검색된 서식 목록 중에서 '프로젝트 일정표'를 클릭합니다.

엑셀에서 제공하는 기본 서식들은 범주별로 확인할 수 있습니다.

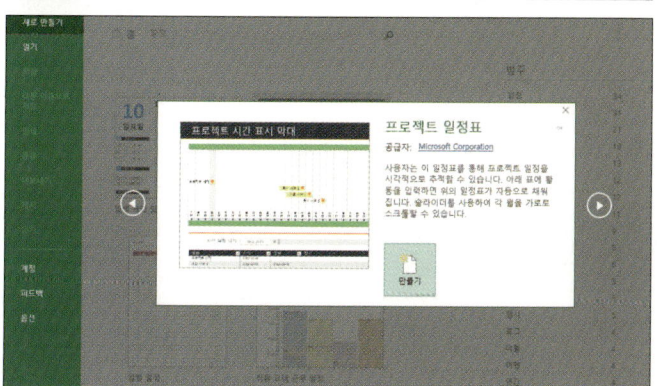

03 [프로젝트 일정표] 대화상자가 열리면 [만들기]( )를 클릭합니다.

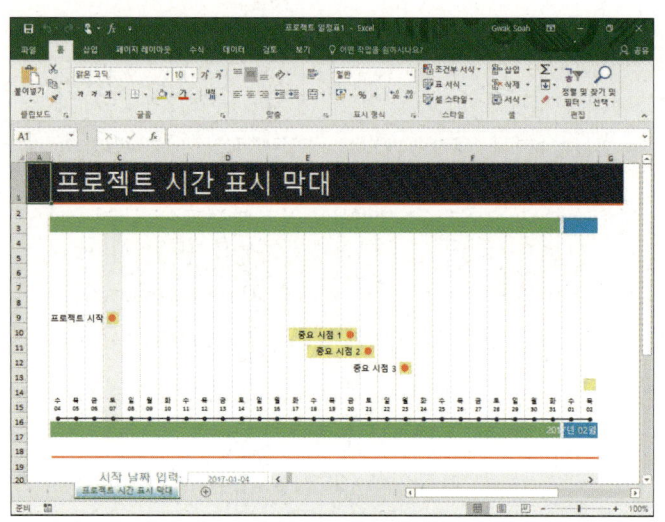

O4 프로젝트 일정표 서식 파일이 실행됩니다.

해당 서식파일이 실행되면 제목 표시줄에 '프로젝트 일정표1'이 표시됩니다.

 **새 통합문서 만들기**

Microsoft Office 엑셀 통합 문서는 하나 이상의 워크시트를 포함하는 파일입니다. 새 통합 문서를 만들 때 빈 통합 문서로 시작할 수 있으며, 엑셀을 실행할 때마다 시작 화면을 표시하지 않고 곧바로 새로운 통합 문서를 열 수도 있습니다.

❶ 빈 통합 문서 새로 열기

엑셀 2016을 실행하고 [새 통합 문서]를 클릭하거나 단축키 Ctrl + N 을 누르면 새 통합 문서를 신속하게 만들 수 있습니다.

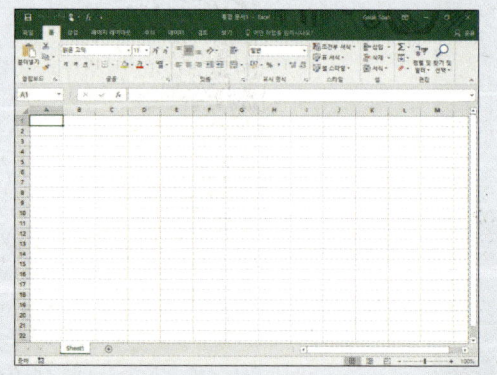

❷ 항상 빈 통합 문서로 시작하기

① [파일] 탭의 [옵션]을 클릭하여 [엑셀 옵션] 대화상자을 엽니다.

② [일반] 범주의 [시작 옵션]에서 [이 응용 프로그램을 시작할 때 시작 화면 표시]의 체크를 해제하고 [확인]을 클릭합니다.

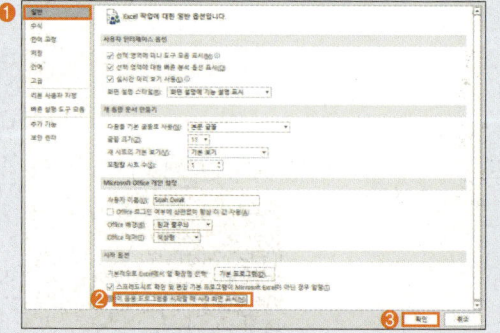

직접 해보기 워크시트에 테마 적용하기

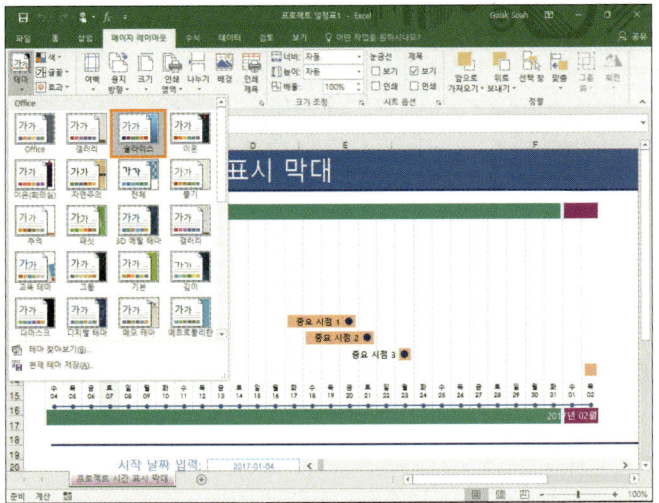

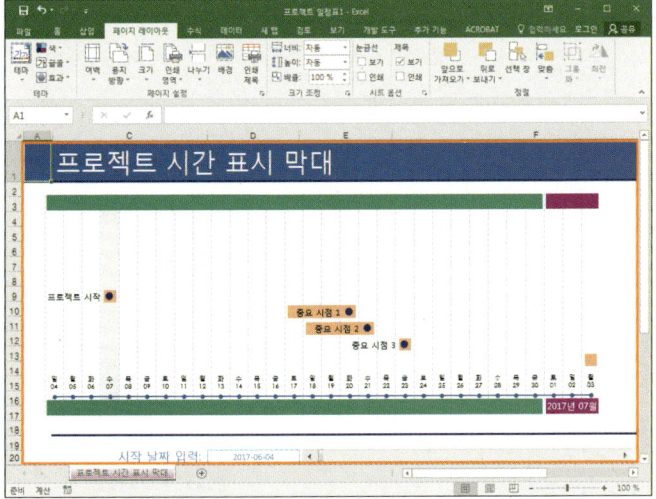

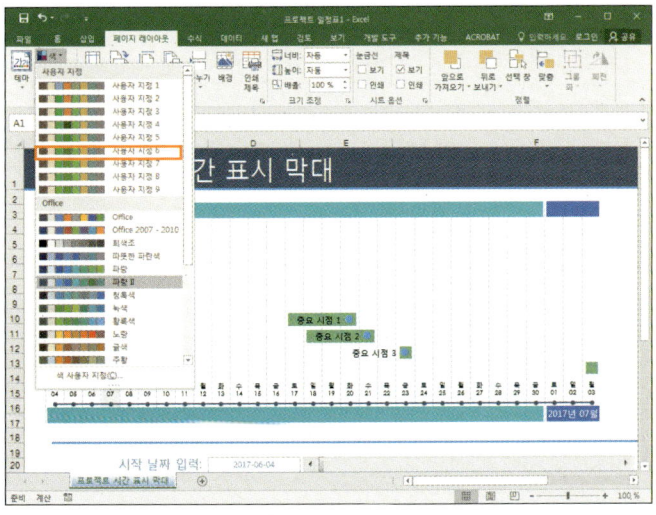

01 엑셀 프로그램은 다양한 문서 테마를 제공합니다. 문서에 테마를 적용하면 전문가 수준의 디자인을 활용할 수 있습니다. 현재 문서의 테마를 변경하기 위해 [페이지 레이아웃] – [테마]에서 [테마]()를 클릭합니다. 그리고 [Office] 테마 목록에서 [슬라이스]를 클릭합니다.

강의노트

테마는 색 모음, 글꼴 모음 및 효과 모음으로 구성된 서식 모음입니다.

02 문서에 새로 적용된 테마를 확인합니다.

강의노트

엑셀 2016에서는 테마의 선택에 따라 기본으로 입력되는 글꼴이나 글꼴 색, 채우기 색, 차트 등의 서식을 다르게 적용할 수 있습니다.

03 이번에는 테마의 색을 변경하기 위해 [페이지 레이아웃] – [테마]에서 [색](■)을 클릭하고 [파랑 Ⅱ]을 클릭합니다.

강의노트

테마 색은 현재 문서의 텍스트 및 배경색을 나타냅니다. [Office 색] 목록에 마우스 포인터를 올려놓으면 통합 문서에 적용할 색상이 미리 표시됩니다.

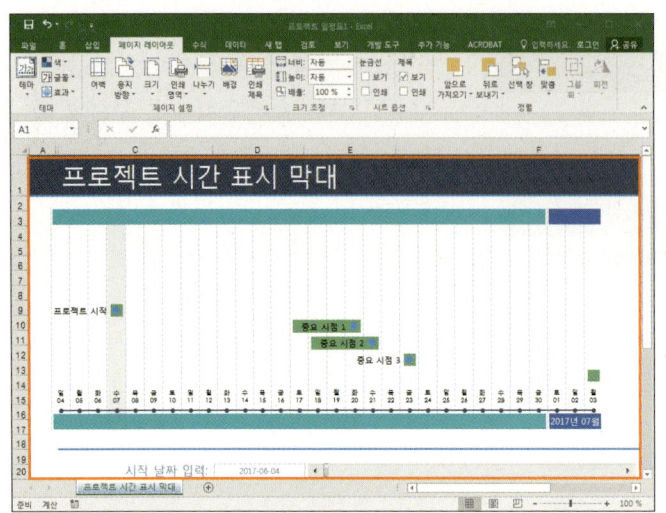

04 문서의 테마 색이 변경된 것을 확인합니다.

 **사용자 지정 테마 적용하기**

엑셀 프로그램에서는 기본으로 제공하는 기본 서식 이외에 사용자가 직접 서식을 지정하고 적용 할 수 있습니다. 다음은 테마 색과 글꼴을 사용자가 직접 추가하고 적용하는 방법입니다.

▶ **사용자 지정 테마 색 적용하기**

사용자 지정 테마 색을 적용하기 위해서는 [페이지 레이아웃] – [테마] – [색] – [색 사용자 지정]을 클릭합니다.

❶ [테마 색 편집] 대화상자가 열리면 원하는 항목의 색을 변경합니다.

❷ 새 테마 색의 이름을 입력한 후 [저장]을 클릭하여 사용자 지정 테마 색을 추가합니다.

❸ 워크시트로 돌아와 [페이지 레이아웃] – [테마] – [색] – [사용자 지정]에서 추가된 테마 색을 적용합니다.

▶ **사용자 지정 테마 글꼴 적용하기**

사용자 지정 테마 글꼴을 추가하기 위해서는 [페이지 레이아웃] – [테마] – [색] – [색 사용자 지정]을 클릭합니다.

❶ [테마 글꼴 편집] 대화상자가 열리면 영어 및 한글 글꼴의 목록 단추(▾)를 클릭하고 원하는 글꼴을 선택합니다.

❷ 새 테마 글꼴 이름을 입력한 후 [저장]을 클릭하여 사용자 지정 테마 글꼴을 추가합니다.

❸ 워크시트로 돌아와 [페이지 레이아웃] – [테마] – [글꼴] – [사용자 지정]에서 추가된 테마 글꼴을 적용합니다.

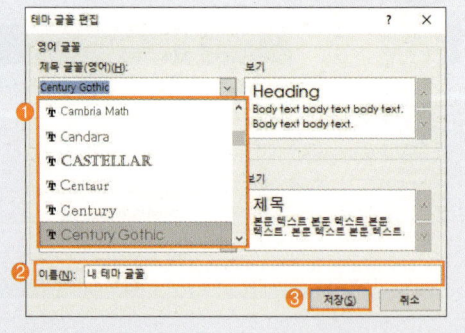

Excel 3   통합문서 저장 및 인쇄하기

엑셀 2016에서는 통합 문서를 로컬 드라이브(예: PC, 노트북, CD) 또는 OneDrive와 같은 클라우드에 저장할 수 있습니다. 통합 문서를 저장하고 인쇄 환경을 설정하여 문서를 인쇄하는 방법을 학습합니다.

직접 해보기   통합문서 저장하기

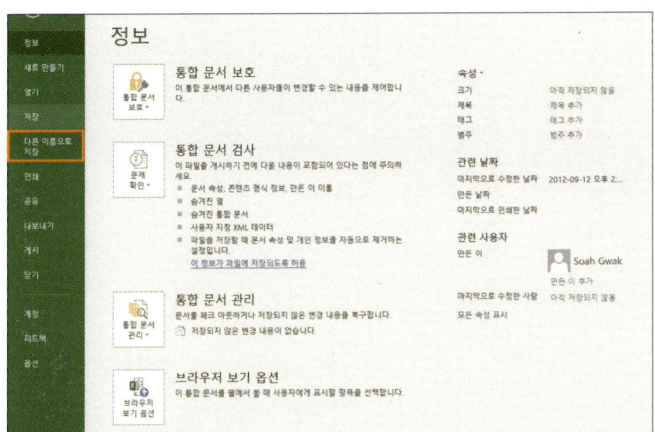

 현재까지의 통합 문서를 저장하기 위해 [파일] – [저장]을 클릭합니다.

강의노트

통합 문서를 저장하는 단축키는 Enter + S입니다. 빠른 실행 도구 모음에서 [저장](□)을 클릭해서 저장할 수도 있습니다.

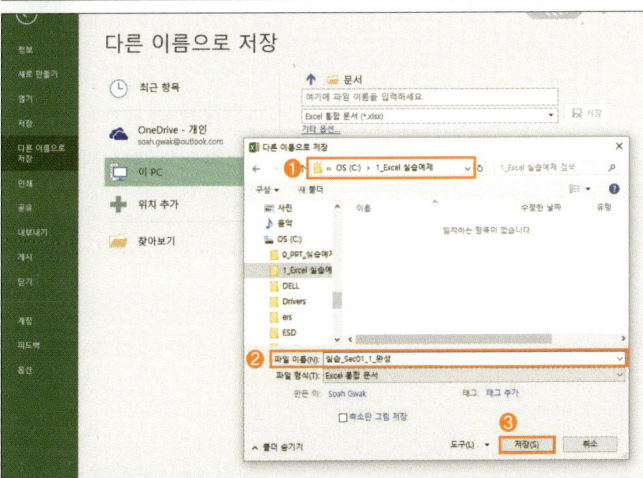

 통합 문서를 처음 저장한다면 [다른 이름으로 저장] 화면이 보입니다. [찾아보기]를 클릭하여 [다른 이름으로 저장] 대화상자가 열리면 파일을 저장할 경로를 지정하고 [파일 이름]에 "실습_Sec01_1_완성"을 입력한 후 [저장]을 클릭합니다.

강의노트

기본으로 저장되는 파일 형식은 '엑셀 통합 문서'이며, 확장자는 '.xlsx'입니다. [파일 형식 목록]에서 PDF를 비롯한 다른 파일의 형식을 선택할 수 있습니다.

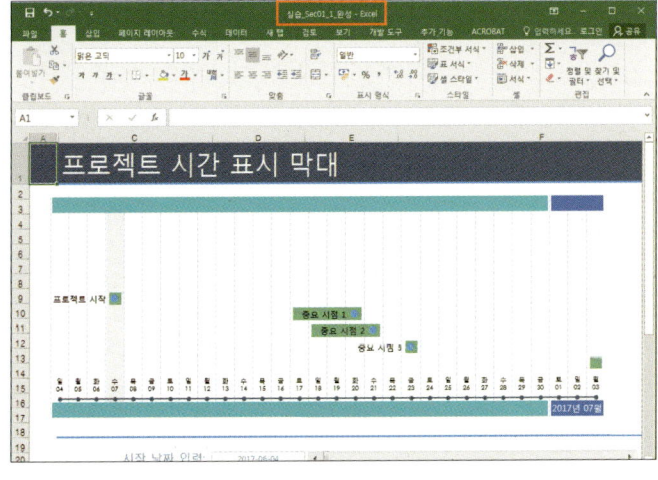

 통합 문서가 저장되면 제목 표시줄에 파일 이름이 표시됩니다.

강의노트

내 컴퓨터에 저장한 문서를 실행하려면 [파일]에서 [열기]를 선택하고 [열기] 대화상자에서 원하는 파일을 클릭합니다. 엑셀 프로그램을 종료하였다가 다시 실행할 경우 최근 작업한 파일이 목록으로 보입니다.

직접 해보기   암호 지정해서 저장하기

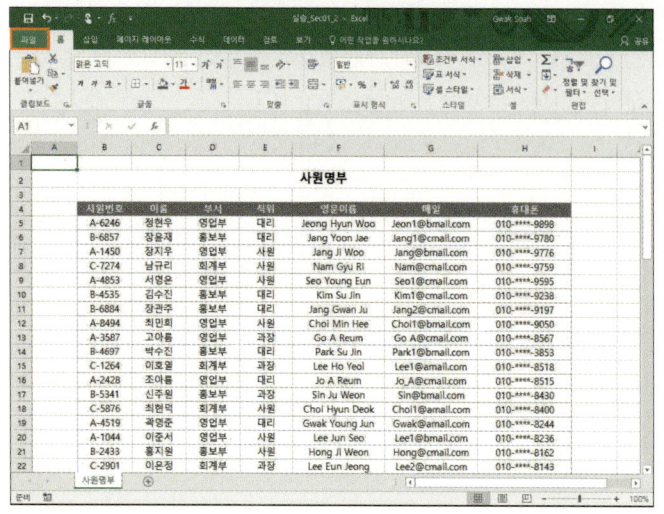

01 엑셀 문서에 개인정보와 같이 민감한 데이터가 포함되어 있을 때 다른 사용자가 문서를 열거나 수정하는 것을 암호로 방지할 수 있습니다. '실습_Sec01_2.xlsx' 파일을 열고 '사원명부' 워크시트를 선택합니다. 문서에 암호를 설정하고 저장하기 위해 [파일] – [저장] – [다른 이름으로 저장]을 클릭합니다.

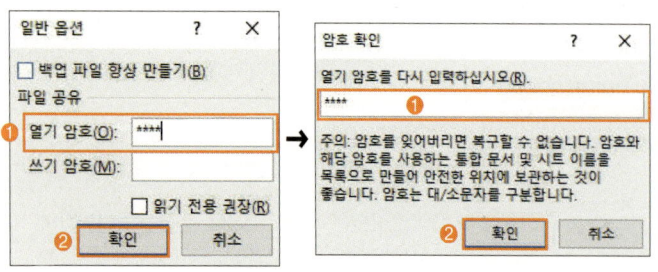

02 이 PC를 더블 클릭하여 열린 [다른 이름으로 저장] 대화상자에서 파일 저장경로를 선택하고 파일 이름은 "실습_Sec01_2_완성"을 입력합니다. 통합문서에 암호를 지정하기 위해 [도구] – [일반 옵션]을 클릭합니다.

강의노트

엑셀 통합 문서에 개인정보 또는 기업정보와 같이 민감한 데이터가 포함 된 경우 암호를 설정하여 보호 할 수 있습니다.

03 [일반 옵션] 대화상자에서 [열기 암호]에 "1111"을 입력하고 [확인]을 클릭합니다. [암호 확인] 대화상자가 열리면 다시 한 번 열기 암호 "1111"을 입력하고 [확인]을 클릭합니다.

강의노트

[열기 암호]를 설정하면 문서를 열람하기 위해 입력해야 하는 암호입니다. 문서 내용을 임의로 변경하지 못하도록 하기 위해서는 [쓰기 암호]까지 입력합니다.

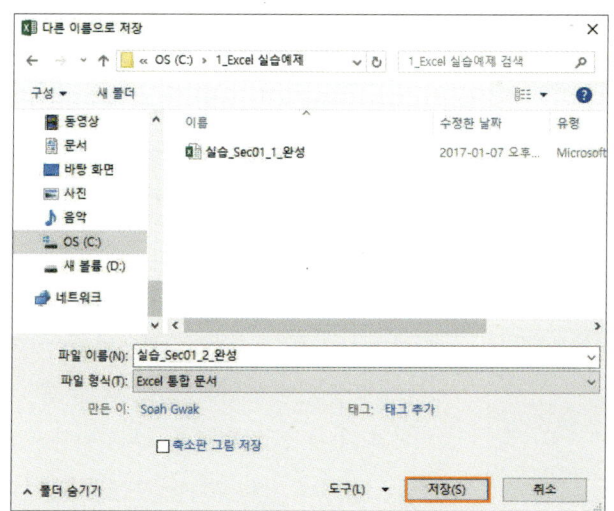

04 다시 [다른 이름으로 저장] 대화상자로 돌아오면 [저장]을 클릭합니다.

 강의노트

기존의 파일과 동일한 경로, 동일한 이름으로 저장할 경우 새로운 파일로 덮어쓰기가 됩니다.

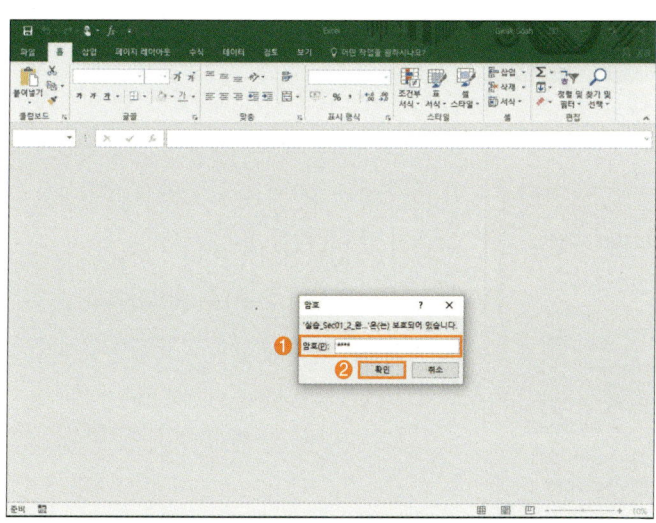

05 저장한 문서를 종료하였다가 다시 열면 문서가 보호되어 있다는 [암호] 대화상자가 열립니다. [암호]에 "1111"을 입력하고 [확인]을 클릭하여 문서를 실행합니다.

 강의노트

해당 문서에 '쓰기 암호' 까지 설정되어 있다면, 쓰기 암호를 바르게 입력해야만 문서의 내용을 수정할 수 있습니다.

 **암호 제거하기**

파일이 보호되어 있는지의 여부는 [파일] – [정보] – [통합 문서 보호]에서 확인할 수 있습니다. 문서에 설정된 암호는 다음 방법으로 제거할 수 있습니다.

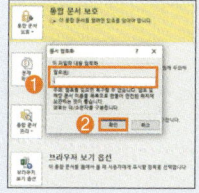

방법 1) [파일] – [정보] – [통합 문서 암호] – [암호 설정]을 클릭하여 [문서 암호화] 대화상자에서 암호를 지우고 [확인]을 클릭합니다.

방법 2) [다른 이름으로 저장하기] 대화상자에서 [도구] – [일반 옵션]을 클릭하여 [일반 옵션] 대화상자를 열고 암호를 삭제한 후 [확인]을 클릭합니다.

직접 해보기   인쇄하기

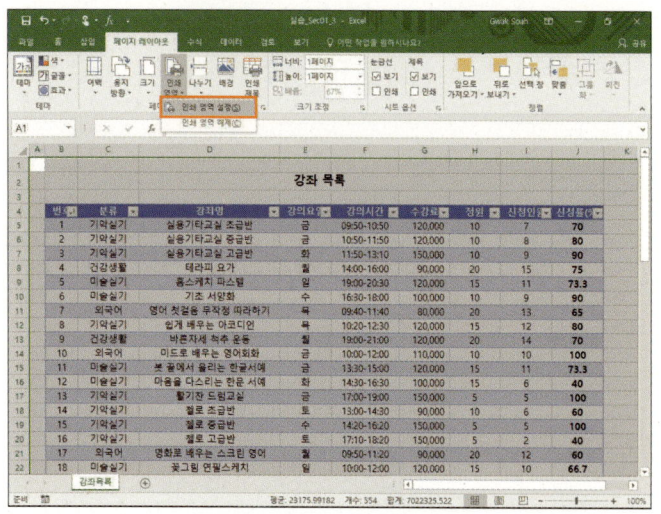

01 '실습_Sec01_3.xlsx' 파일을 열고 '강좌목록' 워크시트를 선택합니다. 데이터를 깔끔하고 보기 좋게 인쇄하려고 합니다. 먼저, 인쇄 영역을 설정하기 위해 [A1] 셀을 클릭한 후 Shift를 누른 상태에서 [K66] 셀을 클릭 합니다. 그리고 [페이지 레이아웃] − [페이지 설정]에서 인쇄 영역(□)을 클릭하고 [인쇄 영역 설정]을 클릭합니다.

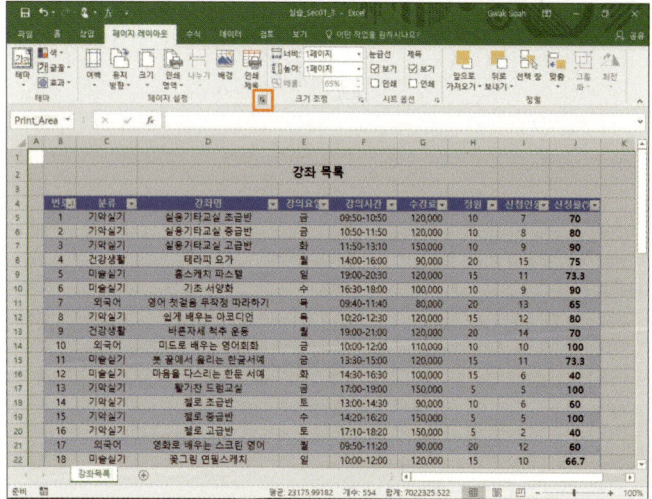

02 [A1:K66] 셀 영역을 인쇄 영역으로 설정하면 이름 상자에 'Print Area'로 표시됩니다. [페이지 레이아웃] − [페이지 설정]에서 대화상자 표시 단추(□)를 클릭합니다.

 강의노트

직사각형 모양의 영역을 한 번에 선택할 때는 첫 번째 셀을 선택한 후 대각선으로 드래그합니다.

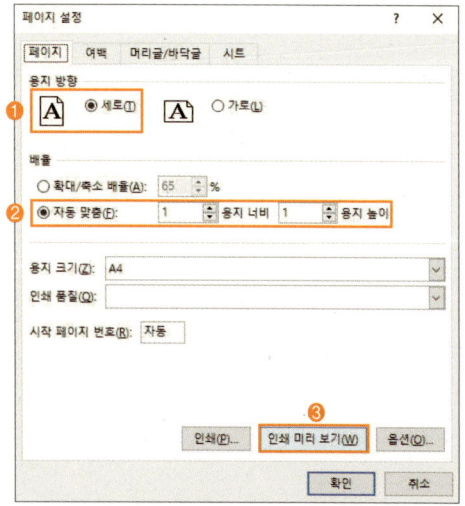

03 [페이지 설정] 대화상자가 열리면 [페이지] 탭에서 [용지 방향]은 '세로'로, [배율]은 '자동 맞춤'에 체크합니다. 한 페이지의 너비와 높이에 맞춰 인쇄하기 위해 "1"을 입력하고 [인쇄 미리보기]를 클릭합니다.

 강의노트

[머리글/바닥글] 탭에서는 인쇄되는 워크시트의 맨 위 또는 맨 아래에 페이지 번호, 날짜 및 파일 이름 등이 표시되도록 설정할 수 있습니다.

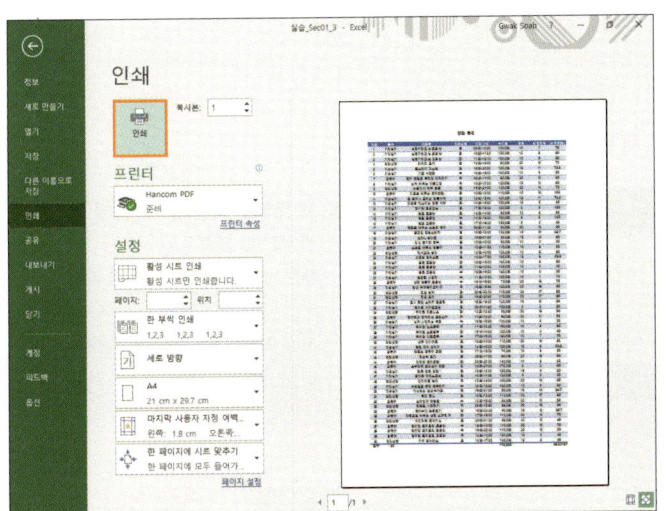

O4 문서의 인쇄 형태를 확인하고 인쇄(🖨)를 눌러 문서를 인쇄합니다.

 **보충수업** **통합문서의 보기 형식**

엑셀의 통합문서 보기 형식은 [보기] 탭의 [통합 문서 보기] 또는 오른쪽 하단에 있는 화면보기 단추를 클릭하여 선택할 수 있습니다.

보기 형식		특징
기본 보기		엑셀 프로그램을 실행했을 때 보이는 가장 기본적인 화면입니다.
페이지 레이아웃		인쇄하기 전에 워크시트를 세밀하게 조정하는 화면으로 페이지의 시작과 끝이 어디인지 확인하거나 페이지의 머리글/바닥글을 확인할 때 유용합니다.
페이지 나누기 미리보기		문서가 인쇄될 때 페이지가 어디서 나눠지는지 표시합니다.

 정리 한마당

- 엑셀(Excel) 프로그램은 많은 양의 데이터를 효과적으로 관리하고 분석하기 위해 사용합니다.
- 새 통합문서는 빈 문서 또는 엑셀에서 제공하는 기본 서식파일로 만듭니다.
- [페이지 레이아웃] – [테마]에서 기본으로 제공하는 테마 및 사용자 지정 테마를 적용하여 문서를 보기좋게 작성합니다.
- [파일] – [저장]을 클릭하고 저장 위치와 파일명을 입력한 뒤 엑셀 통합 문서를 저장합니다.
- [파일] – [저장] – [다른 이름으로 저장] – [도구] – [일반 옵션]에서 문서에 읽기 또는 쓰기 암호를 지정합니다.
- [페이지 레이아웃] – [페이지 설정]에서 용지 방향, 인쇄 영역 등을 지정하고 문서를 인쇄합니다.

기초 문제

1 엑셀 2016 프로그램을 실행하여 다음 지시대로 새 통합 문서를 만들고 저장하세요.

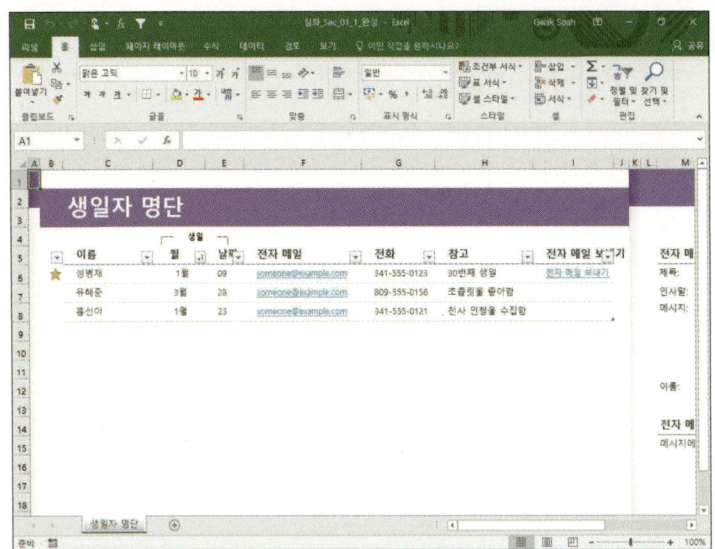

- 새 통합문서 만들기 : '생일 목록' 서식을 적용
- 빠른 실행 도구 모음 : 필터 기능 추가
- 파일 이름 : 기초_Sec01_1_완성
- 파일 형식 : 엑셀 통합 문서 (.xlsx)

힌트

빠른 실행 도구 모음에 기능 추가하기 : [데이터] – [정렬 및 필터]에서 필터( ) 위에서 마우스 오른쪽 버튼을 클릭한 후 [빠른 실행 도구 모음에 추가]를 클릭합니다.

▲ 완성파일 : 기초_Sec01_1_완성.xlsx

2 '기초_Sec01_2.xlsx' 파일을 열고 '데이터 입력' 워크시트에서 [B7:F7] 셀 영역을 [선택 영역 확대/축소] 기능으로 확대하세요.

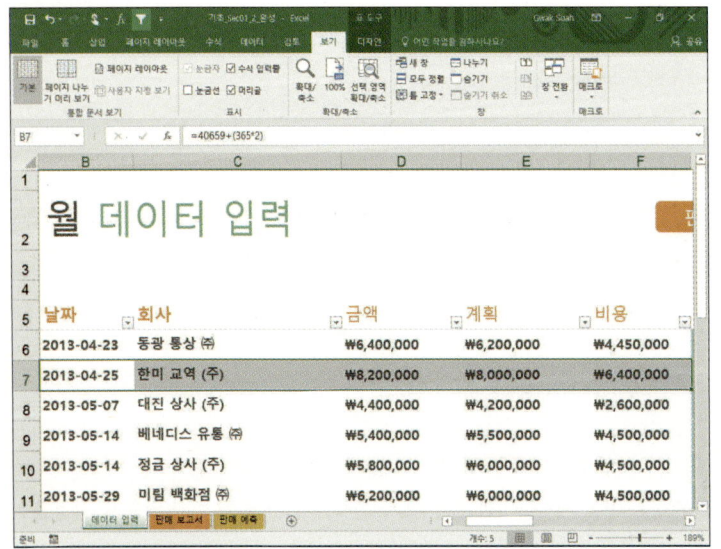

힌트

선택 영역 확대하기 : [보기] – [확대/축소]에서 선택 영역 확대/축소( )를 클릭합니다.

▲ 완성파일 : 기초_Sec01_2_완성.xlsx

심화 문제

1 '심화_Sec01_1.xlsx' 파일을 열고 '거래처 목록' 워크시트에서 다음과 같이 암호를 지정하여 문서를 보호하세요.

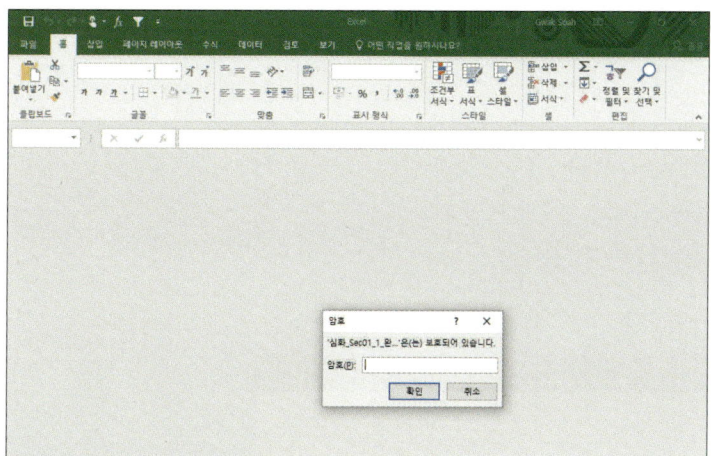

• 읽기 암호 : 1111
• 쓰기 암호 : 2222

▲ 완성파일 : 심화_Sec01_1_완성.xlsx

2 '심화_Sec01_2.xlsx' 파일을 열고 '대학 학점 계획표' 워크시트에서 다음 지시에 따라 문서를 인쇄하세요.

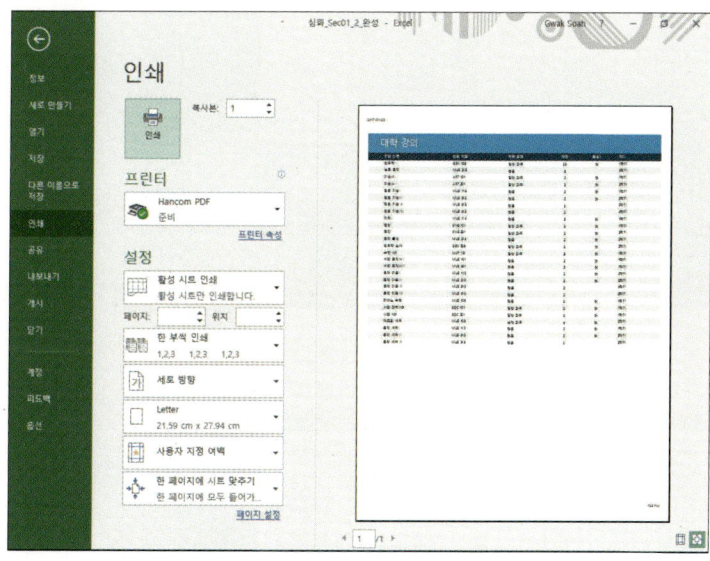

• 머리글 : 왼쪽 구역, 현재 날짜 (예시 2016-01-01)
• 바닥글 : 오른쪽 구역, 현재 시간 (11:50AM)
• 인쇄 영역 : [A15:H43]
• 자동 맞춤 : 한 페이지의 너비 또는 높이에 맞게 워크시트 크기를 자동조정

힌트

머리글/바닥글 삽입하기 :
① [삽입] – [텍스트]에서 머리글/바닥글()을 클릭합니다.
② 머리글 왼쪽 구역을 선택한 후 [머리글/바닥글 도구] – [머리글/바닥글 요소]에서 현재 날짜(▦)를 클릭합니다.
③ [머리글/바닥글 도구] – [탐색]에서 바닥글로 이동(▦)을 클릭하고 바닥글 오른쪽 구역을 선택한 후 [머리글/바닥글 요소]에서 현재 시간(▦)을 클릭합니다.

▲ 완성파일 : 심화_Sec01_2_완성.xlsx

02 section

엑셀 데이터 입력하기

엑셀 프로그램은 워크시트에 입력된 데이터를 기반으로 많은 양의 데이터를 다양한 방법으로 처리할 수 있습니다. 따라서 데이터를 정확히 입력하고 효율적으로 처리할 필요가 있습니다. Section02에서는 엑셀 프로그램에 텍스트, 숫자를 비롯한 다양한 데이터를 입력해 보고 그 특징을 파악해 봅니다. 그리고 채우기 핸들로 데이터를 효율적으로 입력하고 데이터 유효성을 검사하여 데이터의 정확성을 높이는 방법을 학습합니다.

결과 미리보기

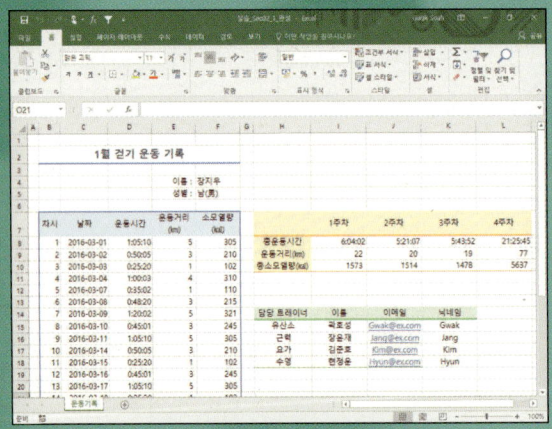

▲ 준비 파일 : 실습_Sec02_1.xlsx
　　완성 파일 : 실습_Sec02_1_완성.xlsx

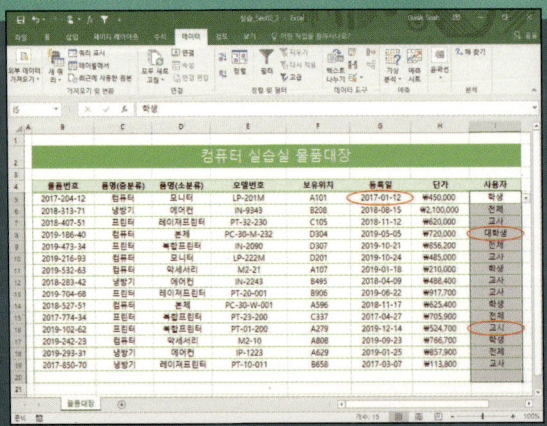

▲ 준비 파일 : 실습_Sec02_2.xlsx
　　완성 파일 : 실습_Sec02_2_완성.xlsx

Excel 1 엑셀 데이터 입력하기

엑셀을 사용하여 많은 양의 데이터를 관리하고 효율적으로 처리하기 위해서는 엑셀에서 사용할 수 있는 데이터의 종류와 그 특징을 정확히 알고 있어야 합니다. 데이터의 종류에 따라 처리 방법이 조금씩 다르기 때문입니다. 엑셀 데이터의 종류와 그 특징을 파악하고 워크시트에 여러 종류의 데이터를 입력하여 간단한 문서를 작성해 봅니다.

직접 해보기 엑셀 데이터의 종류와 특징 살펴보기

엑셀 데이터의 종류

엑셀에서 사용하는 데이터는 크게 '텍스트'와 '숫자'로 구분됩니다.

데이터의 종류에 따라 입력 방법 및 데이터 처리 방법이 다르므로 데이터의 특징을 파악하는 것이 중요합니다.

구분		입력 예시	속성
텍스트	텍스트	엑셀, Excel	• 텍스트 데이터는 한글, 영문, 특수 문자, 한자 등을 모두 포함합니다.
	특수 문자	≤, %, cm²	• 기본적으로 왼쪽 맞춤으로 정렬됩니다.
	한자	漢字, 한자(漢字)	
	혼합 문자	12삼사, !123	• '숫자 + 텍스트' 또는 '특수 문자 + 숫자'도 텍스트로 인식됩니다.
숫자	숫자	123	• 숫자 데이터는 숫자, 날짜, 시간 테이터를 모두 포함합니다.
	날짜	2016–02–25	• 기본적으로 오른쪽 맞춤으로 정렬됩니다.
	시간	11:59:30	

엑셀 데이터의 특징

1) 숫자 데이터

숫자는 엑셀에서 가장 많이 사용되는 데이터이며, 기본적으로 오른쪽으로 정렬됩니다. 숫자는 0~9 사이의 숫자를 부호와 함께 입력이 가능합니다.

입력 예시	설명
123	표시 형식을 지정하지 않은 숫자는 아라비아 숫자로 표시됩니다.
1.23457E+14	셀 너비보다 긴 숫자를 입력하면 지수 서식으로 표시됩니다.
################	표시 형식이 지정된 숫자가 셀 너비보다 긴 경우에는 '####'으로 표시됩니다.
123456789011121000	숫자는 15자리까지 입력할 수 있으며 16자리부터는 0으로 입력됩니다.
1/4	분수를 입력하려면 숫자 "0"을 입력 후 한 칸 띄우고 분수를 입력합니다.
–2	음수는 음수부호(–)를 포함하여 "–2" 또는 "(–2)"로 입력합니다.
?1234	기호와 함께 입력한 숫자는 텍스트처럼 왼쪽 정렬됩니다.
123	숫자를 문자로 처리하려면 Apostrophe(')를 입력한 후 숫자를 입력합니다.

2) 텍스트 데이터

텍스트 데이터는 한글, 영문, 한자, 특수 문자 등을 모두 포함하며, 기본적으로 왼쪽 정렬이 됩니다.

입력 예시	설명
엑셀	입력한 그대로 텍스트가 표시됩니다.
Microsoft Excel2016	한 셀에 두 줄 이상 입력 하려면 Alt + Enter 를 누릅니다.
################	표시형식이 지정된 숫자가 셀 너비보다 긴 경우에는 '####'으로 표시됩니다.
2016년	숫자 + 문자 형식도 텍스트 데이터로 처리됩니다.
123	Apostrophe(') + 숫자 형식도 텍스트 데이터로 처리됩니다.

3) 날짜 데이터

날짜 데이터는 숫자형 데이터이기 때문에 기본적으로 오른쪽 정렬됩니다. 날짜 데이터는 하이픈(-)이나 슬래시(/)로 년, 월, 일을 구분하여 입력해야 합니다.

입력 예시	설명
2015-02-25	년, 월, 일을 하이픈(-)이나 슬래시(/)로 구분하여 입력합니다.
09월 02일	연도를 생략하여 표시 합니다. 예를 들어 9월 2일은 "9-2"를 입력합니다.
Jan-16	일을 생략하여 표시합니다. 예를 들어 "2016-1"을 입력하면 "2016-01-01"로 입력되고 "Jan-16"으로 표시됩니다.
2016-07-13	오늘 날짜를 입력하려면 Ctrl + ; 을 입력합니다.

4) 시간 데이터

시간 데이터는 날짜 데이터처럼 숫자형 데이터이기 때문에 기본적으로 오른쪽 정렬됩니다. 시간 데이터는 콜론(:)으로 시간, 분, 초를 구분하여 입력해야 합니다.

입력 예시	설명
11:57:31	년, 월, 일을 콜론(:)으로 구분하여 입력합니다.
10:30	초는 생략하여 입력할 수 있지만 시간은 생략할 수 없습니다. 초를 생략하면 '0'초로 인식합니다.
10:30 PM	시간을 입력한 후 Space Bar 를 누르고 'PM'을 누르면 오후로 인식됩니다.
22:30	24시간제 형식으로 입력할 수 있습니다.
1:57 PM	현재 시간을 입력하려면 Ctrl + Shift + ; 를 입력합니다.

5) 특수 문자 및 한자 데이터

특수 문자 및 한자 데이터는 문자형 데이터이므로 기본적으로 왼쪽 정렬됩니다. 주로 문서의 제목이나 특정 데이터를 강조하기 위해 사용됩니다.

입력 예시	설명
☎☆km	[삽입]탭-[기호] 그룹에서 [기호]를 클릭하여 입력합니다. 한글 자음을 입력한 후 한자 를 눌러 삽입 할 수도 있습니다.
문자(文字)	한글을 입력한 후 [검토]탭-[언어]에서 [한글/한자 변환]을 클릭하여 입력합니다. 한글을 입력한 후 한자 를 눌러 한 글자 씩 변환할 수도 있습니다.

▶ 〈한글 자음〉 + 한자 로 특수 문자 삽입

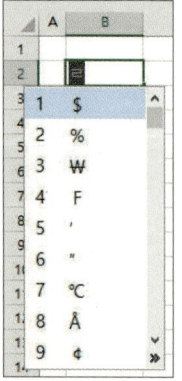

▶ 한자 로 한자 변환

직접 해보기   텍스트와 특수 문자 입력하기

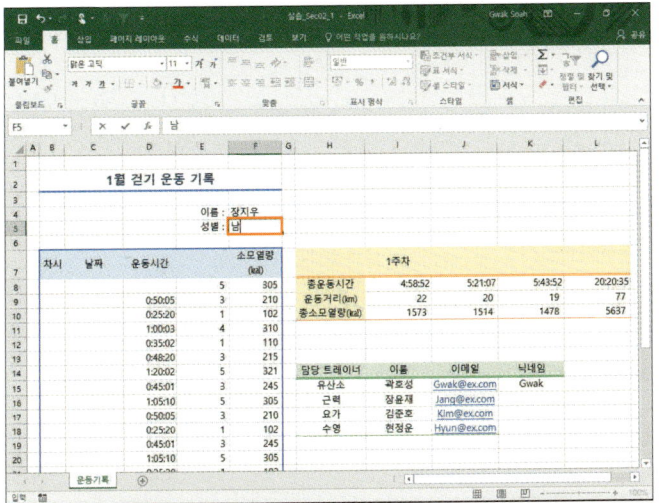

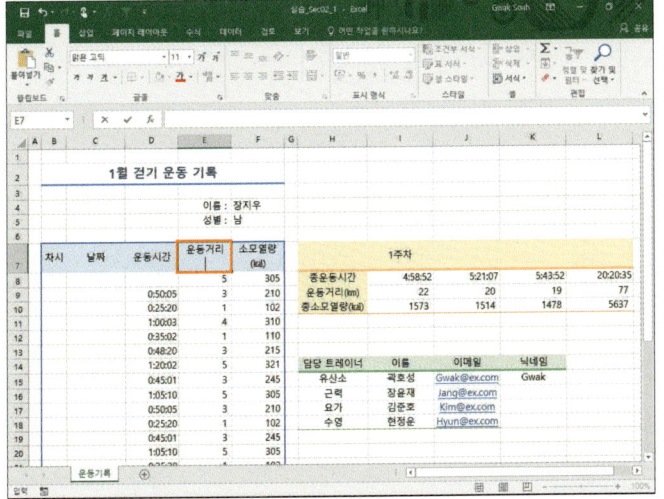

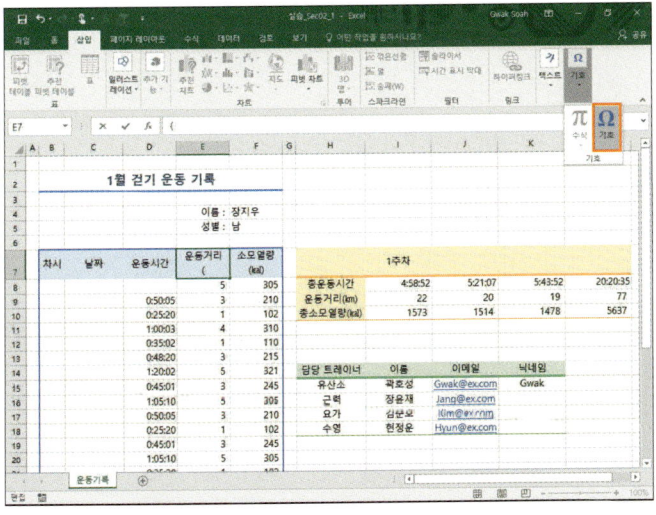

01 '실습_Sec02_1.xlsx' 파일을 열고 '운동기록' 워크시트를 선택합니다. 성별을 입력하기 위해 [F5] 셀을 선택하여 "남"을 입력하고 Enter 를 누릅니다.

강의노트

텍스트 데이터는 기본적으로 왼쪽 정렬됩니다. [B7:F7] 셀 영역은 가운데 정렬로 셀 서식을 미리 지정해 놓았기 때문에 텍스트가 셀의 가운데 표시됩니다. 셀 서식에 대한 자세한 내용은 「Section04. 셀 서식 활용하기」를 참고하세요.

02 [E7] 셀에 "운동거리"를 입력하고 Alt + Enter 를 눌러 두 번째 줄을 생성합니다.

강의노트

Enter 를 누르면 셀 포인터는 기본적으로 아래쪽 셀로 이동합니다. Enter 의 셀 포인터 방향을 변경하기 위해서는 [파일] – [옵션]을 클릭합니다. [Excel 옵션] 대화상자의 [고급] 탭에서 Enter 를 누른 후 다음 셀로 이동]에서 원하는 방향으로 변경 후 [확인]을 클릭합니다.

03 [E7] 셀의 두 번째 줄에서 "("을 입력한 후 셀의 테두리를 클릭하여 셀 전체를 선택합니다. 그리고 [삽입] – [기호]에서 [기호](Ω)를 클릭합니다.

강의노트

셀에 데이터를 입력하고 화살표 ←, →, ↑, ↓를 누르면 해당 방향으로 셀 포인터가 이동합니다.

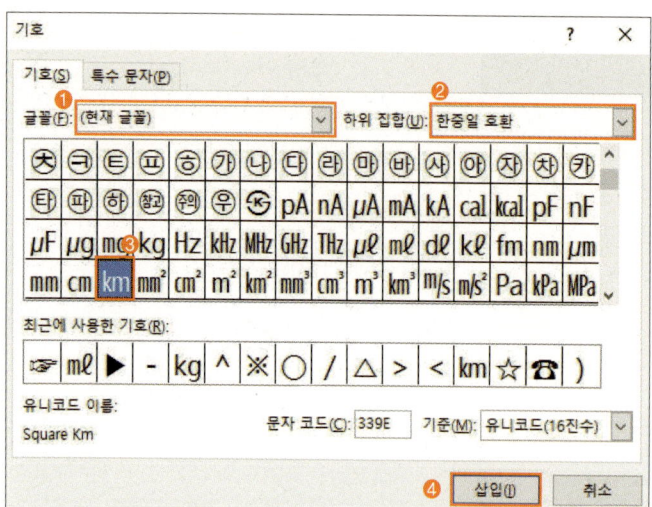

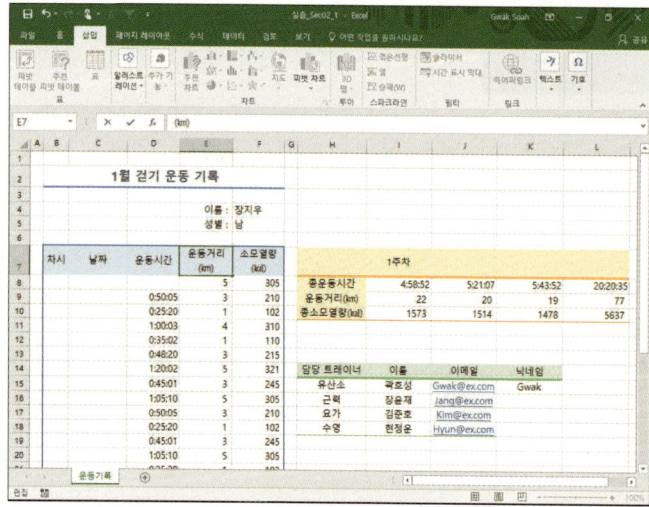

04 [기호] 대화상자가 열리면 [글꼴]이 '현재 글꼴'임을 확인하고 [하위 집합]의 목록 단추(⌄)를 클릭하여 '한중일 호환'을 선택합니다. 그리고 기호 목록에서 'km'를 클릭한 후 [삽입]과 [닫기]를 차례대로 클릭합니다.

강의노트

[기호] 대화상자 열기 단축키는 Alt + N + U 입니다. [글꼴]에 따라 [하위 집합]의 목록이 다르게 표시됩니다.

05 다시 [E7] 셀로 돌아와 ")"를 입력하고 기호 입력을 마칩니다.

강의노트

한글 자음을 입력한 후 한자 를 눌러 기호를 삽입할 수도 있습니다.

보충수업 **수식 입력하기**

[삽입] – [기호] – [수식]에서 다양한 수식을 선택하거나 직접 작성할 수 있습니다.

▶ [수식] 목록에서 수식 선택 후 삽입하기

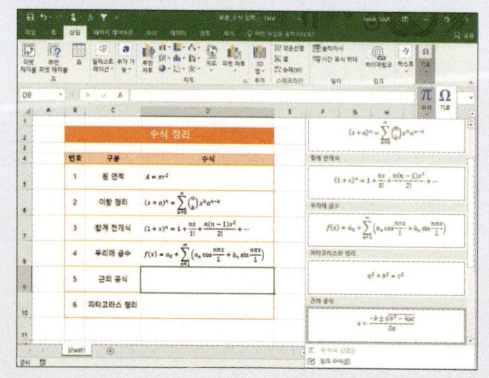

▶ [잉크 수식]으로 직접 수식 입력하기

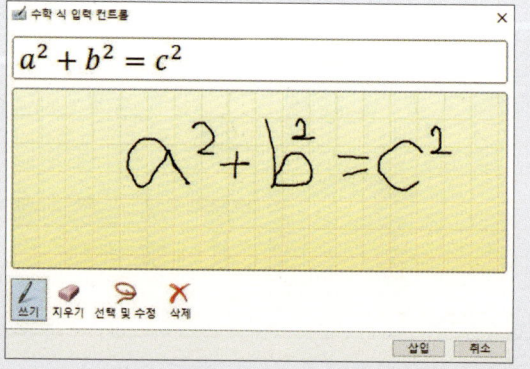

직접 해보기 숫자와 날짜/시간 데이터 입력하기

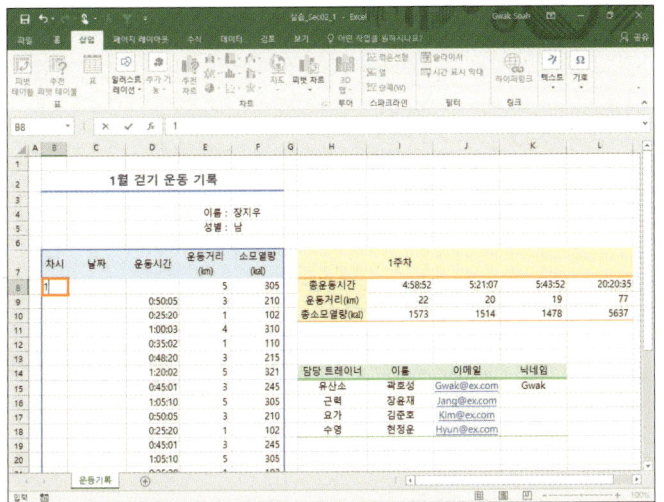

이번에는 숫자와 날짜, 시간 데이터를 입력해 보겠습니다. 먼저 [B8] 셀을 선택하고 숫자 "1"을 입력한 후 Tab 을 누릅니다.

강의노트

숫자 데이터를 입력하면 기본적으로 오른쪽 정렬됩니다. 숫자 자릿수는 15자리까지 입력할 수 있으며 셀의 너비보다 긴 숫자를 입력하면 지수 서식으로 표시됩니다. 만약 서식이 지정된 숫자라면 '####'으로 표시됩니다.

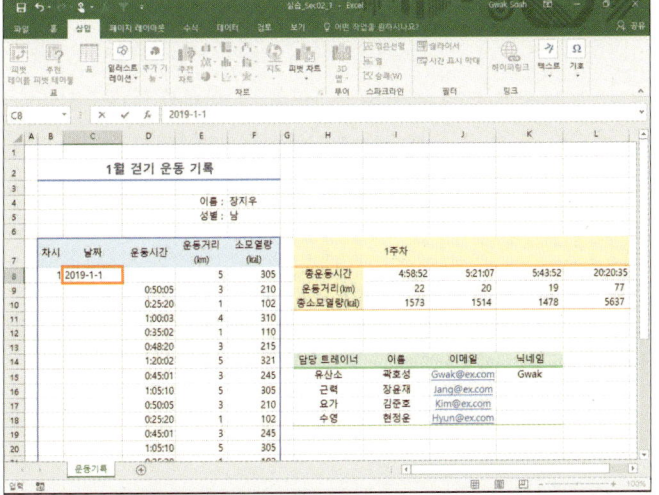

[C8] 셀에는 운동날짜 "2019-1-1"를 입력하고 Tab 을 누릅니다.

강의노트

날짜 데이터를 입력하려면 하이픈(-)이나 슬래시(/)로 년, 월, 일을 구분해야 합니다. 현재 날짜를 입력하려면 Ctrl + ; 을 누릅니다.

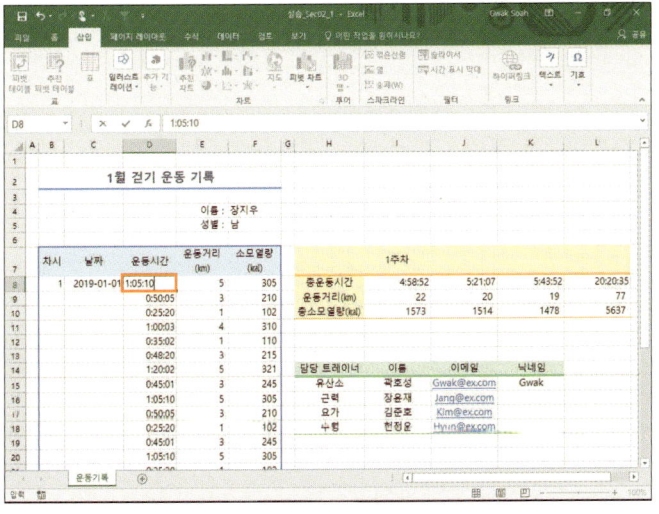

[D8] 셀에는 운동시간 "1:05:10"을 입력하고 Enter 를 누릅니다.

강의노트

시간 데이터를 입력하려면 콜론(:)으로 시, 분, 초를 구분해야 합니다. 현재 시간을 입력하려면 Ctrl + ; 을 누릅니다.

직접 해보기   한자 입력하기

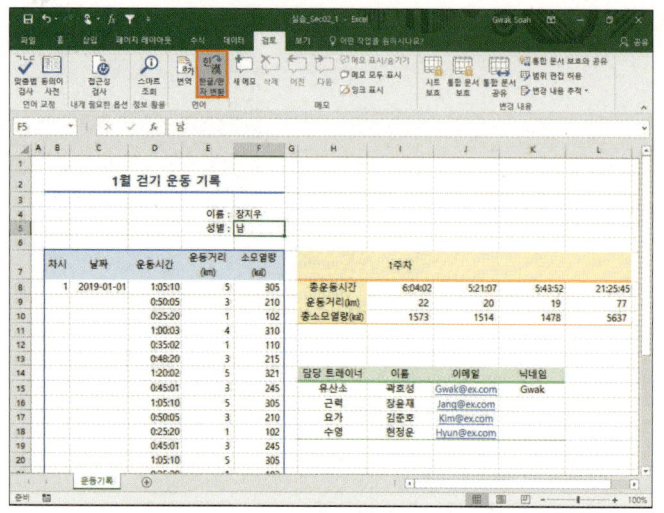

01 성별을 한글과 한자의 조합으로 표기하기 위해 [F5] 셀을 클릭한 후 [검토] – [언어]에서 [한글/한자 변환]을 클릭합니다.

02 [한글/한자 변환] 대화상자가 열리면 [한자 선택]에서 '男'을 선택하고, [입력 형태]에서 [한글(漢字)]에 체크합니다. 그리고 [변환]과 [닫기]를 차례대로 클릭합니다.

한자 변환이 다음 셀로 이어지면 [닫기]를 클릭하여 한자 입력을 종료합니다.

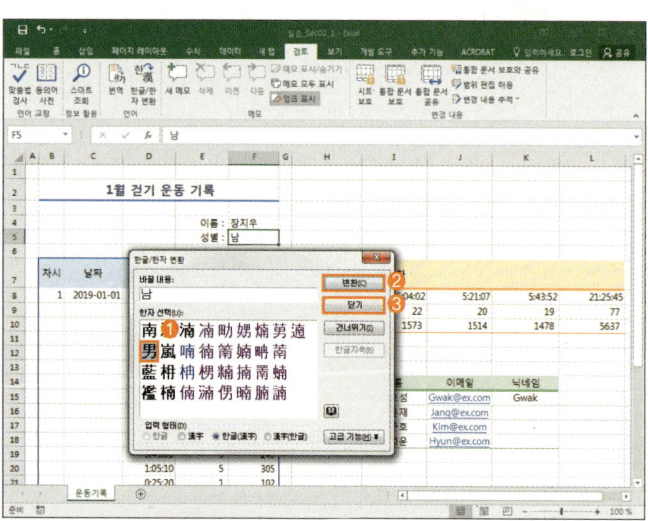

03 [F5] 셀의 텍스트가 한글과 한자의 조합으로 변환된 것을 확인합니다.

한글을 입력한 후 한자를 눌러 한 글자 씩 변환할 수도 있습니다.

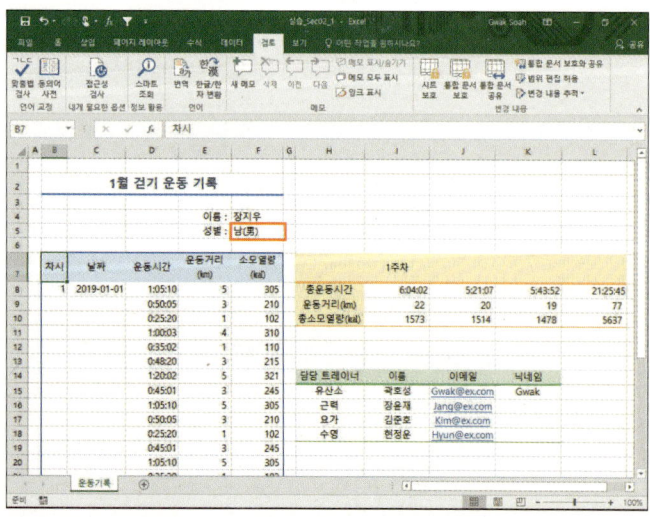

Excel 2 | 데이터 빠르게 채우기

엑셀에서는 이전 셀에 입력된 데이터를 기반으로 많은 양의 데이터를 빠르고 쉽게 채울 수 있습니다. 자동 채우기와 빠른 채우기 기능을 이용하여 데이터를 효율적으로 입력하는 방법을 알아봅니다.

직접 해보기 자동 채우기

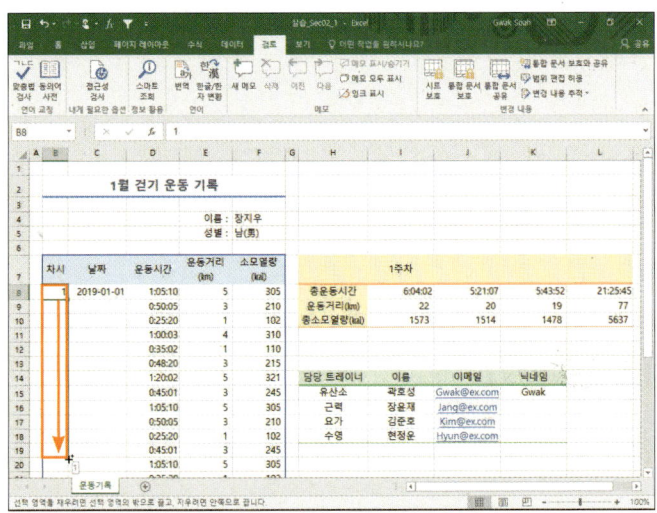

01 자동 채우기 기능을 사용하면 데이터를 쉽고 빠르게 입력할 수 있습니다. 차시 필드를 자동 빠르게 채우기 위해 [B8] 셀을 선택한 후 Ctrl 을 누른 상태에서 자동 채우기 핸들(+)을 [B30] 셀까지 드래그합니다.

📖 강의노트

채우기 핸들이란 셀 포인터 오른쪽 아래 모서리의 사각형 점을 말합니다. 필드란 같은 성격의 데이터 집합으로 각각의 열을 의미합니다.

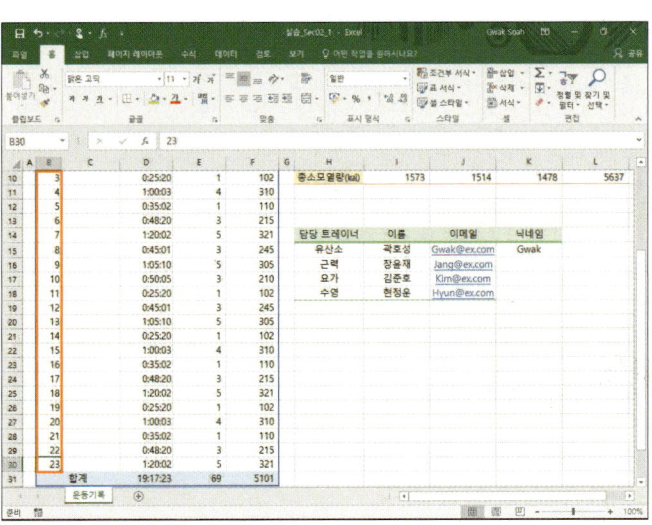

02 그러면 [B8:B30] 셀 영역에 '1'씩 증가한 차시가 자동 채우기 됩니다.

📖 강의노트

자동 채우기 핸들을 드래그하면 기본적으로 셀의 내용이 복사 입력됩니다. Ctrl 을 누른 후 자동 채우기 핸들을 드래그하면 초기 값에서 '1'씩 증가합니다. 두 셀 사이의 차이 값으로 자동 채우기 하기하려면 숫자가 입력된 두 셀을 범위로 지정한 후 채우기 핸들을 드래그합니다.

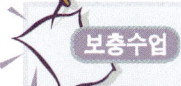 보충수업 **자동 완성 기능**

자동 완성은 이전 셀에 입력된 데이터를 기반으로 자동으로 데이터를 채워주는 기능입니다. 자동 완성된 데이터를 입력하는 것이 맞으면 Enter 를 누르고, 아니라면 무시하고 원하는 데이터를 입력 합니다.

[A8] 셀에 '인'을 입력하면 상단에 입력된 '인사부'가 자동으로 완성됩니다.

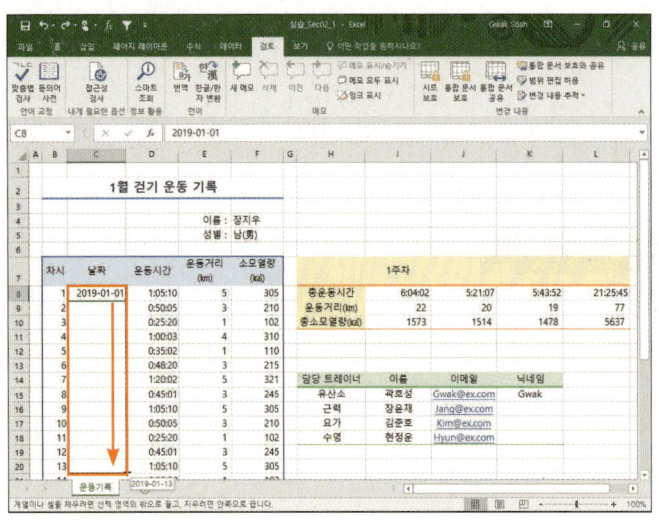

03 [C8] 셀을 선택한 후 자동 채우기 핸들(+)을 [C30] 셀까지 드래그하여 날짜를 자동 채우기를 합니다.

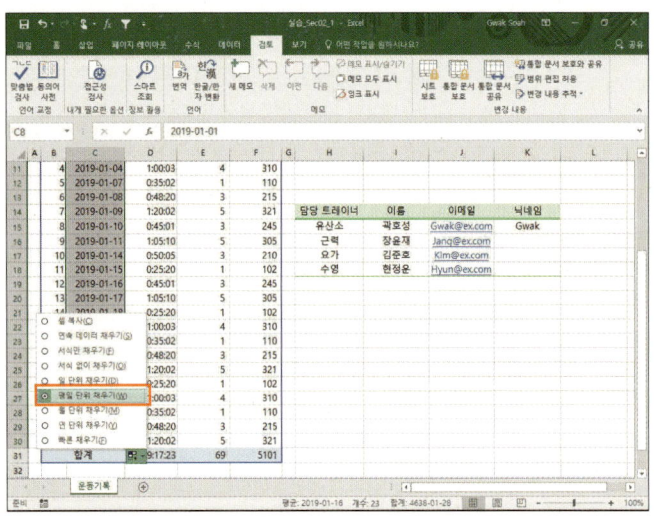

04 자동 채우기 옵션()을 클릭하여 [평일 단위 채우기]를 클릭합니다.

강의노트

[자동 채우기 옵션]에서는 일 단위, 평일 단위, 월 단위, 연 단위 등의 채우기를 선택할 수 있습니다.

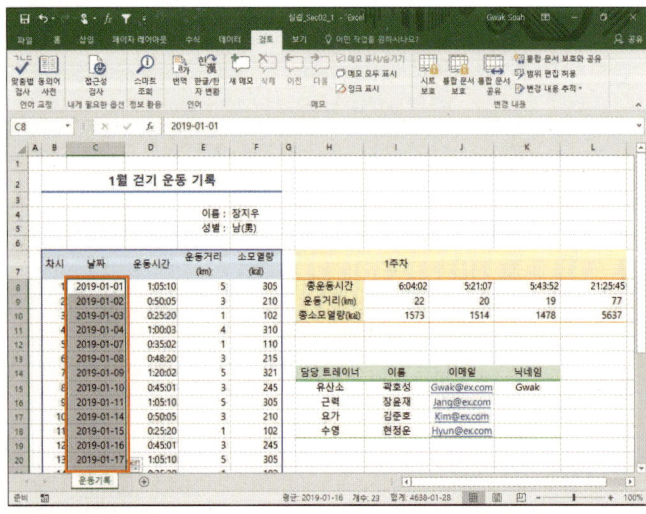

05 [C8:C30] 셀 영역에 평일 단위로 채워진 날짜 데이터를 확인합니다.

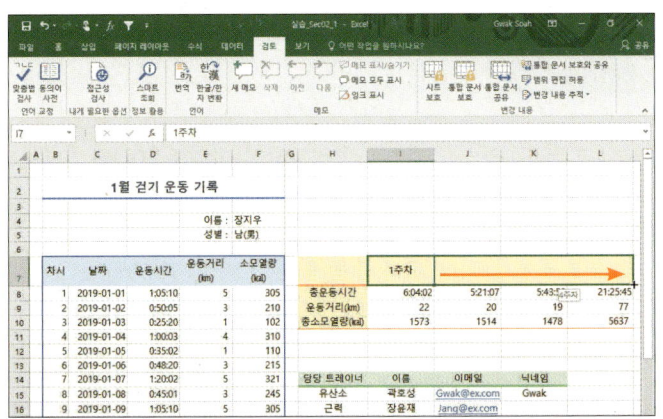

06 이번에는 [I7]을 선택한 후 자동 채우기 핸들(+)을 [L7] 셀까지 드래그합니다.

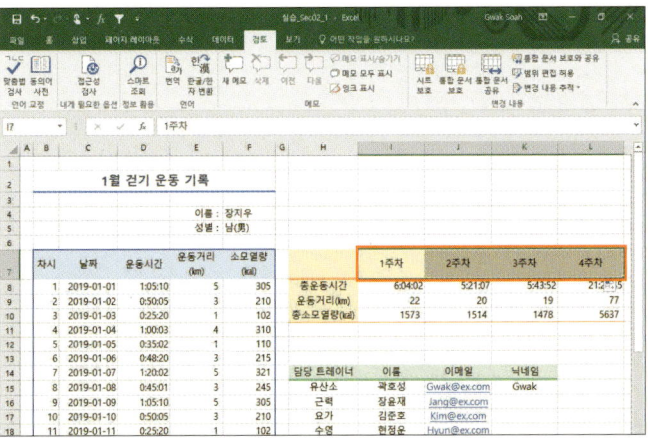

07 [I7:L7] 셀 영역에 숫자와 문자의 조합이 자동 채우기된 것을 확인합니다.

 강의노트

'숫자+문자' 조합으로 입력 된 데이터를 복사하여 채우기 하려면 Ctrl 을 누른 상태로 채우기 핸들을 드래그합니다.

보충수업 **사용자 지정 연속 데이터 채우기**

❶ 데이터 영역을 블록으로 지정합니다.

❷ [파일] – [옵션]을 클릭하여 [EXCEL 옵션] 대화상자를 열고, [고급] – [일반] – [정렬 및 채우기 순서에 사용할 목록 만들기] – [사용자 지정 목록 편집]을 클릭합니다.

❸ [목록 가져올 범위]에서 영역을 확인하고 [가져오기]를 클릭합니다.

❹ [추가]와 [확인]을 차례대로 누르고 [EXCEL 옵션] 대화상자로 돌아와 [확인]을 클릭합니다.

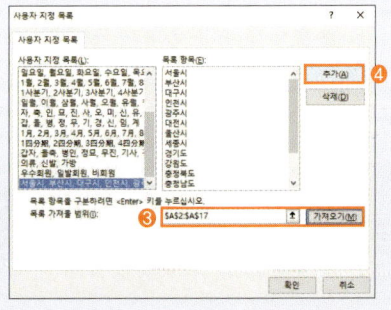

직접 해보기 빠른 채우기

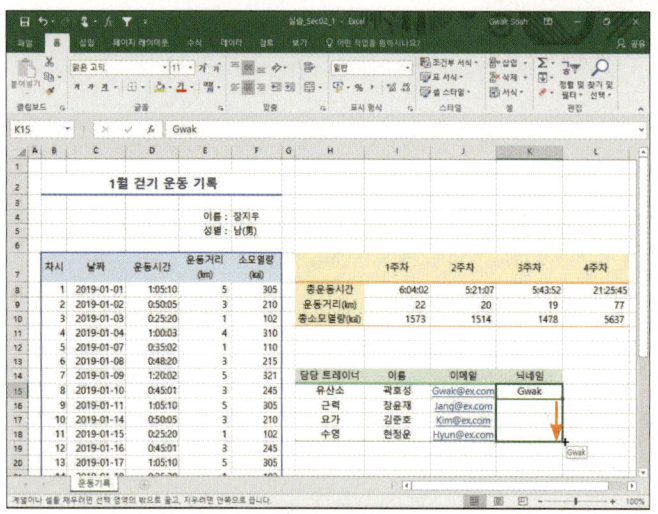

 빠른 채우기 기능을 이용하여 이메일 주소의 앞부분을 닉네임으로 입력하려고 합니다. [K15] 셀을 클릭하고 자동 채우기 핸들(+)을 [K18] 셀까지 드래그합니다.

강의노트

[빠른 채우기]는 이전 셀에 입력된 데이터에 일정한 규칙 또는 패턴이 있을 경우 이를 적용하여 데이터를 빠르게 채워주는 기능입니다.

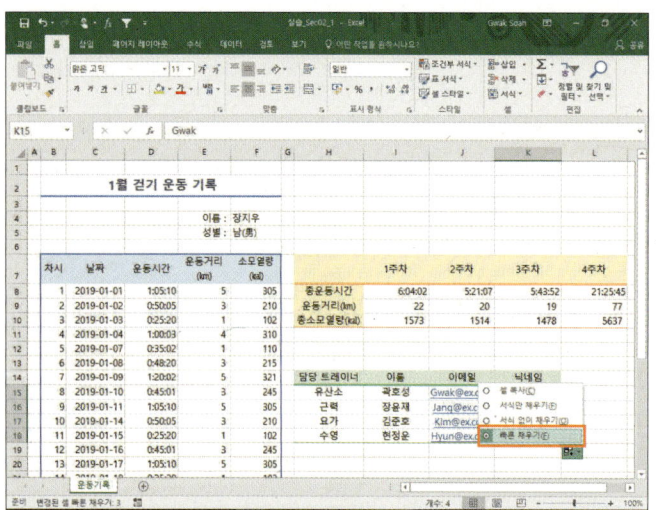

 [자동 채우기 옵션] 단추(⊞)를 누르고 [빠른 채우기]를 클릭합니다.

강의노트

해당 영역을 범위로 지정한 후 단축키 Ctrl + E 를 누르면 빠른 채우기를 할 수 있습니다.

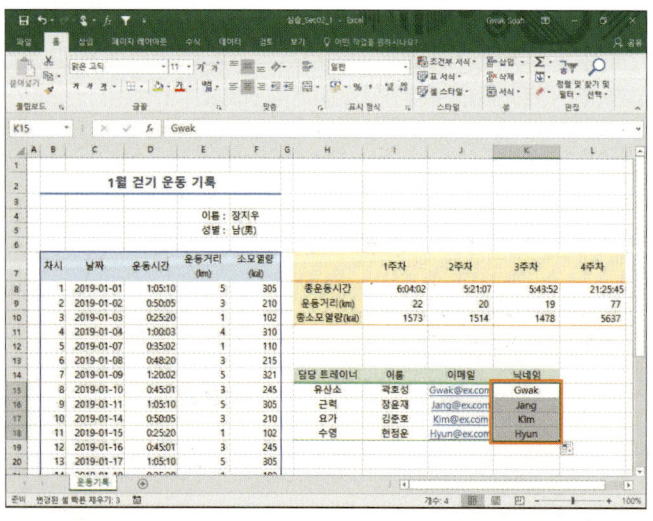

 [K5:K18] 셀 영역에 닉네임이 채워진 것을 확인합니다.

강의노트

이메일 주소의 '@' 기호 앞부분만 복사하여 채워진 것을 확인할 수 있습니다.

Excel 3	데이터 유효성 검사하기

데이터 유효성 검사를 통해 데이터 입력 오류를 줄이고 데이터 정확도를 높일 수 있습니다. 데이터 유효성 검사를 통해 해당 데이터가 유효한지 알아보고, 사용자가 잘못된 데이터를 입력할 때 오류 메시지를 표시해 봅니다.

직접 해보기 데이터 유효성 검사하기

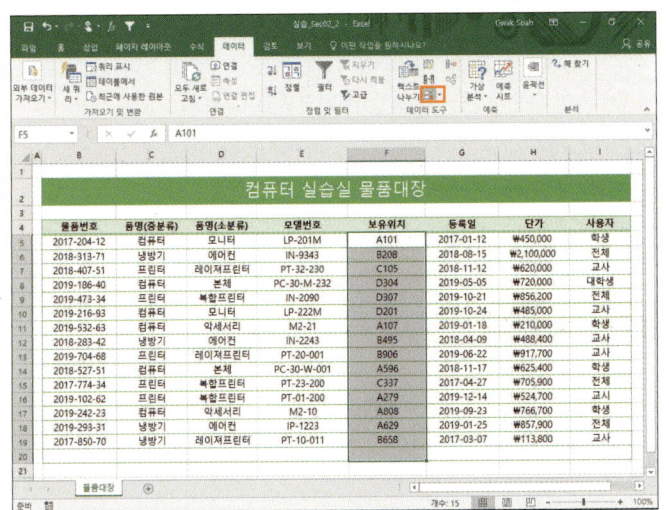

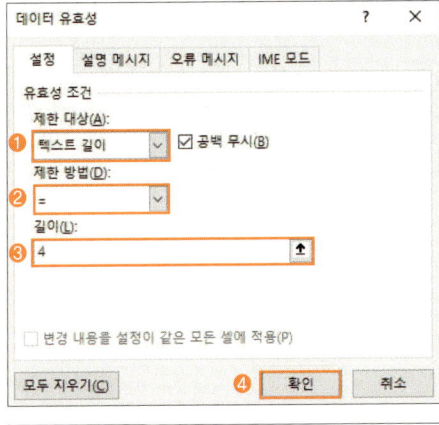

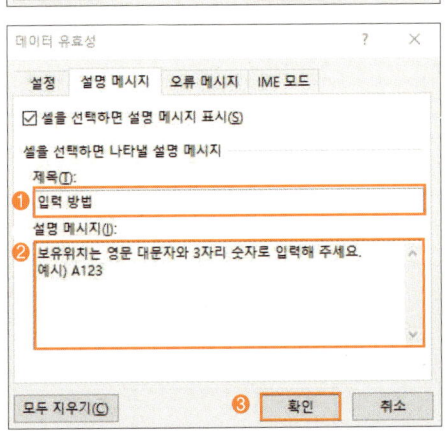

01 '실습_Sec02_2' 파일을 열고 '물품대장' 워크시트를 선택합니다. 보유위치 필드에 영문 대문자와 숫자 조합의 4자리 데이터만 입력하려고 합니다. [F5:F20] 셀 영역을 범위로 지정합니다. 그리고 [데이터] – [데이터 도구]에서 [데이터 유효성 검사]( )를 클릭합니다.

02 [데이터 유효성] 대화상자에서 [설정] – [제한 대상]의 목록 단추( )를 클릭하여 "텍스트 길이"로 변경합니다. 같은 방법으로 [제한 방법]을 '='으로 변경하고 [길이]에 "4"를 입력합니다.

[제한 방법]이 '모든 값'이면 모든 데이터의 입력을 허용 합니다.

03 [데이터 유효성] 대화상자의 [설명 메시지] 탭으로 이동합니다. [제목]에 "입력 방법"을, [설명 메시지]에 "보유위치는 영문 대문자와 3자리 숫자로 입력해 주세요. 예시) A123"을 입력합니다.

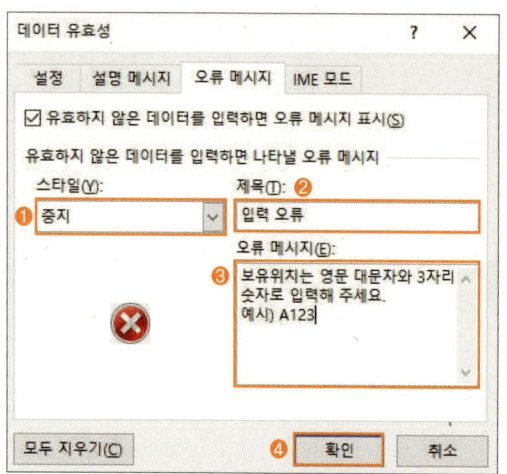

04 계속해서 [데이터 유효성] 대화상자의 [오류 메시지] 탭으로 이동합니다. [스타일]의 목록 단추(▼)를 클릭하여 '중지'를 클릭합니다. [제목]에 "입력 오류"를, [오류 메시지]에 "보유위치는 영문 대문자와 3자리 숫자로 입력해 주세요. 예시) A123"을 입력하고 [확인]을 클릭합니다.

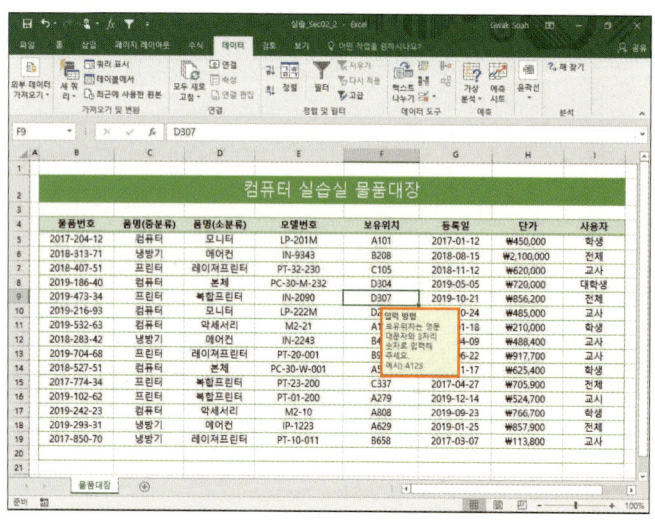

05 유효성 검사가 적용된 임의의 셀을 클릭하면 입력 방법에 대한 설명 메시지가 표시됩니다.

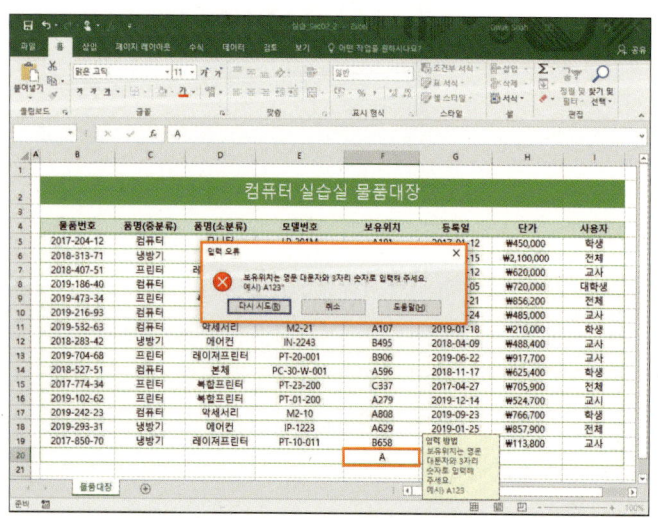

06 [F20] 셀에 "A"를 입력하고 Enter 를 누르면 다음과 같이 오류 메시지가 표시 됩니다.

[입력 오류] 대화상자의 [다시 시도]를 클릭하면 데이터를 다시 입력할 수 있습니다. [취소]를 클릭하면 데이터 입력을 취소합니다.

직접 해보기   잘못 입력한 데이터 수정하기

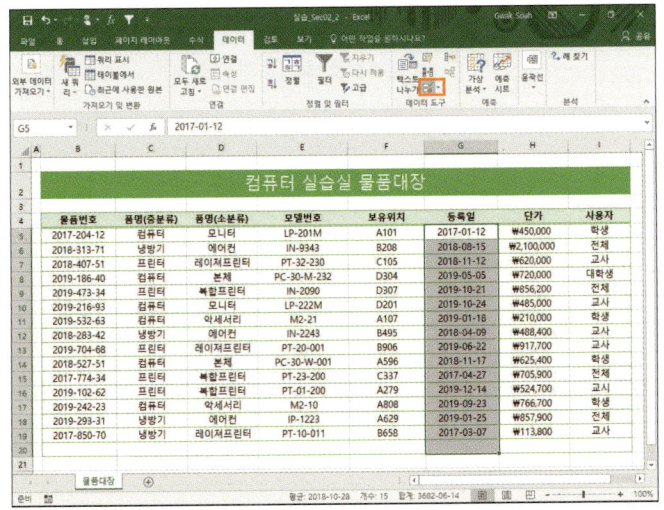

01 이번에는 등록일과 사용자 필드에 잘못 입력된 데이터를 찾아 수정하려고 합니다. 먼저 [G5:G20] 셀 영역을 범위로 지정한 후 [데이터] – [데이터 도구] – [데이터 유효성 검사]를 클릭합니다.

02 [데이터 유효성] 대화상자가 열리면 [설정] – [제한 대상]의 목록 단추()를 클릭하고 '날짜'를 클릭합니다. [제한 방법]에서 '>='를 클릭하고 [시작 날짜]에는 "2017-03-01"을 입력한 후 [확인]을 클릭합니다.

📖 강의노트

등록일 필드에는 '2017년 3월 1일'이후의 날짜만 입력하도록 설정 합니다.

03 이어서 사용자 [I5:I20] 셀 영역을 범위로 지정하고 [데이터] – [데이터 도구] – [데이터 유효성 검사]를 클릭합니다.

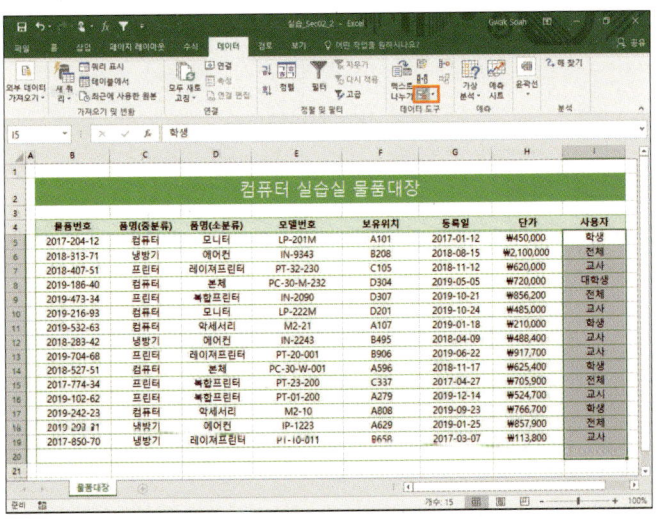

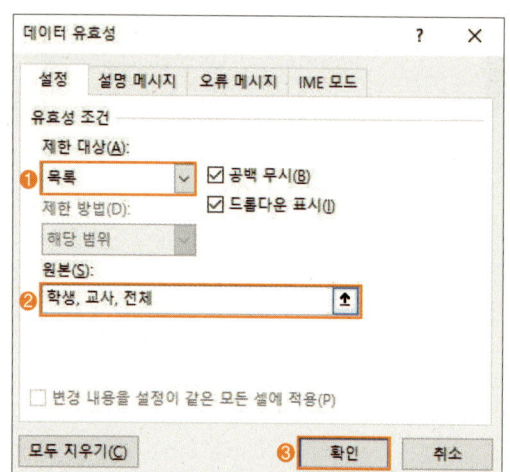

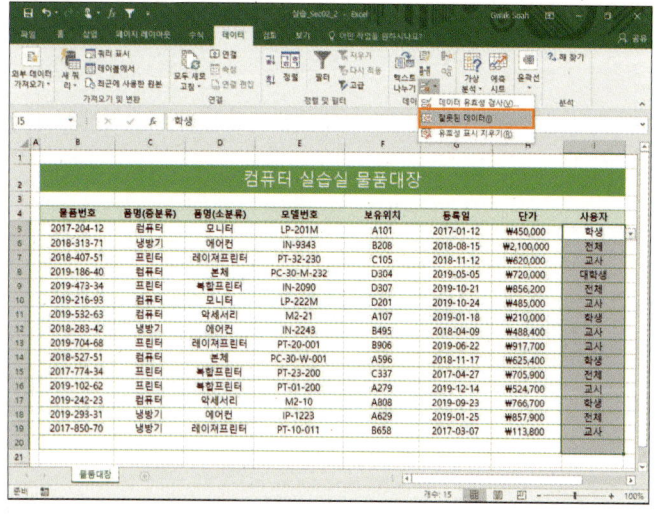

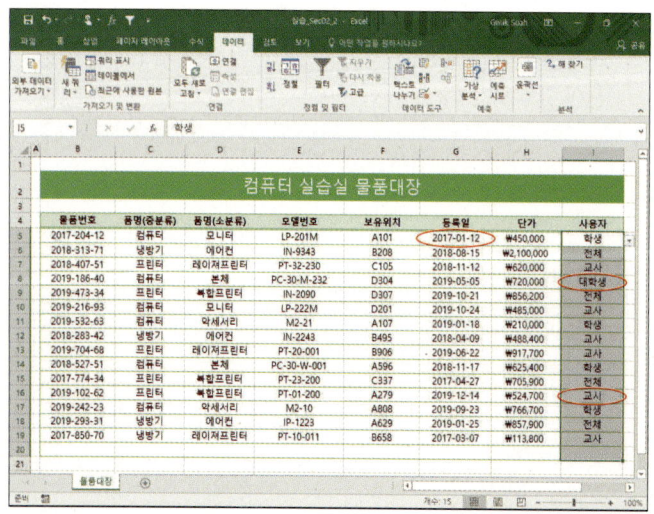

04 [데이터 유효성] 대화상자가 열리면 [설정] – [제한 대상]에서 '목록'을 클릭합니다. [원본]에는 "학생, 교사, 전체"를 입력하고 [확인]을 클릭합니다.

사용자 필드에는 '학생, 교사, 전체' 중 하나만 입력하도록 설정합니다.

05 [데이터] – [데이터 도구] – [데이터 유효성 검사] – [잘못된 데이터]를 클릭합니다.

맞춤법이 틀리게 입력된 텍스트를 검사하고 교정하기 위해서는 [검토] – [언어 교정]에서 [맞춤법 검사](✓)를 클릭합니다.

06 등록일과 사용자 필드에 잘못 입력된 데이터들이 빨간색 원 안에 표시됩니다.

[홈] – [편집]에서 [찾기](🔍)를 클릭하거나 단축키 Ctrl + F 를 누르면 특정 텍스트를 검색하고 새로운 텍스트로 변경할 수 있습니다.

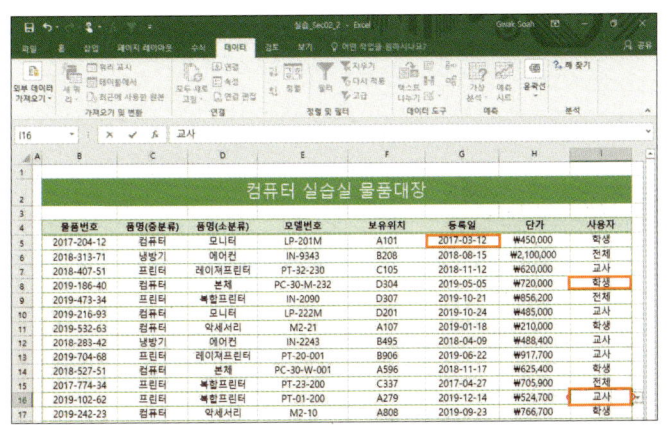

07 잘못 입력된 데이터를 더블 클릭하여 입력 방법에 맞게 수정하면 빨간색 원 표시가 없어집니다.

목록 유효성 검사가 지정된 셀은 셀 오른쪽의 목록 단추(▾)를 클릭하여 목록에서 원하는 데이터를 선택할 수도 있습니다. 유효성 검사에서 제한 대상을 "목록"으로 지정한 경우에만 목록 단추가 나타납니다.

오류 메시지 유형

유효성 검사가 지정된 셀에 효하지 않은 데이터를 사용자가 입력하지 못하도록 오류 메시지를 보일 수 있습니다. 선택할 수 있는 오류 메시지는 중지, 경고, 정보 등 세 가지입니다.

1) 중지
사용자가 셀에 잘못된 데이터를 입력하지 못하도록 막습니다.

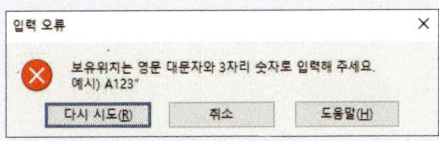

2) 경고
사용자가 잘못된 데이터를 입력할 경우 입력을 금지하지 않는 대신 입력한 데이터가 유효하지 않다는 사실을 사용자에게 경고로 알립니다.

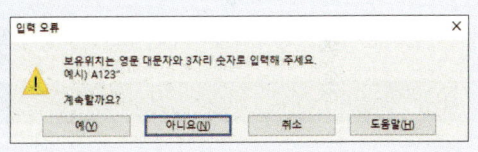

3) 정보
사용자가 잘못된 데이터를 입력할 경우 입력을 금지하지 않는 대신 입력한 데이터가 유효하지 않다는 사실을 사용자에게 알립니다.

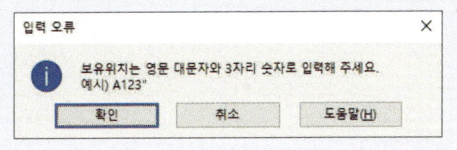

정리 한마당

- 하나의 셀에 두 줄 이상의 텍스트를 입력하기 위해서는 Alt + Enter 를 눌러 두 번 째 줄로 커서를 이동시킵니다.
- 엑셀은 데이터의 종류에 따라 처리 방법이 조금씩 다르기 때문에 데이터의 종류에 따른 특징을 잘 알고 있어야 합니다.
- [검토] – [언어] – [한글/한자 변환]에서 한글을 한자로 변환 할 수 있습니다.
- 자동 채우기 또는 빠른 채우기 기능을 이용하여 데이터를 쉽고 빠르게 입력합니다.

기초 문제

1 '기초_Sec02_1.xlsx' 파일을 열고 '헬스리포트' 워크시트에서 다음 지시에 따라 문서를 작성하세요.

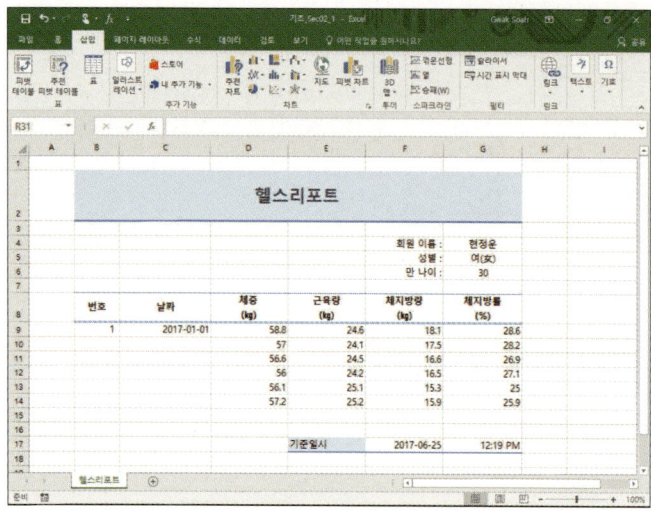

- 숫자 데이터 입력 : [B9] 셀에 번호 "1"을 표기
- 한자 데이터 입력 : [G6] 셀에 성별을 "여(女)"로 표기
- 날짜 데이터 입력 : [B9] 셀과 [F17] 셀에 "2017-01-01"과 현재 날짜를 각각 표기
- 시간 데이터 입력 : [G17] 셀에 현재 시간을 표기
- 한 셀에 두 줄 입력 : [D8:G8] 셀 영역에 "체중(kg)", "근육량(kg)", "체지방량(kg)", "체지방률(%)"을 각각 표기

▲ 완성파일 : 기초_Sec02_1_완성.xlsx

힌트
- 현재 날짜 입력하기 : [E17] 셀을 선택한 후 [Ctrl]+[;]을 누릅니다.
- 현재 시간 입력하기 : [F17] 셀을 선택한 후 [Ctrl]+[Shift]+[;]를 누릅니다.

2 앞의 문서에 이어서 다음 지시에 따라 문서를 작성하세요.

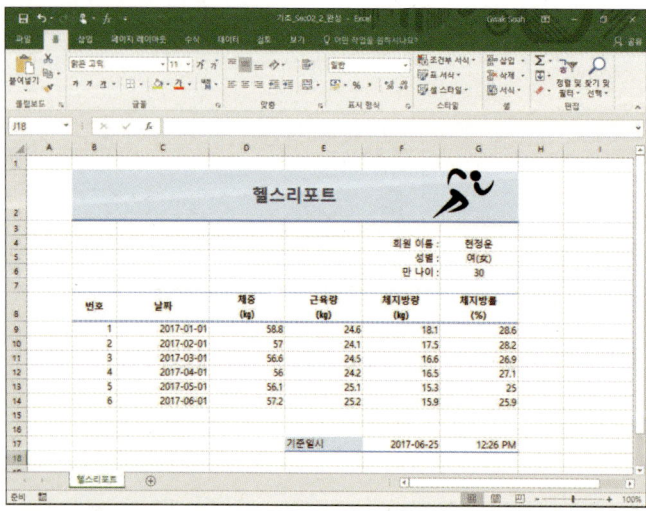

▲ 완성파일 : 기초_Sec02_2_완성.xlsx

힌트

- 이미지 삽입하기
① [삽입] – [일러스트레이션]에서 [온라인 그림]( )을 클릭합니다. [그림 삽입] 대화 상자가 열리면 [Bing 이미지 검색란에] "Clipart Excercise"를 입력한 후 [Enter]를 누릅니다.

- 이미지 삽입 : 문서 오른쪽 상단에 운동 관련 그림 삽입
- 자동 채우기 : 번호 필드의 [B9:B14] 셀 영역에 1부터 6까지 연속데이터 채우기
- 빠른 채우기 : 날짜 필드의 [C9:C14] 셀 영역에 날짜를 월 단위로 입력

심화 문제

1 '심화_Sec02_1.xlsx' 파일을 열고 '신청자 목록' 워크시트에서 다음 지시에 따라 데이터 유효성 검사를 설정하세요.

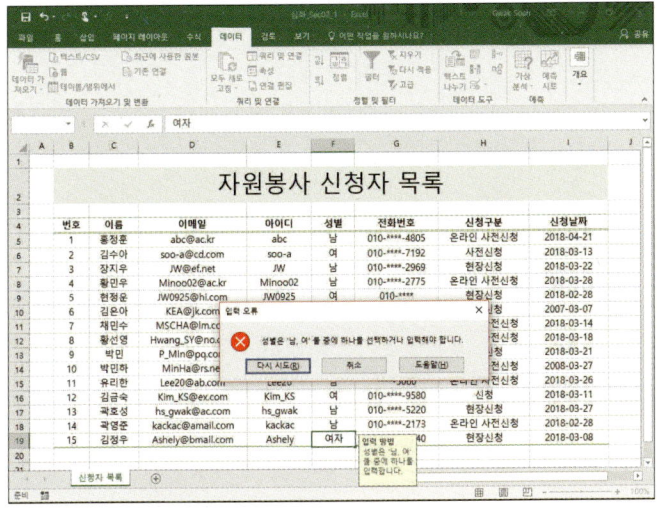

① 데이터 유효성 검사

• 설명 메시지 : 성별은 '남, 여' 둘 중에 하나를 입력합니다.

• 오류 메시지(스타일 : 중지) : 성별은 '남, 여' 둘 중에 하나를 선택하거나 입력해야 합니다.

② 데이터 입력 및 오류 메시지 확인

• [F19] 셀에 "여자"를 입력하고 오류 메시지 확인, 다시 '여'로 입력

▲ 완성파일 : 심화_Sec02_1_완성.xlsx

2 앞의 문서에 이어서 다음 지시에 따라 데이터 유효성 검사를 설정하고 잘못된 데이터를 표시하세요.

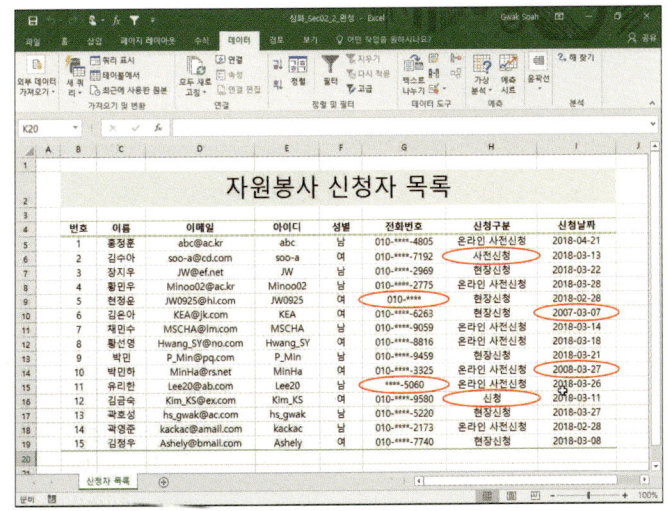

• 전화번호([G5:G19]) : '–'기호 포함 13자리 번호만 유효

• 신청 구분([H5:H19]) : '온라인 사전신청' 또는 '현장신청'만 유효

• 신청 날짜([I5:I19]) : '2018년 1월 1일' 이후의 날짜만 유효

▲ 완성파일 : 심화_Sec02_2_완성.xlsx

03 section

셀과 워크시트 다루기

셀은 워크시트의 가장 중요한 구성 요소로 데이터를 입력할 수 있는 가장 기본 단위입니다. 따라서 셀과 워크시트를 다루는 것은 엑셀 문서 편집의 기초입니다. Section03에서는 셀과 워크시트를 편집하는 가장 기초이자 중요한 셀 삽입/삭제부터 셀 데이터 복사와 이동을 다루고, 워크시트 편집 기능까지 학습합니다.

결과 미리보기

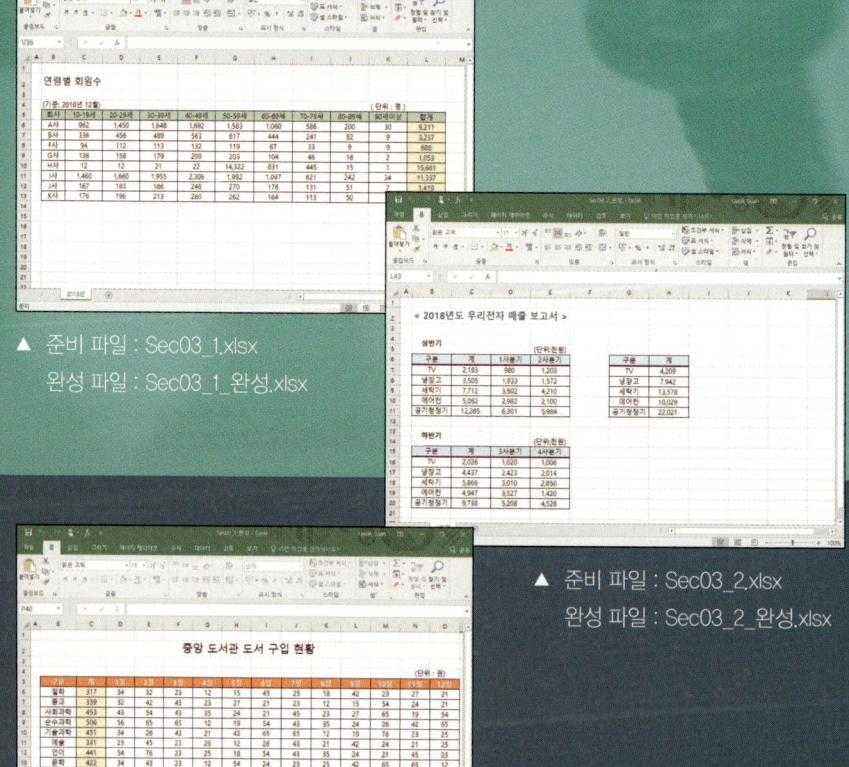

▲ 준비 파일 : Sec03_1.xlsx
　 완성 파일 : Sec03_1_완성.xlsx

▲ 준비 파일 : Sec03_2.xlsx
　 완성 파일 : Sec03_2_완성.xlsx

▲ 준비 파일 : Sec03_3.xlsx
　 완성 파일 : Sec03_3_완성.xlsx

Excel 1 셀 다루기

워크시트에는 수백 개의 빈 셀이 포함되어 있습니다. 여기서는 엑셀 문서를 작성하기 위한 가장 기본 기능으로 셀을 삽입/삭제하고 행과 열의 크기를 변경하는 방법을 살펴봅니다.

직접 해보기 셀 삽입/삭제하기

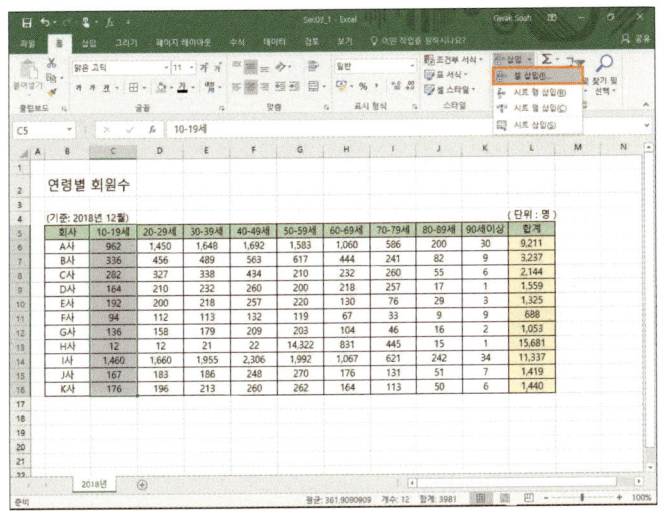

01 '실습_Sec03_1.xlsx' 파일을 열고 '2018년' 워크시트를 선택합니다. [C5:C16] 셀을 블록으로 지정합니다. [홈] - [셀]에서 [삽입]()의 목록 단추(▾)를 누르고 [셀 삽입]을 클릭합니다.

📖 **강의노트**

해당 영역을 블록으로 지정한 후 마우스 오른쪽 단추를 클릭한 후 [삽입]을 클릭해도 됩니다.

02 [삽입] 대화상자에서 '셀을 오른쪽으로 밀기'에 체크하고 [확인]을 클릭합니다.

03 새로운 셀이 삽입되고 원래 내용은 오른쪽으로 이동합니다. 셀 삽입 후 [삽입 옵션]()을 클릭한 다음 '서식 지우기'에 체크하면 삽입된 셀의 서식을 지울 수 있습니다.

📖 **강의노트**

'셀 서식'이란 셀에 적용되어 있는 글꼴이나 테두리, 색 등을 의미합니다. 새로 삽입한 셀은 기본적으로 기존의 왼쪽(셀 서식)이나 위쪽 셀 서식이 지정됩니다.

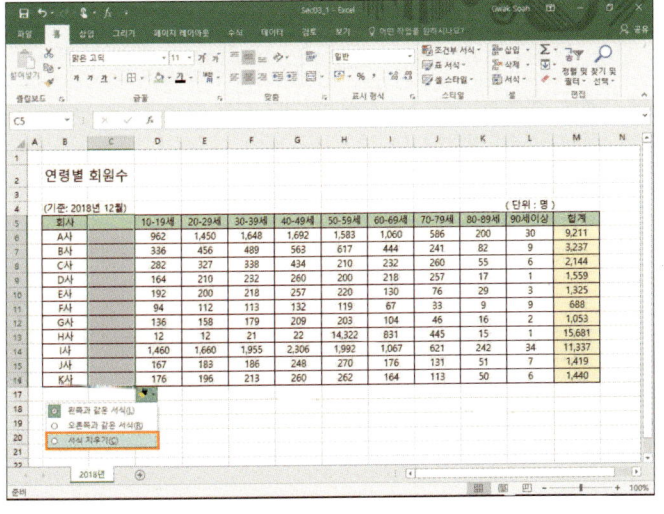

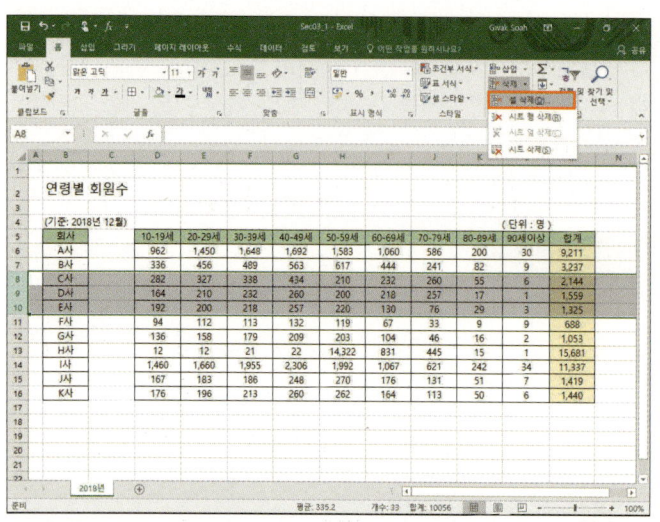

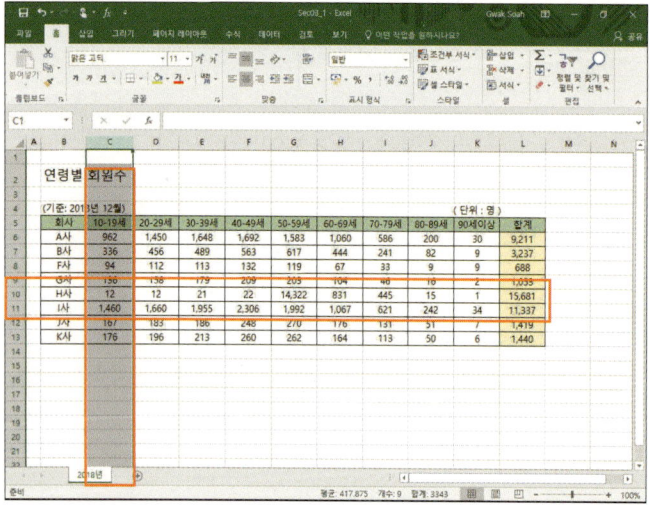

04 행 전체를 삭제하기 위해 8~10행의 머리글을 드래그하여 블록으로 지정합니다. [홈] - [셀]에서 [삭제]()의 목록 단추(▼)를 누르고 [셀 삭제]를 클릭합니다.

강의노트

행이나 열 전체를 블록으로 지정하기 위해서는 행 머리글이나 열 머리글을 마우스로 드래그합니다.

05 기존의 8~10행이 삭제되면 C열의 머리글을 선택하고 같은 방법으로 C열 전체를 삭제합니다.

강의노트

행 머리글이나 열 머리글을 사용하여 블록을 지정하고 삭제()를 클릭할 경우 [삭제] 대화상자이 나타나지 않습니다.

 **보충수업** **셀 범위 선택하기**

연속된 범위 선택	범위의 시작 셀에서 원하는 영역만큼 마우스로 드래그하거나 시작 셀을 클릭한 다음 Shift 를 누른 상태에서 마지막 셀을 클릭합니다.
페이지 레이아웃	워크시트의 행/열 머리글이 시작되는 부분에 있는 [모두 선택](◢)을 누릅니다.
행/열 단위 선택	특정 행 또는 열 하나만 선택할 경우 해당 머리글을 클릭하고, 여러 개의 행 또는 열을 선택할 경우에는 머리글을 드래그하여 블록으로 지정합니다.
떨어진 범위 선택	첫 번째 영역을 블록으로 지정한 후 Ctrl 을 누른 상태로 원하는 영역을 드래그합니다.
한꺼번에 많은 데이터 선택하기	시작 범위를 드래그하여 선택하고 Ctrl + Shift 를 누른 상태에서 방향키 (←, ↑, →, ↓)을 눌러 범위를 확장합니다. 또는 범위 내의 임의의 셀을 클릭하고 Ctrl + A 를 누릅니다.

직접 해보기 행과 열의 크기 조절하기

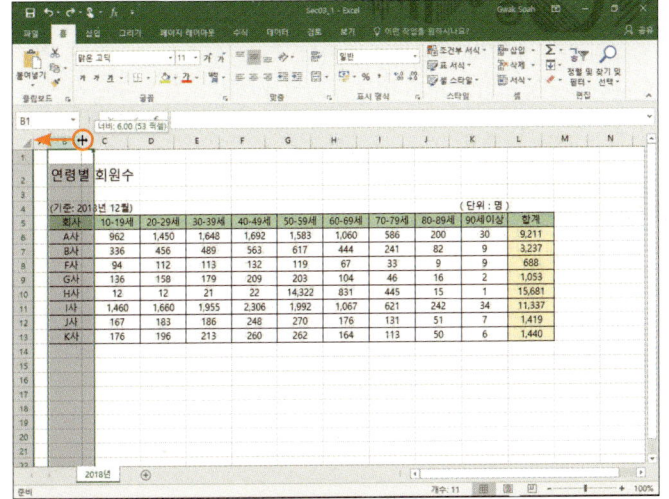

01 B열 머리글의 오른쪽 경계선을 마우스로 가리키면 포인터가 양방향 화살표(✛) 모양이 됩니다. 이때 마우스를 클릭한 채 왼쪽으로 드래그하여 열 너비를 줄입니다.

강의노트

열 머리글의 오른쪽 경계선을 더블 클릭하면 입력된 데이터의 길이에 맞게 자동으로 열 너비가 조절됩니다.

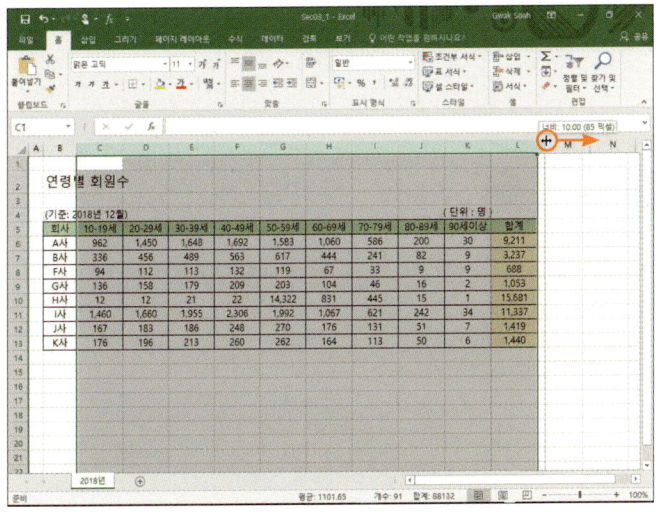

02 이번에는 여러 개의 열을 같은 너비로 조절하기 위해 C열부터 L열까지 열 머리글을 드래그하여 블록으로 지정합니다. 블록에 포함되어 있는 열 머리글 중 하나의 오른쪽 경계선을 드래그하여 열 너비를 확장합니다.

강의노트

행 높이도 열 너비와 같은 방법으로 조절합니다. 행 머리글의 아래쪽 경계선을 위 또는 아래 방향으로 드래그하면 됩니다.

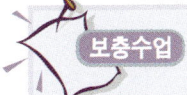

보충수업 수치 입력하여 행과 열의 크기 조절하기

행 또는 열 머리글의 경계선을 마우스로 드래그하여 블록을 지정한 후 [홈] – [셀]에서 [서식](▦)을 클릭하고 [행 높이] 또는 [열 너비]를 클릭합니다.

▶ 4행의 높이를 '16.5'로 조절   ▶ E~G열의 너비를 '10.75'로 동일하게 조절

Excel 2 | 셀 데이터 이동 및 복사하기

엑셀 문서를 편집 할 때 꼭 알아두어야 할 기능이 바로 이동과 복사입니다. 셀에 입력된 데이터를 원하는 위치로 이동시키거나 복사하는 과정을 학습하고, 필요한 옵션만 선택하여 붙여넣기 하는 방법을 살펴봅니다.

직접 해보기 | 셀 데이터 이동하기

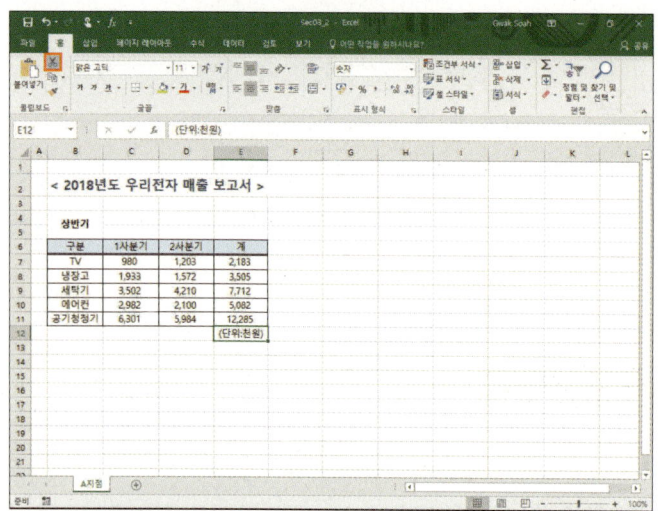

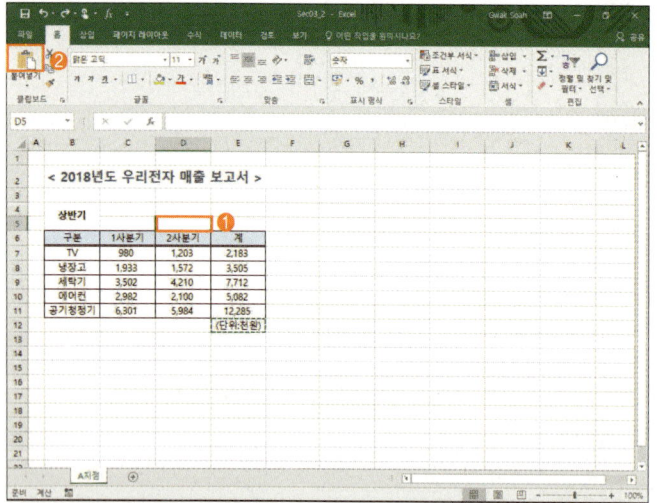

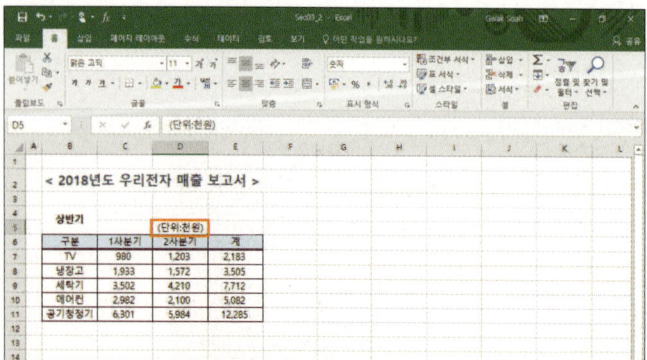

01 '실습_Sec03_2.xlsx' 파일을 열고 'A지점' 워크시트를 선택합니다. [E12] 셀을 [D5] 셀의 위치로 이동시키려고합니다. [E12] 셀을 클릭하고 [홈] – [클립보드]에서 [잘라내기] (✂)를 클릭합니다.

잘라내기 단축키: Ctrl + X

02 잘라내기 한 영역은 움직이는 점선 테두리가 생깁니다. [D5] 셀을 클릭한 후 [붙여넣기](📋)를 클릭합니다.

붙여넣기 단축키: Ctrl + V

03 [E12] 셀이 [D5] 셀로 이동된 것을 확인합니다.

선택 영역의 테두리에 마우스 포인터를 올려 놓고 원하는 위치로 드래그해도 됩니다.

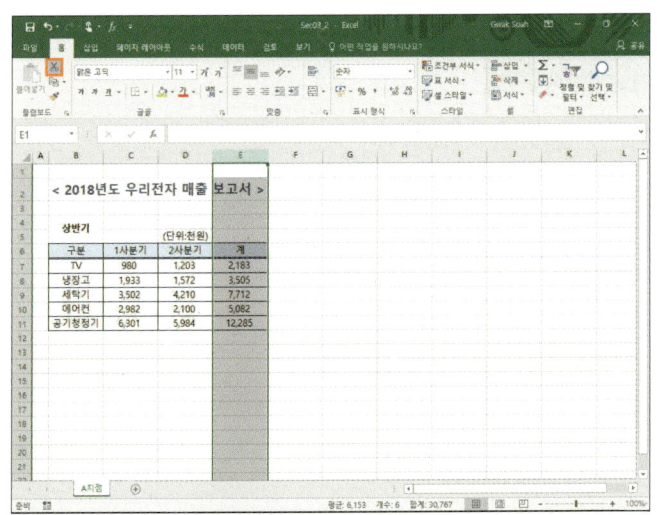

04 이번에는 E열 전체를 C열 앞으로 이동하려고합니다. E열 머리글을 클릭하여 블록을 지정한 다음 [잘라내기](✂)를 클릭합니다.

단축키 [Ctrl]+[X]를 눌러도 됩니다.

05 잘라내기 한 영역에 움직이는 점선 테두리가 생기면 C열 머리글에서 마우스 오른쪽 단추를 클릭하고 [잘라낸 셀 삽입]을 클릭합니다.

A열 머리글을 클릭 한 다음 [홈] – [셀]에서 [삽입] (📋)의 목록 단추(▾)를 눌러 [잘라낸 셀을 삽입]을 클릭해도 됩니다.

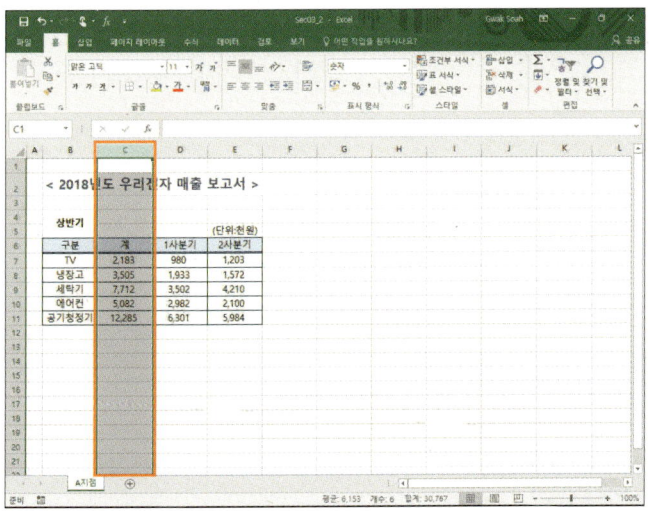

06 기존의 E열 전체가 C열 앞으로 이동 한 것을 확인합니다.

직접 해보기 셀 데이터 복사하기

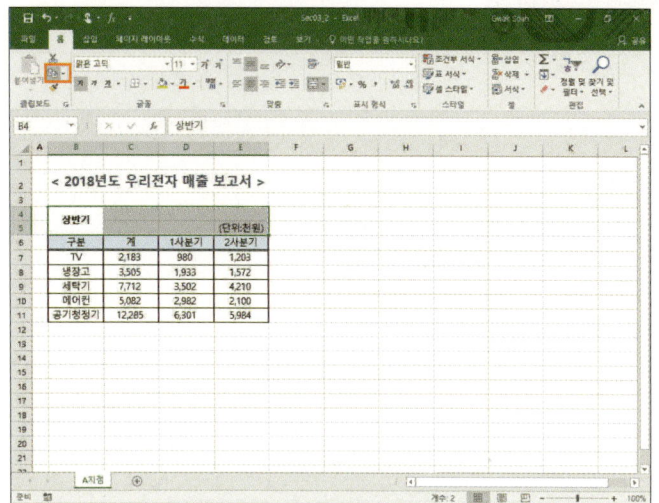

01 [B4:E5] 셀 영역을 블록으로 지정하고 [홈] −[클립보드]에서 [복사]()를 클릭합니다.

📖 **강의노트**

복사하기 단축키: [Ctrl]+[C]

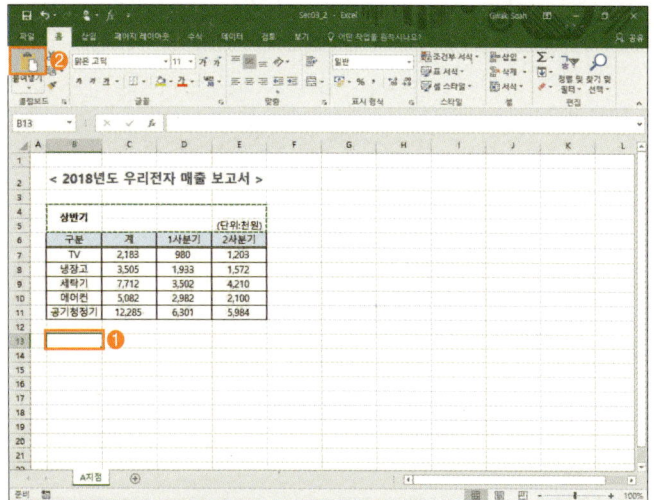

02 복사한 영역에 움직이는 점선 테두리가 생기면 [B13] 셀을 클릭한 후 붙여넣기()를 클릭합니다.

📖 **강의노트**

복사한 선택 영역을 기존의 셀 사이에 삽입할 수 있습니다. 해당 셀에서 마우스 오른쪽 단추를 클릭한 후 [복사한 셀 삽입]을 클릭합니다. [삽입하여 붙여넣기] 대화상자가 열리면 기존 셀을 이동할 방향에 체크하고 [확인]을 클릭합니다.

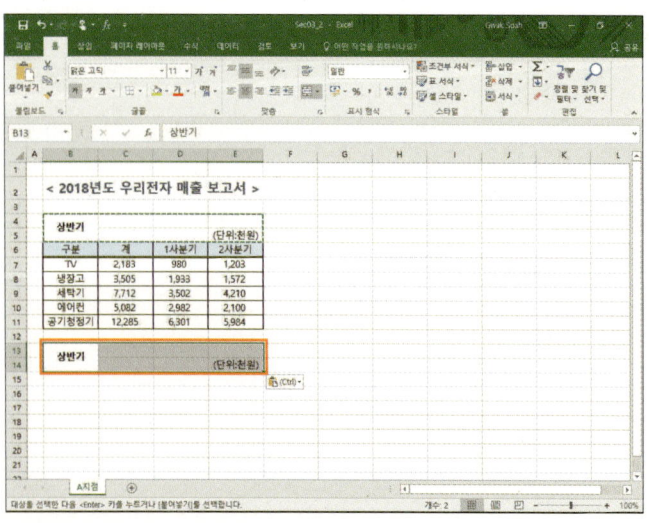

03 [B4:E5]이 [B13:E14] 셀 영역에 복사된 것을 확인합니다.

📖 **강의노트**

기본적으로 셀을 붙여 넣을 때 붙여넣기 옵션()이 표시됩니다. 여기서는 원본의 수식 및 서식 등을 유지할 수 있는 특수 옵션을 제공합니다.

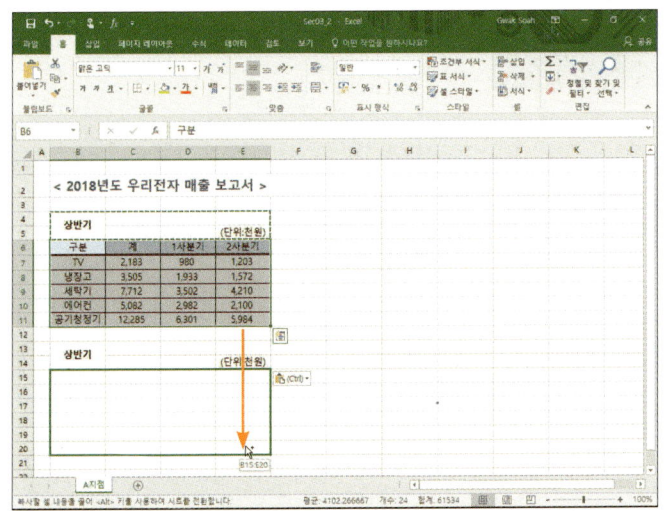

04 이번에는 마우스를 이용해서 복사하는 방법입니다. [B6:E11] 셀 영역을 블록으로 지정한 후 〈Ctrl〉을 누른 상태에서 선택 영역의 테두리로 마우스 포인터를 옮깁니다. 그리고 마우스를 [B15:E20] 셀 영역으로 드래그합니다. .

강의노트

Ctrl 을 누른 상태로 선택 영역의 테두리에 마우스를 가리키면 포인터가 ⬚ 로 변합니다.

05 다음과 같이 복사가 완료되면 [B13] 셀을 "하반기"로 수정하고 [B15:E20] 셀의 데이터를 임의로 수정합니다.

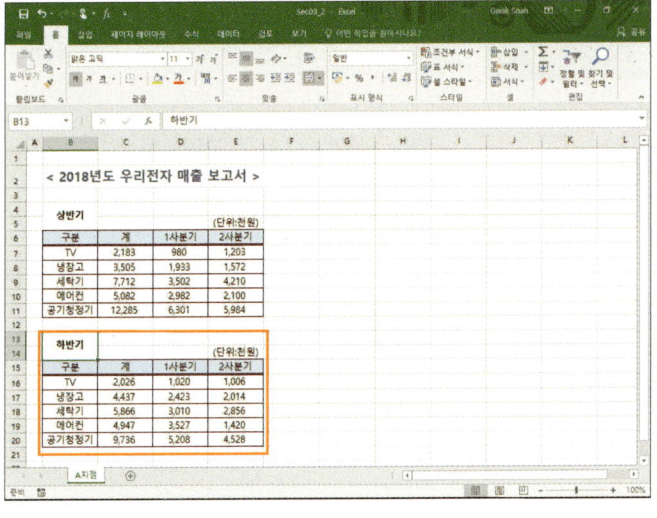

 **보충수업** **서식 복사하기**

다른 셀 영역에 동일한 서식(예: 색, 글꼴 스타일 및 크기, 테두리 스타일)을 신속하게 적용하려면 [홈] – [클립보드]에서 서식 복사(🖌)를 클릭합니다.

▶ 마우스가 브러쉬 모양(🔁🖌)으로 바뀜   ▶ 원하는 셀을 클릭하여 서식 붙여넣기

직접 해보기 선택하여 붙여넣기

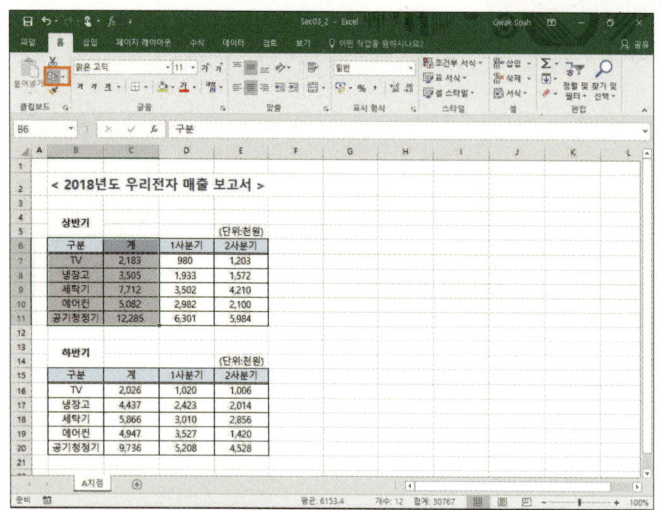

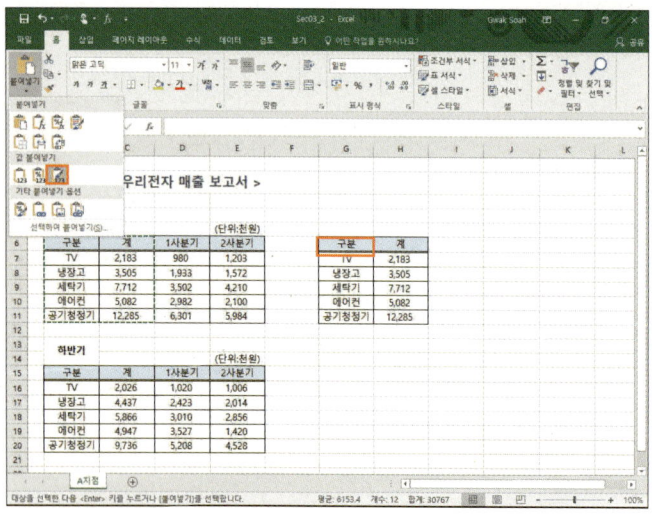

 **01** [B6:C11] 셀 영역을 블록으로 지정하고 [홈] – [클립보드]에서 [복사]( )를 클릭합니다.

강의노트

[선택하여 붙여넣기]는 데이터를 복사한 후에만 선택할 수 있습니다.

 **02** [G6] 셀을 클릭하고 [붙여넣기]( )의 목록 단추( )를 클릭한 다음 [값 붙여넣기] 범주에서 [값 및 원본 서식]을 클릭합니다.

강의노트

붙여넣기 옵션을 마우스 포인터로 가리키면 해당 옵션을 실행한 결과가 미리 표시 됩니다.

 **보충수업** **붙여넣기 옵션**

복사한 데이터의 서식 또는 값 등 특정 요소만 붙여 넣으려면 선택하여 붙여넣기 옵션 중 하나를 사용하면 됩니다.

붙여넣기 옵션은 데이터를 복사( )한 후에 붙여넣기( )의 목록 단추( )를 클릭한 다음 선택할 수 있습니다. 또는 해당 데이터를 복사( )하고 원하는 곳에 붙여넣기( )한 후에 표시되는 붙여넣기 옵션((Ctrl))단추를 클릭하여 선택할 수도 있습니다.

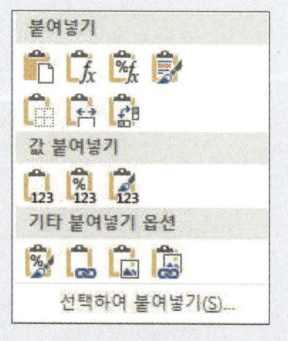

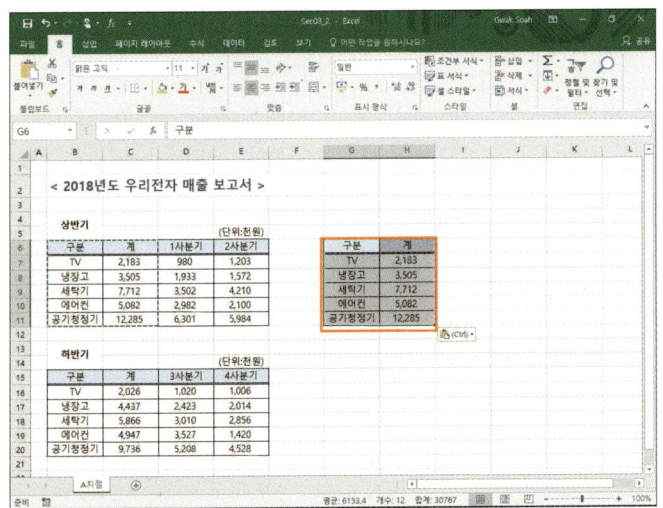

03 [G6:F11] 셀에 [B6:C11] 셀의 값이 복사 된 것을 확인합니다.

강의노트

[값 및 원본 서식]으로 붙여넣기는 복사한 원본의 데이터와 서식을 똑같이 복사하지만 원본의 수식은 복사하지 않고 수식의 결과 값을 복사합니다.

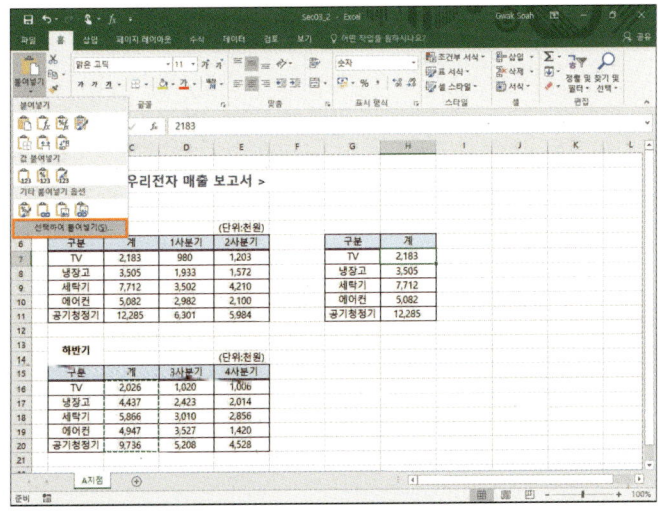

04 이번에는 [C16:C20] 셀 영역을 블록으로 지정하고 [복사]( )를 클릭합니다.

05 [H7] 셀을 클릭하고 [붙여넣기]( )의 목록 단추(▼) 클릭한 다음 [선택하여 붙여넣기]를 클릭합니다.

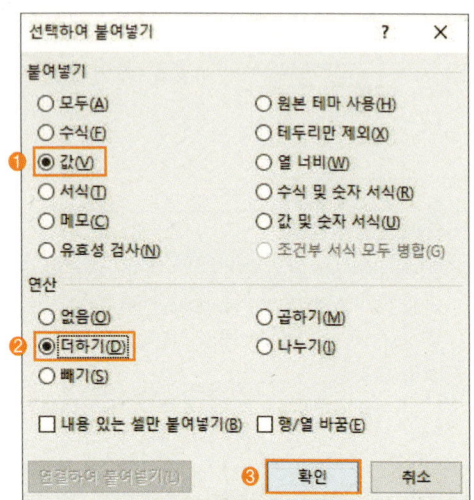

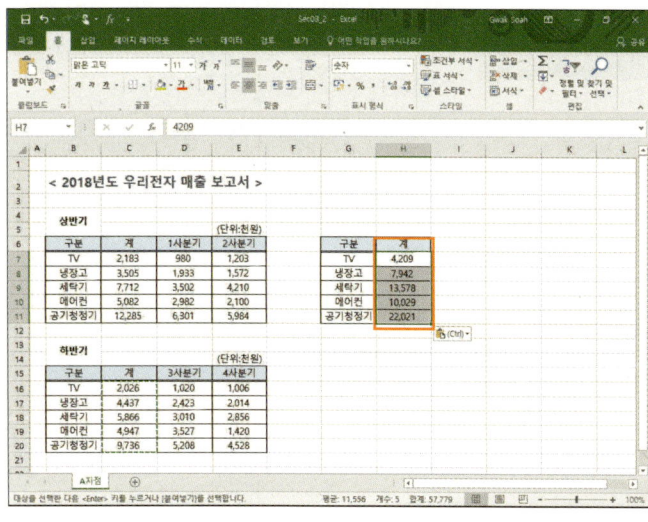

06 [선택하여 붙여넣기] 대화상자가 열리면 [붙여넣기] 범주에서 '값'을, [연산] 범주에서 '더하기'를 선택한 다음 [확인]을 클릭합니다.

데이터를 복사한 후 Ctrl + Alt + V 를 누르면 붙여넣기 대화상자이 열립니다.

07 원래 [H7:H11] 셀 영역에 있던 값에 복사한 [C16:C20] 셀 영역의 값이 더해진 것을 확인합니다.

붙여넣기를 실행한 후 복사한 영역에 남아있는 움직이는 점선 테두리를 해제하려면 Esc 를 누릅니다.

 **선택하여 붙여넣기**

붙여넣기를 실행할 때 복사한 원본과 똑같이 붙여 넣지 않고 사용자가 원하는 옵션을 선택하기 위해서는 [선택하여 붙여넣기]를 합니다.

❶ 메모 : 복사한 셀에 삽입된 메모만 붙여 넣습니다.

❷ 유효성 검사 : 복사한 셀의 데이터 유효성 검사 설정만 붙여 넣습니다.

❸ 테두리만 제외 : 셀의 내용을 테두리 없이 붙여 넣습니다.

❹ 열 너비 : 복사한 셀의 열 너비만 붙여 넣습니다.

❺ 연산 : 복사한 셀의 값을 연산(+, −, ×, ÷)으로 붙여넣기합니다.

❻ 내용 있는 셀만 붙여넣기 : 복사한 셀의 범위에 빈 셀이 있을 경우 빈 셀은 제외하고 붙여넣기합니다.

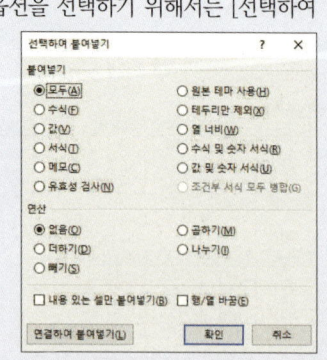

Excel 3 워크시트 다루기

엑셀 파일은 여러 개의 워크시트를 하나의 파일에 포함시킬 수 있기 때문에 '통합문서(Workbook)'라고 합니다. 통합문서는 한 개 이상의 워크시트로 구성되며 추가, 삭제, 이동 및 복사가 가능합니다. 여기서는 워크시트를 다루는 기본적인 방법을 살펴보고, 암호를 설정하여 워크시트를 보호하는 방법을 학습합니다.

직접 해보기 워크시트 삽입하기

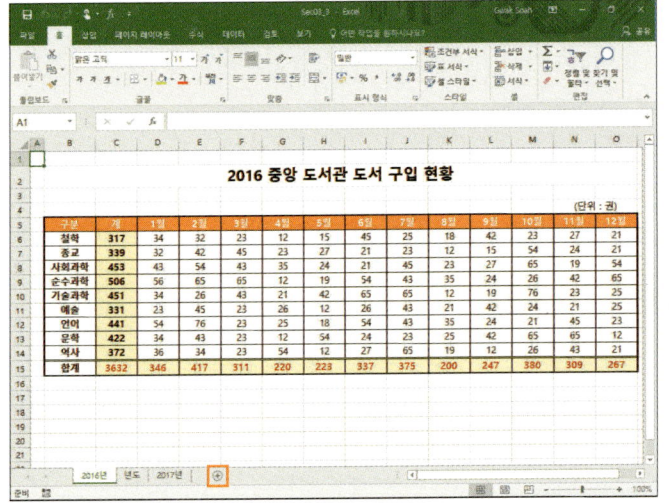

01 '실습_Sec03_3.xlsx'파일을 열고 '2016년' 워크시트를 선택합니다. 하나의 통합 문서에는 필요에 따라 여러 개의 워크시트를 만들 수 있습니다. 화면 하단의 시트 탭에서 새 시트(⊕)를 클릭합니다.

새 시트(⊕)은 기존 시트 뒤에 새로운 시트를 추가합니다.

02 '2016년' 시트 뒤에 새 시트 'Sheet 1'이 삽입 된 것을 확인합니다.

기존 워크시트 앞에 새 시트를 삽입하기 위해서는 시트 탭에서 해당 위치를 클릭하고 [홈] – [셀]에서 삽입( )의 목록단추( )를 클릭하고 [시트 삽입]을 클릭합니다.

 **여러 개의 워크시트 삽입하기**

동시에 여러 개의 워크시트를 삽입하려면 시트 탭에서 Shift 를 누른 채로 삽입하려는 시트 수만큼 기존 시트를 선택합니다. 그리고 [홈] – [셀]에서 삽입( )의 목록단추( )를 클릭하고 [시트 삽입]을 클릭합니다.

▶기존 워크시트

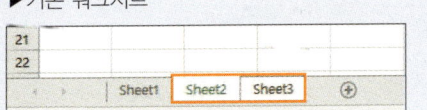

▶ 2개의 워크시트가 추가 됨

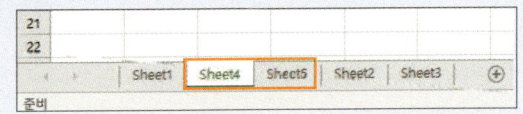

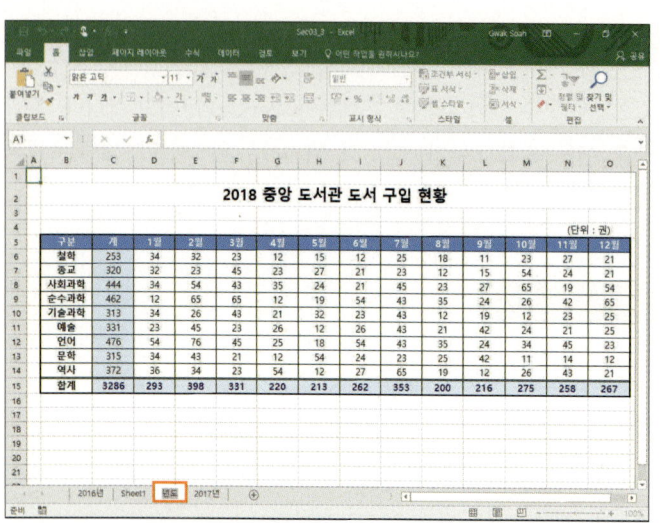

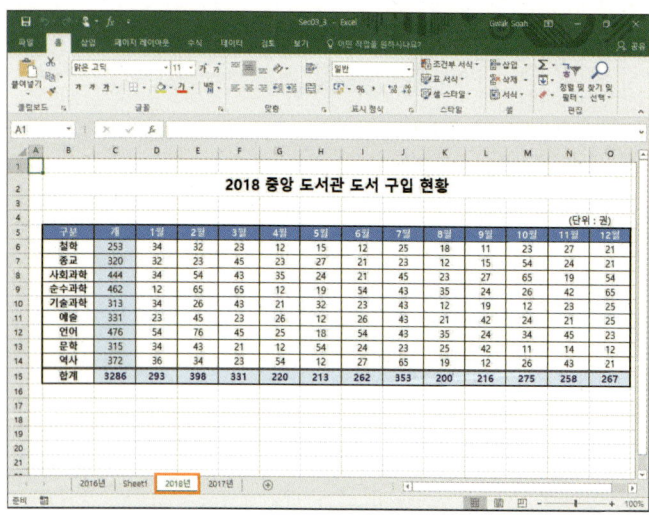

 시트 탭에서 '년도'를 더블 클릭합니다. 이렇게 하면 시트 이름이 반전됩니다.

강의노트

시트 이름 위에서 마우스 오른쪽 단추를 클릭하고 [이름 바꾸기]를 선택해도 됩니다.

 시트 이름이 반전된 상태에서 새 이름으로 "2018년"을 입력한 다음 Enter 를 눌러 이름을 변경합니다.

강의노트

하나의 통합 문서 안에는 동일한 이름을 중복해서 사용할 수 없습니다.

 **시트 탭의 색 바꾸기**

통합 문서에 여러 개의 시트가 포함되어 있을 때 특정 시트를 강조하거나 특징에 따라 분류하기 위해 탭 색을 지정할 수 있습니다.

시트 탭의 색을 바꾸기 위해서는 시트 탭의 해당 시트 이름 위에서 마우스 오른쪽을 클릭하여 [탭 색]을 클릭하고 원하는 색상을 선택합니다. 설정한 탭 색을 취소하고 싶을 때는 [탭 색]에서 '색 없음'을 클릭합니다.

▶ 'D지점'의 탭 색을 '파랑'으로 변경

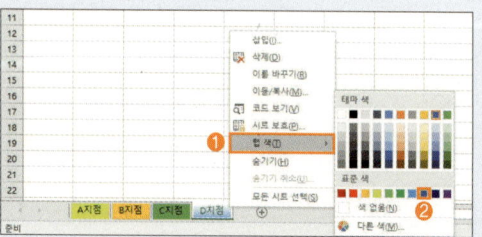

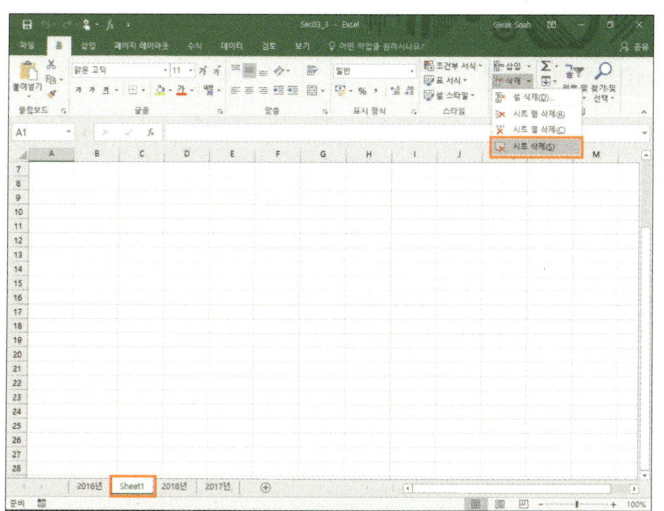

06 이번에는 더 이상 필요가 없어진 시트를 삭제하는 방법입니다. 시트 탭에서 'Sheet1'을 선택한 후 [홈] – [셀]에서 [삭제]()의 목록 단추(▼)를 클릭하여 [시트 삭제]를 클릭합니다.

시트 이름 위에서 마우스 오른쪽 단추를 클릭하고 [삭제]를 클릭해도 됩니다.

07 내용이 비어있던 'Sheet1' 시트가 삭제 된 것을 확인합니다

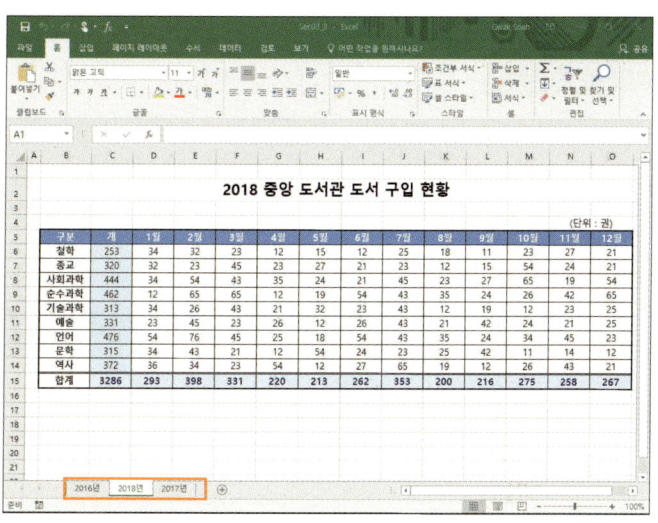

보충수업 **내용이 있는 워크시트 삭제하기**

데이터를 새로 입력하거나 내용을 수정한 워크시트를 삭제할 경우에는 다음과 같이 경고 메시지가 표시됩니다.
다음은 데이터가 입력되어 있는 '6세 여아' 워크시트를 삭제할 경우, 표시되는 경고 메시지입니다.

경고 메시지의 [삭제]를 클릭하면 해당 워크시트가 영구적으로 삭제됩니다.

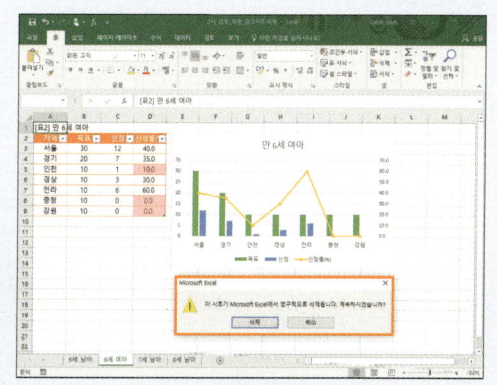

직접 해보기 워크시트 이동 및 복사하기

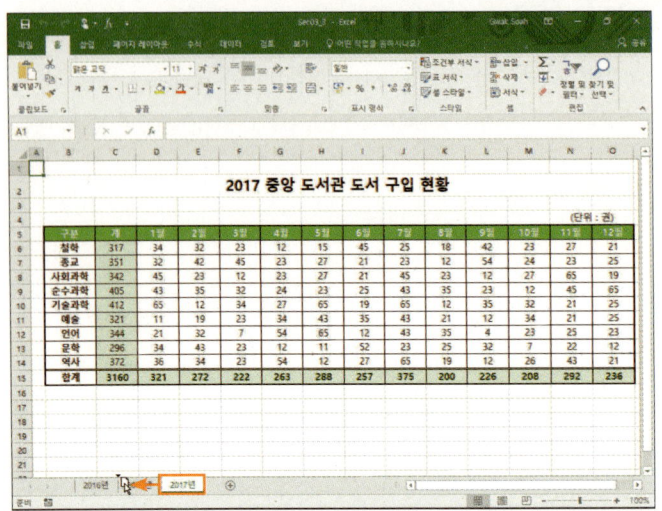

01 작업에 따라 워크시트를 원하는 위치로 이동시킬 수 있습니다. '2017년'을 '2018년' 시트 앞으로 이동하기 위해 '2017년' 시트를 클릭한 채로 앞으로 드래그합니다.

02 '2018년' 앞으로 이동된 '2017년' 시트를 확인합니다.

보충수업 **시트 숨기기**

워크시트가 너무 많아 복잡하거나 다른 사람에게 특정 워크시트만 표시하기 위해 시트를 숨길 수 있습니다. 시트 탭에서 해당 시트를 마우스 오른쪽 단추로 클릭하고 [숨기기]를 클릭합니다. 숨겨진 시트를 보려면 시트 탭에서 마우스 오른쪽 단추를 클릭하고 [숨기기 취소]를 클릭합니다. [숨기기 취소] 상자에서 해당 시트를 선택하고 [확인]을 누릅니다.

▶5개의 시트 중 'Sheet3' 숨기기   ▶ 'Sheet3'이 숨겨짐   ▶ 'Sheet3' 숨기기 취소

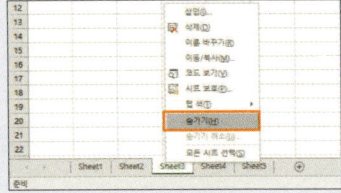

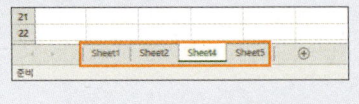

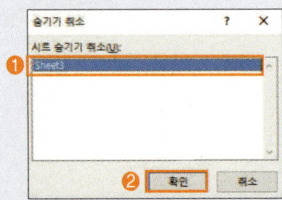

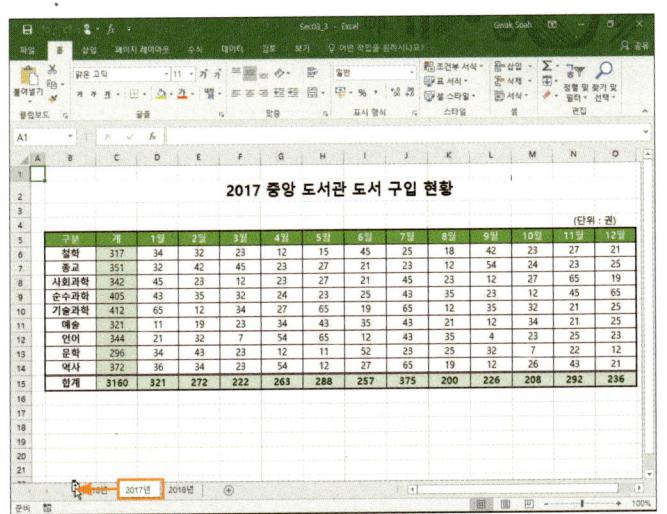

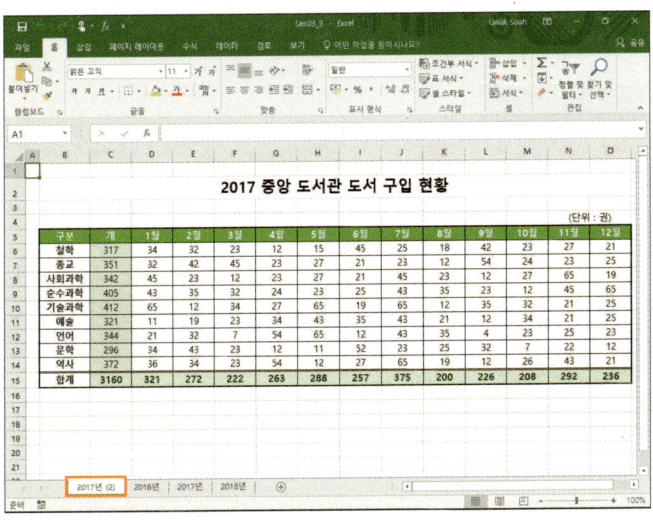

03 이번에는 '2017년' 워크시트를 '2016년' 앞에 복사하려고 합니다. 을 누른 상태에서 '2017년' 워크시트를 '2016년' 앞으로 드래그합니다.

📖 강의노트

시트를 복사할 때는 을 누른 상태에서 드래그합니다.

04 복사된 시트 '2017년(2)'를 확인합니다.

📖 강의노트

시트를 복사하면 같은 이름을 사용할 수 없기 때문에 기존 시트 이름 뒤에 번호가 붙습니다.

 **보충수업** **다른 문서로 시트를 이동/복사하기**

해당 시트 이름 위에서 마우스 오른쪽 단추를 클릭하고 [이동/복사]를 클릭합니다.

❶ [대상 통합 문서]의 목록 단추(▼)를 클릭하고 현재 시트를 이동/복사하고 싶은 통합 문서를 선택합니다. 대상 통합 문서는 현재 열려 있는 통합 문서나 새 통합 문서 중에서 선택할 수 있습니다.

❷ 대상 통합 문서에 포함된 시트 중에서 어떤 시트의 앞에 이동/복사할 것인지 선택합니다.

❸ [복사본 만들기]에 체크하면 시트가 복사되고, 체크하지 않으면 시트가 이동됩니다.

❹ [확인]을 클릭하여 시트를 이동/복사합니다.

▶ [이동/복사] 대화상자

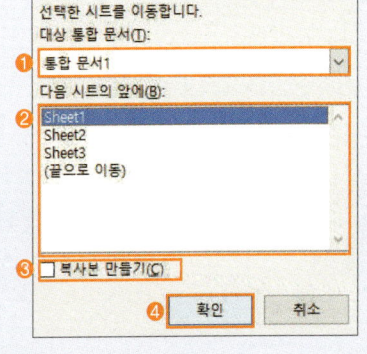

직접 해보기 워크시트 보호하기

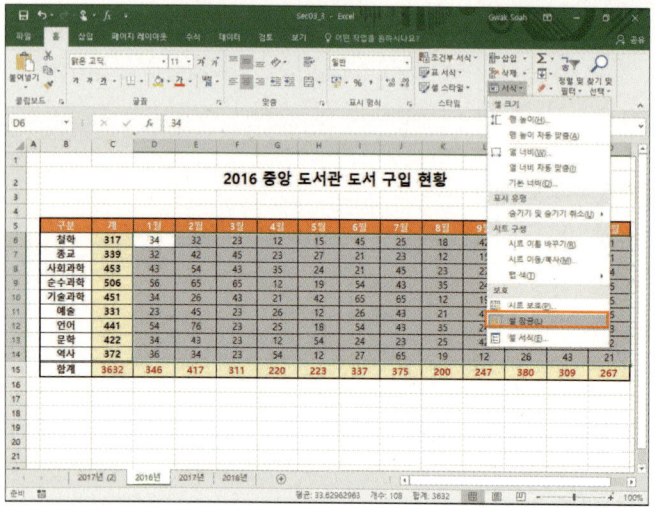

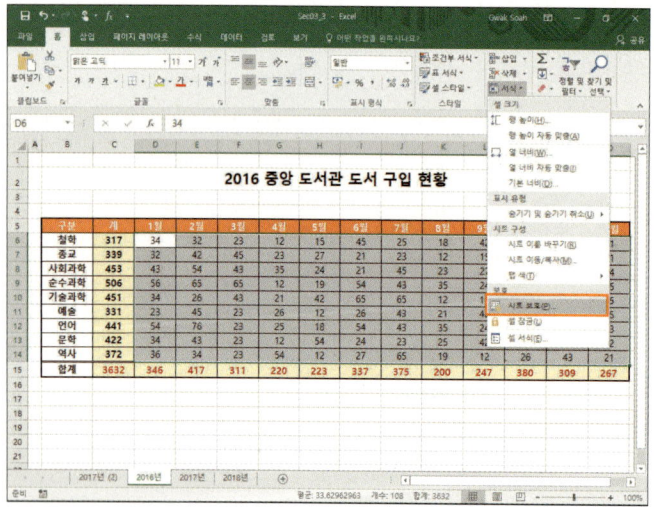

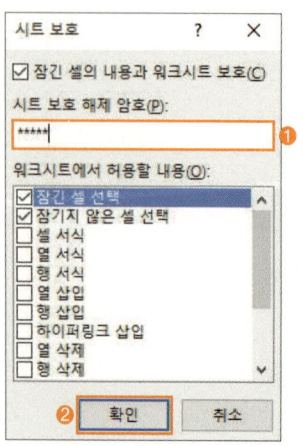

01 '실습_Sec03_3.xlsx' 파일을 열고 '2016년' 시트를 선택합니다. [D6:O14] 셀 영역을 블록으로 지정한 후 [홈] – [셀]에서 [서식]()을 클릭하고 [셀 잠금]을 클릭합니다.

강의노트

기본적으로 모든 셀은 기본적으로 셀 잠금(■)이 설정되어 있습니다. '셀 잠금'은 셀을 변경하지 못하도록 합니다. 여기서는 [D6:O14] 셀 영역에만 사용자가 정보를 입력 할 수 있게 셀 잠금을 해제하는 것입니다.

02 이제 '2016년' 워크시트에서 [D6:O14] 셀 영역만 셀 잠금 해제(■) 상태입니다. [서식]()을 클릭하고 [시트 보호]를 클릭합니다.

강의노트

'셀 잠금'이 설정되어 있더라도 시트가 보호되어 있지 않으면 '셀 잠금'의 역할을 하지 못합니다.

03 [시트 보호] 대화상자가 열리면 시트 보호 해제 암호로 "12345"를 입력하고 [확인]을 클릭합니다.

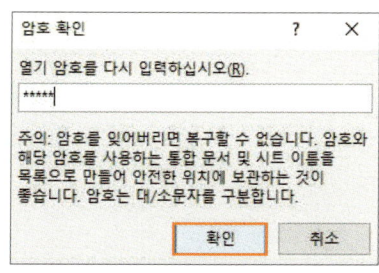

04 [암호 확인] 대화상자가 열리면 동일한 암호를 다시 한 번 입력하고 [확인]을 클릭합니다.

셀의 잠금 속성을 해제한 [D6:O14] 셀 이외의 셀은 암호로 보호됩니다.

05 [D6:O14] 셀 영역 이외의 셀에 데이터를 입력하려고 하면 다음과 같이 경고 메시지가 표시됩니다.

시트 보호를 해제한 셀에서는 자유롭게 데이터를 입력하고 편집할 수 있습니다. 이를 위해서는 시트 보호 상태에서 [검토] – [변경 내용]에서 [시트 보호 해제( )]를 클릭합니다.

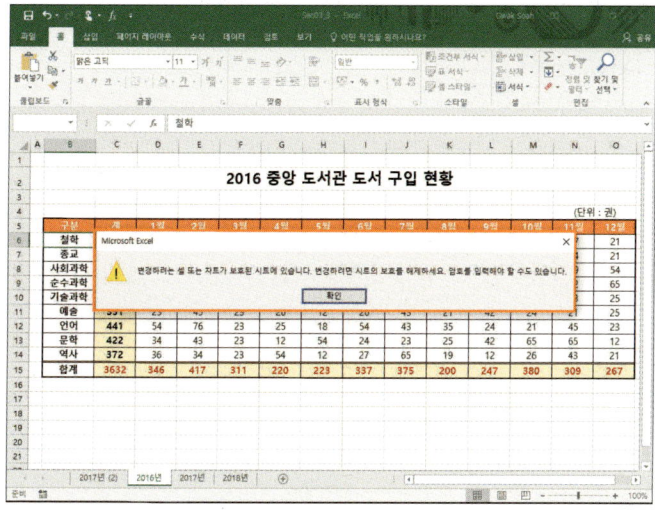

 정리 한마당

- [홈] – [셀]에서 셀을 삽입하고 삭제합니다.
- [홈] – [맞춤] – [병합하고 가운데 맞춤]에서 여러 개의 셀을 병합합니다.
- [홈] – [클립보드]의 메뉴를 활용하여 셀 데이터를 이동 및 복사합니다.
- [붙여넣기 옵션] 및 [선택하여 붙여넣기] 기능으로 필요한 옵션만 붙여넣기 합니다.
- [홈] – [셀]에서 새 워크시트를 삽입 또는 삭제하고 시트 이름을 변경합니다.
- 필요에 따라 워크시트를 이동하거나 복사합니다.
- [홈] – [셀] – [서식] – [시트 보호]에서 사용자가 데이터 입력을 하지 못하도록 시트를 보호합니다.

기초 문제

1 '기초_Sec03_1.xlsx' 파일의 '3월' 워크시트에서 다음과 같이 편집하세요.

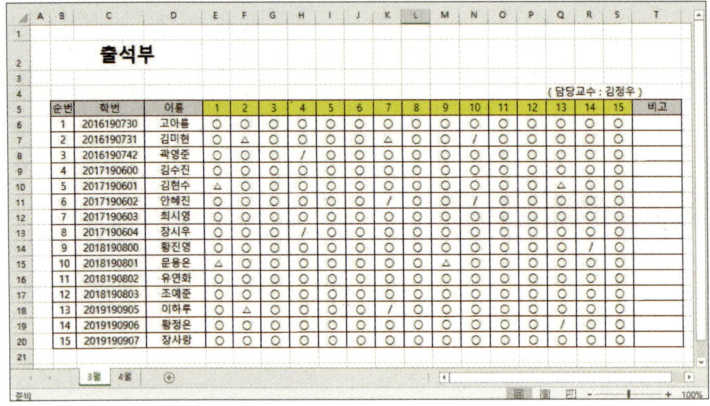

- F열~T열의 너비를 '4.63'으로 동일하게 조절
- E열 전체를 T열 뒤로 이동
- [B21] 셀을 [Q4] 셀로 이동

▲ 완성파일 : 기초_Sec03_1_완성.xlsx

2 다음과 같이 새로운 시트를 생성하고 탭 색을 지정하세요.

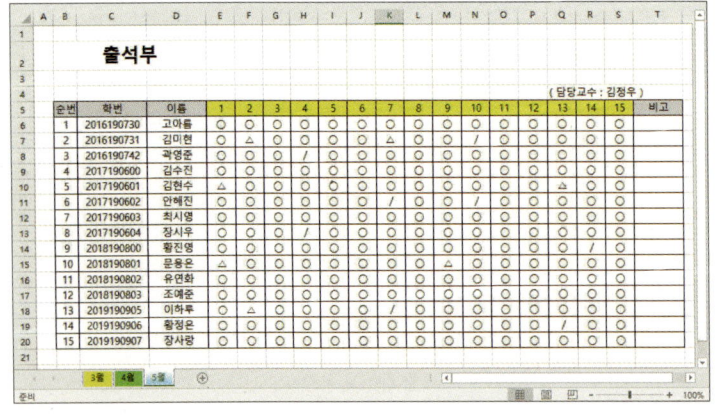

- '3월' 시트를 복사하여 마지막에 위치시키고 시트 이름을 '5월'로 변경
- 탭 색 : 3월-노랑, 4월-연한 녹색, 5월-연한 파랑

▲ 완성파일 : 기초_Sec03_2_완성.xlsx

힌트 – 시트 위치 지정하기 : [이동/복사] 대화상자에서 [다음 시트의 앞에] – [끝으로 이동] 클릭
– 시트 복사하기 : [이동/복사] 대화상자에서 [복사본 만들기]에 체크

심화 문제

1 '심화_Sec03_1.xlsx' 파일의 '상반기' 시트에서 다음 방법으로 실적 합계를 입력하세요.

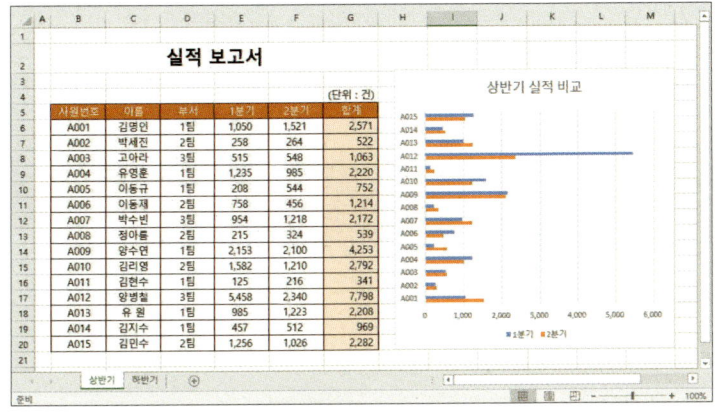

- [E6:E20] 셀을 [G6:G20] 셀로 복사(단, 서식은 제외)
- [F6:F20] 셀을 [G6:G20] 셀로 복사(단, 서식은 제외하고 원래 값에 더할 것)

▲ 완성파일 : 심화_Sec03_1_완성.xlsx

2 다음과 같이 '하반기' 워크시트를 편집하고, '상반기'와 '하반기' 시트를 새 통합문서에 복사하세요.

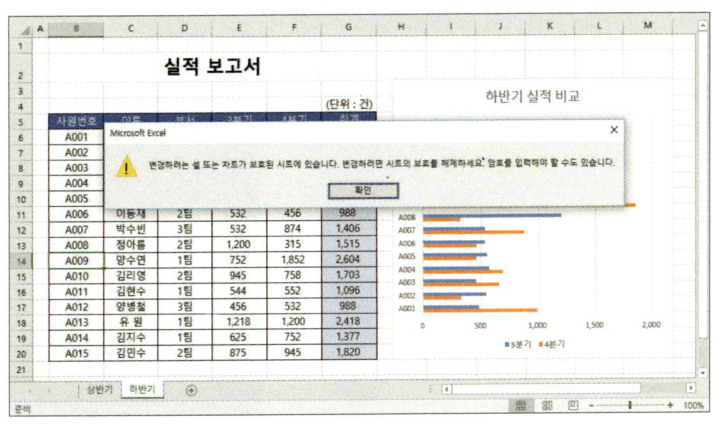

- [C6:D20] 셀을 제외하고 모든 시트 보호(암호 1111)
- '상반기'와 '하반기' 워크시트를 새 통합문서에 복사

▲ 완성파일 : 심화_Sec03_2_완성.xlsx

힌트 한 번에 여러 개의 시트를 선택하기 위해서는 시트 탭에서 Ctrl 을 누른 상태에서 해당 시트들을 차례대로 클릭합니다. 연속 된 여러 개의 시트를 선택하려면 첫 시트를 클릭한 후 Shift 를 누른 상태에서 마지막 시트를 클릭합니다.

04 section

셀 서식 활용하기

셀 서식은 셀에 입력된 데이터의 글꼴과 크기, 데이터의 맞춤 방식 및 표시형식을 비롯하여 셀의 테두리와 배경색 등을 모두 일컫습니다. 조건부 서식은 특정 조건을 만족하는 데이터에 다양한 서식을 적용하여 시각적으로 강조합니다. Section4에서는 데이터가 입력된 셀에 기본적인 서식을 지정하여 보기 좋게 꾸미고, 특정 조건을 만족하는 데이터를 시각적으로 강조하는 방법을 학습합니다.

결과 미리보기

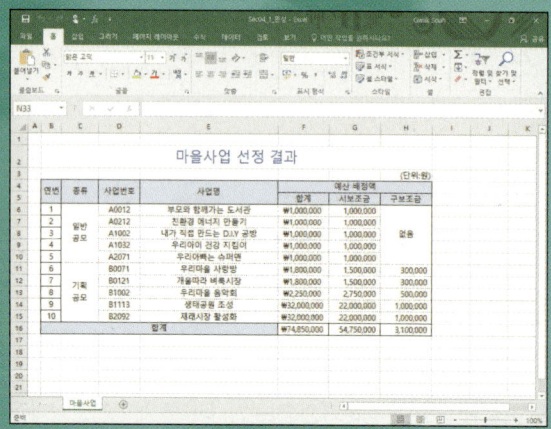

▲ 준비 파일 : Sec04_1.xlsx
　 완성 파일 : Sec04_1_완성.xlsx

▲ 준비 파일 : Sec04_2.xlsx
　 완성 파일 : Sec04_2_완성.xlsx

Excel 1 | 셀 서식으로 문서 꾸미기

셀에 서식을 지정하면 문서를 보기 좋게 만들 수 있을 뿐 아니라 문서 내용을 깔끔하게 정리할 수 있습니다. 여기서는 셀에 입력된 데이터에 글꼴과 맞춤 서식을 비롯하여 테두리 서식 및 표시형식 등을 적용하는 방법을 살펴봅니다.

직접 해보기 글꼴, 맞춤 서식 적용하기

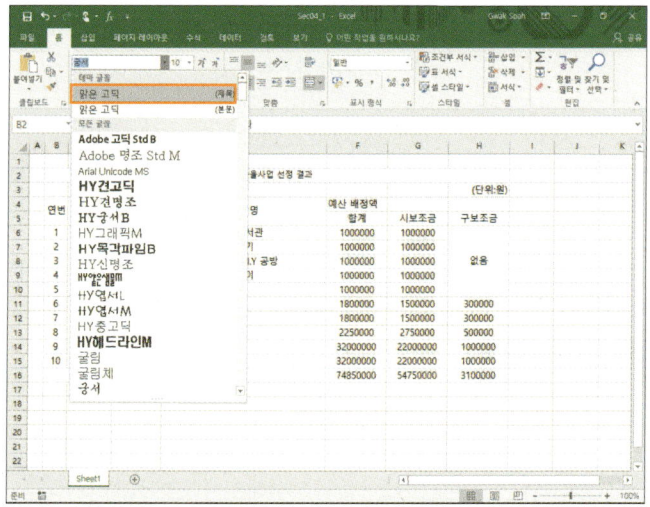

01 '실습_Sec04_1.xlsx'파일을 열고 'Sheet1' 워크시트를 선택합니다. 제목이 입력된 셀을 꾸미려고 합니다. [B2] 셀을 선택하고 [홈] − [글꼴]에서 글꼴의 목록 단추를 클릭하여 '맑은 고딕 (제목)'을 클릭합니다.

 강의노트

글꼴 종류를 마우스 포인터로 가리키면 해당 글꼴이 적용된 결과가 미리 표시됩니다.

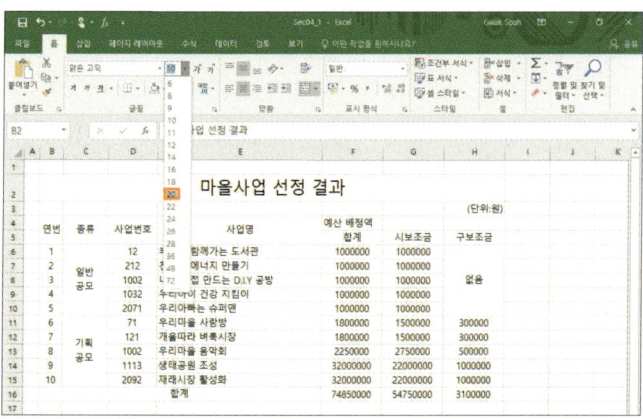

02 제목의 글꼴이 바뀌면 [B2] 셀이 선택 된 상태에서 [글꼴 크기]의 목록단추를 클릭하고 '20'을 클릭합니다.

 강의노트

글꼴 크기 [크게(가)] 또는 글꼴 크기 [작게(가)]를 클릭하여 글꼴의 크기를 변경할 수 있습니다.

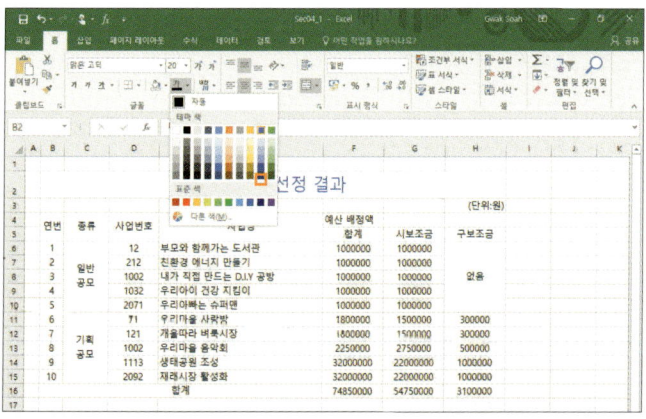

03 제목의 크기가 바뀌면 [B2] 셀이 선택 된 상태에서 [글꼴 색]의 목록단추를 클릭하여 '파랑 강조 5'를 클릭합니다.

 강의노트

목록에 표시되는 테마 색은 [페이지 레이아웃] − [테마]에서 설정한 문서 테마에 따라 달라집니다.

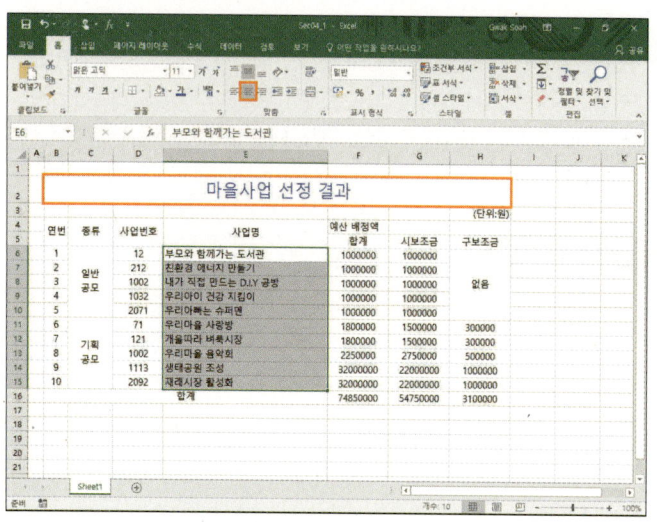

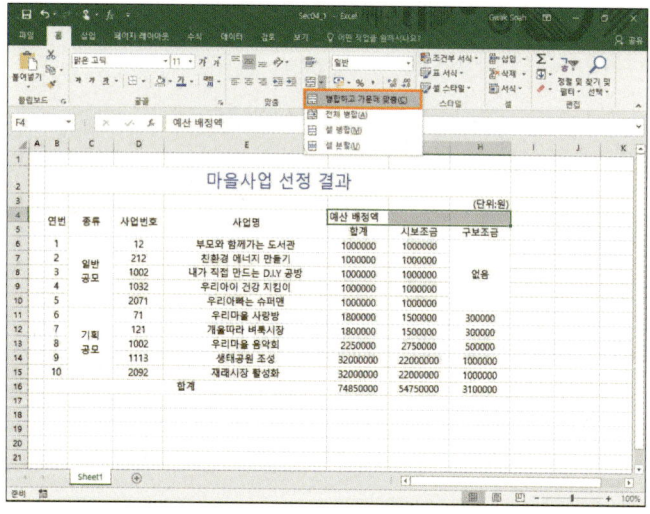

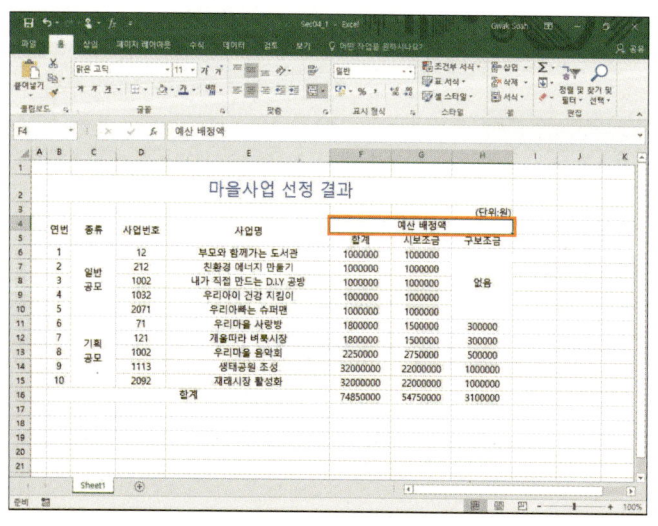

04 제목의 서식이 변경된 것을 확인합니다. 이번에는 [E6: E15] 셀 영역을 블록으로 지정한 후 [홈] − [맞춤]에서 [가운데 맞춤]()을 클릭합니다.

📖 강의노트

텍스트를 세로로 맞추려면 위쪽 맞춤(▀), 가운데 맞춤(▀), 아래쪽 맞춤(▀) 중에서 선택합니다. 텍스트를 가로로 맞추려면 왼쪽 맞춤(▀), 가운데 맞춤(▀), 오른쪽 맞춤(▀) 중에서 선택합니다.

05 [E6:E15] 셀 영역의 내용이 가운데 맞춤이 되면 [F4:H4] 셀 영역을 블록으로 지정합니다. [홈] − [맞춤]에서 병합하고 [맞춤](▦▾)의 목록단추를 누르고 [병합하고 가운데 맞춤]을 클릭합니다.

📖 강의노트

하나의 셀 영역 안에 입력된 데이터를 맞춤 지정할 경우 [홈] − [맞춤]에서 원하는 옵션을 선택합니다.

06 [F4:H4] 셀 영역이 하나의 셀로 병합되고 내용이 가운데 맞춤된 것을 확인합니다.

📖 강의노트

병합된 셀을 다시 분할하기 위해서는 해당 셀을 선택하고, [셀 분할](▦)을 클릭합니다.

직접 해보기 테두리와 채우기

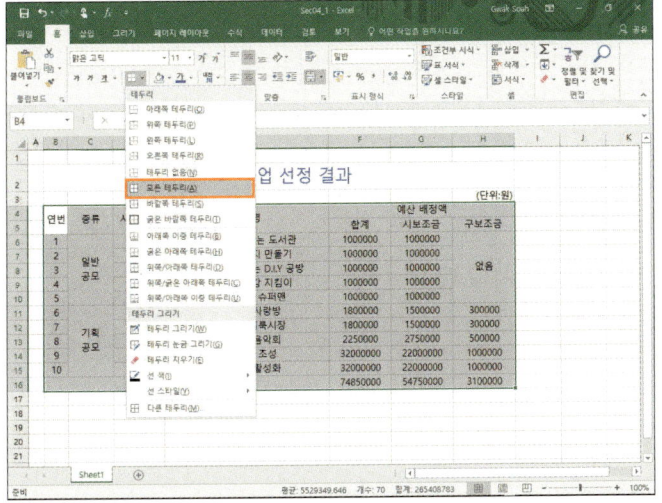

01 데이터가 입력된 셀을 쉽게 구분하기 위해 테두리를 삽입합니다. [B4:H16] 셀 영역을 블록으로 지정한 후 [홈] – [글꼴]에서 [테두리](⊞▾)의 목록 단추를 클릭하고 [모든 테두리]를 클릭합니다.

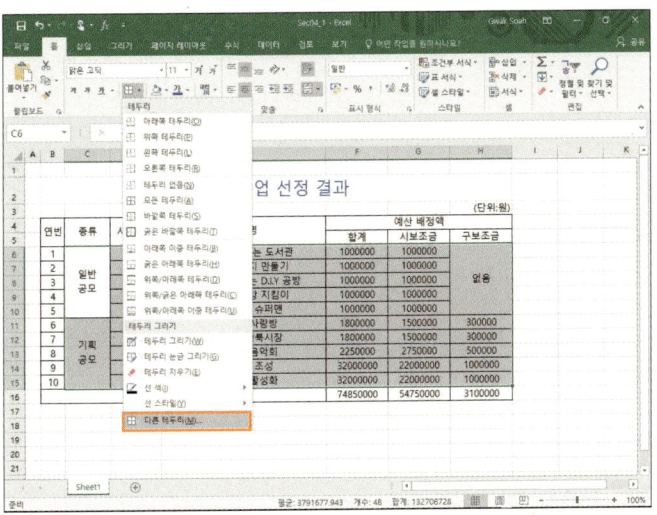

02 이번에는 [B6:H15]을 셀 영역으로 지정하고 [테두리](⊞▾)의 목록 단추를 클릭하고 [다른 테두리]를 클릭합니다.

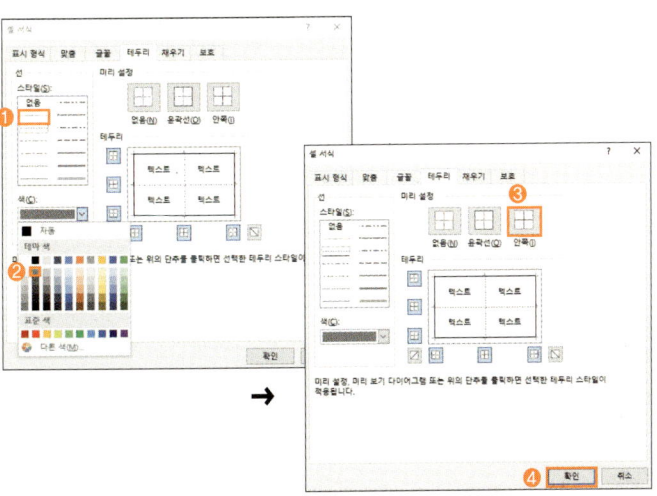

03 [셀 서식] 상자가 열리면 [테두리] 탭에서 [선 스타일]은 '가는 점선'을 클릭하고, [색]의 목록단추를 눌러 '검정, 텍스트 1, 50% 더 밝게'를 클릭합니다. [미리 설정]에서는 안쪽을 클릭하고 [확인]을 클릭합니다.

강의노트

[테두리]에서 '⊞'와 '⊞'을 차례대로 클릭해도 됩니다.

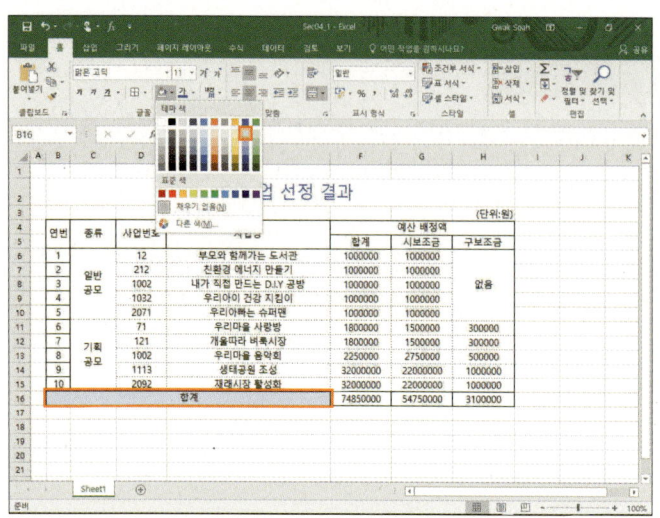

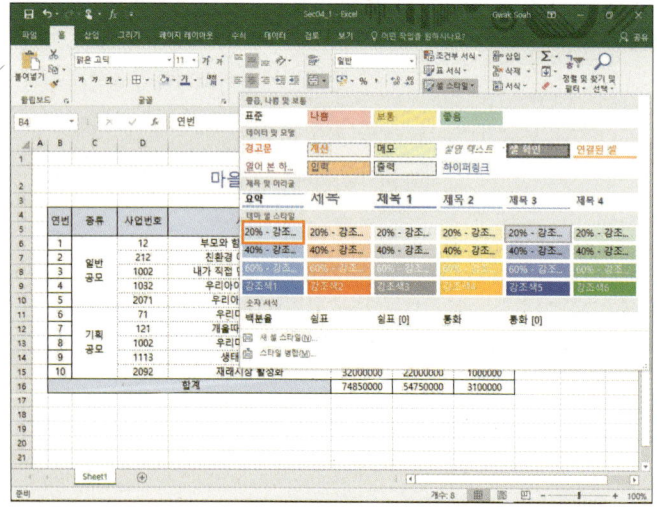

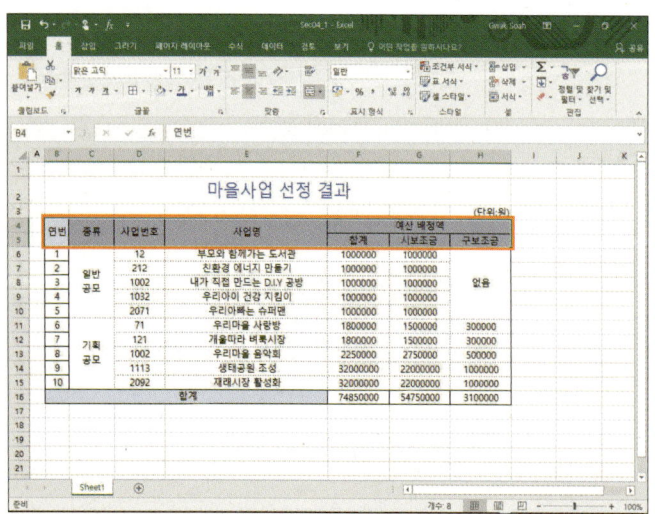

04 [B6:H15] 셀 영역의 테두리가 변경되면 [B16] 셀을 선택합니다. 셀의 색상을 변경하기 위해 [채우기 색](🖌️▾)의 목록단추를 클릭하고 '파랑, 강조, 80% 더 밝게'를 클릭합니다.

[홈] – [클립보드]에서 [서식 복사](🖌️) 기능을 사용하면 특정 셀의 서식 전체(예: 색, 글꼴 스타일 및 크기, 테두리 스타일)를 복사하여 다른 셀에 신속히 적용할 수 있습니다.

05 이번에는 셀 스타일을 변경하기 위해 [B4:H5] 셀 영역을 블록으로 지정합니다. [홈] – [스타일]에서 셀 스타일(📋)을 클릭하고, [테마 셀 스타일] 범주의 '연한 파랑, 20%– 강조 색1'을 클릭합니다.

스타일 종류를 마우스 포인터로 가리키면 해당 스타일이 적용된 결과가 미리 표시 됩니다.

06 [B4:H5] 셀 영역의 셀 스타일이 변경된 것을 확인합니다.

미리 정의된 스타일이 마음에 들지 않을 경우 [새 셀 스타일]을 클릭하여 [스타일] 대화상자를 엽니다. 여기서는 서식 및 스타일에 포함할 항목을 다양하게 선택하고 새로운 이름으로 스타일을 저장할 수 있습니다. 저장된 스타일은 [스타일] 목록에 추가됩니다.

직접 해보기 표시형식 설정하기

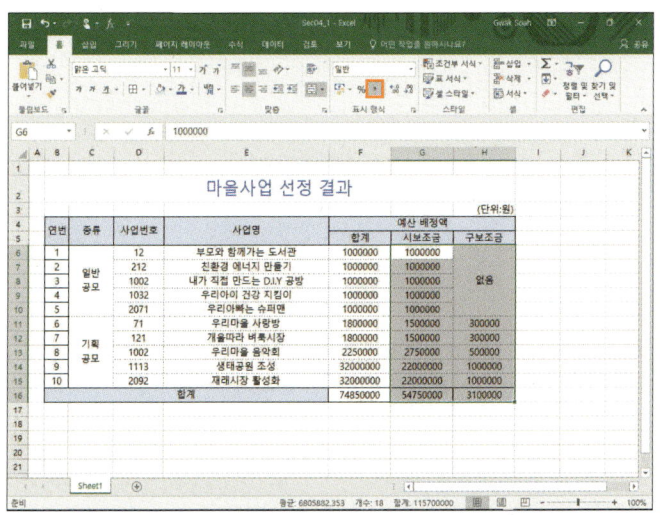

 셀에 입력한 데이터의 값은 그대로 유지하면서 데이터가 표시되는 형태를 바꿀 수 있습니다. [G6:H16] 셀 영역을 블록으로 지정한 후 [홈] – [표시 형식]에서 [쉼표](▸)를 클릭합니다.

강의노트

[쉼표](▸)는 숫자의 1000 단위를 구분하는 기호입니다.

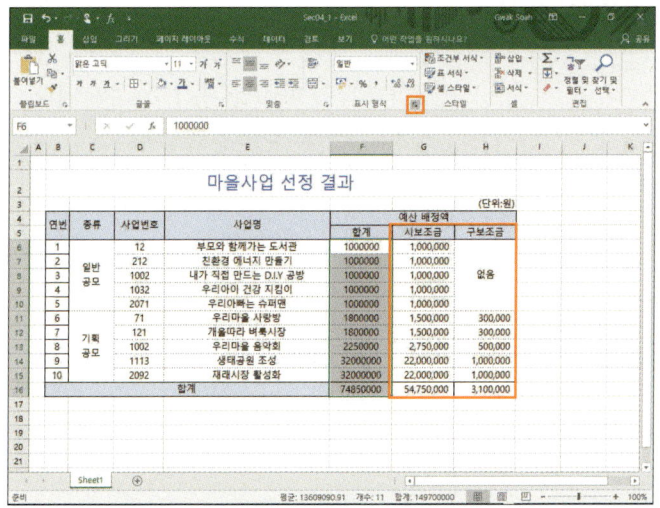

02 [G6:H16] 셀 영역에 쉼표 표시 형식이 적용되면 [F6:F16] 셀 영역을 블록으로 지정합니다. [홈] – [표시 형식]에서 대화상자 표시(▨) 단추를 클릭합니다.

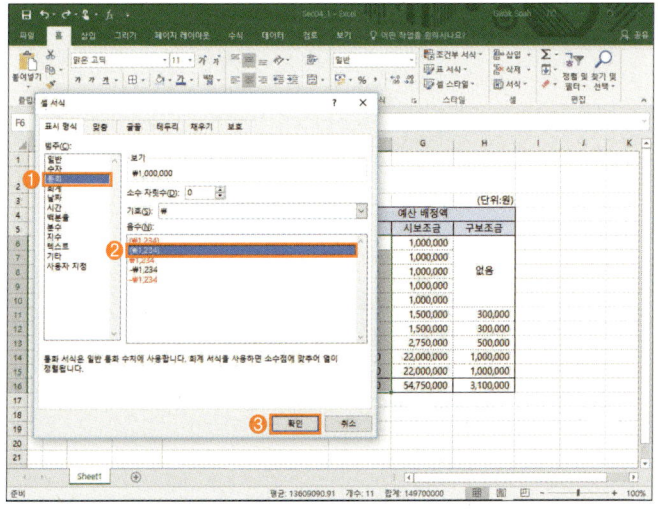

03 [셀 서식] 대화상자가 열리면 [표시 형식] 탭의 [범주]에서 '통화'를 클릭하고, [기호]에서 '₩'를, [음수]에서 '(₩1,234)'를 클릭한 후 [확인]을 클릭합니다.

강의노트

[셀 서식] 대화상자의 [보기]에서 사용자 형식을 적용한 데이터 형태를 미리 확인할 수 있습니다.

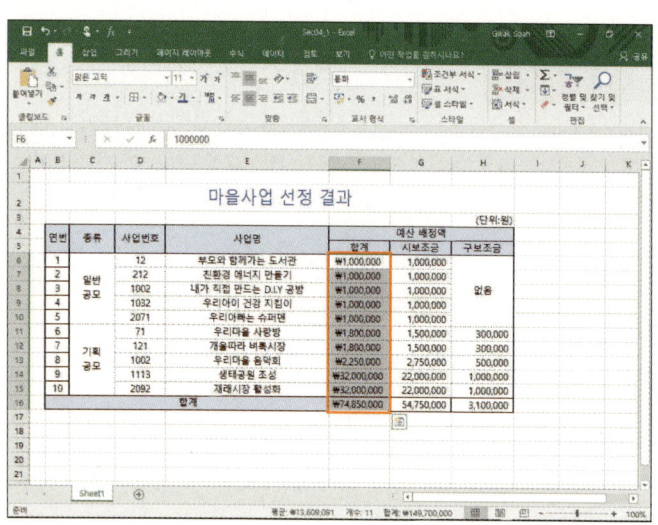

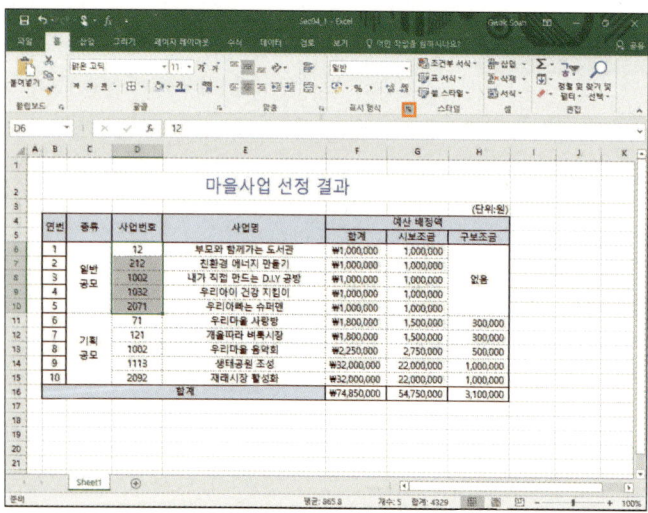

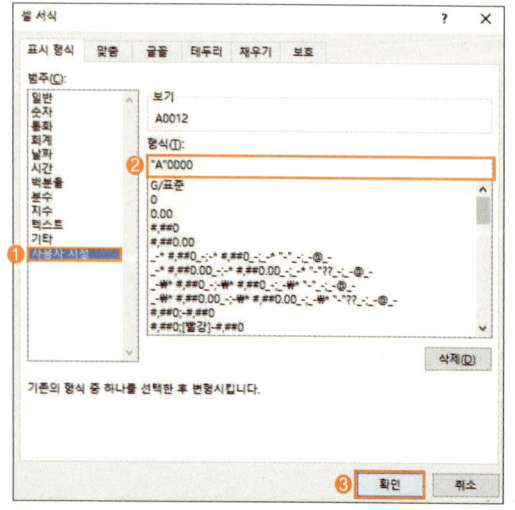

04 [F6:F16] 셀 영역의 표시 형식이 통화로 변경된 것을 확인합니다.

통화 서식은 일반적인 화폐 가치를 나타내는 데 사용되며 숫자와 함께 기본 통화 기호가 표시됩니다. 사용하려는 소수 자릿수, 1000 단위 구분 기호 사용 여부 및 음수 표시 방법을 지정할 수 있습니다.

05 이번에는 사용자 표시형식을 적용하기 위해 [D6:D10] 셀을 블록으로 지정한 후 [표시 형식]의 대화상자 표시( ) 단추를 클릭합니다.

06 [셀 서식] 대화상자의 [표시 형식] 탭을 클릭하고 [범주]에서 '사용자 지정'을 클릭합니다. [형식]에서는 'G/표준'을 삭제하고 ""A"0000"을 입력한 후 [확인]을 누릅니다.

'G/표준'은 표시 형식을 지정하지 않은 입력 상태 그대로 숫자를 표시합니다. 사용자 지정 표시 형식으로 텍스트를 입력하려면 큰따옴표("") 안에 입력합니다. '0000'은 네 자리 숫자를 표시하며 유효하지 않은 0도 표시합니다.

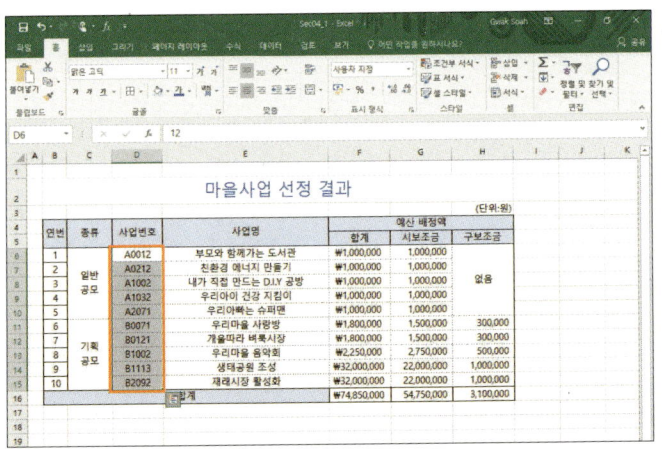

07 [D6:D10] 셀에 사용자 지정 표시 형식이 적용된 것을 확인합니다. 같은 방법으로 [D11:D15] 셀에는 텍스트 'B' 뒤에 네 자리 숫자가 표시합니다.

[D6] 셀의 수식 입력 줄을 클릭하면 실제 값은 '12'로 원래 값에서 바뀌지 않은 것을 확인할 수 있습니다.

보충수업 **사용자 지정 표시형식**

[홈] – [표시 형식] 그룹에 있는 도구모음이나 [셀 서식] 대화상자의 [표시 형식] 탭에서 대부분의 데이터 표시 형식을 지정할 수 있습니다. 하지만 원하는 표시 형식을 찾을 수 없다면 사용자 지정 표시형식을 적용할 수 있습니다.

1) 숫자와 문자 데이터의 사용자 지정 표시 형식

서식 코드	입력 데이터	표시 결과	설명
0.00	8.9	8.90	• 0은 숫자를 표시하는 기호로, 유효하지 않은 0은 0으로
00000	7	00007	표시됩니다.
#.0#	12	12.0	• #은 숫자를 표시하는 기호로, 유효하지 않은 0은 표시
####.#	1234.59	1234.6	하지 않습니다.
"일금" #,##0"원"	520000	일금 520,000원	• 쉼표(,)는 천 단위 구분 기호로 사용됩니다.
"성북구" @	정릉 4동	성북구 정릉 4동	• @는 텍스트를 표시하는 기호로, @ 뒤에 입력한 텍스트가 표시됩니다.

2) 날짜 데이터의 사용자 지정 표시 형식(2019-03-02를 입력한 결과)

서식 코드	표시 결과	설명
yyyy년 m월 d일	2019년 3월 2일	• yyyy는 연도를 4자리로, yy는 2자리로 표시합니다.
m/d/yyyy	3/2/2019	• m은 월을 1~12로, mm은 01~12로 표시합니다. • d는 일을 1~31로, dd는 일을 01~31로 표시합니다.
dd–mmm	02–Mar	• mmm은 월을 Jan~Dec로 표시합니다.
mmmm–dd	March–02	• mmmm은 월을 January~December로 표시합니다.
dddd	Saturday	• ddd는 요일을 Sun~Sat으로, dddd는 Sunday~Saturday로 표시합니다.
m/d(aaa)	3/2(토)	• aaa는 요일을 일~토, aaaa는 일요일~토요일로 표시합니다.

3) 시간 데이터의 사용자 지정 표시 형식 (14:30:15)를 입력한 결과

서식 코드	표시 결과	설명
h:m AM/PM	2:30:15 PM	• h는 시간을 0~23으로 표시하며, AM/PM과 함께 12시간제를 사용하는 경우 0~12로 표시 됩니다.
h"시" mm"분" ss"초"	14시 30분 15초	• mm은 분을 00~59으로 표시합니다.
mm:ss	30:15	• ss는 초를 00~59으로 표시합니다.

Excel 2 조건부 서식으로 데이터 강조하기

조건부 서식은 특정 조건을 만족하는 데이터에만 적용되는 서식으로, 해당 데이터를 시각적으로 강조합니다. 기본적으로 제공되는 강조 규칙들을 비롯하여 원하는 조건 및 서식으로 데이터를 강조하는 방법을 학습합니다.

직접 해보기 셀 강조 규칙 적용하기

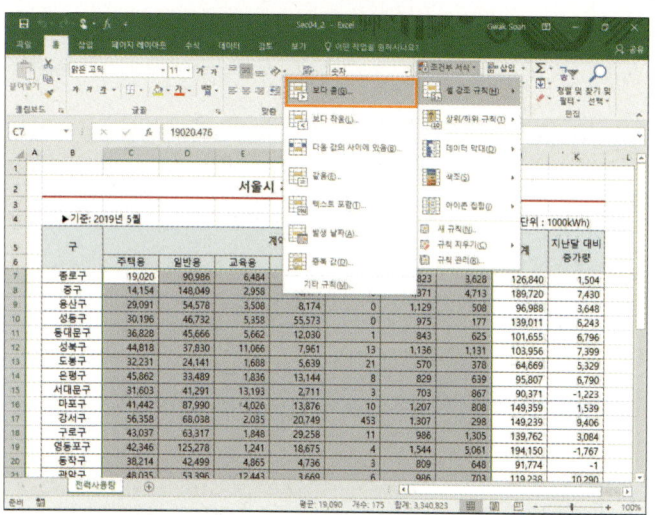

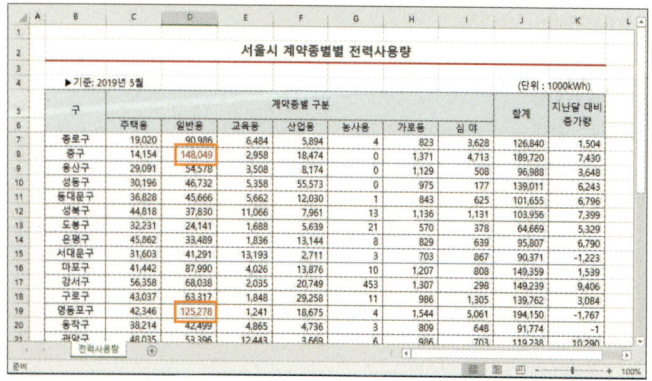

01 '실습_Sec04_2.xlsx' 파일을 열고 '전력사용양' 워크시트를 선택합니다. [C7:I31] 셀 영역을 블록으로 지정한 후 [홈] – [스타일]에서 [조건부 서식](🔳)을 클릭한 다음 [셀 강조 규칙] 범주에서 [보다 큼]을 선택합니다.

1행~6행 까지는 '틀 고정' 상태이므로 다른 셀 영역으로 스크롤하여도 해당 영역이 표시됩니다. 틀 고정을 취소하려면 [보기] – [창]에서 [틀 고정](🔳)을 클릭하고 [틀 고정 취소]를 클릭합니다.

02 [보다 큼] 대화상자가 열리면 [다음 값보다 큰 셀의 서식 지정]에 "100000"을 입력합니다. 그리고 [적용할 서식]의 목록 단추를 클릭하여 '빨강 텍스트'를 클릭한 다음 [확인]을 클릭합니다.

[보다 큼] 대화상자의 비교 값에는 현재 선택한 셀 영역의 평균값이 자동 설정되어 표시됩니다.

03 100,000보다 큰 데이터가 빨강 텍스트로 강조됩니다. 스크롤을 내려 [C7:I31] 셀에 모두 적용되었는지 확인합니다.

[셀 강조 규칙]에 원하는 조건이 없다면 [기타 규칙]을 클릭하여 규칙 및 서식을 지정합니다.

직접 해보기 상위/하위규칙 적용하기

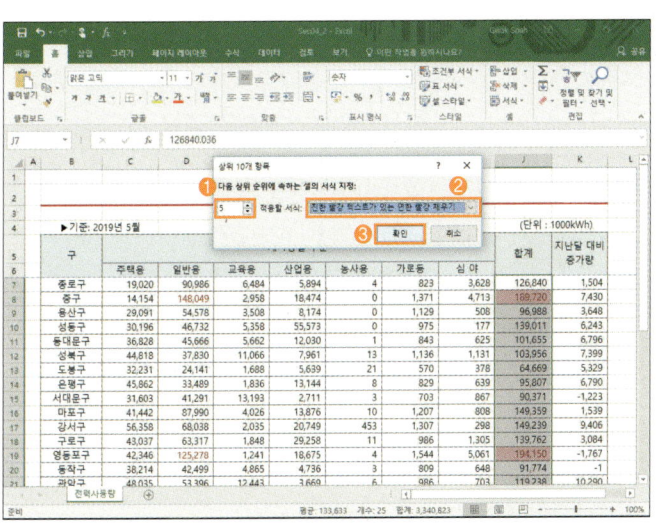

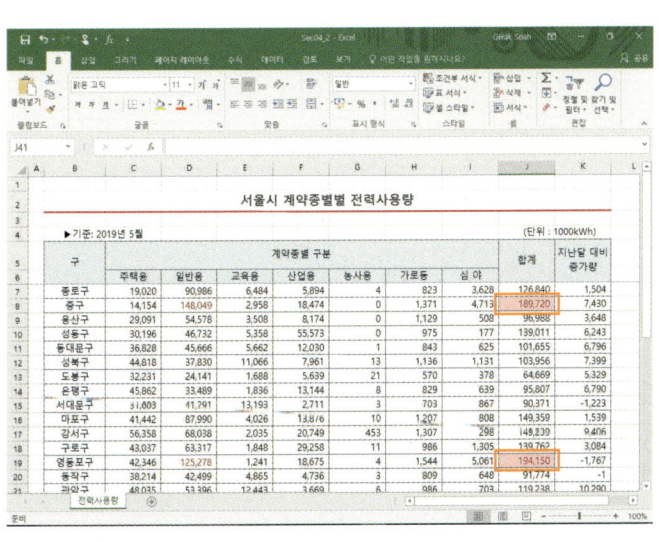

01 이번에는 상위 몇 개의 데이터를 강조하기 위해 [J7:J31] 셀 영역을 블록으로 지정합니다. [조건부 서식]을 클릭한 후 [상위/하위 규칙] – [상위 10개 항목]을 클릭합니다.

02 [상위 10개 항목] 대화상자가 열리면 [다음 상위 순위에 속하는 셀의 서식 지정]에 "5"를 입력합니다. 그리고 [적용할 서식]의 목록 단추를 클릭하여 '진한 빨강 텍스트가 있는 연한 빨강 채우기'를 선택한 다음 [확인]을 클릭합니다.

강의노트

[상위 순위에 속하는 셀 수]의 화살표를 클릭하여 숫자 값을 변경할 수 있습니다.

03 스크롤을 내려 '전력 사용량 합계'가 높은 상위 5개의 데이터가 강조된 것을 확인합니다.

강의노트

셀 범위에 적용되어 있는 조건부 서식을 지우려면 [조건부 서식]을 클릭한 후 [규칙 지우기] – [선택한 셀의 규칙 지우기]를 클릭합니다. 현재 워크시트에 있는 모든 조건부 서식을 지우려면 [시트 전체에서 규칙 지우기]를 클릭합니다.

직접 해보기 색조와 데이터 막대 삽입하기

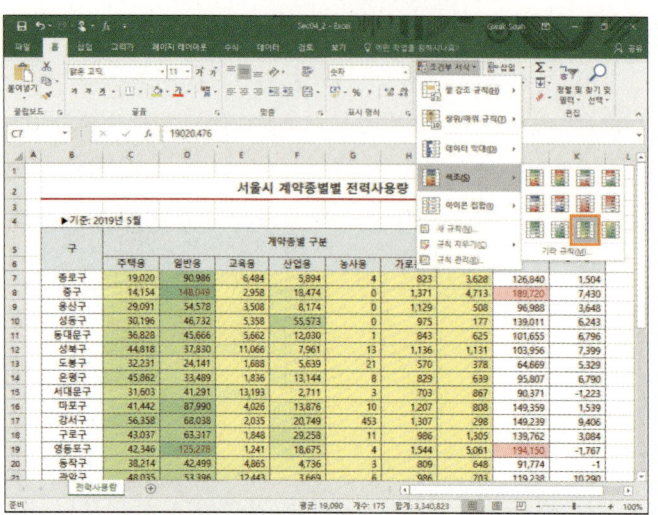

01 [C7:I31] 셀 영역을 블록으로 지정합니다. [조건부 서식](📊)을 클릭하고 [색조]에서 '녹색-노랑 색조'를 클릭합니다.

강의노트

[색조] 목록 위에 마우스 포인터로 가리키면 해당 색조가 적용된 결과가 미리 표시됩니다.

02 5월 전력사용량이 높을수록 셀 배경색이 녹색을 띠는 것을 확인합니다. 스크롤을 내려 [C7:I31] 셀 영역에 모두 적용되었는지 확인합니다.

 **색조의 사용자 지정**

[색조]에 원하는 색상이 없다면 사용자 지정으로 규칙 및 서식을 지정합니다. [조건부 서식](📊)을 클릭한 후 [색조]의 [기타 규칙]을 클릭하여 [새 서식 규칙] 대화상자를 엽니다.

❶ 색조에 적용할 규칙 유형을 선택합니다.
❷ 색조의 수(2가지 색조/3가지 색조)를 선택합니다.
❸ 최소값, 중간값(3가지 색조일 경우), 최대값에 해당되는 색을 지정합니다.

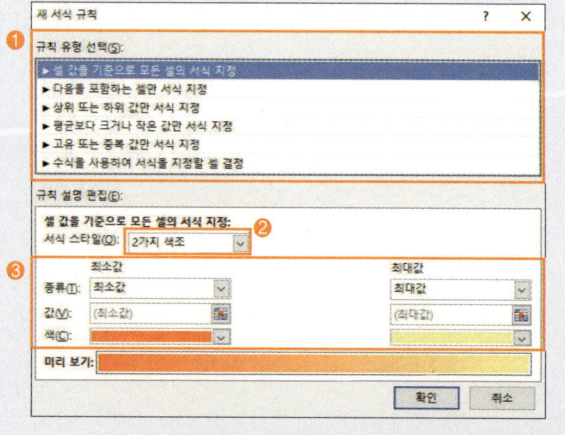

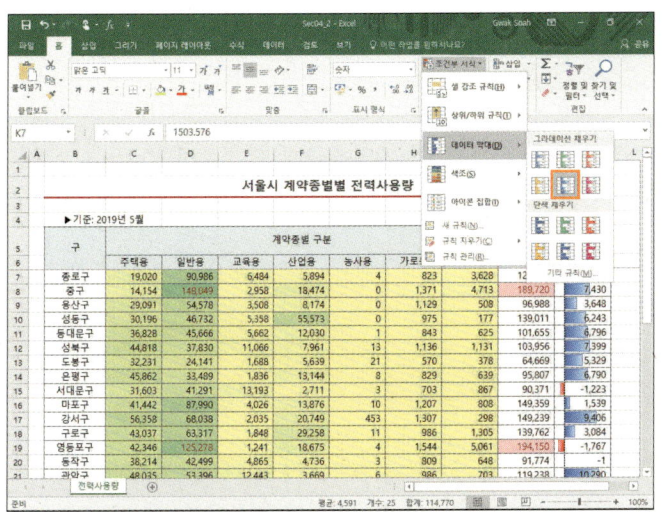

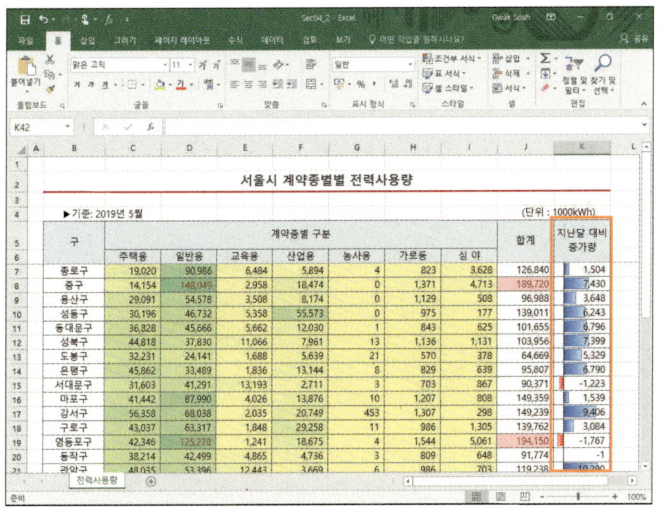

03 이번에는 '지난달 대비 증가량' 항목의 차이 값을 시각적으로 표현하려고 합니다. [K7:K31] 셀 영역을 블록으로 지정하고 [조건부 서식]( )을 클릭한 후 [데이터 막대]에서 '연한 파랑 데이터 막대'를 선택합니다.

강의노트

데이터 막대 종류를 마우스 포인터로 가리키면 해당 막대가 적용된 결과를 미리 볼 수 있습니다.

04 [K7:K31] 셀 영역에 데이터 막대가 삽입된 것을 확인합니다.

강의노트

막대의 길이가 길수록 큰 값, 길이가 짧을수록 작은 값을 의미하며 가운데 축을 기준으로 왼쪽 방향으로 음수 값이, 오른쪽 방향으로 양수 값이 표시됩니다.

보충수업　**데이터 막대 사용자 지정**

사용자 지정으로 데이터 막대에 다양한 규칙 및 서식을 적용할 수 있습니다. [조건부 서식]( )을 클릭한 후 [데이터 막대]의 [기타 규칙]을 클릭하여 [새 서식 규칙] 대화상자를 엽니다.

❶ 원하는 규칙 유형을 선택합니다. 규칙 유형을 선택합니다.

❷ 데이터 막대의 채우기 방식(그라데이션 채우기/단색 채우기)과 색, 테두리의 표시 여부, 테두리 색 등을 직접 지정합니다.

❸ [음수 값 및 축] – [음수 값 및 축 설정]에서 음수인 데이터를 표시할 때 사용할 막대의 서식 및 축의 위치와 색 등을 지정할 수 있습니다.

▶ [새 서식 규칙] 대화상자

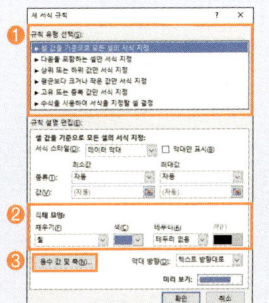

▶ [음수 값 및 축 설정] 대화상자

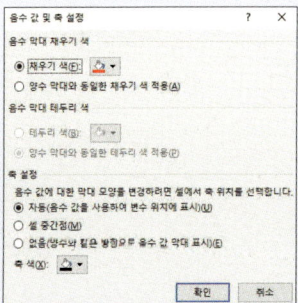

직접 해보기　수식으로 조건부 서식 지정하기

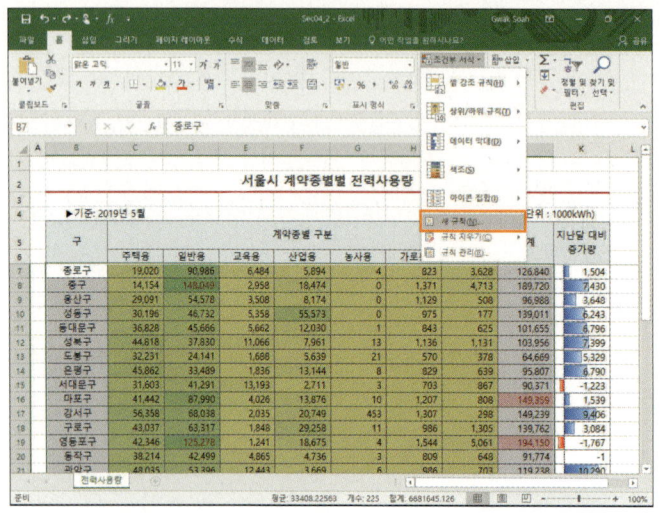

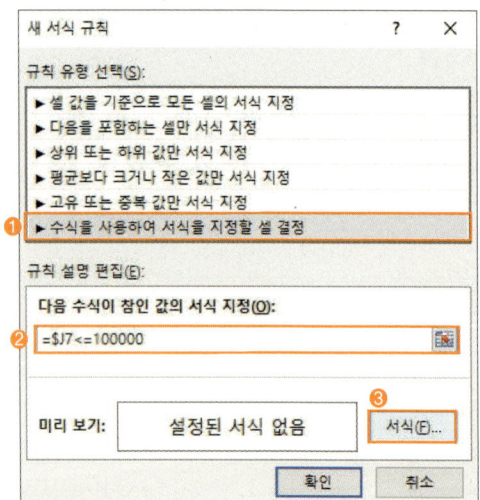

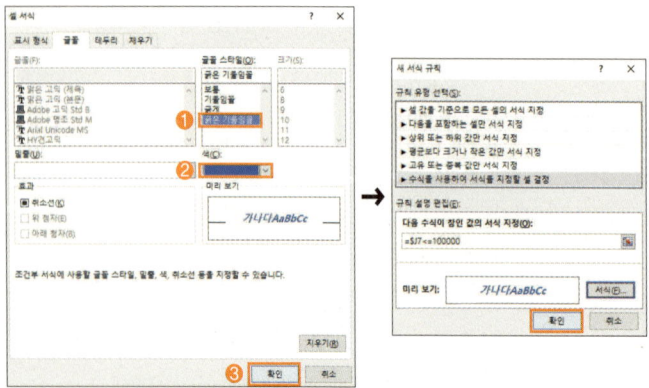

 수식 조건을 사용하여 데이터를 강조하려고 합니다. [B7:J31] 셀 영역을 블록으로 지정한 후 [조건부 서식]( )을 클릭하고 [새 규칙]을 클릭합니다.

강의노트

조건부 서식을 빠르고 쉽게 지정하기 위해서는 해당 셀 영역을 블록으로 지정한 후 [빠른 분석] ( )을 클릭하여 원하는 규칙을 지정합니다.

 [새 서식 규칙] 대화상자가 열리면 [규칙 유형 선택]에서 '수식을 사용하여 서식을 지정할 셀 결정'을 선택합니다. [규칙 설명 편집]에서는 수식 "=$J7〈=100000"을 입력한 후 [서식] 버튼을 클릭합니다.

강의노트

'=$J7〈=100000'은 합계 사용량이 100,000 이하인 경우 행 전체에 서식을 지정하는 수식입니다.

 [셀 서식] 대화상자가 열리면 [글꼴] 탭을 클릭하고 [글꼴 스타일]에서 '굵은 기울임꼴'을 선택합니다. [색]에서는 목록 단추를 눌러 '파랑'을 선택하고 [확인]을 클릭합니다. [새 서식 규칙]으로 돌아오면 [확인]을 클릭합니다.

강의노트

[미리 보기]에서 서식이 적용된 텍스트를 확인할 수 있습니다.

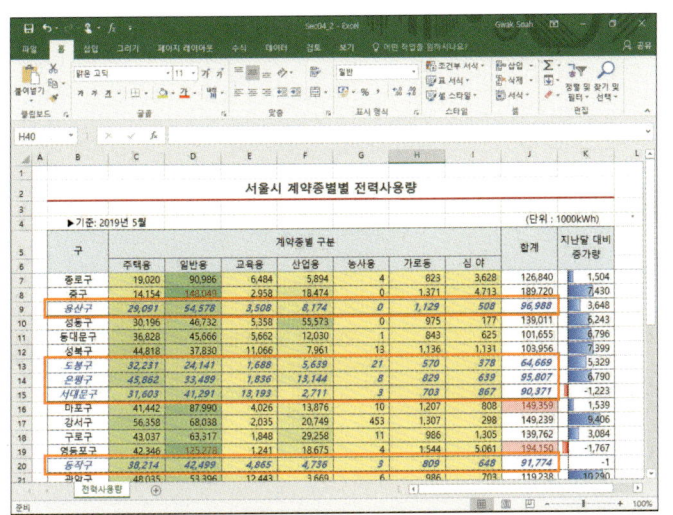

합계가 100,000 미만인 구에 한하여 행 전체가 강조됩니다. 스크롤을 내려 [B7:J31] 셀 영역에 모두 적용되었는지 확인합니다.

강의노트

같은 범위에 여러 개의 조건부 서식이 지정된 경우에는 이전 서식을 확인할 수 없으므로 규칙을 편집해야 합니다.

 **보충수업 규칙 관리하기**

워크시트의 같은 범위에 여러 개의 조건부 서식이 지정된 경우에는 이전 서식을 확인할 수 없으므로 규칙을 편집해야 합니다. [홈] – [스타일]에서 [조건부 서식]을 클릭하고 [규칙관리]를 선택합니다. [조건부 서식 규칙 관리자] 대화상자가 열리면 [서식 규칙 표시]에서 '현재 워크시트'를 선택하고 해당 규칙을 클릭한 후 규칙의 순서 및 내용 등을 편집하고 [확인]을 누릅니다. 규칙 편집이 끝나면 워크시트에서 모든 규칙이 제대로 적용되었는지 확인합니다.

❶ 서식 규칙을 표시할 셀 영역을 선택합니다.

❷ 새 규칙을 추가합니다.

❸ 규칙을 편집하거나 삭제합니다.

❹ 해당 규칙을 위 또는 아래로 이동시켜 순서를 변경합니다.

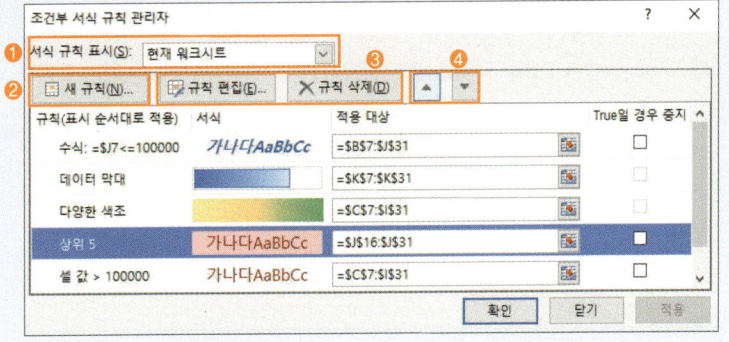

 정리 한마당

- [홈] – [글꼴]에서 글꼴의 종류 및 크기, 색 등을 변경하고 테두리와 채우기 서식을 적용합니다.
- [홈] – [맞춤]에서 셀에 입력된 데이터를 맞춤 정렬합니다.
- [홈] – [표시 형식]에서 데이터의 특성을 반영한 표시형식을 지정합니다.
- [홈] – [스타일] – [조건부 서식]에서 원하는 규칙 및 서식을 적용하여 데이터를 강조합니다.
- [홈] – [스타일] – [조건부 서식] – [새 규칙]에서 사용자 지정으로 규칙 및 서식을 적용합니다.

기초 문제

1 '기초_Sec04_1.xlsx' 파일을 열고 '영업부_품의서' 워크시트에서 다음과 같이 서식을 적용하세요.

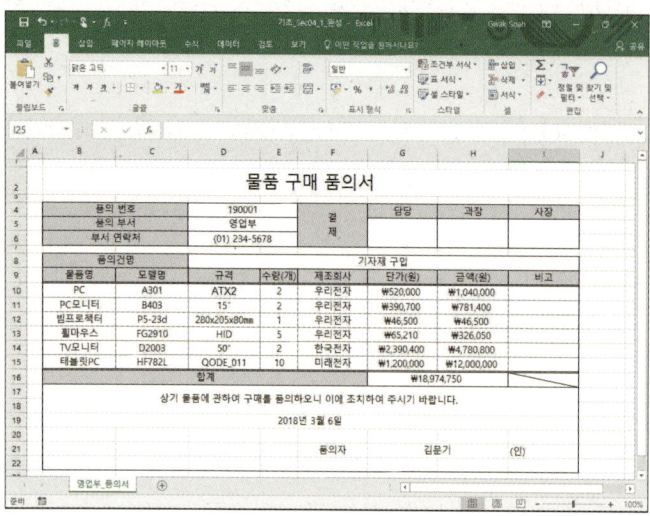

▲ 완성파일 : 기초_Sec04_1_완성.xlsx

- [B9:I9] 셀 영역을 '회색-25%, 배경 2, 10% 더 어둡게'로 채우고, 아래쪽 테두리를 '이중 테두리'로 변경
- [I16] 셀에 [대각선]( ) 삽입
- [G10:G16] 셀 영역의 표시 형식을 '통화(₩1,234)'로 변경하고 가운데 맞춤

힌트

테두리 삽입 : [홈] – [글꼴]에서 대화상자 표시 단추( )를 클릭합니다. [셀 서식] 대화상자이 열리면 [테두리] 탭으로 이동하여 [테두리] 범주에서 [대각선]( )을 클릭하고 [확인]을 클릭합니다.

2 '기초_Sec04_2.xlsx' 파일을 열고 '하반기' 워크시트에서 다음과 같이 조건부 서식을 적용하세요.

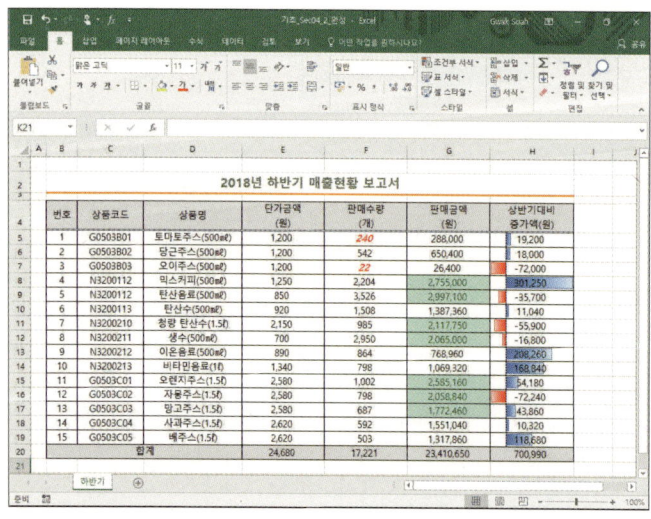

▲ 완성파일 : 기초_Sec04_2_완성.xlsx

- 판매수량이 500개 미만인 데이터의 글꼴 종류를 '굵은 기울임꼴'로, 글꼴 색을 '빨강'으로 변경
- 평균을 초과한 판매금액을 '진한 녹색 텍스트가 있는 녹색 채우기'로 강조
- 상반기 대비 증가액에 '그라데이션-연한 파랑 데이터 막대' 삽입

힌트

평균초과 강조 : [홈] – [스타일] – [조건부 서식] – [상위/하위 규칙]에서 선택
데이터 막대 삽입 : [홈] – [스타일] – [조건부 서식] – [데이터 막대]에서 선택

심화 문제

1 '심화_Sec04_1.xlsx' 파일을 열고 '재고관리' 워크시트에서 다음과 같이 서식을 적용하세요.

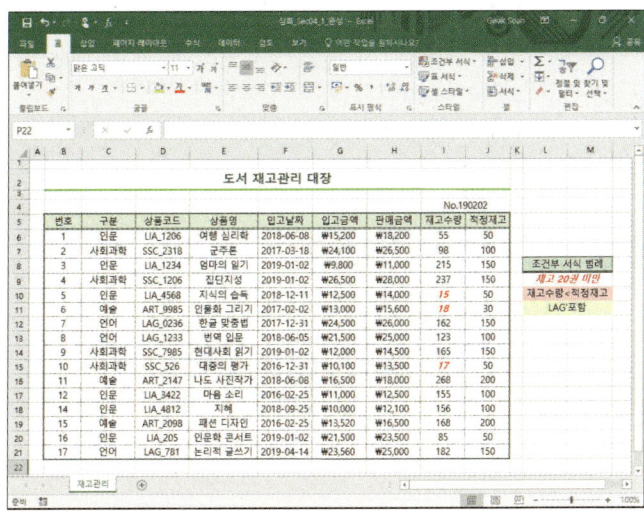

▲ 완성파일 : 심화_Sec04_1_완성.xlsx

- [B2:I2] 셀 영역을 하나의 셀로 병합하고 내용을 가운데 맞춤, 셀 스타일 '제목 1' 적용
- [I4] 셀에 사용자 지정 표시 형식 적용하여 'No.190202'로 변경(단, 값은 변하지 않음)
- [B6:J21] 셀 영역의 안쪽 테두리를 가는 점선으로 변경

힌트

- 사용자 지정 표시 형식 : 사용자 지정으로 텍스트를 표시하기 위해서는 큰따옴표("")안에 입력하고, 'G/표준'은 숫자 데이터를 입력 상태 그대로 표시합니다. 따라서 사용자 지정 표시형식은 ""No."G/표준"입니다.
- 테두리 종류 변경하기 : [셀 서식] 대화상자의 [테두리] 탭에서 변경합니다.

2 '심화_Sec04_1.xlsx' 파일을 열고 '재고관리' 워크시트에서 다음과 같이 조건부 서식을 적용하세요.

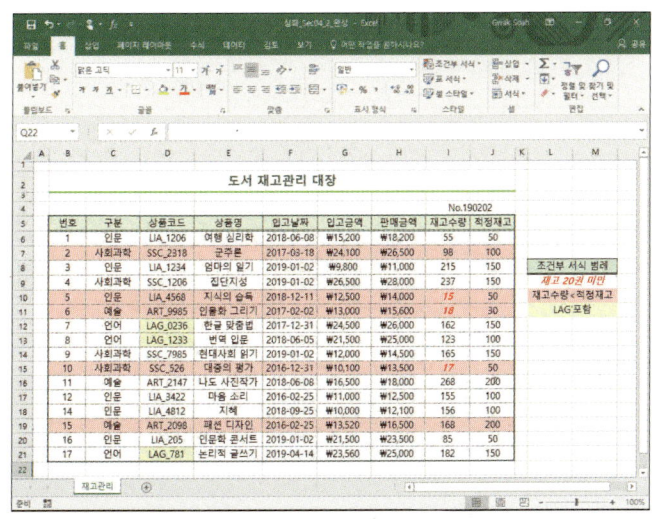

▲ 완성파일 : 심화_Sec04_2_완성.xlsx

- 텍스트 'LAG'가 포함된 상품코드를 노란색으로 채우기
- 재고수량이 적정재고 보다 적은 도서에 한하여 행 전체를 '연한 빨강'으로 채우기

힌트

- 특정 텍스트가 포함된 데이터 강조하기 : [홈] – [스타일] – [조건부 서식] – [셀 강조규칙] – [텍스트 포함]에서 서식을 지정합니다.
- 수식으로 조건부 서식 지정하기 : [홈] – [스타일] – [조건부 서식] – [새 규칙]에서 '수식을 사용하여 서식을 지정할 셀 결정'을 클릭하고 수식 및 서식을 지정합니다.

수식 계산과 함수 다루기

엑셀의 가장 큰 특징이자 장점은 수식을 통해 빠르고 정확히 계산할 수 있다는 것입니다. 수식을 이용하면 숫자 열 또는 행의 합계를 구하는 것은 물론, 사용자가 입력하는 데이터를 분석하고 이를 기반으로 다양한 시나리오를 찾을 수 있습니다. 특히 엑셀 프로그램에 내장된 함수를 이용하여 수식을 계산할 경우 복잡한 계산을 쉽고 빠르게 해결할 수 있습니다. Section05에서는 수식과 함수에 대한 기초 사항들을 학습하고, 각종 연산자와 함수를 이용하여 수식을 작성해 봅니다.

결과 미리보기

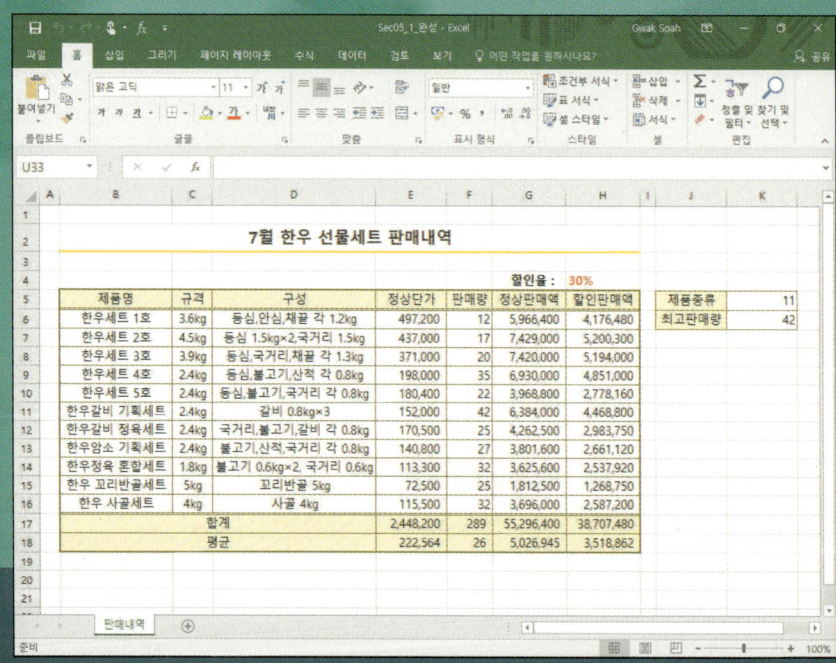

▲ 준비 파일 : Sec05_1.xlsx
완성 파일 : Sec05_1_완성.xlsx

Excel 1 수식 계산하기

엑셀에서 수식은 매우 중요한 부분입니다. 수식의 구조, 수식에 사용되는 연산자의 종류 및 셀 참조 방식 등을 알아보고 직접 수식을 작성하여 원하는 결과를 구해봅니다.

직접 해보기 셀 참조로 수식 만들기

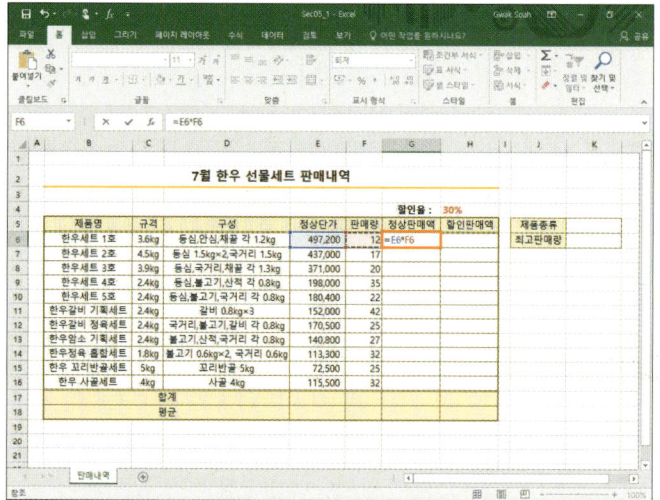

 '실습_Sec05_1.xlsx' 파일을 열고 '판매내역' 워크시트를 선택합니다. [G6] 셀에 "=E6*F6"를 입력한 다음 Enter를 누릅니다. 이 수식은 [E6] 셀의 정상단가와 [F6] 셀의 판매량을 곱하여 계산합니다.

강의노트

수식 작성 중에 셀을 마우스로 클릭하면 자동으로 셀 주소가 입력되며, 기본적으로 '상대 참조'가 됩니다.

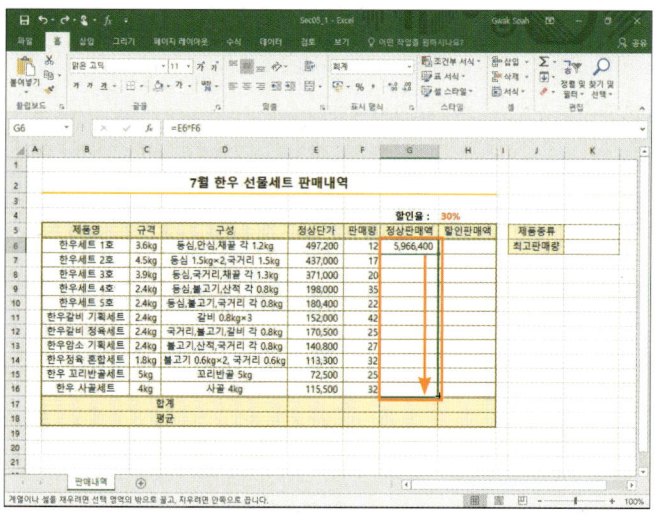

 [G6] 셀의 채우기 핸들을 [G16] 셀까지 드래그해서 수식을 복사합니다. 이렇게 하면 각 행에서 정가와 판매량을 곱한 결과를 얻을 수 있습니다.

강의노트

채우기 핸들로 나머지 수식을 채우면 수식 뿐만 아니라 셀에 지정된 서식까지 복사됩니다. 다른 서식을 제외한 수식만 복사하려면 자동 채우기 옵션 단추(圖·)를 클릭하고 [서식 없이 채우기]를 클릭합니다.

보충수업 연산자의 종류

연산자	기능	종류
산술 연산자	• 사칙연산자, 거듭제곱, 백분율	+, −, *, /, ^.%
비교 연산자	• 값을 서로 비교할 때 사용 • 결과는 '참(Ture)' 또는 '거짓(False)'로 반환됨	=, 〉, 〈, 〉=, 〈=, 〈〉
연결 연산자	• 문자와 문자, 문자와 숫자, 문자와 수식 결과 등을 연결 • 결과는 반드시 텍스트가 됨	&
참조 연산자	• 주로 계산에 사용되는 셀이나 범위를 지정할 때 사용	콜론(:), 콤마(,), 공백()

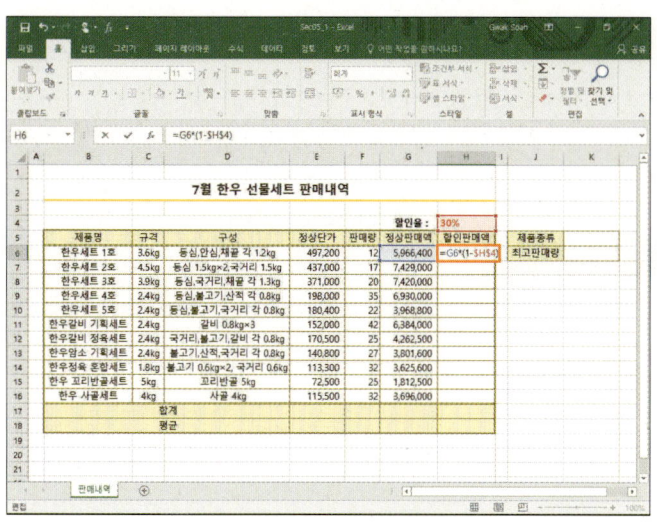

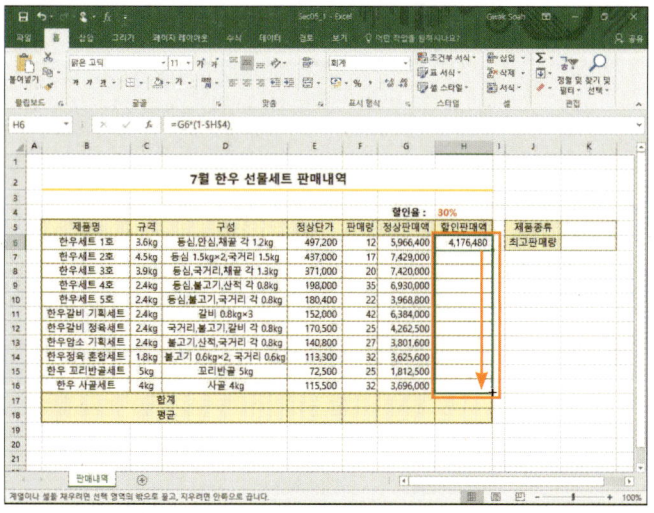

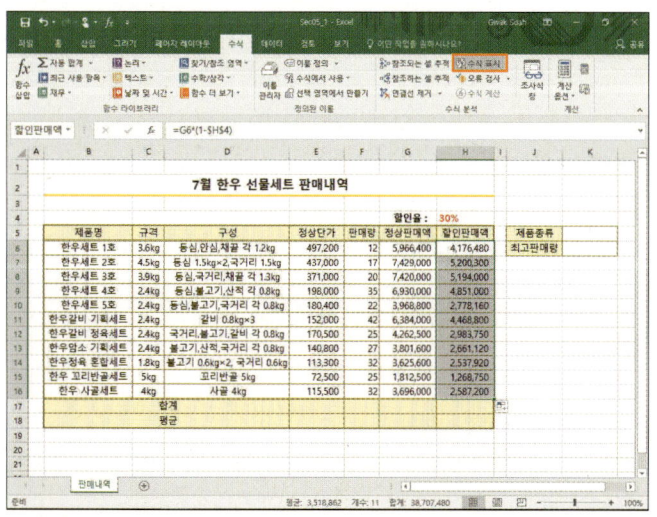

03 이번에는 [H6] 셀에 "=G6* (1-$H$4)"을 입력하고 엔터를 누릅니다.

행 또는 열 앞에 $ 기호를 붙이면 수식을 복사할 때 행 또는 열을 고정하는 '절대 참조'가 됩니다. 수식 작성 중에 [H6] 셀을 마우스로 클릭하면 셀 주소가 자동으로 입력되며, F4 를 한 번 누를 때마다 'H4 → $H$4 → H$4 → $H4 → H4' 순서로 셀 주소의 형식이 변환됩니다.

04 [H6] 셀의 채우기 핸들을 [H16] 셀까지 드래그하여 수식을 복사하면 각 행에서 정상판매액의 30% 할인금액을 구할 수 있습니다.

'=G6*(1-$H$4)'은 [G6] 셀의 정상판매액에 '1-$H$4' 즉, 70%를 곱한 값으로 할인판매액을 계산합니다.

05 [H6:H16] 셀에 할인판매액이 입력되면 [수식] – [수식 분석]에서 [수식 표시](🖾)를 클릭합니다.

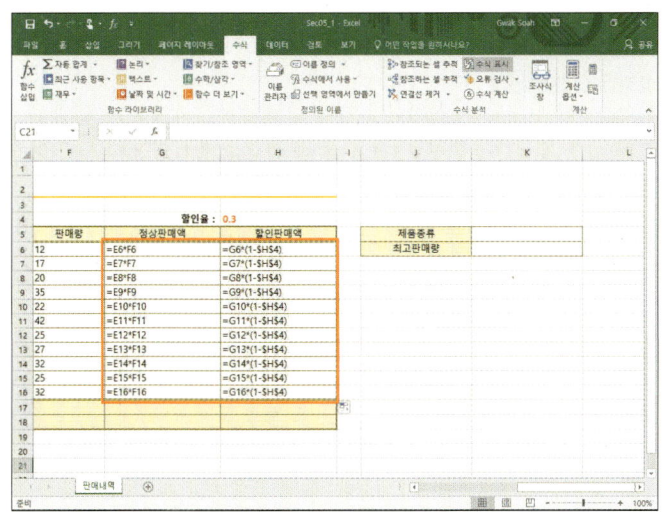

[G6:G16] 셀과 [H6:H16] 셀 영역의 수식을 비교해 보면 [G6] 셀의 수식은 상대 참조이기 때문에 아래로 복사되면서 행 번호가 1씩 증가했지만 [H6] 셀의 수식에서 절대 참조를 한 '$H$4'는 변하지 않은 것을 알 수 있습니다. 수식 비교를 완료하면 [수식 표시](📷)를 한 번 더 클릭하여 결과 값으로 되돌립니다.

[수식 표시](📷) 또는 Ctrl + ~을 누르면 셀에 입력한 수식이 그대로 표시됩니다. 한번 더 누르면 다시 결과 값이 표시됩니다.

보충수업 **셀 참조 유형**

엑셀은 수식을 작성할 때 숫자를 직접 입력하지 않고 숫자가 입력되어 있는 셀 주소를 참조합니다. 따라서 셀의 내용이 변경되면 수식의 결과도 자동으로 변경되므로 수식을 복사하여 사용할 수 있습니다. 셀을 참조하는 유형은 크게 '상대 참조', '절대 참조', '혼합 참조'로 나눌 수 있으며 F4를 눌러 참조 유형을 변경합니다.

참조 유형	기능	참조유형 변경하기
상대 참조	• 수식을 복사할 때 참조한 위치가 변함	
절대 참조	• 수식을 복사할 때 참조한 위치가 안 변함 • 행과 열에 $ 기호를 붙여서 표시함	
혼합 참조	• 상대 참조와 절대 참조가 혼합된 방식 • 행만 고정시키거나 열만 고정시킴	

다양한 유형의 참조 위치

수식에 외부 참조를 만들면 다른 통합 문서의 셀 내용을 참조할 수 있습니다.

위치	참조 방법	사용 예
현재 워크시트	=셀 주소	=A1:A5
다른 워크시트	='워크시트명'!셀 주소	='상반기'!A1:A5
열려 있는 다른 통합문서	=[통합 문서명]워크시트명!셀 주소	=[판매실적.xlsx]상반기!A1:A5
열려 있지 않은 다른 통합문서	='전체 경로\[통합 문서명]워크시트명'!셀 주소	'C:\2019년도\[판매실적.xlsx]상반기'!C10:C25

직접 해보기　자동합계 기능으로 수식 계산하기

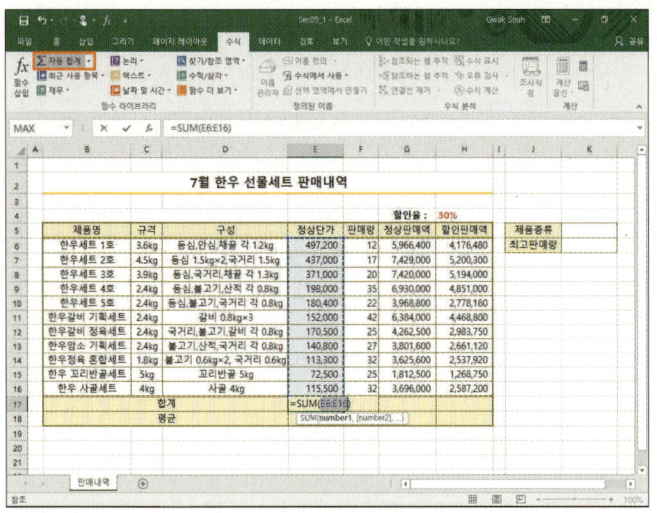

01　[E17] 셀에서 [수식] – [함수 라이브러리]에서 [자동 합계](∑)를 클릭하면 '=SUM(E6:E16)'과 같이 자동으로 합계를 구하는 SUM 함수식이 입력됩니다. 합계를 구할 범위가 바르게 지정되었는지 확인하고 Enter를 누릅니다.

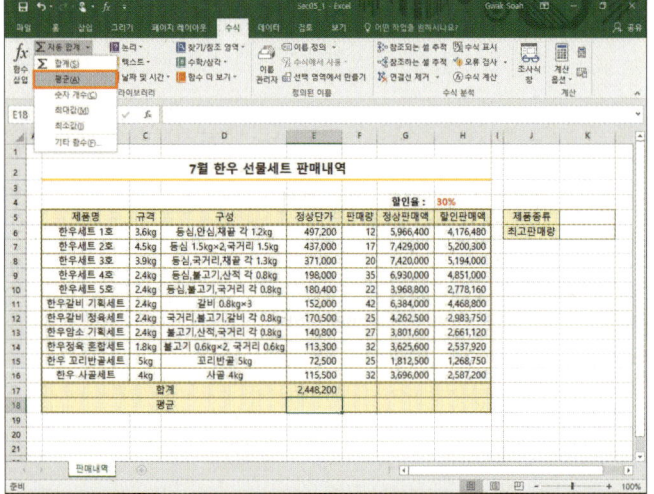

02　[E17] 셀에 [E6:E16] 셀 영역의 합계가 입력되면 이번에는 [E18] 셀이 선택된 상태에서 [자동 합계](∑)의 목록 단추를 클릭하고 [평균]을 클릭합니다.

강의노트

[자동 합계](∑)의 목록 단추를 클릭하면 평균(AVERAGE), 숫자 개수(COUNT), 최대값(MAX), 최소값(MIN) 함수를 빠르게 입력할 수 있습니다.

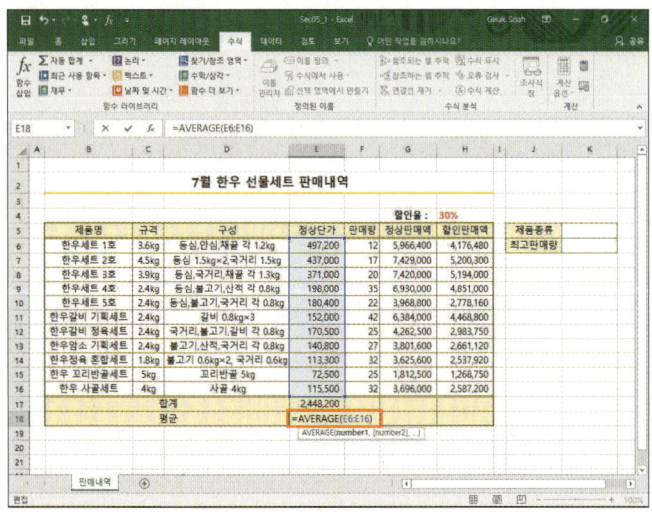

03　[E18] 셀에 '=AVERAGE (E6:E17)'이 자동으로 입력되면 계산 범위를 '(E6:E16)'으로 수정하고 Enter를 누릅니다.

강의노트

[자동 합계](∑) 함수를 입력하면 인접한 셀 범위가 계산 범위로 자동 설정됩니다. 계산 범위가 바르게 설정되면 그대로 사용하지만, 그렇지 않을 경우 반드시 범위를 수정하여 사용합니다.

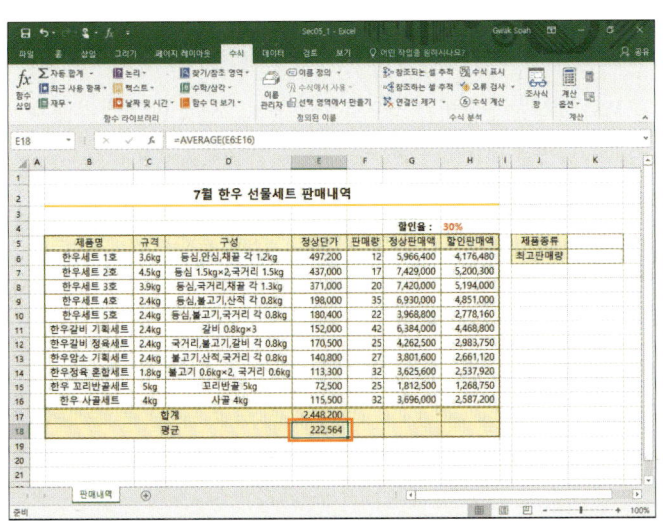

O4 [E18] 셀에 평균 정상단가가 입력된 것을 확인합니다.

보충수업　**빠른 분석 도구로 합계 계산하기**

빠르고 쉽게 자동합계를 구하기 위해서는 해당 셀 영역을 블록으로 지정한 후 [빠른 분석](📊)을 클릭하고 [합계] 범주에서 원하는 옵션을 선택합니다.

▶ 세로 합계 구하기

❶ [F6:G17] 셀 영역을 블록으로 지정

❷ 빠른 분석(📊) 클릭 후 [합계]─[합계](📊) 클릭

[F18] 셀에 공급가액의 합계, [G18] 셀에 부가세의 합계가 각각 입력됨

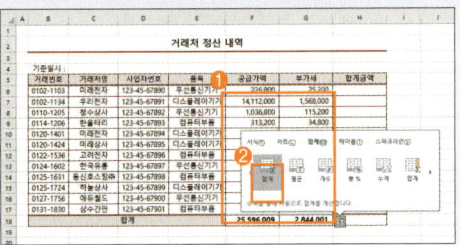

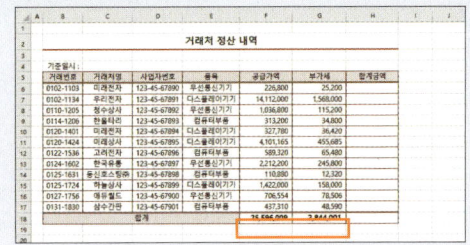

▶ 가로 합계 구하기

❶ [F6:G18] 셀 영역을 블록으로 지정

❷ [빠른 분석](📊) 클릭 후 [합계]─[합계](📊) 클릭

[H6:H18] 셀 영역에 각 행의 합계가 입력됨

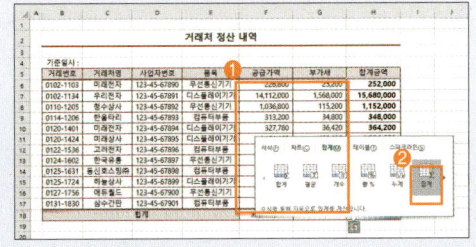

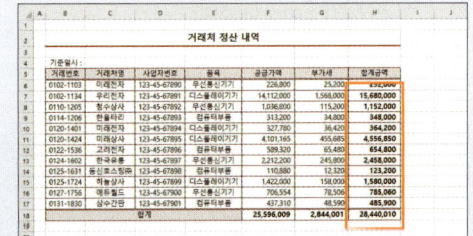

Excel 2 **함수 다루기**

함수란 인수라는 특정 값을 사용하여 특정 순서나 구조로 계산을 실행하는 것으로 엑셀 프로그램에 미리 정의된 수식입니다. 함수의 구조와 특징을 알아보고 다양한 방법으로 함수를 입력하여 원하는 계산을 실행해 봅니다.

직접 해보기 함수 마법사로 함수 입력하기

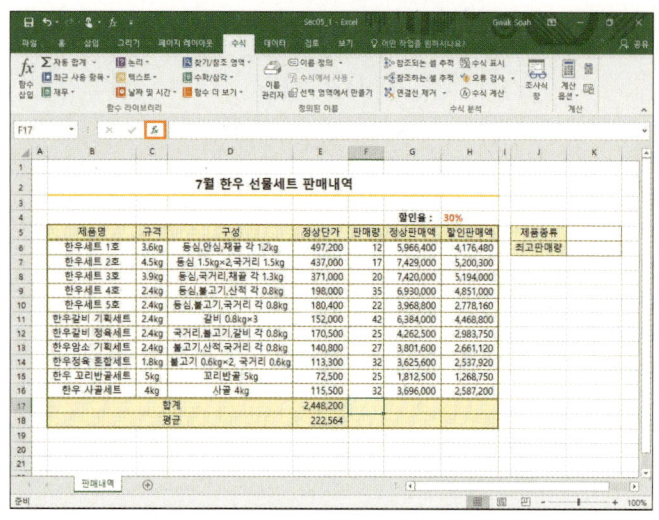

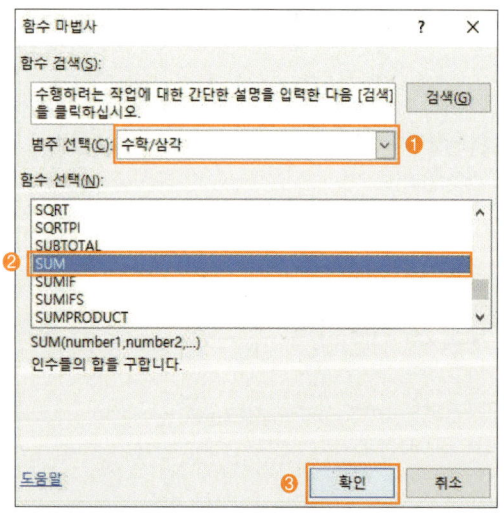

O1 [F17] 셀을 선택한 후 수식 입력줄 앞의 함수 삽입 단추(*fx*)를 클릭합니다.

입력하고자 하는 함수의 이름을 잘 모를 때는 함수 마법사를 이용하여 함수를 입력합니다. [수식] – [함수 라이브러리]에서 [함수 삽입](*fx*)을 클릭하거나 Shift + F3 을 눌러도 [함수 마법사] 대화상자을 열 수 있습니다.

O2 [함수 마법사] 대화상자가 열리면 [범주 선택]의 목록 단추를 누르고 '수학/삼각'을 선택합니다. [함수 선택]에서는 'SUM'을 선택하고 [확인]을 클릭합니다.

[함수 검색]에 입력하고자 하는 함수 설명을 간단히 작성한 후 [검색]을 클릭하면 권장 함수 목록이 표시됩니다.

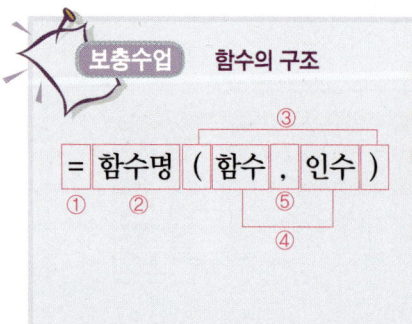

보충수업 **함수의 구조**

❶ 등호 : 함수의 시작을 알립니다.

❷ 함수명 : 원하는 계산의 함수 이름을 입력합니다.

❸ 괄호 : 인수를 표시할 수 있는 셀 영역으로, 인수가 없는 함수에도 반드시 괄호를 작성합니다.

❹ 인수 : 숫자나 텍스트, TRUE나 FALSE와 같은 논리값, 배열, #N/A와 같은 오류 값, 셀 참조 등이 해당됩니다. 상수, 수식 또는 다른 함수를 인수로 입력할 수도 있으며 함수에 따라 인수가 없는 함수도 있습니다.

❺ 쉼표 : 인수는 쉼표로 구분하며 최대 255개까지 사용할 수 있습니다.

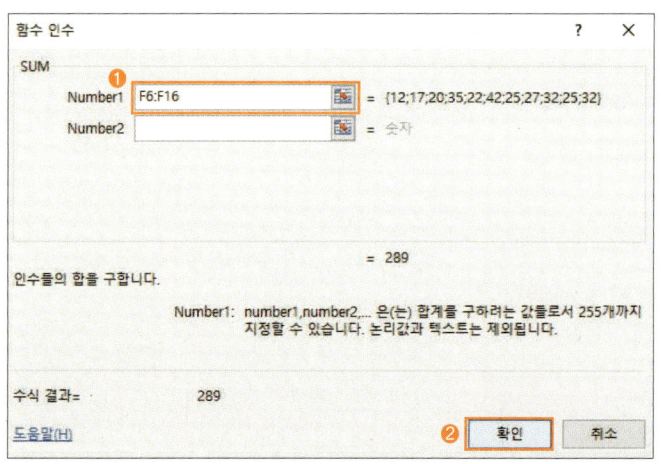

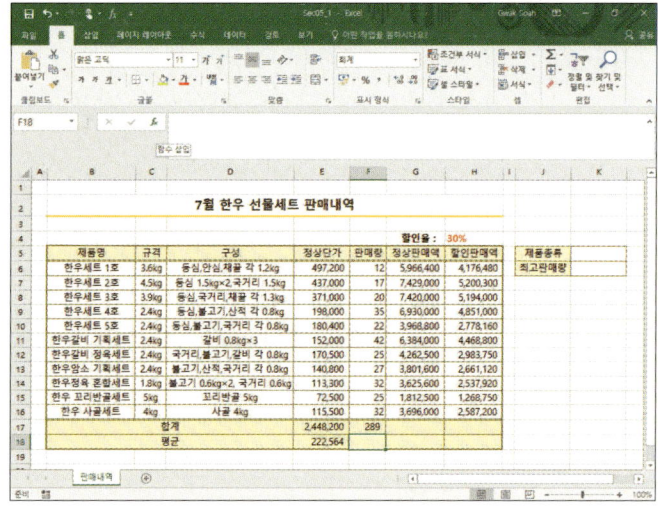

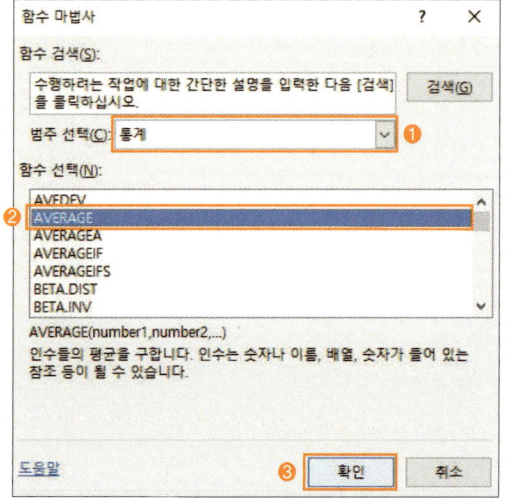

03 SUM 함수의 [함수 인수] 대화상자가 열리면 'Number1'에 'F6:F16'이 입력되었는지 확인하고 [확인]을 클릭하여 판매량 합계를 구합니다.

[함수 마법사(*fx*)로 함수를 입력하면 인접한 셀 범위가 계산 범위로 자동 설정됩니다.

04 이번에는 [F18] 셀을 선택 한 후 함수 삽입 단추(*fx*)를 클릭하여 [함수 마법사] 대화상자를 엽니다.

함수 마법사 단축키는 Shift + F3 입니다.

05 [범주 선택]의 목록 단추를 클릭하고 '통계'를 클릭합니다. [함수 선택]에서는 'AVERAGE'를 클릭하고 [확인]을 클릭합니다.

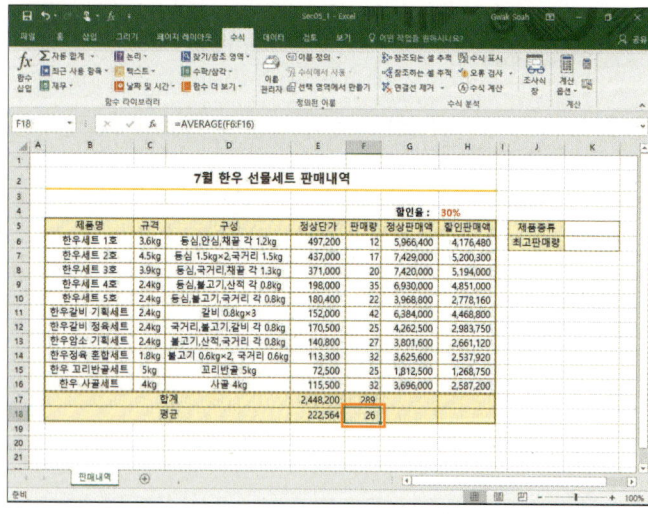

[함수 인수] 대화상자가 열려있는 상태에서 [F6:F16] 셀 영역을 마우스로 드래그한 후 [확인]을 클릭해도 됩니다.

07   [F18] 셀에 평균 판매량이 입력된 것을 확인합니다.

보충수업   함수 마법사로 함수 검색하기

함수 마법사의 함수 검색 기능을 이용하면 수행하려는 작업과 관련된 함수를 추천 해 줍니다.

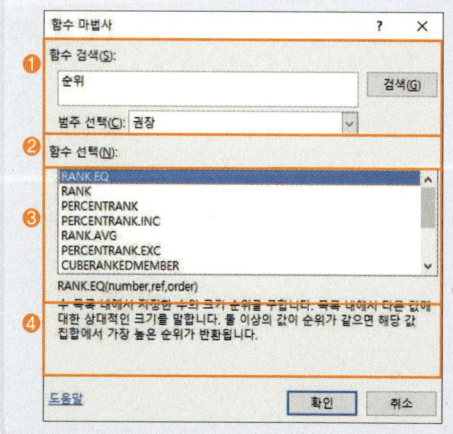

① 함수 검색 : 수행하려는 작업에 대한 간단한 설명 또는 키워드를 입력 한 후 [검색]을 클릭합니다.

② 범주 선택 : 범주가 자동으로 '권장'으로 변경됩니다.

③ 함수 선택 : ①에서 입력한 내용과 관련된 함수가 목록으로 표시됩니다. 원하는 함수를 선택한 수 [확인]을 클릭하여 해당 함수를 입력합니다.

④ 함수 설명 : 함수의 표시형식 및 관련설명을 보여줍니다.

직접 해보기 함수 라이브러리 사용하기

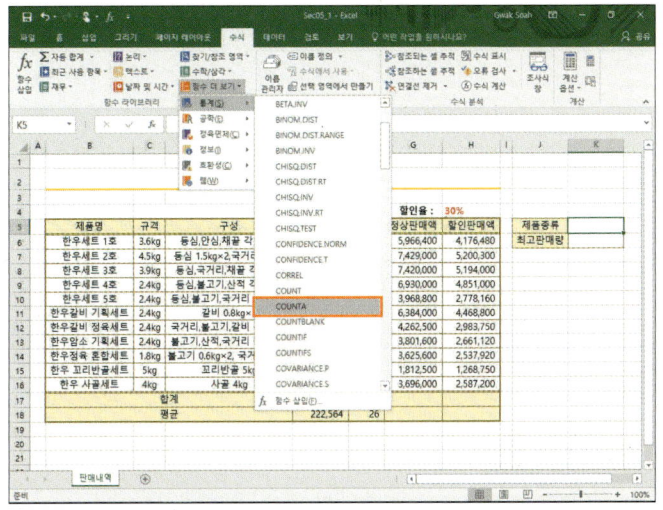

O1 [K5] 셀을 클릭하고 [수식] – [함수 라이브러리]에서 [함수 더 보기]()를 클릭한 후 [통계] 범주의 [COUNTA]를 클릭합니다.

강의노트

COUNT 함수는 숫자가 포함된 셀의 개수를, COUNTA 함수는 문자를 포함한 셀의 개수를 구합니다.

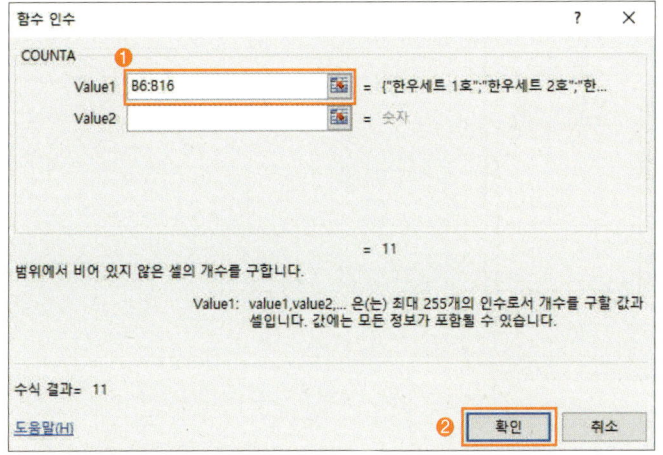

O2 COUNTA 함수의 [함수 인수] 대화상자가 열리면 'Value1'에 "B6:B16"을 입력하고 [확인]을 클릭합니다.

강의노트

[함수 인수] 대화상자가 열려있는 상태에서 [B6:B16] 셀 영역을 마우스로 드래그한 후 [확인]을 클릭해도 됩니다.

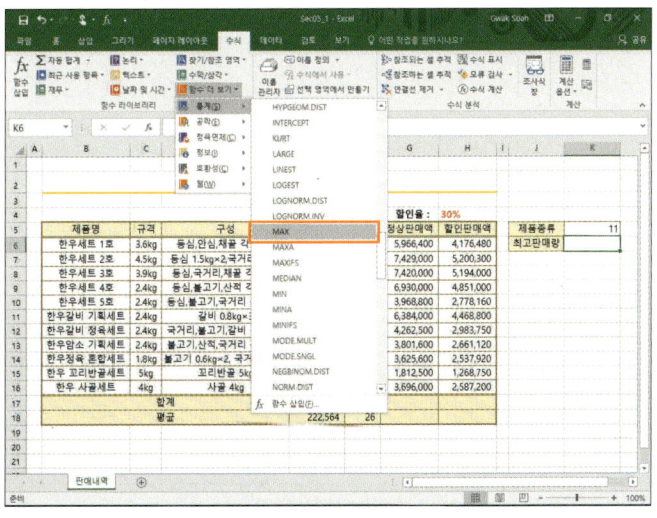

O3 [K5] 셀에 제품 종류의 수가 입력되면 최고 판매량을 구하기 위해 [K6] 셀을 클릭한 후 [함수 더 보기]() – [통계] – [MAX]를 클릭합니다.

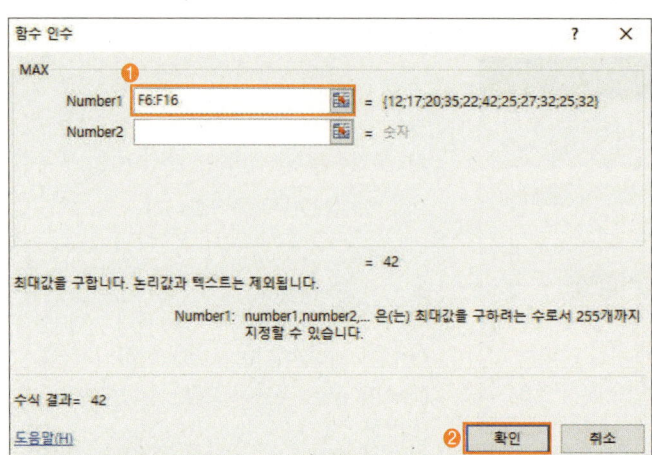

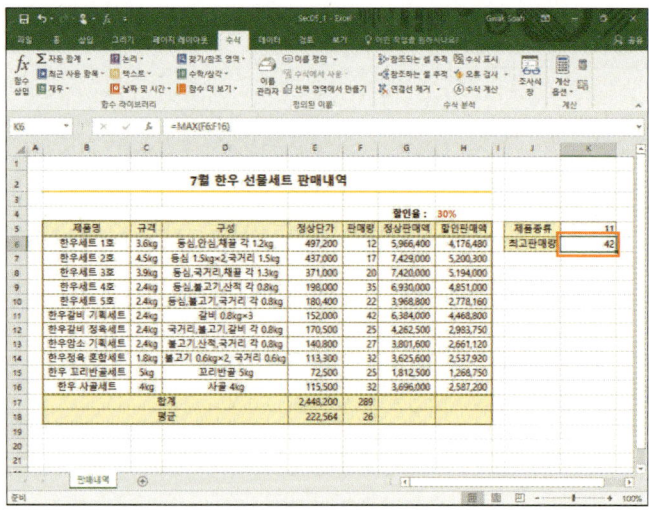

04　MAX 함수의 [함수 인수] 대화 상자가 열리면 [Number1]에 "F6:F16"을 입력하고 [확인]을 클릭합니다.

[함수 인수] 대화상자가 열려있는 상태에서 [F6:F16] 셀 영역을 마우스로 드래그한 후 [확인]을 클릭해도 됩니다.

05　[K6] 셀에 최고 판매량이 입력된 것을 확인합니다.

보충수업　**범주별 함수 살펴보기**

함수 라이브러리에는 엑셀에서 제공하는 함수를 범주별로 구분해 묶어 놓아 편리하게 사용할 수 있습니다. 엑셀에 내장된 함수의 종류를 범주별로 구분하면 다음과 같습니다.

범주 구분	함수 설명
통계 함수	평균을 구하거나 데이터의 셀의 개수를 세고 순위를 구하는 등 입력된 데이터의 통계를 구할 때 사용합니다.
수학/삼각 함수	데이터의 합계를 비롯해서 다양한 연산 결과 및 집계를 내기 위한 함수입니다.
논리 함수	참이냐 거짓이냐를 판단할 때 사용하는 함수입니다.
텍스트 함수	문자열에서 일부 문자를 추출하거나 여러 문자열을 조합하고 문자열의 일부를 다른 문자열로 대체하는 등 텍스트 데이터를 다양한 방법으로 처리합니다.
날짜/시간 함수	날짜 및 시간과 관련된 데이터를 반환하는 함수입니다.
찾기/참조 함수	참조 목록에서 원하는 값을 찾거나 참조한 셀의 정보를 반환하는 함수입니다.

직접 해보기　**키보드로 함수 입력하기**

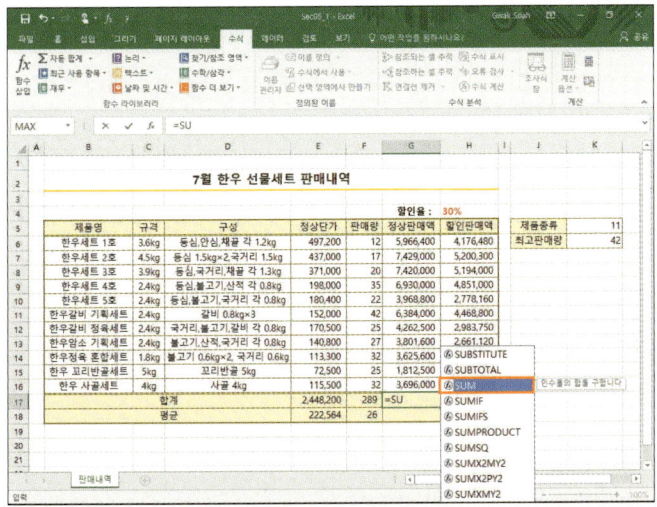

01　함수 이름을 알고 있다면 직접 함수식을 입력할 수 있습니다. [G17] 셀에서 '=SU'까지 입력하면 'SU'로 시작하는 함수 목록이 표시 됩니다. 목록에서 'SUM'를 클릭하여 함수 도움말을 확인한 후 　Tab 　을 누릅니다.

강의노트

셀에서 사용할 수 있는 함수 목록을 보려면 수식 입력줄 앞의 [함수 삽입] 단추(*fx*)를 클릭하거나 　Shift 　+　F3 　을 눌러 [함수 마법사] 대화상자를 열어 확인합니다.

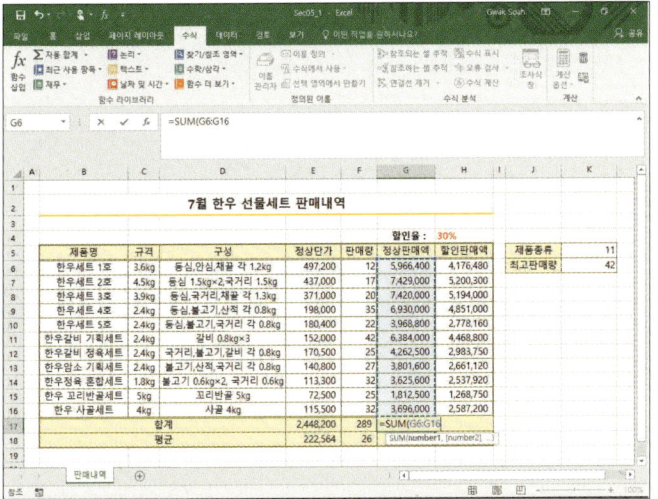

02　'=SUM('까지 입력되면 [G6:G16] 셀 영역을 마우스로 드래그하여 계산 범위로 지정합니다.

강의노트

기본제공 함수에 한하여 함수를 입력하면 함수 구문과 인수가 들어 있는 도구 설명이 나타납니다.

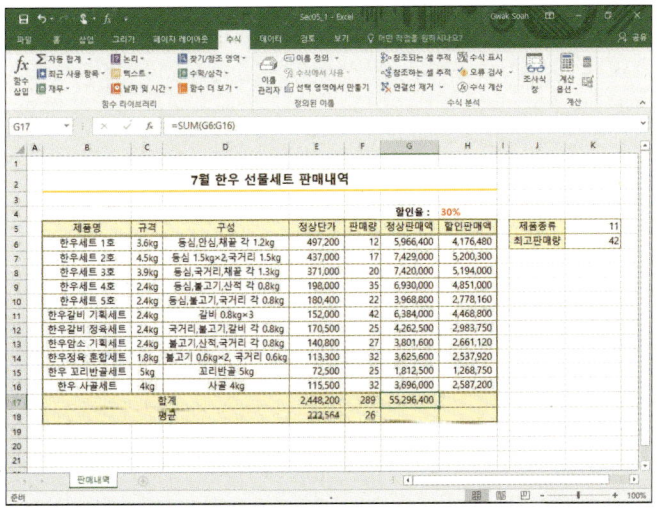

03　닫는 괄호까지 입력해서 '=SUM(E6:E16)'으로 수식을 완성하고 　Enter 　를 누릅니다. 그러면 [G17] 셀에 정상단가의 합계가 입력됩니다. 이 때, 인접한 셀들의 규칙적인 함수 패턴에 의해서 [H17] 셀에도 할인판매액의 합계가 자동적으로 입력됩니다. 뒷 부분의 실습을 위해서 [H17] 셀의 값은 삭제합니다.

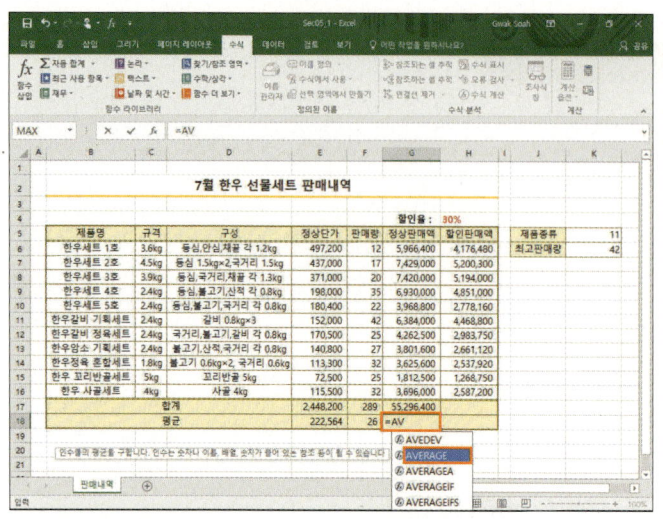

04 이번에는 [G18] 셀에서 '=AV' 까지 입력하면 'AV'로 시작하는 함수 목록이 표시 됩니다. 목록에서 'AVERAGE'를 클릭하여 함수 도움말을 확인한 후 Tab 을 누릅니다

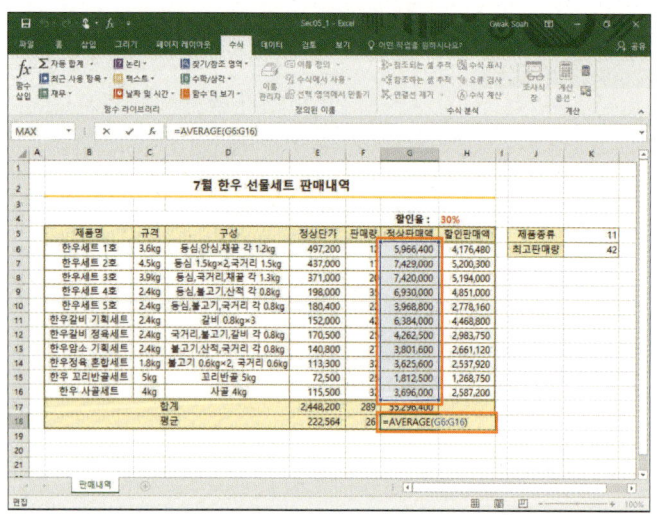

05 '=AVERAGE('까지 입력되면 [G6:G16] 셀 영역을 마우스로 드래그하여 계산 범위로 지정한 후 닫는 괄호까지 입력해서 '=AVERAGE(E6:E16)'으로 수식을 완성합니다.

함수식에 직접 "G6:G16"을 입력해도 됩니다.

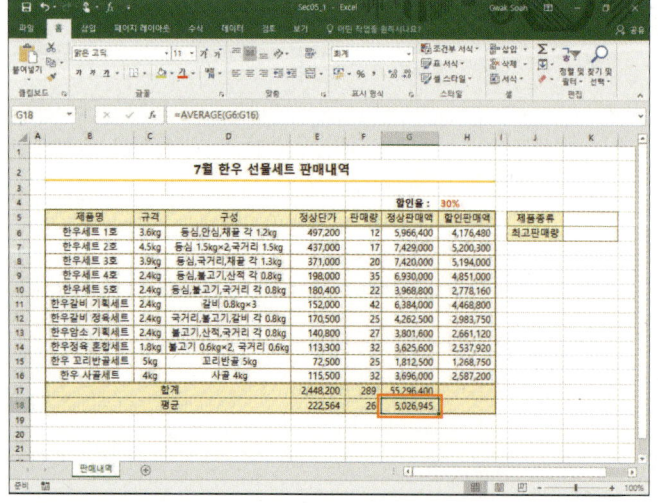

06 [G18] 셀에 정상판매액의 평균값이 입력된 것을 확인합니다.

직접 해보기 이름으로 수식 만들기

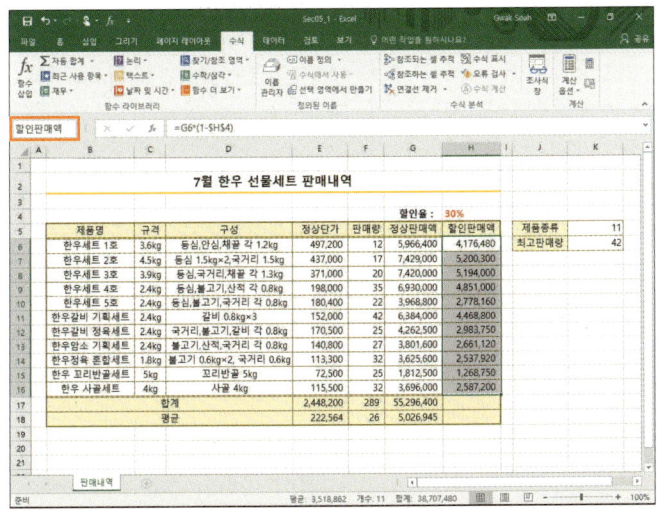

01 셀이나 셀 영역의 이름을 정의하면 셀 주소 대신 이름을 사용하여 수식을 작성할 수 있습니다. [H6:H16] 셀 영역을 블록으로 지정한 다음 이름 상자를 클릭합니다. 이름 상자에 "할인판매액"을 입력한 다음 Enter를 누르면 새로운 이름이 정의됩니다.

02 [H17] 셀에 "=SUM(H6:H16)"을 입력하는 대신 정의해 놓은 이름을 사용하여 '=SUM(할인판매액)'을 입력하고 Enter를 누릅니다.

강의노트

이름은 절대주소로 정의됩니다. 이름 '할인판매액'의 주소는 '$H$6:$H$16'와 같습니다.

보충수업 **이름 작성 규칙**

이름을 만들고 편집할 때는 다음의 규칙을 지켜야 합니다.

규칙 대상	규칙 내용
유효한 문자	• 이름의 첫 번째 문자는 문자, 밑줄(_) 또는 백슬래시(₩)여야 함 • 이름의 나머지 문자는 문자, 숫자, 마침표 및 밑줄이 될 수 있음
셀 참조 허용 안함	• 이름이 'Z$100' 또는 'R1C1'과 같이 셀 참조와 동일하면 안 됨
공백 사용 못함	• 공백은 이름의 일부로 사용할 수 없음
이름 길이	• 이름에는 최대 255개 문자가 포함될 수 있으며, 통합 문서에 유일한 이름이어야 함
대소문자 구분 여부	• 이름은 대문자와 소문자를 포함해서 작성할 수 있으나 대/소문자가 구별되지 않음

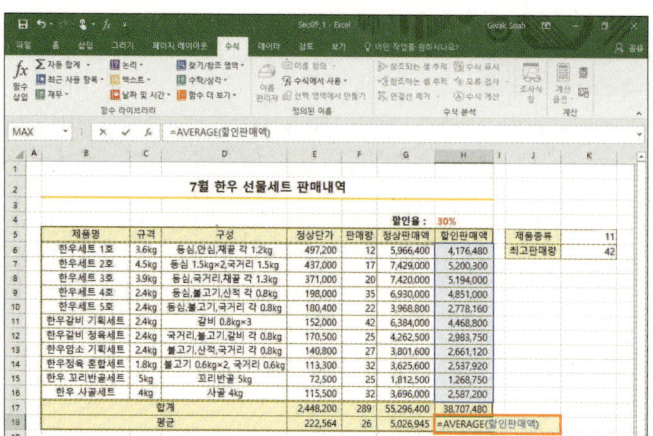

03 [H17] 셀에 할인판매액의 합계가 입력되면 이번에는 [H18] 셀에 "=AVERAGE(할인판매액)"을 입력한 후 Enter 를 누릅니다.

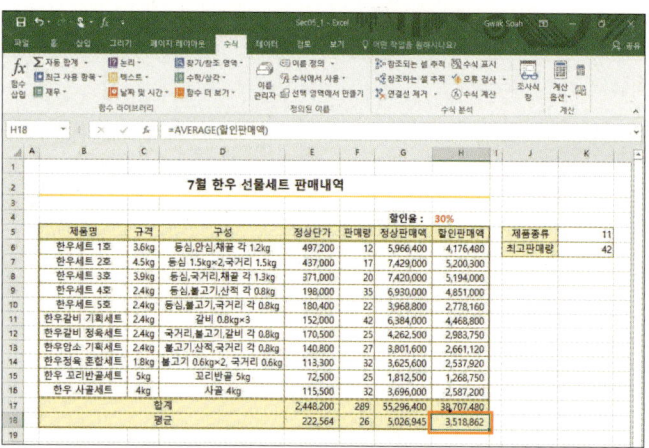

04 [H18] 셀에 할인판매액의 평균값이 입력된 것을 확인합니다.

[수식] – [정의된 이름]에서 [이름 관리자](🔲)를 클릭하면 현재 통합문서에 정의되어 있는 모든 이름이 대화상자에 표시됩니다. [이름 관리자] 대화상자에서 셀 또는 셀 영역에 정의된 이름을 변경하고 삭제할 수 있습니다.

보충수업 **이름 편집 및 삭제하기**

[수식]–[정의된 이름]에서 [이름 관리자](🖶)를 클릭하면 현재 통합문서에 정의되어 있는 모든 이름이 대화상자에 표시됩니다. [이름 관리자] 대화상자에서는 새로운 이름을 정의하거나 특정 이름을 편집/삭제할 수 있습니다.

▶ [이름 관리자] 대화상자

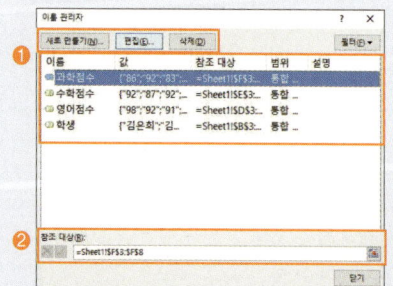

① 새로운 이름을 추가하거나 특정 이름을 편집/삭제하여 이름의 정보를 확인합니다.
② 이름을 정의한 참조 대상을 확인하거나 변경합니다.

▶ [이름 편집] 대화상자

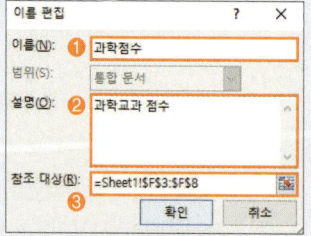

① 새로운 이름을 입력합니다.
② 필요시 이름을 설명하는 글을 작성합니다.
③ 이름을 정의할 참조대상을 변경합니다.

 **셀 오류 처리하기**

셀에 데이터를 입력하거나 수식을 작성한 후 Enter 를 누르면 셀 오류가 나타날 때가 있습니다. 셀 오류가 표시되었다고 무조건 잘못된 것은 아니므로, 해당 셀을 검토하여 상황에 따라 오류가 표시된 셀을 수정합니다.

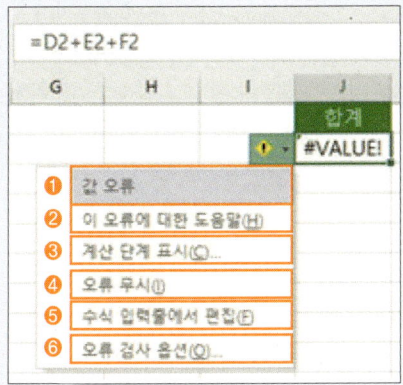

❶ 오류의 원인을 표시합니다.
❷ 해당 오류에 대한 도움말을 볼 수 있습니다.
❸ 함수를 단계별로 계산하고 오류의 발생지점을 확인합니다.
❹ 오류를 무시합니다.
❺ 수식 입력줄에서 오류를 편집(수정)합니다.
❻ [Excel 옵션] 대화상자를 열고 오류 검사 규칙에 대한 설정을 변경합니다.

셀 오류의 종류

셀 오류의 종류와 원인은 다음과 같습니다.

오류 표시	오류 원인
#####	• 입력된 데이터의 길이가 셀의 너비 보다 길거나 음수로 된 날짜 또는 시간 데이터가 입력된 경우
#N/A	• 수식이 참조된 값을 찾을 수 없는 경우(VLOOKUP, MATCH 함수에서 많이 발생)
#NULL!	• 수식이나 함수에 잘못된 숫자 값이 포함된 경우(예: 범위를 쉼표로 구분하지 않은 경우)
#REF!	• 셀 참조가 유효하지 않은 경우
#VALUE!	• 수식에 서로 다른 데이터 형식이 포함 된 셀을 포함 하는 경우

 정리 한마당

• 수식은 셀 또는 수식 입력줄에 입력합니다.
• 수식을 복사할 때 참조한 위치를 자동으로 변경하기 위해서는 상대 참조를, 참조한 위치를 고정하기 위해서는 절대 참조를 합니다.
• [수식] – [함수 라이브러리] – [자동 합계]에서 합계, 평균 등의 계산 결과를 자동으로 워크시트에 입력합니다.
• SUM 함수는 합계를 구하는 수학/삼각 함수이고, AVERAGE 함수는 평균, MAX 함수는 최대값, COUNTA는 문자가 포함된 셀의 개수를 구하는 통계함수입니다.
• 특정 셀 범위에 이름을 정의하면 수식을 쉽게 이해하고 관리할 수 있습니다.

기초 문제

1 '기초_Sec05_1.xlsx' 파일을 열고 '2019 외국인 관광객' 워크시트에서 다음 지시에 따라 수식을 입력하세요.

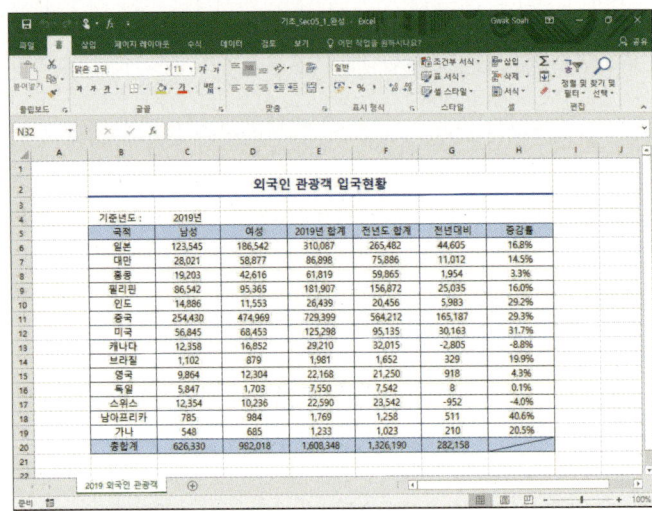

- 2019년 합계 : 남성+여성
- 전년대비 : 합계 – 전년도 합계
- 증감률 : 전년대비 / 전년도 합계
- 총합계 : 남성, 여성, 합계, 전년도 합계, 전년대비의 합계(SUM 함수 사용)

▲ 완성파일 : 기초_Sec05_1_완성.xlsx

2 '기초_Sec05_2.xlsx' 파일을 열고 '할인안내' 워크시트에서 가입기간 별 할인율을 적용하여 할인된 상품가격을 구하세요. 단, 할인율 적용은 혼합 참조로 수식을 작성하세요.

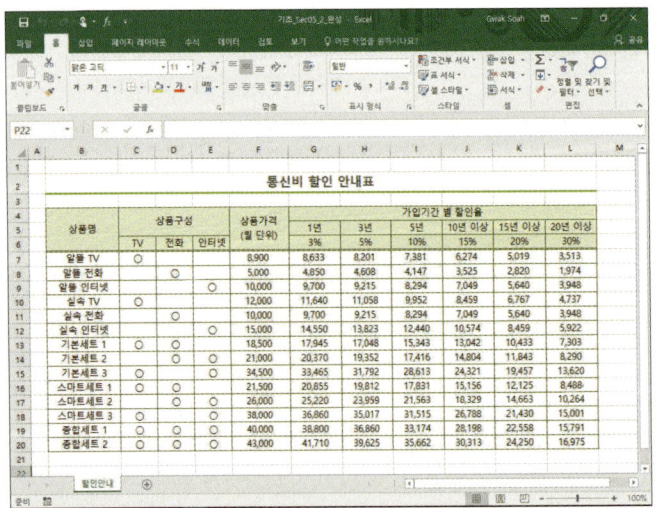

▲ 완성파일 : 기초_Sec05_2_완성.xlsx

힌트 • 할인율은 행을 고정한 혼합 참조로 적용합니다.
• [F7] 셀에 "=F7*(1−G$6)"을 입력한 후 채우기 핸들을 세로, 가로로 드래그하여 수식을 복사합니다.

심화 문제

1 '심화_Sec05_1.xlsx' 파일을 열고 '2018-1학기' 워크시트에서 다음 지시에 따라 값을 입력하세요.

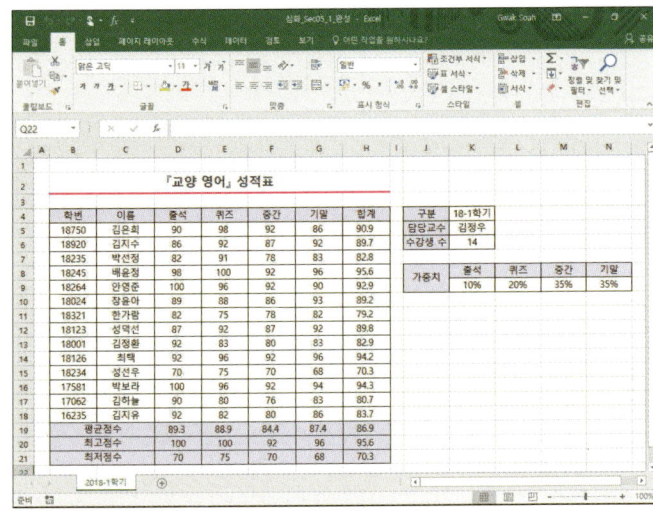

▲ 완성파일 : 심화_Sec05_1_완성.xlsx

- 합계 : 출석, 퀴즈, 중간, 기말점수에 각 각 해당 가중치(K9:N9)를 곱한 후 더하여 계산, 소수 이하 첫째 자리까지 표시
- 평균점수 : 출석, 퀴즈, 중간, 기말, 합계의 평균(AVERAGE), 소수 첫째 자리까지 표시
- 최고점수 : 출석, 퀴즈, 중간, 기말, 합계의 최대값(MAX)
- 최저점수 : 출석, 퀴즈, 중간, 기말, 합계의 최소값(MIN)
- 수강생 수 : 수강생 이름이 적힌 셀의 수(COUNTA)

힌트

- 합계를 구하는 식에서 가중치는 행과 열을 고정하는 절대참조입니다.

2 '심화_Sec05_2.xlsx' 파일을 열고 '2019년 집계' 워크시트에서 다음 지시에 따라 값을 입력하세요.

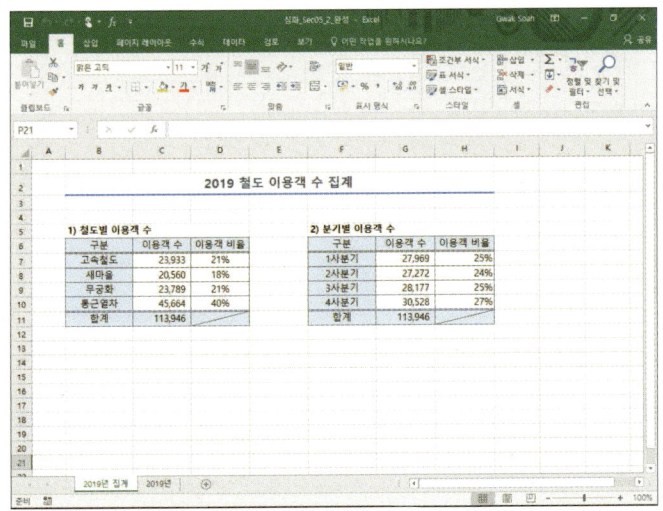

▲ 완성파일 : 심화_Sec05_2_완성.xlsx

1) 철도별 이용객 수

- 이용객 수 : '2019년' 워크시트에서 고속철도, 새마을, 무궁화, 통근열차의 이용객 수를 각각 참조하여 합계(SUM)
- 합계 : 이용객 수의 총 합계
- 이용객 비율 : 구분 별 이용객 수 / 합계

2) 분기별 이용객 수

- '2019년' 워크시트에 다음과 같이 이름을 정의 ([C6:E9]-분기1, [F6:H9]-분기2, [I6:K9]-분기3, [L6:N9]-분기4)
- 이용객 수 : 각 분기별 이용객수의 합계
- 합계 : 각 분기별 이용객 수 합계(SUM)
- 이용객 비율 : 각 분기별 이용객 수 / 합계

힌트

- 다른 워크시트를 참조하여 합계 구하는 식 : =SUM('워크시트명'!셀 주소 또는 이름)
- 이용객 비율 : 철도별 이용객 수와 철도별 이용객 수를 나누는 합계는 행과 열을 고정한 절대참조($G$11)

06 section

기
본
함
수
활
용
하
기

함수는 엑셀 프로그램에 미리 정의된 수식으로, 함수에서 요구하는 인수만 정확히 입력하면 아무리 복잡한 연산이라도 원하는 결과를 빠르고 정확하게 계산할 수 있습니다. 또한 연산자만을 사용하여 수식을 작성하는 것 보다 상황에 맞는 함수를 사용하면 수식을 좀 더 간단하고 알기 쉽게 작성할 수 있습니다. Section06에서는 엑셀의 많은 함수들 중에서 기초가 되는 함수의 종류와 사용법을 살펴보고, 기본 함수를 사용하여 수식을 작성하고 문제를 해결하는 방법을 학습합니다.

 결과 미리보기

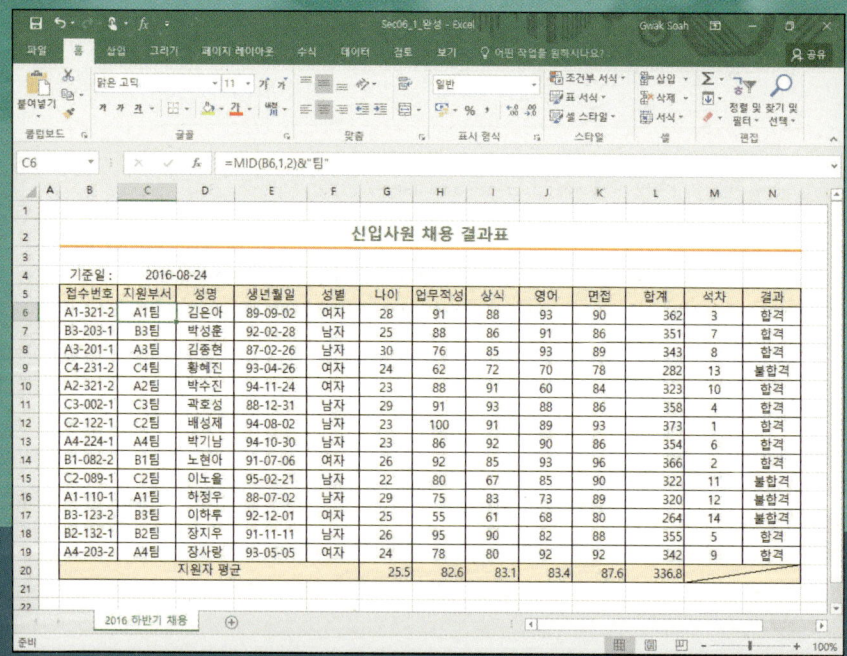

▲ 준비 파일 : Sec06_1.xlsx
　 완성 파일 : Sec06_1_완성.xlsx

Excel 1 기본 함수의 종류와 사용법 살펴보기

엑셀 2016에서 제공하는 함수는 범주별로 구분되어있습니다. 특히 통계 함수, 수학 함수, 논리 함수, 텍스트 함수, 날짜 함수는 워크시트 계산에 꼭 필요한 함수입니다. 기초 함수들의 종류와 사용법을 살펴보고 그 특징을 비교해 봅니다.

직접 해보기   자주 사용하는 기본 함수

[Point]

입력하고자 하는 함수의 이름을 잘 모를 때는 [수식] − [함수 라이브러리]에서 [함수 삽입](fx)을 클릭하거나 Shift + F3 을 눌러 원하는 함수를 검색합니다.

통계 함수

COUNT/COUNTA 함수

함수 설명	지정된 범위에서 숫자가 입력된 셀의 개수/데이터가 입력된 모든 셀의 개수를 셉니다.
함수 형식	COUNT/COUNTA(Value1,Value2, ...)
인수 설명	Value1, Value2, ... : 개수를 세고 싶은 셀 또는 셀 범위로 최대 255개까지 지정 가능

COUNTABRAK 함수

함수 설명	지정된 범위에서 빈 셀의 개수를 셉니다.
함수 형식	COUNTBLANK(Range)
인수 설명	RANGE : 빈 셀의 개수를 세고 싶은 셀 범위

RANK.EQ 함수

함수 설명	숫자 목록에서 지정한 수의 크기 순위를 반환합니다.
함수 형식	RANK.EQ(Number,Ref,[Order])
인수 설명	• number : 순위를 구하려는 값 • ref : 숫자 목록(비교 목록) • order : 숫자 '0'을 입력하거나 생략하면 내림차순으로, '0'이 아닌 다른 숫자를 입력하면 오름차순으로 순위를 매깁니다.

LARGE, SMALL 함수

함수 설명	데이터 집합에서 K번째로 큰/작은 값을 구합니다.
함수 형식	LARGE/SMALL(Array,k)
인수 설명	• Array : k번째로 큰 값을 확인할 데이터 배열 또는 범위 • k : 데이터의 배열이나 셀 범위에서 몇 번째로 큰/작은 값을 구할지 결정

PERCENTRANK.EXC, PERCENTRANK.INC 함수

함수 설명	데이터 집합에서 특정 값의 백분율 순위를 구합니다. PERCENTRANK.EXC은 0과 1사이의 경계을 제외하고 PERCENTRANK.INC은 0과 1을 포함하여 반환합니다.
함수 형식	PERCENTRANK.EXC/PERCENTRANK.INC(Array,x,[Significance])
인수 설명	• Array : 상대 순위를 정의하는 숫자 값의 배열 또는 범위 • x : 순위를 확인할 값 • Significance : 백분율 값의 유효 자릿수를 나타내는 값으로, 인수를 생략하면 소수점 이하 세 자릿수(0.xxx)까지 표시

수학 함수

ROUND 계열 함수

함수 설명	숫자를 지정한 자릿수로 반올림/올림/버림합니다.
함수 형식	ROUND/ROUNDUP/ROUNDDOWN(Number,Num_digits)
인수 설명	• Number : 반올림/올림/버림할 숫자 • Num_digits : number 인수를 반올림/올림/버림할 자릿수

QUOTIENT 함수

함수 설명	나눗셈에서 몫을 반환합니다.
함수 형식	QUOTIENT(Numerator,Denominator)
인수 설명	• Numerator : 피제수 • Denominator : 제수

MOD 함수

함수 설명	나눗셈에서 나머지를 반환합니다.
함수 형식	MOD(Number,Divisor)
인수 설명	• Number : 나머지를 구할 수 • Divisor : Number를 나눌 제수 (Divisor가 0이면 #DIV/0! 오류 값이 반환됩니다)

논리 함수

IF 함수

함수 설명	논리식(Logical_Test) 결과가 참이면 Value_if_true를 반환하고, 거짓이면 Value_if_false를 반환합니다.
함수 형식	IF(Logical_Test,Value_if_true,Value_if_false)
인수 설명	• Logical_Test : 논리식(조건식) • Value_if_true : 논리식이 참일 때 반환할 값 • Value_if_false : 논리식이 거짓일 때 반환할 값

AND 함수

함수 설명	인수가 모두 참이면 TRUE를, 인수 중 하나라도 FALSE이면 FALSE를 반환합니다.
함수 형식	AND(Logical1,[Logical2], ...)
인수 설명	• Logical : TRUE 또는 FALSE를 검사할 조건으로 1~255개까지 지정 가능

OR 함수

함수 설명	조건의 결과가 하나라도 참이면 TRUE를 반환합니다.
함수 형식	OR(Logical1,[Logical2], ...)
인수 설명	• Logical : TRUE 또는 FALSE를 검사할 조건으로 1~255개까지 지정 가능

텍스트 함수

MID 함수

함수 설명	텍스트 문자열에서 지정된 위치로부터 지정된 수만큼 문자를 반환합니다.
함수 형식	MID(Text, Start_num,Num_chars)
인수 설명	• Text : 추출할 문자가 들어 있는 텍스트 문자열 • Start_num : 텍스트에서 추출할 첫 문자의 위치 • Num_chars : 텍스트에서 반환할 문자의 개수

LEFT, RIGHT 함수

함수 설명	텍스트 문자열의 첫 번째 문자부터 시작하여 지정한 문자 수 만큼 문자를 반환합니다.
함수 형식	LEFT/RIGHT(Text,[Num_chars])
인수 설명	• Text : 왼쪽이나 오른쪽에서 추출하려는 문자가 들어 있는 텍스트 문자열 • Num_chars : 추출할 문자 수

날짜/시간 함수

TODAY, NOW 함수

함수 설명	오늘날짜/현재 날짜와 시간을 반환합니다.
함수 형식	TODAY/NOW()
인수 설명	인수는 없음

DATE 함수

함수 설명	Year, Month, Day를 숫자로 입력받은 후 날짜로 반환합니다.
함수 형식	DATE(Year,Month,Day)
인수 설명	• Year : 1900~1999까지의 연도를 나타내는 숫자 • Month : 1~12까지의 월을 나타내는 숫자 • Day : 1~31까지의 일을 나타내는 숫자

찾기/참조 함수

CHOOSE 함수

함수 설명	Index_num을 사용하여 인수 값 목록에서 값을 반환합니다.
함수 형식	CHOOSE(Index_num,Value1,[Value2], …)
인수 설명	• Index_num : 1과 254 사이의 숫자, 수식, 셀 주소 • Value1, Value2 : Index_num이 1이면 value1이 반환되고, 2이면 value2가 반환됩니다.

ROW, COLUMN 함수

함수 설명	주어진 셀 참소의 헹/얼 번호를 반환합니다
함수 형식	ROW/COLUMN([Reference])
인수 설명	Reference : 행/열 번호를 반환하려는 셀 또는 셀 범위

Excel 2 기본 함수 활용하기

엑셀에서 수식을 작성할 때 적절한 함수를 선택하는 것이 매우 중요합니다. 함수의 선택에 따라 수식이나 계산의 복잡도가 달라지기 때문입니다. 기초 함수를 사용하여 수식을 작성하고 문제를 해결하는 방법을 학습합니다.

직접 해보기 현재 날짜 표시하고 나이 계산하기

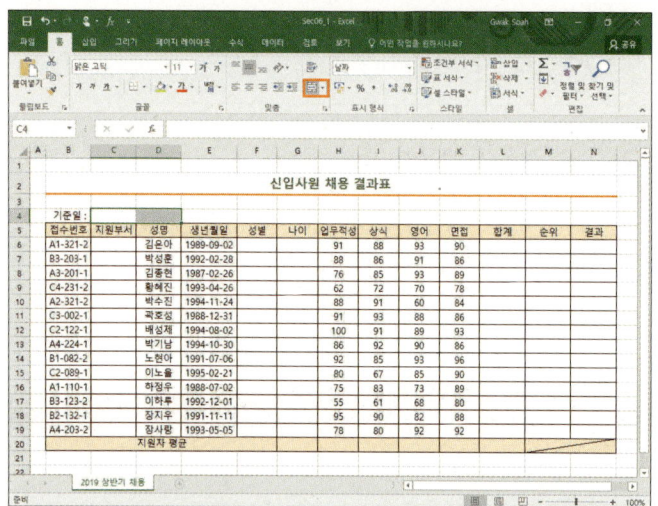

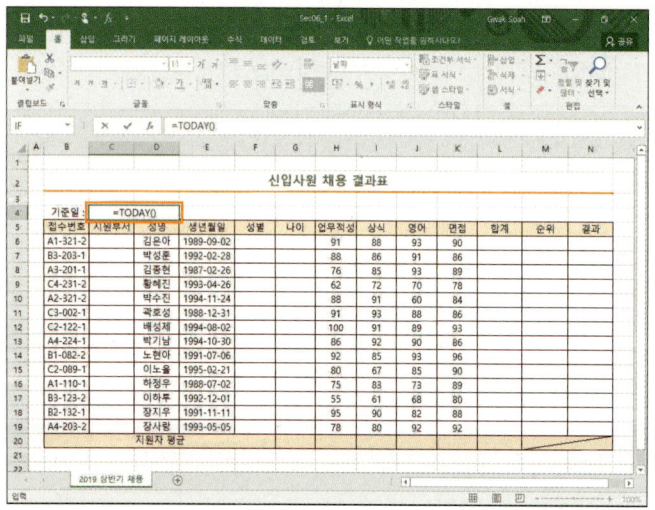

01 '실습_Sec06_1.xlsx' 파일을 열고 '2019 상반기 채용' 워크시트를 선택합니다. [C4:D4] 셀 영역을 블록으로 지정한 수 [홈] – [맞춤]에서 [병합하고 가운데 맞춤]()을 클릭합니다.

📖 **강의노트**

병합된 셀을 다시 분할하려면 병합하고 가운데 맞춤()의 목록 단추를 누르고 [셀 분할]을 클릭합니다.

02 병합된 [C4] 셀에 "=TODAY()"를 입력하고 Enter 를 누릅니다.

📖 **강의노트**

'TODAY 함수'는 오늘 날짜를 표시하는 함수로 컴퓨터 시스템이 자동으로 반환 해 줍니다. TODAY 함수와 같이 인수를 사용하지 않는 함수도 괄호를 반드시 입력해야 합니다.

 **보충수업** 날짜/시간 함수

함수 형식	함수 설명
YEAR/MONTH/DAY(Serial_number)	날짜에서 연도/월/일을 반환합니다.
HOUR/MINUTE/SECOND(Serial_number)	시간에서 시/분/초를 반환합니다.
TIME(Hour,Minute,Second)	Hour, Minute, Second를 숫자로 입력받은 후 시간으로 반환합니다.

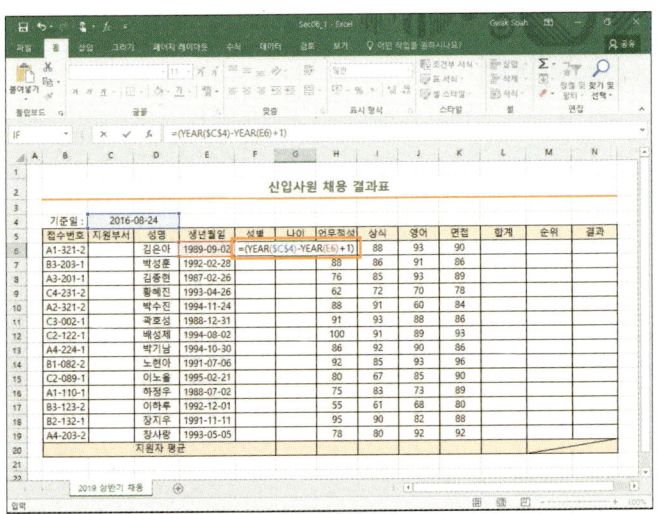

03 [C4] 셀에 현재 날짜가 입력되면 [G6] 셀에 "=(YEAR($C$4) −YEAR(E6)+1)"을 입력한 후 Enter 를 누릅니다.

[C4] 셀의 수식 입력줄에 입력해도 됩니다. 'YEAR(날짜)' 함수는 인수에서 연도를 반환하는 함수입니다. 현재 연도와 지원자의 생년의 차를 이용하여 지원자의 나이를 계산하는 수식은 "=(YEAR($C$4)−YEAR(E6)+1)"입니다. 이때 [C4] 셀은 절대 참조입니다.

04 [G6] 셀의 채우기 핸들을 [G19] 셀까지 드래그합니다.

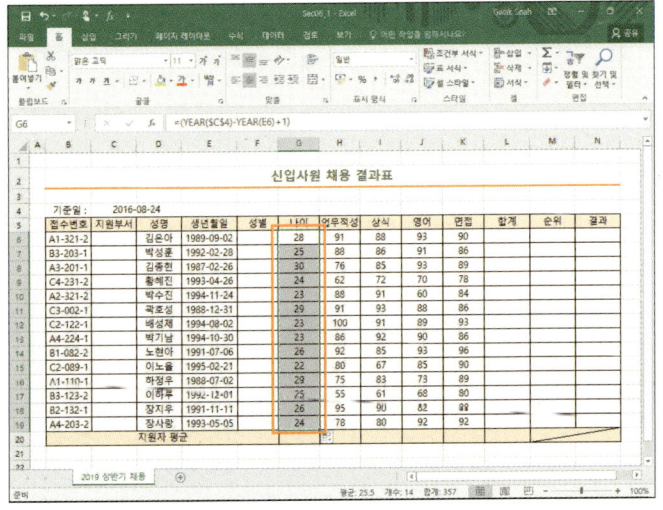

05 [G6:G19] 셀 영역에 지원자의 나이가 입력된 것을 확인합니다.

직접 해보기 텍스트에서 일부 문자 추출하기

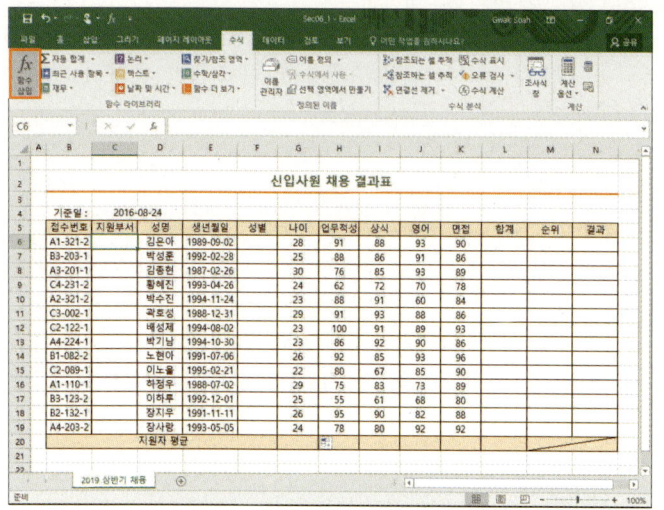

 **01** 이번에는 텍스트에서 일부 문자를 추출하는 방법을 알아보겠습니다. [C6] 셀에서 [수식] – [함수 라이브러리]에서 [함수 삽입](*fx*)을 클릭합니다.

강의노트

수식 입력 줄 앞의 함수 삽입 단추(*fx*)를 클릭하거나 Shift + F3 을 눌러도 됩니다.

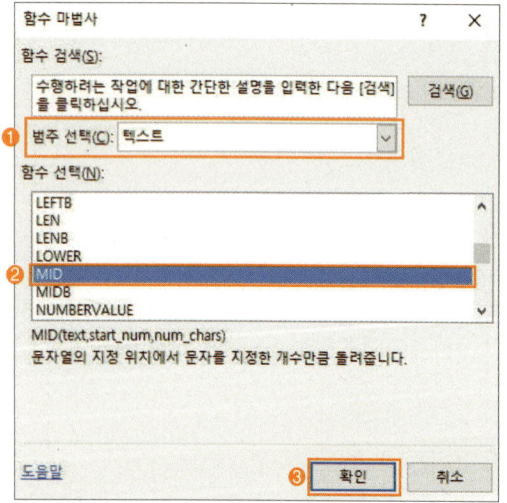

 **02** [함수 마법사] 대화상자가 열리면 [범주 선택]에서 '텍스트'를 선택하고 [함수 선택] 목록에서 'MID' 함수를 선택한 후 [확인]을 클릭합니다.

강의노트

선택한 범주에 따라 함수 선택 목록에 표시되는 함수가 달라집니다. 목록에서 함수를 선택하면 함수의 형식과 설명이 표시됩니다.

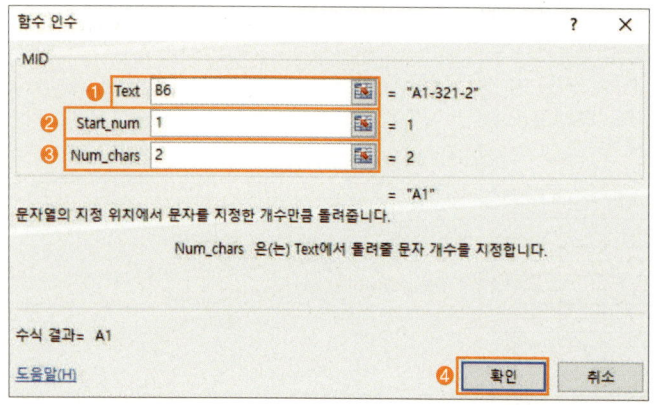

 **03** [함수 인수] 대화상자가 열리면 [Text]에는 "B6"을, [Start_num]에는 "1"을, [Num_chars]에는 "2"를 입력한 후 [확인]을 클릭합니다.

강의노트

[함수 인수] 대화상자가 종료되면 [B6] 셀의 수식 입력 줄에서 수식'=MID(B6,1,2)'을 확인할 수 있습니다. 이 수식은 [B6] 셀의 문자열의 첫 번째 글자부터 2개의 문자를 추출합니다.

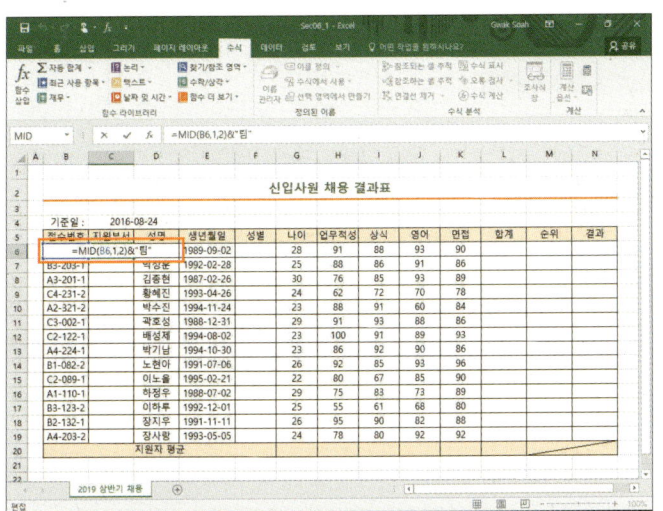

04 [C6] 셀을 더블 클릭한 후 수식을 "=MID(B6,1,2)&"팀""으로 변경하고 Enter 를 누릅니다.

 **강의노트**

[C4] 셀의 수식 입력줄에 입력해도 됩니다. 연결 연산자 '&'는 문자와 문자, 문자와 숫자, 문자와 수식 결과 등을 연결합니다.

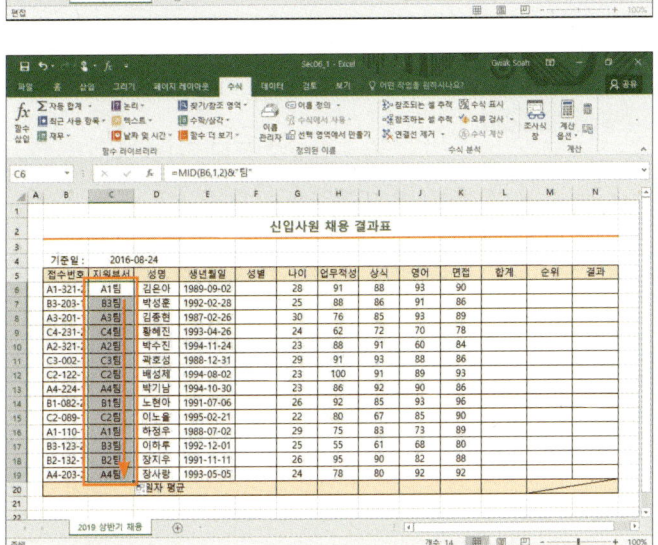

05 다시 한 번 [C6] 셀을 클릭한 후 채우기 핸들을 [C19] 셀까지 드래그하여 수식을 복사합니다. 그러면 [C6:C19] 셀 영역에 지원부서가 입력됩니다.

 **보충수업** **LEFT, RIGHT 함수 사용하기**

LEFT와 RIGHT는 텍스트 문자열의 왼쪽/오른쪽에서 지정한 문자 수 만큼 문자를 반환하는 함수입니다.

▶ LEFT 함수로 문자 추출하기

	문자열	셀 참조
수식	=LEFT("엑셀2010",4)	=LEFT(C6,2)
결과	엑셀20	엑셀

❶ 문자열 "엑셀2010"의 왼쪽에서 4글자인 '엑셀20'을 추출

❷ [C6] 셀에 입력된 텍스트의 왼쪽에서 2글자 추출

▶ RIGHT 함수로 문자 추출하기

	문자열	셀 참조
수식	=RIGHT("엑셀2010",4)	=RIGHT(C6,2)
결과	2010	10

❶ 문자열 "엑셀2010"의 오른쪽에서 4글자인 '2010'을 추출

❷ [C6] 셀에 입력된 텍스트의 오른쪽에서 2글자 추출

직접 해보기 숫자 반올림하기

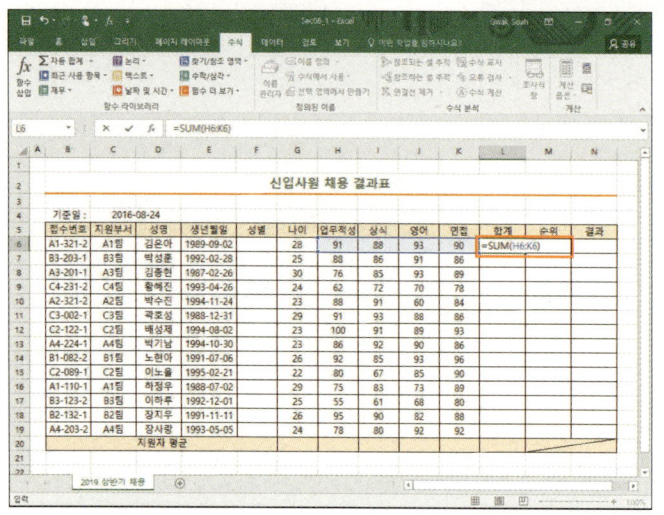

01 업무적성, 상식, 영어, 면접의 합계 점수를 구하기 위해 [L6] 셀에 수식 "=SUM(H6:K6)"을 입력한 후 Enter를 누릅니다.

셀에 수식 "=SUM("까지 입력하고 [H6:K6] 셀 영역을 드래그한 후 닫는 괄호를 입력해도 됩니다.

02 [L6] 셀의 채우기 핸들을 [L19] 셀까지 드래그하여 수식을 복사합니다.

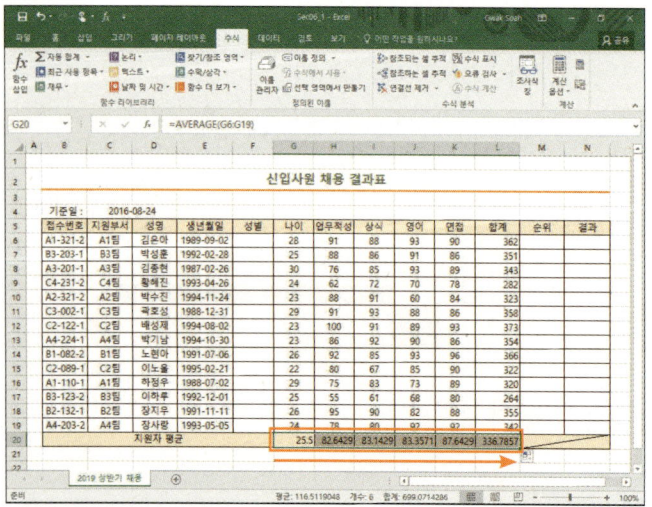

03 이번에는 지원자의 나이와 시험점수에 대한 평균을 구하려고 합니다. [G20] 셀에 "=AVERAGE (G6:G19)"을 입력하고 채우기 핸들을 [L20] 셀까지 드래그합니다.

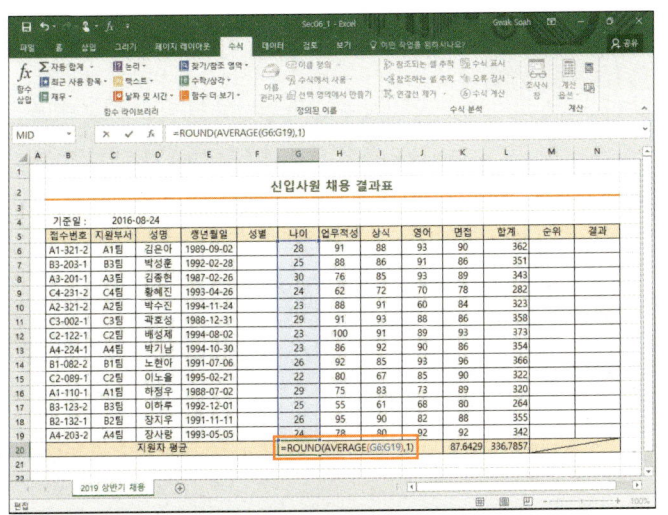

04 앞에서 계산한 결과를 소수점 첫째 자리까지 반올림하기 위해 [G20] 셀을 더블 클릭한 후 수식을 "=ROUND(AVERAGE(G6:G19),1)"로 수정합니다.

강의노트

이 수식은 'AVERAGE(G6:G19)' 계산 결과를 소수 첫째자리 까지 반올림(ROUND)한 결과를 표시합니다. 이처럼 다른 함수의 결과를 인수로 사용하는 함수를 '중첩함수'라 합니다.

05 [G20] 셀의 채우기 핸들을 [L20] 셀까지 드래그하여 지원자 평균 나이와 시험 점수를 모두 소수 첫째자리까지 표시합니다.

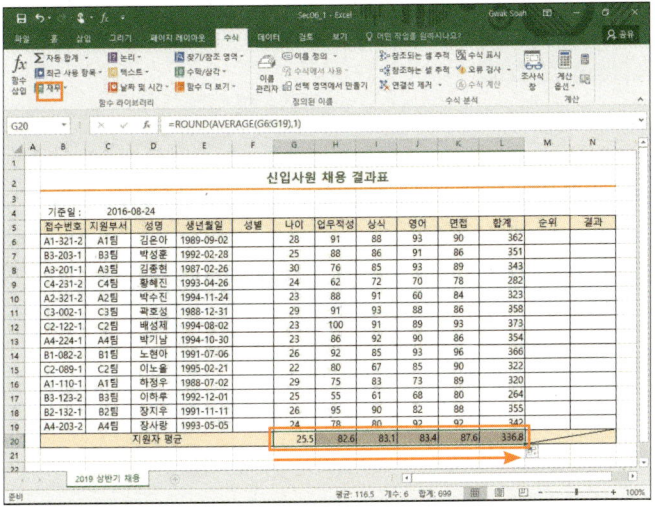

보충수업 **ROUND, ROUNDUP, ROUNDDOWN 함수 사용하기**

ROUND 함수는 반올림, ROUNDUP 함수는 숫자를 지정한 자릿수로 올림, ROUNDDOWN 함수는 내림한 값을 반환하는 함수입니다. 자릿수는 양수로 지정하면 소수점 아래 자릿수로, 0으로 지정하면 정수로, 음수로 지정하면 소수점 위 자리로 올림/버림 합니다.

함수 형식	설명	결과
=ROUND(12.34,0)	12.34를 정수로 반올림합니다.	12
=ROUND(2.15,1)	2.15를 소수점 아래 첫째 자리로 반올림합니다.	2.2
=ROUND(21.5,-1)	21.5를 소수점 위 첫째 지리로 반올림합니다.	20
=ROUNDUP(3.14129, 3)	3.14129를 소수점 아래 셋째 자리로 올림합니다.	3.142
=ROUNDDOWN(31415.92,-2)	31415.92를 소수점 위 둘째 자리로 내림합니다.	31400

직접 해보기 값의 크기에 따라 순위 구하기

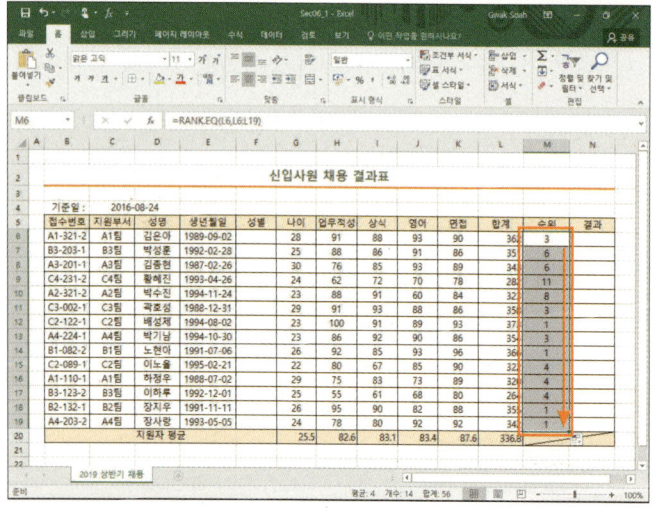

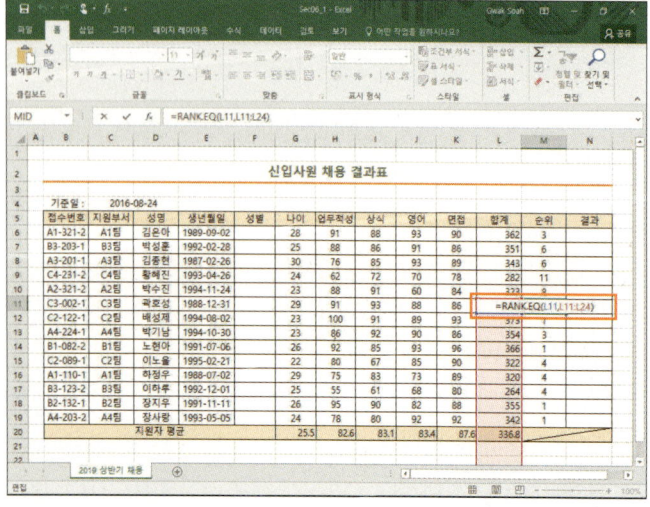

01 합계 점수를 기준으로 순위를 구하기 위해 [M6] 셀에 "=RANK.EQ(L6,L6:L19)"을 입력한 후 Enter 를 누릅니다.

'RANK.EQ' 함수는 지정한 범위에서 특정 값의 순위를 계산하는 함수입니다. 엑셀 2016에서는 이전 버전과의 호환을 위해서 RANK 함수를 제공하고 있습니다. RANK 함수는 RANK.EQ함수와 동일한 방법으로 순위를 구합니다.

02 [M6] 셀의 채우기 핸들을 [M19] 셀까지 드래그하여 수식을 복사합니다.

03 [M11] 셀을 더블 클릭하면 복사된 수식이 '=RANK.EQ(L11,L6:L19)'와 같은 수식이어야 하는데 순위를 구하려는 범위(두 번째 인수)를 상대주소로 지정했기 때문에 '=RANK.EQ(L11,L11:L24)'으로 잘못된 수식이 입력된 것을 알 수 있습니다.

순위를 비교할 목록은 고정되어야 하므로 절대 참조를 합니다.

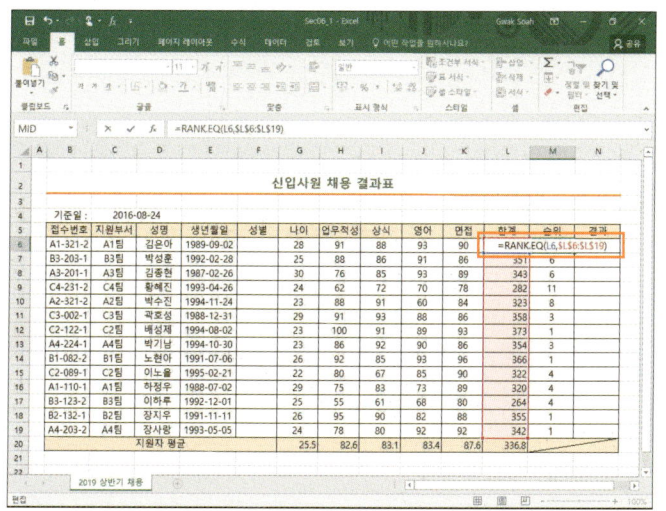

04 [M6] 셀을 더블 클릭하여 수식을 "=RANK.EQ(L6, $L$6:$L$19)"로 변경하고 Enter 를 누릅니다.

[M6] 셀에서 수식 입력줄을 클릭하고 'L6:L19'을 드래그하여 블록을 지정한 다음 F4 를 누르면 절대 참조로 변경할 수 있습니다.

05 [M6] 셀의 채우기 핸들을 [M19] 셀까지 드래그하여 수식을 복사합니다.

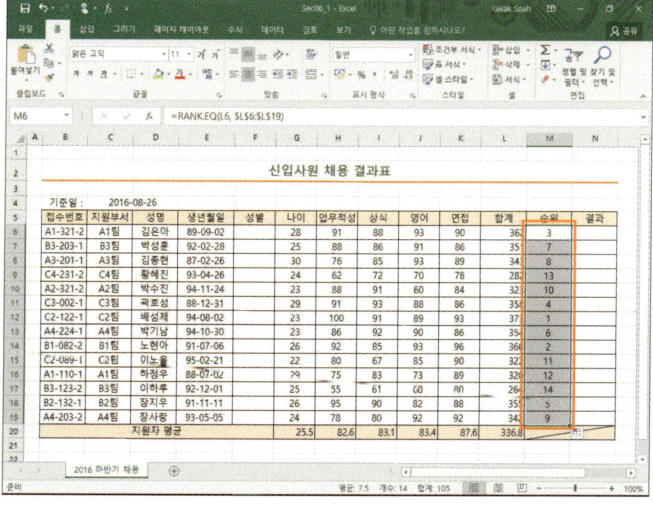

06 [M6:M19] 셀 영역에 합계점수가 큰 순서로 순위가 구해진 것을 확인합니다.

합계점수가 같을 경우 동점 순위가 발생할 수 있습니다.

보충수업   **동점 순위 처리하기**

RANK.EQ 함수로 순위를 매겼을 때 동점 순위가 발생할 수 있습니다. 이럴 때 특정 값에 가중치를 주어 순위를 조정할 수 있습니다. 예를 들어 총점으로 순위를 구했을 때 동점 순위가 발생한 경우, 이 중 출석점수가 더 높은 학생에게 빠른 순위를 부여할 수 있습니다.

1) 동점 석차 발생
RANK.EQ 함수를 이용하여 총점이 높은 순서로 석차를 구합니다.

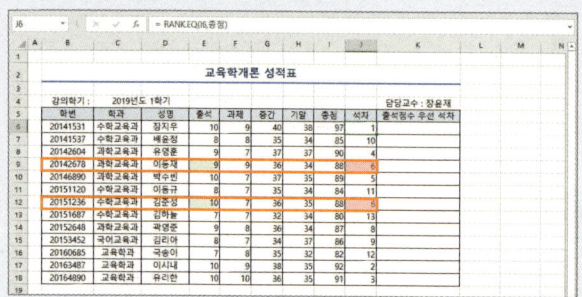

총점이 같은 이동재, 김준성 학생의 석차가 동일

2) 수식 입력하기
[K6] 셀에 수식 "=RANK.EQ(I6,총점)+SUM((총점=I6)*(출석〉E6))"을 입력한 후 Ctrl + Shift + Enter 를 누릅니다.

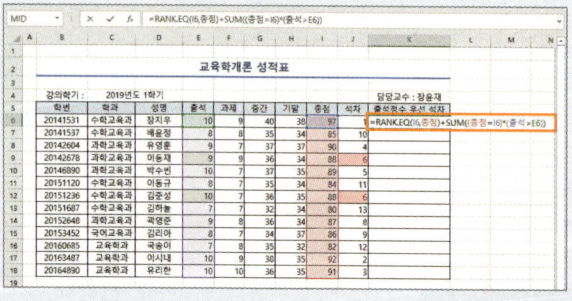

$$= \underset{①}{\underline{RANK.EQ(I6,총점)}}$$
$$+ \underset{②}{\underline{SUM((총점=I6)*(출석〉E6))}}$$

❶ '총점' 범위에서 [I6] 셀의 내림차순 순위
❷ '총점'이 [I6] 셀과 같고, '출석'이 [E6] 셀보다 큰 데이터의 개수를 구하는 배열 수식
❶+❷ : 총점이 같을 때 출석점수가 높은 순서로 가중석차가 구해짐

3) 수식 복사하기
[K6] 셀의 채우기 핸들을 더블 클릭하여 [K18] 셀 까지 수식을 복사합니다.

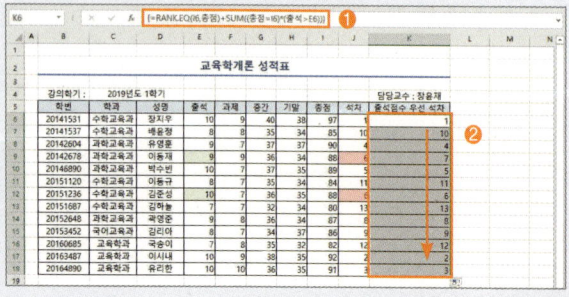

❶ 배열 수식이 포함된 가중치 수식 확인
❷ [K6:K18] 셀 영역에 동점 석차 없이 석차가 구해짐

직접 해보기 조건에 따라 다른 값 표시하기

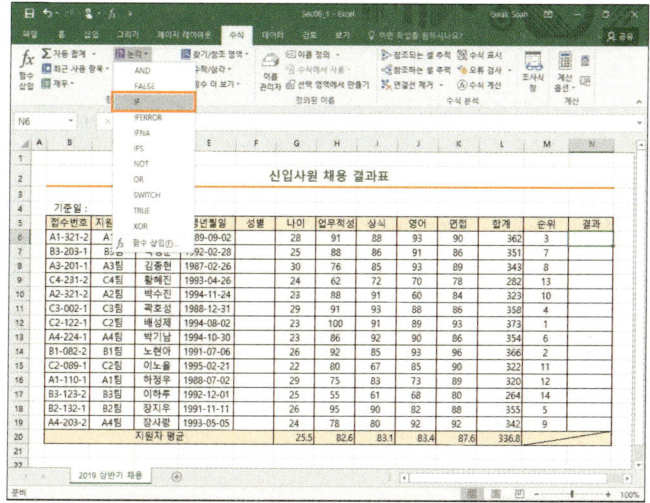

순위에 따라 합격 결과를 결정 지으려 합니다. [N6] 셀을 클릭한 후 [수식] – [함수 라이브러리]에서 [논리]( )를 클릭하고 [IF]를 클릭합니다.

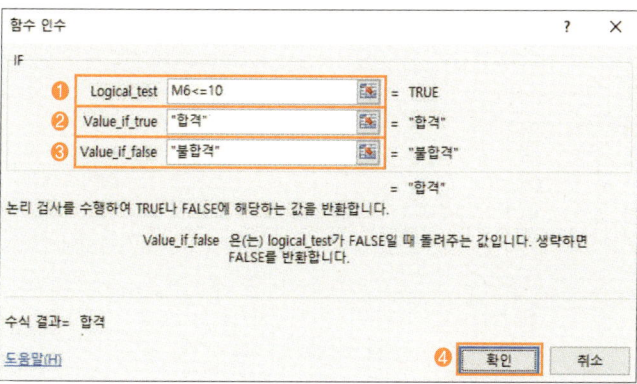

[함수 인수] 대화상자가 열리면 [Logical_test]에 "M6<=10"을, [Value_if_true]에 "합격"을, [Value_if_false]에 "불합격"을 각각 입력한 후 [확인]을 클릭합니다.

강의노트

수식 '=IF(M6<=10,"합격","불합격")'은 순위가 '10' 이내이면 합격이고, 그렇지 않으면 불합격을 반환합니다.

[N6] 셀의 채우기 핸들을 [N19]셀까지 드래그하여 수식을 복사합니다.

강의노트

[N6] 셀을 클릭하고 수식 입력줄을 보면 논리식 '=IF(M6<5, "합격", "불합격")'이 입력 된 것을 확인할 수 있습니다.

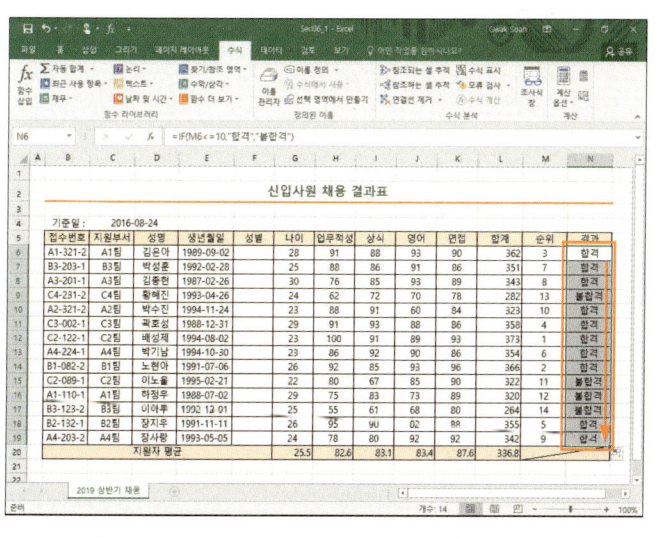

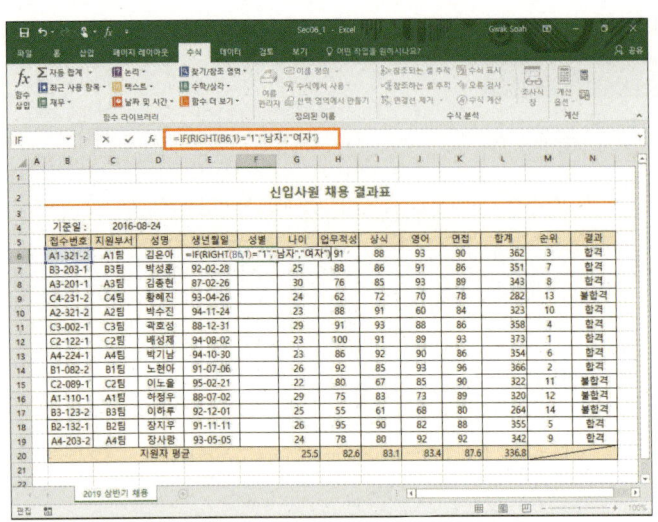

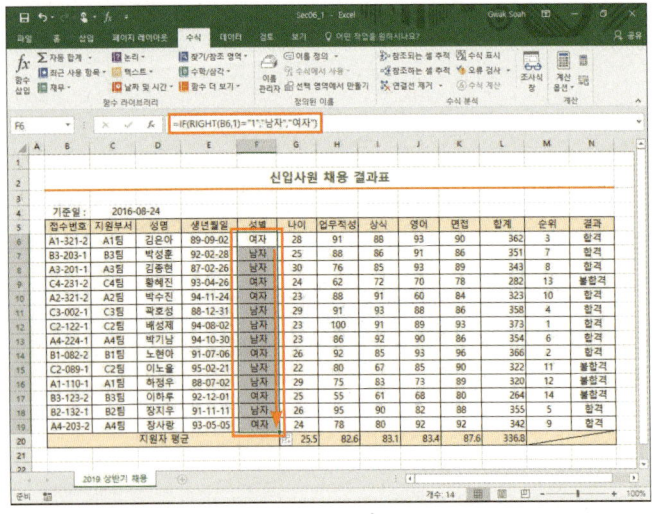

04 이번에는 접수 번호의 맨 끝자리 수에 따라 지원자의 성별을 구분하여 입력하려고 합니다. "=IF(RIGHT(B6,1)="1","남자","여자")"를 입력하고 Enter 를 누릅니다.

여기서는 지원자의 성별에 따라 접수 번호의 마지막 자릿수가 결정된 것으로 가정합니다. 남자는 접수번호의 끝자리가 '1', 여자는 '2'입니다.

05 [F6] 셀에 성별이 입력되면, 채우기 핸들을 [F19] 셀 까지 드래그하여 지원자의 성별을 모두 입력합니다.

RIGHT 함수는 텍스트의 오른쪽에서 지정한 수만큼 문자를 추출합니다. 수식 '=IF(RIGHT(B6,1)="1","남자","여자")'는 [B6] 셀에 입력된 텍스트의 오른쪽 첫 번째 자리가 숫자 '1'이면 남자를, '1'이 아니면 여자를 반환합니다.

보충수업 **AND 함수와 OR 함수 사용하기**

AND 함수는 주어진 조건이 모두 참일 때만 참이고 나머지 경우에는 거짓을 반환합니다. OR 함수는 주어진 조건 중 하나라도 참이면 참, 모든 조건이 거짓일 때만 거짓을 반환합니다.

함수 형식	설명	결과
=AND(10>3,5>3)	조건1과 조건2 모두 참이므로 TRUE를 반환	TRUE
=AND(10>3,5<3)	조건1은 참이지만 조건2는 거짓이므로 FALSE를 반환	FALSE
=OR(10>3,5<3)	조건 2개 중에서 조건1이 참이므로 TRUE를 반환	TRUE
=OR(10<3,5<3)	조건 2개가 모두 거짓이므로 FALSE를 반환	FALSE
=IF(AND(10>3,5>3),"T","F")	AND 함수가 TRUE를 반환하므로 IF 함수는 'T'를 반환	T
=IF(OR(10<3,5<3),"T","F")	OR 함수가 FALSE를 반환하므로 IF 함수는 'F'를 반환	F

 **보충수업**   자동 필터로 데이터 검색하기

자동 필터 기능을 사용하면 데이터 목록에서 원하는 값을 쉽게 찾고 표시할 수 있습니다. 데이터를 필터링할 경우 필터링 조건에 맞지 않는 데이터는 행 전체가 숨겨집니다. 필터링 하고자 하는 셀을 선택 한 후 [데이터] – [정렬 및 필터]에서 [필터]( ) 를 클릭하거나 [홈] – [편집] – [정렬 및 필터]에서 [필터]를 클릭합니다.

▶ 자동 필터로 데이터 검색하기

❶ 필터링을 하면 필드명 오른쪽에 필드 단추가 표시됩니다.

❷ [소속] 필드의 필드 단추를 눌러 '영업1팀'만 체크한 후 [확인] 단추를 누릅니다.

소속이 "영업1팀"인 레코드만 표시됩니다.

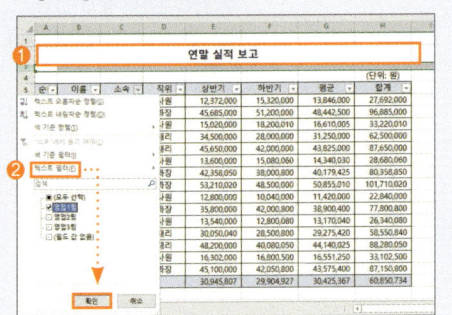   →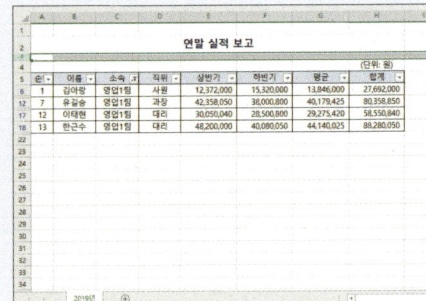

 정리 한마당

- TODAY( ) 함수는 인수 없이 사용하는 것으로 오늘 날짜를 구합니다.
- YEAR(Serial_number) 함수는 인수에서 연도를 반환합니다.
- MID(Text,Start_num,Num_chars) 함수는 문자열에서 지정된 위치로부터 지정된 수만큼 문자를 반환합니다.
- ROUND(Number,Num_digits) 함수는 숫자를 지정한 자릿수로 반올림합니다.
- RANK.EQ(Number,Ref,[Order]) 함수는 지정한 범위에서 특정 값의 순위를 계산합니다.
- IF(Logical_Test,Value_if_true,Value_if_false) 함수는 논리식의 결과에 따라 결과를 다르게 반환합니다.

기초 문제

1 '기초_Sec06_1.xlsx' 파일을 열고 '고객관리' 워크시트에서 다음 지시에 따라 수식을 입력하세요.

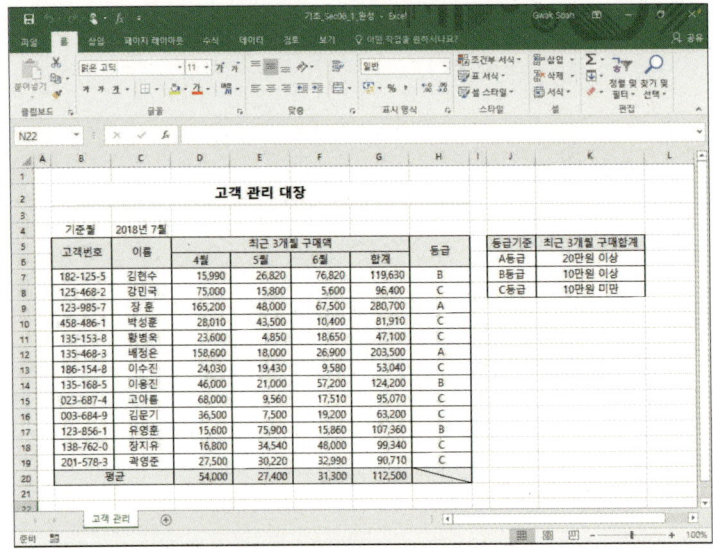

- 합계 : 4월 + 5월 + 6월 구매액
- 이름 정의 : [H7:H19] 셀 영역의 이름을 "합계"로 정의
- 평균 : 4월, 5월, 6월, 합계 각각의 평균을 구하고 ROUNDUP 함수로 1,000원 단위로 표시
- 등급 : 구매 합계가 20만원 이상이면 'A', 10만원 이상이고 20만원 미만이면 'B', 10만원 미만이면 'C'등급으로 표시 (단, 수식에 미리 정의한 이름을 사용)

▲ 완성파일 : 기초_Sec06_1_완성

2 '기초_Sec06_2.xlsx' 파일을 열고 '8월 급여' 워크시트에서 다음 지시에 따라 수식을 입력하세요.

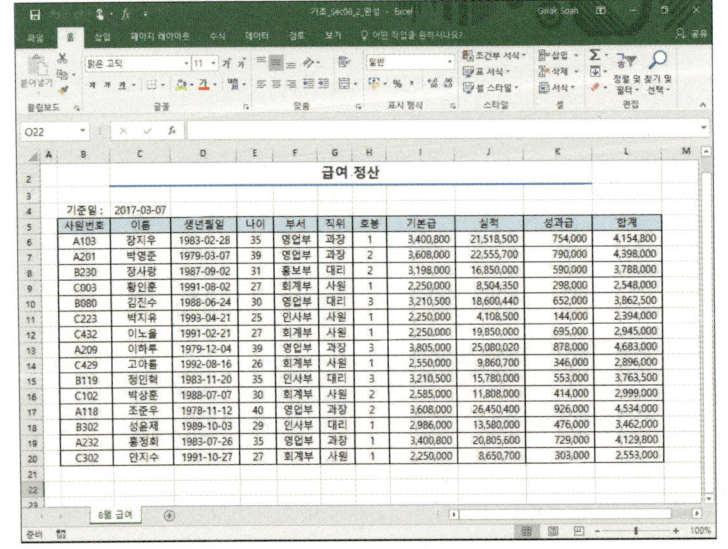

- 기준일(C4) : 현재 날짜 입력
- 나이 : 기준일의 연도 – 생년 + 1
- 직위 : 사원번호의 맨 앞자리 문자가 'A'이면 '과장', 'B'이면 '대리', 'C'이면 '사원'으로 표시
- 성과급 : 실적의 3.5% (단, 무조건 올림하여 1,000원 단위로 표시)
- 합계 : 기본급 + 성과급

▲ 완성파일 : 기초_Sec06_2_완성

심화 문제

1 '심화_Sec06_1.xlsx' 파일을 열고 '응시 결과' 워크시트에서 다음 지시에 따라 수식을 입력하세요.

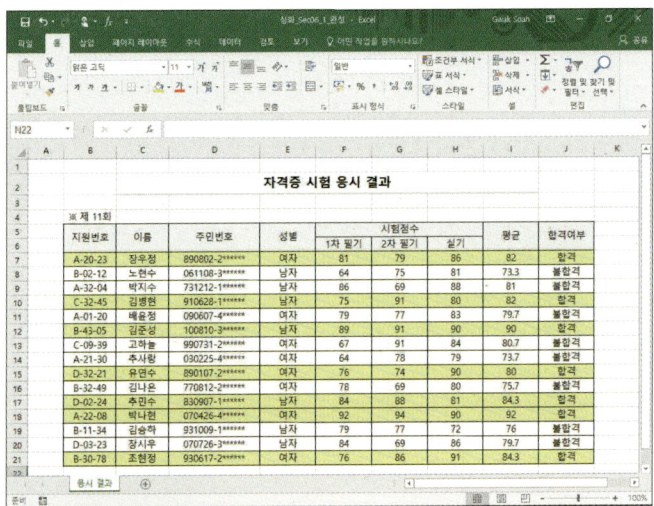

- 성별 : 주민번호의 8번째 숫자가 '1' 또는 '3'이면 '남자', '2' 또는 '4'이면 '여자'
- 평균 : 1차 필기, 2차 필기, 실기 점수의 평균 (단, 반올림하여 소수 첫째 자리까지 표시)
- 합격여부 : 평균이 '80'점 이상이고 1차 필기, 2차 필기, 실기 점수가 각각 '70'점 이상인 경우에만 '합격', 아니면 '불합격'으로 표시
- 조건부 서식 : 합격여부가 '합격'인 행 전체에 채우기 색 설정

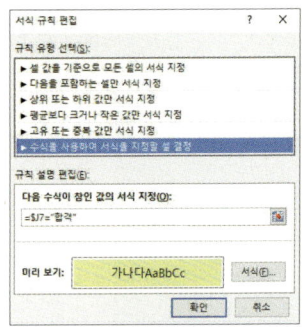

▲ 완성파일 : 심화_Sec06_1_완성

힌트
- 조건부 서식 : [B7:J21] 셀 영역을 블록으로 지정하고 [조건부 서식](📋)을 클릭한 후 [새 규칙]을 클릭합니다. [새 규칙] 대화상자에서 다음과 같이 규칙 유형과 수식 조건, 서식을 지정합니다.

2 '심화_Sec06_2.xlsx' 파일을 열고 '심사결과' 워크시트에서 다음 지시에 따라 수식을 입력하세요.

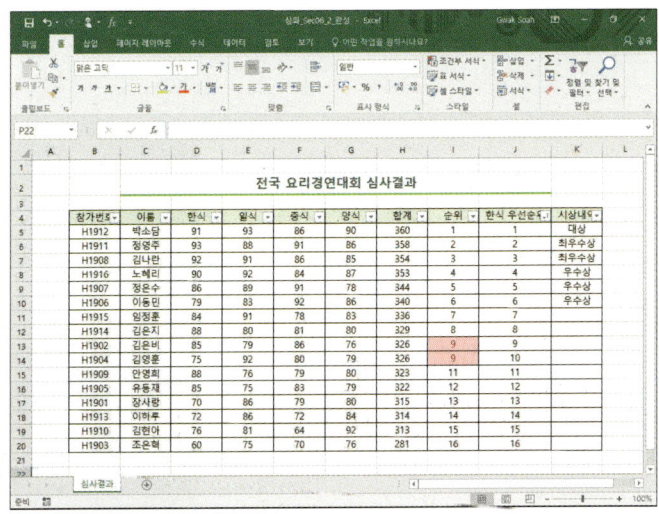

- 합계 : 한식 + 일식 + 중식 + 양식
- 순위 : 합계가 높은 순서대로 부여
- 이름 정의 : [D5:D20] 셀 영역을 "한식"으로, [H5:H20] 셀 영역의 이름을 "합계"로 정의
- 한식 우선순위 : 합계가 같은 경우 한식 점수가 더 높을수록 우선순위 부여 (단, 수식에 미리 정의한 이름을 사용)
- 조건부 서식 : 공동 순위인 경우 '진한 빨강 텍스트가 있는 연한 빨강 채우기' 서식 적용 ('순위', '한식 우선순위'에 모두 적용)
- 시상내역 : 한식 우선순위를 기준으로 1위-대상, 2,3위-최우수상, 4~6위-우수상
- 자동 필터 : 한식 우선순위를 오름차순으로 정렬

▲ 완성파일 : 심화_Sec06_2_완성

07 section

실무함수 활용하기

데이터 분석 및 보고서 작성 등의 실제 업무를 처리하기 위해서는 업무의 목적에 맞는 함수를 사용해야 합니다. 특히 실무에서 자주 쓰이는 함수를 숙지하고 필요한 함수를 적절히 활용한다면 업무의 효율성을 높이고 시간을 절약할 수 있습니다. Section07에서는 실제 업무에서 자주 쓰이는 실무함수의 종류와 사용법을 알아보고, 이를 사용하여 문제를 해결하는 방법을 학습합니다.

 결과 미리보기

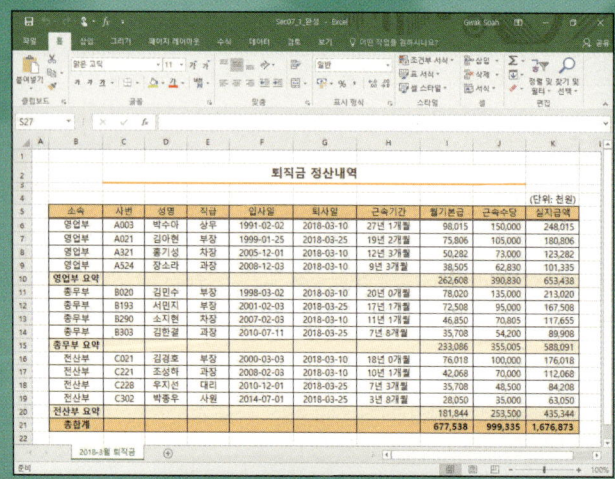

▶ 준비 파일 : Sec07_1.xlsx
완성 파일 : Sec07_1_완성.xls

▶ 준비 파일 : Sec07_2.xlsx
완성 파일 : Sec07_2_완성.xls

Excel 1　실무함수의 종류와 사용법 살펴보기

엑셀은 300여개가 넘는 다양한 함수를 제공합니다. 자주 사용하는 실무함수들을 잘 파악해두면 데이터를 손쉽게 정리하고 업무를 효율적으로 처리할 수 있습니다.

직접 해보기　**자주 사용하는 실무함수**

수학 함수

COUNTIF 함수

함수 설명	지정한 조건을 만족하는 셀들의 계수를 구합니다.
함수 형식	COUNTIF(Range, Criteria)
인수 설명	• Range : 조건을 검색할 범위 • Criteria : 조건

SUMIF, AVERAGEIF 함수

함수 설명	지정한 조건을 만족하는 셀들의 합계/평균을 구합니다.
함수 형식	SUMIF/AVERAGEIF(Range, Criteria, [Sum_range/Average_range])
인수 설명	• Range : 조건을 검사할 검색 범위 • Criteria : 숫자, 식, 셀 참조, 텍스트 또는 함수 형식의 조건 • Sum_range/Average_range : 실제 합/평균을 계산할 범위로, 필요시 지정하는 선택요소입니다.

SUMIFS, AVERAGEIFS 함수

함수 설명	지정한 조건을 만족하는 셀들의 합계/평균을 구합니다.
함수 형식	SUMIFS(Sum_range/Average_range, Criteria_range1, Criteria1, [Criteria_range2], [Criteria2], ...)
인수 설명	• Sum_range/Average_range : 실제 합계/평균을 계산할 범위 • Criteria_range1 : 조건1을 검색할 범위 • Criteria1 : 조건1 • Criteria_range2, Criteria2, ... : 추가로 지정할 범위 및 관련 조건으로, 최대 127개까지 추가입력 가능

SUBTOTAL 함수

함수 설명	데이터 목록에서 소그룹별로 집계를 구하는 함수로, 열한 개의 함수 번호에 따라 집계방식이 달라집니다.
함수 형식	SUBTOTAL(Function_num, Ref1, [Ref2], ...)
인수 설명	• Function_num : 소그룹별로 집계를 할 때 사용할 함수로, 1~11 사이이 숫자로 지정 • Ref1, [Ref2], ... : 집계를 구하려는 범위로 최대 254개까지 지정이 가능

논리 함수

IFERROR 함수

함수 설명	수식이 오류이면 사용자가 지정한 값을 반환하고, 그렇지 않으면 수식의 결과를 반환합니다.
함수 형식	IFERROR(Value, Value_if_error)
인수 설명	• Value : 오류를 검사할 수식 • Value_if_error : 수식에 오류가 있을 경우 반환할 값

찾기/참조 함수

VLOOKUP함수

함수 설명	셀 범위에서 첫 열에서 값을 검색하여 지정한 열의 같을 행의 값을 반환합니다.
함수 형식	VLOOKUP(Lookup_value, Table_array, Col_index_num, Range_lookup)
인수 설명	• Lookup_value : 찾으려는 값 • Table_array : 값을 검색하려는 범위 • Col_index_num : 반환 값이 들어 있는 열 번호 • Range_lookup : 정확한 값을 검색하려면 false(0), 유사한 값을 검색하려면 true(1) 또는 생략

HLOOKUP 함수

함수 설명	셀 범위에서 첫 행에서 값을 검색하여 지정한 행의 같을 열의 값을 반환합니다.
함수 형식	HLOOKUP(Lookup_value, Table_array, Row_index_num, Range_lookup)
인수 설명	• Lookup_value : 찾으려는 값 • Table_array : 값을 검색하려는 범위 • Row_index_num : 반환 값이 들어 있는 행 번호 • Range_lookup : 정확한 값을 검색하려면 false(0), 유사한 값을 검색하려면 true(1) 또는 생략

INDEX 함수

함수 설명	셀 범위에서 지정한 행과 열이 교차되는 값을 찾아 위치값을 반환합니다.
함수 형식	INDEX(Array, Row_num, [Column_num])
인수 설명	• Array : 값을 검색하려는 범위 • Row_num : 값을 반환할 배열의 행 • Column_num : 값을 반환할 배열의 열. 만약 배열에 행이나 열이 각각 하나씩만 있을 경우에는 Row_num이나 • Column_num 인수를 생략할 수 있음

MATCH 함수

함수 설명	셀 범위에서 지정한 값을 찾아 상대적 위치값을 반환합니다.
함수 형식	MATCH(Lookup_value, Lookup_array, [Match_type])
인수 설명	• Lookup_value : 찾으려는 값 • Lookup_array : 값을 검색하려는 범위 • Match_type : • 1 또는 생략 : Lookup_value보다 작거나 같은 값 중에서 최댓값을 반환 • 0 : Lookup_value와 정확하게 일치하는 값을 반환 • −1 : Lookup_value보다 크거나 같은 값 중에서 최솟값을 반환

논리 함수

DATEDIF 함수

함수 설명	두 날짜 사이의 일, 월 또는 연도 수를 계산합니다.
함수 형식	DATEDIF(Start_date,End_date,Unit)
인수 설명	• Start_date : 시작날짜 • End_date : 종료날짜 • Unit : 반환할 정보의 형식(예: Y−연도 수, M−개월 수, D−날짜 수)

Excel 2 실무함수 활용하기

기간을 구하는 함수, 집계를 위한 수학 함수, 특정 데이터를 검색하는 찾기/참조 함수 등은 사용빈도가 높으므로 잘 알아두어야 합니다. 자주 사용하는 실무함수를 사용하여 수식을 작성하고 문제를 해결해 봅니다.

직접 해보기 부분합 구하기

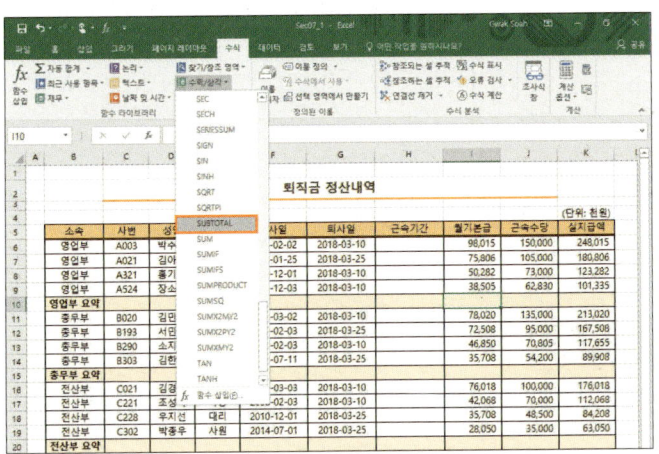

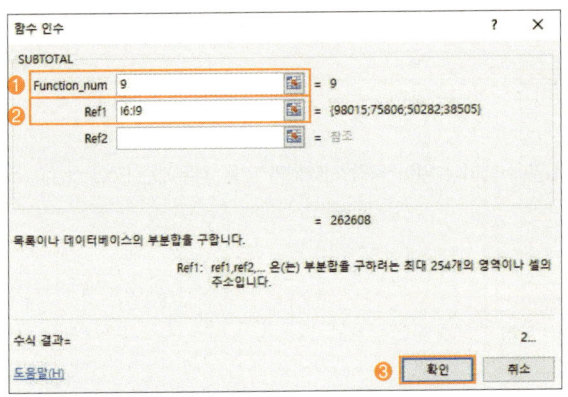

01 '실습_Sec07_1.xlsx' 파일을 열고 [I10] 셀을 클릭하고 [수식] – [함수 라이브러리]에서 [수학/삼각 함수]( )를 클릭한 후 [SUBTOTAL] 함수를 클릭합니다.

'SUBTOTAL(함수번호, 계산범위)' 함수는 지정한 범위에 대해 함수 번호가 의미하는 함수를 이용하여 계산한 결과를 반환합니다.

02 SUBTOTAL 함수의 [함수 인수] 대화상자가 열리면 [Funtion_num]에는 SUM 함수를 나타내는 "9"를, [Ref1]에는 소계 범위인 "I6:I9"를 입력하고 [확인]을 클릭합니다.

보충수업 **SUBTOTAL 함수에서 함수 번호의 의미**

SUMBTOTAL 함수는 모두 11개의 함수를 대신할 수 있는 함수로, 첫 번째 인수는 소계에 사용할 함수를 나타냅니다. 함수 번호가 1 ~ 11인 경우에는 숨긴 행도 소계에 포함되지만 101 ~ 111인 경우에는 숨긴 행은 소계에서 제외됩니다.

함수번호 (숨겨진 값 포함)	함수번호 (숨겨진 값 무시)	함수명	계산	함수번호 (숨겨진 값 포함)	함수번호 (숨겨진 값 무시)	함수명	계산
1	101	AVERAGE	평균	7	107	STDEV	표본 표준 편차
2	102	COUNT	수치 개수	8	108	STDEVP	표준 편차
3	103	COUNTA	개수	9	109	SUM	합계
4	104	MAX	최대값	10	110	VAR	표본 분산
5	105	MIN	최소값	11	111	VARP	분산
6	106	PRODUCT	곱				

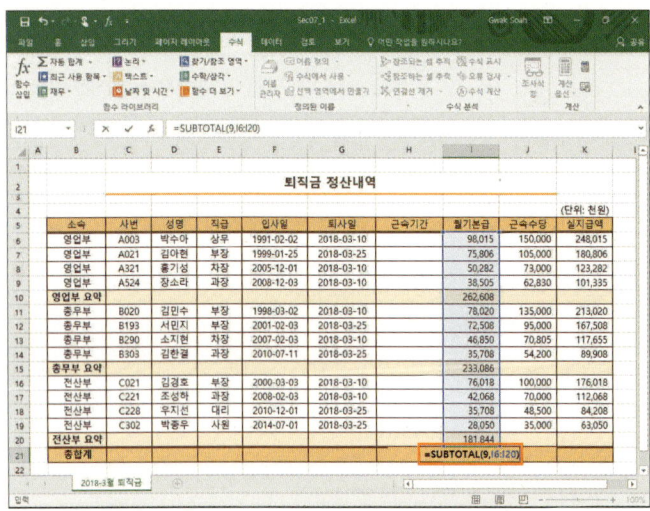

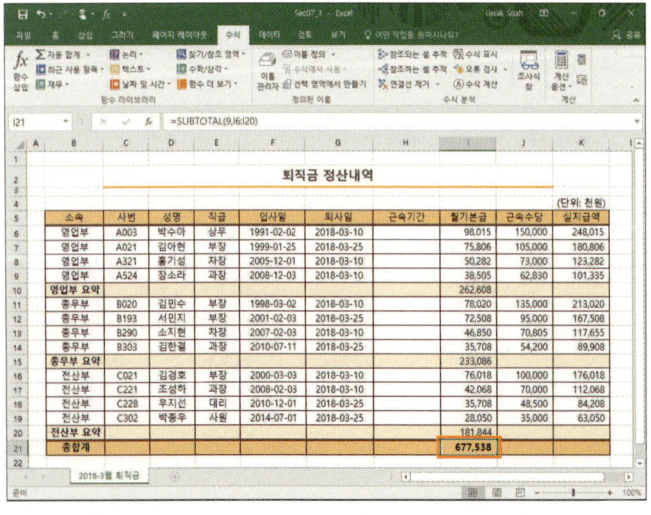

03 [I10] 셀에 영업부 월기본급의 소계가 입력되면 [I10] 셀이 선택된 상태에서 Ctrl + C 를 눌러 수식을 복사합니다. [I15]셀과 [I20]셀에서 차례대로 Ctrl + V 를 눌러 수식을 붙여넣기합니다.

[I10] 셀의 수식이 상대 참조로 계산되었으므로 [I15] 셀은 [I11:I14], [I20] 셀은 [I16:I19] 셀 영역까지 계산된 값으로 자동 변경됩니다.

04 영업부, 총무부, 전산부의 월기본급 합계가 모두 입력이 되면 이번에는 [I21] 셀을 클릭하고 수식 "=SUBTOTAL(9,I6:I20)"을 입력합니다.

수식 '=SUBTOTAL(9,I6:I20)'은 [I6:I20] 셀 영역의 부분합 소계를 반환합니다.

05 [I21] 셀에 [I10] 셀, [I15] 셀, [I20] 셀의 부분합이 빠진 SUBTOTAL 함수로 구한 총합계가 입력된 것을 확인합니다.

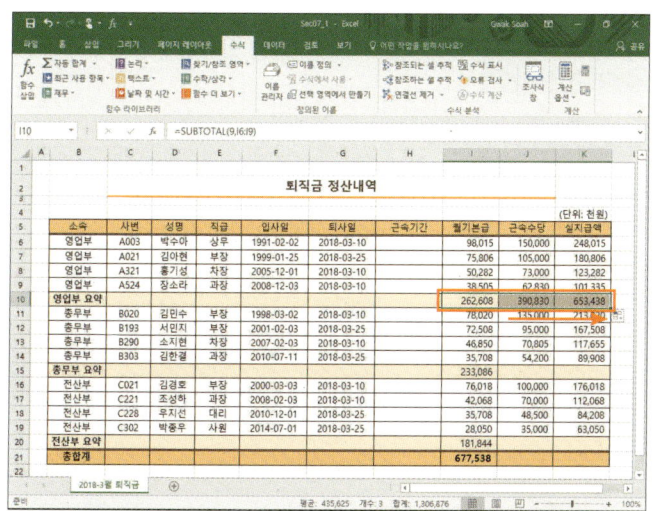

06 [I10] 셀을 클릭한 후 채우기 핸들을 [K10] 셀까지 드래그 하여 수식을 복사합니다. 그러면 영업부 의 근속수당과 실지급액 부분합이 각각 구해집니다.

07 같은 방법으로 총무부와 전산 부 요약 부분을 채웁니다.

강의노트

[I15] 셀과 [I20] 셀의 채우기 핸들을 각각 [K15] 셀 과 [K20] 셀까지 드래그하여 수식을 복사합니다.

08 총 합계 역시 [I21] 셀을 클릭 하고 채우기 핸들을 [K21] 셀 까지 드래그하여 값을 입력합니다.

직접 해보기　재직기간 구하기

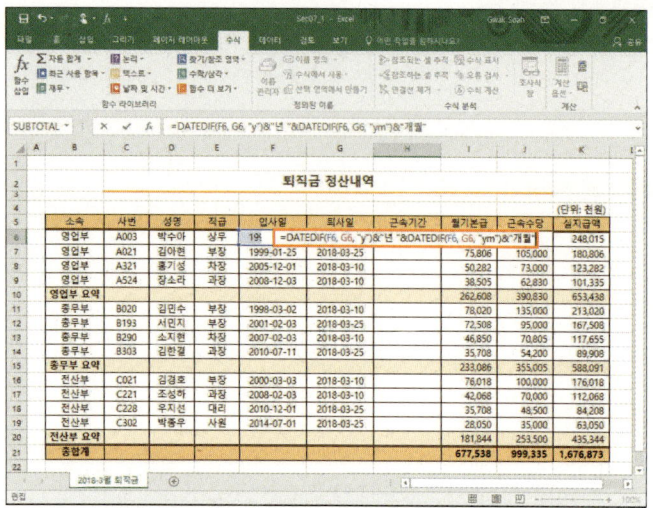

 01 이번에는 입사일과 퇴사일을 이용하여 근속기간을 계산하려고 합니다. [H6] 셀에 수식 "=DATEDIF(F6, G6 "y")&"년 "&DATEDIF(F6,G6, "ym")&"개월""을 입력한 후 Enter 를 누릅니다.

강의노트

'DATEDIF(시작일, 종료일, 형식)' 함수는 시작일과 종료일 사이의 일, 월 또는 연도 수를 계산하여 지정한 단위 형식으로 반환합니다.

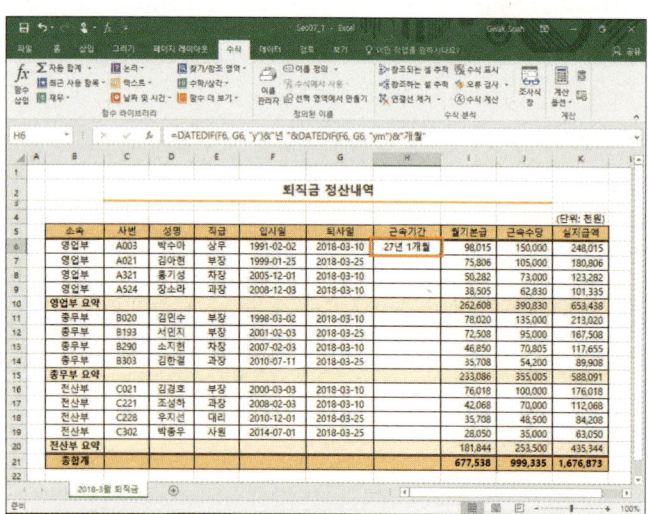

 02 [H6] 셀에 근속기간이 입력된 것을 확인합니다.

강의노트

수식 "=DATEDIF(F6, G6, "y")&"년 "&DATEDIF(F6, G6, "ym")&"개월""은 입사일과 퇴사일 사이의 년, 월 간격을 구합니다. 문자와 공백을 '&' 연산자를 이용하여 표시합니다.

 **보충수업**　**DATEDIF 함수의 단위 지정**

DATEDIF 함수는 날짜 간격을 구할 때 매우 유용한 함수입니다. 세 번째 인수인 '단위'는 두 날짜 사이의 년, 월, 일을 구분하여 계산하는 것으로 큰 따옴표("")로 묶어 지정합니다.
2) DATEDIF 함수의 사용 예시(단, 시작일 : 2016-03-18, 종료일 : 2019-04-25)

함수식	설명	결과
=DATEDIF(시작일, 종료일, "Y")	시작일과 종료일 사이의 년 수인 '3'을 반환	3
=DATEDIF(시작일, 종료일, "D")	시작일과 종료일 사이의 날짜 수인 '1133'을 반환	1133
=DATEDIF(시작일, 종료일, "YD")	연도는 무시하고 시작일부터 종료일까지의 날짜 수인 '33'을 반환	38
=DATEDIF(시작일, 종료일, "MD")	날짜의 월 수와 연도 수를 무시하고 시작일과 종료일에 해당하는 18과 25 사이의 차이 '7'을 반환	7

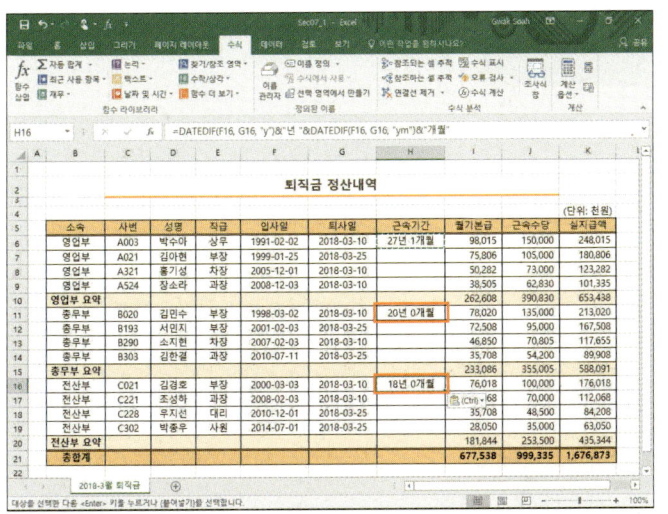

[H6] 셀이 선택된 상태에서 Ctrl + C 를 눌러 수식을 복사합니다. [H11] 셀과 [H16] 셀에서 차례대로 Ctrl + V 를 눌러 수식을 붙여넣기 합니다.

[I10] 셀의 수식이 상대 참조로 계산되었으므로 [I15] 셀은 [I11:I14], [I20]셀은 [I16:I19] 셀 영역까지 계산된 값으로 자동 변경됩니다.

[H6] 셀을 클릭한 후 채우기 핸들을 [H9] 셀까지 드래그하여 영업부의 근속기간을 채웁니다.

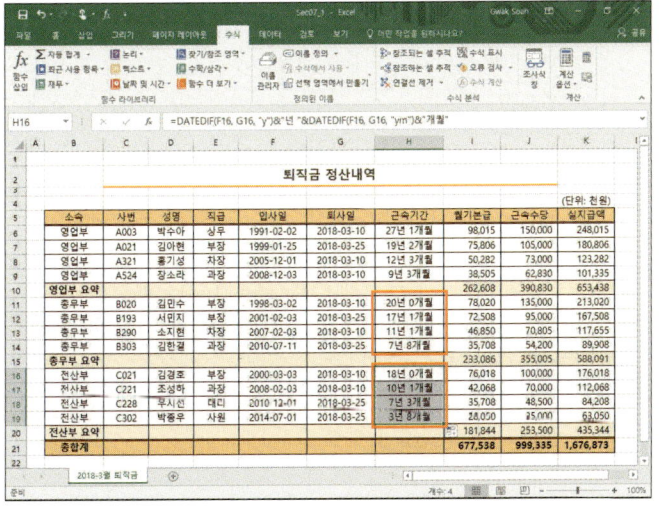

[H11] 셀과 [H16] 셀의 채우기 핸들을 각각 [H14] 셀과 [H19] 셀까지 드래그하여 총무부 및 영업부의 근속기간을 채웁니다.

직접 해보기   조건에 따라 개수, 합계, 평균 구하기

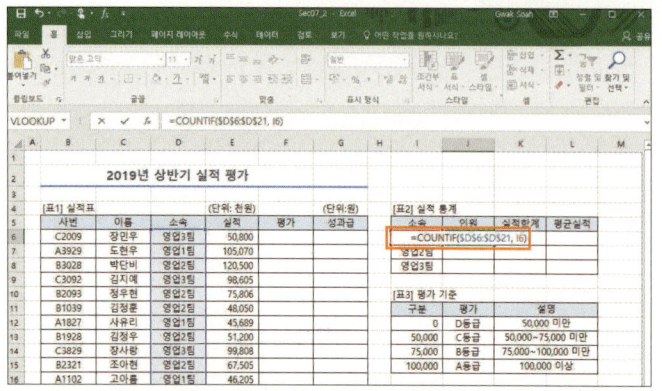

01   '실습예제_Sec07_2.xlsx' 파일을 열고 '실적평가' 워크시트를 선택합니다. [J6] 셀에 "=COUNTIF"까지 입력하여 COUNTIF 함수를 선택하고 ⌜Tab⌟을 누른 후 수식을 '=COUNTIF($D$6: $D$21, I6)'을 입력하고 ⌜Enter⌟를 누릅니다.

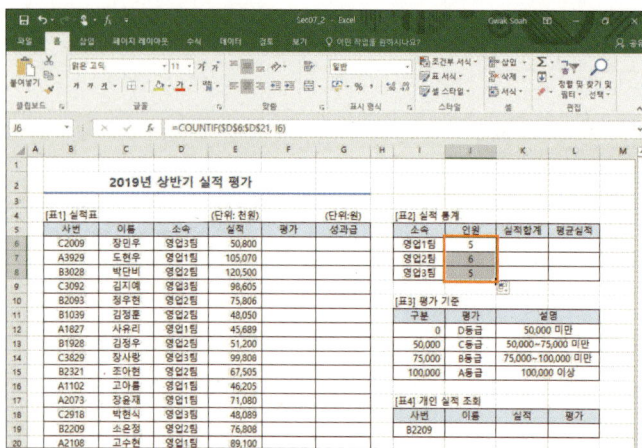

02   [J6] 셀에 영업1팀의 인원이 입력되면 [J6] 셀의 채우기 핸들을 [J8] 셀까지 드래그합니다. 그러면 영업 2팀과 영업 3팀의 인원이 구해집니다.

강의노트

수식 '=COUNTIF($D$6:$D$21, H6)'은 절대참조를 한 [D6:D21] 셀 영역에서 [H6] 셀과 같은 데이터가 입력된 셀의 개수를 구합니다.

보충수업   **COUNTIF 함수와 COUNTIFS 함수의 조건 지정**

COUNTIF 함수와 COUNTIFS 함수의 두 번째 인수인 '조건'은 큰 따옴표("")로 묶어 지정하거나 셀 참조, 숫자 등으로 지정합니다. 이 규칙은 SUMIF, AVERAGEIF 함수에도 동일하게 적용됩니다.

☞ 다음 예제에서 '분류', '용량', '가격', '유통기한'은 셀 범위에 미리 정의 해둔 이름을 의미합니다.

함수식	설명
=COUNTIF(분류, "과일주스")	분류가 '과일주스'와 같은 셀의 개수를 반환합니다.
=COUNTIF(분류, A1)	분류가 [A1] 셀의 값과 같은 셀의 개수를 반환합니다.
=COUNTIF(용량, ">=500")	용량이 '500'보다 크거나 같은 셀의 개수를 반환합니다.
=COUNTIF(용량, ">=" & B1)	용량이 [B1] 셀 보다 크거나 같은 셀의 개수를 반환합니다.
=COUNTIFS(용량, ">=500", 가격, "<=1500")	용량이 '500'보다 크거나 같고, 가격이 '1500'보다 작거나 같은 행의 수를 반환합니다.
=COUNTIFS(분류, "유제품", 유통기한, "<2019-03-21")	분류가 '유제품'이고 유통기한이 2019년 3월 21일 이전 날짜인 행의 수를 반환합니다.

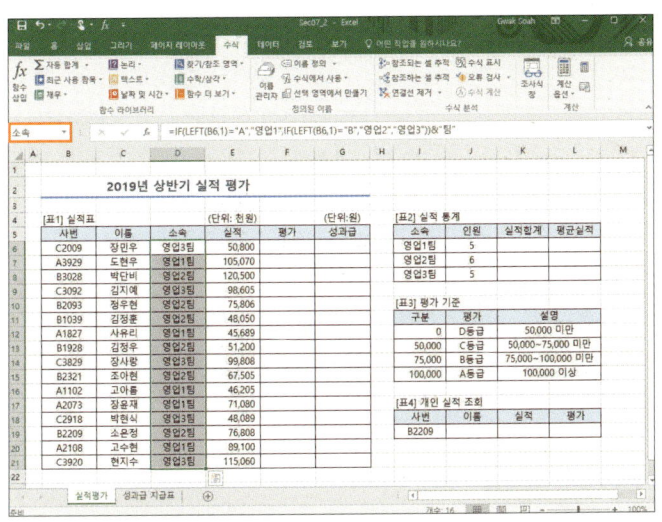

O3 이번에는 소속별로 실적합계를 구하려고 합니다. [D6:D21] 셀 영역을 블록으로 지정하고 이름 상자에 "소속"을 입력한 다음 Enter 를 눌러 이름을 지정합니다.

 **강의노트**

[수식] – [정의된 이름] – [이름 관리자]( )를 클릭하면 현재까지 정의된 이름의 목록을 확인할 수 있으며, 원하는 이름을 편집 또는 삭제할 수 있습니다.

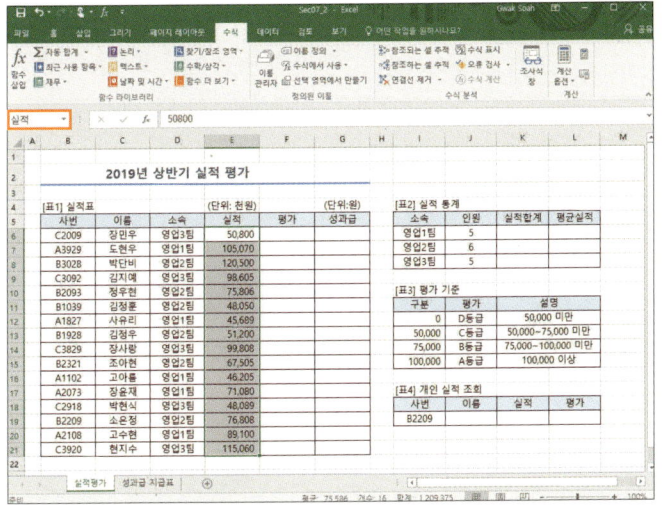

O4 [E6:E21] 셀 영역을 블록으로 지정하고 "실적"을 입력한 다음 Enter 를 누릅니다.

 **강의노트**

이름 '소속'과 '실적'이 참조하는 범위는 SUMIF 함수에서 범위로 사용될 것입니다.

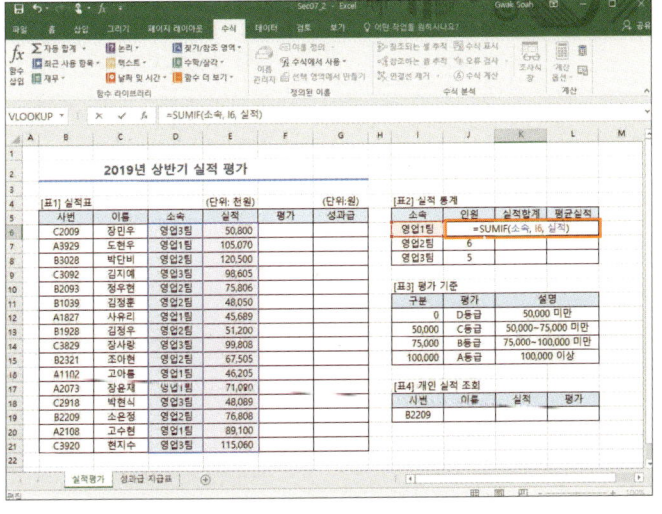

O5 [K6] 셀에 "=SUMIF(소속, I6, 실적)"을 입력하고 Enter 를 누릅니다.

 **강의노트**

'SUMIF(검색범위, 조건, 계산범위)' 함수는 검색범위 내에서 특정 조건을 만족하는 셀의 값을, 'SUMIFS(범위, 조건1, 계산범위1, 조건2, 계산범위2, …)' 함수는 여러 조건을 만족하는 셀의 값을 합산합니다.

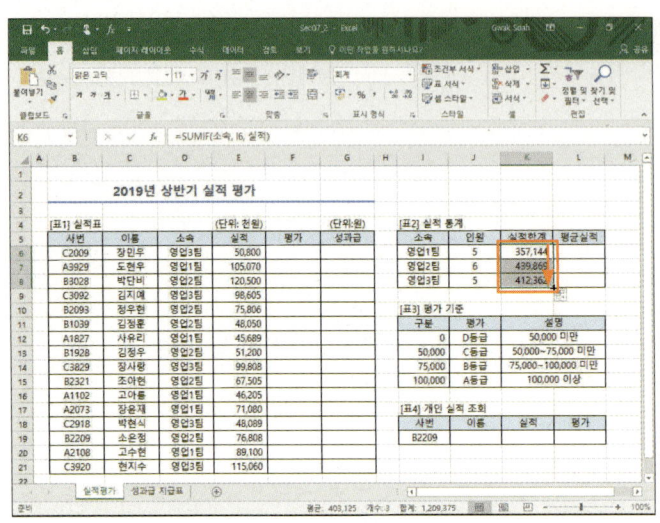

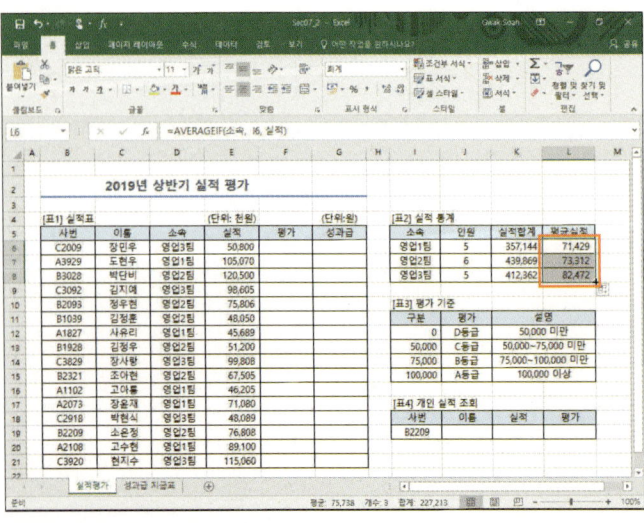

06 [K6] 셀에 영업1팀의 '실적합계'가 입력되면 [K6] 셀의 채우기 핸들을 [K8] 셀까지 드래그하여 수식을 복사합니다.

수식 '=SUMIF(소속, I6, 실적)'은 [I6] 셀과 같은 소속의 실적을 합산합니다.

07 소속별 실적합계가 모두 입력되면 소속별 평균실적을 입력하기 위해 [L6] 셀을 선택합니다. [L6] 셀에 "=AVERAGEIF(소속, I6, 실적)"을 입력한 후 Enter 를 누릅니다.

'AVERAGEIF(검색범위, 조건, 계산범위)' 함수는 특정 조건을 만족하는 셀의 평균값을 구합니다. 여러 개의 조건을 만족하는 셀의 평균값을 구하기 위해서는 '=AVERAGEIFS(범위, 조건1, 계산범위1, 조건2, 계산범위2, …)'를 입력합니다.

08 [L6] 셀에 영업1팀의 '평균실적'이 입력되면 [L6] 셀의 채우기 핸들을 [L8] 셀까지 드래그하여 영업2팀과 영업3팀의 평균실적을 입력합니다.

수식 '=AVERAGEIF(소속, I6, 실적)'은 [I6] 셀과 같은 소속의 평균 실적을 구합니다.

직접 해보기 표에서 데이터 찾기

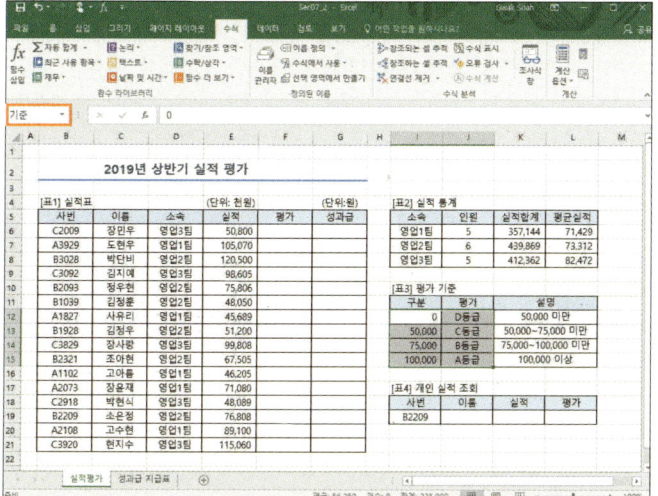

[I12:J15] 셀 영역을 블록으로 지정한 다음 이름 상자에 "기준"을 입력하고 Enter 를 누릅니다.

이름 '기준'이 참조하는 범위는 VLOOKUP 함수에서 검색 범위로 사용 될 것입니다.

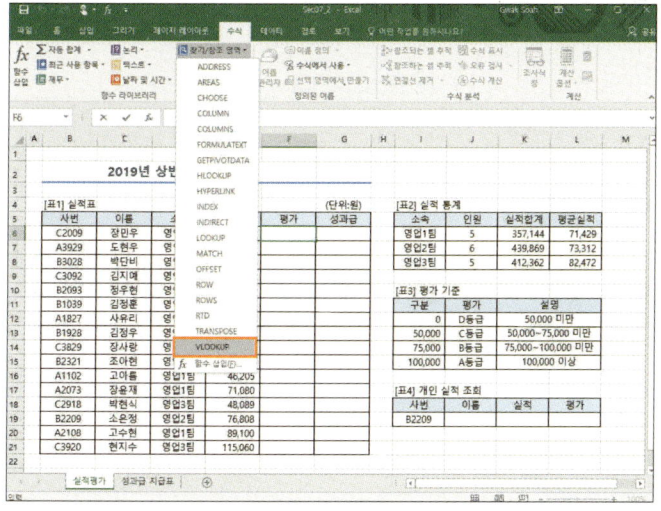

[F6] 셀을 선택하고 [수식] – [함수 라이브러리]에서 찾기/참조 영역( )을 클릭하고 [VLOOKUP]을 클릭합니다.

'VLOOKUP(값, 검색범위, 열 번호, 옵션)' 함수는 검색 범위의 첫 번째 열에서 값을 찾아 지정한 열과 같은 행의 값을 반환합니다.

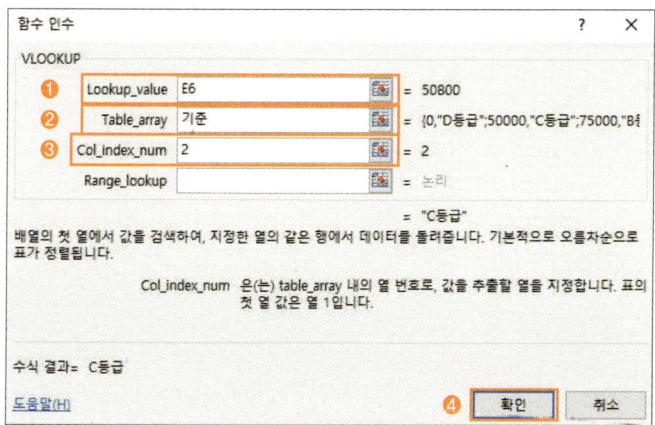

VLOOKUP 함수의 [함수 인수] 대화상자가 열리면 [Lookup_value]에는 "E6"을, [Table_array]에는 "기준"을, [Clo_index_num]에는 "2"를 입력하고 [확인]을 클릭합니다.

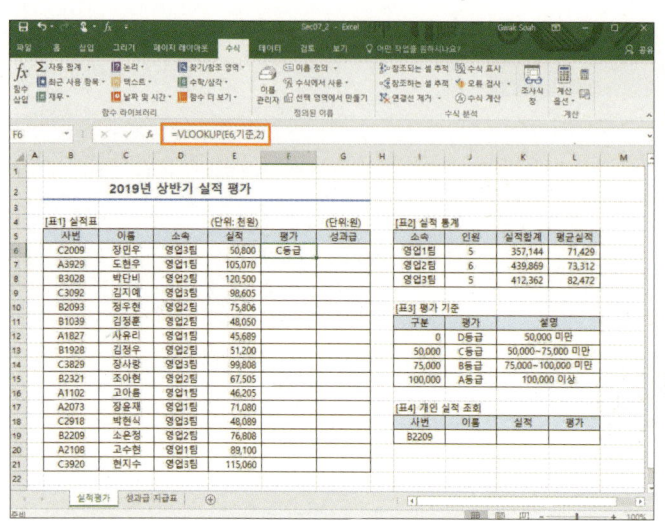

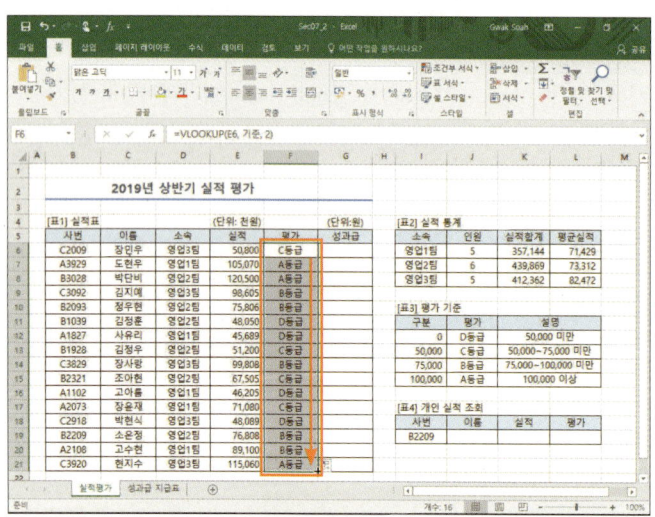

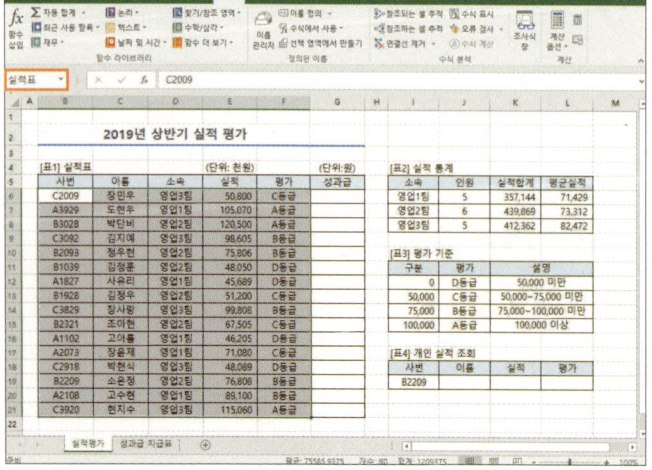

04 [F6] 셀에 평가가 입력되면 수식 입력줄에서 수식을 확인합니다. 수식 '=VLOOKUP(E6,기준,2)'은 '기준'의 첫 번째 열에서 [E6] 셀보다 작거나 같은 값을 찾아서 '2'열의 평가를 구합니다. 여기서 [E6] 셀의 값이 '50,800'이므로 '기준'의 첫 번째 열에서 '50,000'을 찾습니다.

05 [F6] 셀의 채우기 핸들을 [F21] 셀까지 드래그하여 실적에 따른 평가를 모두 입력합니다.

VLOOKUP 함수의 마지막 인수인 'Range_lookup'을 생략하거나 TRUE로 지정하면 검색 범위의 첫 번째 열에서 주어진 값보다 작거나 같은 값 중에서 최댓값을 찾습니다. FALSE로 지정하면 주어진 값과 정확히 일치하는 값을 찾습니다.

06 이번에는 사번으로 개인 실적을 조회하려고 합니다. [B6:F21] 셀 영역을 블록으로 지정하고 이름 상자에 '실적표'를 입력한 후 Enter 를 눌러 이름을 정의합니다.

이름 '실적표'가 참조하는 범위는 VLOOKUP 함수에서 검색 범위로 사용 될 것입니다.

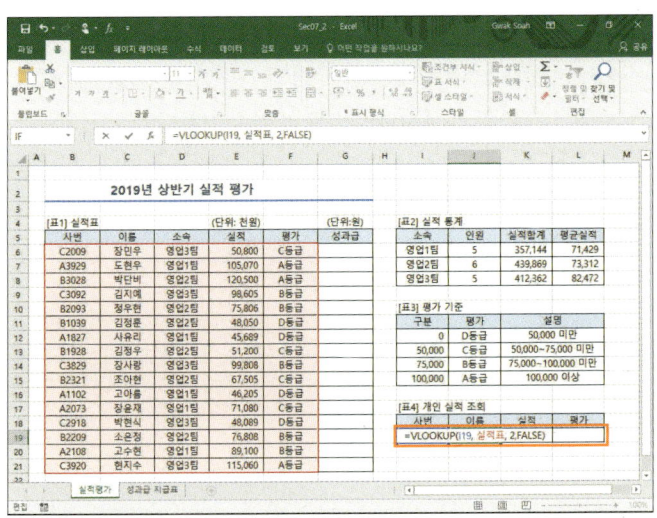

07 [J19] 셀에 "=VLOOKUP(I19, 실적표, 2, FALSE)"를 입력한 후 Enter를 클릭합니다.

수식 '=VLOOKUP(I19, 실적표, 2, FALSE)'은 실적표의 첫 번째 열에서 [I19] 셀의 값과 정확히 일치하는 값을 찾아 '2'열의 데이터인 '이름'을 반환합니다. 여기서 [I19] 셀의 값이 'B2209'이므로 '실적표'의 '사번'이 'B2209'에 해당하는 사원의 이름인 '소은정'을 찾습니다.

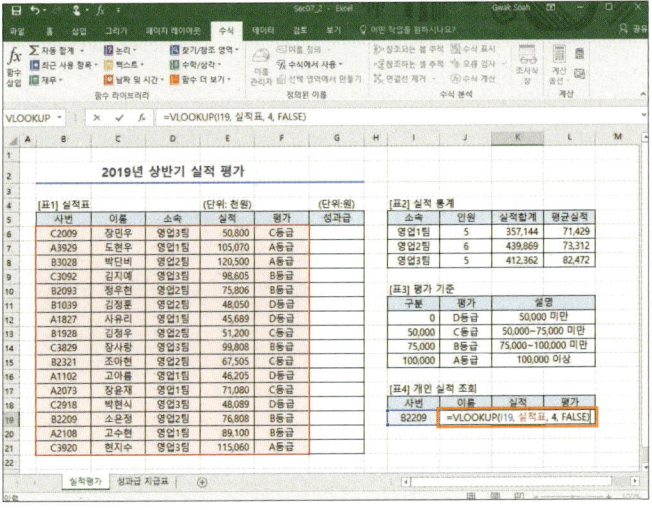

08 [J19] 셀에 이름이 입력되면 [K19] 셀에 "=VLOOKUP (I19, 실적표, 4, FALSE)"을 입력한 후 Enter 를 누릅니다.

수식 '=VLOOKUP(I19 실적표, 4, FALSE)'은 '실적표'에서 사번이 'B2209'에 해당되는 사원의 '실적'을 반환합니다.

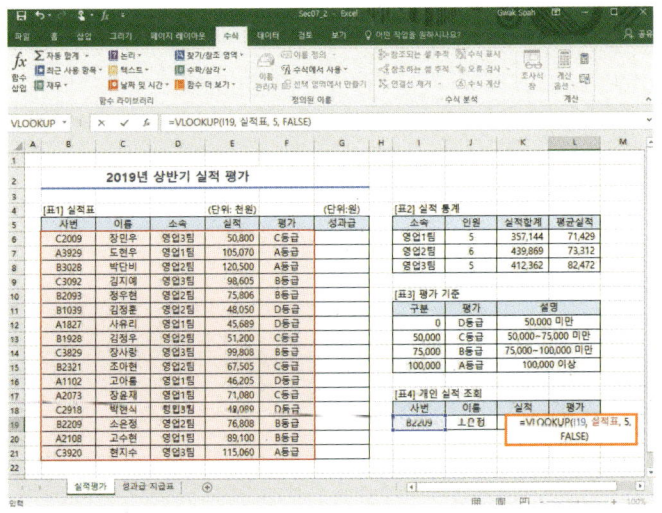

09 [K19] 셀에 실적이 입력되면 [L19] 셀을 클릭하고 수식 "=VLOOKUP(I19, 실적표, 5, FALSE)"을 입력한 후 Enter 를 누릅니다.

수식 '=VLOOKUP(I19, 실적표, 5, FALSE)'은 '실적표'에서 사번이 'B2209'에 해당되는 사원의 '평가'를 반환합니다.

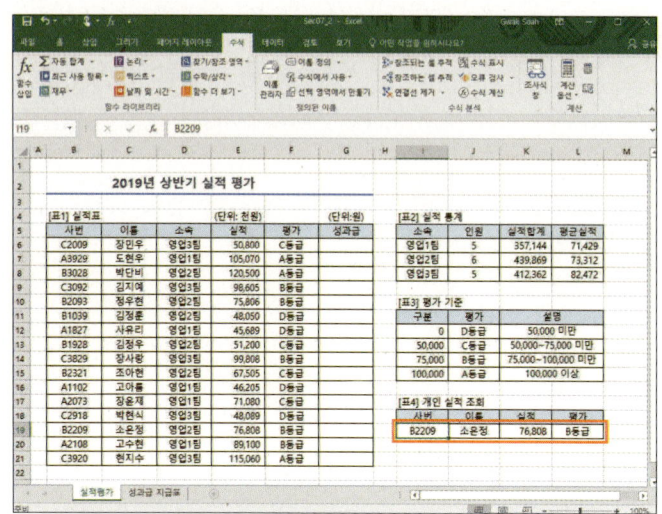

10   [J19:L19] 셀 영역에 사번이 'C2209'인 사원의 이름, 실적, 평가가 각각 바르게 입력되었는지 확인합니다.

[I19] 셀에 입력한 사번을 다른 번호로 변경하여 [J19:L19] 셀 영역에 결과가 바르게 표시되는지 확인합니다.

 **VLOOKUP 함수와 HLOOKUP 함수 비교하기**

찾기 함수 중에서 가장 많이 사용되는 함수는 VLOOKUP 함수와 HLOOKUP 함수입니다. VLOOKUP 함수가 검색 범위의 첫 번째 열에서 데이터를 찾는다면 HLOOKUP 함수는 검색 범위의 첫 번째 행에서 데이터를 찾습니다.

1) HLOOKUP 함수도 데이터 찾기

• [B4:F8] 셀 영역의 이름을 '상품목록'으로 미리 정의합니다.

• [I4] 셀에 입력된 수식 '=VLOOKUP(H4, 상품목록, 3, FALSE)'은 상품목록의 첫 번째 열에서 [H4] 셀과 같은 값을 찾아 3행에 있는 값인 '멸치세트'를 반환합니다.

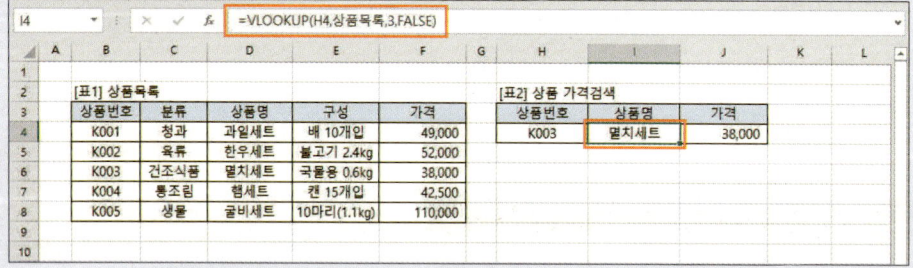

2) HLOOKUP 함수로 데이터 찾기

• [C3:G7] 셀 영역의 이름을 '상품목록'으로 미리 정의합니다.

• 수식 '=HLOOKUP(I4, 상품목록, 3, FALSE)'은 상품목록의 첫 번째 행에서 [I4] 셀과 같은 값을 찾아 3열에 있는 값인 '멸치세트'를 반환합니다.

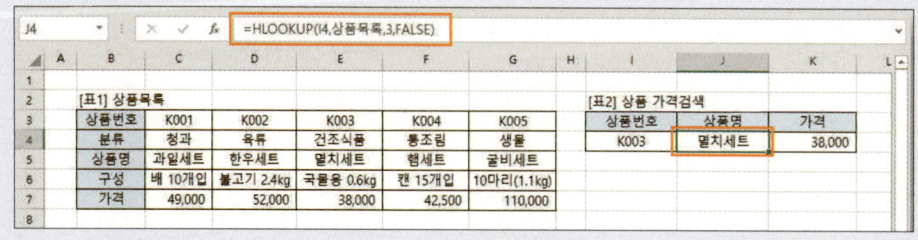

직접 해보기 수식의 오류 처리하기

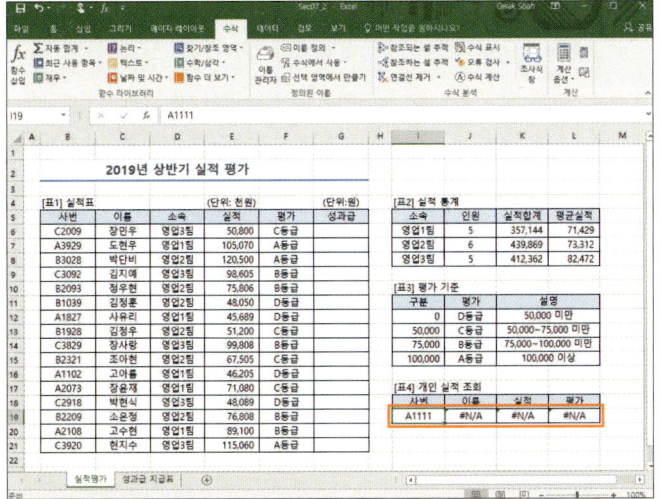

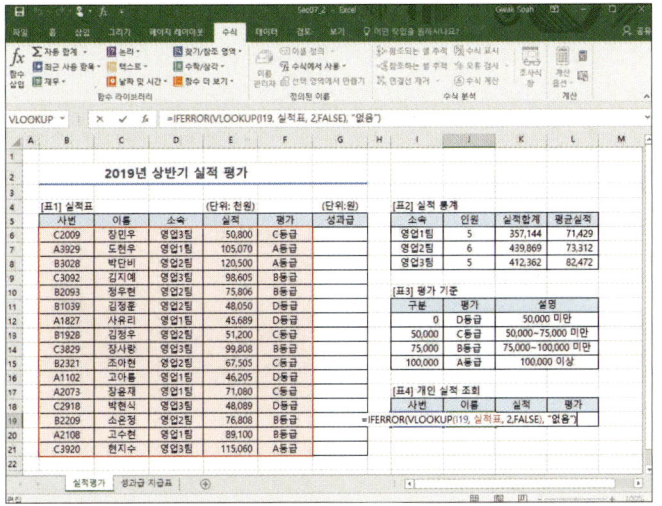

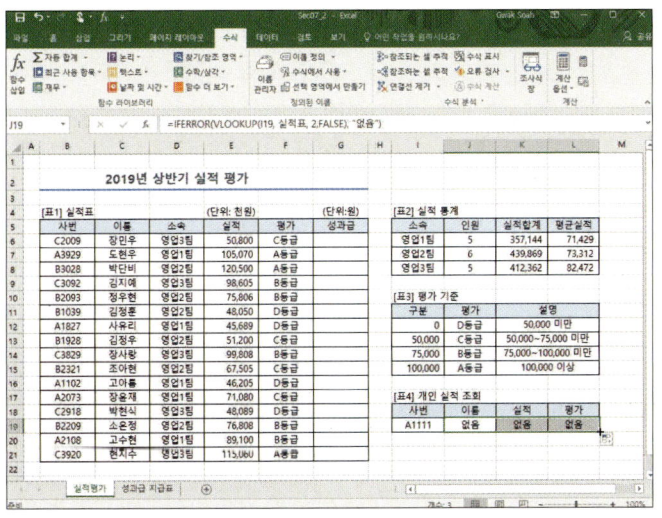

01 [I19] 셀에 '실적표'의 첫 번째 열에 없는 사번을 임의로 입력합니다. 그러면 [B6:F21] 셀 영역에서 주어진 값을 찾을 수 없으므로 '#N/A'와 같이 오류가 표시됩니다.

강의노트

함수 이름을 잘못 사용했거나 인수를 잘못 지정했을 때, 수식이 원하는 값을 계산하지 못했을 때 수식 오류 값이 표시됩니다. 해당 셀에서 [셀 오류]() 단추를 클릭하여 오류의 원인을 파악하고 해결합니다.

02 [J19] 셀의 수식을 "=IFERROR(VLOOKUP(I19,실적표,2,FALSE), "없음")"로 수정합니다. 이렇게 하면 VLOOKUP 함수의 결과를 찾을 수 없을 때 셀 오류(#N/A)를 대신해서 '없음'으로 표시할 수 있습니다.

강의노트

'IFERROR(수식, 값)' 함수는 수식의 결과가 오류이면 지정한 값을 대신 반환합니다.

03 [J19] 셀의 채우기 핸들을 [L19] 셀까지 드래그하여 수식을 복사합니다.

강의노트

[J19] 셀의 수식이 상대 참조로 계산되었으므로 [K19] 셀과 [L19] 셀의 수식은 각각 "=IFERROR(VLOOKUP(I19, 실적표, 4 ,FALSE), "없음")"으로, [L19] 셀의 수식은 "=IFERROR(VLOOKUP(I19, 실적표, 5, FALSE), "없음")"로 자동 변경됩니다.

직접 해보기 　조건에 맞는 데이터 찾기

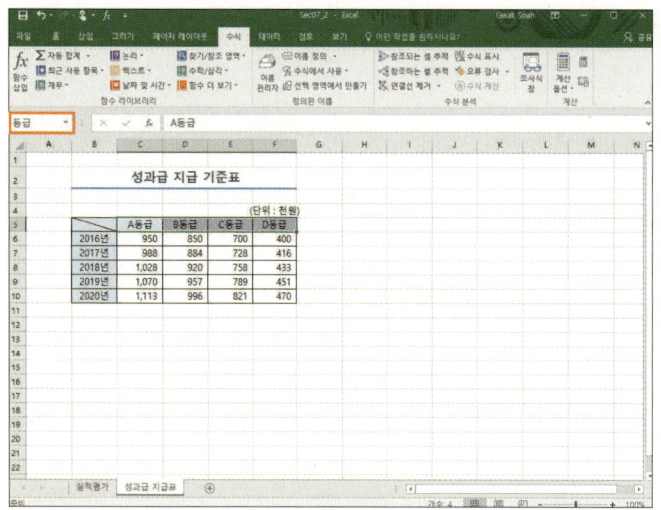

 **01** 평가 등급에 따른 성과급을 구하려고 합니다. '성과급 지급표' 워크시트를 선택한 후 [C5:F5] 셀 영역을 블록으로 지정하고 이름 상자에 "등급"을 입력한 후 Enter 를 누릅니다.

📖 강의노트

수식에 참조할 범위를 미리 이름으로 정의하면 나중에 수식을 쉽고 이해하기 쉽게 작성할 수 있습니다.

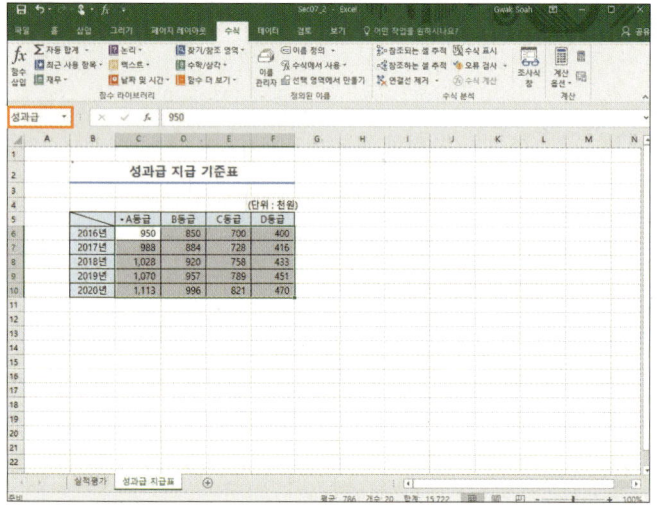

 **02** 같은 방법으로 [C6:F10] 셀 영역을 범위로 지정하고 이름 상자를 클릭한 다음 "성과급"으로 이름을 입력하고 Enter 를 누릅니다.

📖 강의노트

[수식] – [정의된 이름] – 이름 관리자(📋)를 클릭하면 현재까지 정의된 이름의 목록을 확인할 수 있으며, 원하는 이름을 편집 또는 삭제할 수 있습니다.

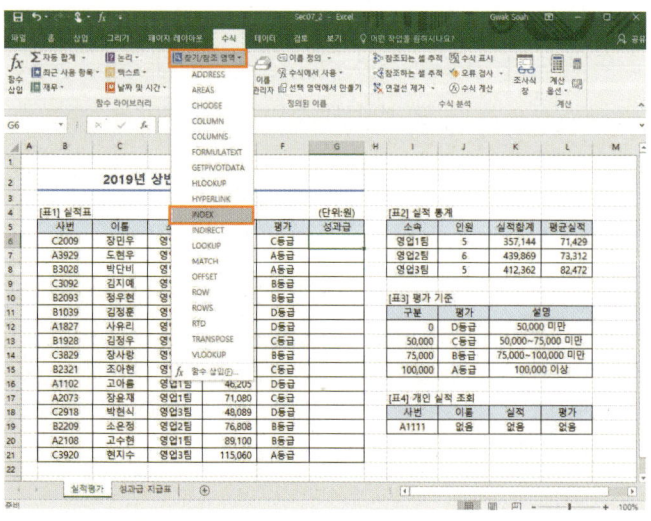

03 '실적평가' 워크시트로 돌아와 [G6] 셀을 선택한 후 [수식] – [함수 라이브러리]에서 [찾기/참조 영역](🔍)을 클릭하고 [INDEX]를 클릭합니다.

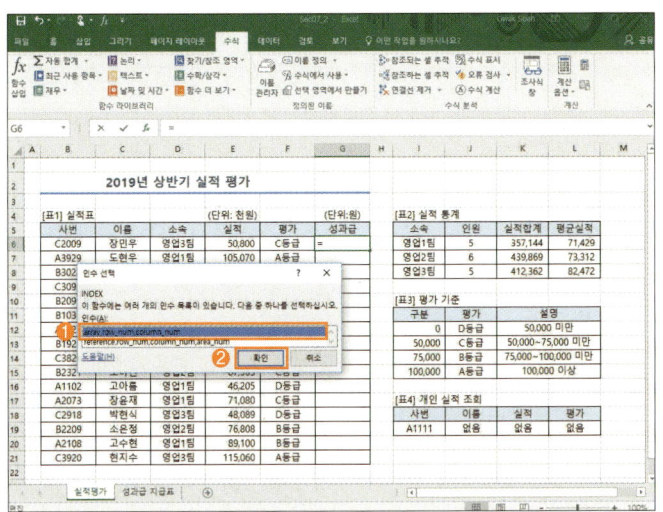

INDEX 함수의 [인수 선택] 대화상자가 열리면 [array,row_num,columnnum]을 선택하고 [확인]을 클릭합니다.

'INDEX(검색 범위, 행 번호, 열 번호)' 함수는 검색 범위에서 지정한 행과 열이 만나는 교차지점의 값을 찾아 반환합니다.

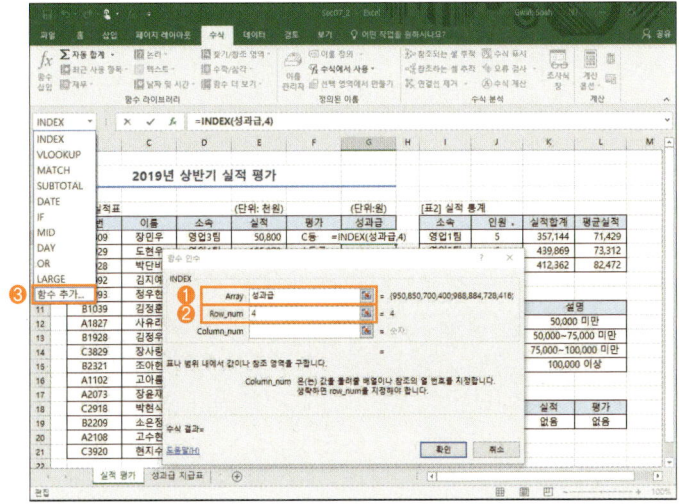

INDEX 함수의 [함수 인수] 대화상자가 열리면 [Array]에는 "성과급"을, [Row_num]에는 "4"를 입력합니다. 그리고 [Colmun_num]에 커서를 올려놓고 함수 상자의 내림 단추를 클릭한 후 [함수 추가]를 클릭합니다.

MATCH 함수의 결과가 INDEX 함수의 인수로 사용되는 '중첩 함수식'이 만들어집니다.

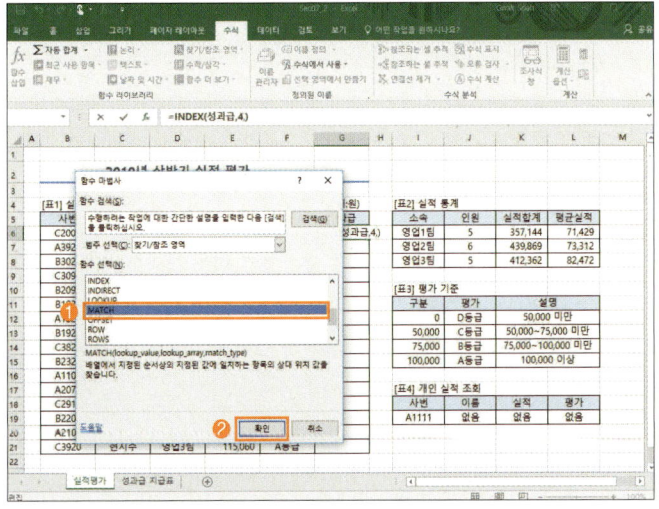

[함수 마법사] 대화상자의 [범주 선택]에서 [찾기/참조 영역]( )을, [함수 선택]에서 [MATCH]를 클릭하고 [확인]을 클릭합니다.

'MATCH(값, 검색범위, 옵션)' 함수는 검색범위에서 지정된 값과 일치하는 항목의 상대적 위치 값을 반환합니다. 옵션을 생략하거나 '1'이면 검색 값보다 작거나 같은 값 중에서 최댓값을, '-1'이면 검색 값보다 크거나 같은 값 중에서 최솟값을, '0'이면 검색 값과 정확히 일치하는 값을 반환합니다.

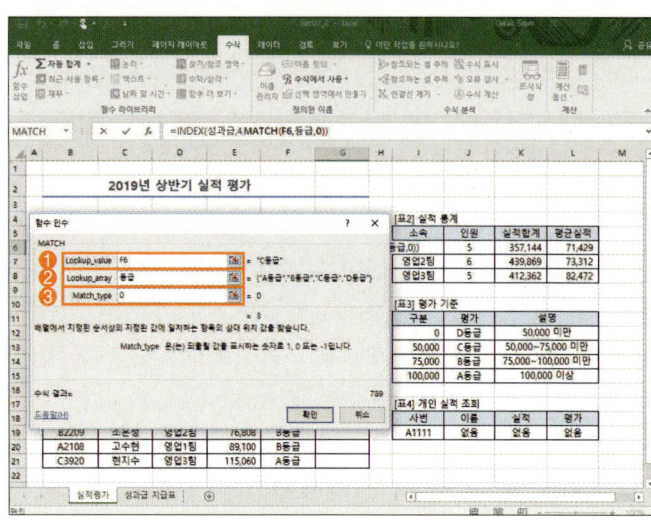

함수식 'MATCH(F6, 등급, 0)'은 등급에서 [F6] 셀과 일치하는 데이터의 상대적 위치 값을 반환합니다. 즉, 'C등급'은 등급에서 '3번째'에 위치하므로 '3'을 반환합니다.

INDEX 함수와 MATCH 함수

VLOOKUP 함수와 HLOOKUP 함수처럼 검색을 범위의 첫 열 또는 첫 행으로 제한하지 않으려면 INDEX 함수와 MATCH 함수를 조합하여 사용합니다. INDEX 함수와 MATCH 함수의 원리는 다음과 같습니다.

1) INDEX 함수로 '속초발 수원행 버스 운행차량 수' 구하기

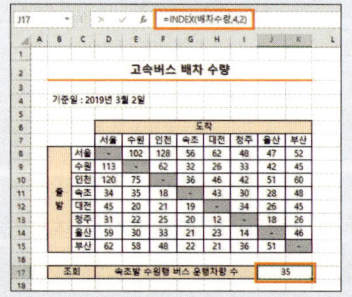

- [D8:K15] 셀 영역의 이름을 '배차수량'으로 미리 정의합니다.
- [K17] 셀에 입력된 수식 '=INDEX(배차수량,4,2)'는 '배차수량' 범위의 4행, 2열의 값인 '35'를 반환합니다.

2) MATCH 함수로 '출발지 목록 중 "속초"는 몇 번째 있는지' 구하기

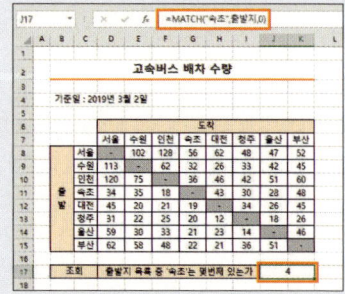

- [C8:C15] 셀 영역의 이름을 '출발지'로 미리 정의합니다.
- [K17] 셀에 입력된 수식 '=MATCH("속초",출발지,0)'은 '출발지' 범위에서 '속초'가 4번째에 위치하므로 '4'를 반환합니다.

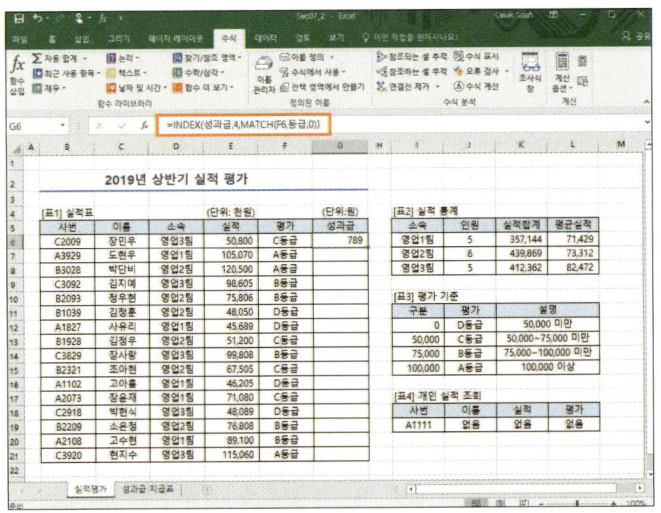

 [G6] 셀에 성과급이 입력되면 수식 입력줄에서 수식을 확인합니다.

강의노트

수식 '=INDEX(성과급, 4, MATCH(F6, 등급, 0))'은 '성과급' 표의 4행, 3열의 값인 2019년의 C등급 성과급을 반환합니다.

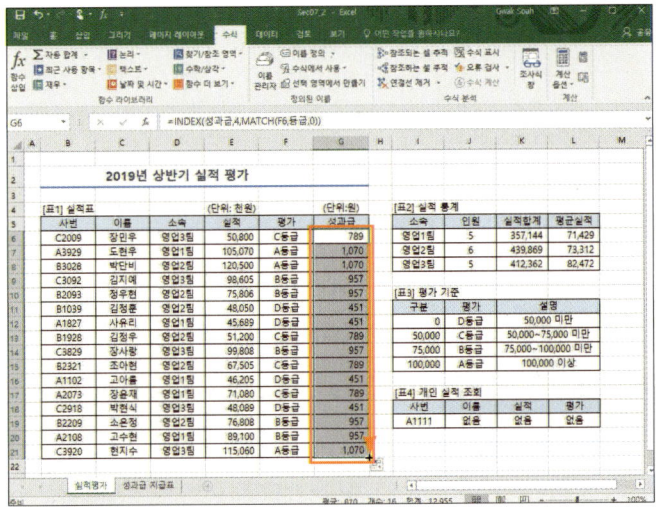

[G6] 셀의 채우기 핸들을 [G21] 셀까지 드래그하여 수식을 복사합니다. 그러면 평가에 따른 성과급이 모두 입력됩니다.

 정리 한마당

- SUBTOTAL(함수번호, 계산범위) 함수는 지정한 범위에 대해 함수번호가 의미하는 함수를 이용하여 계산합니다.
- DATEDIF(시작일, 종료일, 형식) 함수는 두 날짜 사이의 일, 월 또는 연도수를 구합니다.
- COUNTIF(검색범위, 조건) 함수는 특정 범위 내에서 지정한 조건을 만족하는 셀의 개수를 구합니다.
- SUMIF/AVERAGEIF(조건을 검색할 범위, 조건, 집계를 할 범위) 함수는 지정한 범위 내에서 조건에 맞는 값들의 합/평균을 구합니다.
- VLOOKUP/HLOOKUP(값, 검색범위, 열/행 번호, 옵션) 함수는 검색범위의 첫 열/행에서 값을 찾아 지정한 열/행의 값을 반환합니다.
- IFERROR(수식, 값) 함수는 수식의 결과가 오류일 경우, 지정한 값으로 표기합니다.
- INDEX(검색범위, 행 번호, 열 번호) 함수는 검색범위에서 지정한 행과 열이 교차하는 위치 값을 반환합니다.
- MATCH(값, 검색범위, 옵션) 함수는 검색범위에서 지정한 값을 찾아 상대적인 위치 값을 반환합니다.

기초 문제

1 '기초_Sec07_1.xlsx' 파일을 열고 '학교수' 워크시트에서 다음 지시에 따라 수식을 입력하세요.

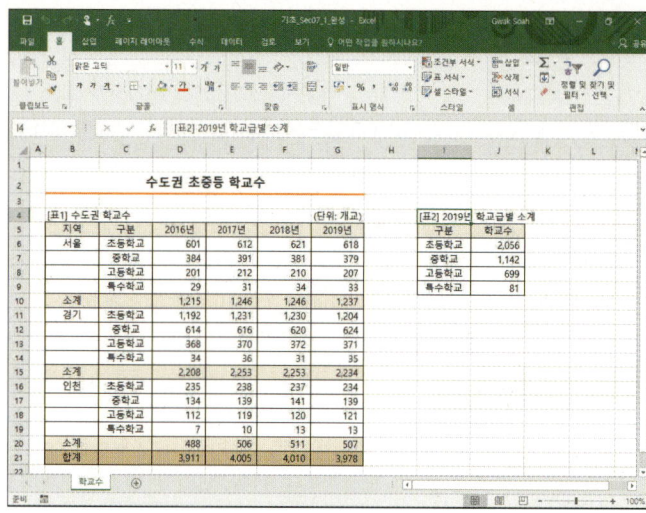

- [표1]의 소계 : 각 지역의 연도별 소계를 SUBTOTAL 함수로 계산
- [표1]의 합계 : 세 지역의 연도별 소계를 SUBTOTAL 함수로 계산
- [표1]의 이름 정의 : [C5:C21] 셀 영역의 이름을 "구분"으로, [G5:G21] 셀 영역의 이름을 "현재"로 각각 정의
- [표2]의 학교수 : SUMIF 함수를 이용하여 2019년도의 학교급별 학교수 계산 (단, 수식에 미리 정의한 이름을 사용)

▲ 완성파일 : 기초_Sec07_1_완성.xlsx

2 '기초_Sec07_2.xlsx' 파일을 열고 '연말 사은품' 워크시트에서 다음 지시에 따라 수식을 입력하세요.

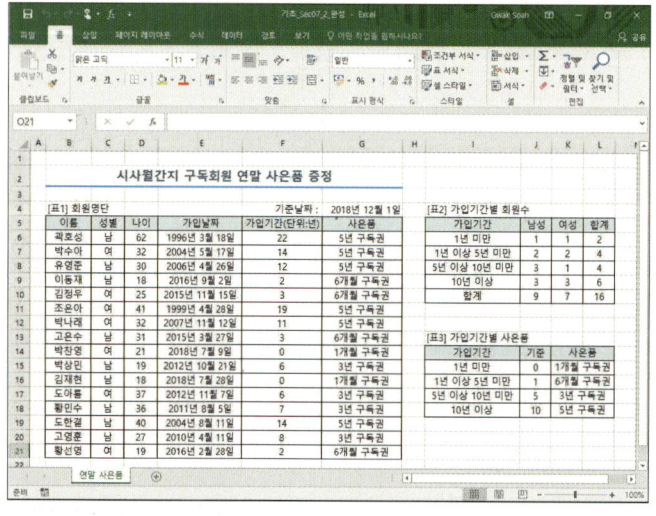

- 이름정의 : [표1]에서 성별, 가입기간 열에 각각 이름정의, [표3]에서 [J5:K18] 셀 영역을 "기준"으로 정의
- [표1]의 가입기간: [E5] 셀의 가입날짜와 [G4] 셀의 기준날짜를 이용하여 가입기간 계산
- [표2]의 가입기간별 남성, 여성 회원수 : COUNTIFS 함수를 이용하여 계산(단, 수식에 미리 정의한 이름을 사용)
- [표2]의 합계 : SUM 함수를 이용하여 계산
- [표1]의 사은품 : VLOOKUP 함수를 이용하여 가입기간을 기준으로 사은품의 종류를 기입(단, 수식에 미리 정의한 이름을 사용)

▲ 완성파일 : 기초_Sec07_2_완성.xlsx

힌트 'COUNTIFS(범위1, 조건1, [범위2, 조건2]...)'함수는 여러 조건을 모두 만족하는 셀의 개수를 구합니다. 이 때 '조건' 인수는 큰 따옴표("")로 묶어 지정하거나 셀 참조, 숫자 등으로 지정합니다. 예를들어 가입이간이 1년 미만인 남성회원의 수를 계산하기 위해서는 '=COUNTIFS(성별, "남", 가입기간, "<=1")'와 같이 수식을 입력합니다.

심화 문제

1 '심화_Sec07_1.xlsx' 파일을 열고 '지급 대상자' 워크시트에서 다음 지시에 따라 수식을 입력하세요.

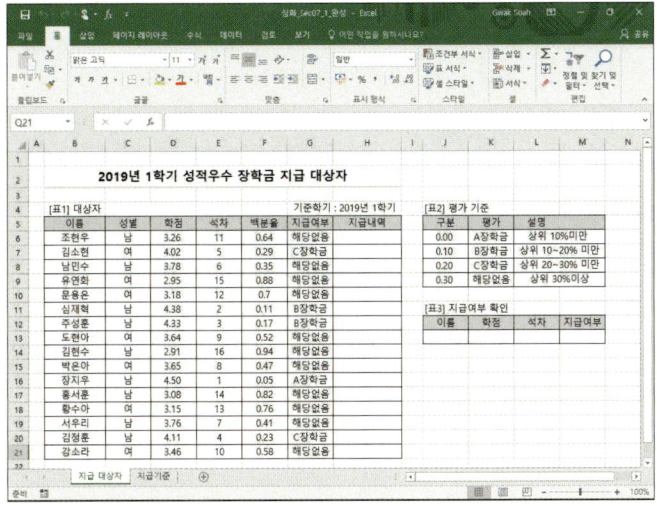

▲ 완성파일 : 심화_Sec07_1_완성.xlsx

- 이름정의 : [표1]에서 학점, 석차 열에 각각 이름정의, [표2]에서 [J6:K9] 셀 영역을 "기준"으로 정의
- [표1]의 석차 : 학점을 기준으로 석차를 표기(단, 수식에 미리 정의한 이름을 사용)
- [표1]의 백분율 : 석차를 기준으로 백분율을 표기
- [표1]의 지급여부 : 백분율에 따른 장학금 지급여부를 표기

힌트

- 순위 구하기 : 'RANK.EQ(값, 범위)' 함수는 지정한 범위에서 특정 값의 순위를 계산합니다.
- 백분율 구하기 : 'PERCENTRANK.EXC(범위, 값, 자리수)' 함수는 해당범위에서 특정 값의 백분율을 지정한 자리수 만큼 표시합니다.

2 '지급기준' 워크시트의 [C5:E5] 셀 영역을 "구분"으로, [C6:E9] 셀 영역을 "장학금"으로 각각 정의한 후 '지급 대상자' 워크시트로 돌아와 다음 수식을 입력하세요.

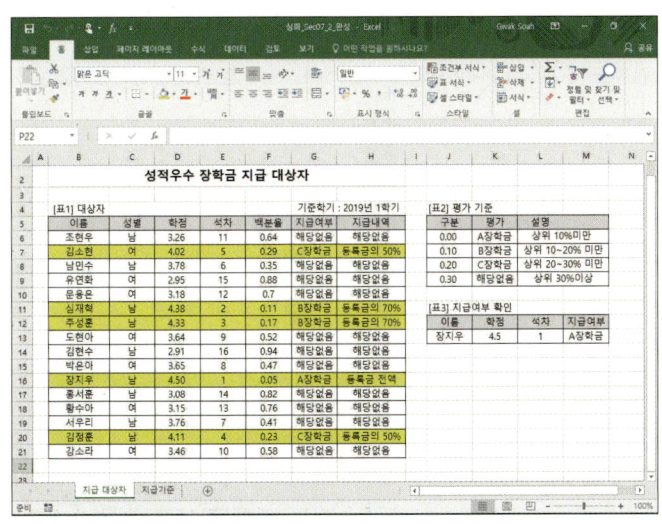

▲ 완성파일 : 심화_Sec07_2_완성.xlsx

- [표1]의 지급내역 : '지급기준' 워트시트에 미리 정의한 이름을 참조하여 지급내역을 표시(단, VLOOKUP 함수가 값을 찾지 못해 셀오류가 발생한 경우 "해당없음"으로 표기)
- 이름 정의 : [표1]의 [B6:H21] 셀 영역에 "대상자"로 정의
- [표3]의 [J13] 셀에 이름을 목록으로 표기하고, 특정 대상자 이름을 선택하면 해당 학점, 석차, 지급여부를 표기
- [표1]에서 백분율이 상위 30%미만인 학생에 한하여 행 전체를 '노랑'으로 채우기

힌트

- 데이터 유효성 : [데이터] – [데이터 도구] – [유효성 검사]( )
- 조건부 서식 : [홈] – [스타일] – [조건부 서식]( )

08 section

데 이 터 시 각 화 하 기

데이터를 시각화하면 많고 복잡한 데이터를 쉽고 빠르게 이해할 수 있습니다. 엑셀 2016에서는 여섯 개의 새로운 차트가 추가되었으며 데이터에 적합한 추천 차트를 제공하는 등 차트를 활용한 분석 기능이 더욱 강화되었습니다. Section08에서는 엑셀에서 만들 수 있는 차트의 요소와 종류를 알아보고 다양한 방법으로 데이터를 시각화 하는 방법을 학습합니다.

결과 미리보기

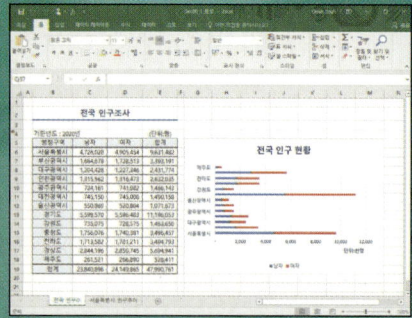

▲ 준비 파일 : Sec08_1.xlsx
　완성 파일 : Sec08_1_완성.xlsx

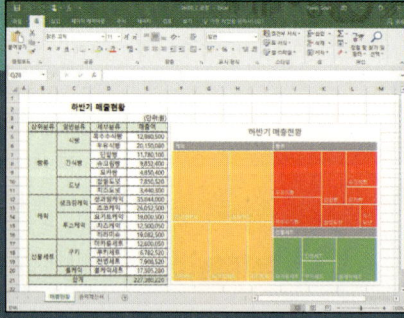
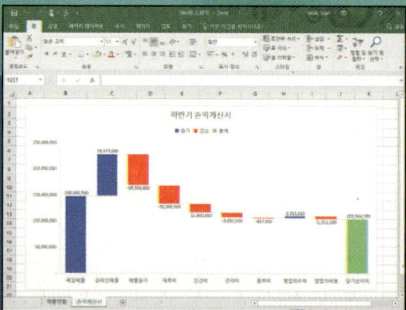

▲ 준비 파일 : Sec08_2.xlsx
　완성 파일 : Sec08_2_완성.xlsx

Excel 1 기본 차트 만들기

차트는 숫자 데이터 계열을 그래픽 형식으로 표시한 것입니다. 따라서 차트를 이용하면 많은 양의 데이터 및 여러 데이터 계열 간의 관계를 보다 쉽게 이해할 수 있습니다. 차트 요소의 명칭과 기능을 살펴보고, 데이터 표현에 적합한 차트를 선택하여 만들어 봅니다. 그리고 차트의 서식을 변경하여 세부 정보를 표현하거나 특정 데이터를 강조하는 방법을 학습합니다.

직접 해보기 차트 요소 살펴보기

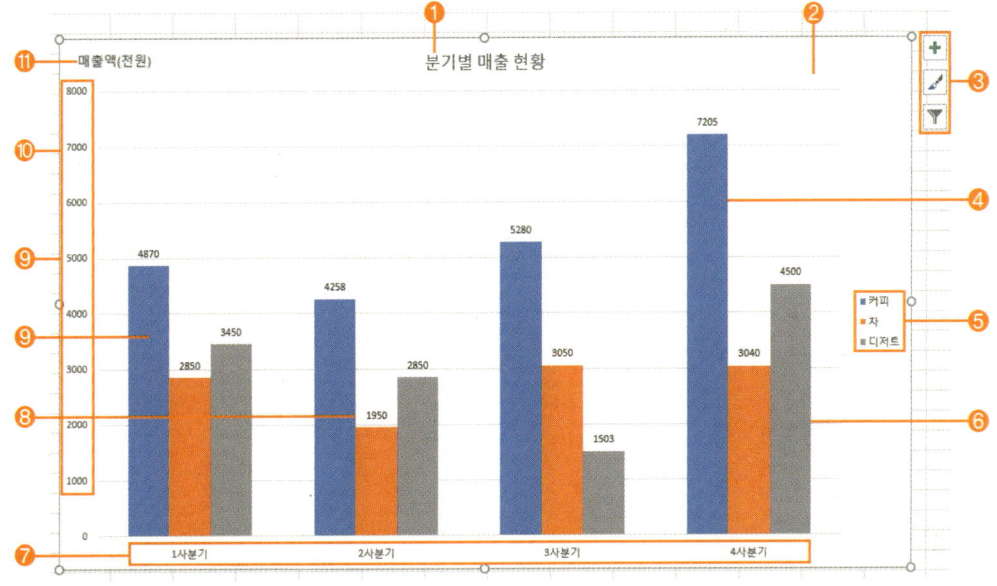

❶ **차트 제목** : 전체 데이터를 대표할 수 있는 것으로 작성합니다.

❷ **차트 영역** : 차트의 전체 영역입니다.

❸ **차트 단추** : 차트의 요소를 추가, 차트의 디자인과 색을 변경, 차트 데이터를 필터링합니다.

❹ **그림 영역** : 2차원(X축과 Y축으로 표현) 또는 3차원(X, Y, Z축으로 표현) 그림의 영역입니다.

❺ **범례** : 각 데이터 계열을 식별하기 위한 정보입니다.

❻ **눈금선** : 데이터 수치를 보다 원활하게 식별하도록 합니다.

❼ **가로(항목) 축** : X축으로 데이터의 항목명을 나타냅니다.

❽ **데이터 레이블** : 각 데이터 계열의 값이나 항목 이름을 나타냅니다.

❾ **데이터 계열** : 워크시트의 행이나 열로 된 관련 데이터 요소입니다.

❿ **세로(값) 축** : Y축으로 데이터의 값을 나타냅니다.

⓫ **축 제목** : 세로(값)축, 가로(항목) 축에 대한 제목입니다.

 **보충수업** **차트 단추 살펴보기**

단추 이름	단추 설명
차트 요소(➕) 단추	차트의 축 제목이나 데이터 레이블, 눈금선, 범례 등의 세부 서식을 지정합니다.
차트 스타일(🖌) 단추	엑셀 2016에서 제공하는 차트의 스타일 또는 차트의 색상을 선택합니다.
차트 필터(▼) 단추	엑셀 2016에서 제공하는 차트에 표시할 데이터 요소와 이름, 범주를 표시합니다.

직접 해보기 **차트 만들기**

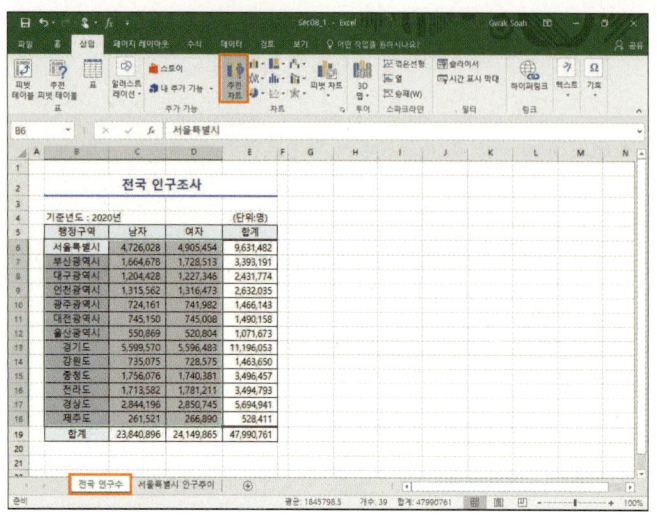

 **01** '실습_Sec08_1.xlsx' 파일을 열고 '전국 인구수' 워크시트를 선택합니다. [B6:D18] 셀 영역을 블록으로 지정한 다음 [삽입] − [차트]에서 [추천 차트]()를 클릭합니다.

강의노트

'추천 차트'는 데이터에 어울리는 차트를 추천해 주는 기능입니다.

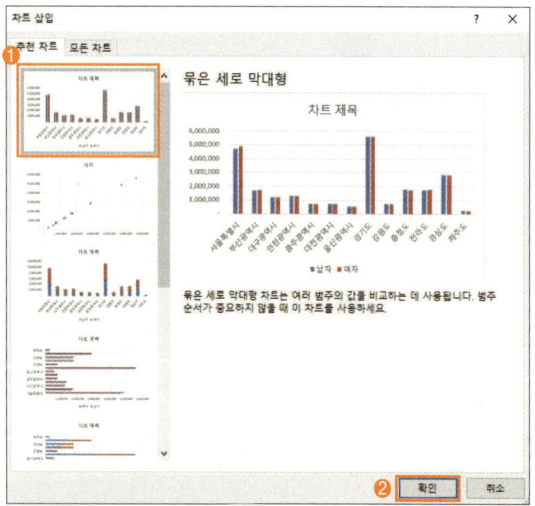

 **02** [차트 삽입] 대화상자가 열리면 [추천 차트] 탭의 차트 목록에서 [묶은 세로 막대형]을 선택한 후 [확인]을 클릭합니다.

강의노트

[삽입] − [차트]의 세로 또는 가로 막대형 차트 삽입()을 클릭한 후 [2차원 세로 막대형] − [묶은 세로 막대형]을 선택해도 됩니다.

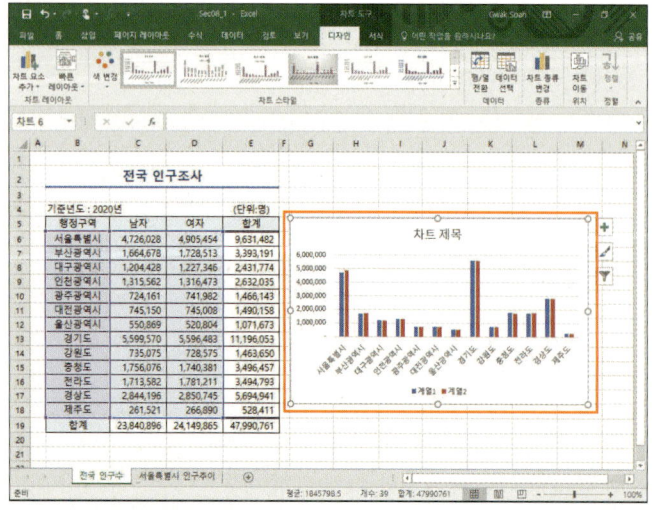

 **03** 묶은 세로 막대형 차트가 삽입되면 차트 테두리에서 마우스의 왼쪽 단추를 클릭한 채 드래그하면 원하는 위치로 이동시킬 수 있습니다. 여기서는 [G5] 셀의 왼쪽 상단과 맞춰지도록 합니다.

강의노트

Alt 를 누른 상태에서 차트를 드래그하면 셀 눈금선에 맞춰 쉽게 이동시킬 수 있습니다.

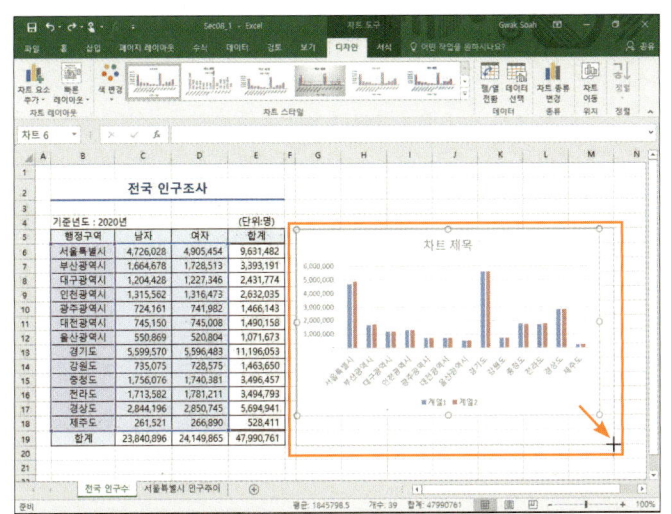

04 차트의 오른쪽 하단의 모서리에 마우스 포인터를 올려놓고 대각선 방향으로 드래그하면 원하는 크기로 변경할 수 있습니다. 여기서는 [M19] 셀의 오른쪽 하단까지 드래그하여 크기를 늘립니다.

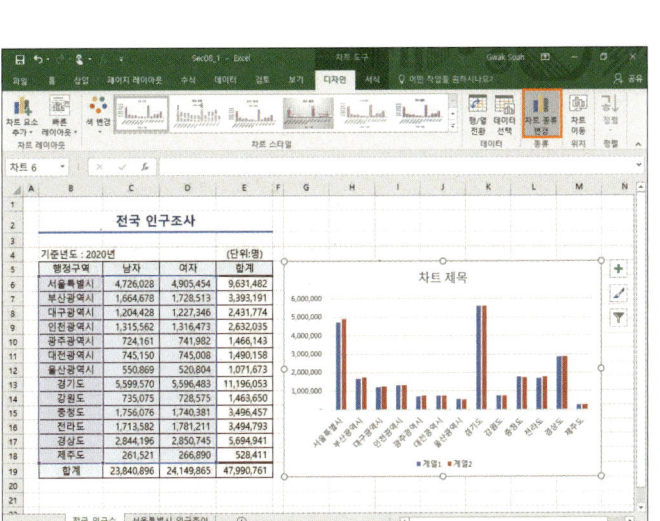

05 차트를 클릭한 후 [차트 도구] – [디자인] – [종류]에서 [차트 종류 변경]()을 클릭합니다.

📖 강의노트

차트를 삽입하면 리본 메뉴에 [차트 도구]가 생깁니다. [차트 도구]에서는 차트의 색, 디자인, 서식 등을 변경할 수 있습니다.

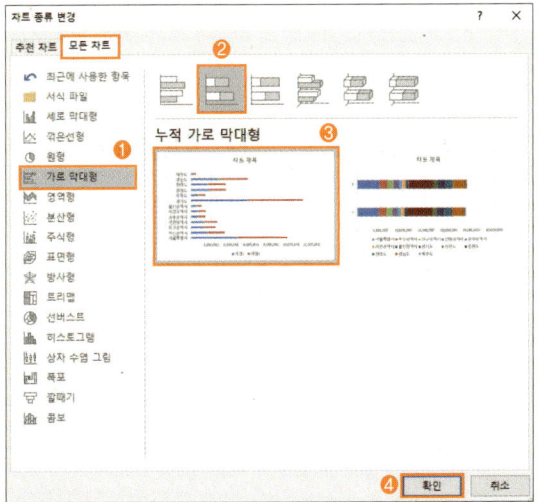

06 [차트 종류 변경] 대화상자가 열리면 [모든 차트] 탭에서 [가로 막대형] – [누적 가로 막대형]을 클릭하고 [확인]을 클릭합니다.

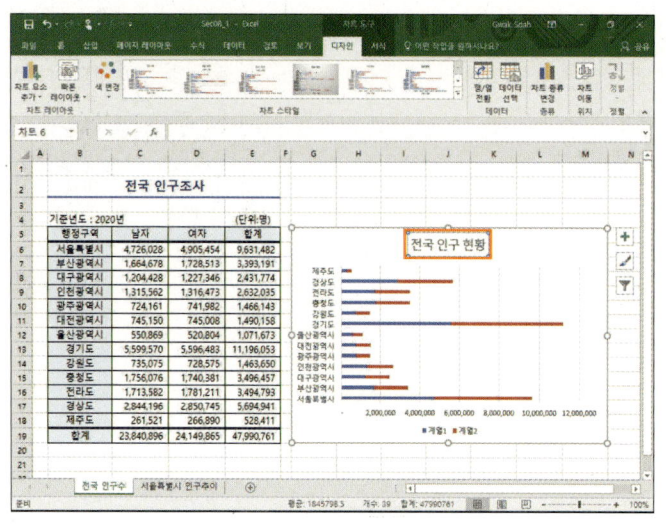

07 차트 제목을 "전국 인구 현황" 으로 입력하여 차트 만들기를 완료합니다.

 **차트 빠르게 만들기**

단축키 또는 빠른 분석 도구를 사용하면 기본 차트를 빠르고 쉽게 삽입할 수 있습니다.

1) 단축키로 새로운 워크시트에 차트 만들기
원하는 데이터를 범위로 선택한 후 F11 을 누르면 새로운 워
크시트 'Chart1'에 기본 차트가 만들어집니다.
'Chart1'의 차트를 워크시트로 이동시키려면 차트를 선택한
후 [차트 도구] – [디자인] – [차트 이동]을 클릭합니다. [차
트 이동] 대화상자에서 [워크시트에 삽입]에 체크하고 목록
단추를 클릭하여 해당 워크시트를 선택한 후 [확인]을 클릭
합니다.

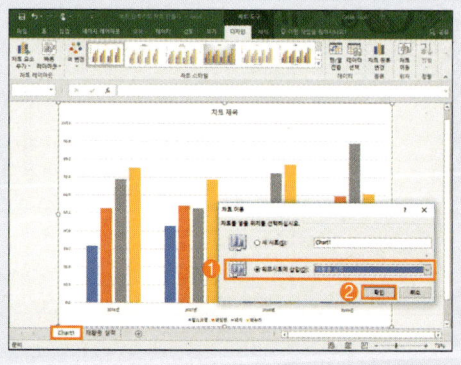

2) 단축키로 현재 워크시트에 차트 만들기
원하는 데이터를 범위로 선택한 후 Alt + F1 을 누르면
현재 워크시트에 기본 차트가 삽입 됩니다.

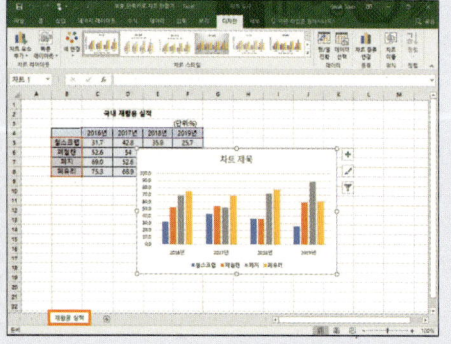

3) 빠른 분석 도구로 현재 워크시트에 차트 만들기
데이터 영역을 범위로 지정한 후 빠른 분석도구( )
를 클릭하여 원하는 차트의 종류를 선택합니다.

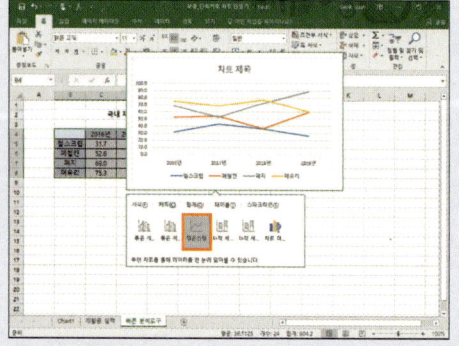

직접 해보기 차트의 서식 및 데이터 변경하기

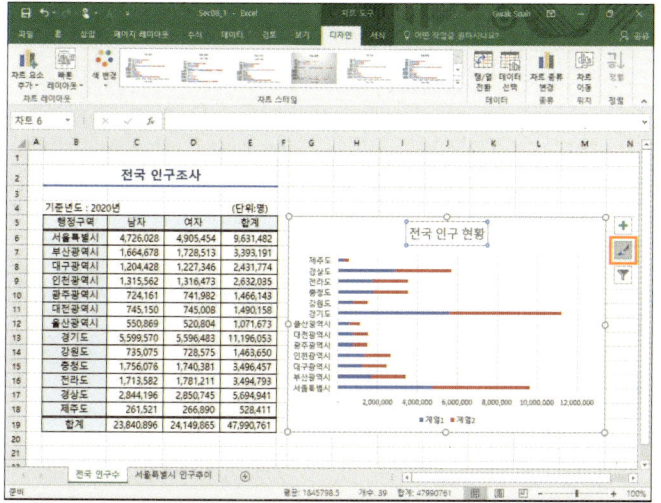

01 차트의 테두리 부분을 클릭합니다. 차트의 오른쪽 상단에서 [차트 스타일]( ) 단추를 클릭합니다.

강의노트

차트 스타일은 [차트 도구] – [디자인] – [차트 스타일]에서 자세히 단추를 클릭한 후 원하는 스타일을 선택해도 됩니다.

02 [스타일] 목록이 생기면 스크롤을 내려 [스타일 6]을 클릭합니다.

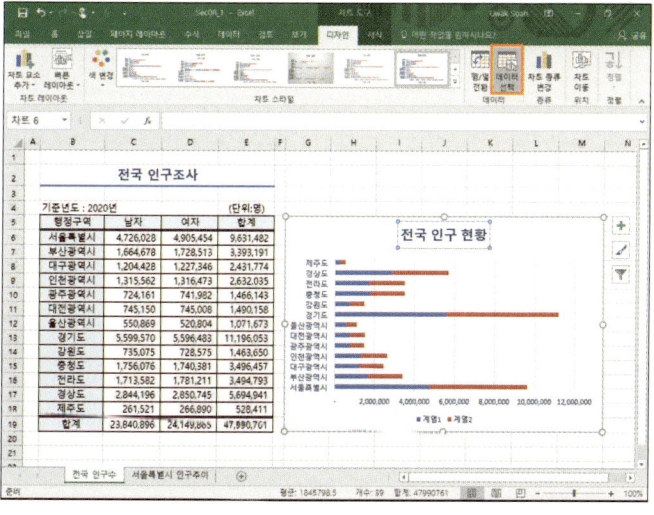

03 이번에는 차트의 데이터를 변경하려고 합니다. 차트를 선택한 상태에서 [차트 도구] – [디자인] – [테이터]에서 [데이터 선택]( )을 클릭합니다.

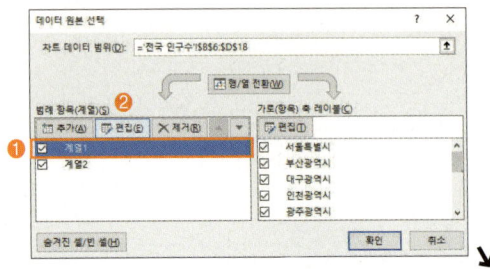

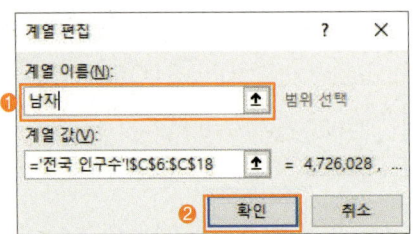

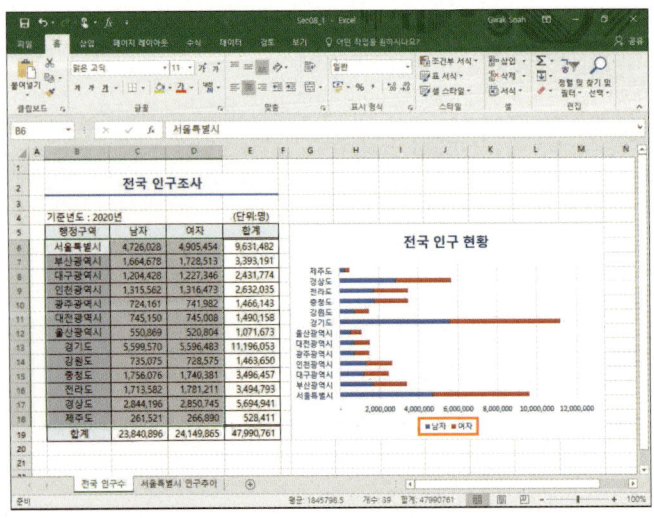

04 [데이터 원본 선택] 대화상자가 열리면 [범례 항목(계열)]의 [계열1]을 선택하고 [편집]을 클릭합니다. [계열 편집] 대화상자가 열리면 [계열 이름]에 "남자"를 입력한 후 [확인]을 클릭합니다.

05 같은 방법으로 [계열2]의 이름을 [여자]로 변경하고 [확인]을 클릭합니다.

[데이터 원본 선택] 대화상자의 [차트 데이터 범위]를 "='전국 인구수'!$B$5:$D$18"으로 수정하고 [확인]을 클릭하면 계열1과 계열2의 이름이 '남자'와 '여자'로 변경됩니다.

06 차트의 범례가 '남자'와 '여자'로 변경된 것을 확인합니다.

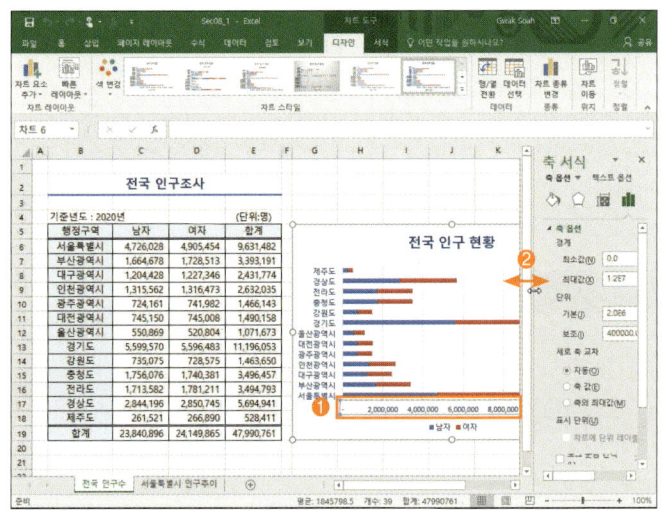

07 이번에는 축의 서식을 변경하려고 합니다. 차트 하단의 가로 축을 더블 클릭하면 화면 오른쪽에 [축 서식] 대화상자가 열립니다. 마우스로 드래그하여 [축 서식] 대화상자의 크기를 알맞게 조절합니다.

 강의노트

차트의 가로 축을 선택하고 [디자인] – [현재 선택 영역] – [선택 영역 서식]을 클릭해도 됩니다.

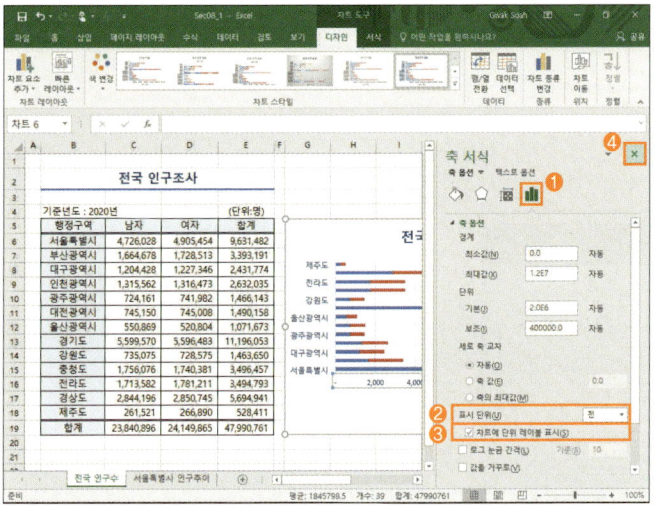

08 [축 서식] 대화상자에서 [축 옵션]( )을 클릭합니다. [표시 단위]의 목록 단추를 클릭하여 '천'으로 바꾸고 [차트에 단위 레이블 표시]에 체크합니다. 그리고 [축 서식] 창의 [닫기]( )를 클릭합니다.

 강의노트

축 단위를 간략히 하면 좀 더 보기 쉬운 차트로 만들 수 있습니다. 단, 축 단위를 삽입하여 데이터를 정확히 표기하도록 합니다.

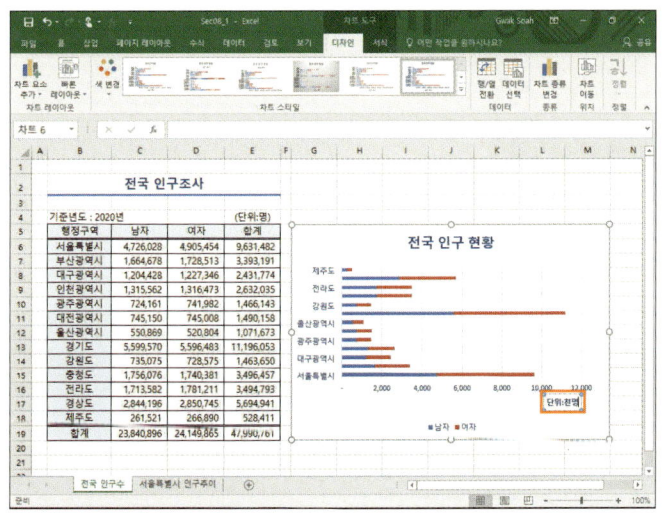

09 새로 삽입된 축 단위를 선택하고 "단위:천명"으로 수정합니다.

| Excel 2 | 다양한 차트 만들기 |

데이터를 시각화하기 위해서는 엑셀 데이터의 특성을 잘 반영하고 복잡한 데이터 관계를 효과적으로 표현해야 합니다. 차트를 이용하여 데이터의 추세를 표시하는 방법, 서로 다른 데이터를 하나의 자료에 표시하는 방법, 계층적 데이터 및 지리적 데이터 등을 표현하는 방법을 학습합니다.

직접 해보기 스파크라인 만들기

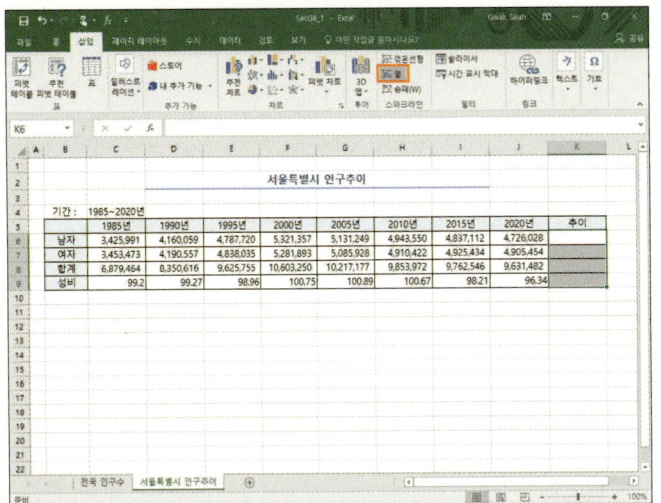

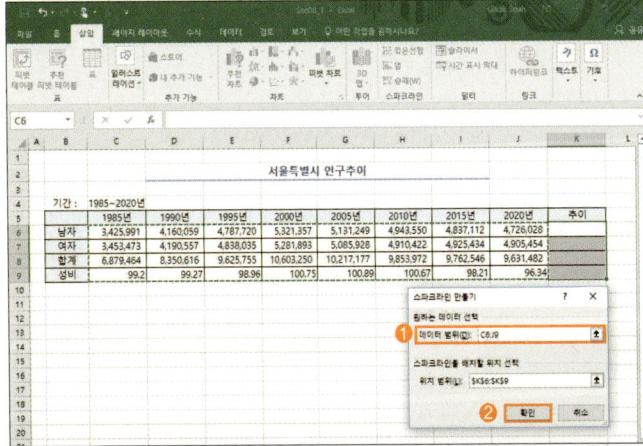

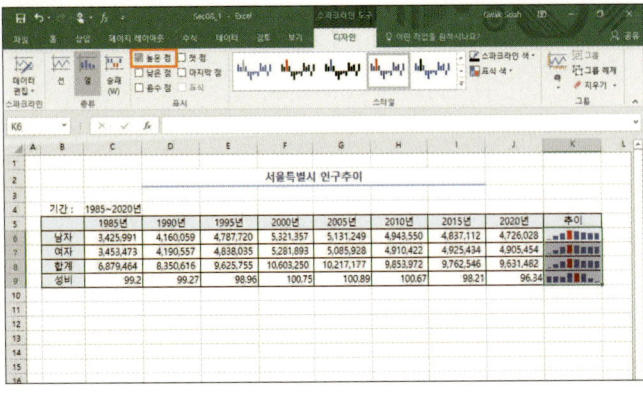

 **'서울특별시 인구추이'** 워크시트를 선택합니다. [K6:K9] 셀을 범위로 지정한 후 [삽입] – [스파크라인]에서 [열](▦)을 클릭합니다.

강의노트

스파크라인은 데이터의 추세를 표시합니다. 차트는 셀과는 별개로 생성되는 반면 스파크라인은 실제 셀에 직접 입력할 수 있습니다.

 [스파크라인 만들기] 대화상자가 열리면 [데이터 범위]에 "C6:J9"를 입력하고 [확인]을 클릭합니다.

강의노트

[데이터 범위]에 마우스 포인터를 올려놓고 [C6:J9] 셀 영역을 드래그하면 범위가 자동으로 입력됩니다.

 스파크라인이 삽입되면 [디자인] – [표시] – [높은 점]에 체크를 하여 수치가 가장 높은 지점의 색상을 강조합니다.

강의노트

[표시]의 색상은 [디자인] – [스타일]의 표시 [색](🟦)에서 변경할 수 있습니다.

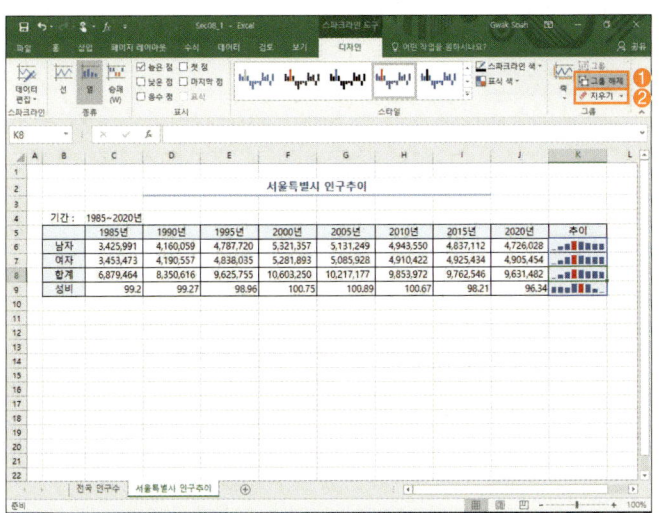

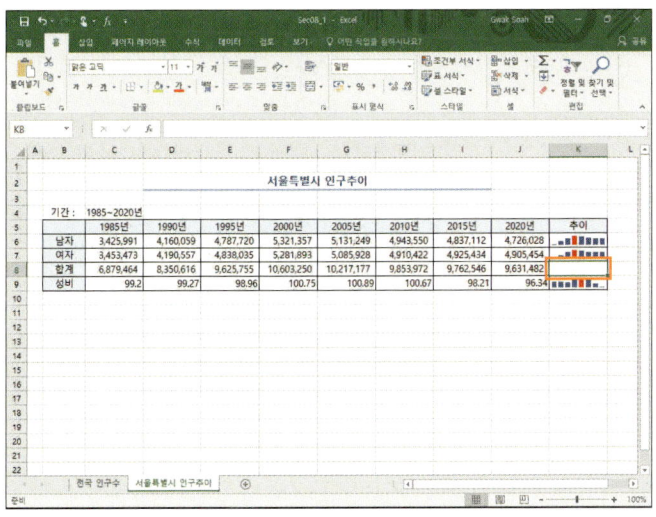

04 [K8] 셀을 선택한 상태에서 [디자인] – [그룹]에서 [그룹 해제]()와 [지우기](🖌)를 차례대로 클릭합니다.

📖 **강의노트**

스파크라인은 전체가 하나의 그룹으로 지정됩니다. 따라서 특정 스파크라인을 선택하여 편집 및 삭제하기 위해서는 그룹을 해제해야 합니다.

05 [K8] 셀의 스파크라인만 삭제된 것을 확인합니다.

 **빈 셀 또는 0값 처리하기**

스파크라인을 적용할 셀 범위에 숨겨진 셀이나 빈 셀이 있는 경우 [스파크라인 도구] – [스파크라인] – [데이터 편집] – [숨겨진 셀/빈 셀 설정]에서 처리할 수 있습니다.

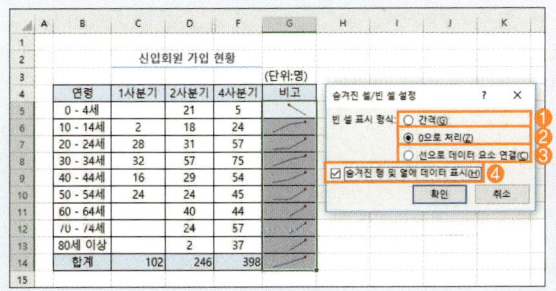

❶ 빈 셀이 있을 경우 아무것도 표시하지 않습니다.
❷ 빈 셀이 있을 경우 0으로 처리합니다.
❸ 빈 셀을 무시하고 선을 연결합니다.
❹ 숨겨진 행이나 열의 데이터도 스파크라인으로 표시합니다.

직접 해보기 콤보차트 만들기

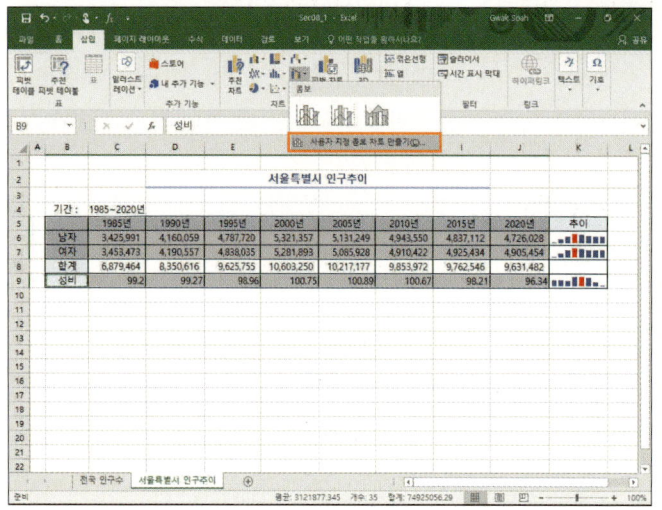

01 [B5:J7] 셀 영역을 범위로 지정한 다음, ⌨Ctrl을 누른 상태에서 [B9:J9] 셀 영역을 추가로 선택합니다. 그리고 [삽입] – [차트]에서 [콤보차트 삽입](📊)을 클릭하고 [사용자 지정 콤보 차트 만들기]를 클릭합니다.

📖 강의노트

여기서는 성별에 따른 인원수 및 성비를 중심으로 표현하기 위해 합계 데이터는 제외시킵니다.

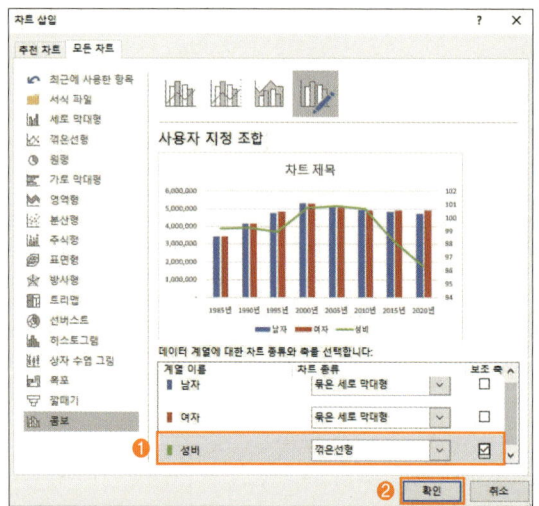

02 [차트 삽입] 대화상자가 열리면 화면 오른쪽 하단에서 '성비' 계열의 [보조 축]에 체크를 하고 [확인]을 클릭합니다.

📖 강의노트

'보조 축'은 광범위한 데이터를 쉽게 이해할 수 있도록 돕습니다. '성비' 계열의 데이터는 '남자', '여자' 계열의 데이터들과 값의 차이가 크므로 '보조 축'을 삽입해줍니다.

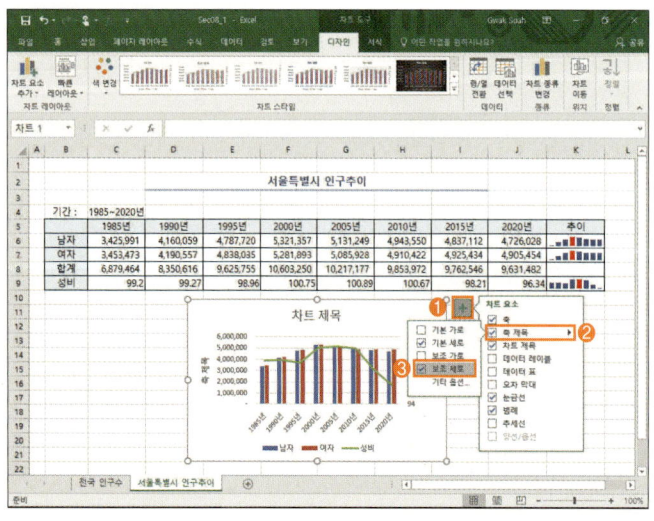

03 새로 삽입된 차트를 선택하여 크기와 위치를 조절하고, 오른쪽 상단의 [차트 요소](➕)를 클릭합니다. [차트 요소]의 [축 제목]의 화살표를 클릭하고 [기본 세로]와 [보조 세로]에 체크를 합니다.

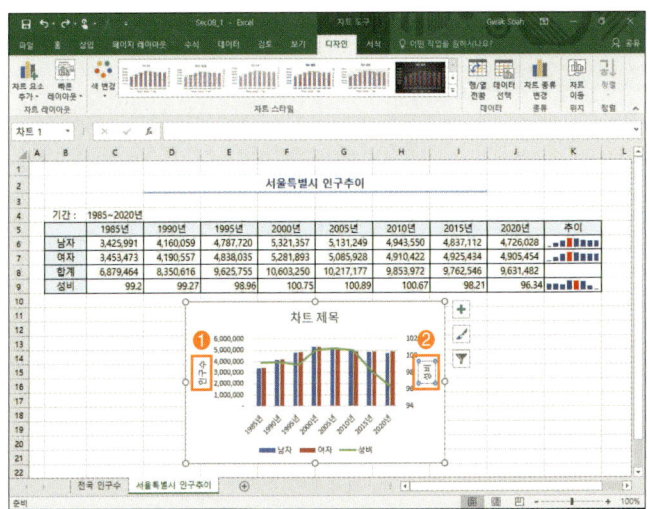

04 차트의 기본 세로 제목을 선택한 후 "인구수"로 변경하고, 보조 세로 제목은 "성비"로 변경합니다.

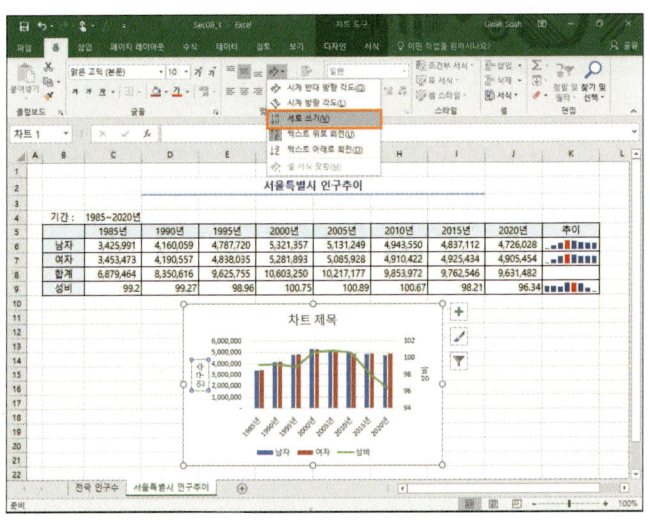

05 기본 세로 제목을 선택한 후 [홈] – [맞춤]에서 [방향]( )의 목록단추를 클릭하고 [세로 쓰기]를 클릭합니다. 같은 방법으로 보조 세로 제목을 '세로 쓰기'로 변경합니다.

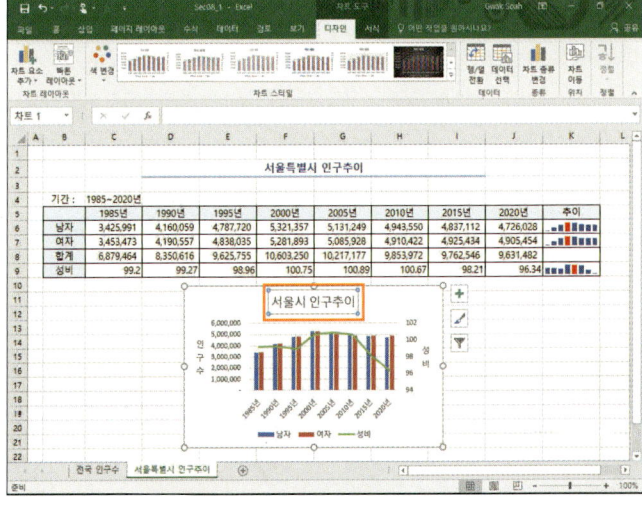

06 마지막으로 차트 제목을 "서울시 인구추이"로 입력하여 차트를 완성합니다.

콤보차트는 성격이 다른 데이터나 값의 차이가 큰 데이터를 하나의 차트에 표현합니다. 여기서는 '남여의 인구 수'와 '성비'를 콤보차트에 표현하였습니다.

직접 해보기　트리맵 차트 만들기

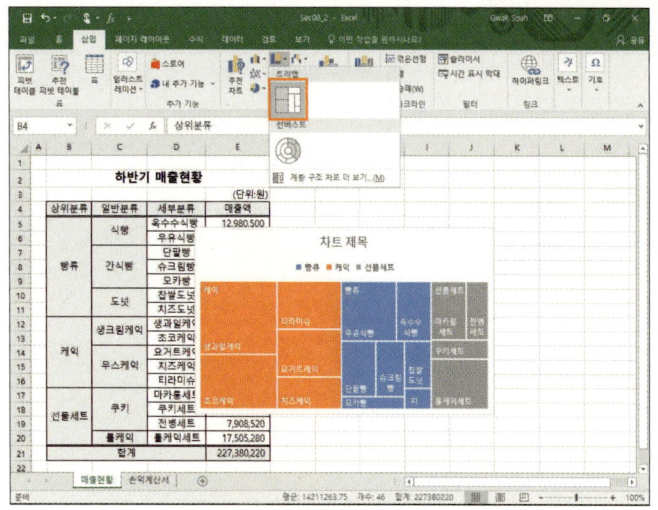

01　'실습_Sec08_2.xlsx' 파일을 열고 '매출현황' 워크시트를 선택합니다. [B4:E20] 셀 영역을 범위로 지정하고 [삽입] – [차트]에서 [계층 구조 차트 삽입]()을 클릭한 후 [트리맵] – [트리맵]을 클릭합니다.

강의노트

트리맵 차트는 색과 근접성을 기준으로 범주를 표시합니다. 트리의 범주는 사각형으로 나타나고 하위 범주일수록 더 작은 사각형으로 나타납니다.

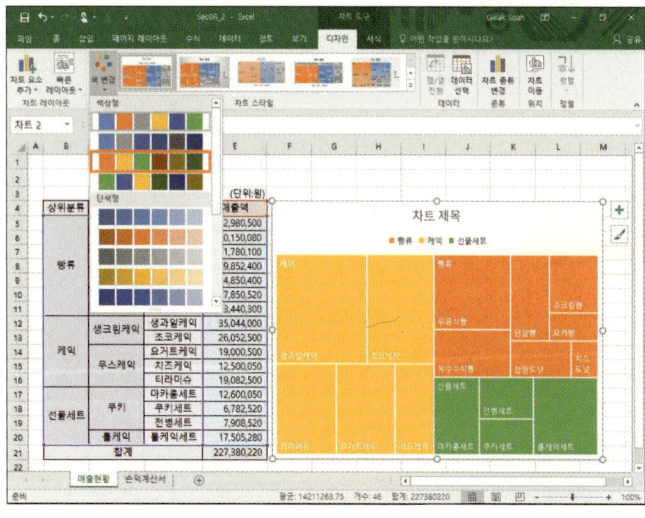

02　트리맵 차트가 삽입되면 크기와 위치를 알맞게 조정합니다. 차트를 선택한 상태에서 [차트 도구] – [디자인] – [차트 스타일]에서 [색 변경]()을 클릭하고 [색상형] – [다양한 색상표 3]을 클릭합니다.

강의노트

차트 오른쪽 상단의 [차트 스타일](✐) 단추를 클릭하고 [색] 탭에서 색상을 변경해도 됩니다.

보충수업　**트리맵 차트와 선버스트 차트 비교하기**

트리맵 차트는 계층 안에서 상대적 크기(비율)을 비교하고, 선버스트 차트는 데이터의 계층 수준을 표현하는데 적합합니다.

▶ 수입 매출 현황을 트리맵으로 표현

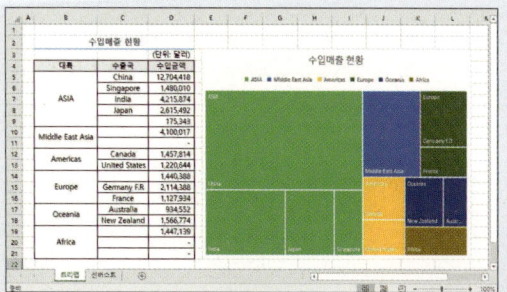

▶ 수입 매출 현황을 선버스트 차트로 표현

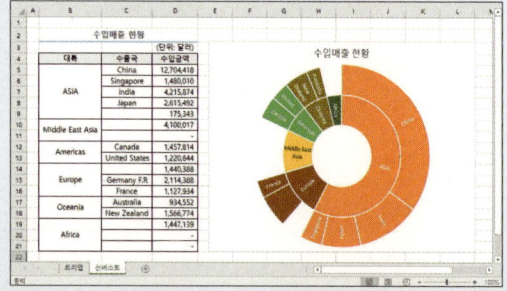

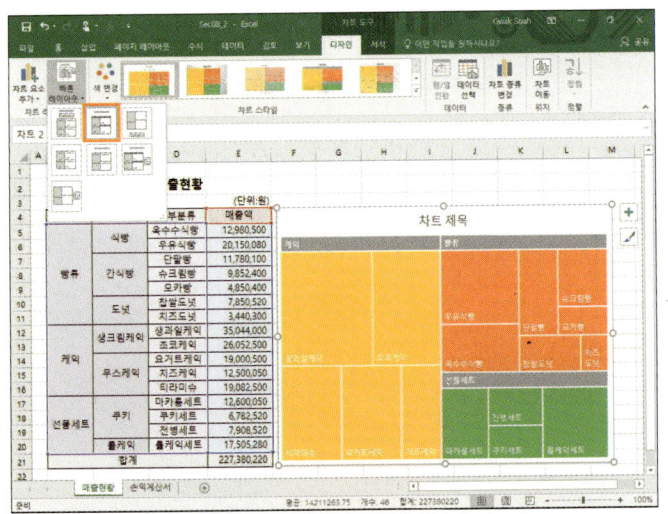

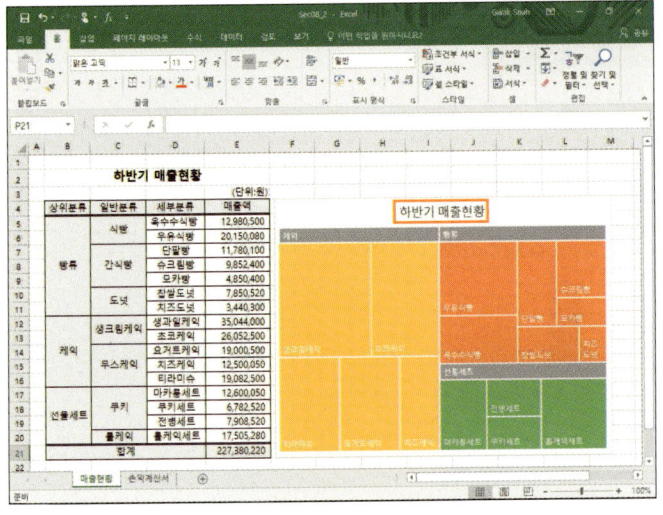

O3 트리맵 차트가 선택된 상태에서 [차트 도구] – [디자인] – [차트 레이아웃]에서 [빠른 레이아웃] ()을 클릭하고 [레이아웃 2]를 클릭합니다.

📖 강의노트

빠른 레이아웃을 사용하면 엑셀 프로그램에서 미리 정의한 차트의 레이아웃을 쉽고 빠르게 적용할 수 있습니다.

O4 차트의 제목을 "하반기 매출현황"으로 입력합니다. 완성된 트리맵 차트에서는 매출액이 높을수록 큰 사각형으로, 상위분류가 같으면 동일 색상으로 근접하게 표시된 것을 확인할 수 있습니다.

📖 강의노트

만약 차트 제목이 표시되어 있지 않다면 [차트 요소](＋) 단추를 클릭하여 추가합니다.

보충수업 **프로그램 추가하여 사용하기**

엑셀 2016에서는 [삽입] – [추가 기능] – [스토어](■)에서 데이터 분석 기능을 추가 또는 구입하여 사용할 수 있습니다. 스토어에서 추가한 기능은 [Office 추가 기능] 대화상자의 [내 추가 기능]에서 확인 및 삭제할 수 있습니다.

▶ 'People Graph' 프로그램 검색 및 추가하기

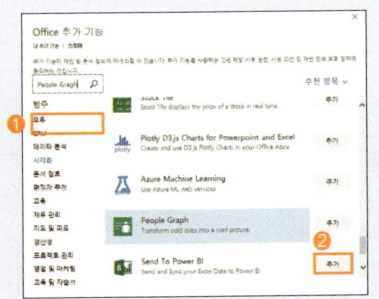

▶ 'People Graph' 프로그램으로 설문결과 표시하기

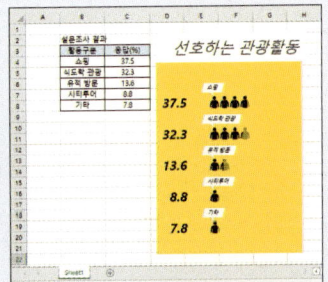

직접 해보기 | 폭포 차트 만들기

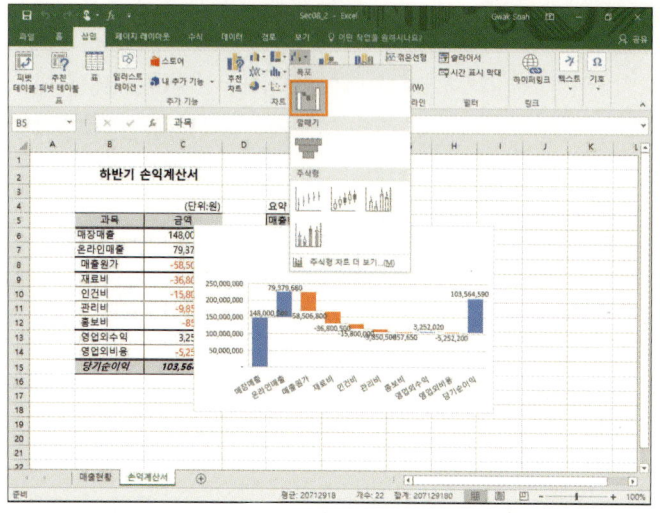

**01** '손익계산서' 워크시트를 선택합니다. [B5:C15] 셀 영역을 범위로 지정한 후 [삽입] - [차트]에서 [폭포 차트 또는 주식형 차트 삽입]( )을 클릭한 후 [폭포] - [폭포]를 클릭합니다.

강의노트

폭포 차트는 양과 음의 값의 변화를 효과적으로 표현합니다. 따라서 자금의 흐름을 표현하는 데 유용합니다.

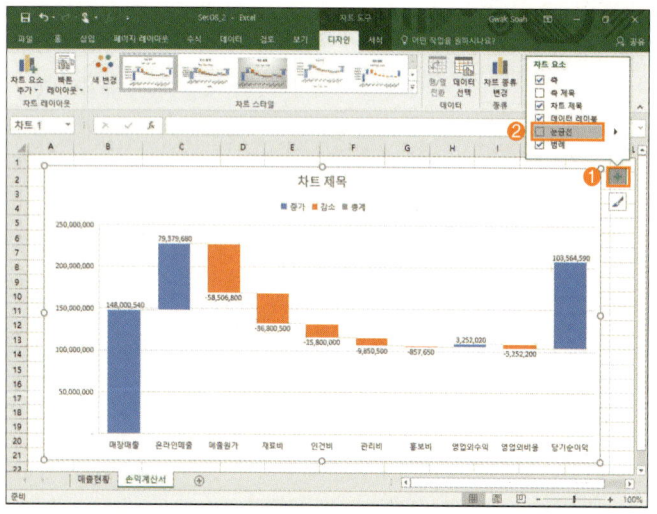

02 폭포 차트가 삽입되면 크기와 위치를 알맞게 조절합니다. 그리고 [차트 요소]( ) 단추를 클릭하고 [눈금선]의 체크를 해제합니다.

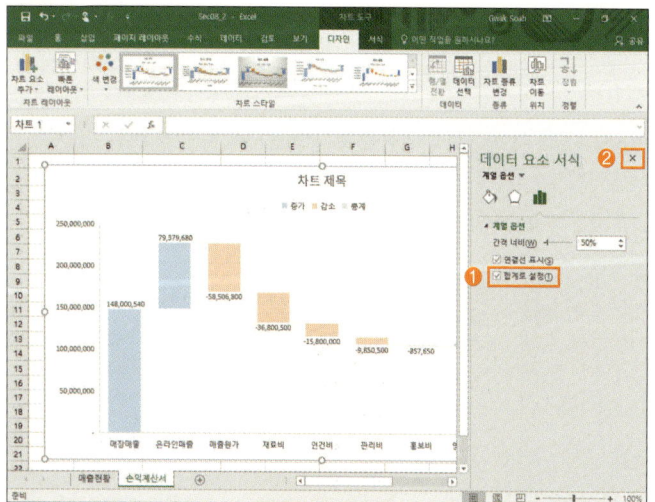

03 최종 금액인 당기순이익을 '합계'로 표시하기 위해 당기순이익 막대를 더블 클릭합니다. [데이터 요소 서식] 대화상자가 열리면 [계열 옵션] - [합계로 설정]에 체크를 하고 [닫기]( )를 클릭합니다.

강의노트

당기순이익 막대를 선택한 후 마우스 오른쪽 단추를 클릭하여 [합계로 설정]을 클릭해도 됩니다. 단, 당기순이익 막대는 두 번 클릭하여 선택합니다. 한 번 클릭하면 모든 막대가 선택됩니다.

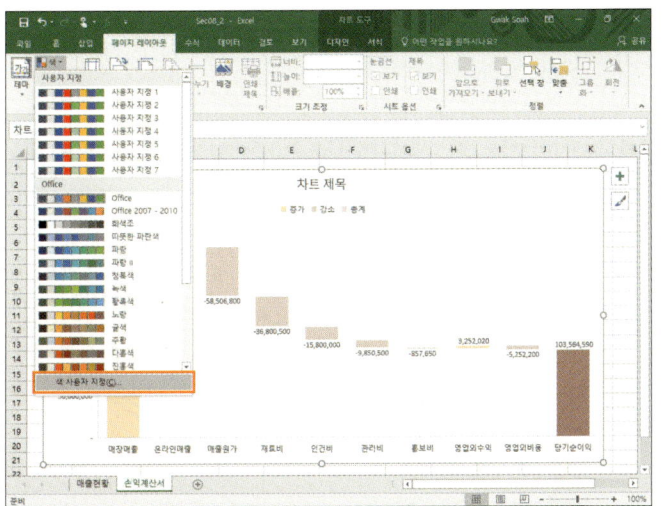

04 이번에는 차트의 양과 음의 값을 각각 지정하기 위해 [페이지 레이아웃] – [테마] – [색]에서 [색 사용자 지정]을 클릭합니다.

[차트 도구] – [디자인] – [차트 스타일] – [색 변경]에서는 양수, 음수, 합계의 색상을 각각 지정할 수 없습니다.

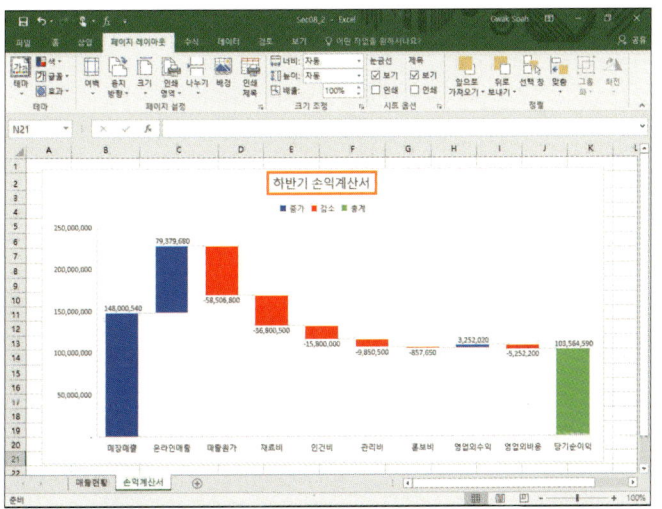

05 [새 테마 색 만들기] 대화상자가 열리면 [테마 색]의 [강조 1], [강조 2], [강조 3]의 색상을 각각 '파랑', '빨강', '녹색'으로 각각 지정한 후 [저장]을 클릭합니다.

06 제목을 "하반기 손익계산서"로 입력하여 폭포 차트를 완성합니다. 완성된 폭포 차트에서는 이익과 비용을 분명히 확인할 수 있습니다.

 **3D 맵 활용하여 지리 데이터 표시하기**

3D 맵은 3D(3차원) 지구본 또는 사용자 지정 지도에 지리 및 시간에 따른 데이터를 보여줍니다. 완성된 3D 맵은 화면으로 캡처하여 워크시트에 삽입할 수 있습니다. 뿐만 아니라 영화와 같은 가이드 비디오 투어를 만들어 다른 사용자들과 공유할 수도 있습니다. 3D 맵은 데이터 범위를 지정한 후 [삽입] – [투어]의 [3D 맵]( )을 클릭하여 만듭니다.

1) 데이터 유형 선택하기

❶ [데이터 창]의 [데이터]에서 누적 세로 막대형
( )을 클릭합니다.
❷ 필드 목록의 '가맹점 수'를 [높이]로 드래그합니다.

2) 레이어 변경하기

❶ [데이터 창]의 [레이어 옵션] – [색]에서 '가맹점 수(합계)'의 색을 '빨강색'으로 변경합니다.
❷ [홈] – [레이어] – [셰이프]에서 원형( )을 클릭합니다.

3) 지명 및 주석 표시하기

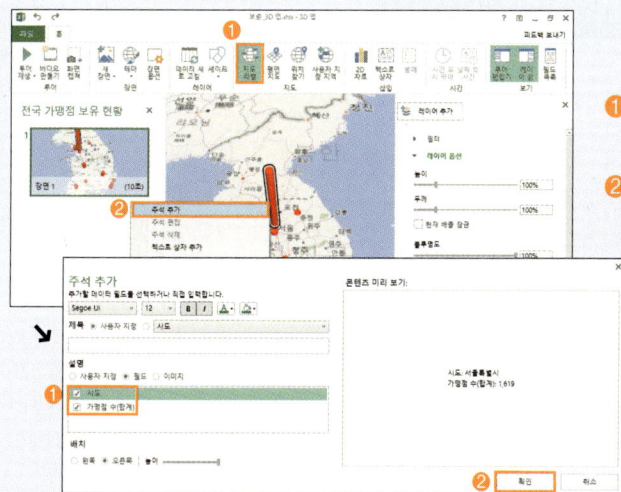

❶ [홈] - [지도] - [지도라벨]을 클릭하여 지명을 표시합니다.

❷ 시도별 그래프 위에서 마우스 오른쪽 단추를 클릭하고 [주석 추가]를 클릭합니다.

❸ [주석 추가] 대화상자가 열리면 [설명]에서 [필드]를 클릭하고 '시도'와 '가맹점 수(합계)'에 체크한 후 [확인]을 클릭합니다.

4) 3D 맵 재생하기

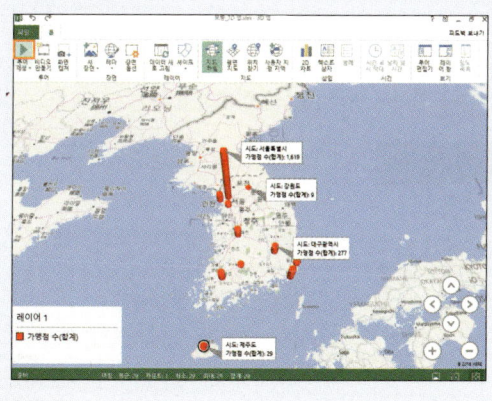

[홈] - [투어]에서 투어 재생(▶)을 클릭하여 완성된 3D 맵을 확인합니다.

 ## 정리 한마당

- 차트를 이용하면 많은 양의 데이터 및 여러 데이터 계열 간의 관계를 쉽게 이해할 수 있습니다.
- 차트의 서식은 [차트 도구] - [서식] 또는 차트의 오른쪽 상단의 단추를 클릭하여 변경합니다.
- 차트를 구성하고 있는 각 개체를 더블 클릭하여 서식 대화상자에서 해당 서식을 지정할 수도 있습니다.
- 셀 속에 스파크라인을 삽입하면 데이터 값의 증감이나 추세를 한 눈에 파악할 수 있습니다.
- 차트로 표현하고자 하는 데이터 계열의 값 차이가 크거나 서로 다른 단위를 사용할 때는 콤보차트를 사용합니다.
- 드리맵 치트는 계층 구조 데이터를 표시하는 것으로, 계층 안에서 상대적 크기(비율)을 비교하는데 적합합니다.
- 폭포차트는 흐름에 따라 전개되는 양과 음의 값의 변화를 효과적으로 나타냅니다.

기초 문제

1 '기초_Sec08_1.xlsx' 파일을 열고 '판매현황' 워크시트에서 다음 지시에 따라 차트를 작성하세요.

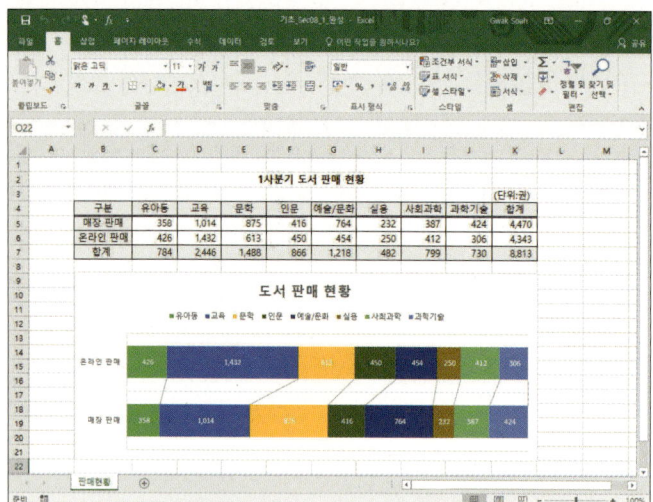

- 데이터 범위 : [B4:J6]
- 차트 종류 : 100% 기준 누적 가로 막대형
- 차트 제목 : 도서 판매 현황
- 차트 스타일 : 스타일 2
- 차트 색상 : 다양한 색상표 4
- 선 : 계열선 표시

힌트

- 계열선은 각 데이터 계열 간의 차이를 강조합니다. [차트 도구] – [디자인] – [차트 레이아웃]에서 [차트 요소 추가](▐▌)를 클릭한 후 [선] – [계열선]을 클릭합니다.

▲ 완성파일 : 기초_Sec08_1_완성.xlsx

2 '기초_Sec08_2.xlsx' 파일을 열고 '설문결과' 워크시트에서 다음 지시에 따라 차트를 작성하세요.

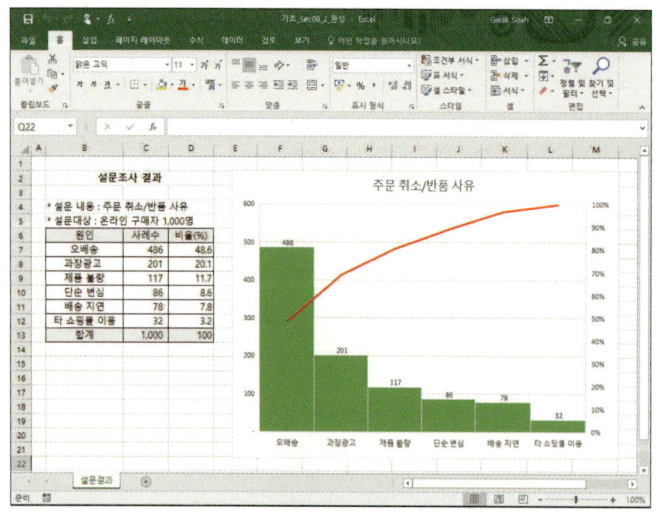

- 데이터 범위 : [B6:C12]
- 차트 종류 : 파레토 차트
- 차트 제목 : 주문 취소/반품 사유
- 차트 색상 : 막대형 차트 – 녹색 강조 1, 꺾은선 차트 – 빨강 강조 2
- 데이터 레이블 : 바깥쪽 끝에

▲ 완성파일 : 기초_Sec08_2_완성.xlsx

힌트
- 파레토 차트는 내림차순으로 정렬된 막대형 차트와, 그 누적비율의 꺾은선으로 구성된 도표입니다. [삽입] – [차트]에서 통계 차트 삽입(📊)을 클릭하고 [히스토그램] – [파레토]를 클릭합니다.
- [페이지 레이아웃] – [테마] – [색]에서 [사용자 지정]에서는 막대와 선의 색상을 각각 지정합니다.

심화 문제

1 '심화_Sec08_1.xlsx' 파일을 열고 '대기오염' 워크시트에서 다음 지시에 따라 차트를 작성하세요.

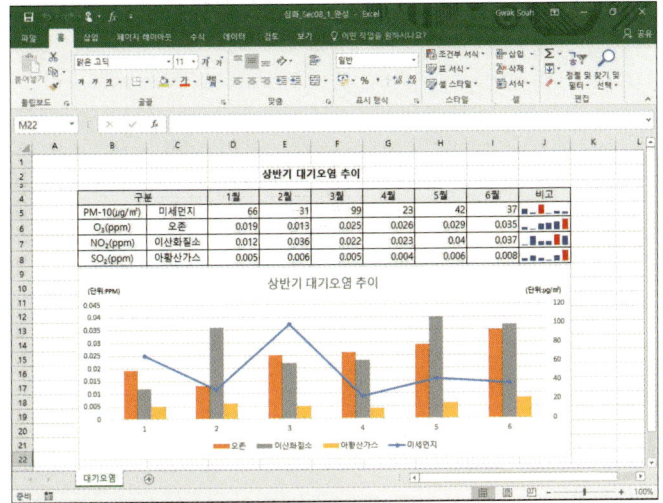

▲ 완성파일 : 심화_Sec08_1_완성.xlsx

① 스파크라인 삽입 : 비고(J5:J8)에 1월부터 6월까지의 추이를 열 스파크라인으로 삽입하고 높은 점의 색상을 강조

② 콤보차트 삽입 : [C4:I8] 셀 영역을 범위로 지정한 후 콤보차트 삽입

• 미세먼지 : '표식이 있는 꺾은선 형'으로 표시, 보조 축 표시

• 오존, 이산화질소, 아황산가스 : '묶은 세로 막대형'으로 표시

• 단위 표시 : 텍스트 상자 삽입하여 세로 축 양쪽 위에 단위 표시

• 차트 제목 : 상반기 대기오염 추이

힌트

• 텍스트 상자 삽입 : [차트 도구] – [서식] – [도형 삽입] – [텍스트 상자]

2 '심화_Sec08_2.xlsx' 파일을 열고 '세계의 GDP' 워크시트에서 다음 지시에 따라 3D 맵을 작성하세요.

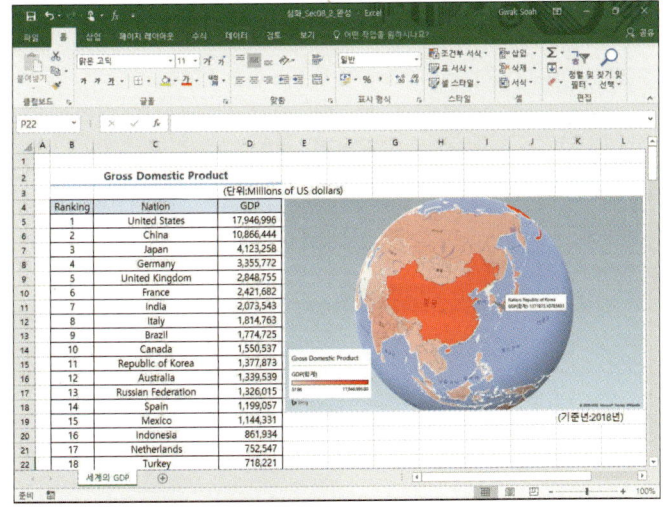

▲ 완성파일 : 심화_Sec08_2_완성.xlsx

• 데이터 범위 : [C4:D198]

• 데이터 : 시각화 유형 – 지역, 위치 – 국가/지역, 값 – GDP(합계)

• 레이어 색 : 빨강

• 지도라벨 표시

• 주석 : Republic of Korea의 Nation과 GDP표시

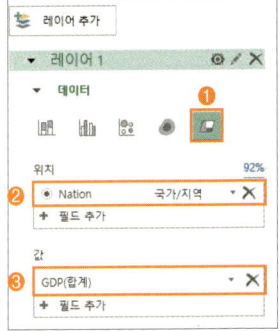

힌트 • '세계의 GDP'워크시트에 지도 삽입하기 : 3D 맵 편집화면에서 [홈] – [투어]에서 화면 캡쳐( )를 클릭한 뒤 '세계의 GDP'워크시트에서 Ctrl + V 를 누릅니다.

09 section

데이터베이스 관리 및 분석하기

데이터베이스(Database)란 체계적으로 정리하고 분석 및 관리하기 위한 데이터 집합입니다. 따라서 데이터베이스를 잘 정리해야 목적에 맞게 데이터를 분석하고 다양한 용도로 활용할 수 있습니다. Section09에서는 데이터베이스를 다루는 기본적인 기능들을 학습하고, 필터를 이용하여 원하는 데이터를 추출하는 방법을 학습합니다. 그리고 피벗 테이블과 피벗 차트를 활용하여 대량의 데이터를 효과적으로 요약하고 분석하는 방법을 학습합니다.

결과 미리보기

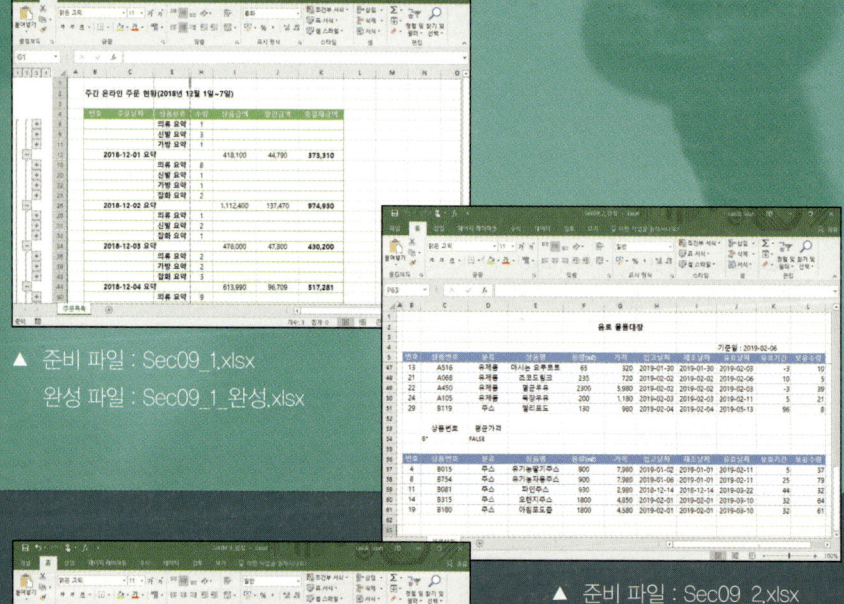

▲ 준비 파일 : Sec09_1.xlsx
　 완성 파일 : Sec09_1_완성.xlsx

▲ 준비 파일 : Sec09_2.xlsx
　 완성 파일 : Sec09_2_완성.xlsx

▲ 준비 파일 : Sec09_3.xlsx
　 완성 파일 : Sec09_3_완성.xlsx

Excel 1　데이터베이스 다루기

데이터베이스는 데이터의 특성 및 분석 목적에 따라 데이터를 작성 및 저장해 놓은 것입니다. 데이터베이스를 효율적으로 관리하기 위한 표 기능을 알아보고, 일정한 기준에 따라 데이터를 정렬해 봅니다. 그리고 특정 필드를 기준으로 데이터를 그룹화한 후 합계, 개수 등의 부분합을 구해봅니다.

직접 해보기　표 만들기

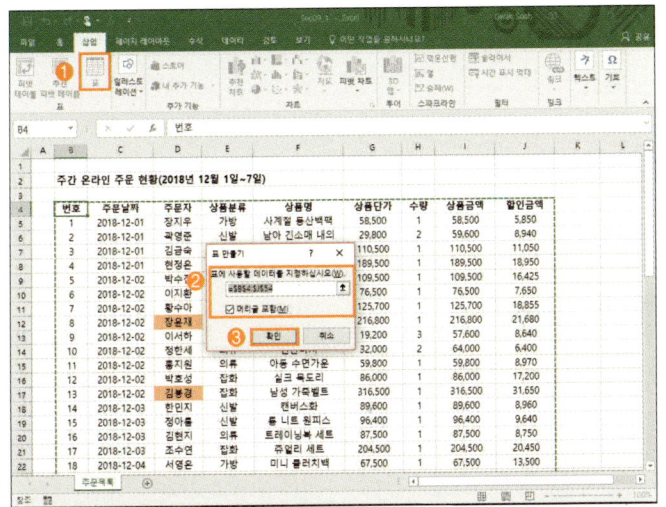

01 '실습_Sec09_1.xlsx' 파일을 열고 '주문목록' 워크시트를 선택합니다. 데이터 목록의 임의의 셀을 선택한 후 [삽입] - [표]에서 [표]( )를 클릭합니다. [표 만들기] 대화상자가 열리면 표에 사용할 데이터 범위와 [머리글 포함]에 체크가 되었는지 확인하고 [확인]을 클릭합니다.

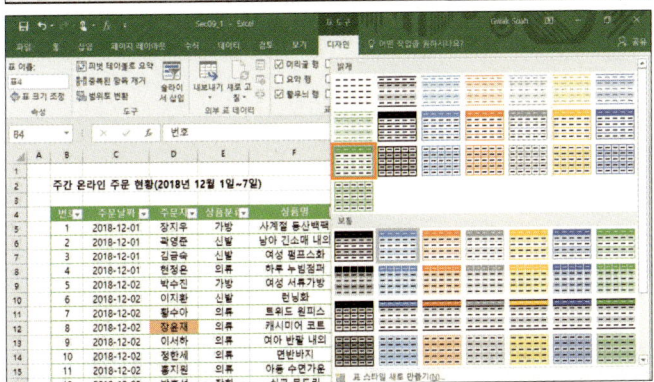

02 데이터 목록에 표가 적용되면 [표 도구] - [디자인] - [표 스타일]의 자세히 단추를 클릭하고 [녹색, 표 스타일 밝게 14]를 클릭하여 표의 스타일을 변경합니다.

표를 선택하면 리본 메뉴에 [표 도구]가 표시됩니다.

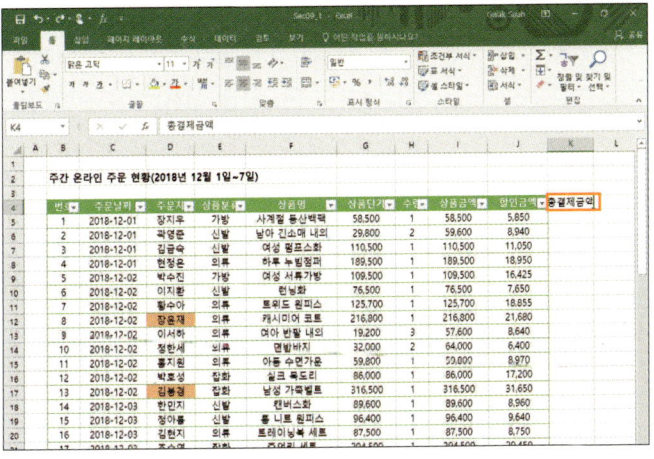

03 표의 스타일이 변경되면 [K4] 셀에 "총결제금액"을 입력하고 Enter 를 누릅니다. 그러면 표 서식이 유지된 상태로 표가 확장됩니다. [K4] 셀의 열 너비를 알맞게 조절합니다.

K열 머리글의 오른쪽 경계선을 클릭하고 원하는 열 너비가 될 때까지 드래그합니다.

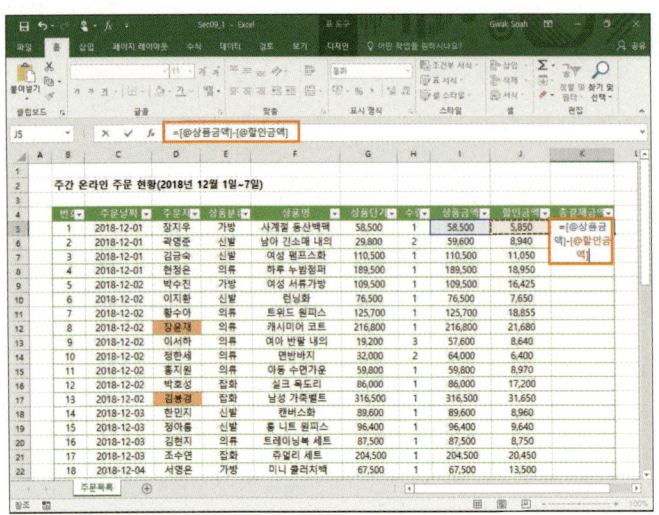

04

[K5] 셀에 "="을 입력하고 [I5] 셀을 클릭, "−"을 입력, [J5] 셀을 클릭한 후 Enter 를 누릅니다. 그러면 수식이 "=[@상품금액]−[@할인금액]"으로 작성되고, 수식의 결과가 자동으로 확장됩니다.

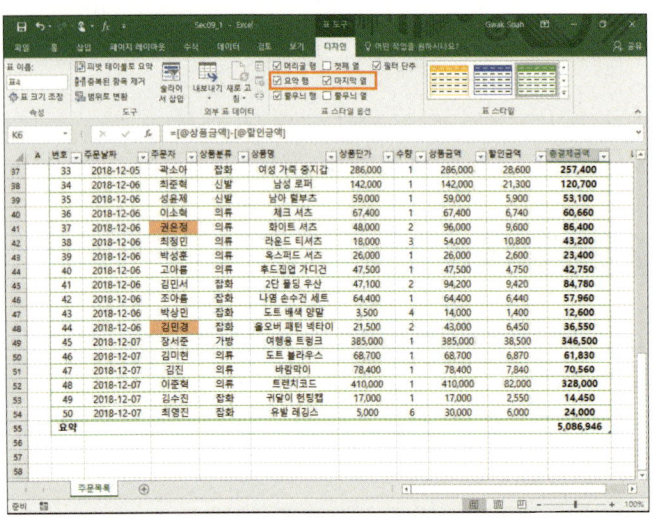

이번에는 표가 선택된 상태에서 [표 도구] − [디자인] − [표 스타일 옵션]에서 [요약 행]과 [마지막 열]에 체크합니다. 그러면 표의 마지막 열이 강조되고, 표의 아래쪽에 요약행이 추가됩니다.

데이터가 많을 경우, 화면 오른쪽의 스크롤바를 내려서 확인합니다.

06

'주문날짜' 필드에서 요약행의 내림(▼) 단추를 클릭하고 [개수]를 선택합니다. 같은 방법으로 '수량' 필드에서는 [합계]를 선택합니다. 그러면 요약행에 주문건수와 주문수량에 대한 소계가 표시됩니다.

주문건수는 숫자가 아닌 셀을 세는 함수인 COUNTA 함수로 구합니다.

직접 해보기 데이터 정렬하기

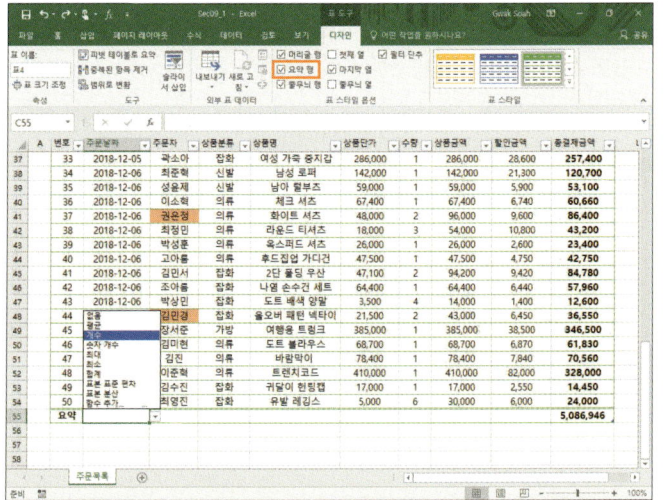

01 데이터 정렬에 앞서 데이터 목록에 삽입 된 표 기능을 제거해 보겠습니다. [표 도구] – [디자인] – [표 스타일 옵션]에서 [요약 행]에 체크를 해제합니다.

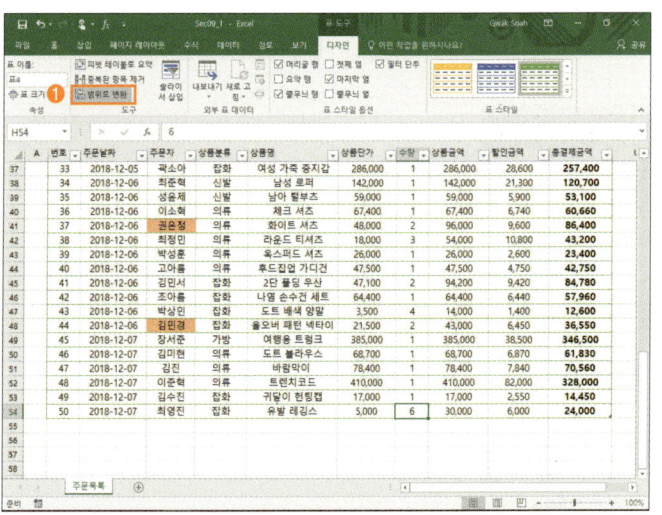

02 표의 마지막 행에 있었던 요약 행이 삭제되면 [표 도구] – [디자인] – [도구]에서 [범위로 변환] ()을 클릭합니다. [Microsoft Excel] 대화상자가 열리면 [예]를 클릭합니다. 그러면 표 기능이 제거됩니다.

강의노트

일반 셀 범위로 변환하면 표 기능은 제거되지만 표 스타일은 그대로 유지됩니다.

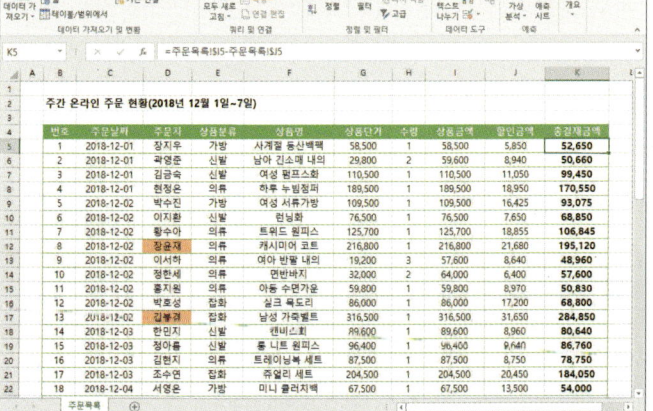

03 결제금액이 큰 순서대로 데이터를 정렬해 보겠습니다. [K5] 셀을 선택한 후 [데이터] – [정렬 및 필터]에서 [내림차순 정렬]()을 클릭합니다.

강의노트

[K5] 셀 위에서 마우스 오른쪽 단추를 클릭하고 [정렬] – [텍스트 내림차순 정렬]을 클릭해도 됩니다.

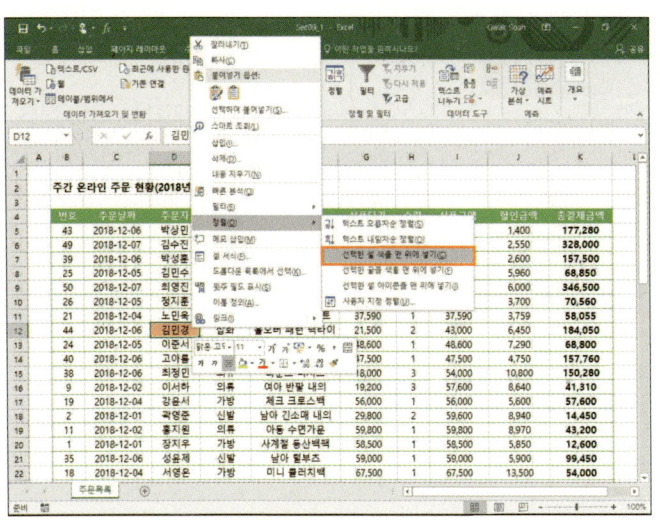

04 결제금액이 큰 순서대로 데이 터가 정렬된 것을 확인합니다. 셀 색상을 기준으로 정렬하기 위해 [D12] 셀 위에서 마우스 오른쪽 단추를 클릭합니다. [정렬] – [선택한 셀 색을 맨 위에 넣기]를 클릭합니다.

05 분홍색으로 채우기 된 셀이 가 장 위쪽으로 정렬된 것을 확인 합니다. 이번에는 데이터에 여러 가지 조건을 적용하여 정렬하려고 합니다. 데 이터 범위에 있는 임의의 셀을 하나 선 택하고 [데이터] – [정렬 및 필터]에서 [정렬](정렬)을 클릭합니다.

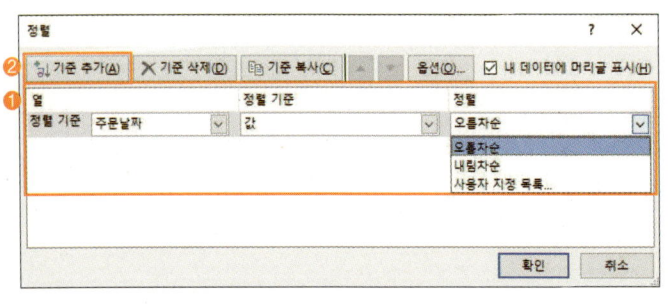

06 [정렬] 대화상자가 열리면 '주 문날짜'에 대한 정렬 방식을 지정하기 위해 [열]에서는 '주문날짜'를, [정렬기준]에서는 '값'을, [정렬]에서는 '오름차순'을 선택합니다. 그리고 [기준 추가]를 클릭합니다.

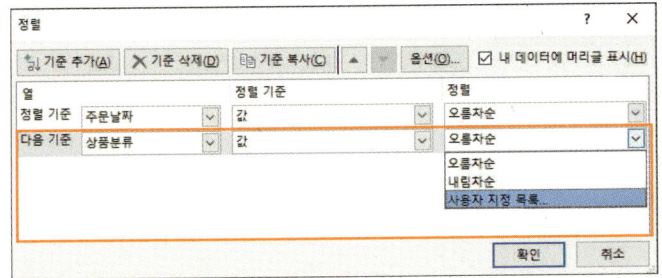

07 [다음 기준]에는 '상품분류'를, [정렬기준]에서는 '값'을, [정렬]에서는 '사용자 지정 목록'을 각각 선택합니다.

08 [사용자 지정 목록] 대화상자가 열리면 [사용자 지정 목록]에서 '새 목록'을 클릭하고 [목록 항목]에 '의류, 신발, 가방, 잡화'를 입력하고 [추가]와 [확인]을 순서대로 클릭합니다.

09 [정렬] 대화상자로 되돌아오면 [확인]을 클릭합니다.

사용자가 추가한 목록은 [삭제]를 클릭하여 제거할 수 있습니다.

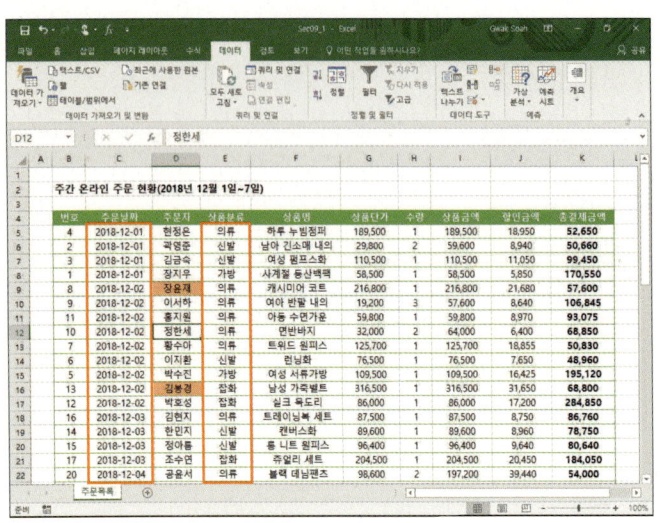

10 '주문날짜', '상품분류' 순으로 데이터가 정렬된 것을 확인합니다.

 **데이터베이스의 구조 살펴보기**

데이터베이스의 구조는 다음과 같습니다.

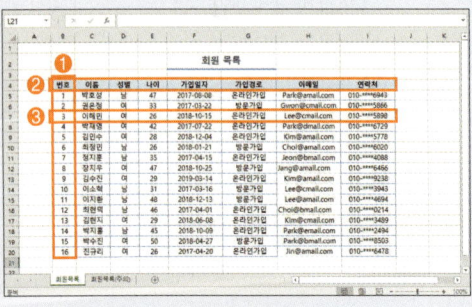

❶ 필드 : 같은 성격의 데이터 집합으로 각각의 열을 의미
❷ 필드명 : 필드를 구분할 수 있는 고유한 이름
❸ 레코드 : 연관된 정보가 나열된 각각의 행을 의미

데이터 테이블 설계 시 주의할 점

정렬, 필터, 부분합, 피벗 테이블 등의 데이터베이스 기능을 원활하게 사용하기 위해서는 데이터의 특성 및 사용목적에 맞게 데이터 테이블을 설계해야 합니다.

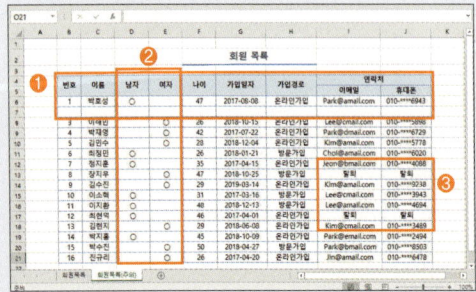

❶ 병합된 셀이나 빈 열이 없어야 합니다.
❷ 동일한 성격의 값은 하나의 필드에 입력해야 합니다.
❸ 하나의 필드에는 동일한 형식의 데이터만 입력해야합니다.

직접 해보기 **부분합 사용하기**

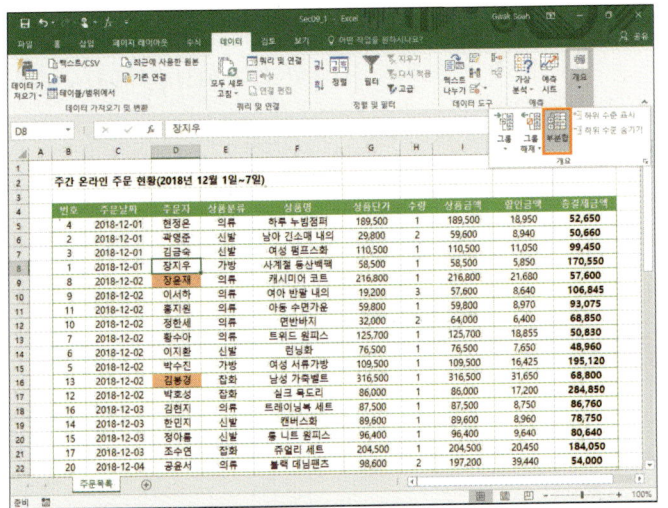

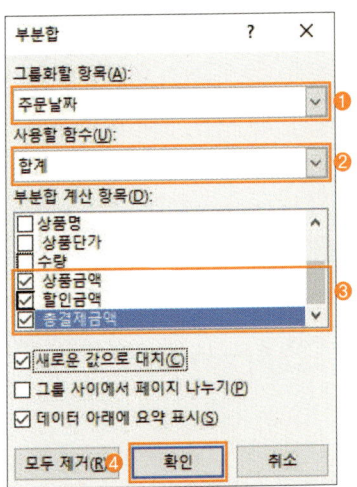

01 조건에 맞춰 그룹별 소계를 구하려고 합니다. 데이터 목록의 임의의 셀을 선택한 후 [데이터] – [개요]에서 [부분합]()을 클릭합니다.

📖 **강의노트**

부분합을 실행하기 전에 미리 그룹화하고자 하는 필드를 기준으로 데이터가 정렬되어 있어야 합니다.

02 [부분합] 대화상자가 열리면 [그룹화할 항목]에서 '주문날짜'를, [사용할 함수]에서 '합계'을 선택합니다. 그리고 [부분합 계산 항목]에서 '상품금액', '할인금액', '총 결제금액'에 체크하고 [확인]을 클릭합니다.

📖 **강의노트**

[부분합 계산 레코드]는 소계를 계산할 필드이므로 숫자 형식이어야 합니다.

03 그러면 주문날짜에 따라 상품금액, 할인금액, 결제금액의 소계가 요약으로 삽입됩니다. 이번에는 상품분류별 수량에 대한 요약을 추가하기 위해 [데이터] – [개요]에서 [부분합]()을 클릭합니다.

📖 **강의노트**

부분합이 계산되면 워크시트의 왼쪽에 윤곽단추(1 2 3)가 생깁니다. 확대(+)나 축소(-) 단추를 클릭하여 요약 내용을 펼쳐보거나 숨깁니다.

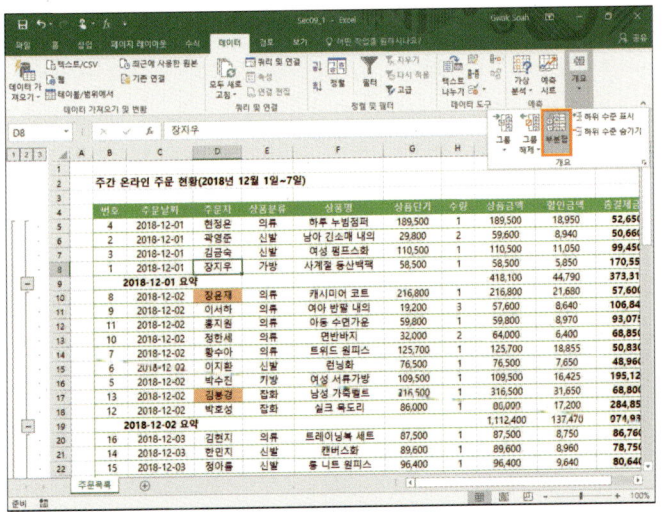

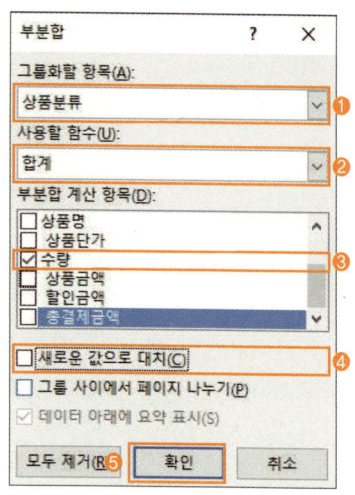

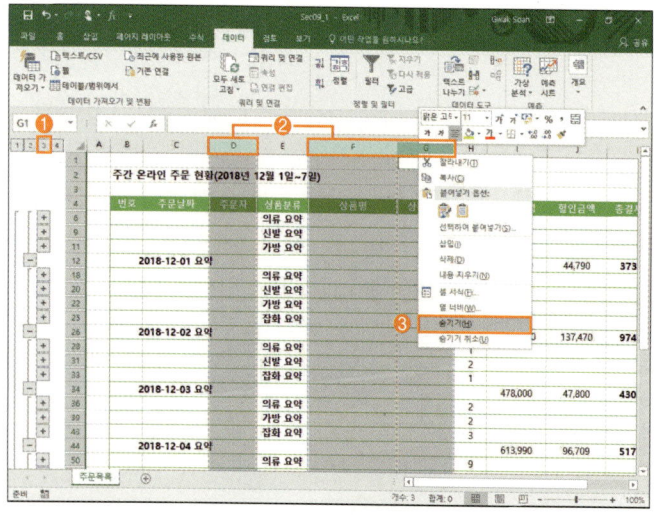

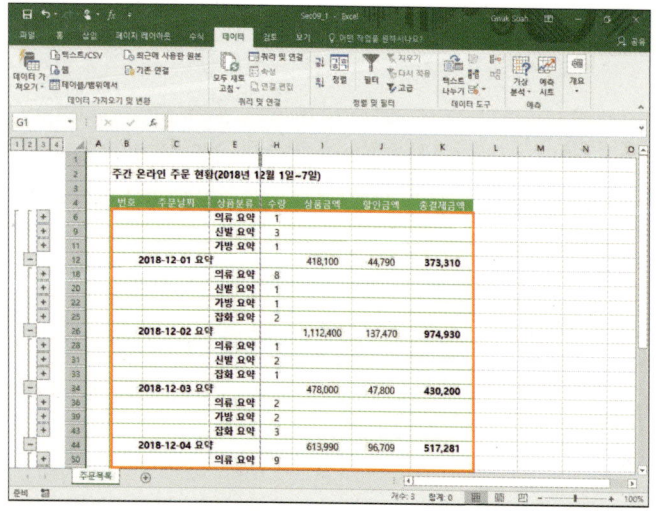

04 [부분합] 대화상자가 열리면 [그룹화할 항목]에서 '상품분류'를, [사용할 함수]에서 '합계'를 선택합니다. 그리고 [부분합 계산 항목]에서 '수량'에 체크하고 [새로운 값으로 대치]의 체크를 해제합니다. 마지막으로 [확인]을 클릭합니다.

[새로운 값으로 대치]에 체크하면 이전 부분합을 제거하고 새로운 부분합이 삽입됩니다.

05 상품분류별 수량이 추가되면 윤곽단추 목록에서 [3번](3) 단추를 클릭합니다. D열의 머리글을 클릭하고, Ctrl 을 누른 상태에서 F, G열의 머리글을 차례대로 클릭하고 마우스 오른쪽 단추를 클릭하여 [숨기기]를 클릭하여 불필요한 필드를 숨깁니다.

C열부터 H열까지 머리글을 드래그 한 후 마우스 오른쪽을 클릭하고 [숨기기 취소]를 클릭하면 숨겨졌던 D, F, G열이 다시 표시됩니다.

06 주문날짜별 요약과 함께 상품분류별 수량이 제대로 요약되었는지 확인합니다.

Excel 2 | 필터로 데이터 추출하기

필터는 많은 양의 데이터에서 원하는 데이터만 추출하는 기능으로 자동 필터와 고급 필터로 나뉩니다. 자동 필터는 비교적 간단한 조건에 의해 데이터를 검색하는 것으로 버튼을 눌러 조건을 지정합니다. 고급 필터는 보다 복잡한 조건을 사용하여 데이터를 검색하는 것으로 사용자가 조건을 직접 입력해야 합니다. 필터 기능을 사용하는 다양한 방법을 살펴봅니다.

직접 해보기 | 자동필터로 데이터 추출하기

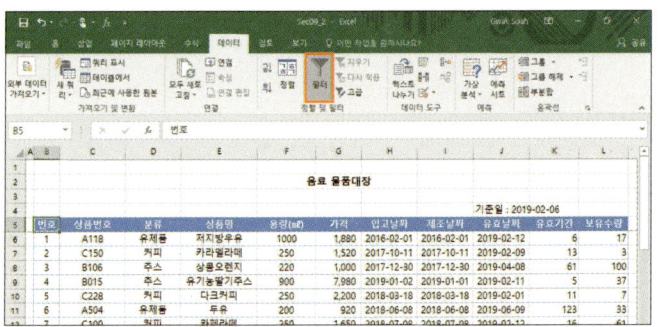

01 '실습_Sec09_2.xlsx' 파일을 열고 임의의 셀을 클릭하고 [B5] 셀에서 [데이터] – [정렬 및 필터]에서 [필터]( )를 클릭하면 자동 필터가 실행됩니다. 그러면 데이터 목록의 첫 번째 행에 있는 필드 이름에 필터 단추가 표시됩니다.

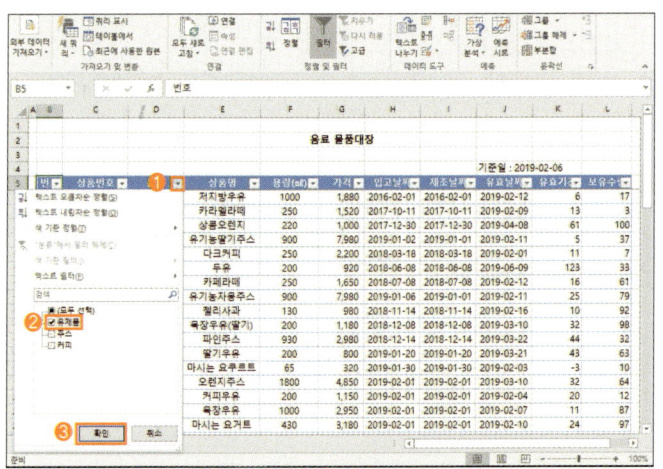

02 분류 필드의 필터 단추를 누른 다음 필터 목록에서 '유제품'에만 체크를 하고 '커피'와 '주스'에는 체크를 해제한 후 [확인]을 클릭합니다.

강의노트

[(모두 선택)]의 체크를 해제하면 전체 레코드의 체크를 한 번에 해제할 수 있습니다. 필요 없는 레코드가 많을 경우 [(모두 선택)]의 체크를 해제한 후 필요한 레코드에만 체크를 하는 것이 더 수월합니다.

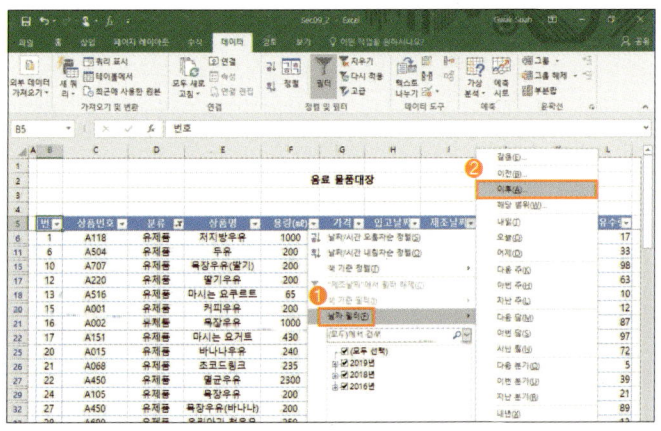

03 필터 결과 분류 필드가 유제품인 음료인 목록만 남고 나머지 데이터는 일시적으로 숨겨집니다. 이번에는 2019년 1월 1일 이후에 제조된 음료만 추출하기 위해 제조날짜 필드의 필터 단추를 클릭하고 [날짜 필터] – [이후]를 클릭합니다.

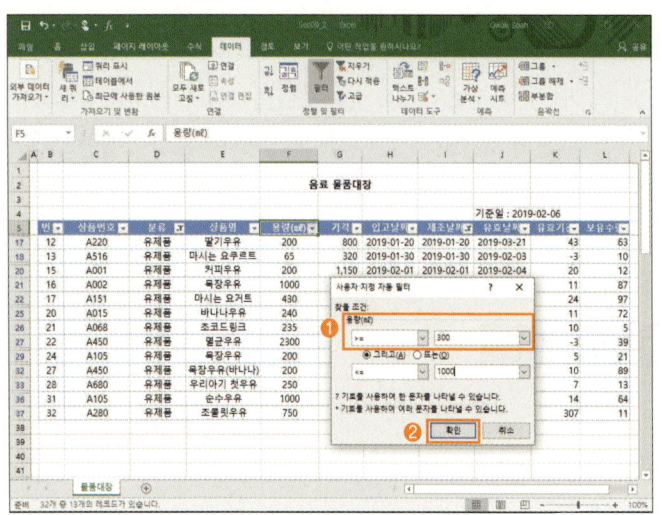

04 [사용자 지정 자동 필터] 대화 상자가 열리면 [제조날짜]에서 '이후'가 선택되었는지 확인하고 '2019-1-1'을 입력한 후 [확인]을 클릭합니다.

강의노트

날짜 선택(🔲) 단추를 클릭한 후 달력에서 해당 날짜를 클릭해도 됩니다.

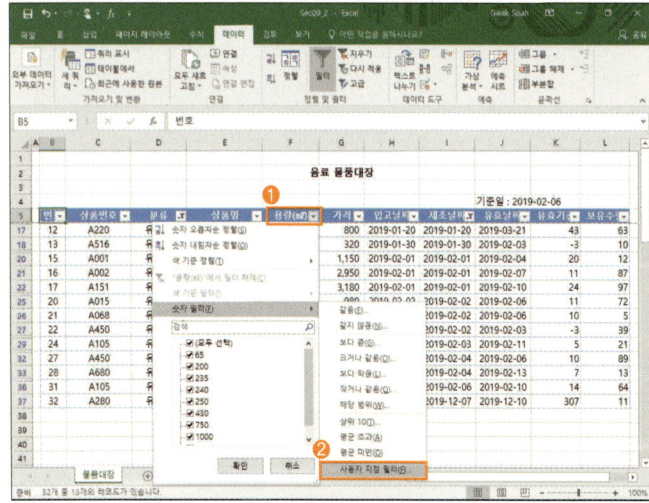

05 필터링 결과 분류가 유제품이고 2019년 1월 1일 이후 제조된 데이터만 표시됩니다. 이번에는 용량이 '300 이상'이고 '1000 이하'인 유제품만 필터링하기 위해 용량 필드의 필터 단추를 클릭한 후 [숫자 필터] – [사용자 지정 필터]를 클릭합니다.

강의노트

필터가 적용되는 필드는 필터 단추 모양이 🔽에서 🔽로 바뀝니다. 필터 단추(🔽) 위에 마우스 포인터를 올려놓으면 필터 조건에 대한 정보가 표시됩니다.

06 [사용자 지정 자동 필터] 대화 상자가 열리면 [찾을 조건] – [용량]에서 '>='을 선택하고 '300'을 입력한 후 [그리고]에 체크합니다. 두 번째 조건에서는 '<='을 선택하고 '1000'을 입력하고 [확인]을 클릭합니다.

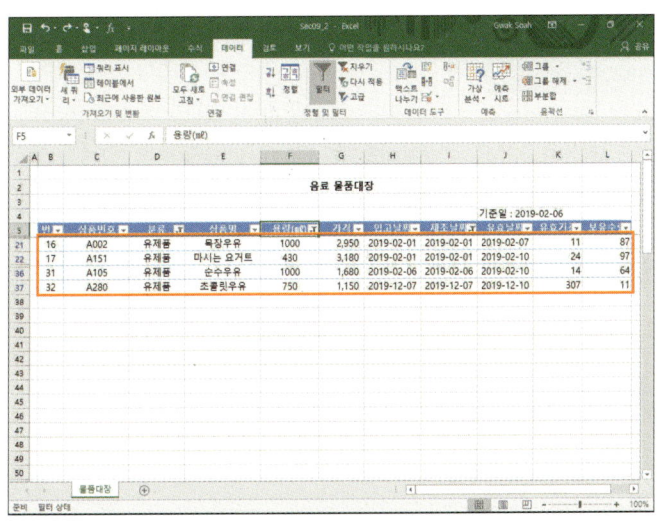

07 모든 조건을 만족하는 데이터가 필터링된 것을 확인합니다.

화면 하단에서 전체 레코드 중 몇 개의 레코드가 표시되는지 확인할 수 있습니다. 여기서는 전체 32개 중 4개의 레코드가 표시됩니다.

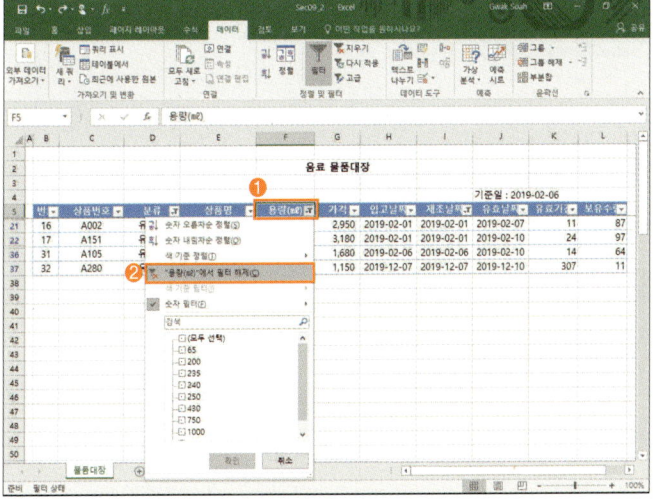

08 다시 모든 데이터를 표시해 보겠습니다. 용량 필드의 필터링 조건을 해제하기 위해 용량 필터 단추를 클릭한 다음 ["용량"에서 필터 해제]를 클릭합니다. 같은 방법으로 분류와 제조날짜 필터 조건도 해제합니다.

현재 데이터 목록에 적용된 모든 필터 조건을 한 번에 해제하려면 [데이터] – [정렬 및 필터]에서 [지우기]( )를 클릭합니다.

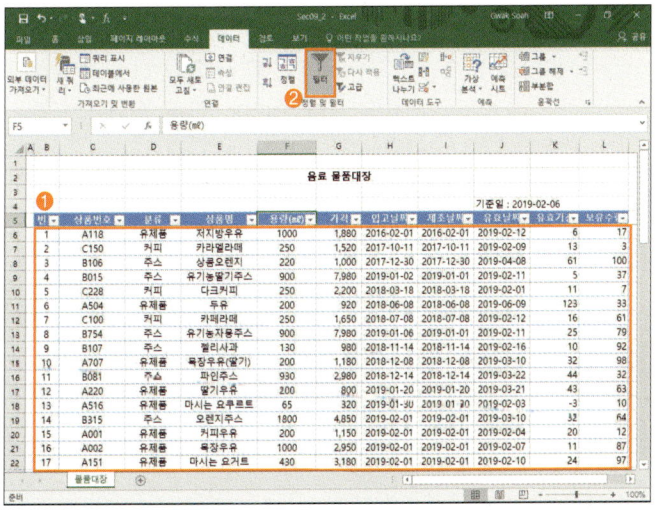

09 앞서 적용하였던 분류, 용량, 제조날짜의 필터 조건이 해제되고 모든 음료 목록이 표시된 것을 확인합니다. 필터 기능을 제거하기 위해 [데이터] – [정렬 및 필터]에서 [필터]( )를 클릭해서 자동 필터 단추를 해제합니다.

직접 해보기 | 고급필터로 데이터 추출하기

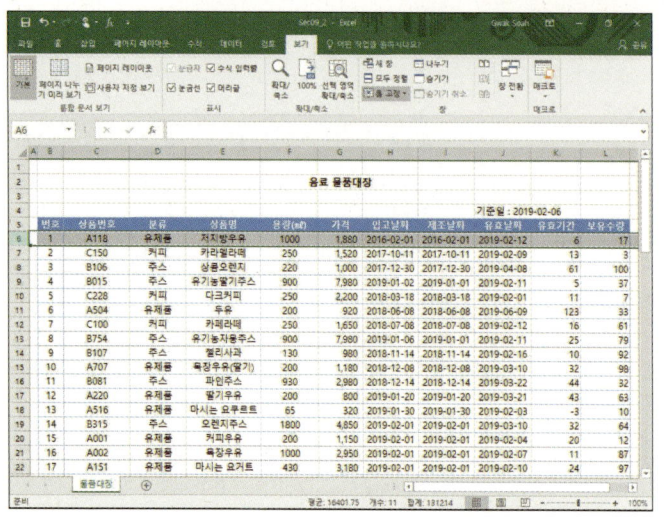

 고급 필터로 데이터를 추출하기에 앞서 필드 이름을 항상 화면에 표시하기 위해 6행의 머리글을 클릭하고 [보기] - [창]에서 [틀 고정] (📷)의 [틀고정]을 클릭합니다.

📖 강의노트

틀 고정은 행 또는 열을 화면에 고정하여 화면을 스크롤해도 사라지지 않도록 하는 기능입니다. 주로 데이터가 매우 많을 때 사용합니다.

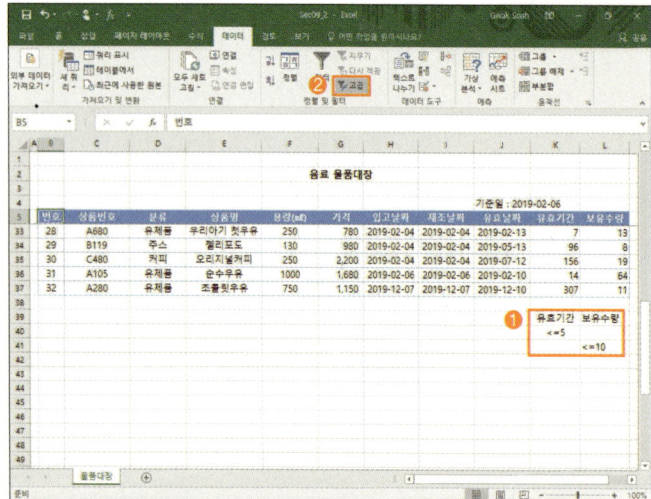

 [K39:L41] 셀 영역에 다음과 같이 고급 필터의 조건 범위를 작성합니다. 이 조건은 유효기간이 '5 이하' 이거나 보유수량이 '10'이하인 데이터를 검색합니다. 그리고 데이터 목록에 있는 임의의 셀에서 [데이터] - [정렬 및 필터]에서 [고급](🔽)을 클릭합니다.

📖 강의노트

조건 범위의 행에는 조건을 적용할 필드 이름을 입력하고 두 번째 행부터 조건 값을 입력합니다.

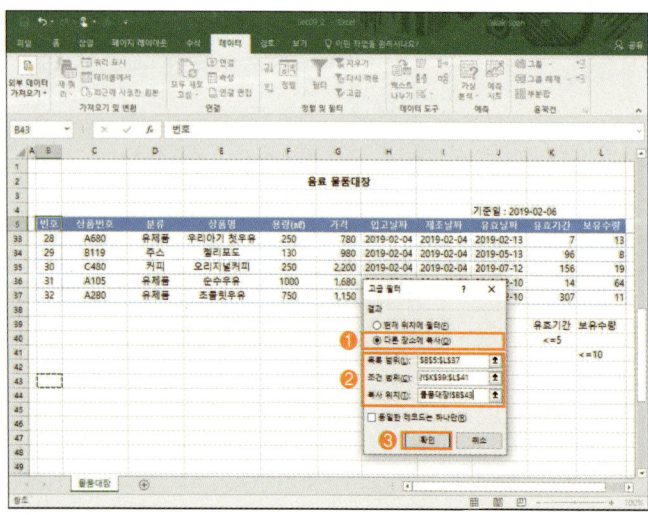

 [고급 필터] 대화상자가 열리면 결과 옵션을 [다른 장소에 복사]로 선택합니다. 목록 범위는 자동 설정된 범위를 그대로 사용하고, 조건 범위를 [K39:L41] 영역으로 지정합니다. 복사 위치는 [B43] 셀로 지정한 다음 [확인]을 클릭합니다.

📖 강의노트

결과 옵션을 [현재 위치에 필터]로 설정하면 목록에 조건을 만족하는 데이터만 표시됩니다.

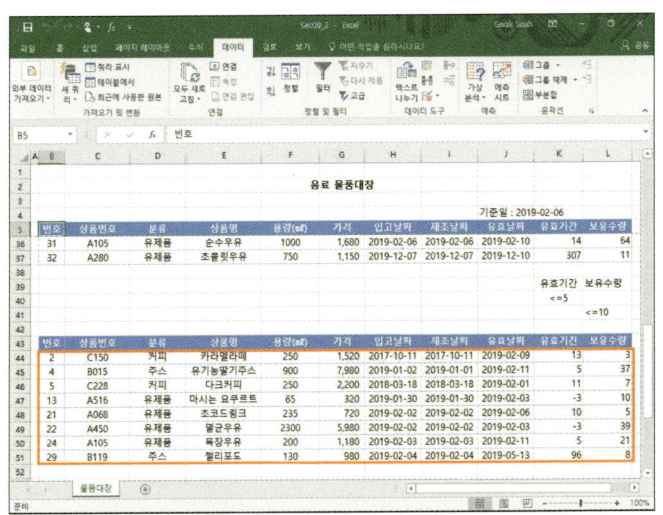

04 고급 필터를 실행한 결과 [B43] 셀부터 유효기간이 '5 이하'이거나 보유수량이 '10 이상'인 음료가 표시됩니다.

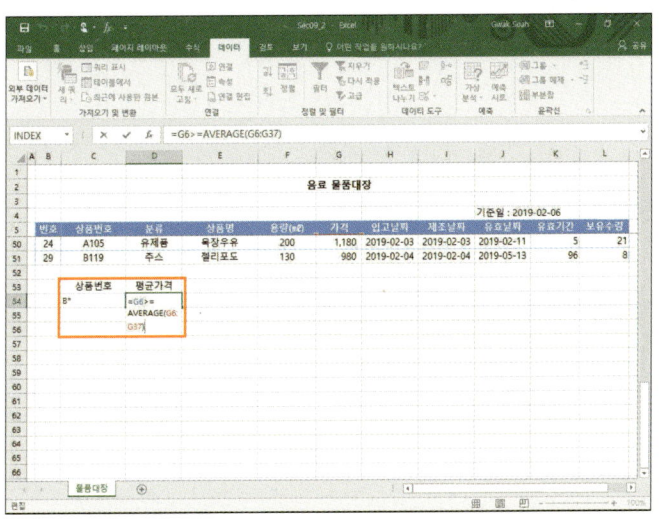

05 수식을 작성하여 원하는 데이터를 필터링할 수 있습니다. [C53:D54] 영역에 다음과 같이 조건 범위를 작성합니다. [C54] 셀에는 "B*"를, [D54] 셀에는 "=G6>=AVERAGE (G6:G37)"을 입력합니다. 이 조건은 상품번호가 'B로 시작' 가격이 평균 이상인 음료를 검색합니다.

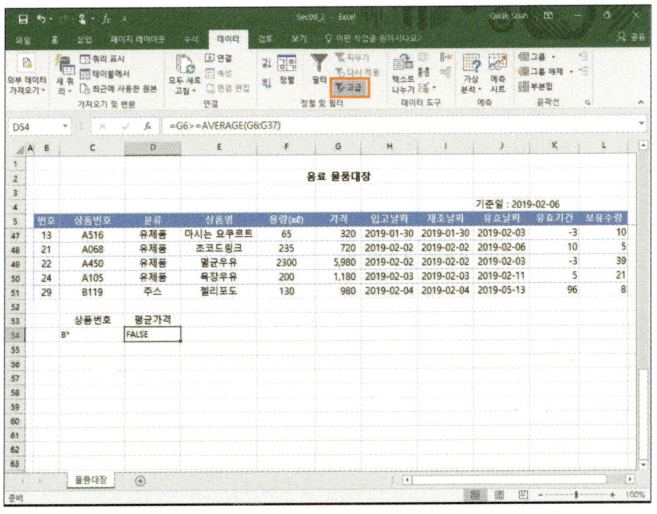

06 조건식에 함수를 입력하면 평균가격이 TRUE나 FALSE로 표시됩니다. 데이터 목록에 있는 임의의 셀에서 [데이터] – [정렬 및 필터]에서 고급()을 클릭합니다.

강의노트

고급 필터 조건을 수식으로 작성할 경우에 필드명은 빈 칸으로 두거나 데이터 목록에 없는 필드명을 입력해야 합니다. 여기서는 임의의 필드명 '평균가격'으로 입력합니다.

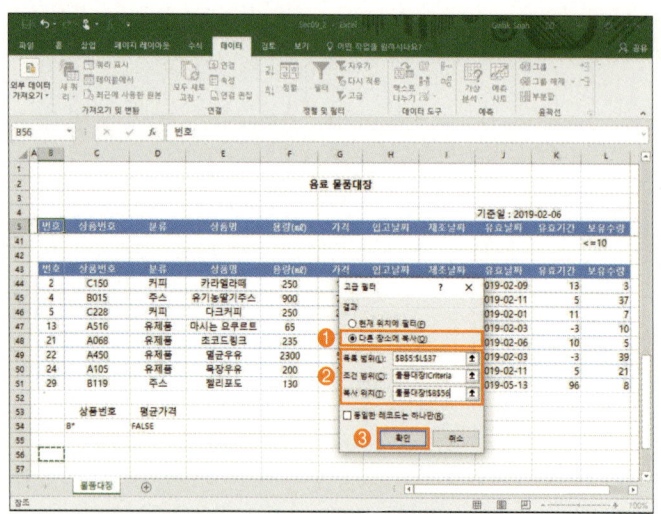

07 [고급 필터] 대화상자가 열리면 결과 옵션을 [다른 장소에 복사]로 선택합니다. 목록 범위는 자동 설정된 범위를 그대로 사용하고, 조건 범위를 [C53:D54] 영역으로 지정합니다. 복사 위치는 [B56] 셀로 지정한 다음 [확인]을 클릭합니다.

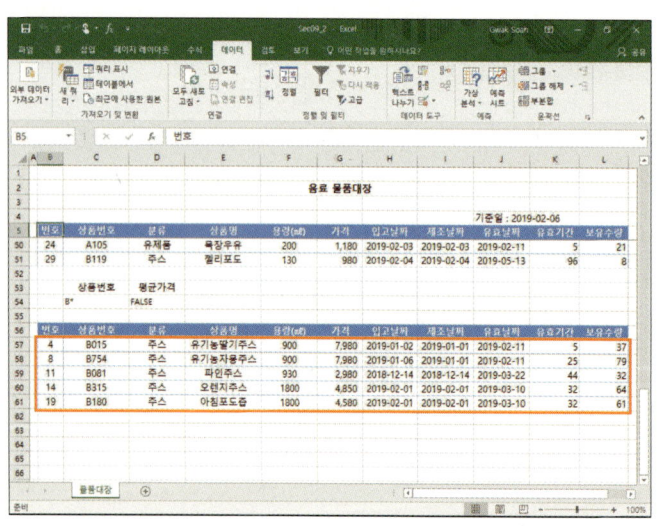

08 상품번호가 'B'로 시작하고 가격이 평균 이상인 음료만 표시된 것을 확인합니다.

고급 필터 조건 만들기

▶ AND 조건

	A	B
1	성별	나이
2	남	>=30

성별이 '남자'이면서 나이가 30세 이상인 사람을 추출합니다.

▶ OR 조건

	A	B
1	성별	나이
2	남	
3		>=30

성별이 '남자'이거나 나이가 30세 이상인 사람을 추출합니다.

▶ AND와 OR 조건

	A	B
1	성별	나이
2	남	>=30
3	여	<=60

성별이 '남자'이고 나이가 30세 이상인 사람이거나 성별이 '여자'이고 나이가 60세 이하인 사람을 추출합니다.

▶ 수식 조건

B2		× ✓ fx	=G3>=AVERAGE(G3:G12)	
	A	B	C	D	E
1	성별	평균 나이 이상			
2	남	FALSE			

조건을 식으로 작성하려면 데이터베이스에 없는 필드명을 입력하거나 필드명을 생략해야합니다. 조건식을 작성하면 TRUE나 FALSE로 표시됩니다.

Excel 3 피벗 테이블로 데이터 분석하기

피벗 테이블 보고서는 대량의 데이터를 효과적으로 요약하고 분석하는 기능으로 주로 비즈니스 의사 결정을 내리는 데 도움을 줍니다. 피벗 테이블과 피벗차트를 만들고 데이터를 효과적으로 요약하는 방법을 학습합니다

직접 해보기 피벗 테이블 만들기

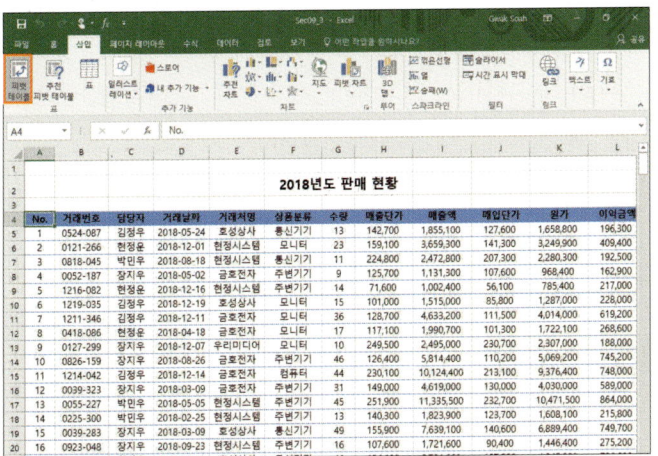

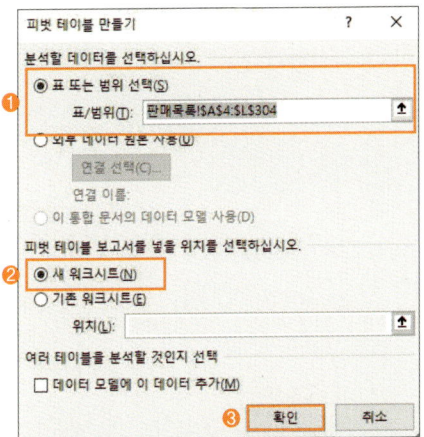

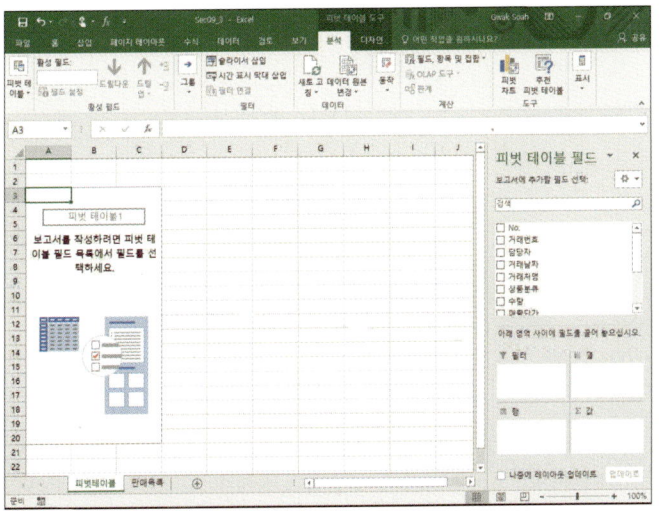

 '실습_Sec09_3.xlsx' 파일을 열고 '판매목록' 워크시트를 선택합니다. 데이터 목록에 있는 임의의 셀에서 [삽입] – [표]에서 [피벗 테이블] (　)을 클릭합니다.

강의노트

피벗 테이블을 빠르게 삽입하려면 [삽입] – [표] – 추천 [피벗 테이블](　)을 클릭한 후 원하는 피벗 테이블을 선택합니다.

 [피벗 테이블 만들기] 대화상자가 열리면 분석할 데이터 범위를 확인합니다. 그리고 [피벗 차트 위치 선택]에서 [새 워크시트]를 선택하고 [확인]을 클릭합니다.

강의노트

범위는 셀 포인터의 위치에 따라 범위가 자동으로 지정됩니다. 만약 자동 입력된 범위가 틀리면 새로 지정합니다.

 'Sheet1'에 피벗 테이블이 작성된 것을 확인하고 워크시크 이름을 "피벗테이블"로 변경합니다.

강의노트

피벗 테이블 보고서에서 레이아웃 영역의 외부를 클릭하면 피벗 테이블 필드 목록이 사라집니다. 필드 목록을 다시 보려면 피벗 테이블이 레이아웃 영역을 클릭합니다.

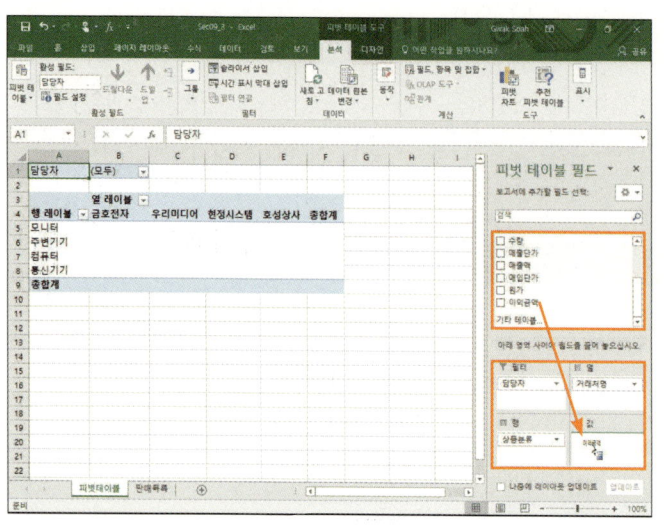

04 [피벗 테이블 필드] 대화상자의 [보고서에 추가할 필드 선택]에서 '담당자' 필드를 필터 영역으로 드래그합니다. 같은 방법으로 행 영역에 '상품분류', 열 영역에 '거래처명', 값 영역에 '이익금액' 필드를 드래그하여 추가합니다.

[보고서에 추가할 필드 선택]에서 '담당자' 필드를 마우스 오른쪽으로 클릭한 후 [보고서 필터에 추가]를 클릭해도 됩니다.

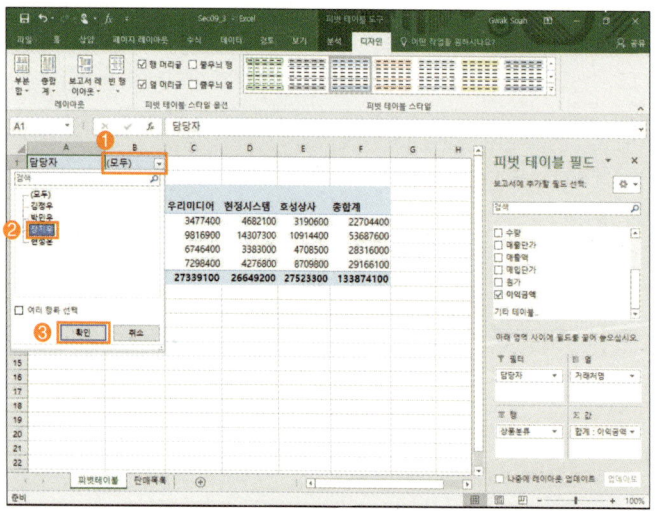

05 이제 보고서 필터나 행 레이블, 열 레이블에서 원하는 데이터만 표시할 수 있습니다. 보고서 필터 단추를 누르고 '장지우'를 선택한 후 [확인]을 클릭합니다.

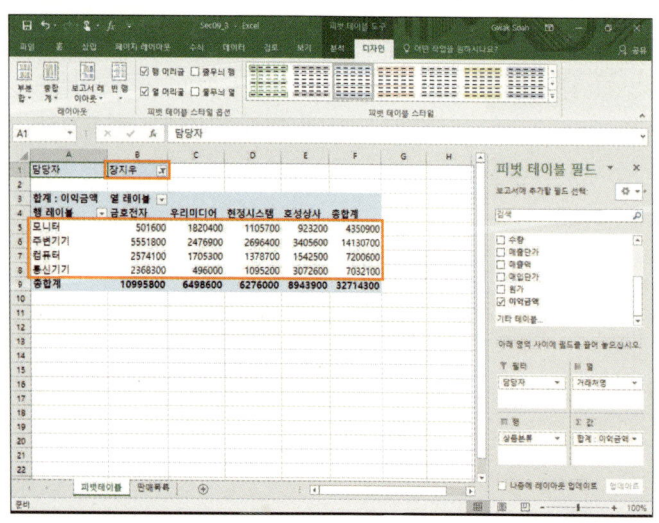

06 피벗 테이블 보고서가 '장지우' 담당자에 대한 데이터로 재구성됩니다.

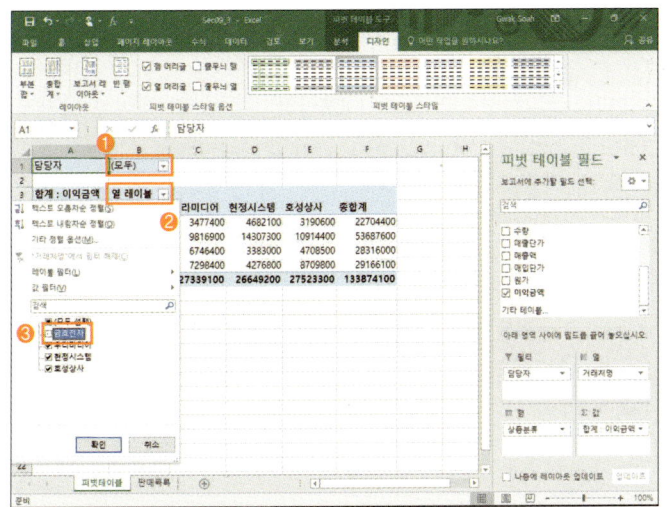

07 보고서 필터 단추를 클릭하고 '(모두)'를 선택하여 원래 상태로 표시합니다. 그리고 열 레이블 필터 단추를 누르고 '금호전자'만 체크를 해제한 후 [확인]을 클릭합니다.

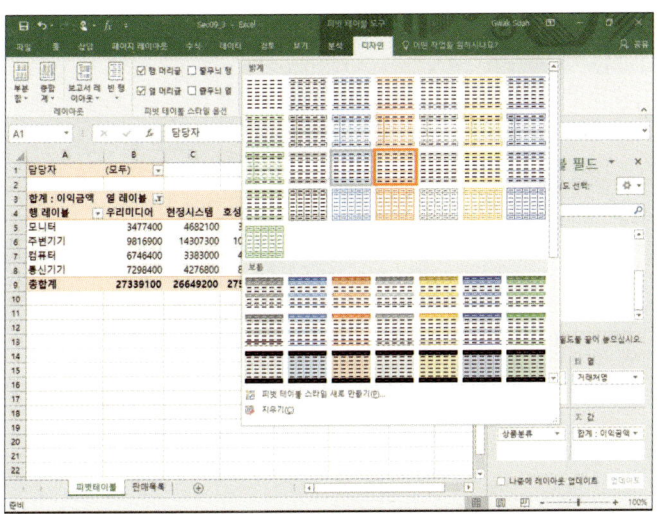

08 행 레이블에서 '금호전자' 레코드가 제거된 피벗 테이블을 확인합니다. 이번에는 피벗 테이블의 스타일을 변경하기 위해 [피벗 테이블 도구] – [디자인] – [피벗 테이블 스타일]에서 자세히 단추를 클릭하고 '연한 주황, 피벗 스타일 밝게 17'을 클릭합니다.

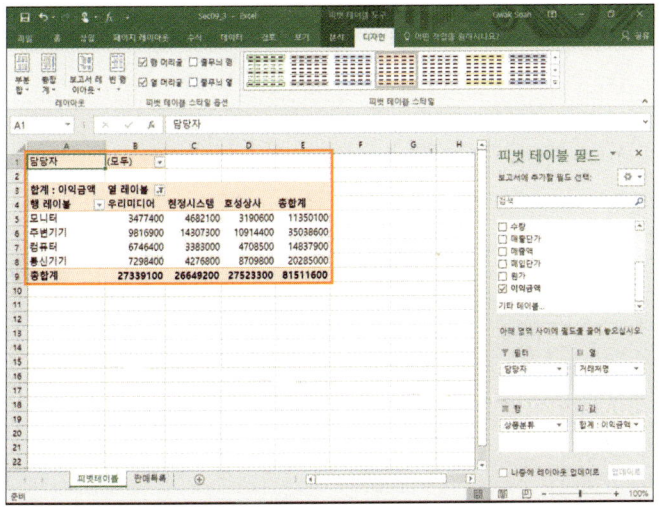

09 피벗 스타일이 변경된 것을 확인합니다.

[피벗 테이블 도구] – [레이아웃]의 [보고서 레이아웃( )]에서는 미리 지정된 보고서 레이아웃을 선택하고 적용할 수 있습니다.

직접 해보기 피벗 테이블 활용하기

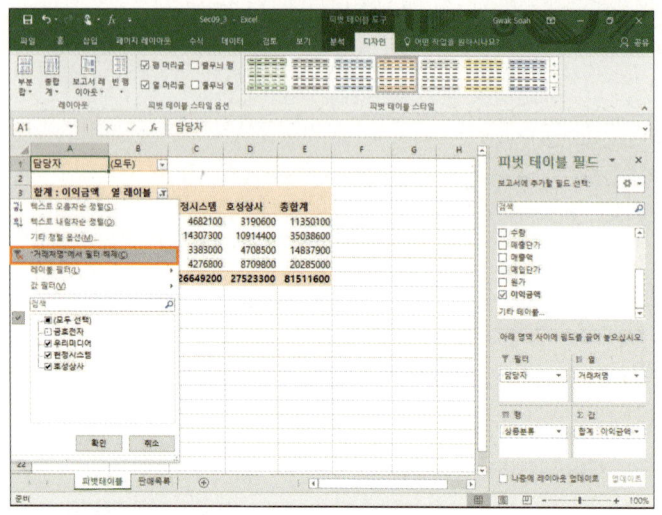

01 판매된 상품분류를 분기별로 확인하기 위해 열 레이블 필터 단추를 누르고 ["거래처명에서 필터 해제"]를 클릭합니다.

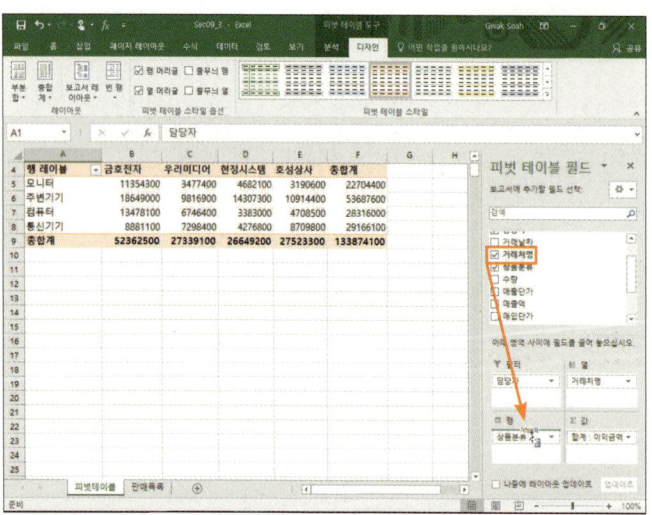

02 [보고서에 추가할 필드 선택] 에서 '거래날짜'를 마우스로 드래그하여 행 영역의 '상품분류' 필드 위에 추가합니다.

필드 순서에 따라 보고서에 표시되는 순서가 결정됩니다. 각 영역에 추가된 필드는 드래그하여 영역 내에서 순서를 변경할 수 있습니다.

03 피벗 테이블 보고서의 레이아웃이 변경된 것을 확인합니다. 이번에는 거래날짜를 분기 단위로 그룹화 하려고합니다. 거래날짜가 표시된 임의의 셀을 마우스 오른쪽 버튼으로 클릭한 다음 [그룹]을 클릭합니다.

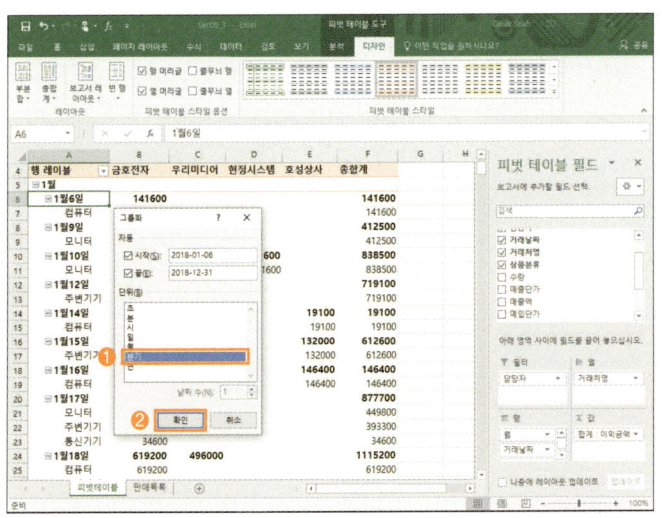

[그룹화] 대화상자가 열리면 [단위]에서 '일'과 '열'을 클릭하여 선택을 해제하고 '분기'를 선택한 후 [확인]을 클릭합니다.

강의노트

엑셀 2016에서는 날짜, 시간 및 숫자 데이터를 특정 단위로 그룹화할 수 있습니다. 이때 단위는 동시에 여러 개 선택할 수 있습니다. 예를 들어 분기와 월을 선택하면 분기 단위로 그룹화한 후 다시 월 단위로 그룹을 세분화합니다.

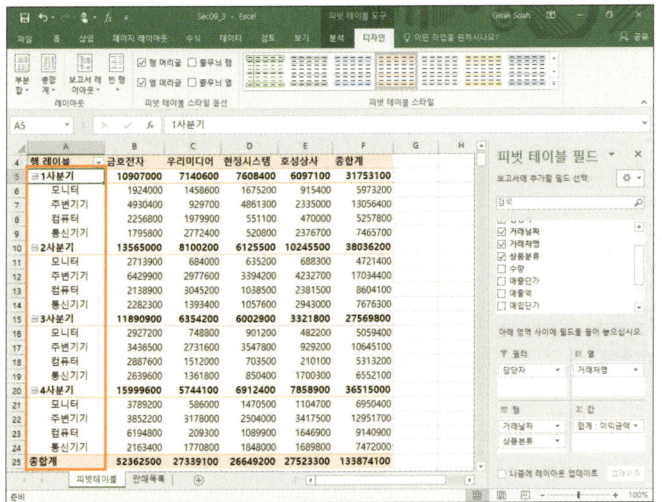

행 레이블의 거래날짜가 분기 단위로 표시된 것을 확인합니다. 변경된 피벗 테이블에서는 분기별 거래처 및 상품분류에 따른 이익금액의 합계가 표시됩니다.

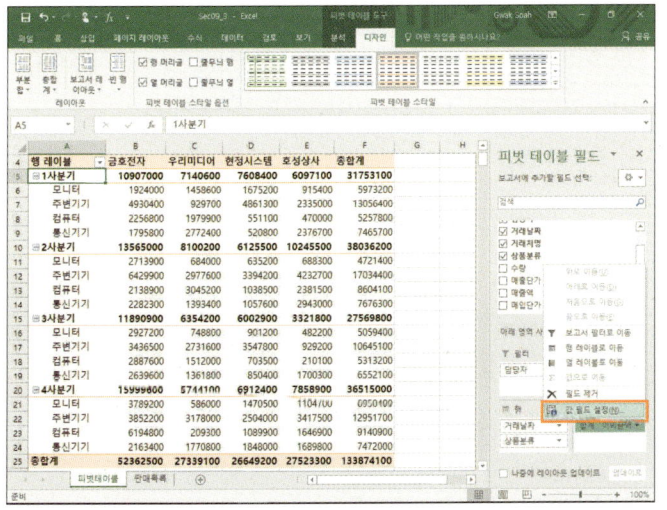

이번에는 평균 이익금액을 표시해 보겠습니다. 값 영역의 '이익금액' 필드의 확장 화살표 단추를 클릭하고 [값 필드 설정]을 클릭합니다.

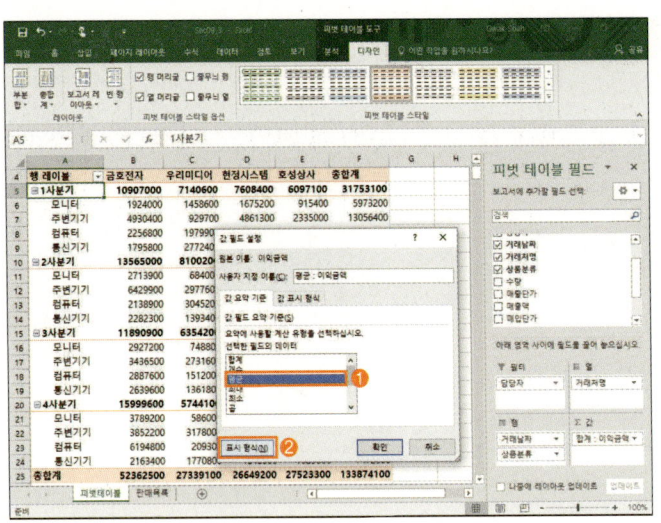

07 [값 필드 설정] 대화상자가 열리면 [값 요약 기준] – [값 필드 요약 기준]에서 사용할 함수를 '평균'으로 선택하고 [표시 형식]을 클릭합니다.

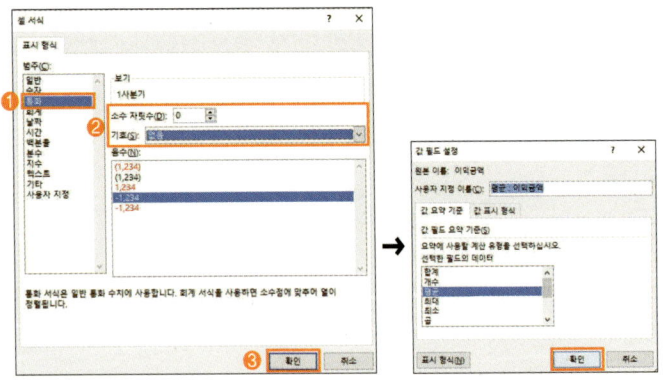

08 [셀 서식] 대화상자가 열리면 [범주]에서 '통화'를 선택하고 [소수 자릿수]는 '0'을 입력합니다. 그리고 [기호]는 '없음'을 선택한 후 [확인]을 클릭하여 [값 필드 설정] 대화상자로 돌아와 [확인]을 클릭합니다.

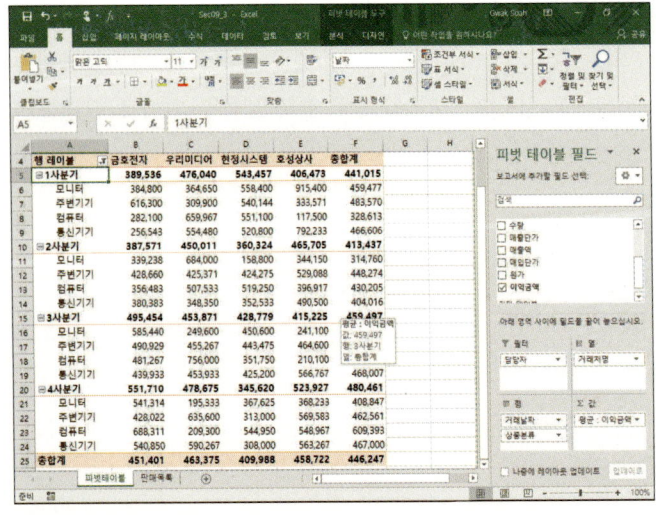

09 완성된 피벗 테이블에서 값 영역을 계산하는 함수와 표시형식이 변경된 것을 확인합니다.

강의노트

피벗 테이블의 원본으로 사용한 데이터 목록이 변경되어도 피벗 테이블은 자동으로 변경되지 않습니다. 원본 데이터의 변경 사항을 피벗 테이블에 반영시키려면 [피벗 테이블 도구] – [분석] – [데이터]에서 [새로 고침](🗋)을 클릭합니다.

직접 해보기 피벗 차트 만들기

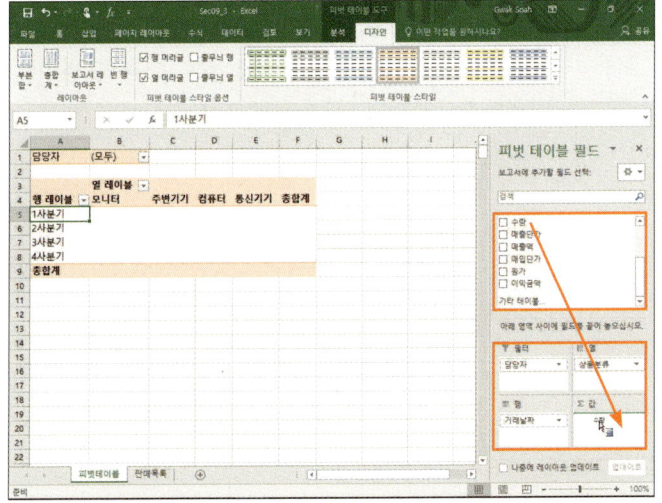

01 피벗 차트를 만들기 앞서 [피벗 테이블 필드] 대화상자의 [보고서에 추가할 필드 선택]에서 '거래처명'과 '이익금액'에 체크 해제합니다. 그리고 '상품분류'는 열 영역으로, '수량' 필드는 값 영역으로 각각 드래그합니다. 그리고 [피벗 테이블 필드] 대화상자의 닫기(×) 단추를 누릅니다.

02 피벗 테이블이 재구성되면 [피벗 테이블 필드]의 [피벗 테이블 도구] – [분석] – [도구]에서 [피벗 차트]( ) 를 클릭합니다.

📖 강의노트

재구성된 피벗 테이블에서는 분기별 상품 판매수량이 표시됩니다.

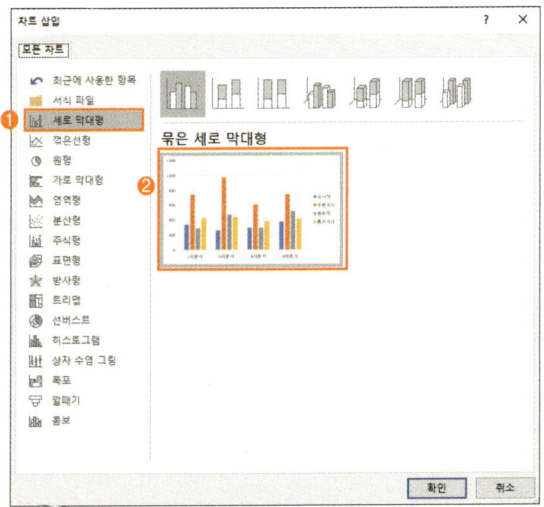

03 [차트 삽입] 대화상자에서 [모든 차트] – [세로 막대형]에서 [묶은 세로 막대형]을 선택하고 [확인]을 클릭합니다. 피벗 테이블이 삽입되면 크기와 위치를 알맞게 조절합니다.

📖 강의노트

피벗 차트를 다른 워크시트로 이동시키려면 피벗 차트 위에서 마우스 오른쪽 단추를 클릭하고 [차트 이동]을 클릭합니다. [차트 이동] 대화상자가 열리면 원하는 시트를 선택한 후 [확인]을 클릭합니다.

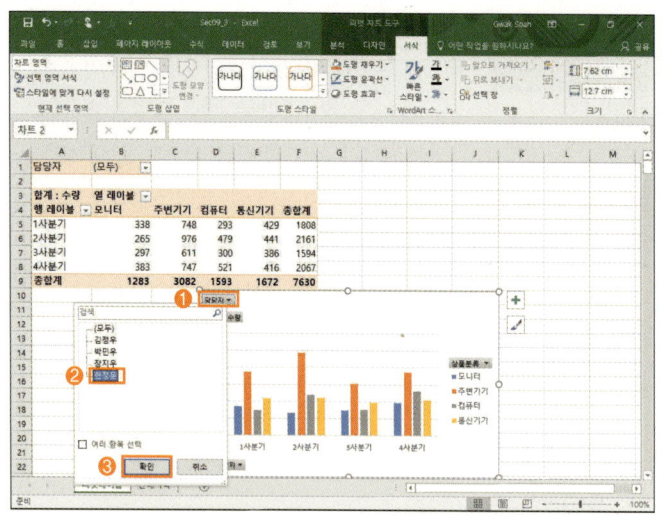

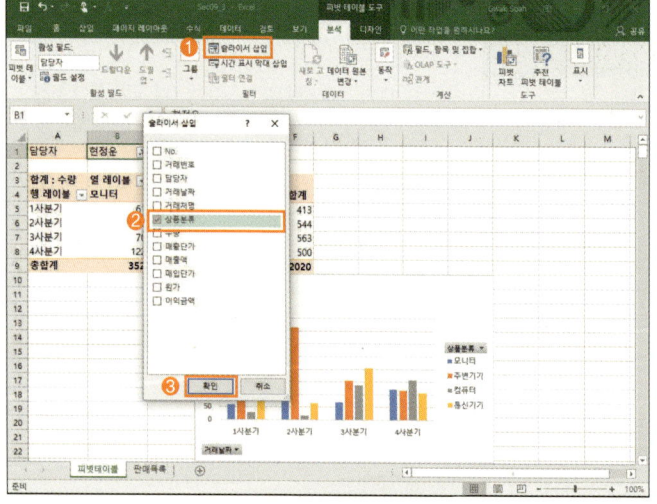

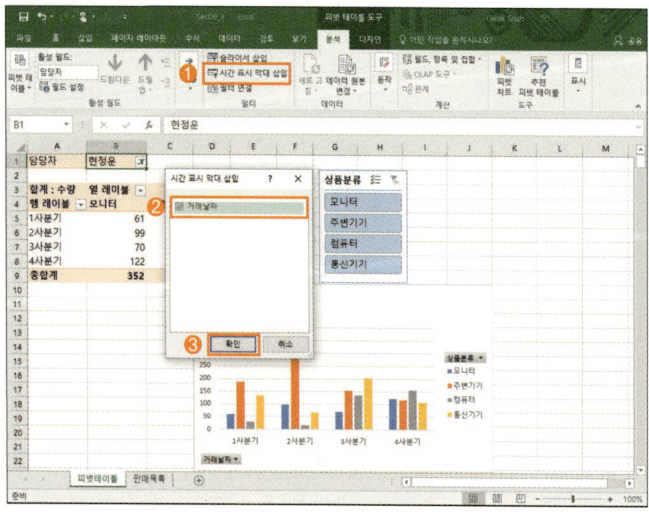

04 피벗 차트의 담당자 필드 단추를 누르고 '현정운'을 선택한 후 [확인]을 클릭합니다. 그러면 피벗 차트와 피벗 테이블의 데이터가 모두 '현정운'에 대한 것으로 재구성됩니다.

 강의노트

피벗 테이블과 피벗 차트는 서로 연결되어 있습니다. 피벗 차트의 원본으로 사용된 피벗 테이블에서 데이터를 필터하면 피벗 차트도 함께 변경됩니다.

05 이번에는 슬라이서를 이용하여 필터하려고 합니다. [피벗 테이블 도구] – [분석] – [필터]에서 [슬라이서 삽입](▥)을 클릭합니다. 슬라이서 삽입 대화상자가 나타나면 '상품분류'에 체크한 후 [확인] 버튼을 클릭합니다.

06 상품분류 슬라이서가 삽입되면 크기와 위치를 알맞게 조절합니다. 이번에는 시간표시 막대를 삽입하기 위해 [피벗 테이블 도구] –[분석] – [필터]에서 [시간 표시 막대 삽입](▥)을 클릭합니다. [시간 표시 막대 삽입] 대화상자가 열리면 '거래 날짜'에 체크하고 [확인]을 클릭합니다.

 강의노트

피벗 테이블에 있는 임의의 셀을 선택해야 [피벗 테이블 도구]가 보입니다.

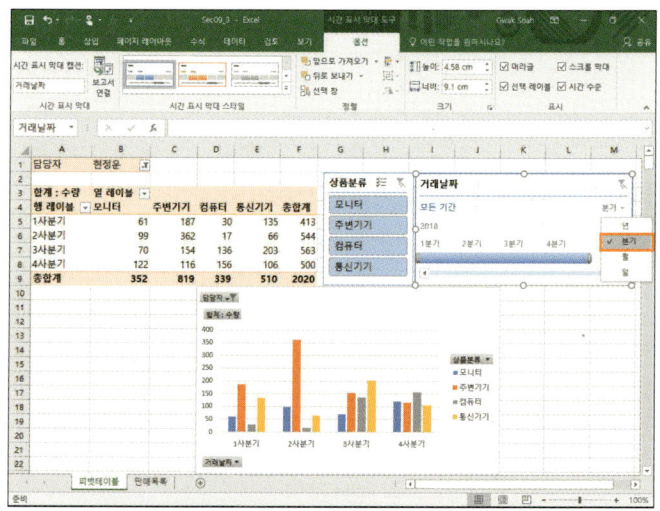

07 시간표시 막대의 크기와 위치를 알맞게 조정한 후 단위 목록 단추를 클릭하고 '분기'를 선택합니다.

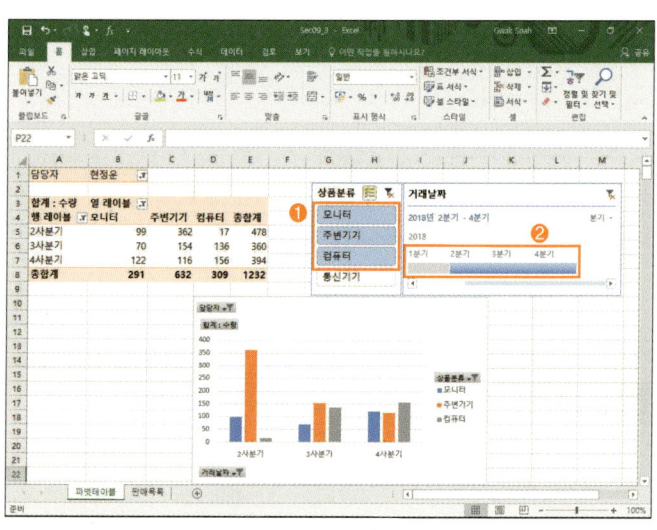

08 상품분류 슬라이서에서 '모니터', '주변기기', '컴퓨터'를 선택하고 시간 막대에서는 '2-3 분기'를 선택합니다. 그러면 필터에 대한 값이 적용되면서 피벗 테이블 보고서의 값과 피벗 차트의 모양이 변경됩니다. 다양한 필터를 시도하여 결과를 확인합니다.

 정리 한마당

- 많은 양의 데이터를 체계적으로 관리하기 위해서는 데이터의 특성과 사용 목적에 맞게 데이터베이스를 만들어야 합니다.
- 표 기능은 대량의 데이터를 효율적으로 작성 및 관리해 줍니다.
- 데이터 정렬은 오름차순, 내림차순, 셀 색상 등의 일정 기준에 따라 데이터를 재배치합니다.
- 날짜 및 시간, 숫자 데이터는 특정 단위를 기준으로 그룹화하여 그룹별 합계, 평균, 개수 등의 소계를 구합니다.
- 피벗 테이블은 대량의 데이터를 요약하고 분석하여 사용자가 원하는 형태로 표시합니다.
- 피벗 차트는 피벗 테이블을 원본으로 구성되며, 피벗 테이블의 요약 내용을 직관적으로 보여줍니다.
- 슬라이서와 시간표시 막대는 피벗 테이블에서 원하는 데이터를 필터해 줍니다.

기초 문제

1 '기초_Sec09_1.xlsx' 파일을 열고 '강좌목록' 워크시트에서 다음 지시에 따라 표를 작성하세요.

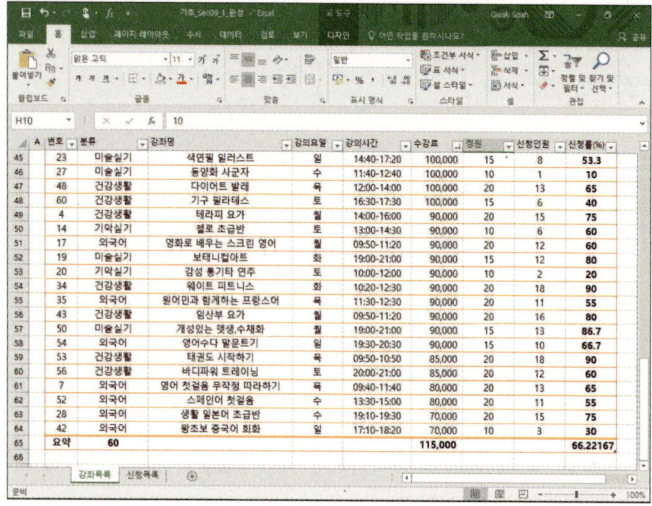

- [B4:I64] 영역에 표 삽입
- 표 스타일 : 「주황, 표 스타일 밝게 10」, 표의 마지막 열 강조
- 신청률(%) : J열에 신청률 추가하고 소수 한자리까지 반올림하여 표시
- 수강료 : 높은 액수부터 내림차순으로 정렬
- 요약 : '분류' 필드는 '개수'로 요약, '수강료'와 '신청률(%)' 필드는 '평균'으로 요약

▲ 완성파일 : 기초_Sec09_1_완성.xlsx

힌트 소수 한자리까지 신청률 구하는 함수식 : =ROUND([@신청인원]/[@정원]*100,1)

2 '신청목록' 워크시트에서 다음 지시에 따라 데이터를 정렬하세요.

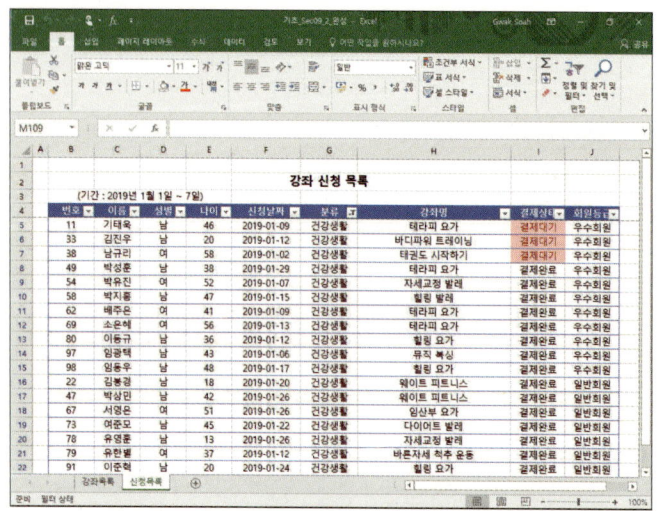

- 틀 고정 : 4열 전체를 틀 고정
- 조건부 서식 : '결제상태' 필드에서 '결제대기'가 입력된 셀에 '진한 빨강 텍스트가 있는 연한 빨강 채우기' 서식 적용
- 색 기준으로 정렬 : '결제상태' 필드에서 연한 빨강색이 채워진 셀을 맨 위로 정렬
- 데이터 정렬 : '분류'필드를 오름차순으로, '회원등급'은 '우수회원, 일반회원, 비회원'순서로 정렬
- 데이터 필터 : 각 필드에 필터를 삽입하고 '분류' 필드가 '건강생활'인 레코드만 표시

힌트
- 조건부 서식 지정 : [홈] – [스타일] – [조건부 서식] – [셀 강조규칙] – [텍스트 포함] 클릭하여 다음과 같이 조건 및 서식을 지정

▲ 완성파일 : 기초_Sec09_2_완성.xlsx

심화 문제

1 '심화_Sec09_1.xlsx' 파일을 열고 '실적현황' 워크시트에서 다음 지시에 따라 데이터를 검색하고 부분합을 삽입하세요.

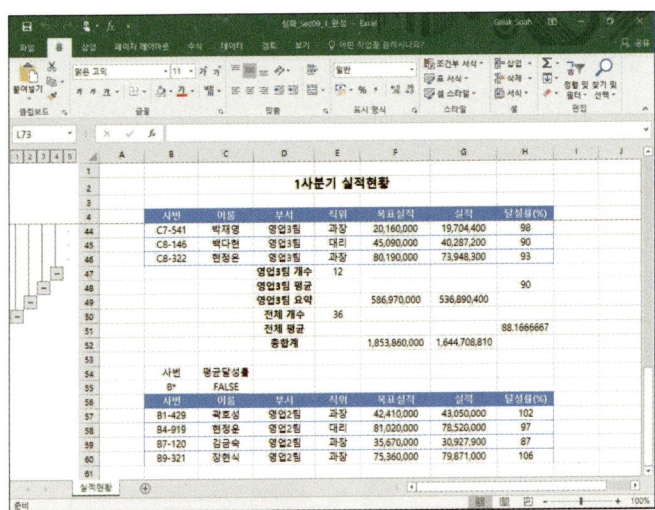

① 틀 고정 : 4행 전체를 틀 고정

② 데이터 검색 : 사번이 'B'로 시작하고 달성률이 평균보다 높은 사원을 표시

• 검색 범위 : [B4:H40]

• 검색 조건 : 임의의 위치에 작성

• 복사 위치 : [B44]

③ 부분합 표시 : 부서에 따라 목표실적과 실적의 합계, 달성률의 평균, 개수를 계산

▲ 완성파일 : 심화_Sec09_1_완성.xlsx

2 '심화_Sec09_2.xlsx' 파일을 열고 '축산가격' 워크시트에서 다음 지시대로 작업하세요.

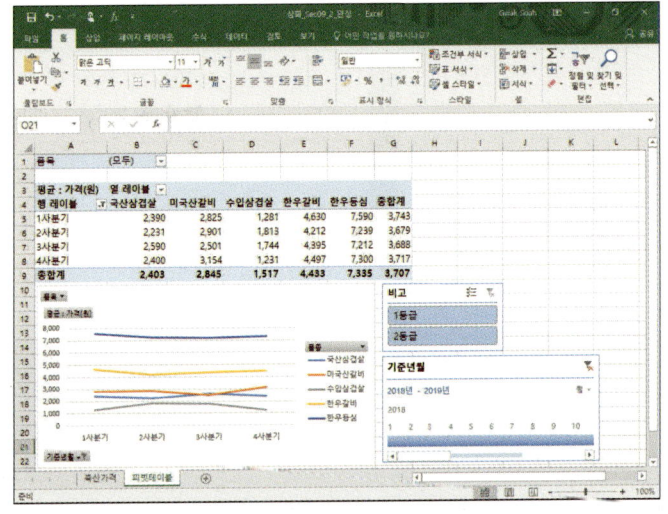

① 피벗 테이블 삽입 : 피벗 테이블을 새 워크시트에 작성하고 시트 이름을 '가격분석'으로 설정

• 품목(필터), 기준년월(행 레이블), 품종(열 레이블), 값(가격) 필드로 피벗 테이블 생성

• 기준년월을 '분기' 단위로 그룹화

• 가격은 '평균'으로 계산, 표시형식은 '통화'

② 필터 도구 삽입 : 슬라이서(비고), 시간 표시 막대(기준년월)

③ 피벗 차트 삽입 : 꺾은선형 차트

▲ 완성파일 : 심화_Sec09_2.xlsx

10 section

가상 분석 도구와 매크로 사용하기

엑셀의 가상 분석 도구는 셀 값과 수식의 결과가 변화는 과정을 통해 값을 예측합니다. 특히 엑셀 2016에서는 가상 분석 도구에 예측 시트가 새롭게 추가되어 미래의 값을 예측할 수 있습니다. 또한 양식 컨트롤과 매크로를 통해 문서를 자동화하고 데이터를 효율적으로 처리할 수 있습니다. Section10에서는 가상 분석 도구 및 문서 자동화와 관련된 엑셀의 고급 기능을 학습합니다.

 결과 미리보기

[Sheet3] 워크시트

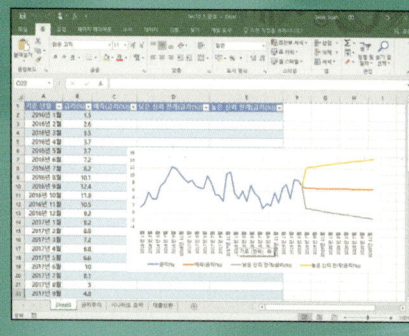

[시나리오 요약] 워크시트

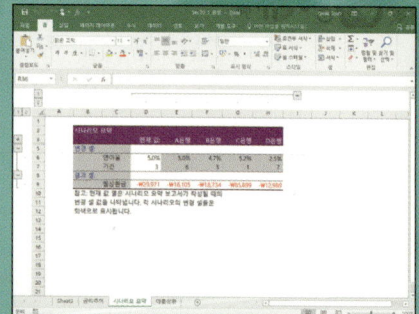

▲ 준비 파일 : 실습_Sec10_1.xlsx
　 완성 파일 : 실습_Sec10_1_완성.xlsx

[대출상환] 워크시트

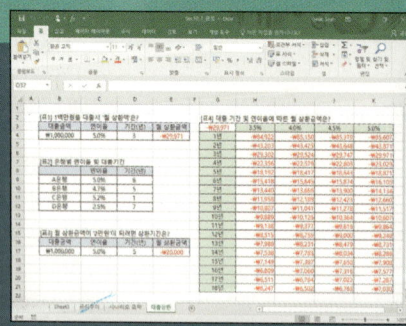

[3_영화검색] 워크시트

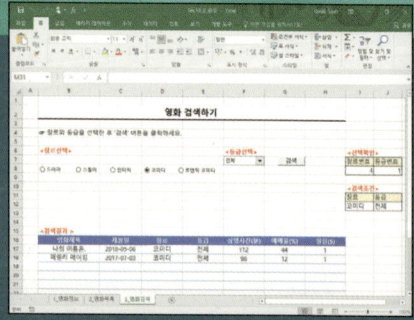

▲ 준비 파일 : 실습_Sec10_1.xlsx
　 완성 파일 : 실습_Sec10_1_완성.xlsx

▲ 준비 파일 : 실습_Sec10_2.xlsx
　 완성 파일 : 실습_Sec10_2_완성.xlsm

Excel 1 가상 분석 도구로 예측하기

가상 분석 도구는 기존의 데이터를 바탕으로 자료를 분석할 수 있을 뿐 아니라 미래의 상황에 맞게 값을 예측해 줍니다. 예측 시트를 삽입하여 미래의 값을 예측해 보고, 시나리오와 목표 값 찾기, 데이터 표를 통해 데이터의 변화에 따라 수식의 결과가 어떻게 달라지는지 확인해 봅니다.

직접 해보기 **미래 값 예측하기**

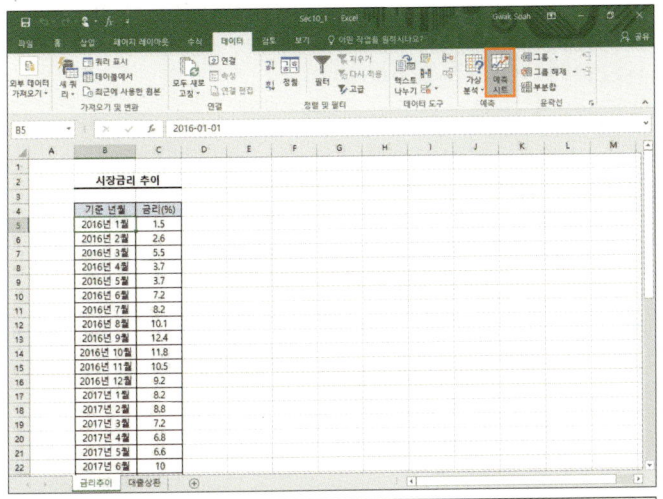

01 '실습_Sec10_1.xlsx'파일을 열고 '금리추이' 워크시트를 선택합니다. 2019년 6월까지 수집된 시계열 데이터를 바탕으로 2020년 12월까지의 데이터를 예측해 보겠습니다. 데이터 목록에 있는 임의의 셀을 클릭하고 [데이터] – [예측]에서 [예측 시트](📈)를 클릭합니다.

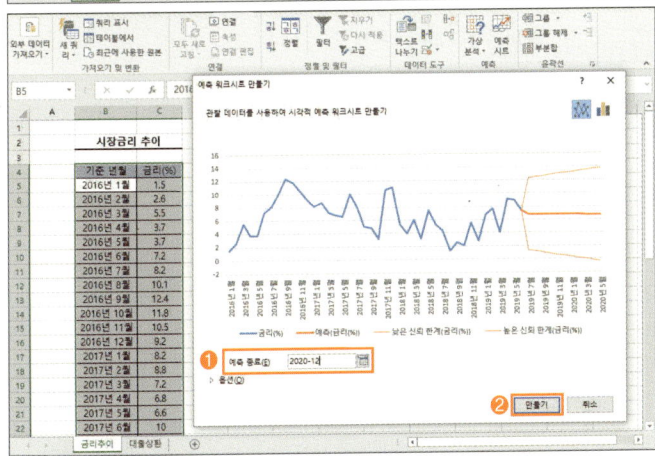

02 [예측 워크시트 만들기] 대화 상자가 열리면 [예측 종료]에 "2020-12-01"을 입력하고 [만들기]를 클릭합니다.

📖 강의노트

예측 프로그램에 대한 세부 설정을 변경하려면 [옵션]을 클릭합니다. 여기서는 예측 시작 시점, 신뢰 구간, 누락된 요소 채우기 방법, 중복 집계 방법 등을 설정합니다.

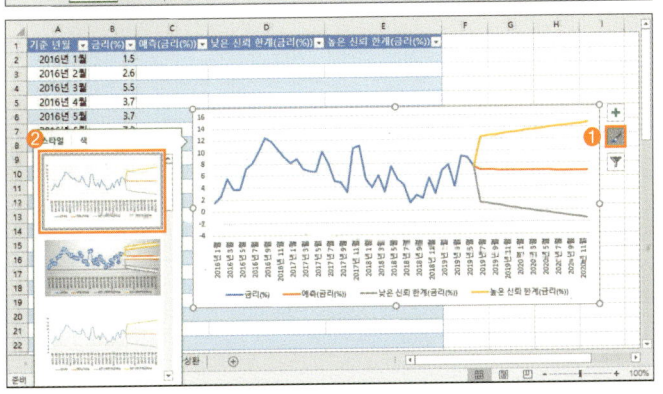

03 그러면 새로운 워크시트가 추가되면서 금리 예측에 대한 표와 차트가 삽입됩니다. 차트를 선택하고 오른쪽 상단의 차트 스타일(🖌)을 클릭한 뒤 [스타일] – [스타일1]을 클릭합니다.

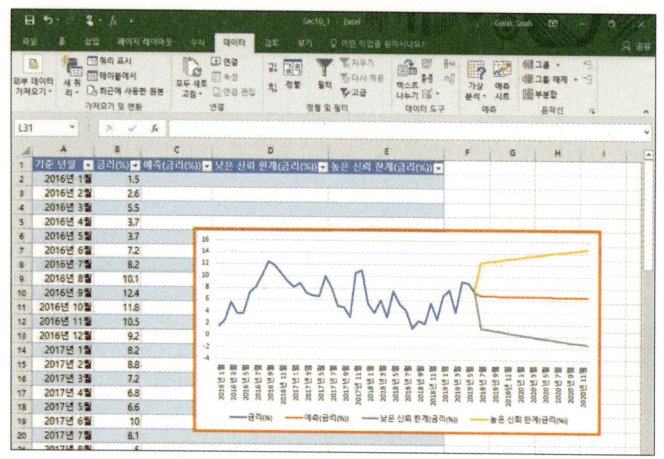

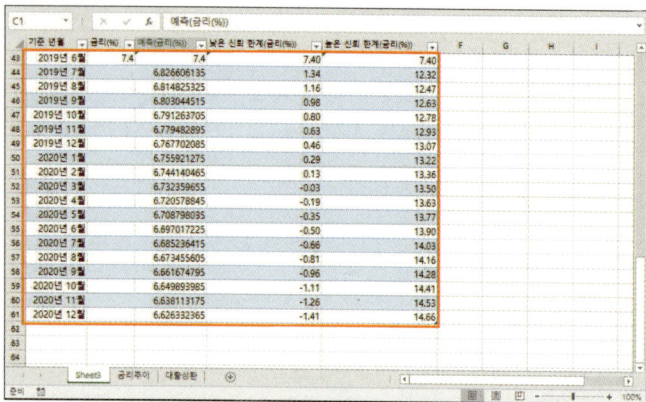

04 다음과 같이 차트가 완성되면 2019년 7월부터 2020년 12월 까지의 예측금리, 낮은 신뢰 한계 금리, 높은 신뢰 한계 금리를 확인합니다.

예측 시트 기능을 사용하기 위해서는 시간 또는 날짜 단위의 데이터와 이에 해당하는 데이터가 함께 있어야합니다.

05 데이터 목록의 임의의 셀을 선 택한 후 스크롤을 내려 2019 년 7월부터 2020년 12월까지의 예측 데 이터를 수치로 확인합니다.

데이터 목록의 임의의 셀을 선택한 후 스크롤을 내려야 필드 이름을 고정할 수 있습니다.

보충수업 **예측 워크시트 만들기**

예측 만들기 기능은 일정한 간격의 시간 기반 데이터가 있는 경우에 사용할 수 있으며 향후 판매액, 소비자 추세 등을 예측합니다. [예측 워크시트 만들기] 대화상자에서 [옵션]을 클릭하고 세부 옵션을 지정합니다.

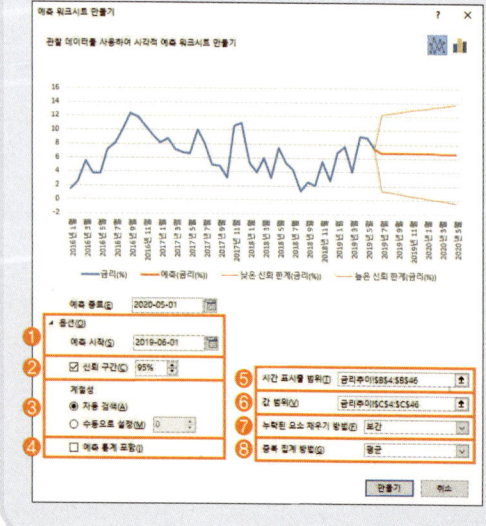

❶ 예측 시작 : 예측 시작 시점을 선택합니다.

❷ 신뢰 구간 : 예측의 정확도를 나타내며 기본 95%로 설정 됩니다. 화살표를 클릭하여 신뢰도를 조절합니다.

❸ 예측 통계 포함 : 예측에 사용된 통계 정보로, 차트에 삽입 하기 위해서는 체크 표시합니다.

❹ 누락된 요소 채우기 : 누락된 지점과 인접한 요소들의 평 균으로 보간하거나 '0'으로 처리합니다.

❺ 중복된 집계 방법 : 동일한 값이 여러 개 포함된 경우 기본 적으로 평균값으로 처리됩니다. 최대값, 최소값, 합계 등으 로 변경하여 집계할 수 있습니다.

직접 해보기 시나리오 작성하기

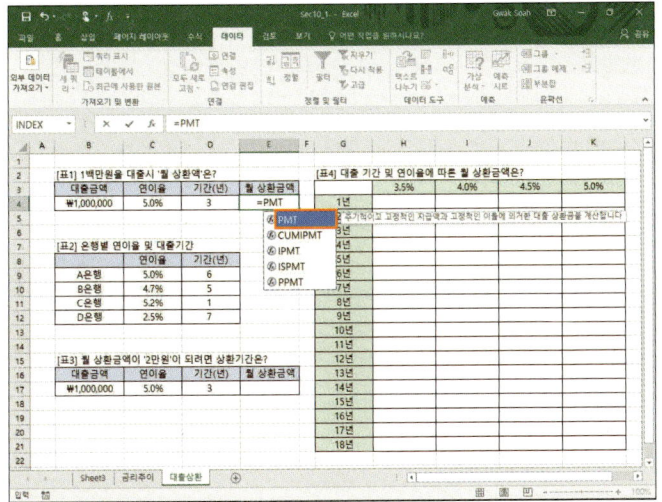

01 '대출상환' 워크시트를 선택합니다. 일백만원을 연이율 5.0% 적용하여 3년 동안 대출한다고 가정했을 때 월 상환금액을 알아보겠습니다. [표1]의 [E4] 셀에 '=PMT'를 입력하고 Ctrl + A 를 누릅니다.

📖 강의노트

'PMT(이자율, 대출 기간, 대출금) 함수'는 재무함수로 매월 상환할 원금과 이자를 합친 월 상환금액을 구합니다.

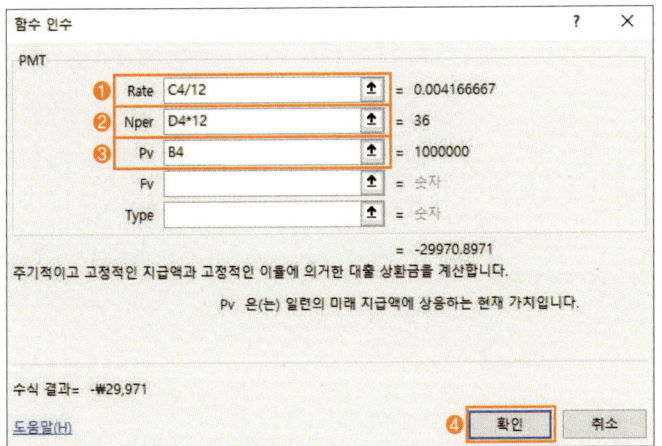

02 [함수 인수] 대화상자가 열리면 [Rate]에 "C4/12"를, [Nper]에 "3*12"을, [Pv]에 "B4"를 입력하고 [확인]을 클릭합니다.

📖 강의노트

월 상환액을 계산하므로 PMT 함수의 'Rate(연이율)' 인수는 12로 나누고, 'Nper(대출 기간)' 인수는 12를 곱합니다. 'Fv'와 'Type' 인수는 각각 최종 상환 후의 현금 잔고와 납입 시점입니다.

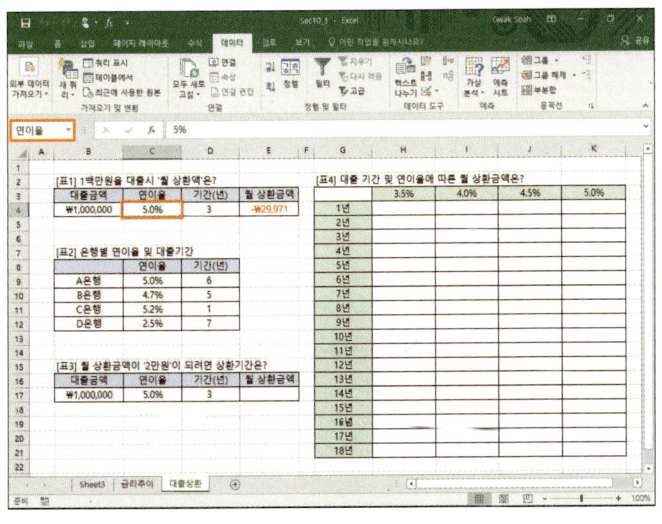

03 그러면 [E4] 셀에 일백만원 대출에 대한 월 상환 금액이 입력됩니다. 이번에는 다양한 시나리오를 적용하여 매달 상환해야할 금액을 알아보겠습니다. 시나리오 작성에 앞서 [C4] 셀을 선택한 후 이름 상자에 "연이율"로 이름을 정의합니다. 같은 방법으로 [D4], [E4] 셀의 이름을 각각 "기간"과 "월상환금"으로 정의합니다.

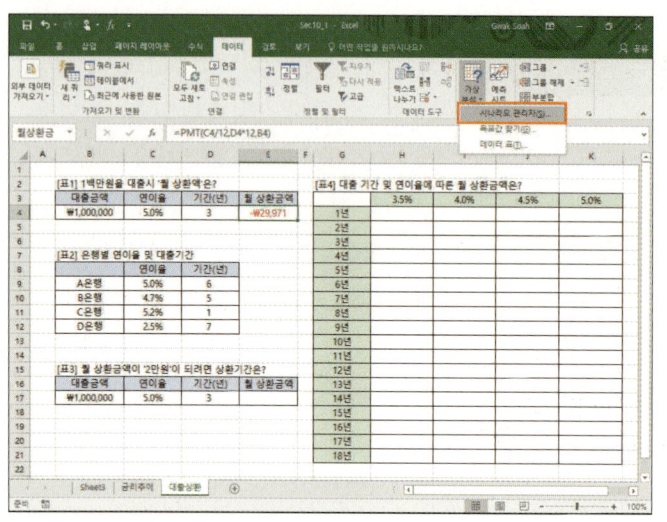

 **04** [데이터] – [예측]에서 [가상 분석]()을 클릭하고 [시나리오 관리자]를 클릭합니다.

강의노트

월 상환금액은 음수로 표기됩니다. PMT 함수는 100만원에서 일정한 금액을 차감해서 0원을 만드는 함수이기 때문입니다. [E4] 셀의 함수식을 "=PMT(C4/4,D4*12,−B4)"로 입력하면 양수로 변경됩니다.

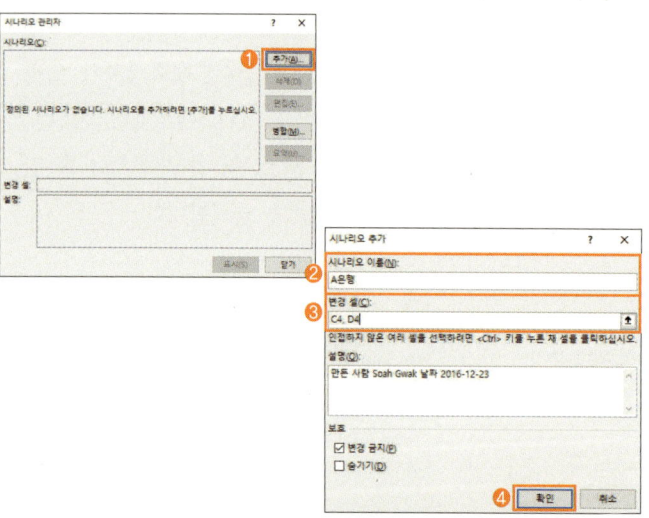

05 [시나리오 관리자] 대화상자가 열리면 [추가]를 클릭합니다. [시나리오 추가] 대화상자가 열리면 [시나리오 이름]에 "A은행"을 [변경 셀]에는 "C4, D4"를 입력하고 [확인]을 클릭합니다.

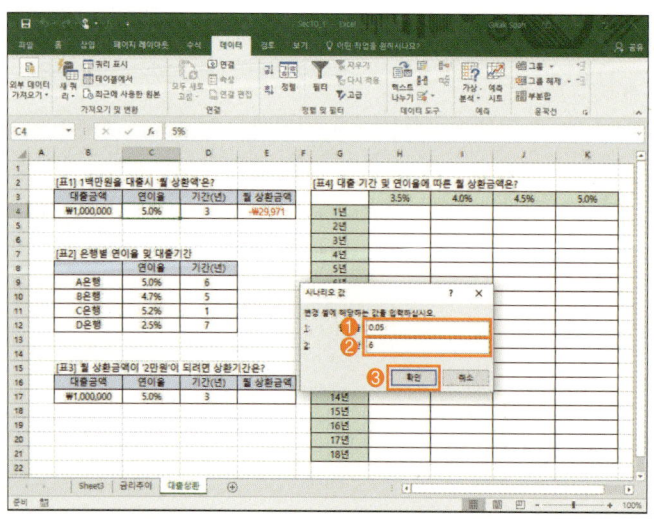

06 [시나리오 값] 대화상자가 열리면 [연이율]에 "0.05"를, [기간]에 "6"을 입력하고 [확인]을 클릭합니다.

강의노트

각 은행의 연이율과 기간을 적용하여 월 상환금액을 구하기 위해 시나리오를 추가합니다.

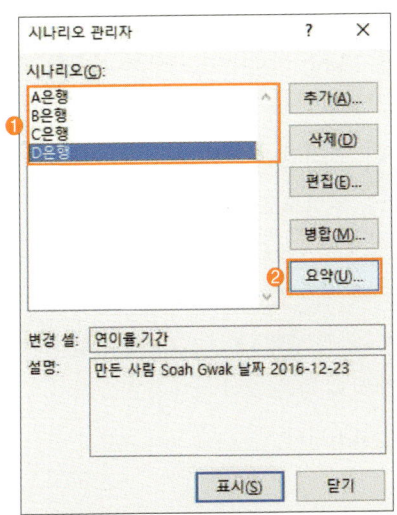

07 [시나리오 관리자] 대화상자가 열리면 시나리오 목록에 'A은행'이 추가된 것을 확인합니다. 같은 방법으로 B은행, C은행, D은행의 시나리오를 추가합니다. B, C, D 은행의 연이율 및 기간은 [표2]를 참고하여 입력합니다. 그리고 [요약]을 클릭합니다.

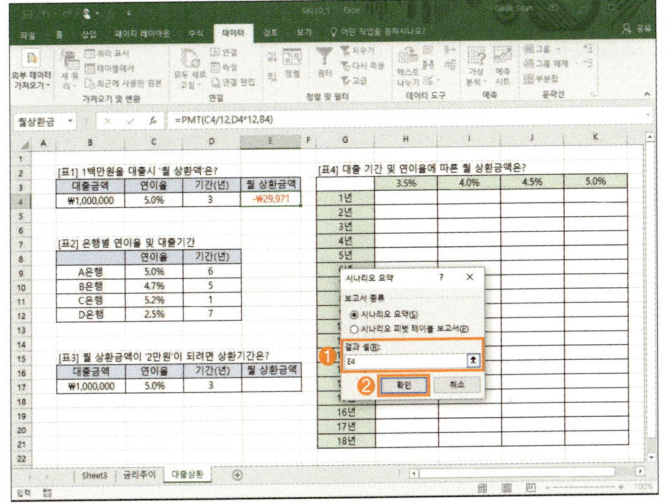

08 [시나리오 요약] 대화상자가 열리면 [시나리오 요약]을 선택하고 [결과 셀]에는 "E4"를 입력한 후 [확인]을 클릭합니다.

강의노트

[결과 셀]은 다양한 시나리오를 적용하였을 때 얻게 되는 결과 값으로, 여기서는 월 상환금액을 의미합니다.

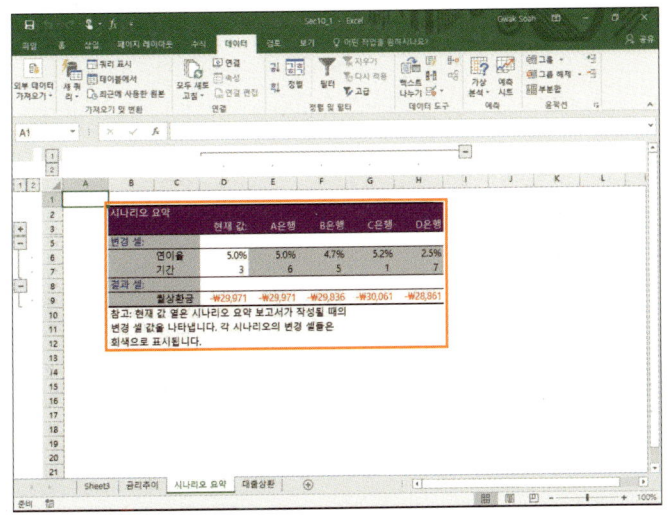

09 그러면 다음가 같이 현재 워크시트 앞에 '시나리오 요약' 워크시트가 삽입되고 시나리오 보고서가 요약됩니다. 이 보고서를 통해 시나리오 이름과 변경 셀의 값, 결과 셀에 있는 수식의 결과를 모두 확인할 수 있습니다.

직접 해보기   **목표값 찾기**

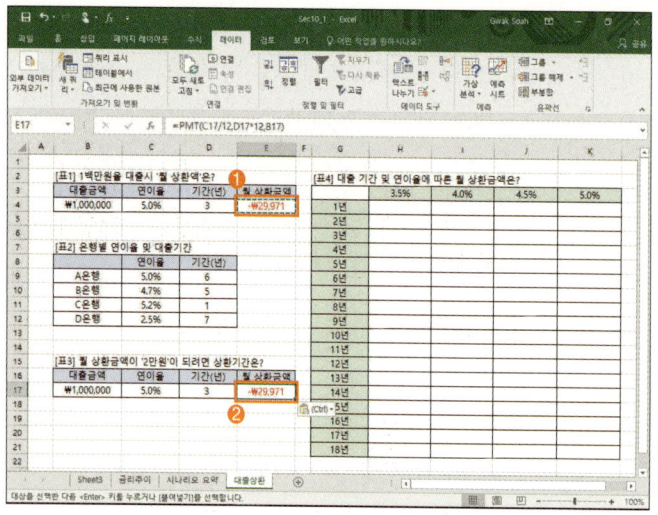

01 '대출 상환' 워크시트를 선택합니다. 이번에는 월 상환금액이 2만원이 되려면 상환기간이 얼마여야 하는지를 알아보겠습니다. [E4] 셀을 클릭하고 Ctrl + C 를 누르고 [E17] 셀을 클릭한 뒤 Ctrl + V 를 누릅니다. 그러면 [E17] 셀에 [E4] 셀의 월 상환금액의 수식과 결과 값이 상대참조로 복사되어 입력됩니다.

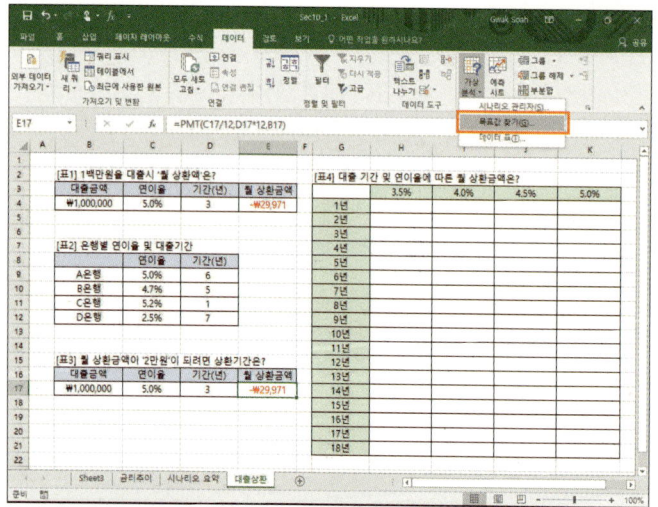

02 [데이터] – [예측] – [가상 분석] – [목표값 찾기]를 클릭합니다.

📖 **강의노트**

목표값 찾기 기능은 수식에서 원하는 결과를 알고 있지만 그 결과를 얻기 위해 필요한 입력 값이 확실하지 않은 경우에 사용합니다.

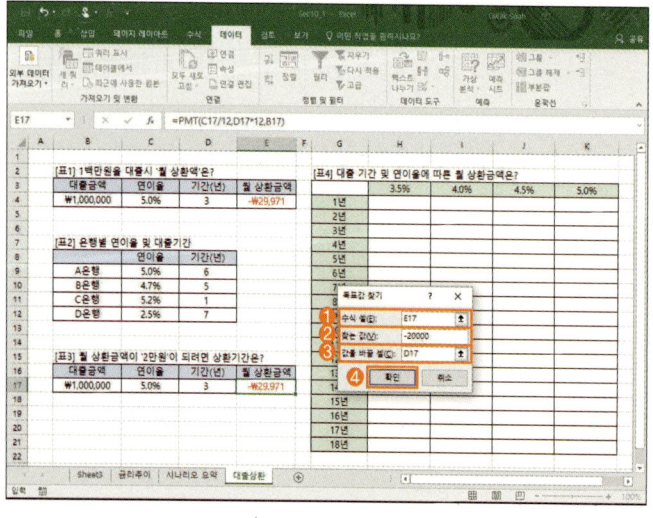

03 [목표값 찾기] 대화상가 열리면 [수식 셀]에 "E17"을, [찾는 값]에 "–20000"을, 그리고 [값을 바꿀 셀]에 "D17"을 입력하고 [확인]을 클릭합니다.

📖 **강의노트**

[E17] 셀의 수식의 결과를 원하는 값(–20000)으로 얻기 위해서 수식이 참조하고 있는 [D17] 셀의 값을 바꿉니다.

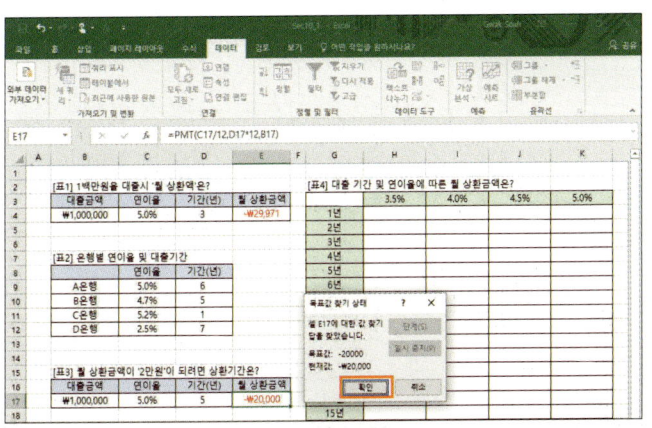

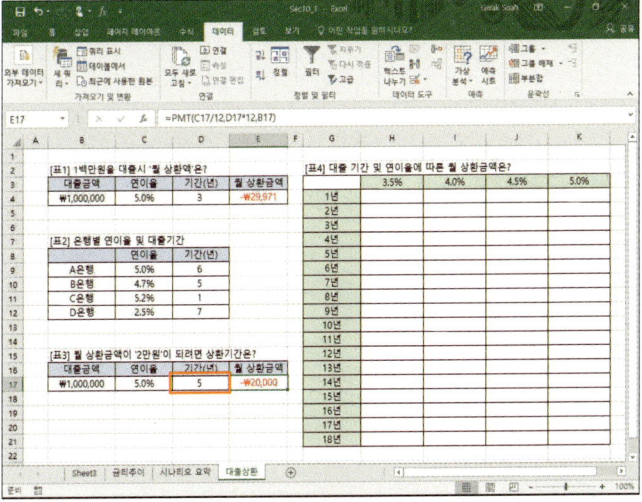

04 [목표값 찾기 상태] 대화상자가 열리면 '목표값'과 '현재값'을 확인하고 [확인]을 클릭합니다.

강의노트

[취소]를 클릭하면 현재 셀에 입력되어 있는 값을 그대로 유지합니다.

05 [D17] 셀이 '5'로 변경 된 것을 확인합니다. 즉, 대출금 일백만원을 월 2만원씩 상환하기 위해서는 약 5년이 걸리는 것을 확인할 수 있습니다.

강의노트

[E17] 셀의 수식 입력줄에서 수식의 결과인 '4.68202422577591'을 확인할 수 있습니다.

 **보충수업** **리본 메뉴에 [해 찾기] 도구 추가하기**

해 찾기 기능은 여러 셀의 값을 비교 · 변경하거나 제한 조건을 지정하여 수식에 대한 최적의 값을 구합니다.
① [파일] − [옵션]을 클릭하여 [Excel 옵션] 대화상자가 열리면 [추가기능]에서 [이동]을 클릭합니다.
② [추가 기능] 대화상자가 열리면 [해 찾기 추가 기능]에 체크 표시하고 [확인]을 클릭합니다.
③ [데이터 도구] − [분석]에 [해 찾기] 기능이 추가된 것을 확인합니다.

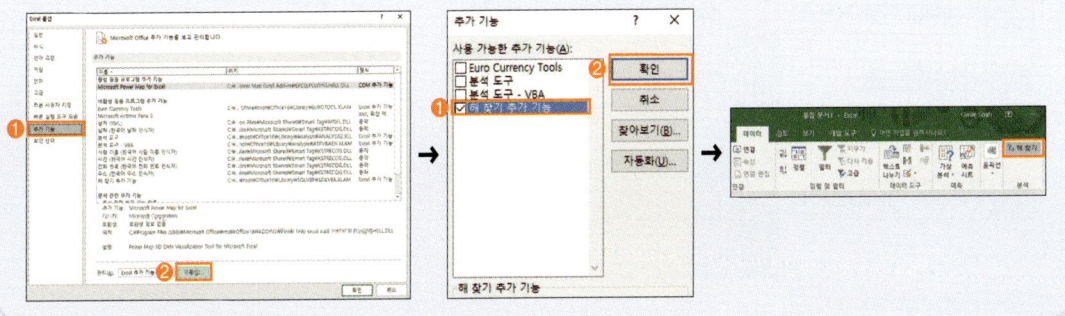

직접 해보기 데이터 표 작성하기

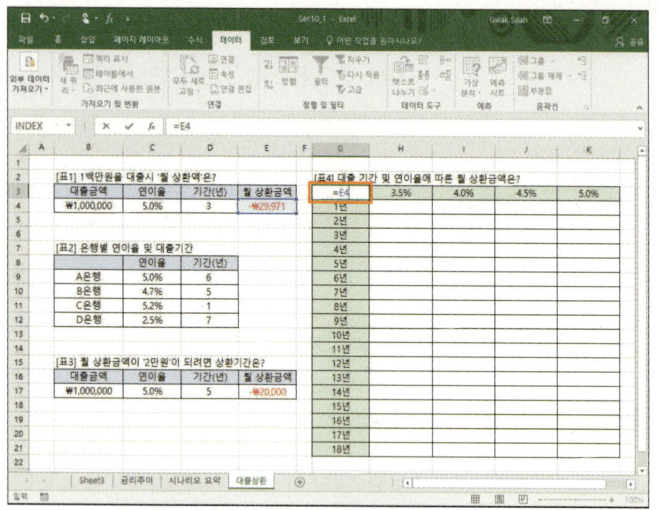

01 데이터 표 기능을 이용하여 대출기간과 연이율의 변화에 따른 월 상환금액을 알아보겠습니다. [G3] 셀에 수식 "=E4"를 입력하고 Enter 를 누릅니다. 그러면 [E4] 셀의 수식과 결과 값이 복사되어 입력됩니다.

강의노트

데이터 표는 일부 셀의 값을 변경하여 문제에 대한 다른 해답을 구할 수 있는 셀 범위입니다.

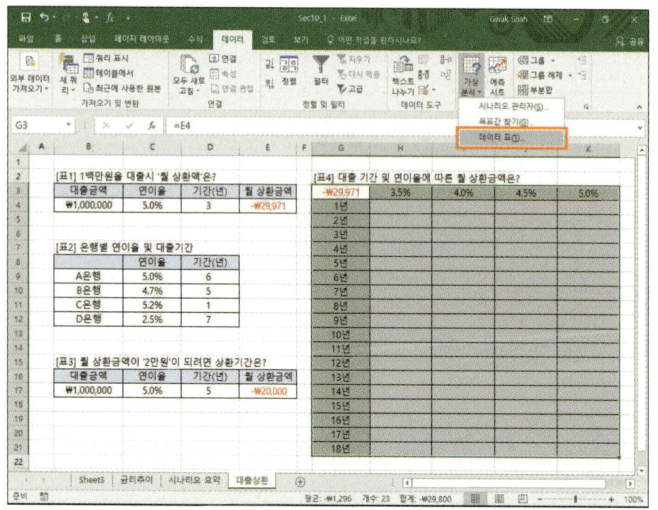

02 [G3:K21] 셀 영역을 범위로 지정한 후 [데이터] – [예측] – [가상분석] – [데이터 표]를 클릭합니다.

강의노트

표 범위를 쉽게 지정하기 위해서는 [G3] 셀을 클릭한 상태에서 Shift 를 누르고 [K21] 셀을 클릭합니다.

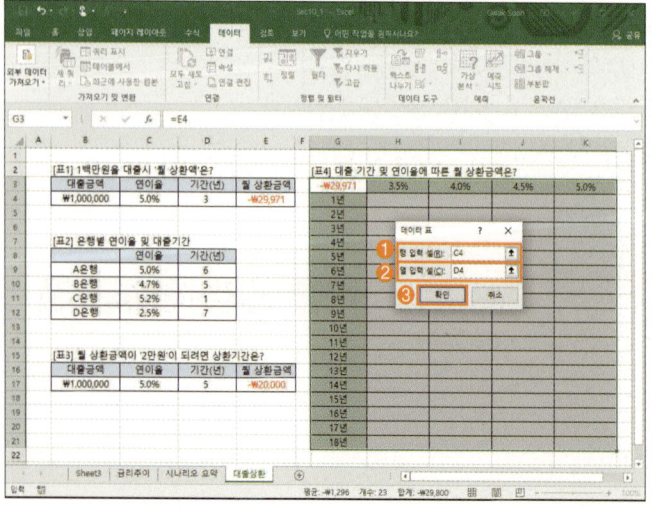

03 [데이터 표] 대화상자가 열리면 [행 입력 셀]을 [C4] 셀로, [열 입력 셀]을 [D4] 셀로 지정하고 [확인]을 클릭합니다.

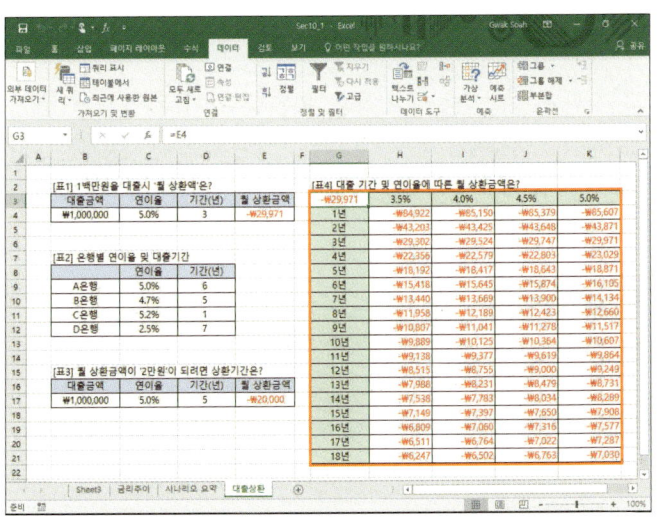

04 다음과 같이 [G3:K21] 셀 영역에 기간과 연이율에 따른 데이터표가 만들어집니다. 자동으로 입력된 월 상환금액을 확인합니다.

강의노트

데이터 표에 있는 임의의 셀을 클릭한 뒤 수식 입력줄을 보면 수식 '{=TABLE(C4,D4)}'이 입력된 것을 확인할 수 있습니다. 이 수식은 [C4] 셀과 [D4] 셀을 행과 열 입력셀로 각각 사용하여 계산했다는 의미입니다.

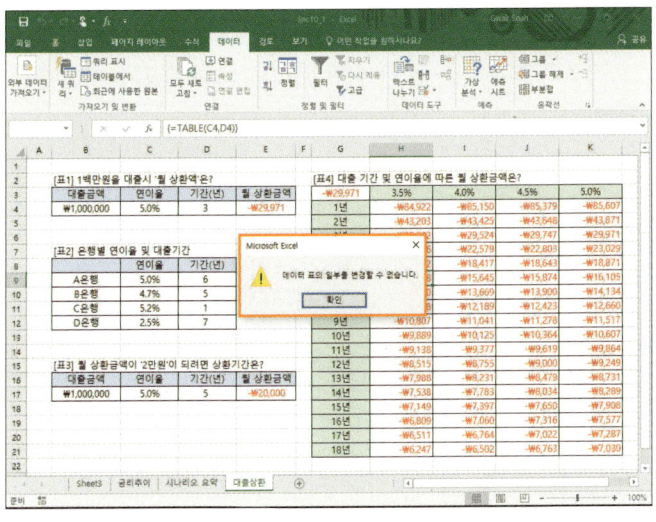

05 데이터 표에 있는 임의의 셀에서 Delete 를 눌러 내용을 지우려고 시도하면 다음과 같이 데이터 표의 일부를 변경할 수 없다는 경고 메시지가 나타납니다. 데이터 표를 삭제하려면 데이터 표 기능을 통해 수식이 입력된 [G3:K21] 셀 영역을 블록으로 지정하고 Delete 를 누릅니다.

보충수업 **단일변수 데이터 표 구성하기**

▶ 데이터 표를 열 방향으로 나열하기

① 변수 값을 열 방향으로 입력하고 첫 행에 수식과 값을 입력합니다.
② 열 입력 셀 상자에 입력 셀에 대한 셀 참조를 입력합니다.

▶ 데이터 표를 행 방향으로 나열하기

① 변수 값을 행 방향으로 입력하고 첫 열에 수식과 값을 입력합니다.
② 행 입력 셀 상자에 입력 셀에 대한 셀 참조를 입력합니다.

Excel 2 **양식 컨트롤과 매크로를 이용해 문서 자동화하기**

엑셀 워크시트에서 데이터를 쉽게 입력하거나 편집하기 위해 목록 상자, 콤보 상자, 옵션 단추와 같은 양식 컨트롤을 사용합니다. 매크로(Macro)는 반복되는 기능을 자동화하거나 엑셀에서 제공하지 않는 기능을 만들 때 사용하는 고급 기능입니다. 양식 컨트롤과 매크로를 연결하여 문서를 자동화하는 방법을 학습합니다.

직접 해보기 **양식 컨트롤 만들기**

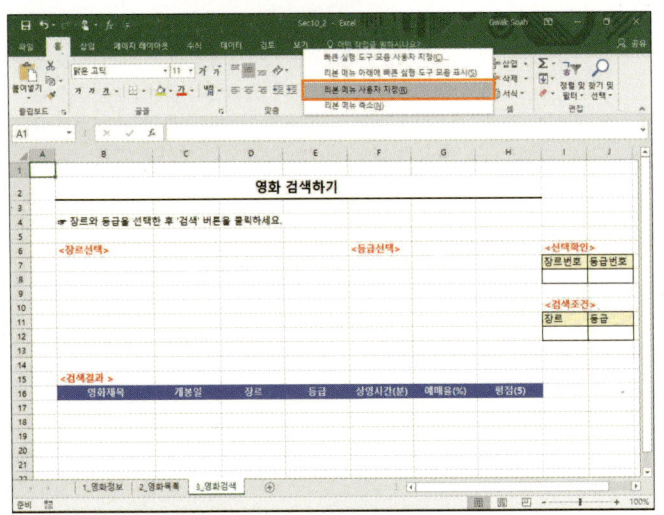

01 '실습_Sec10_2.xlsx' 파일의 '3_영화검색' 워크시트를 선택합니다. 양식 컨트롤과 매크로 기능을 사용하여 영화를 검색하려고 합니다. 먼저 두 기능을 지원하는 [개발 도구] 탭을 리본메뉴에 표시해 보겠습니다. 임의의 리본메뉴 탭 위에서 마우스 오른쪽 단추를 클릭하여 [리본 메뉴 사용자 지정]을 클릭합니다.

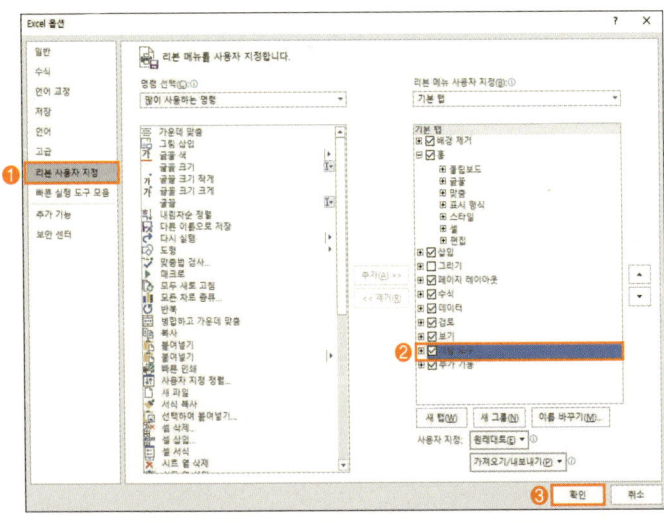

02 [Excel 옵션] 대화상자가 열리면 [리본 사용자 지정] 탭에서 [개발 도구]에 체크 표시한 후 [확인]을 클릭합니다.

📖 강의노트

엑셀 화면에서 [파일] – [옵션]을 클릭하여 [Excel 옵션] 대화상자가 열리면 [리본 사용자 지정]을 클릭해도 됩니다.

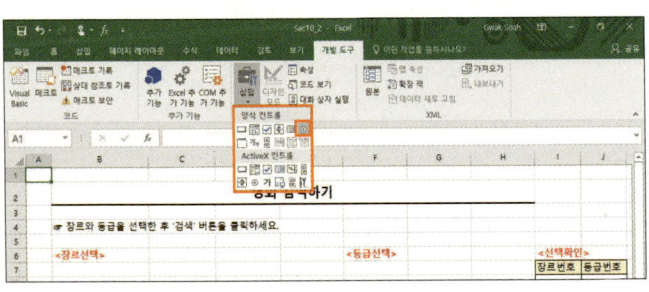

03 리본 메뉴에 [개발 도구] 탭이 나타납니다. 양식 컨트롤을 이용하여 영화 장르와 등급을 선택해 보겠습니다. [개발 도구] – [컨트롤]에서 [삽입](🔲)을 클릭하여 [양식 컨트롤] – [옵션](◎) 단추를 클릭합니다.

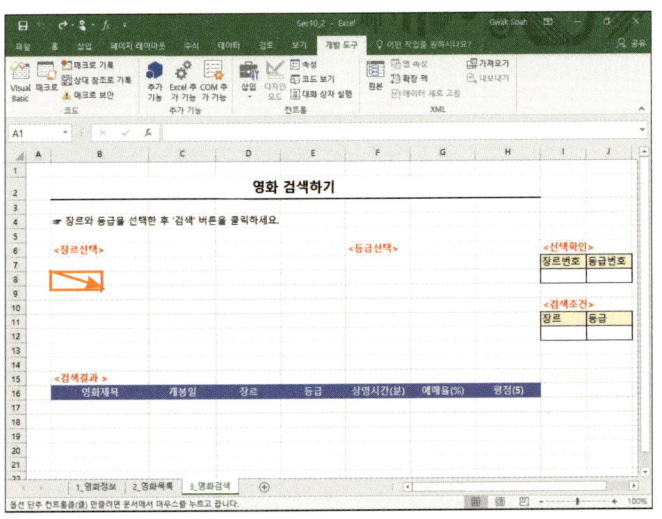

04 마우스 포인터가 +모양으로 변경되면 제목의 아래쪽에서 마우스로 드래그 하여 적당한 위치에 삽입하고 크기를 조절합니다.

옵션 단추는 여러 개의 옵션 중에서 하나를 선택하는 용도로 사용됩니다. 여기서는 영화를 검색하기 위해 옵션 단추를 이용하여 장르를 선택할 것입니다.

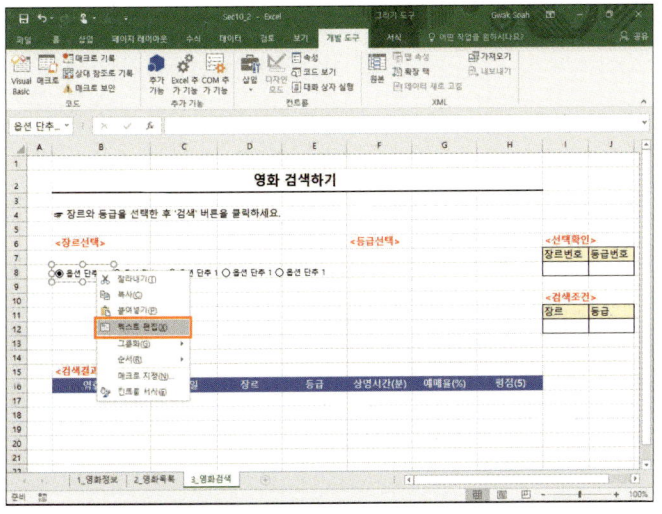

05 삽입한 옵션 단추를 선택하고 Ctrl + Shift 를 누른 상태에서 오른쪽으로 드래그하여 복사합니다. 같은 방법으로 총 5개의 옵션 단추를 만듭니다.

Ctrl + Shift 는 개체를 수평 복사합니다.

06 첫 번째 옵션 단추를 마우스 오른쪽 단추로 클릭하고 [텍스트 편집]을 클릭한 후 이름을 "드라마"로 입력합니다. 추가 네 개의 옵션 단추의 이름을 각각 "스릴러", "판타지", "코미디", "로맨틱 코미디"로 입력합니다.

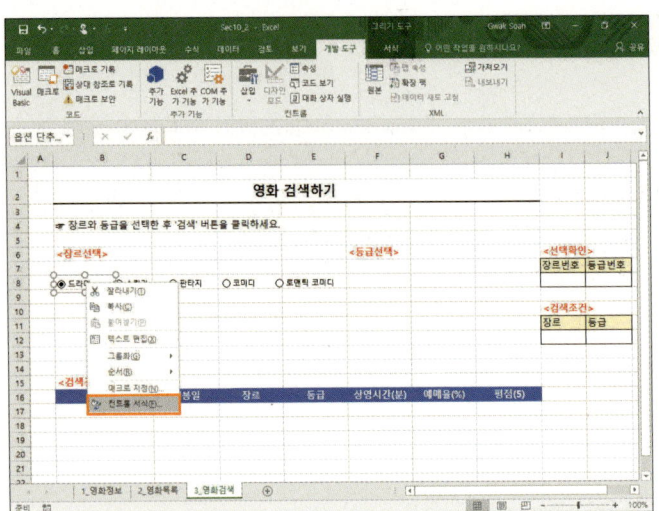

07 첫 번째 옵션 단추를 오른쪽 단추로 클릭하고 [컨트롤 서식]을 클릭합니다.

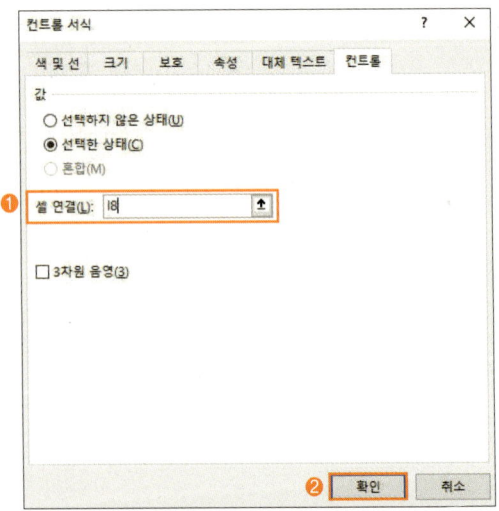

08 [컨트롤 서식] 대화상자가 열리면 [컨트롤] 탭의 [셀 연결]을 [I8] 셀로 지정하고 [확인]을 클릭합니다.

📖 강의노트

옵션 단추로 선택한 데이터는 셀에 입력되지 않습니다. [셀 연결]은 옵션 단추에서 선택한 데이터 정보를 숫자로 입력해 줍니다. 이렇게 입력된 숫자는 다른 셀과 계산할 수 있습니다.

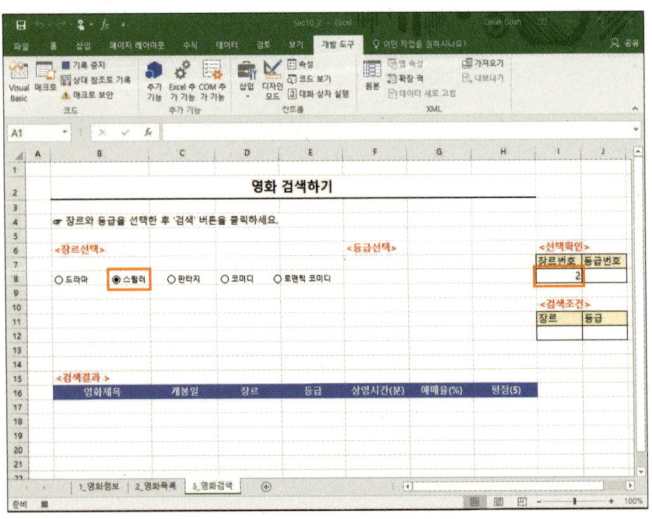

09 임의의 옵션 단추를 클릭하고 [I8] 셀에서 선택을 확인해 봅니다. 선택을 바꾸면 연결된 셀의 값이 매번 변경됩니다. 만약 '스릴러'를 선택하면 [I8] 셀에는 숫자 '2'가 입력됩니다.

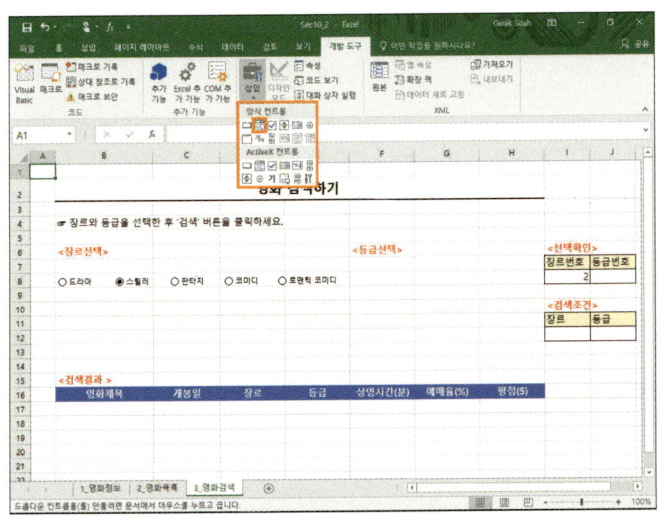

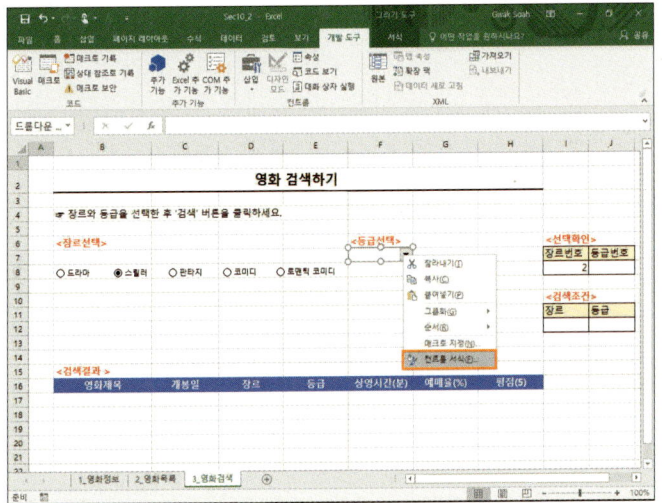

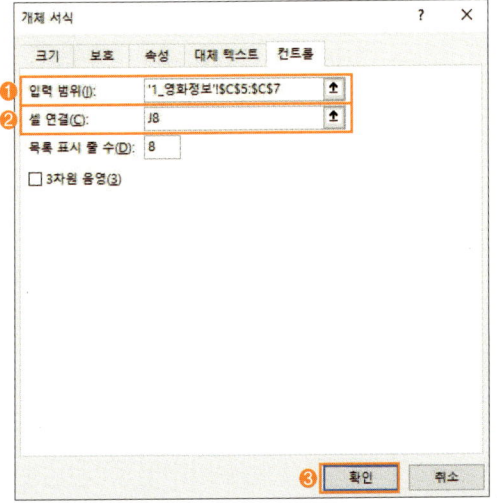

10 이번에는 영화 등급을 선택하기 위해 콤보 상자를 입력하겠습니다. [개발 도구] – [컨트롤] – [삽입]에서 [양식 컨트롤] – [콤보 상자]()를 클릭합니다.

📖 **강의노트**

콤보 상자는 텍스트 상자와 목록 상자를 결합한 것으로 드롭다운 목록 상자에서 하나의 데이터를 선택할 수 있습니다.

11 마우스 포인터가 +으로 변경되면 마우스로 드래그 하여 적당한 위치에 삽입하고 크기를 조절합니다. 그리고 삽입한 콤보 상자에서 마우스 오른쪽 단추를 클릭하여 [컨트롤 서식]을 클릭합니다.

12 [컨트롤 서식] 대화상자가 열리면 [입력 범위]에 커서를 올려놓고 '1_영화정보' 워크시트에서 [C5:C7] 셀 영역을 드래그하여 선택합니다. [셀 연결]에는 [J8] 셀을 지정하고 [확인]을 클릭합니다.

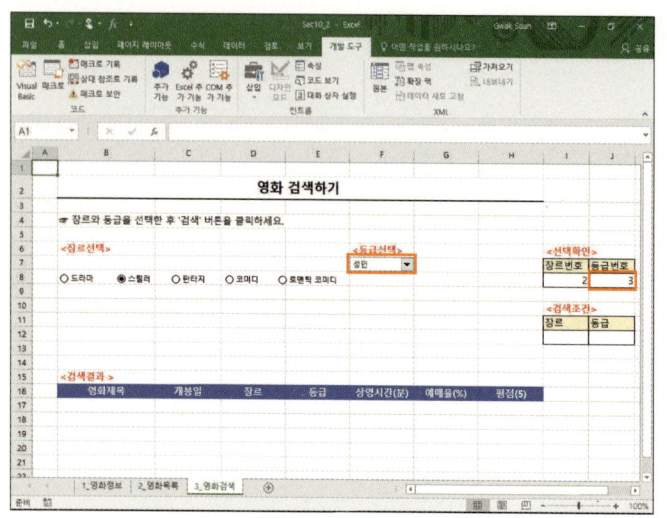

13 콤보 상자의 목록단추를 클릭하여 임의의 데이터를 클릭하고 [J8] 셀에서 선택을 확인합니다. 만약 '성인'을 클릭하면 [J8] 셀에는 숫자 '3'이 입력됩니다.

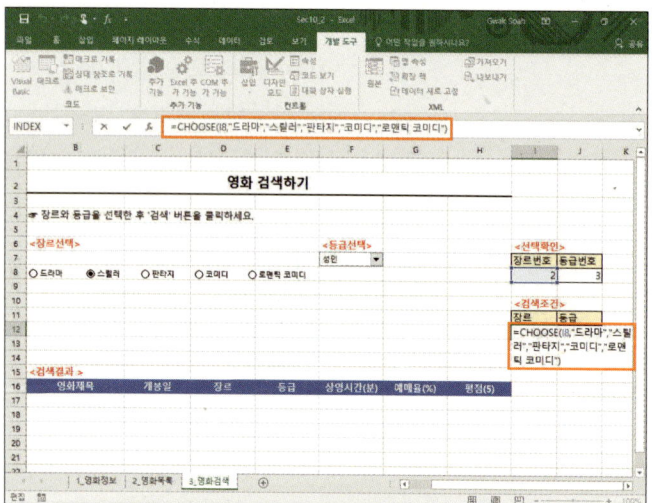

14 [I12]와 [J12] 셀에 수식 "=CHOOSE(I8,"드라마","스릴러","판타지","코미디","로맨틱 코미디")와 "=CHOOSE(J8,"전체","12세 이상","성인")"을 각각 입력한 후 Enter 를 누릅니다.

강의노트

'Choose(숫자인수, 반환 값)' 함수는 숫자에 해당하는 값을 반환합니다. 여기서는 [I8] 셀과 [J8] 셀의 옵션 번호를 장르와 등급으로 보여줍니다.

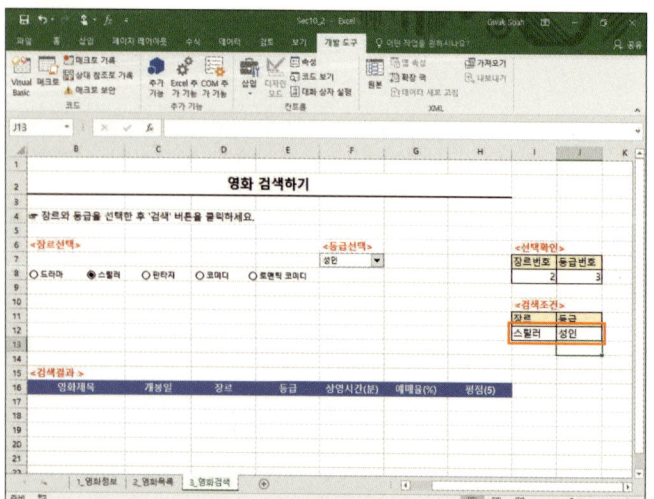

15 그러면 옵션 단추와 콤보 상자에서 선택한 결과가 텍스트로 표시됩니다. 다른 장르와 등급을 선택한 후 [I12:J12] 셀 영역에서 선택 결과가 바르게 표시되는지 확인합니다.

직접 해보기 매크로 기록하고 실행하기

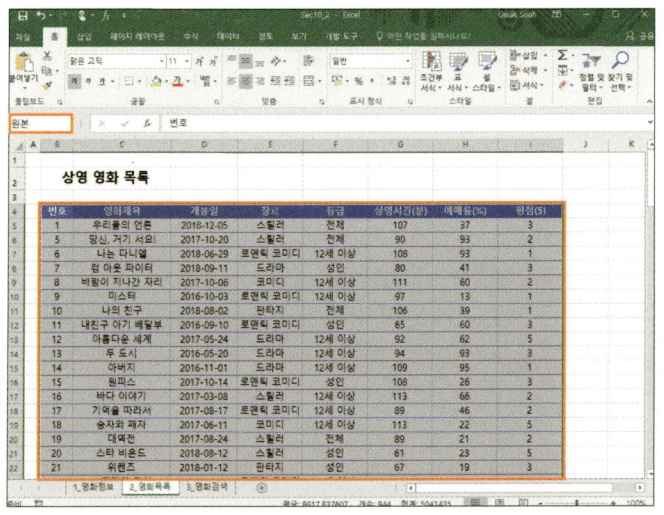

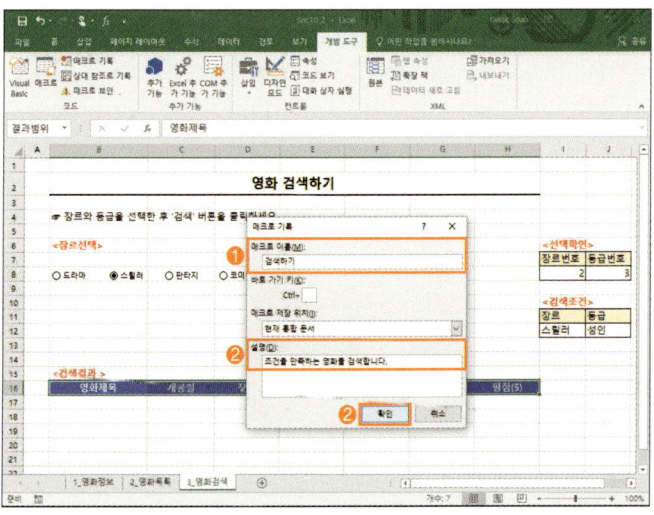

01 반복되는 작업을 매크로 기능으로 저장하면 필요할 때마다 쉽고 편하게 처리할 수 있습니다. 여기서는 양식 컨트롤로 선택한 조건들을 만족하는 영화를 검색해 보겠습니다. 매크로를 작성하기에 앞서 '2_영화목록' 워크시트의 [B4:I121] 셀 영역의 범위로 선택하고 이름상자에 "원본"을 입력하여 이름을 정의합니다.

02 이어서 '3_영화검색'워크시트의 [I11:J12] 셀 영역을 "조건범위"로, [B16:H16] 셀 영역을 "결과범위"로 각각 정의합니다.

셀 영역에 이름을 정의해 두면 수식을 작성하거나 이해하기가 수월합니다.

03 [개발 도구] – [코드]에서 [매크로 기록]()을 클릭합니다. [매크로 기록] 대화상자가 열리면 [매크로 이름]에 "검색하기"를, [설명]에 "조건을 만족하는 영화를 검색합니다."를 입력한 뒤 [확인] 단추를 클릭합니다.

[바로가기 키]는 매크로를 실행하기 위해 특정 키를 설정하는 것입니다. 엑셀에 내장된 단축키와 충돌하지 않도록 설정합니다.

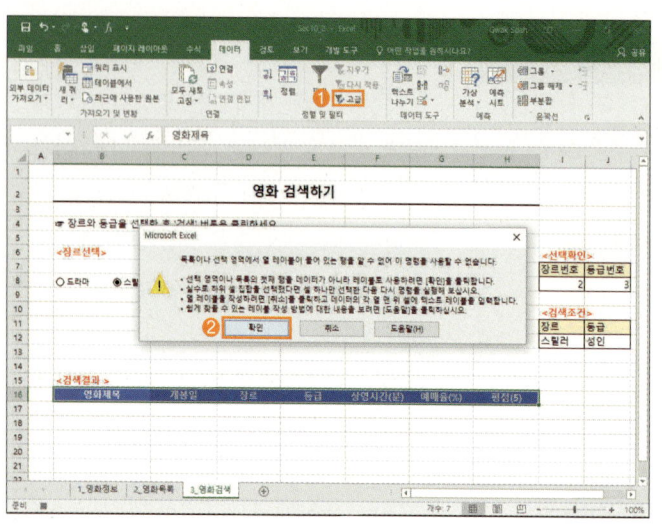

지금부터 "검색하기" 매크로에 포함시킬 작업과정을 순서대로 기록해야 합니다. [데이터] - [정렬 및 필터] - [고급]을 클릭합니다.

 강의노트

만약 이전 작업에 이어서 [B16:H16] 셀 영역이 블록으로 선택된 상태라면 [Microsoft Excel] 대화상자가 열립니다. 해당 영역을 데이터가 아니라 레이블로 사용하기 위해서는 [확인]을 클릭합니다.

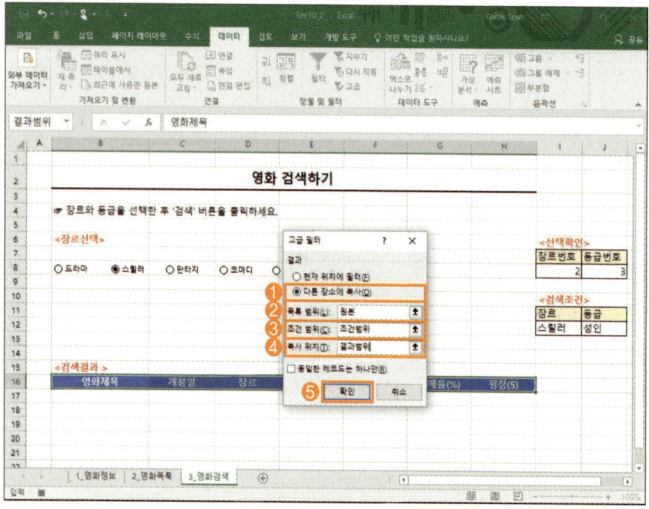

05 [고급 필터] 대화상자가 열리면 [결과]의 [다른 장소에 복사]를 선택하고 [목록 범위]에 "원본"을, [조건 범위]에 "검색조건"을, [복사 위치]에 "결과범위"를 입력하고 [확인]을 클릭합니다.

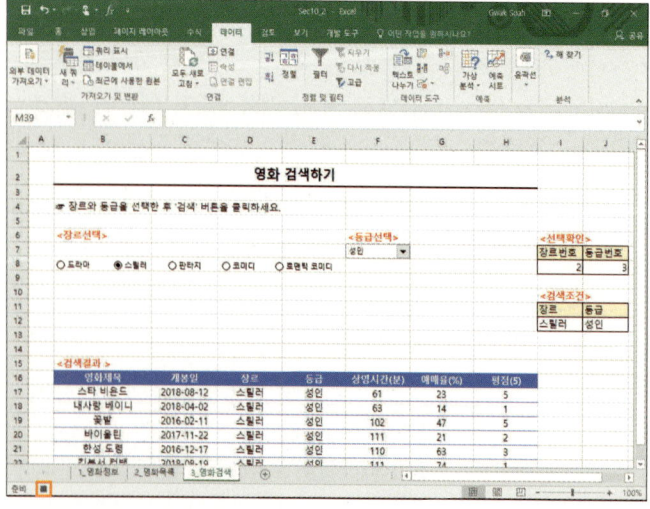

06 [B16] 셀부터 고급 필터로 검색한 데이터가 표시되면 상태 표시줄 왼쪽의 [기록 중지](■)를 클릭합니다. 그러면 매크로 기록이 중지되고 아이콘이 [매크로 기록](🔴)으로 변경됩니다.

 강의노트

[개발 도구] - [코드]에서 [기록 중지](■)를 클릭해도 됩니다.

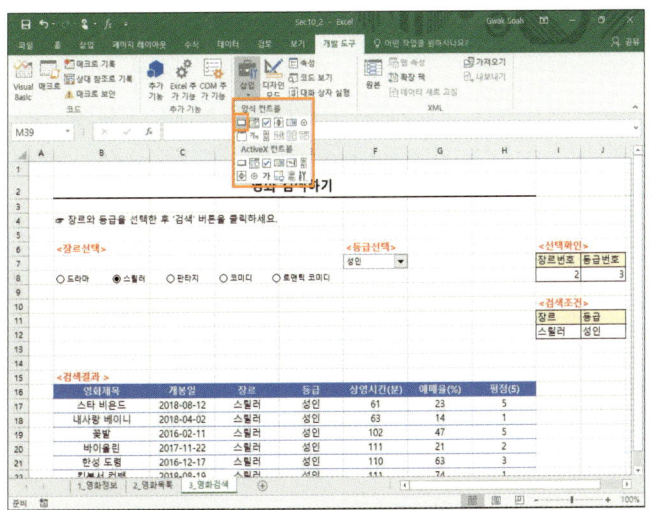

07 이번에는 매크로를 실행하기 위한 단추를 삽입해 보겠습니다. [개발 도구] – [컨트롤] – [삽입]에서 [단추](□)를 클릭합니다.

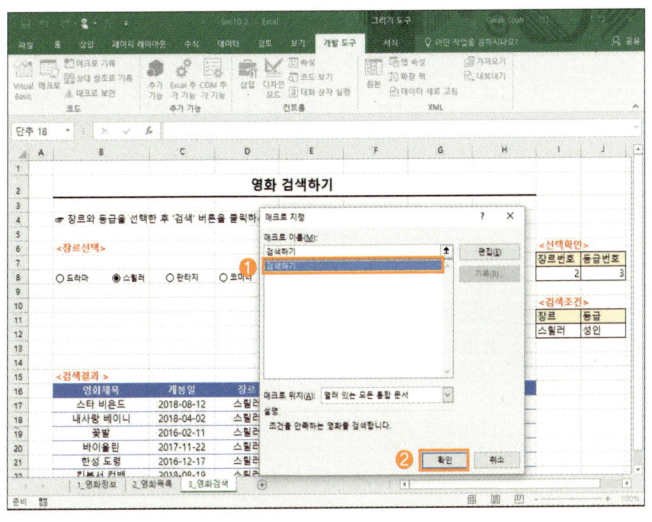

08 마우스 포인터가 +모양으로 변경되면 마우스로 드래그 하여 적당한 위치에 단추를 삽입하고 크기를 조절합니다. 그러면 [매크로 지정] 대화상자가 열립니다. [매크로 목록]에서 '검색하기'를 선택하고 [확인] 단추를 클릭합니다.

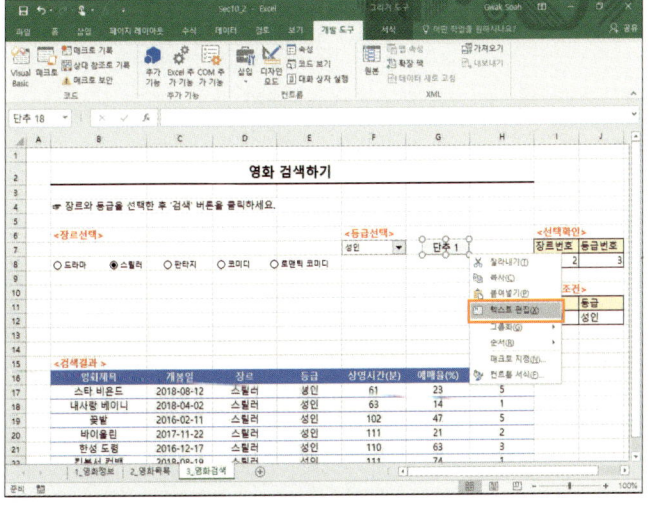

09 단추를 마우스 오른쪽 단추로 클릭하여 [텍스트 편집]을 클릭하고 "검색"으로 수정한 뒤 다시 마우스 오른쪽으로 클릭하여 [텍스트 편집 끝내기]를 클릭합니다.

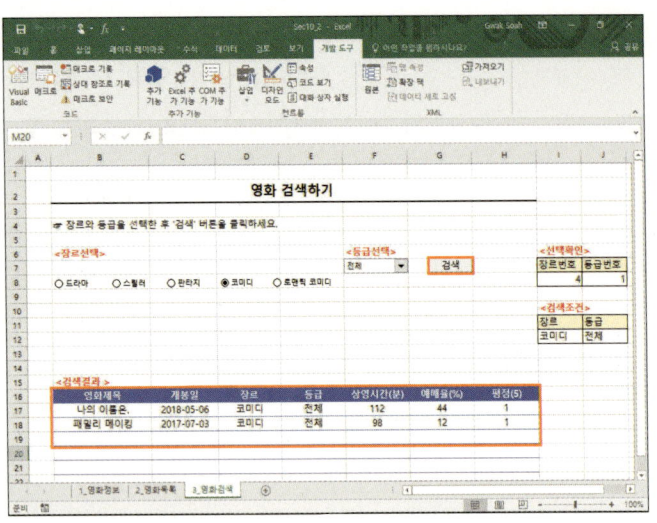

새로운 영화 장르와 등급을 선택하고 '검색' 단추를 클릭하여 '검색하기' 매크로가 제대로 실행되는지 확인합니다.

강의노트

현재까지 만들어진 매크로는 [개발 도구] – [코드]의 매크로(📋)를 클릭하고 [매크로] 대화상자에서 확인할 수 있습니다. 불필요한 매크로를 제거하기 위해서는 [매크로 목록]에서 특정 매크로를 선택하고 [삭제]를 클릭합니다.

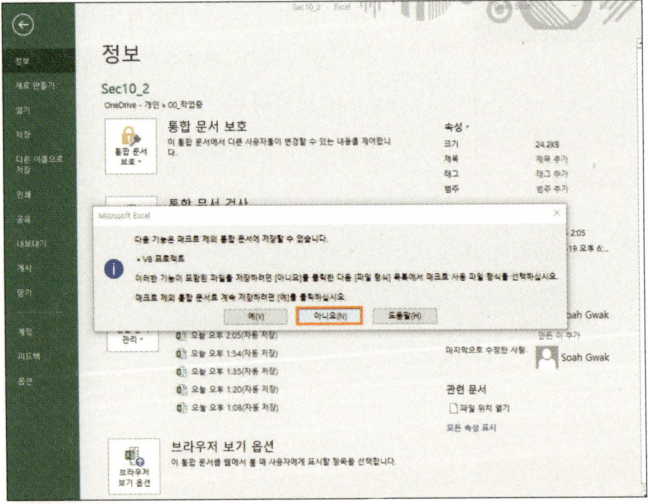

매크로 기능이 포함된 문서를 저장하기 위해 [파일] – [저장]을 클릭합니다. [Microsoft Excel] 대화상자가 열리면 매크로 기능을 포함하여 저장하기 위해 [아니오]를 클릭합니다.

강의노트

파일을 저장하려면 단축키 Ctrl + S 를 눌러도 됩니다.

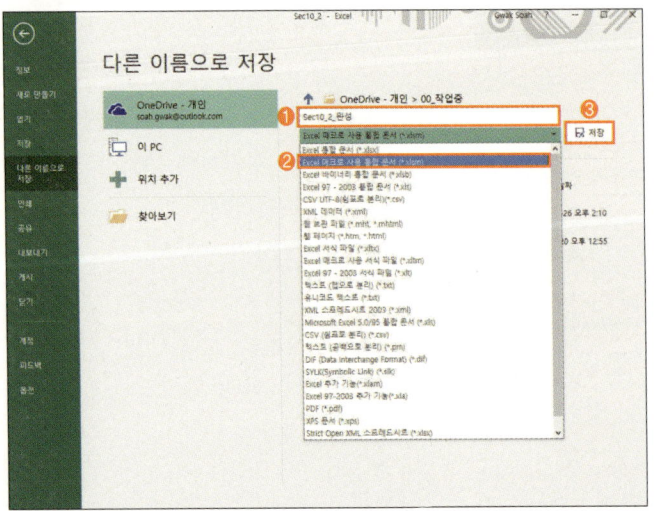

문서의 이름과 저장 위치를 지정한 뒤 문서 형식을 [Excel 매크로 사용 통합 문서 (*.xlsm)]으로 선택하고 [저장]을 클릭합니다.

강의노트

매크로 사용 문서를 처음 열면 리본 메뉴 아래에 보안 경고 메시지가 표시됩니다. 통합 문서에 들어있는 매크로를 사용하기 위해서는 [콘텐츠 사용]을 클릭해야 합니다. 한 번 [콘텐츠 사용]을 클릭해 두면 같은 동일한 컴퓨터에서 통합문서를 열 때 보안 경고 메시지가 다시 나타나지 않습니다.

 **매크로 편집하기**

매크로 기록은 VBA(Visual Basic for Applications)로 기록이 됩니다. 작성된 매크로의 코드를 확인하거나 편집하려면 VBE(Visual Basic Editor)를 이용합니다. 다음은 데이터를 오름차순으로 정렬하는 매크로를 내림차순으로 수정하여 적용하는 방법입니다.

1) 매크로 편집기 열기

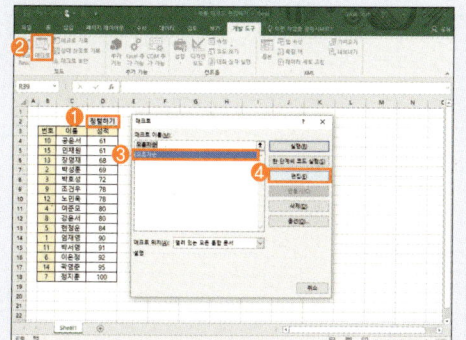

① '정렬하기' 단추를 클릭하여 낮은 성적부터 차례로 정렬합니다. (오름차순 정렬 매크로는 미리 만들어 두었습니다.)
② 매크로를 편집하기 위해 [개발도구] – [매크로]를 클릭합니다.
③ [매크로] 대화상자에서 '오름차순' 매크로를 선택하고 [편집]을 클릭합니다.

2) 매크로 편집하여 적용하기

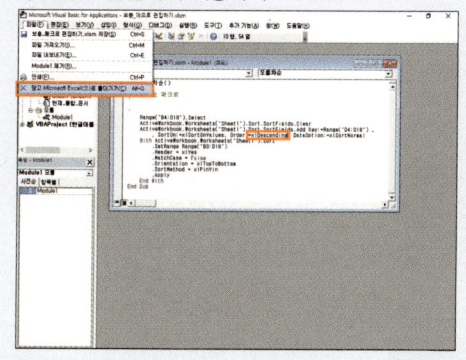

① VBE(Visual Basic Editor)가 열리면 코드에서 'xlAscending'을 'xlDescending'으로 수정합니다.
② [파일] – [닫고 Microsoft Excel(으)로 돌아가기]를 클릭합니다.
③ 엑셀화면에서 '정렬하기' 단추를 클릭하면 성적이 높은 순으로 정렬됩니다.

 정리 한마당

- [데이터] – [예측] – [예측 시트]를 클릭하여 미래의 값을 예측합니다.
- 시나리오는 워크시트에 계산되어 있는 자료를 토대로 여러 상황에 대한 결과를 예측해 줍니다.
- 목표값 찾기는 목표값을 결정한 후 변수의 값을 변화시켜 원하는 값을 찾아줍니다.
- 데이터 표는 한 개 또는 두 개의 변수를 사용하여 여러 개의 해답을 한 번에 구하는 셀 범위입니다.
- [데이터] – [예측] – [가상 분석]에서 시나리오, 목표값 찾기, 데이터 표 기능을 사용합니다.
- 양식 컨트롤과 매크로를 사용하기 위해서는 리본 메뉴에 [개발 도구]를 추가합니다.
- 양식 컨트롤은 데이터를 쉽게 입력하고 편집할 수 있는 도구로 [개발 도구] – [컨트롤] – [삽입] – [양식 컨트롤]을 클릭하여 원하는 양식을 삽입합니다.
- 매크로는 문서를 자동화 하는 기능으로 [도구] – [매크로] – [새 매크로 기록]을 클릭하여 추가합니다.
- 사용하기가 편리하고 보기 좋은 문서를 만들기 위해서는 양식 컨트롤과 매크로를 연결하여 사용합니다.

기초 문제

1 '기초_Sec10_1.xlsx' 파일을 열고 '생활물가지수' 워크시트에서 다음 지시에 따라 예측 시트를 삽입하세요.

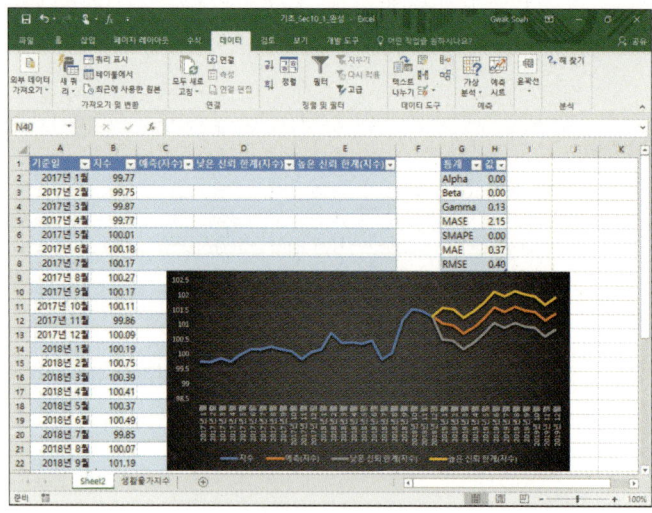

- 데이터 입력 : [B5:C29] 셀 영역
- 예측 종료일 : 2019년 12월 1일
- 예측 통계 표시
- 차트 종류 : 꺾은선형
- 차트 스타일 : 스타일 6

▲ 완성파일 : 기초_Sec10_1_완성.xlsx

> **힌트** • 예측 통계 표시하기 : [예측 워크시트 만들기] 대화상자에서 [옵션] – [예측 통계 포함]에 체크 표시합니다.

2 '기초_Sec10_2.xlsx' 파일을 열고 '손익계산서' 워크시트에서 다음 지시대로 시나리오를 작성하고, 예상 당기순이익을 알아보는 시나리오 요약 보고서를 작성하세요.

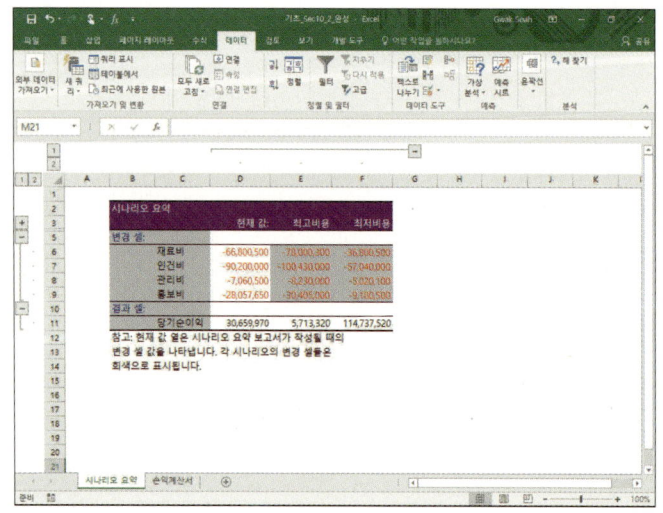

- 이름 정의 : [C8], [C9], [C10], [C11] 셀에 각각 '재료비', '인건비', '관리비', '홍보비'로 이름을 정의
- 시나리오 : [표2]를 참고하여 최고비용, 최저비용 시나리오 추가
- 시나리오 요약 : [C15] 셀을 예측

▲ 완성파일 : 기초_Sec10_2_완성.xlsx

심화 문제

1 '심화_Sec10_1.xlsx' 파일을 열고 '정기적금' 워크시트에서 다음 지시에 따라 데이터를 예측하세요.

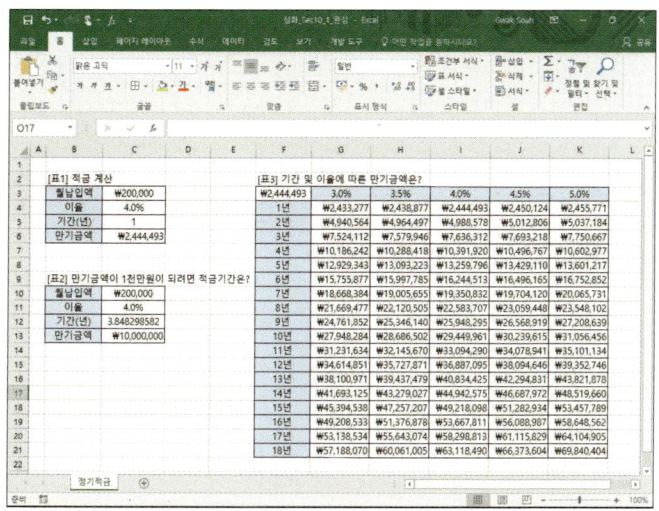

▲ 완성파일 : 심화_Sec10_1_완성.xlsx

- 만기금액 계산 : [C6] 셀에 "=FV(C4/12,C5*12,−C3)"를 입력하여 계산
- 목표값 찾기 기능 : [표2]의 만기금액 (C13)이 '10,000,000'이 되려면 납입 기간이 몇 년이 되어야 하는지 예측
- 데이터 표 기능 : [표3]의 기간 및 이율에 따른 만기금액 예측

힌트

- 'FV(이자율, 기간, 납입액)' 함수는 일정 금액을 고정된 이자율을 적용하여 일정 기간 동안 적립할 때 미래의 가치를 계산해 줍니다. 만기 금액은 기본적으로 음수로 표기되므로, 여기서는 양수로 표기하기 위해 납입액 앞에 음수 부호 "−"를 입력합니다.

2 '심화_Sec10_1.xlsx' 파일을 열고 '정기적금' 워크시트에서 다음 지시에 따라 문서를 자동화하세요.

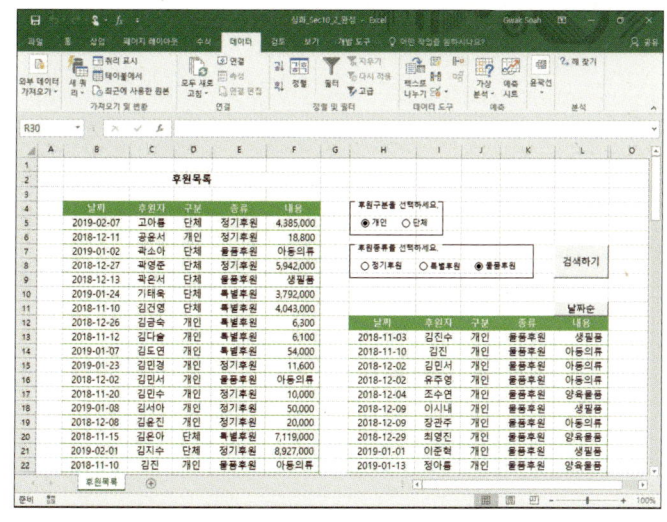

▲ 완성파일 : 심화_Sec10_2_완성.xlsx

① 양식 컨트롤
- 옵션 단추 : 후원구분을 '개인', '단체'로 선택, 후원종류를 '정기후원', '특별후원', '물품후원'으로 선택
- 그룹 상자 : 후원구분과 후원종류 옵션 단추들을 각각의 그룹상자로 묶음

② 매크로
- 검색하기 매크로 : 선택한 후원구분과 후원종류 조건에 맞는 데이터를 검색
- 날짜순 매크로 : 검색된 데이터를 날짜 순으로 정렬

③ 문서 저장
- 불필요한 행 숨기기 : L, M 행 전체를 숨기기
- 매크로 사용 통합 문서로 저장 : 파일 확장자를 "*.xlsm"으로 저장

힌트
- 그룹상자 삽입 : 그룹상자는 여러 개의 옵션 단추를 한 그룹의 옵션으로 설정해 줍니다. [개발 도구] – [컨트롤] – [삽입] – [양식 컨트롤]에서 [그룹 상자]( )를 클릭합니다. 마우스 포인터가 +모양으로 변경되면 다섯 개의 옵션 단추들을 모두 둘러싸도록 그립니다.

p.a.r.t **02**

11 section

PowerPoint 2016 시작하기

파워포인트(PowerPoint)는 프레젠테이션을 효과적으로 작성하고 발표하기 위해 시각적 보조 자료로 사용하는 소프트웨어입니다. Section11에서는 프레젠테이션 문서 작성에 가장 기본적이고 중요한 기능들을 학습합니다. Section11에서는 파워포인트 2016의 화면과 주요 기능을 살펴보고 새 프레젠테이션을 만들고 저장하는 방법을 살펴봅니다. 그리고 슬라이드를 추가·이동·복제 및 삭제하는 방법과 다양한 보기 형식을 적용하는 방법, 프레젠테이션 문서를 인쇄하는 방법들을 학습합니다.

결과 미리보기

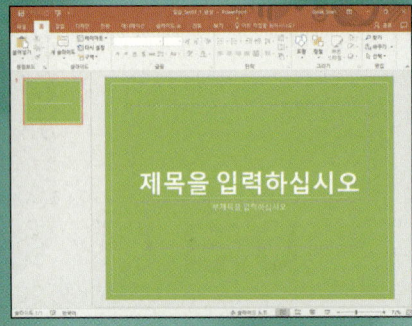

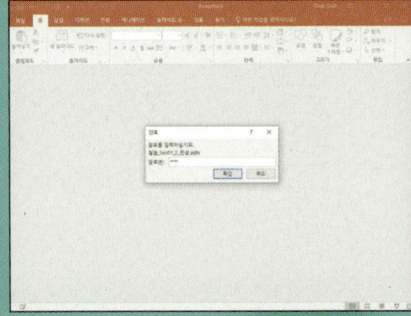

▲ 준비 파일 : 실습_Sec01_1.pptx
　완성 파일 : 실습_Sec01_1_완성.pptx

▲ 준비 파일 : 실습_Sec01_2.pptx
　완성 파일 : 실습_Sec01_2_완성.pptx

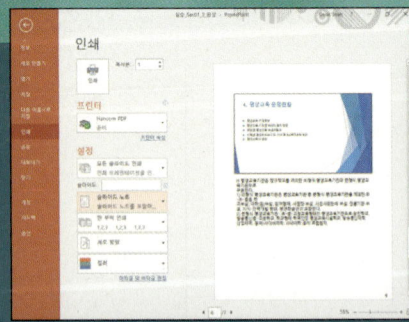

▲ 준비 파일 : 실습_Sec01_3.pptx
　완성 파일 : 실습_Sec01_3_완성.pptx

Powerpoint 1 | PowerPoint 2016 시작하기

파워포인트 2016을 실행하면 최근에 열었던 프레젠테이션 문서를 목록으로 확인할 수 있으며, 최근 항목에 표시되지 않은 문서는 검색하여 열 수 있습니다. 파워포인트 2016의 실행 화면과 화면 구성을 살펴보고 주요 메뉴의 기능과 위치를 살펴봅니다.

직접 해보기 **파워포인트 2016 실행하기**

❶ **온라인 검색 상자 :** 키워드를 입력하여 온라인에서 원하는 서식 파일 및 테마를 검색하고 선택할 수 있습니다.

❷ **사용자 계정 :** 로그인한 사용자의 계정과 등록한 사진이 표시됩니다. 계정을 전환하거나 추가할 수 있으며, 로그아웃할 수 있습니다.

❸ **최근 항목 :** 최근에 작업한 문서 이름과 문서 위치가 목록으로 표시됩니다. 목록에서 원하는 문서를 선택하면 빠르게 실행할 수 있습니다.

❹ **다른 프레젠테이션 열기 :** 최근 항목에 표시되지 않은 다른 문서를 검색하여 열 수 있습니다.

❺ **새 프레젠테이션 :** 새로 작업할 프레젠테이션입니다.

❻ **서식 파일 :** 파워포인트 2016에서 기본적으로 제공하는 서식파일입니다.

직접 해보기 파워포인트 2016 화면 구성 살펴보기

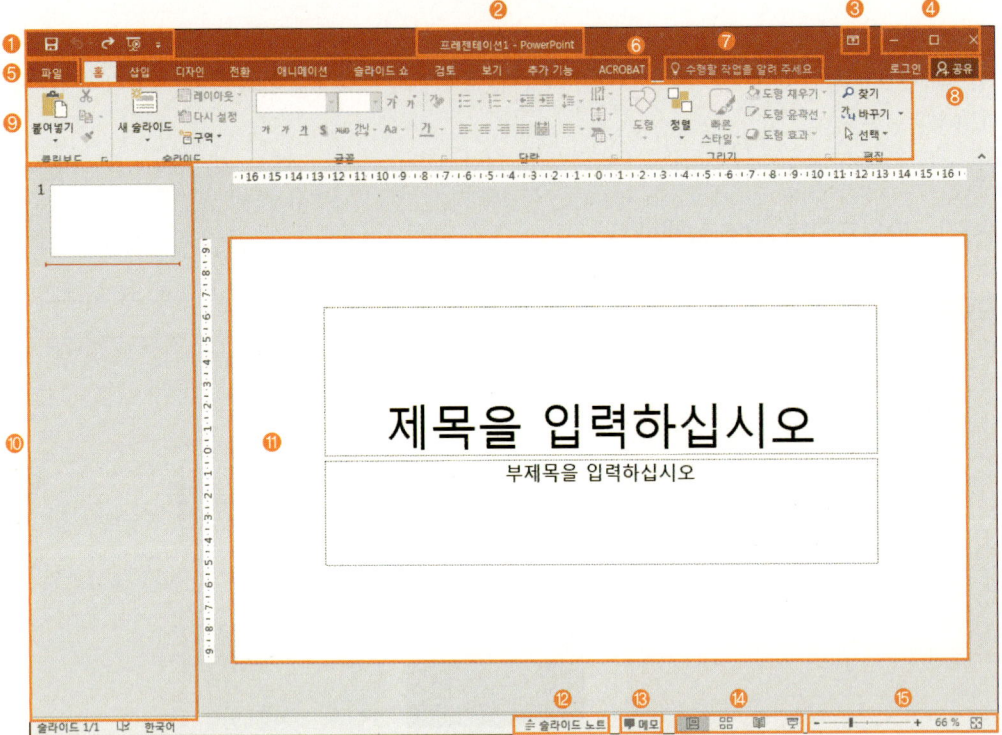

❶ **빠른 실행 도구 모음** : 자주 사용하는 도구를 모아놓은 곳으로, 사용자의 필요에 따라 도구를 추가 또는 삭제할 수 있습니다.

❷ **제목 표시줄** : 현재 실행 중인 파일 이름과 프로그램 이름이 표시되며, 창 조절 단추로 구성되어 있습니다.

❸ **[리본 메뉴 표시 옵션] 단추** : 리본 메뉴의 탭과 명령 단추들을 모두 표시하거나 숨길 수 있습니다.

❹ **창 조절 단추** : 창의 크기를 조절하거나 프로그램을 종료할 수 있습니다.

❺ **[파일] 단추** : 파일을 열고 닫거나 저장 및 인쇄 할 수 있으며 인쇄, 공유, 내보내기 등의 기능이 가능합니다.

❻ **탭** : 각각의 탭을 클릭하면 해당 도구 모음이 나타납니다.

❼ **설명 상자** : 파워포인트 2016의 새로운 기능으로 사용할 기능의 키워드를 입력하면 관련 기능 및 도움말을 목록으로 보여 줍니다.

❽ **공유** : 계정으로 로그인한 사용자들은 해당 문서를 서로 공유할 수 있습니다. 문서를 작업하고 있는 사용자를 확인할 수 있으며 공유옵션을 지정할 수 있습니다.

❾ **리본메뉴** : 여러 개의 탭과 그룹, 명령으로 구성되어 있습니다.

❿ **내비게이터** : 문서를 편집하는 동안 프레젠테이션의 슬라이드가 축소판 그림으로 표시되며, 문서의 순서를 정하거나 여러 장의 슬라이드를 다룰 때 사용합니다.

⓫ **슬라이드 창** : 현재 작업하는 슬라이드가 크게 표시되며, 텍스트를 추가하고 다양한 개체 및 효과를 삽입하고 편집할 수 있다.

⓬ **슬라이드 노트** : 현재 작업하는 슬라이드와 관련된 노트를 입력할 수 있습니다. 노트를 입력하여 발표자용 서브노트로 사용할 수 있습니다.

⓭ **메모** : 슬라이드의 내용을 변경할 때 어떤 내용을 누가 변경했는지 메모에 입력하고 확인할 수 있습니다.

⓮ **화면보기 단추** : 원하는 문서 보기 상태로 변환할 수 있는 단추입니다.

⓯ **확대/축소 슬라이더** : 슬라이드의 화면을 확대/축소할 수 있습니다.

Powerpoint 2 | 새 프레젠테이션 만들기

파워포인트 2016에서는 다양한 서식 파일과 테마를 제공하고 있어서 누구나 쉽고 편리하게 프레젠테이션 문서를 작성할 수 있습니다. 테마를 적용하여 새 프레젠테이션 문서를 만들고 저장하는 방법과 암호를 설정하여 프레젠테이션 문서를 보호하는 방법을 살펴봅니다.

직접 해보기 기본테마 적용하여 새 프레젠테이션 만들기

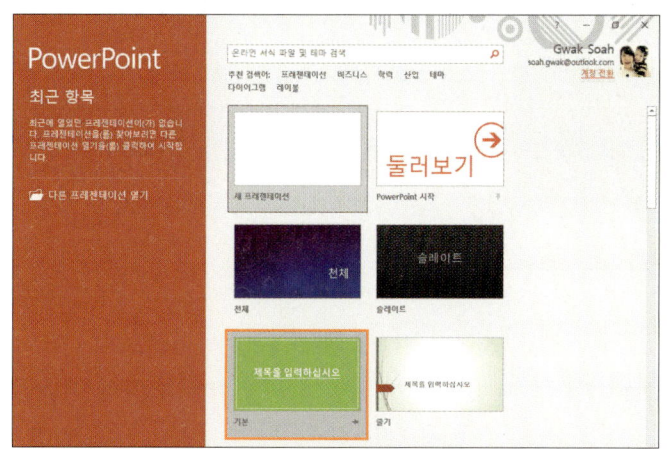

01 파워포인트 2016을 실행하면 몇 가지 기본 제공 테마와 서식 파일이 표시됩니다. [새 프레젠테이션]을 클릭하면 테마나 서식이 없는 빈 프레젠테이션이 만들어집니다. 여기서는 테마를 적용하여 새 프레젠테이션을 만들기 위해 [기본] 테마를 클릭합니다.

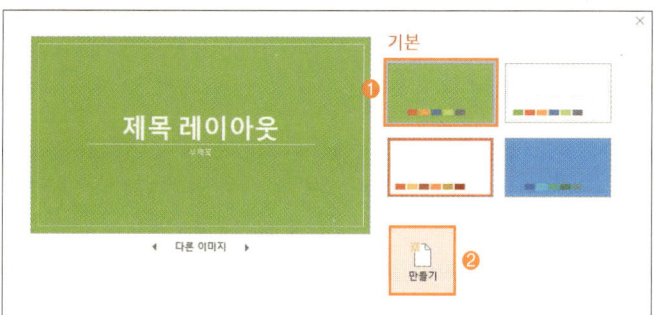

02 선택한 테마를 변경할 수 있는 색상과 패턴이 표시되면 원하는 색상을 클릭하고 [만들기]( )를 클릭합니다.

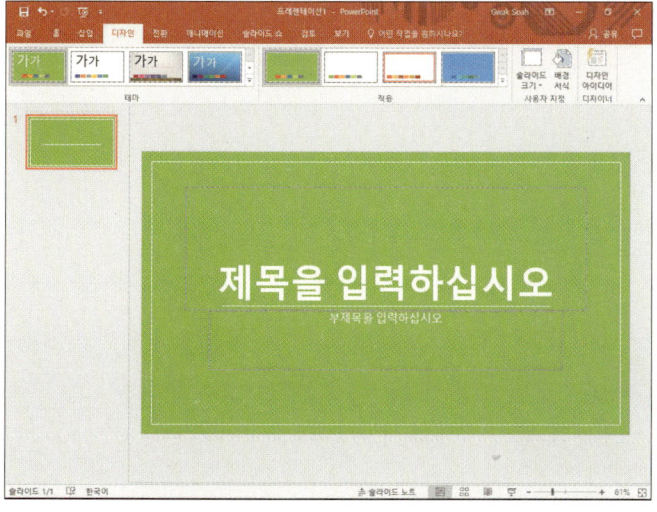

03 그러면 [기본] 테마가 적용된 새 프레젠테이션이 만들어집니다.

서식 파일은 슬라이드의 청사진으로 레이아웃, 테마 색, 테마 글꼴, 테마 효과, 배경 스타일은 물론 콘텐츠를 일컫습니다. 테마는 서로 어울리는 색, 글꼴, 특수 효과(예: 그림자, 반사 등)가 포함된 슬라이드 디자인입니다. 즉, 테마는 서식보다 좀 더 큰 개념으로 파워포인트에서 제공하는 디자인 요소의 집합입니다.

직접 해보기 슬라이드 크기 및 테마 변경하기

01 파워포인트 2016에서는 기본 16:9 비율의 와이드 스크린으로 설정되어 있습니다. 슬라이드의 크기를 변경하기 위해 [디자인] – [사용자 지정]에서 [슬라이드 크기](□)를 클릭하고 [표준(4:3)]을 클릭합니다.

 강의노트

[사용자 지정 슬라이드 크기]에서는 슬라이드의 크기, 방향 및 시작 번호를 직접 설정할 수 있습니다.

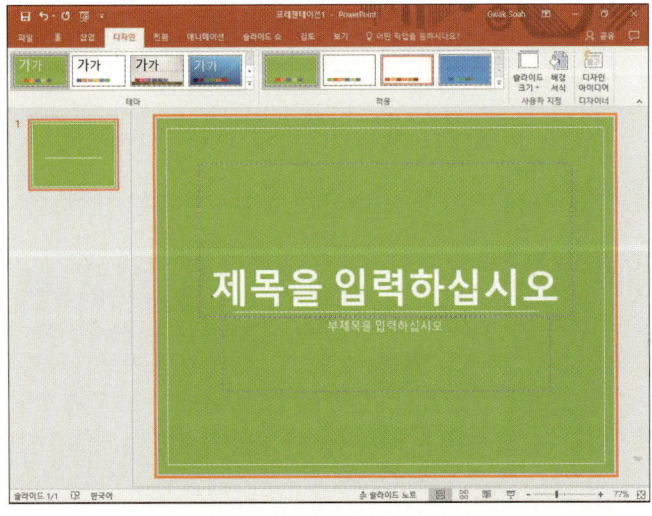

02 [Microsoft Powerpoint] 대화 상자가 열리면 [맞춤 확인]을 클릭합니다.

 강의노트

[최대화]는 슬라이드 크기는 변경되지만 슬라이드에 있는 개체의 원래 크기는 유지합니다. 따라서 원래 개체가 슬라이드에 맞지 않을 수 있습니다. 반면, [맞춤 확인]은 슬라이드의 크기에 맞게 개체의 크기를 자동으로 변경합니다.

03 슬라이드의 크기가 표준으로 변경된 것을 확인합니다.

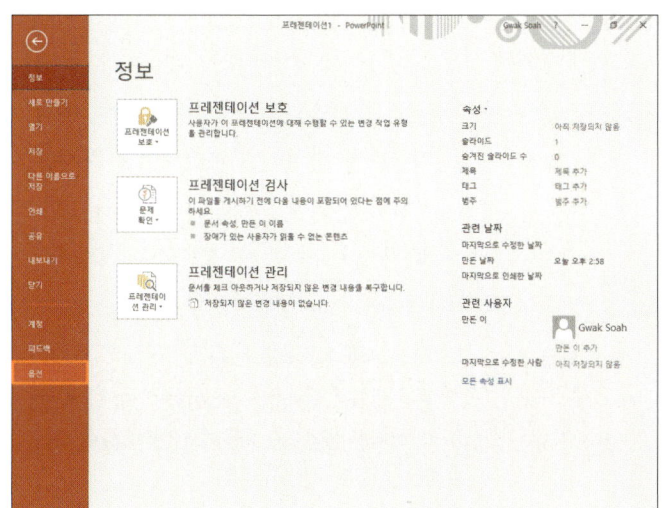

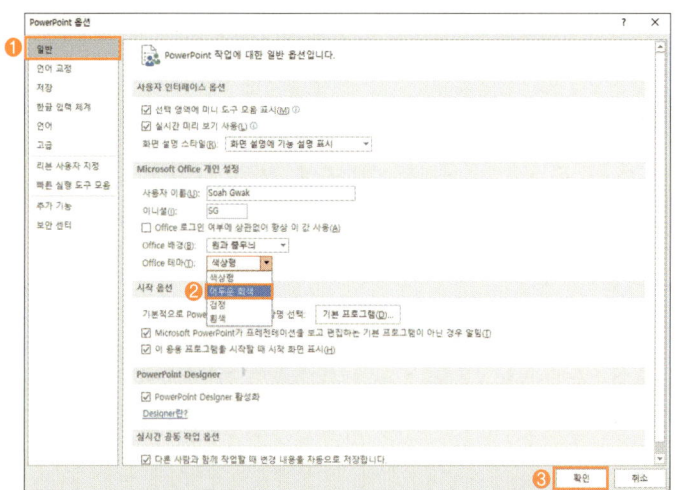

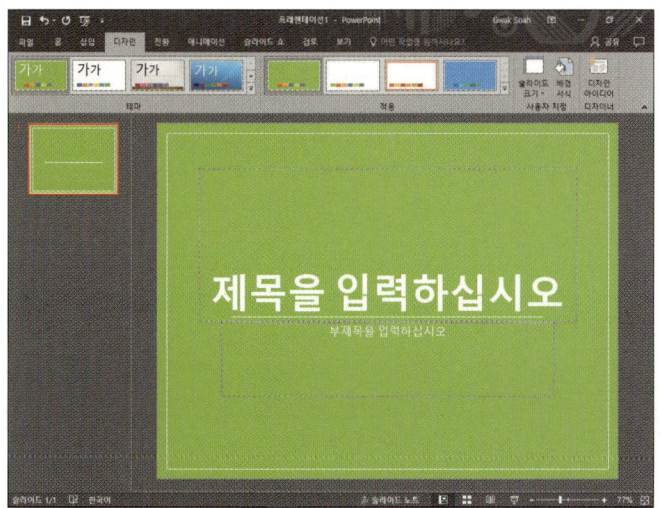

이번에는 파워포인트의 배경 색을 변경하려고합니다. [파일] – [옵션]을 클릭합니다.

파워포인트 2016의 새로운 기능으로 파워포인트에 색상형, 어두운 회색, 검은색 및 흰색 등 네 가지 테마를 적용할 수 있습니다.

[Powerpoint 옵션] 대화상자에서 [일반] – [Microsoft Office 개인 설정]의 [Office 테마]의 목록 단추(▾)를 클릭하여 [어두운 회색]을 선택하고 [확인]을 클릭합니다.

파워포인트의 테마색이 어두운 회색으로 변경된 것을 확인합니다.

문서에 적용된 테마의 종류 변경하려면 [디자인] – [테마]에서 자세히 단추(▾)를 클릭하고 원하는 테마를 클릭합니다.

직접 해보기   프레젠테이션 저장하기

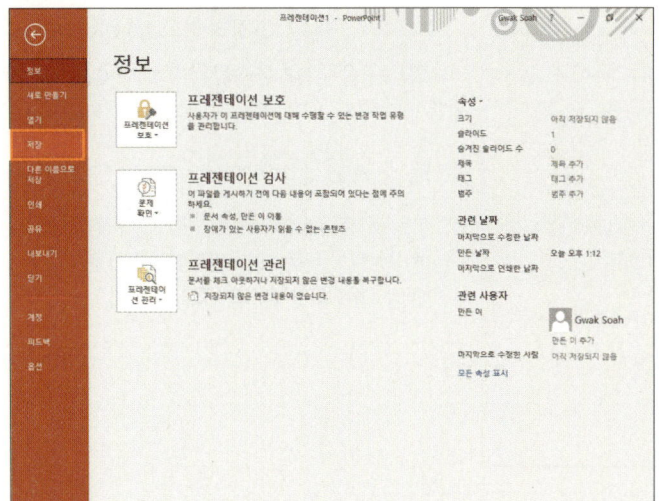

01 파워포인트의 테마색을 다시 '색상형'으로 변경합니다. 이제 지금까지 작성한 프레젠테이션 문서를 저장하기 위해 [파일] – [저장]을 클릭합니다.

 강의노트

통합 문서를 저장하는 단축키는 `Ctrl`+`S`입니다. 빠른 실행 도구 모음에서 [저장]( )을 클릭해서 저장할 수도 있습니다.

02 프레젠테이션을 처음 저장한다면 [다른 이름으로 저장] 화면이 보입니다. [찾아보기]를 클릭하여 [다른 이름으로 저장] 대화상자가 열리면 파일을 저장할 경로를 지정하고 [파일 이름]에 "실습_Sec01_1_완성"을 입력한 후 [저장]을 클릭합니다.

 강의노트

기본으로 저장되는 파일 형식은 '파워포인트 프레젠테이션 (*.pptx)'입니다. [파일 형식 목록]에서 PDF(*.pdf)를 비롯한 다른 파일의 형식으로도 저장할 수 있습니다.

03 통합 문서가 저장되면 제목 표시줄에 파일 이름이 표시됩니다.

강의노트

내 컴퓨터에 저장한 문서를 실행하려면 [파일] 탭에서 [열기]를 선택하고 [열기] 대화상자에서 원하는 파일을 클릭합니다. 파워포인트 프로그램을 종료하였다가 다시 실행할 경우 최근 작업한 파일이 목록으로 보입니다. 이 목록 중에서 원하는 파일을 클릭하면 해당 문서가 실행됩니다.

직접 해보기   암호로 프레젠테이션 보호하기

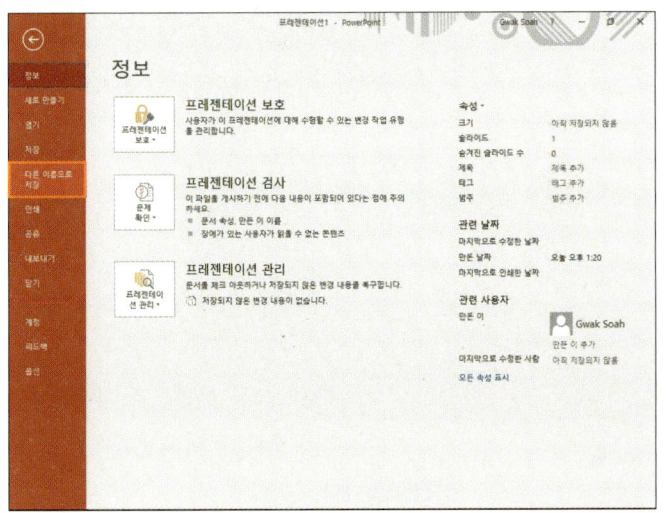

01 프레젠테이션에 개인정보 및 기업정보와 같은 민감한 내용이 포함 된 경우에는 암호를 설정하여 프레젠테이션을 보호할 수 있습니다. 현재 프레젠테이션 문서에 암호를 설정하여 저장하기 위해 [파일] – [저장] – [다른 이름으로 저장]을 클릭합니다.

02 [다른 이름으로 저장] 대화상자에서 파일 저장 경로를 선택하고 파일 이름은 "실습_Sec01_2_완성"을 입력합니다. 통합문서에 암호를 지정하기 위해 [도구] – [일반 옵션]을 클릭합니다.

03 [일반 옵션] 대화상자가 열리면 [열기 암호]에 "1111"을 입력하고 [확인]을 클릭합니다.

[열기 암호]는 문서를 열람하기 위해 입력해야 하는 암호입니다. 다른 사용자가 프레젠테이션 내용을 변경하지 못하도록 보호하기 위해서는 [쓰기 암호]까지 입력합니다.

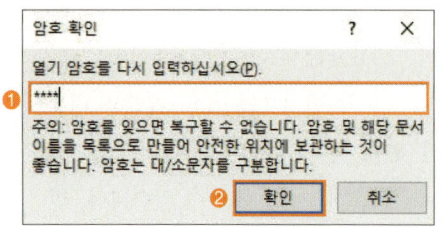

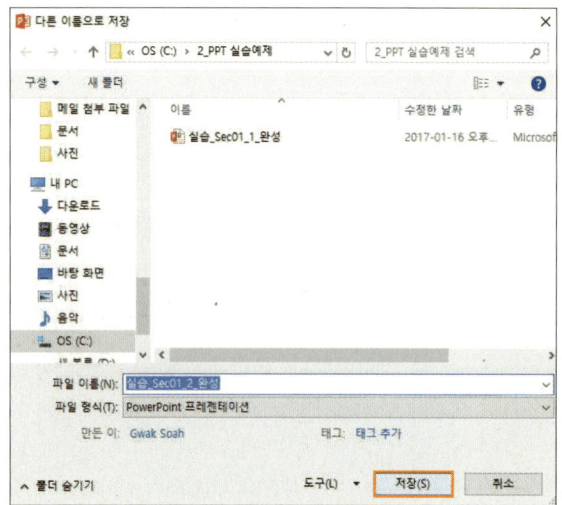

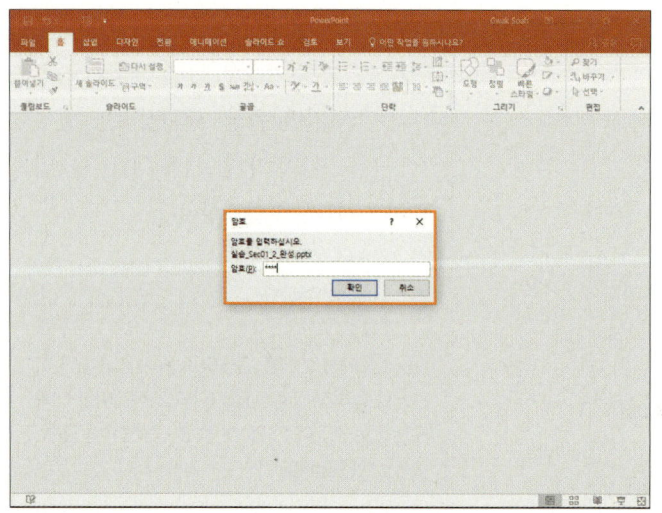

04 [암호 확인] 대화상자가 열리면 [암호 다시 입력]에 "1111"을 입력하고 [확인]을 클릭합니다.

05 다시 [다른 이름으로 저장] 대화상자로 돌아오면 [저장]을 클릭합니다.

기존의 파일과 동일한 경로, 동일한 이름으로 저장할 경우 새로운 파일로 덮어쓰기가 됩니다.

06 저장한 문서를 종료하였다가 다시 열면 문서가 보호되어 있다는 [암호] 대화상자가 열립니다. [암호]에 "1111"을 입력하고 [확인]을 클릭하여 문서를 실행합니다.

암호를 해제하려면 [파일] – [정보] – [통합 문서 암호] – [암호 설정]을 클릭하여 [문서 암호화] 대화상자에서 암호를 지우고 [확인]을 클릭합니다.

Powerpoint 3 슬라이드 다루기

프레젠테이션 문서는 여러 개의 슬라이드로 구성되어 있습니다. 새로운 슬라이드를 추가해 보고, 원하는 슬라이드를 이동 · 복제 및 삭제하는 방법들을 살펴봅니다. 그리고 여러 개의 슬라이드를 구역으로 나누어 의미 있는 그룹으로 만들어봅니다.

직접 해보기 슬라이드 추가 및 레이아웃 변경하기

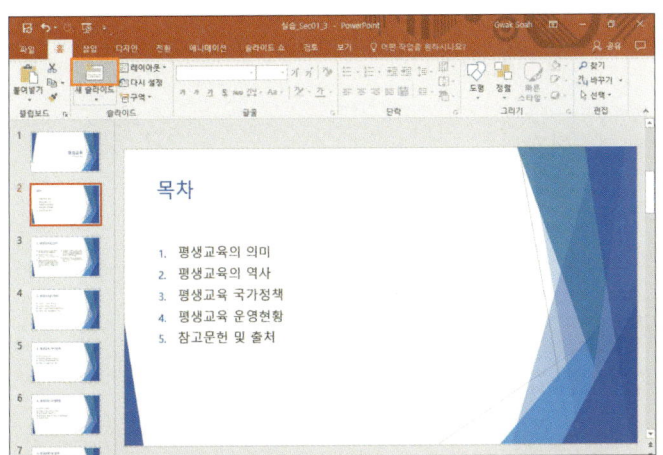

01 '실습_Sec01_3.xlsx' 파일을 열고 내비게이터에서 2번 슬라이드를 선택합니다. [홈] - [슬라이드]에서 [새 슬라이드]( )를 클릭합니다.

새 슬라이드를 만드는 단축키는 Ctrl + M입니다.

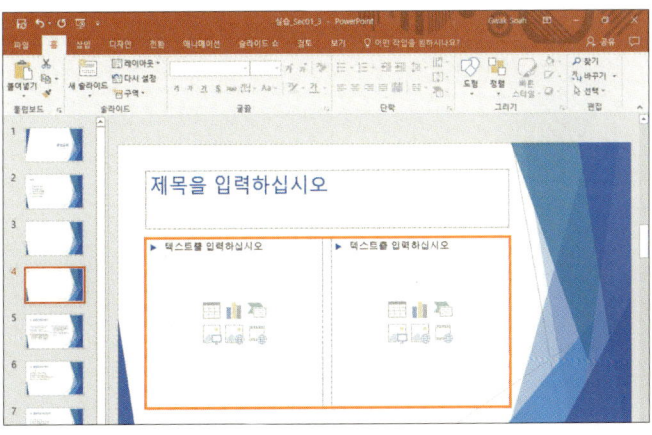

02 2번 슬라이드 다음에 새로운 슬라이드가 추가됩니다. 이번에는 다른 레이아웃을 적용하여 새로운 슬라이드를 만들어보겠습니다. [홈] - [슬라이드] - [새 슬라이드]의 목록 단추( )를 클릭하고 [콘텐츠 2개]를 클릭합니다.

03 새로 추가된 4번 슬라이드는 3번 슬라이드와는 다르게 콘텐츠를 2개 입력할 수 있습니다.

직접 해보기 슬라이드 이동, 복사, 삭제하기

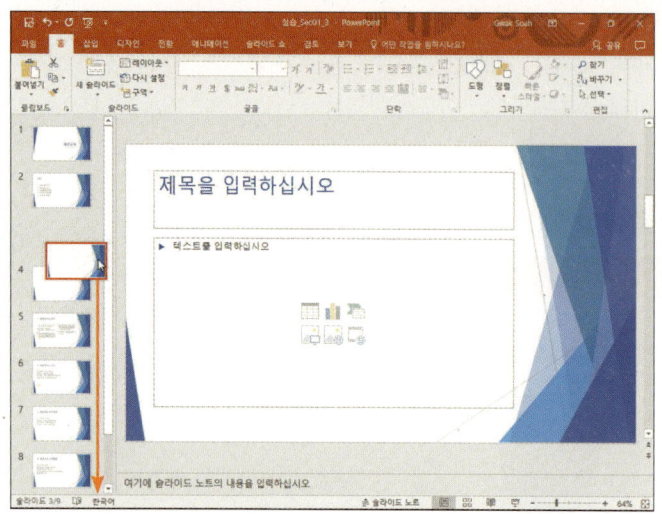

01 프레젠테이션 문서를 만들기 위해 슬라이드를 다루는 기본적인 방법을 알아보겠습니다. 먼저 3번 슬라이드를 맨 끝으로 이동시키려고 합니다. 내비게이터에서 3번 슬라이드를 클릭한 상태에서 맨 마지막 위치로 드래그합니다.

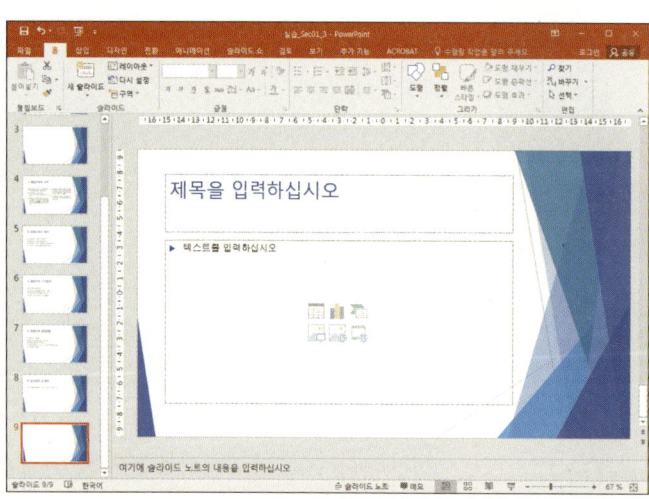

02 기존의 3번 슬라이드가 맨 마지막으로 이동한 것을 확인합니다.

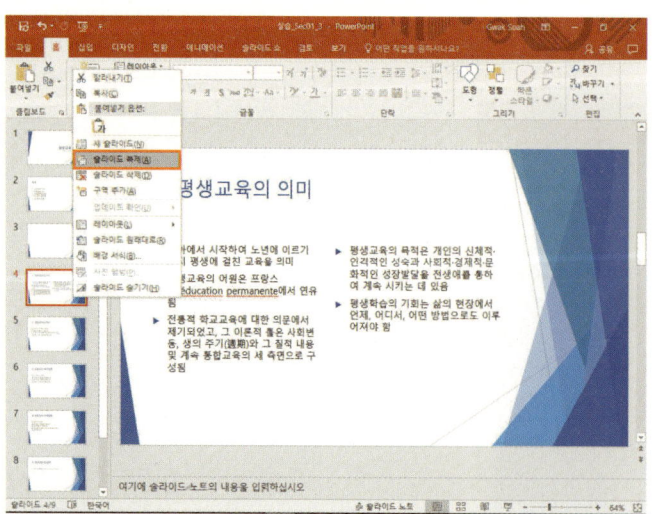

03 내비게이터에서 4번 슬라이드 위에서 마우스 오른쪽 단추를 클릭하여 [슬라이드 복제]를 클릭합니다.

슬라이드 복제 단축키는 Ctrl + D 입니다.

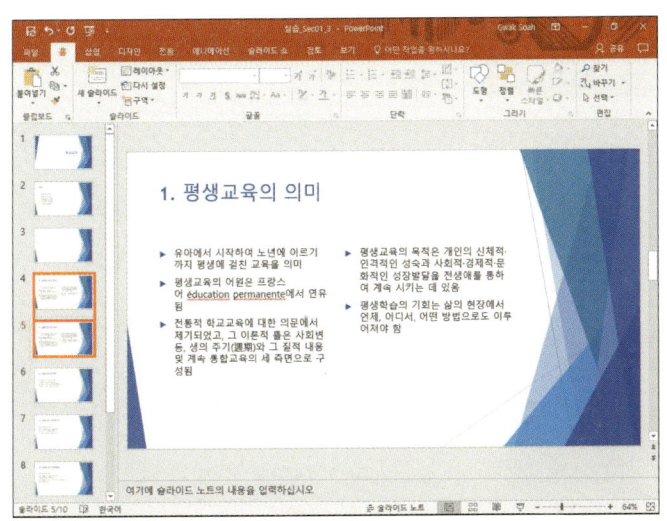

04 4번 슬라이드 아래에 슬라이드가 복제된 것을 확인합니다.

'복사'와 '복제'는 다른 기능입니다. 슬라이드 복제는 선택한 슬라이드 바로 밑에 같은 슬라이드가 삽입되는 것으로, 원본 슬라이드와 인접한 위치에 슬라이드를 복사할 때에는 '복제' 기능을 사용하는 것이 편리합니다.

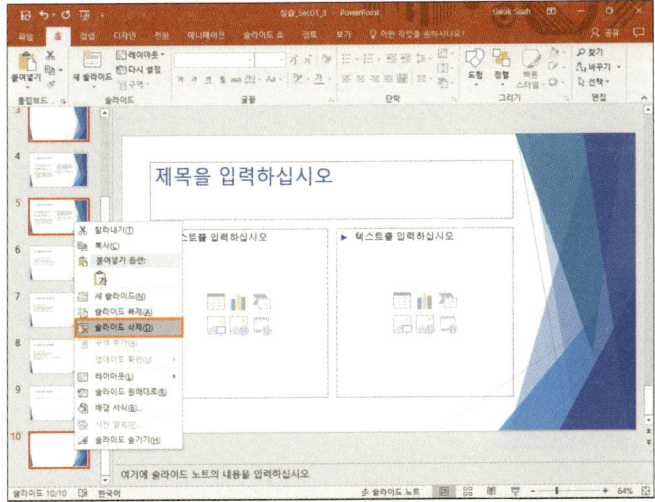

05 한 번에 여러 슬라이드를 삭제하기 위해 Ctrl 을 누른 상태에서 3번, 5번, 10번 슬라이드를 클릭한 후 마우스 오른쪽 버튼을 클릭하고 [슬라이드 삭제]를 클릭합니다.

내비게이터에서 여러 개의 슬라이드를 한 번에 선택할 수 있습니다. 선택할 슬라이드가 연속적일 경우 첫 번째 슬라이드를 선택하고 Shift 를 누른 상태에서 마지막 슬라이드를 클릭합니다. 선택할 슬라이드가 비연속적일 경우 Ctrl 을 누른 상태에서 여러 개의 슬라이드를 클릭합니다.

06 슬라이드가 삭제된 것을 확인합니다.

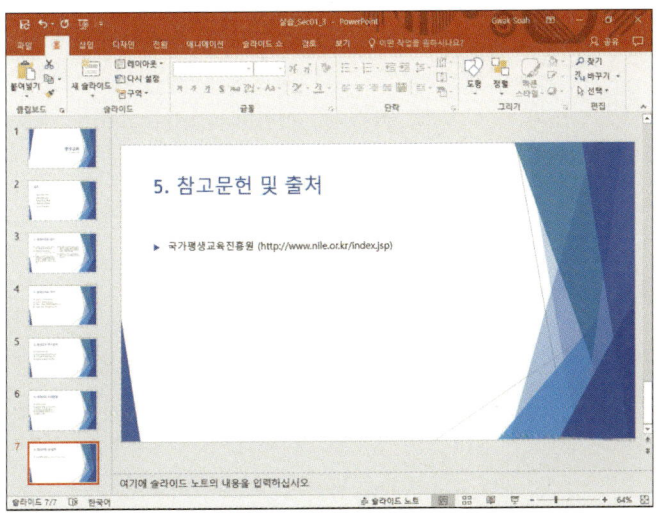

직접 해보기 **구역 나누기**

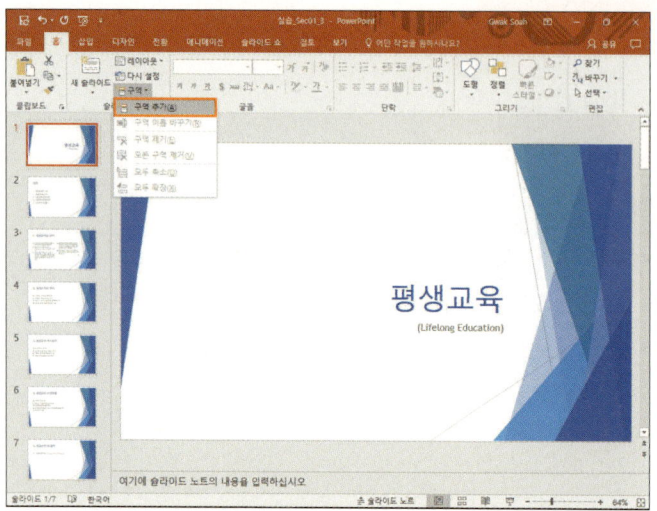

파워포인트에서는 여러 개의 슬라이드를 그룹으로 묶어 관리할 수 있습니다. 내비게이터에서 1번 슬라이드를 클릭하고 [홈] – [슬라이드] – [구역] – [구역 추가]를 클릭합니다.

PC에서 폴더를 사용하여 파일을 구성하는 것처럼 프레젠테이션에서 구역을 사용하면 슬라이드를 의미 있는 그룹으로 구성할 수 있습니다.

O2 새로 추가된 구역의 이름을 마우스 오른쪽 버튼으로 클릭하고 [구역 이름 바꾸기]를 클릭합니다.

O3 [구역 이름 바꾸기] 대화상자가 열리면 [구역 이름]에 "표지 및 목차"를 입력하고 [이름 바꾸기]를 클릭합니다.

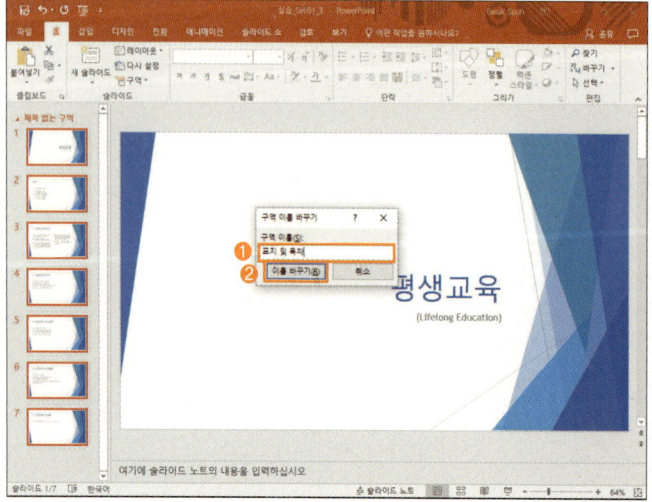

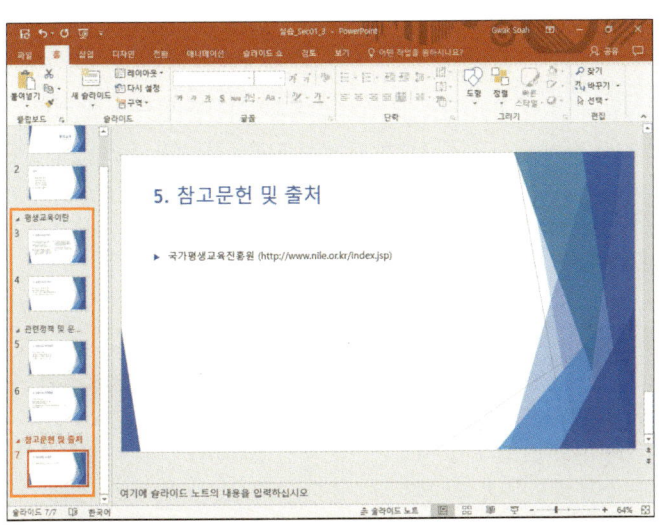

04 같은 방법으로 아래와 같이 각 슬라이드에 새 구역을 추가하고 구역 이름을 변경합니다.

- 3번 : 평생교육이란
- 5번 : 관련정책 및 운영현황
- 7번 : 참고문헌 및 출처

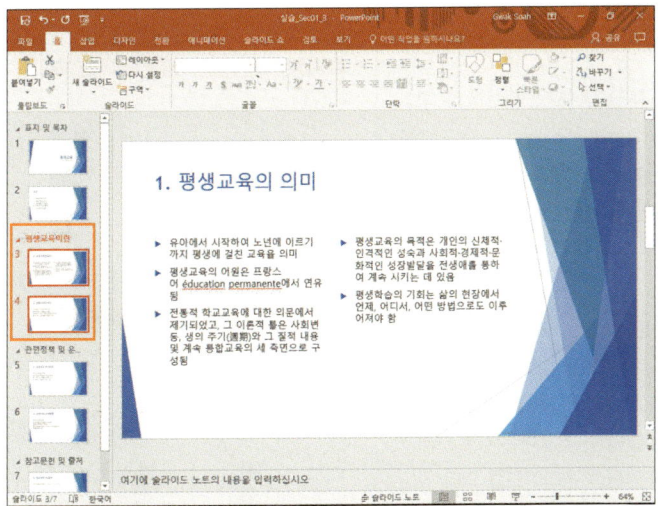

05 내비게이터에서 [평생교육이란] 구역 바를 클릭합니다. 그러면 구역 내에 있는 모든 슬라이드가 선택됩니다.

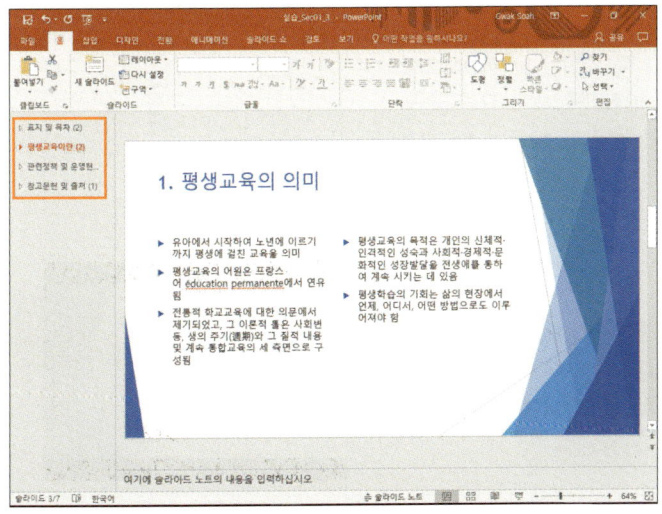

06 [평생교육이란] 구역 바의 왼쪽에 있는 구역 축소 단추(◢)를 클릭합니다. 그러면 해당 구역이 닫히고 구역 이름과 해당 슬라이드의 수가 표시됩니다. 같은 방법으로 다른 구역을 모두 닫습니다.

구역 확장 단추(▶)를 클릭하면 구역의 슬라이드를 표시합니다.

Powerpoint 4 | 슬라이드 보기 설정하기

파워포인트에서는 다양한 방식으로 슬라이드를 표시할 수 있습니다. 일부 보기는 프레젠테이션을 만드는 데 적합하고 일부 보기는 프레젠테이션을 진행하는 데 적합하므로 보기 형식들의 특징을 잘 알아두어야 합니다. 슬라이드의 다양한 보기형식을 살펴보고 슬라이드 쇼를 진행하는 방법을 학습합니다.

직접 해보기 프리젠테이션의 보기 형식 살펴보기

보기형식	특징	보기 화면
기본 보기	파워포인트를 실행했을 때 보이는 가장 기본적인 화면으로, 슬라이드 내용을 편집할 때 사용합니다. 화면 왼쪽에는 슬라이드 축소판 그림이 표시되어 있고, 큰 창에는 현재 슬라이드가 표시되어 있으며, 현재 슬라이드의 아래쪽 구역에는 해당 슬라이드에 대한 발표자 노트를 입력할 수 있습니다.	
개요 보기	개요 보기에서는 프레젠테이션이 각 슬라이드의 제목과 주 텍스트로 구성된 개요 형태로 표시됩니다. 이때 각 제목은 개요 탭을 포함하는 창의 왼쪽에 슬라이드 아이콘 및 슬라이드 번호와 함께 나타나고, 주 텍스트는 슬라이드 제목보다 한 수준 아래에 나타납니다. 프레젠테이션의 개요나 스토리보드를 만들 때 활용합니다.	
여러 슬라이드 보기	한 화면에 여러 개의 슬라이드를 볼 수 있는 화면으로 프레젠테이션의 모든 슬라이드가 가로 순서의 축소판 그림으로 표시됩니다. 슬라이드의 전체흐름을 파악하고 슬라이드를 이동 및 삭제할 때 용이합니다. 원하는 슬라이드를 클릭한 다음 새 위치로 드래그하여 위치를 변경하거나 구역을 추가하여 슬라이드를 의미 있는 그룹으로 구성할 수 있습니다.	
슬라이드 노트	슬라이드 노트에는 프레젠테이션을 작성하면서 슬라이드에 포함되지 않는 추가 내용을 작성합니다. 슬라이드 노트는 발표자가 프레젠테이션을 진행하면서 검토하거나 청중에게 자료로 배부하기 위해 인쇄하여 활용합니다.	
읽기용 보기	프레젠테이션을 전체화면으로 청중에게 보여주는 것이 아니라 미리보기와 같이 사용자의 컴퓨터에서 확인하기 위해 사용합니다. 애니메이션 및 화면전환 등의 효과를 확인할 수 있습니다.	

직접 해보기 슬라이드 쇼 실행하기

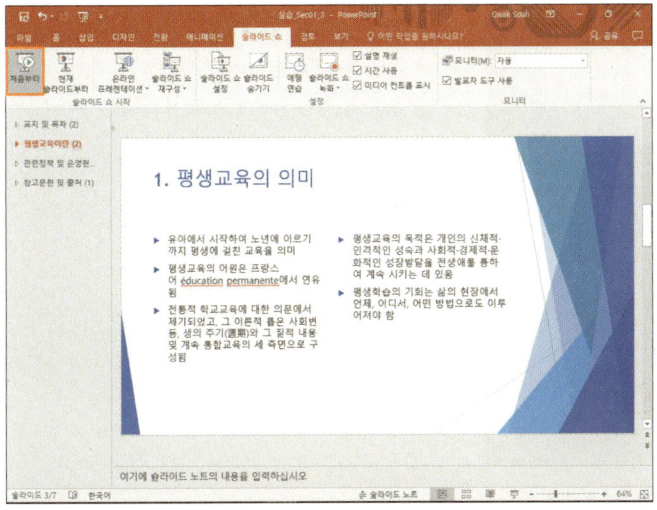

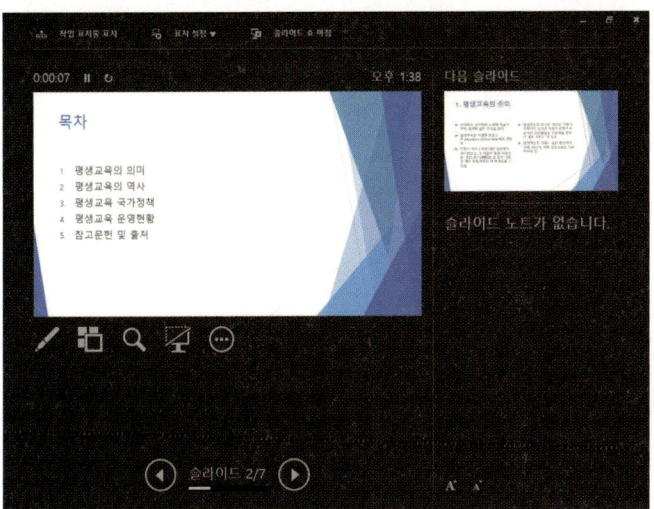

 프레젠테이션을 발표하기 위해 슬라이드 쇼를 시작하려고 합니다. [슬라이드 쇼] - [모니터]에서 [발표자 도구 사용]에 체크합니다. 그리고 [슬라이드 쇼] - [슬라이드 쇼]에서 [처음부터]( )를 클릭합니다.

강의노트

현재부터 슬라이드 쇼를 실행하려면 화면 아래의 화면보기 단추에서 [슬라이드 쇼 보기](로)를 클릭하거나 단축키 F5를 눌러도 됩니다.

 그러면 다음과 같이 발표자 도구 화면이 보입니다. 화면의 왼쪽에는 타이머, 현재 슬라이드, 발표자 도구가 표시됩니다. 화면 오른쪽에는 다음 슬라이드와 함께 아래쪽에는 현재 슬라이드의 슬라이드 노트가 표시됩니다. Enter를 눌러 다음 슬라이드로 전환합니다.

2번 슬라이드가 표시되면 이번에는 키보드에서 숫자 '5'를 입력하고 Enter를 누릅니다.

강의노트

슬라이드 쇼는 청중에게 프레젠테이션을 표시할 때 사용하며, 슬라이드에 적용한 효과(예: 애니메이션, 하이퍼링크)들이 모두 실행됩니다.

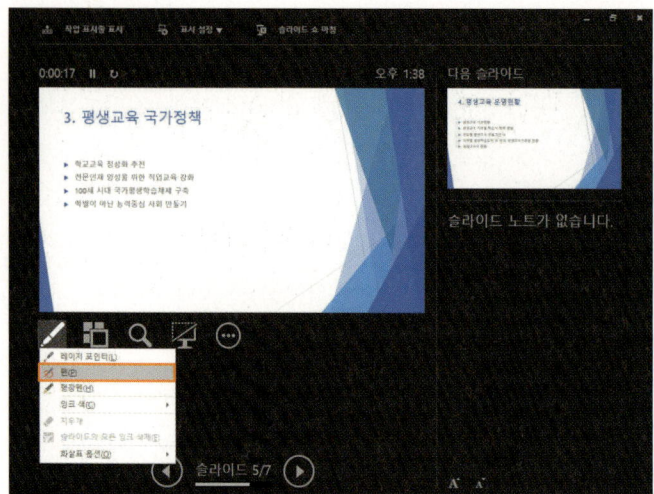

04 그러면 5번 슬라이드로 곧바로 전환됩니다. 이번에는 프레젠테이션을 진행하면서 중요한 내용을 펜으로 강조해 보겠습니다. 화면 아래의 발표자 도구에서 [펜 및 레이저 도구](✐)를 클릭하고 [펜]을 클릭합니다.

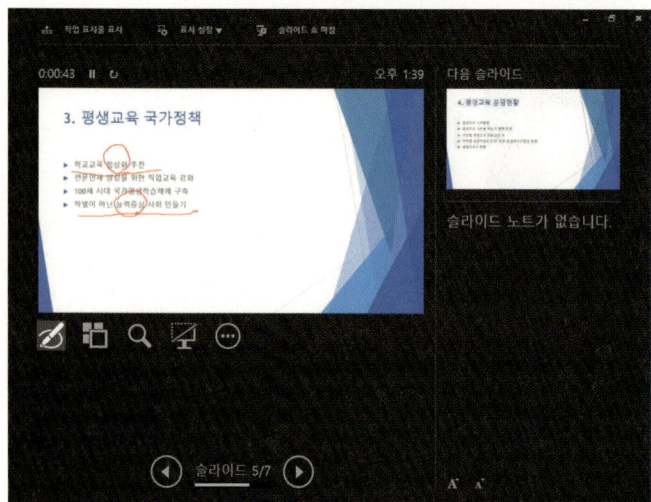

05 마우스 포인터가 [펜 모양](•)으로 변경되면 원하는 곳에 마우스를 드래그하여 펜을 칠합니다.

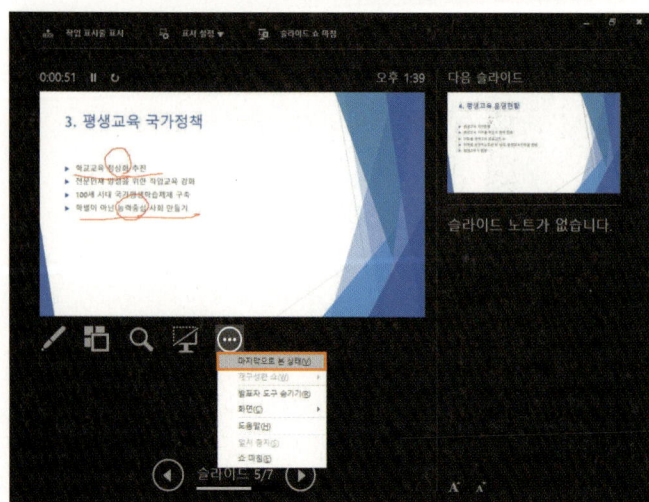

06 펜 입력을 종료하기 위해 Esc 를 누르고 화면 하단의 [슬라이드 쇼 옵션 더 보기](⊙)를 클릭하고 [마지막으로 본 상태]를 클릭합니다.

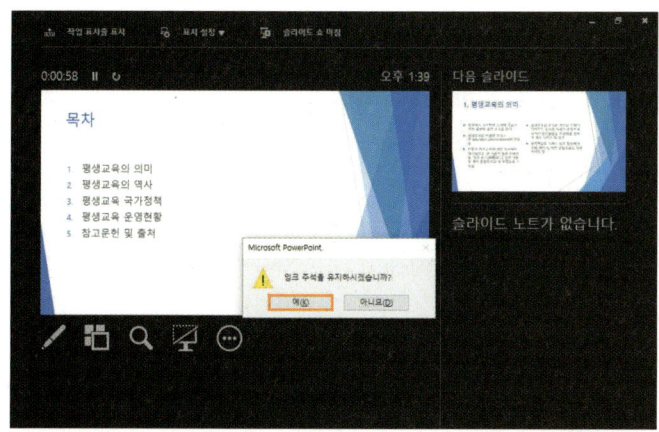

07 가장 최근에 봤던 슬라이드가 표시됩니다. 슬라이드 쇼를 종료하기 위해 **Esc** 를 누른 후 경고 메시지가 표시되면 [예]를 클릭합니다.

강의노트

경고 메시지에서 [아니오]를 클릭하면 펜으로 표시했던 잉크 주석이 기본 보기 화면에서 유지되지 않습니다.

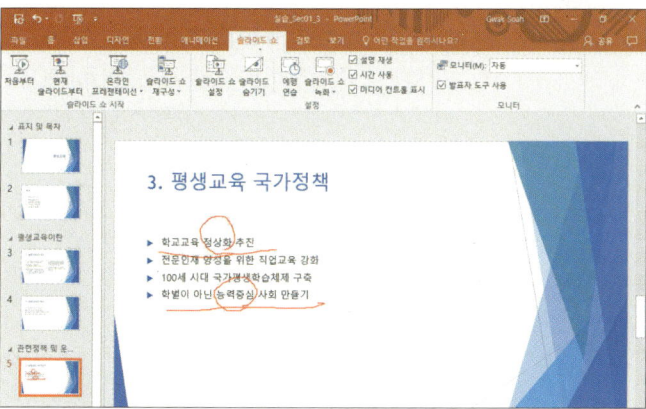

08 기본 보기 화면으로 돌아와도 5번 슬라이드에 잉크 주석이 남아있는 것을 확인합니다.

강의노트

잉크 주석을 선택하고 **Delete** 를 누르면 삭제됩니다.

 **보충수업** **발표자 도구 살펴보기**

❶ 시간 표시 : 슬라이드 쇼 진행 시간 표시 / 타이머 일시 중지 / 다시 시작 / 현재 시간
❷ 현재 화면 : 청중에게 보여주는 슬라이드
❸ 펜 및 레이저 포인터 도구 : 펜, 레이저 포인터 등을 실행
❹ 모든 슬라이드 보기 : 모든 슬라이드를 표시
❺ 슬라이드 확대 : 슬라이드의 특정 부분을 클릭하여 확대
❻ 슬라이드 쇼를 검정으로 설정/취소 : 화면을 검정으로 설정
❼ 슬라이드 옵션 더 보기 : 마지막으로 본 상태, 발표자 도구 숨기기 등의 옵션 설정

❽ 슬라이드 전환 : 이전 슬라이드 / 다음 슬라이드로 전환
❾ 슬라이드 노트 : 현재 슬라이드 노트에 입력된 내용 표시
❿ 다음 슬라이드 : 다음에 표시되는 슬라이드나 애니메이션

Powerpoint 5 | 프레젠테이션 인쇄하기

파워포인트 자료는 용도에 맞게 슬라이드, 유인물, 슬라이드 노트 등의 다양한 형태로 인쇄하여 활용할 수 있습니다. 인쇄 옵션을 설정하여 프레젠테이션 문서를 인쇄하는 방법을 학습합니다.

직접 해보기 **프레젠테이션 인쇄하기**

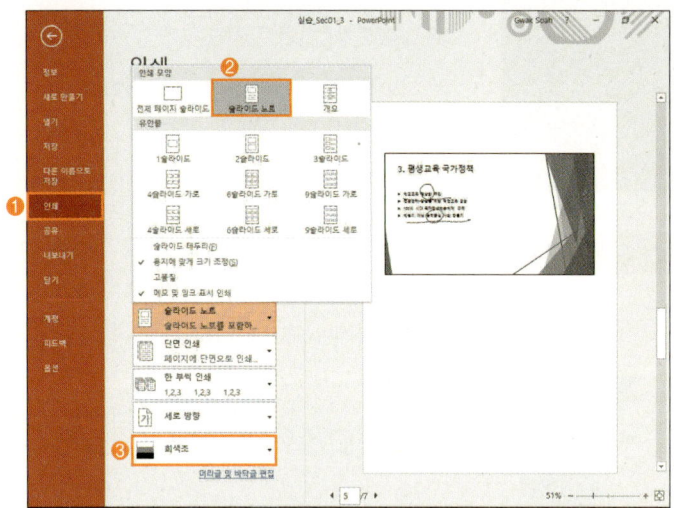

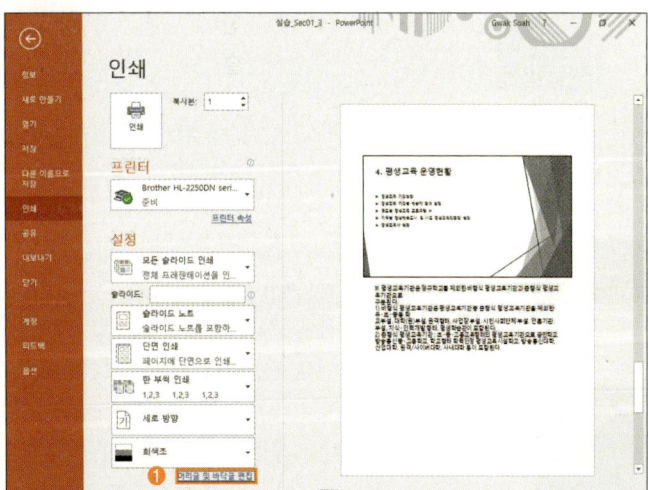

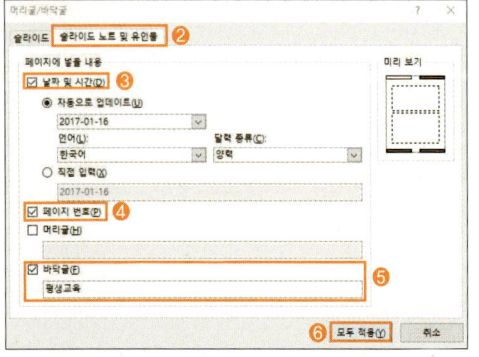

O1 프레젠테이션을 인쇄하기 위해 [파일] – [인쇄]를 클릭합니다. [전체 페이지 슬라이드] – [인쇄 모양]의 [슬라이드 노트]()를 클릭합니다. 그리고 [컬러]를 클릭하여 [회색조]를 클릭합니다. 그러면 문서 내용을 회색조의 슬라이드 노트로 출력합니다.

강의노트

프레젠테이션을 인쇄하려면 단축키 Ctrl + P 를 눌러도 됩니다.

O2 오른쪽에 슬라이드 노트의 인쇄 미리 보기 화면이 보입니다. 스크롤을 내려 4번 슬라이드의 노트 내용이 잘 표시되는지 확인합니다. [머리글/바닥글 편집]을 클릭하여 [머리글/바닥글] 대화상자가 열리면 [슬라이드 노트 및 유인물] 탭에서 [날짜 및 시간]과 [페이지 번호]에 체크합니다. 그리고 [바닥글]에 체크하고 "평생교육"을 입력한 후 [모두 적용]을 클릭합니다.

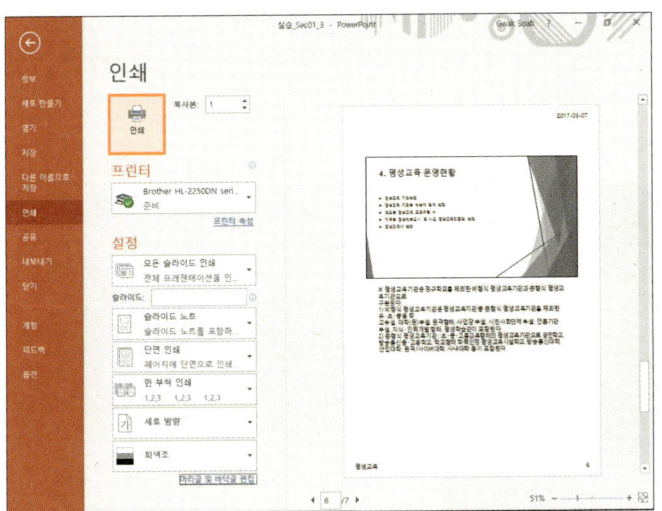

03 인쇄 미리 보기 화면에서 머리글/바닥글이 제대로 표시되었는지 확인하고 [인쇄]( )를 클릭합니다.

강의노트

화면 오른쪽 위에 오늘 날짜가, 왼쪽 아래에는 '평생교육'이, 오른쪽 아래에는 슬라이드 번호가 표시됩니다.

보충수업 **인쇄 옵션 설정하기**

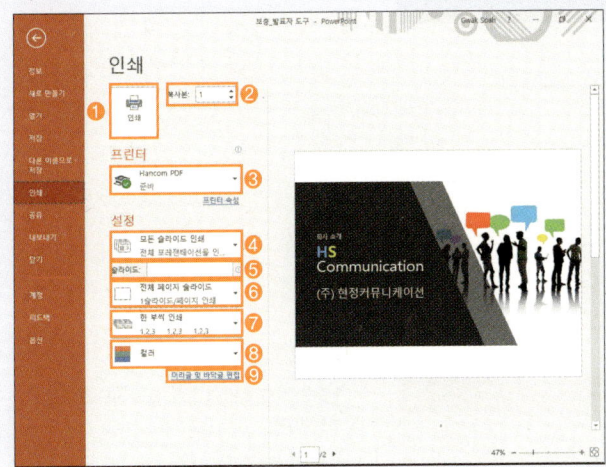

❶ 인쇄 : 현재 설정으로 인쇄

❷ 복사본 : 인쇄 매수를 지정

❸ 프린터 : PC와 연결된 프린터를 선택

❹ 모든 슬라이드 인쇄 : 인쇄 할 슬라이드 선택

❺ 슬라이드 수 : 인쇄할 슬라이드 번호를 입력

❻ 전체 페이지 슬라이드 : 인쇄 모양/유의물/인쇄 옵션을 설정

❼ 한부씩 인쇄 : '2'를 입력할 경우 1번 슬라이드를 복사본에서 설정한 수만큼 인쇄하고, 그 다음에 2번 슬라이드를 복사본만큼 인쇄

❽ 컬러 : 컬러/회색조/흑백 중에서 선택

❾ 머리글 및 바닥글 편집 : 머리글/바닥글 설정

 정리 한마당

- 파워포인트를 실행한 후 빈 프레젠테이션 또는 기본 테마나 서식을 적용하여 새 프레젠테이션을 만듭니다.
- [파일] – [저장] – [다른 이름으로 저장] – [도구] – [일반 옵션]에서 읽기 또는 쓰기 암호를 설정합니다.
- 슬라이드를 추가하려면 [홈] – [슬라이드] – [새 슬라이드]의 목록 단추를 클릭하고 원하는 레이아웃을 선택합니다.
- [홈] – [슬라이드] – [구역] – [구역 추가]에서 여러 개의 슬라이드를 의미 있는 그룹으로 나눕니다.
- [보기] – [프레젠테이션 보기] 또는 화면보기 단추를 이용하여 프레젠테이션의 보기 형식을 변경합니다.
- 발표자 도구를 활용하여 슬라이드 쇼를 진행하면 보다 효과적으로 프레젠테이션을 할 수 있습니다.
- 프레젠테이션을 인쇄하려면 [파일] – [인쇄]를 클릭하고 문서의 용도에 맞게 인쇄 환경을 설정합니다.

기초 문제

1 파워포인트의 새 문서를 실행 합니다. 다음 지시대로 새 문서를 만들고 저장하세요.

- 테마 : '글라스 큐브 마케팅' 테마를 적용
- 텍스트 입력 : 제목(마케팅 전략), 부제(–성공사례를 중심으로–)
- 파일명 : 마케팅 전략.pptx

▲ 완성파일 : 기초_Sec01_1_완성.pptx

 • 테마 검색하기 : 파워포인트 2016을 실행 한 후 [온라인 검색 상자]에 '글라스 큐브 마케팅' 또는 '마케팅'을 입력하여 사용 가능한 서식을 검색합니다.
• 텍스트 입력하기 : 제목 슬라이드의 제목과 부제 입력란에 내용을 입력 합니다.

2 앞의 문서에 이어서 다음 지시대로 프레젠테이션 문서를 작성하세요.

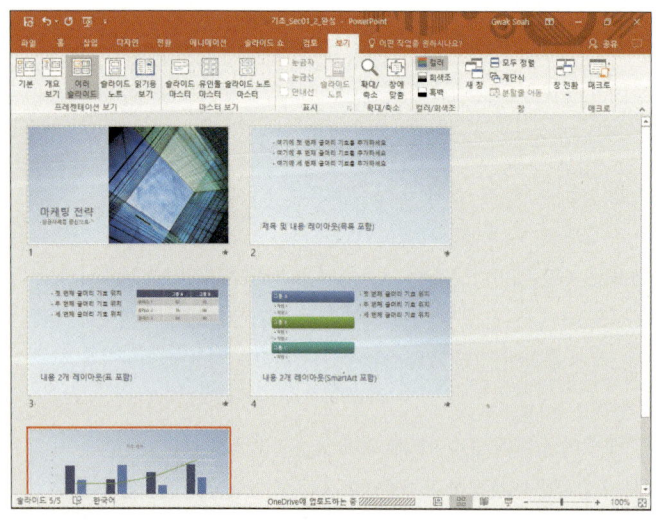

- 슬라이드 이동 : 3번 슬라이드를 5번으로 이동
- 슬라이드 삭제 : 6번 ~ 11번 슬라이드 모두 삭제
- 화면 보기 : 여러 슬라이드 보기

▲ 완성파일 : 기초_Sec01_2_완성.pptx

심화 문제

1 '심화_Sec01_1.pptx' 파일을 열고 다음 지시대로 구역을 만들고 프레젠테이션을 저장하세요.

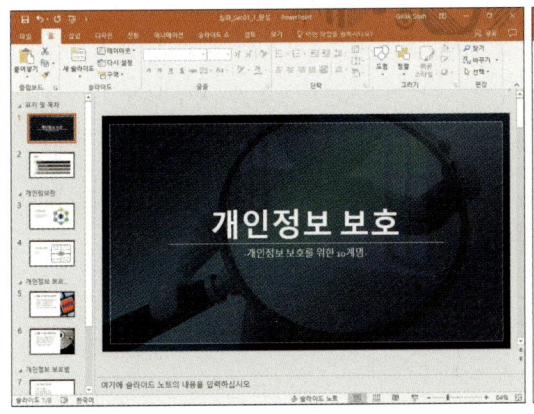 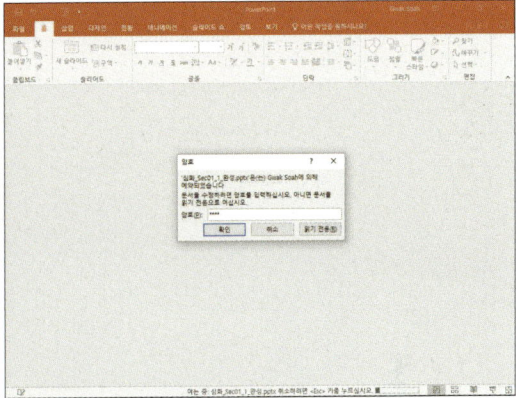

▲ 완성파일 : 심화_Sec01_1_완성.pptx   ▲ 완성파일 : 심화_Sec01_1_완성.pptx

• 1번 : 표지 및 목차   • 7번 : 개인정보 보호법

• 3번 : 개인정보란   • 8번 : 참고문헌 및 출처

• 5번 : 개인정보 보호 방법

2 앞 문서에 이어서 다음 지시대로 프레젠테이션 문서를 인쇄하세요.

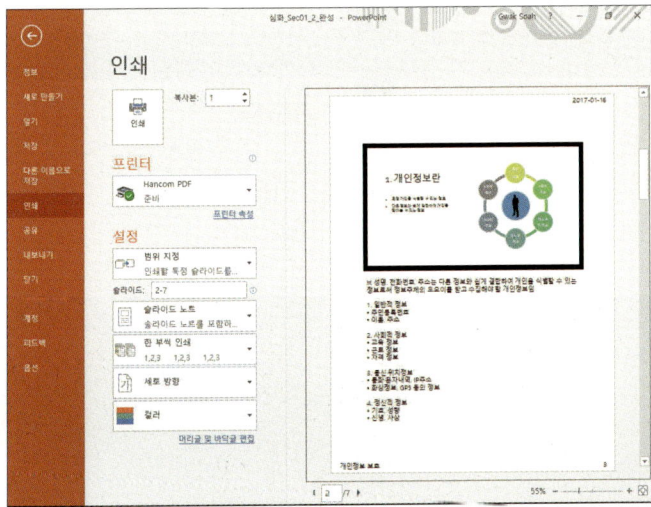

▲ 완성파일 : 심화_Sec01_2_완성.pptx

1) 빠른 도구 모음에 추가 : [인쇄 미리보기 및 인쇄]( )

2) 인쇄 환경 설정

• 인쇄 영역 : 2~7번 슬라이드

• 인쇄 모양 : 슬라이드 노트

• 머리글/바닥글 : 머리글(날짜 및 시간), 페이지 번호, 바닥글(개인정보 보호) 표시

힌트

• 빠른 도구 모음에 추가하기 : 화면 왼쪽 위에 있는 빠른 도구 모음의 자세히 단추( )를 클릭하고 [인쇄 미리보기 및 인쇄]를 클릭합니다.

12 section

텍스트 디자인하기

텍스트는 프레젠테이션 내용을 전달하는 가장 중요한 요소이므로, 읽기 쉽고 보기 좋게 디자인할 필요가 있습니다. 파워포인트에서는 슬라이드에 문자를 입력하는 경우 일반 문서 편집기와는 달리 텍스트 상자를 이용해야 합니다. Section12에서는 텍스트와 다양한 기호, 수식을 입력하고 목적에 맞게 서식을 변경하는 방법을 살펴봅니다. 그리고 단락의 수준, 글머리 기호 및 번호 매기기 등을 적용하여 내용을 보기 좋게 정리해 봅니다. 아울러 텍스트의 이동과 복사, 찾기와 바꾸기, 맞춤법 검사 기능을 이용하여 텍스트를 편집하는 다양한 방법을 학습합니다.

결과 미리보기

▲ 준비 파일 : 실습_Sec02.pptx
  완성 파일 : 실습_Sec02_완성.pptx

Powerpoint 1 　텍스트 입력하기

파워포인트에서는 제목 개체 틀, 내용 개체 틀 또는 텍스트 상자에 텍스트를 입력합니다. 제목과 부제목을 비롯하여 텍스트를 입력하는 기본적인 방법을 알아보고, 필요에 따라 텍스트 상자를 삽입하고 위치와 크기를 변경해 봅니다. 그리고 다양한 기호 및 수식을 입력하는 방법을 학습합니다.

직접 해보기　텍스트 상자에 내용 입력하기

01 '실습_Sec02_1.pptx' 파일을 열고, 내비게이터에서 1번 슬라이드를 선택합니다. 제목 개체 틀의 안쪽을 클릭하여 '제목을 입력하시오'가 사라지면 새로운 제목 "이차방정식"을 입력합니다.

02 부제목 개체 틀의 안쪽을 클릭하여 '부제목을 입력하십시오'가 사라지면 'quadratic equation'을 입력합니다.

제목 입력란에 텍스트를 입력하고 Ctrl + Enter 를 누르면 부제목 입력란으로 커서가 이동합니다.

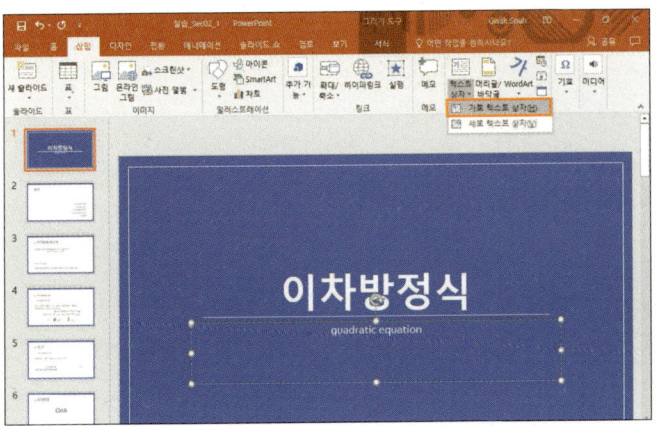

03 이번에는 텍스트 상자를 삽입하고 텍스트를 입력하려고 합니다. [삽입] – [텍스트]에서 텍스트 상자(□)의 목록 단추를 클릭하고 [가로 텍스트 상자]를 클릭합니다.

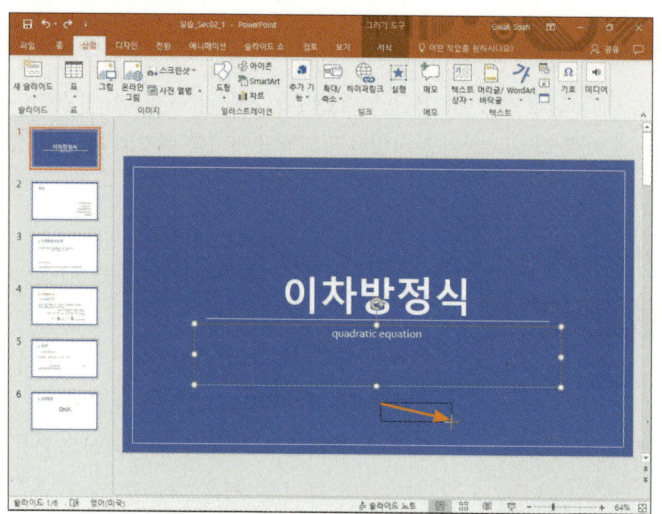

04 마우스 포인터가 ()으로 변경되면 화면 왼쪽 하단에 마우스를 클릭한 상태에서 대각선 방향으로 드래그를 합니다.

강의노트

마우스를 드래그를 하는 동안에는 포인터의 모양이 (+)으로 표시됩니다.

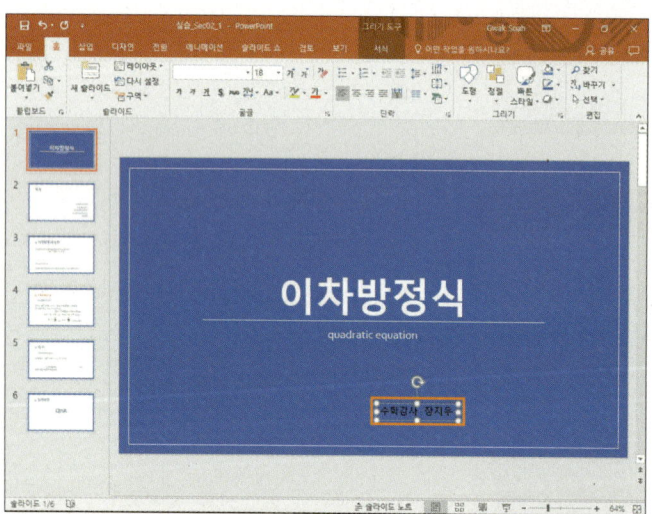

05 새로 삽입된 텍스트 상자에 "수학강사 : 장지우"를 입력하고 텍스트 상자의 경계선을 클릭합니다.

강의노트

텍스트 상자에 텍스트를 입력하면 상자의 크기에 맞게 텍스트 크기 및 위치가 자동 조절됩니다. 만약 텍스트 크기를 자동으로 조절되지 않게 하려면 [기타 옵션] - [자동 맞춤 안함]을 클릭합니다.

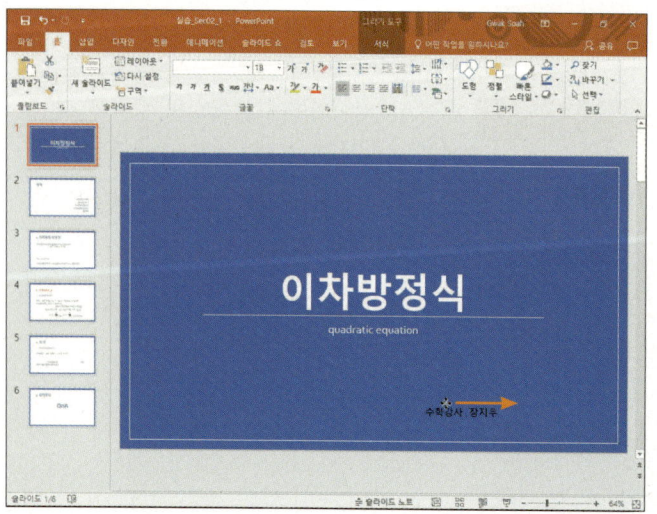

06 마우스 포인터가 위치조절 모양()으로 변경되면 마우스를 슬라이드의 오른쪽으로 드래그하여 원하는 위치로 옮깁니다.

강의노트

텍스트 상자를 수평으로 이동하기 위해서는 Shift 를 누른 상태에서 마우스로 드래그합니다. 텍스트 상자를 회전시키거나 크기를 변경하려면 마우스 포인터를 회전 조절점( ) 또는 크기 조절점( ) 위에 올려놓고 원하는 만큼 드래그합니다.

직접 해보기 한자, 특수문자, 수식 입력하기

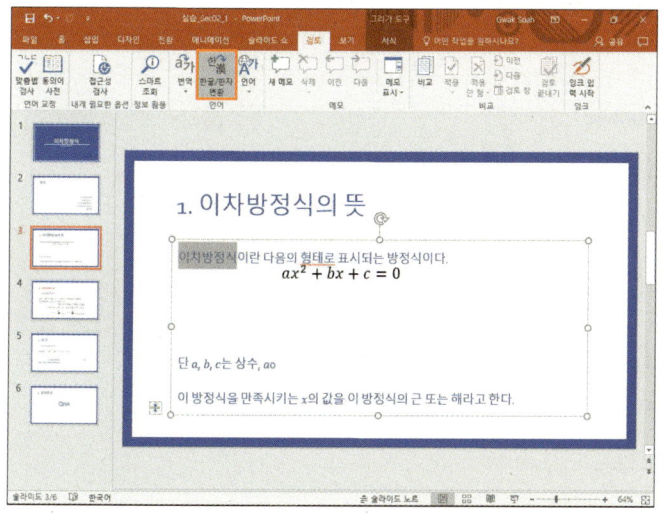

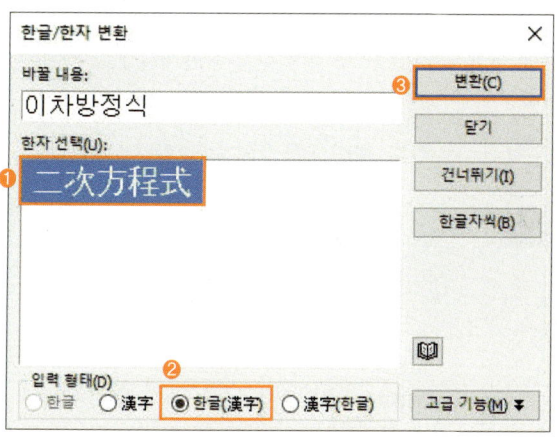

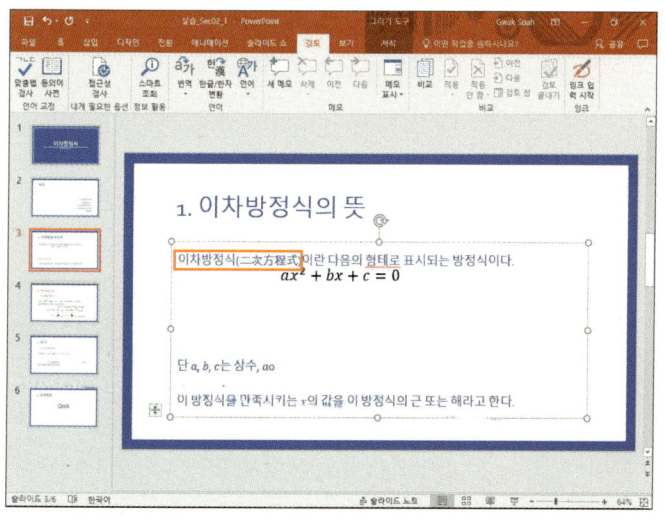

01 내비게이터에서 3번 슬라이드를 선택합니다. 내용 개체 틀에서 '이차방정식'을 드래그하여 선택하고 [검토] − [언어]에서 [한글/한자변환] ()을 클릭합니다.

02 [한글/한자 변환] 대화상자가 열리면 [한자 선택]에서 해당 한자를 클릭하고 [입력 형태]의 '한글(漢字)'에 체크한 후 [변환]을 클릭합니다.

📖 **강의노트**

[입력 형태]의 '漢字'는 변환된 한자만을, '한글(漢字)'는 원래 입력한 한글 뒤에 변환된 한자를 함께 표기합니다. 그리고 '漢字(한글)'은 변환된 한자 뒤에 원래의 한글을 함께 표기합니다.

03 한자로 변환된 텍스트를 확인합니다.

📖 **강의노트**

텍스트의 한 글자씩 한자로 변환하려면 텍스트를 드래그하거나 텍스트의 뒤에 커서를 두고 키보드에서 를 누릅니다.

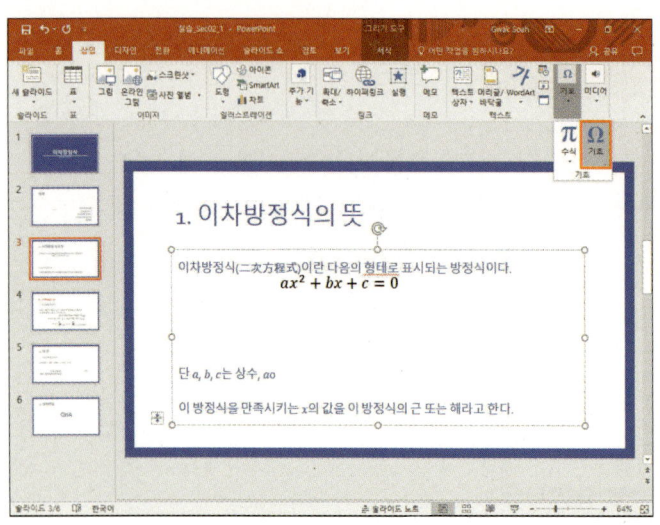

04 이번에는 특수기호를 입력하려고 합니다. 3번 슬라이드의 a와 0의 사이에 마우스 커서를 옮겨두고 [삽입] – [기호] 에서 [기호](Ω)를 클릭합니다.

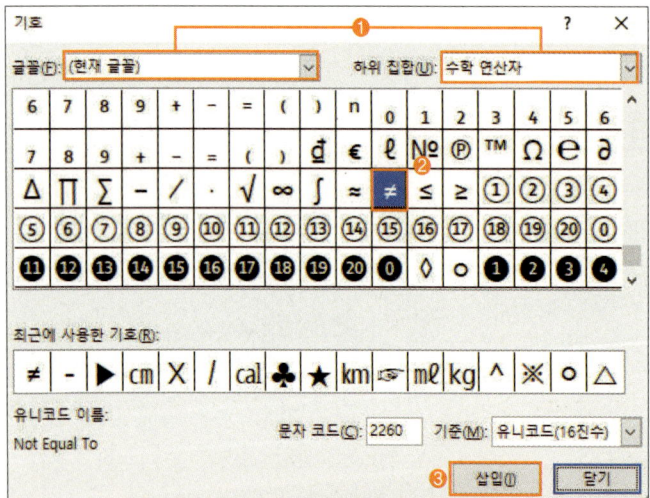

05 [기호] 대화상자가 열리면 [글꼴]과 [하위 집합]의 목록 단추(⌄)를 를 클릭하고 [(현재글꼴)]과 [수학 연산자]를 각각 클릭합니다. 그리고 기호 목록에서 특수문자 '≠'을 클릭한 후 [삽입]과 [닫기]를 차례대로 클릭합니다.

[글꼴]을 변경하면 [하위 집합]의 목록이 변경됩니다.

06 새로 입력된 수학 연산자 기호를 확인합니다.

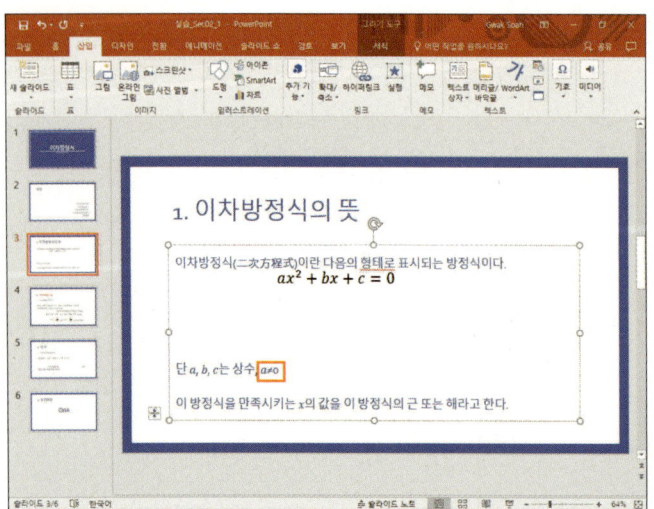

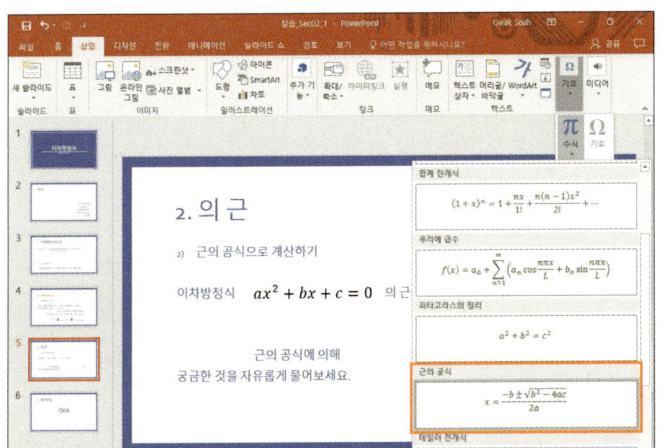

07 이번에는 수학식을 입력하기 위해 5번 슬라이드로 이동합니다. [삽입] – [기호]에서 [수식](π)의 목록 단추를 클릭합니다. 입력 가능한 수식 목록에서 [근의 공식]을 클릭합니다.

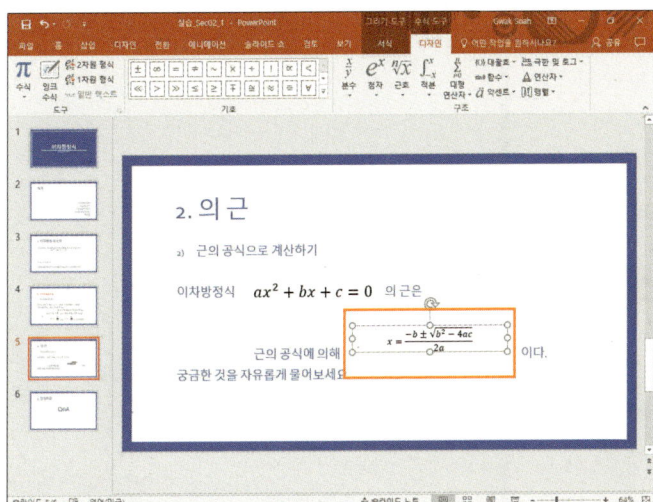

08 수식이 입력되면 크기와 위치를 적절히 조절합니다.

 강의노트

수식의 위치를 변경하려면 마우스 포인터를 수식 개체 틀의 테두리에 올려두고 원하는 곳으로 드래그합니다. 수식 개체를 회전시키거나 크기를 변경하려면 마우스 포인터를 [회전 조절점]( ) 또는 [크기 조절점]( ) 위에 올려놓고 원하는 만큼 드래그합니다.

 **보충수업** **잉크 기능으로 텍스트 및 복잡한 수식 입력하기**

잉크 수식 기능을 사용하면 복잡한 수식도 직접 작성하여 입력할 수 있습니다. 잉크 수식은 [삽입] – [기호] – [수식] – [잉크 수식]을 클릭하여 [수학 식 입력 컨트롤] 대화상자에서 작성합니다.

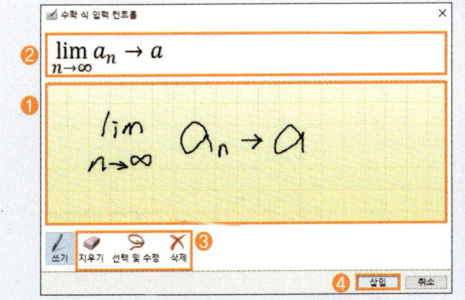

❶ '여기에 수학식을 쓰세요.' 위에 마우스, 펜 등 다양한 입력기기를 이용하여 수식을 입력합니다.

❷ 작성한 수식을 미리 보기합니다.

❸ 수식을 잘못 입력하였거나 입력한 수식이 잘못 변환되었을 경우 [지우기]를 클릭하여 원하는 부분을 지웁니다. [선택 및 수정]을 클릭하면 수식의 일부분을 선택하고 수정할 수 있습니다. [삭제]를 클릭하면 수식 전체가 삭제됩니다.

❹ [삽입]을 눌러 작성한 수식을 슬라이드에 입력합니다.

Powerpoint 2 **텍스트 서식 변경하기**

텍스트 상자 내에 입력된 텍스트에 대해 일반 문서 편집기와 같이 글꼴, 크기, 색 지정 등을 할 수 있습니다. 텍스트의 서식을 다양하게 변경해 보고, 워드아트(WordArt)로 텍스트를 돋보이게 만드는 방법을 학습합니다.

직접 해보기 **텍스트 글꼴 변경하기**

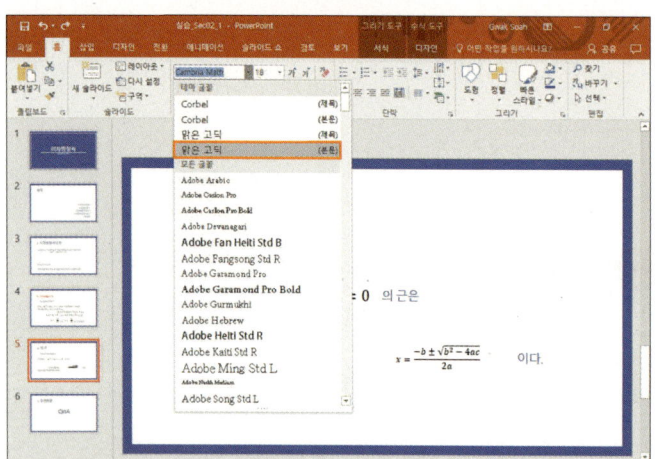

01 새로 삽입된 수식이 선택된 상태에서 [홈] − [글꼴]에서 [글꼴]의 목록 단추를 클릭하고 '맑은 고딕(본문)'을 클릭합니다.

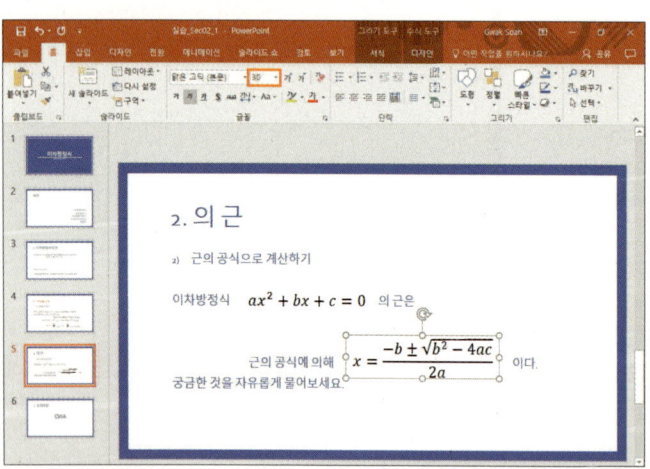

02 이어서 [글꼴 크기]의 입력란에 "30"을 입력하고 Enter 를 누릅니다. 그러면 수식의 글꼴과 글꼴 크기가 변경됩니다.

 강의노트

[글꼴 크기]의 목록 단추를 클릭하고 숫자를 클릭해도 됩니다. 만약 원하는 크기의 숫자가 없으면 직접 숫자를 입력하고 Enter 를 누릅니다.

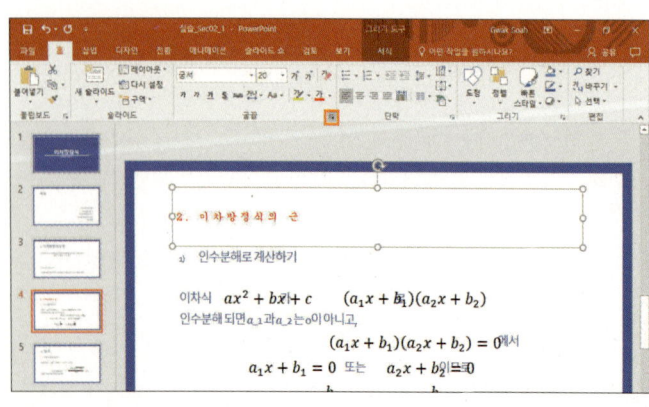

03 4번 슬라이드로 이동하여 제목 개체 틀의 테두리를 클릭한 다음 [홈] − [글꼴]에서 [글꼴] 대화상자 표시 단추( )를 클릭합니다.

 강의노트

개체 틀 또는 텍스트 상자의 테두리를 클릭하면 해당 틀 또는 텍스트 상자에 있는 모든 텍스트가 선택됩니다.

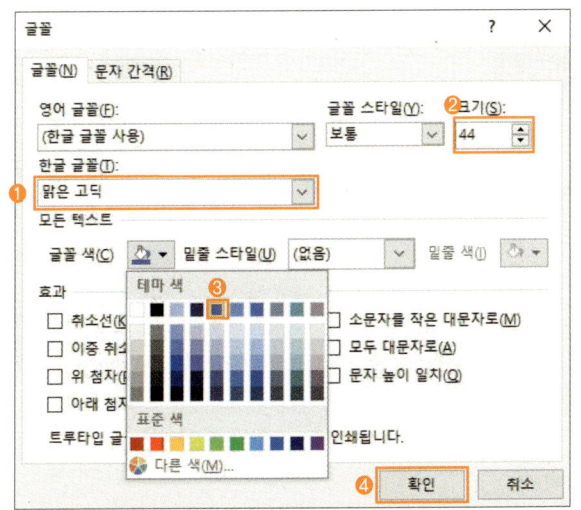

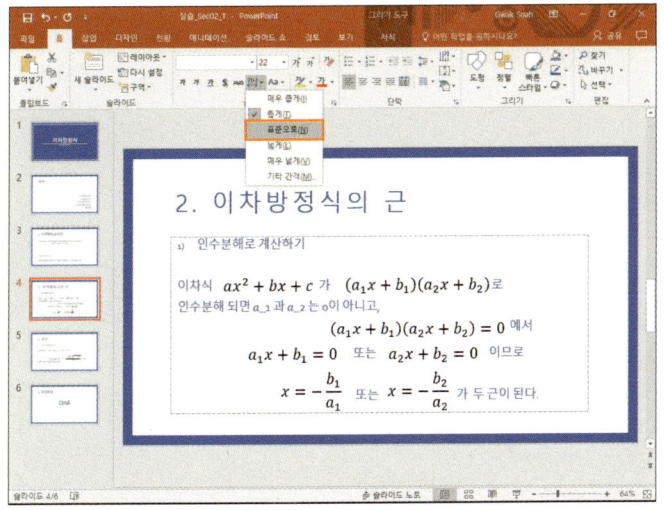

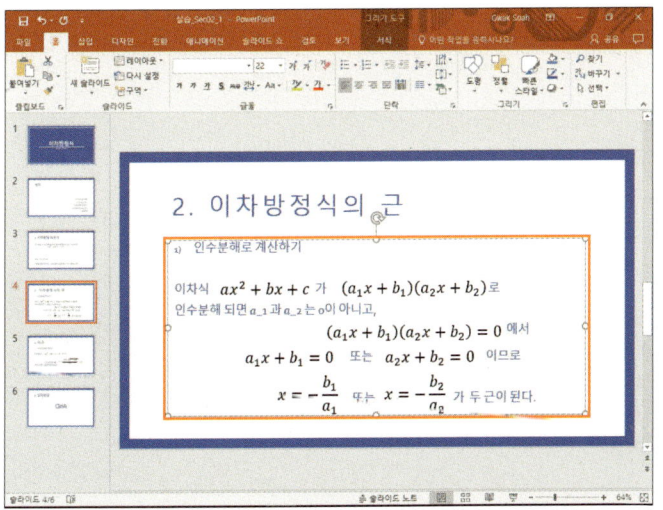

04 [글꼴] 대화상자가 열리면 [글꼴] 탭의 [한글 글꼴]에서 목록 단추()를 클릭하고 '맑은 고딕'을 클릭합니다. [크기]에 "44"를 입력하고 [글꼴 색]의 목록 단추를 클릭하여 '청회색, 강조 1(■)'을 클릭합니다. 그리고 [확인]을 클릭합니다.

📖 강의노트

[크기]는 [화살표](⬍)를 클릭하여 조절해도 됩니다.

05 제목 글꼴이 변경되면 내용 개체 틀의 테두리를 클릭하여 내용 텍스트를 전체를 선택합니다. [홈] - [글꼴]에서 [문자 간격]()을 클릭하고 [표준으로]를 클릭합니다.

📖 강의노트

글꼴을 크게 하는 단축키는 Ctrl +] 이고 작게 하는 단축키는 Ctrl + [입니다.

06 그러면 내용 텍스트의 간격이 표준으로 변경됩니다.

직접 해보기   WordArt와 효과로 텍스트 꾸미기

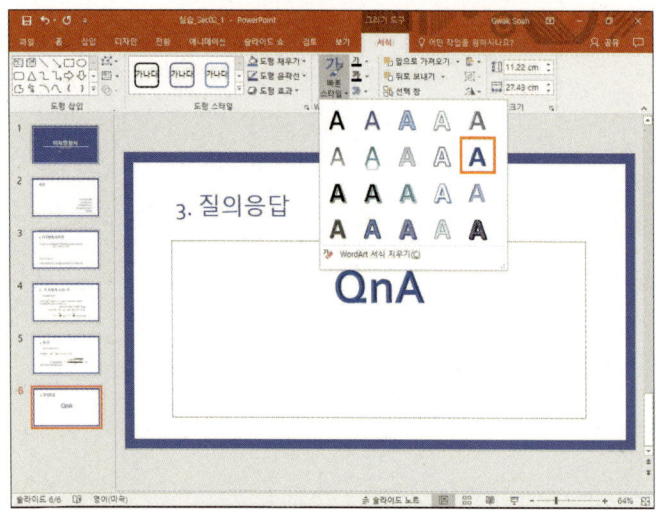

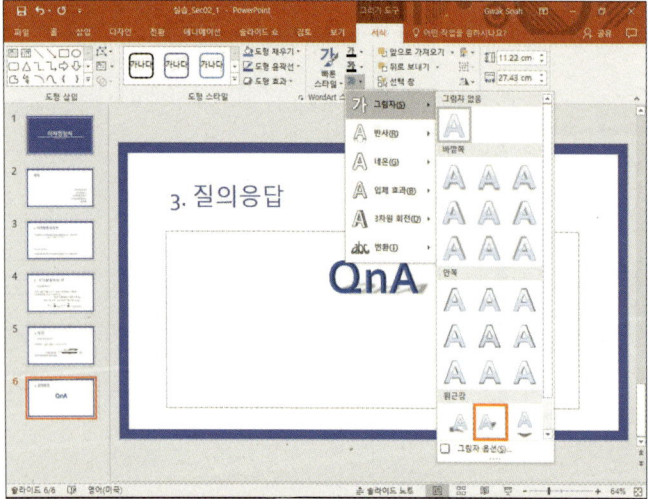

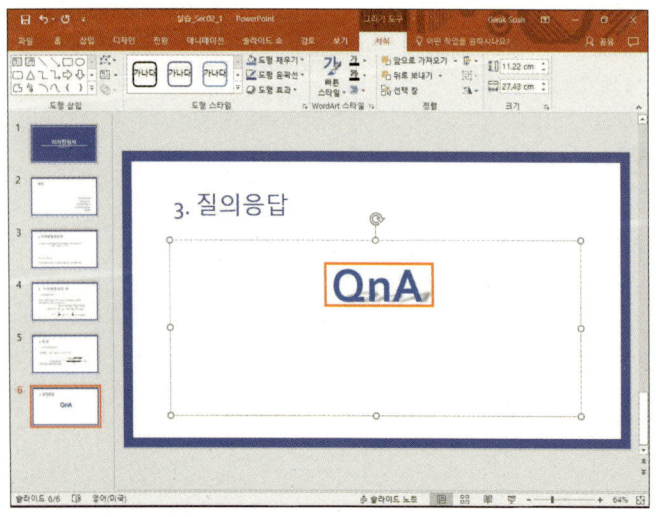

O1 6번 슬라이드를 선택하고 내용 개체 틀의 'QnA'를 마우스로 드래그하여 범위로 지정한 후 [그리기 도구] – [서식] – [WordArt 스타일]에서 [빠른 스타일]()을 클릭하고 [채우기: 파랑, 강조색 3, 선명한 입체]를 클릭합니다.

📖 강의노트

컴퓨터 해상도에 따라 [워드아트 스타일 목록] (A A A)으로 보이기도 합니다. 스타일 목록의 자세히 단추를 클릭하여 선택합니다.

O2 텍스트에 워드아트가 적용되면 'QnA'가 선택된 상태에서 [텍스트 효과]()를 클릭합니다. 그리고 [그림자] – [원근감] – [원근감: 오른쪽 위]를 클릭합니다.

📖 강의노트

텍스트에 적용한 워드아트 서식을 지우려면 [그리기 도구] – [서식] – [WordArt 스타일]에서 자세히 단추(▼)를 클릭하고 [WordArt 서식 지우기]를 클릭합니다.

O3 텍스트가 워드아트로 꾸며진 것을 확인합니다.

📖 강의노트

텍스트에 적용한 그림자 효과를 지우려면 [텍스트 효과] – [그림자] – [그림자 없음] – [없음]을 클릭합니다.

Powerpoint 3　단락 서식 변경하기

입력한 내용이 많을 경우 글머리 기호를 삽입하고 단락의 수준, 줄 간격, 단락 간격을 조정하여 보기에도 좋고 읽기도 쉽게 할 수 있습니다. 글머리 기호 및 번호 매기기 기능을 이용하여 단락의 서식을 보기 좋게 편집해 봅니다.

직접 해보기　단락 서식 설정하기

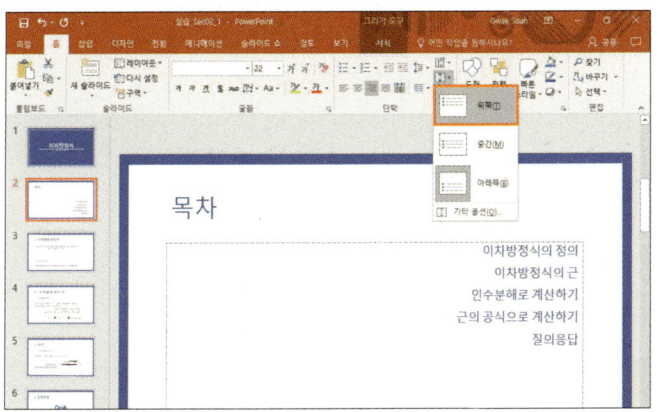

 내비게이터에서 2번 슬라이드를 선택합니다. 내용 개체 틀의 테두리를 클릭하고 [홈] – [단락]에서 [텍스트 맞춤]( )을 클릭하고 [위쪽]을 클릭합니다.

강의노트

Enter 를 눌러 줄을 바꾼 위치까지를 하나의 단락이라고 합니다.

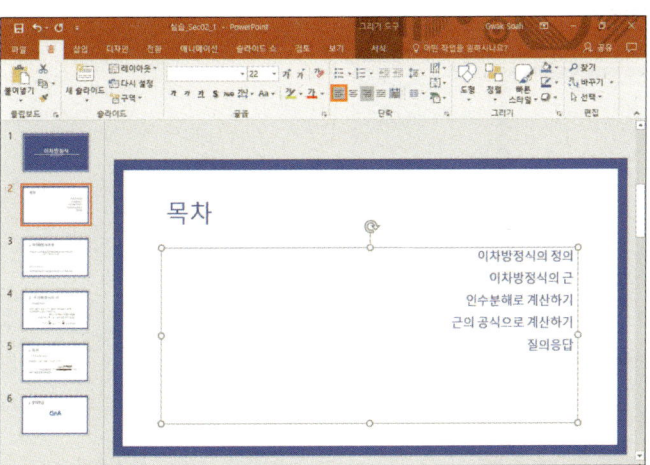

 목차의 내용이 위쪽으로 맞춰지면 [홈] – [단락]에서 [왼쪽 맞춤] 단추( )를 클릭합니다.

강의노트

오른쪽으로 맞춤 단축키는 Ctrl + R , 가운데 맞춤 단축키는 Ctrl + E 입니다.

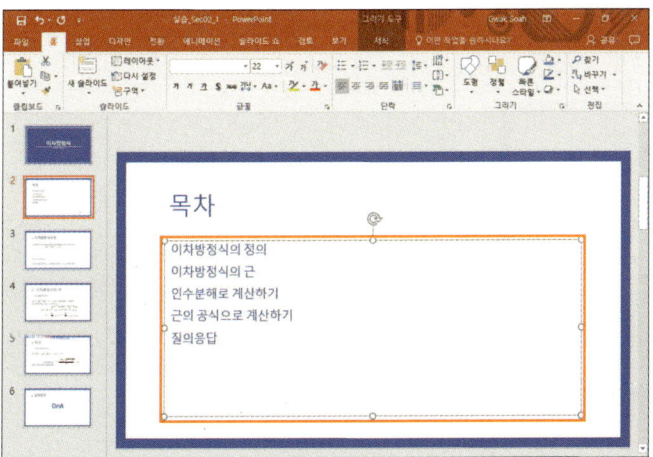

 그러면 목차의 내용이 왼쪽으로 정렬됩니다.

강의노트

맞춤 서식이나 줄 간격, 글머리 기호와 번호 매기기 등의 서식은 단락 단위로 적용되는 서식입니다.

직접 해보기 **단락 수준 변경하기**

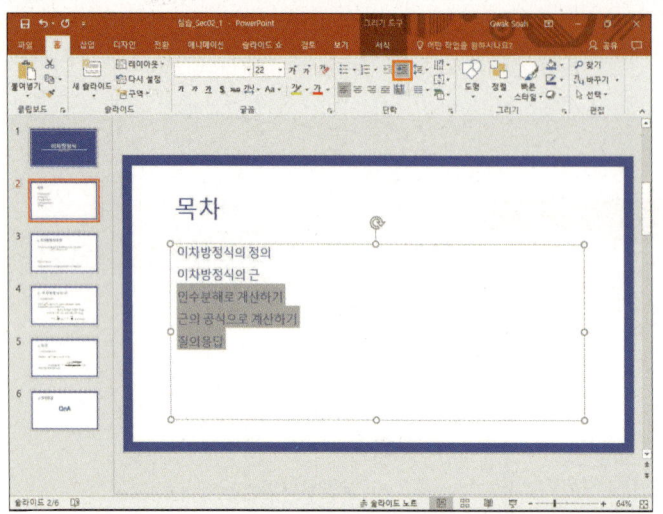

01 계속하여 내용 텍스트에서 3~5번째 줄을 드래그하여 범위로 지정합니다. 그리고 [홈] – [단락]에서 [목록 수준 늘림 단추](▤)를 클릭합니다.

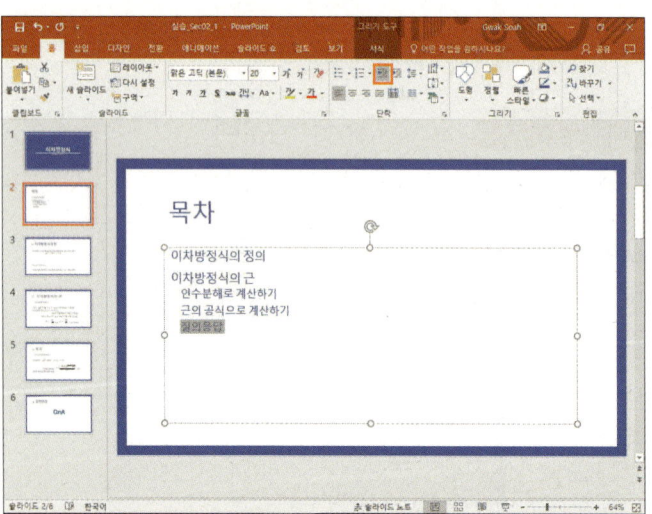

02 그러면 3~5번째 줄의 목록 수준이 늘려지면서 글꼴 크기가 작아집니다. 이번에는 5번째 줄을 드래그 하여 범위로 지정합니다. [홈] – [단락]에서 [목록 수준 줄임 단추](▤)를 클릭합니다.

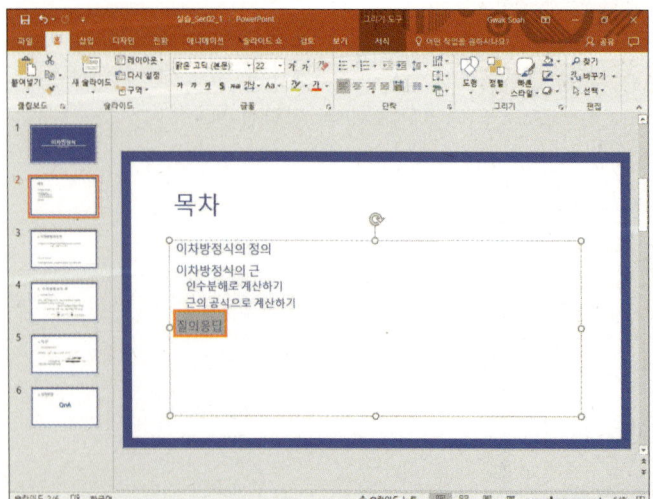

03 5번째 줄의 목록 수준 및 글꼴 크기가 변경된 것을 확인합니다.

목록 수준을 늘리는 단축키는 [Tab]입니다. 목록 수준을 줄이는 단축키는 [Shift]+[Tab]입니다.

직접 해보기 글머리 기호 및 번호 매기기

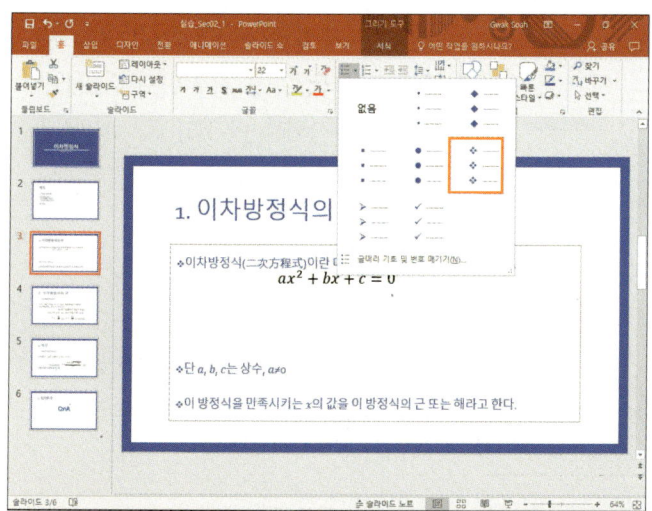

01 3번 슬라이드로 이동하여 내용 개체 틀의 테두리를 클릭합니다. [홈] – [단락]에서 [글머리 기호]()의 목록 단추를 클릭하고 [별표 글머리 기호]를 클릭합니다.

📖 **강의노트**

글머리 기호의 목록에서 마우스 포인터를 옮기면 해당 글머리 기호가 범위에 적용된 것을 미리 볼 수 있습니다.

02 내용 텍스트에 별표 글머리 기호가 적용된 것을 확인합니다.

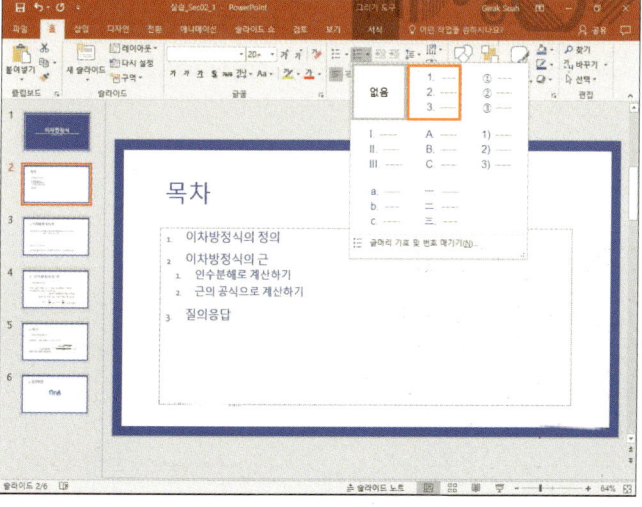

03 내비게이터에서 2번 슬라이드를 선택하고 내용 개체 틀의 테두리를 클릭합니다. 이번에는 내용 텍스트에 번호를 매기기 위해 [홈] – [단락]에서 [번호 매기기]()의 목록 단추를 클릭하고 '1. 2. 3.'을 클릭합니다.

📖 **강의노트**

내용 개체 틀의 테두리를 클릭하면 내용 전체에 글머리를 삽입할 수 있습니다.

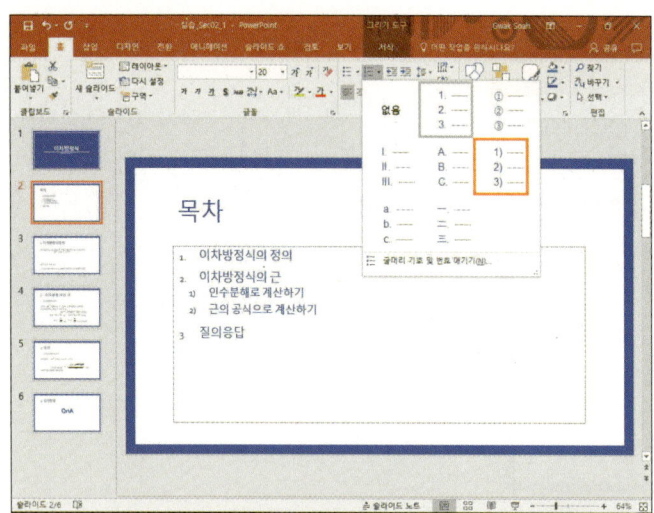

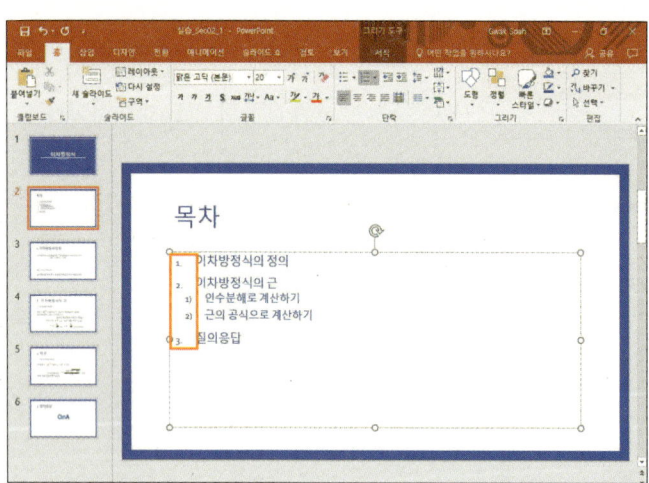

04 내용 텍스트에 숫자 글머리 기호가 삽입되면 3~4번째 줄을 드래그하며 범위로 지정합니다. [홈] – [단락]에서 [번호 매기기]()의 목록 단추를 클릭하고 '1) 2) 3)'을 클릭합니다.

강의노트

일부 단락에만 글머리 기호를 삽입 또는 변경하기 위해서는 원하는 단락을 블록으로 지정하고 글머리 기호를 바꿔 줍니다.

05 내용 텍스트의 단락 수준에 따라 글머리 번호가 다르게 적용된 것을 확인합니다.

 **사용자 지정 글머리 기호 및 번호 매기기**

[홈] – [단락] – [글머리 기호/번호 매기기] – [글머리 기호 및 번호 매기기]에서 사용자가 원하는 서식을 직접 선택할 수 있습니다.

▶ 글머리 기호 설정하기

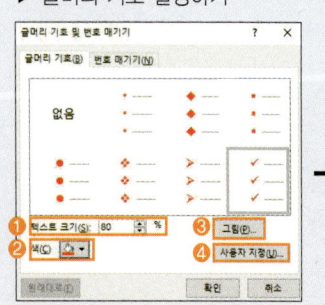 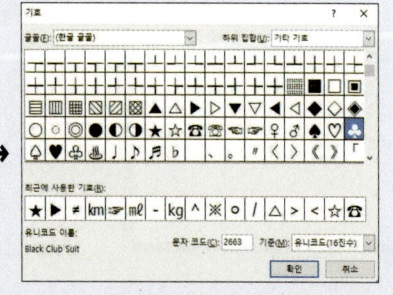

▶ 번호 매기기 설정하기

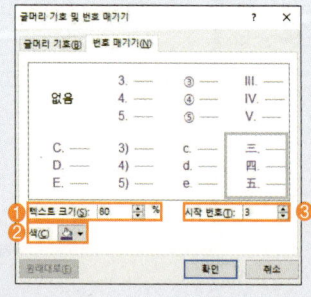

직접 해보기 **줄 간격 변경하기**

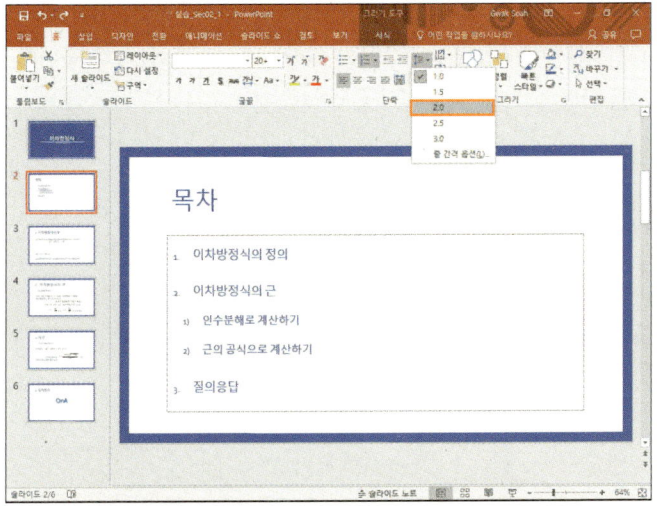

01 2번 슬라이드의 내용 개체 틀의 테두리를 클릭하여 내용 전체를 선택합니다. [홈] – [단락]에서 [줄 간격]( )의 목록 단추를 클릭하고 '2.0'을 클릭합니다.

강의노트

지정할 수치가 목록에 없을 경우 [줄 간격 옵션]을 클릭하여 [단락] 대화상자를 표시합니다. [들여쓰기 및 간격] 탭에서 [줄 간격]에 원하는 숫자를 입력하고 [확인]을 누릅니다.

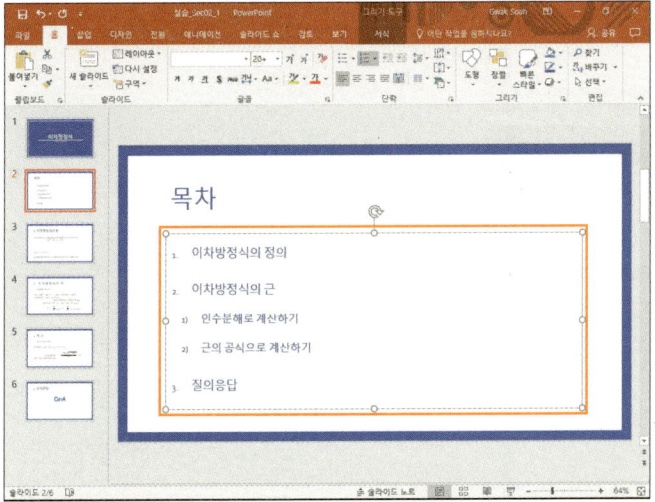

02 내용 개체 틀 안의 텍스트에 균일하게 적용된 줄 간격을 확인합니다.

강의노트

단락과 단락 사이의 줄 간격을 지정할 수 있습니다. [홈]–[단락] 그룹의 대화상자 표시 단추( )를 눌러 대화상자를 표시합니다. [들여쓰기 및 간격] 탭에서 [단락 앞], [단락 뒤]의 숫자 값을 변경하고 [확인]을 클릭합니다.

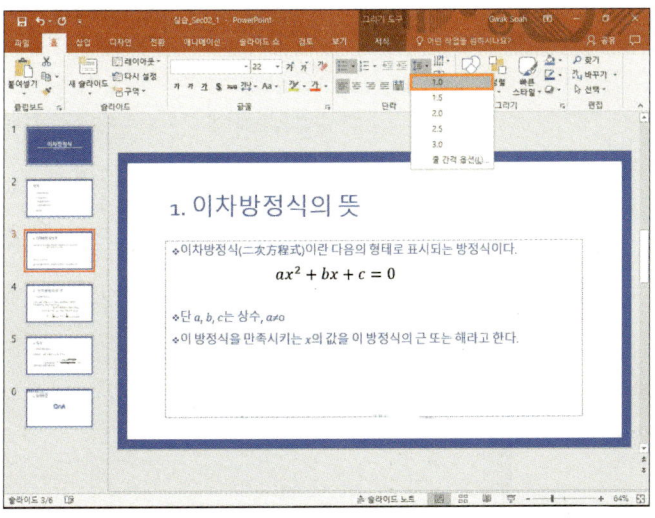

03 같은 방법으로 3번 슬라이드의 내용 개체 틀의 줄 간격을 '1.0'으로 변경합니다.

Powerpoint 4 텍스트 편집하기

클립보드 기능을 이용하여 텍스트를 쉽고 빠르게 편집하고, 텍스트 찾기 기능으로 원하는 텍스트를 검색 해 봅니다.
그리고, 맞춤법 검사를 실행하여 잘못 입력된 텍스트를 확인하고 교정하는 방법을 살펴봅니다.

직접 해보기 **텍스트 복사와 이동하기**

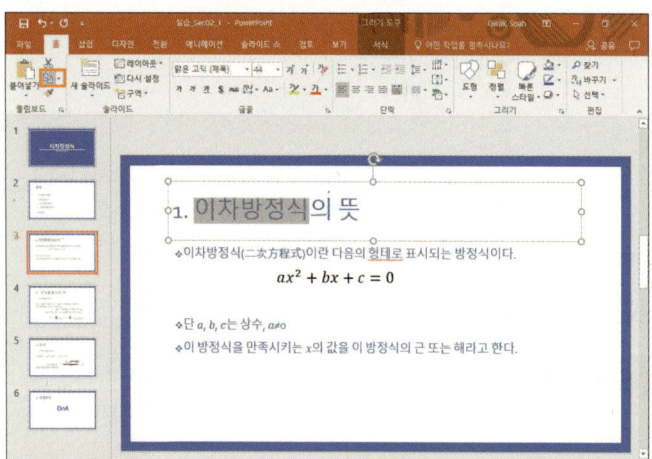

O1 3번 슬라이드의 제목 개체 틀에서 '이차방정식'을 범위로 지정합니다. 그리고 [홈] – [클립보드]에서 [복사]()를 클릭합니다.

강의노트

개체 틀 안에서 텍스트를 범위로 지정하기 위해서는 개체 틀의 안쪽을 클릭하여 마우스 포인터를 해당 텍스트 앞으로 옮기고 해당 범위까지 마우스로 드래그합니다.

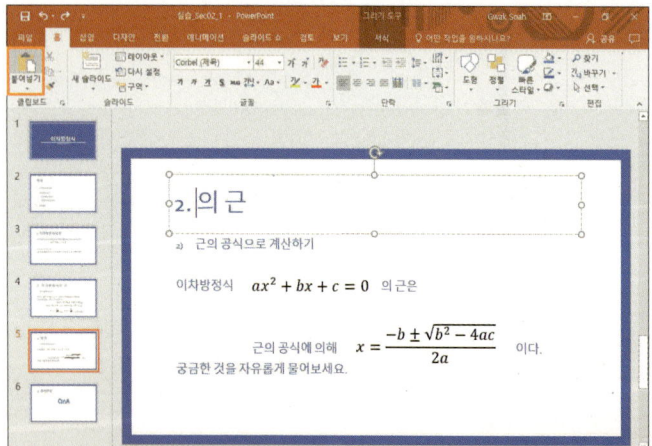

O2 5번 슬라이드로 이동한 다음 제목 '의 근' 앞에 마우스 커서를 옮긴 후 [붙여넣기]()를 클릭합니다.

강의노트

복사하기 단축키는 [Ctrl]+[C], 붙여넣기 단축키는 [Ctrl]+[V]입니다.

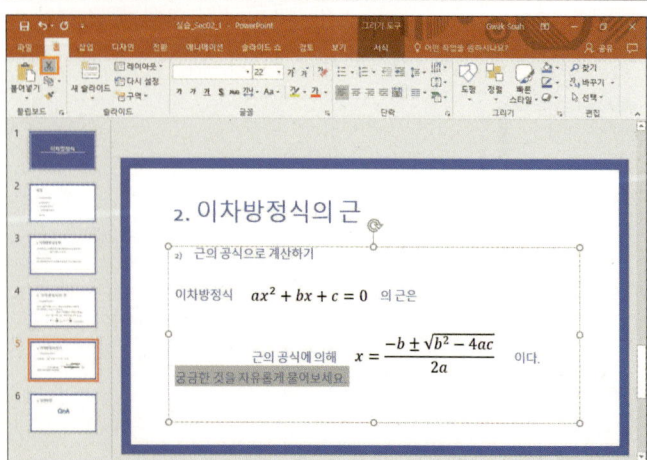

O3 제목 텍스트가 붙여넣기되면 내용 개체 틀 안의 '궁금한 것을 자유롭게 물어보세요.'를 범위로 지정하고 [홈] – [클립보드]에서 [잘라내기]()를 클릭합니다.

강의노트

잘라내기 단축키는 [Ctrl]+[X]입니다.

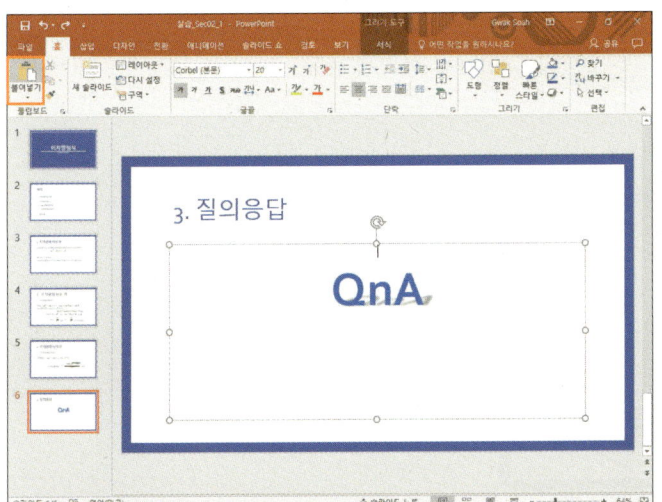

04 6번 슬라이드로 이동하여 내용 개체 틀의 맨 윗줄에 마우스 커서를 옮긴 후 [붙여넣기]()를 클릭합니다.

강의노트

붙여넣기 단축키는 Ctrl + V 입니다.

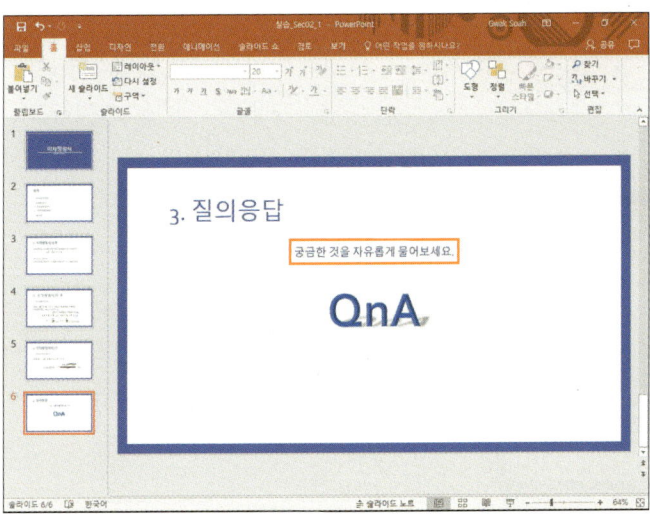

05 해당 텍스트가 6번 슬라이드의 내용으로 이동한 것을 확인합니다.

 **보충수업** **붙여넣기 옵션 단추(🔓 (Ctrl) ▾) 살펴보기**

기본적으로 개체를 붙여 넣을 때 붙여넣기 옵션 단추(🔓 (Ctrl) ▾)가 표시 됩니다. 여기서는 원본의 수식 및 서식 등을 유지할 수 있는 특수 옵션을 제공합니다.

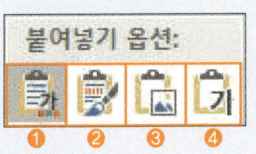

❶ 대상 테마 사용 : 원본에 테마가 설정된 것이라면 그 테마를 유지하면서 붙여넣기합니다.

❷ 원본 서식 유지 : 원본의 서식을 유지하면서 붙여넣기합니다.

❸ 그림 : 원본을 그림 개체로 붙여넣기합니다.

❹ 텍스트만 유지 : 원본의 텍스트만 붙여넣기합니다.

직접 해보기   텍스트 찾기와 바꾸기

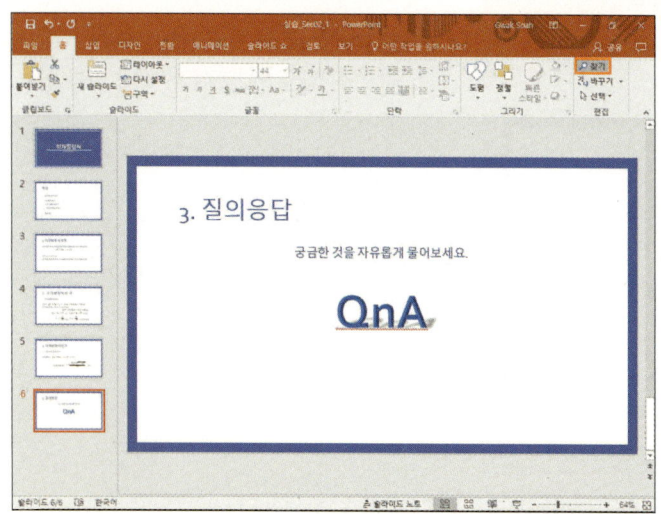

 **01** [홈] – [편집]에서 [찾기](🔍)를 클릭합니다.

강의노트

찾기 단축키는 Ctrl + F 입니다.

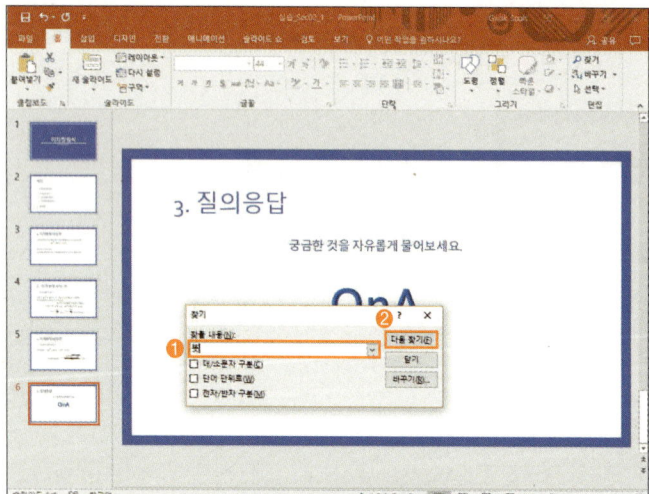

02 [찾기] 대화상자가 열리면 [찾을 내용]에 "뜻"을 입력하고 [다음 찾기]를 클릭합니다.

 **강의노트**

[다음 찾기]를 클릭하면 '뜻'이 포함되어 있는 3번 슬라이드로 이동합니다.

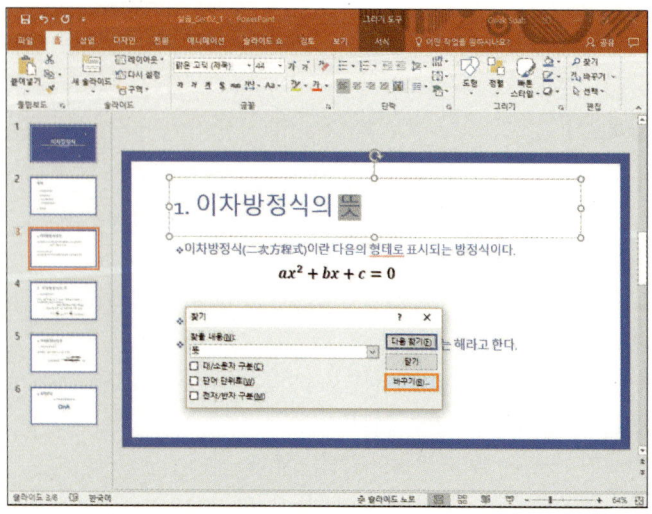

03 3번 슬라이드로 이동하면 [찾기] 대화상자의 [바꾸기]를 클릭합니다.

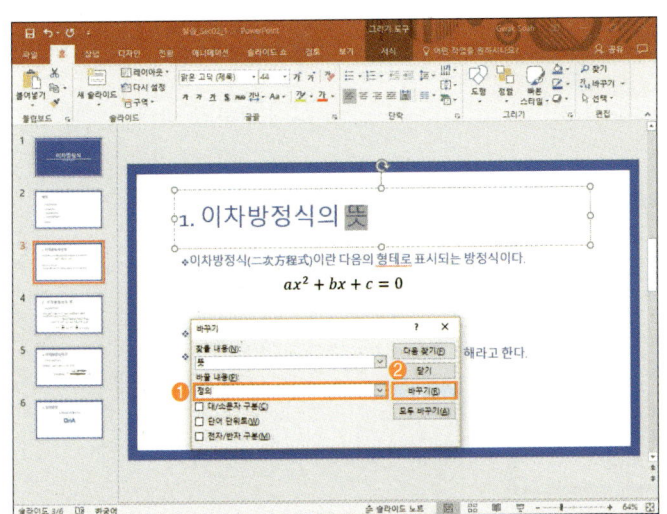

04 이어서 [바꾸기] 대화상자가 열리면 [바꿀 내용]에 "정의"를 입력하고 [바꾸기]를 클릭합니다. 그러면 3번 슬라이드의 제목 틀 안에 있는 '뜻'이 '정의'로 변경됩니다.

05 이어서 [바꾸기] 대화상자의 [찾을 내용]에 "계산하기"를, [바꿀 내용]에 "구하기"를 입력하고 [모두 바꾸기]를 클릭합니다.

📖 강의노트

[바꾸기]는 현재 해당되는 텍스만, [모두 바꾸기]는 프레젠테이션 문서의 해당 텍스트를 모두 변경합니다.

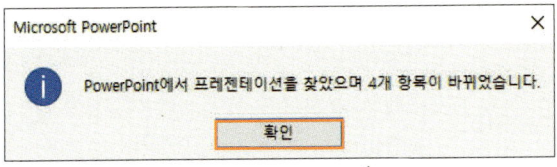

06 확인 메시지가 표시되면 변경된 항목 수를 확인하고 [확인]을 클릭합니다. 그리고 [바꾸기]의 종료 단추(✕)를 클릭하여 종료합니다.

📖 강의노트

2, 4, 5번 슬라이드에서 '계산하기'가 '구하기'로 변경된 것을 확인합니다.

직접 해보기 **맞춤법 검사하기**

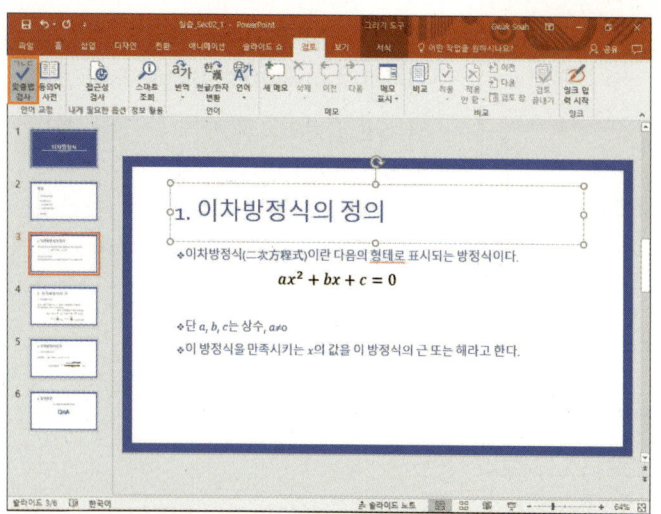

01 맞춤법이 틀리게 입력된 텍스트를 교정하기 위해 [검토] – [언어 교정]에서 [맞춤법 검사]( )를 클릭합니다.

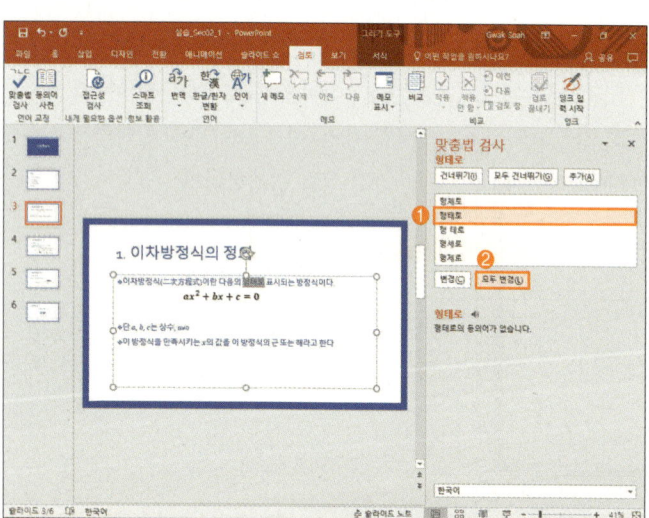

02 화면 오른쪽에 [맞춤법 검사] 대화상자가 표시되면 틀린 단어 및 띄어쓰기가 검사되어 나타납니다. 맞춤법 검사 결과 목록에서 '형태로'를 클릭하고 [모두 변경]을 클릭합니다.

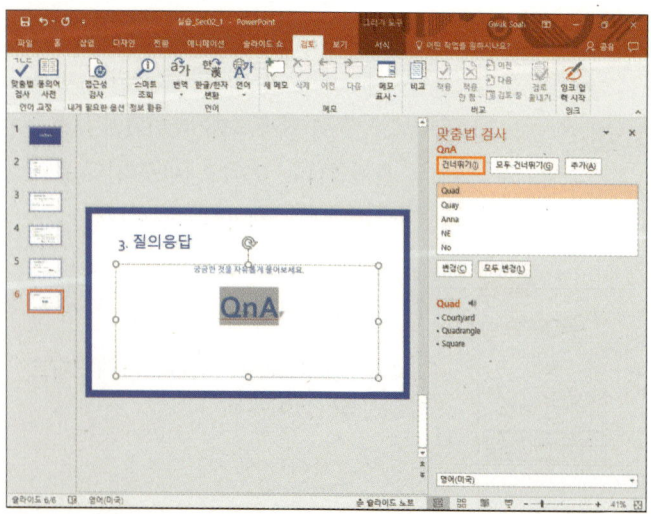

03 '형테로'가 '형태로'로 변경되면 맞춤법이 틀린 다음 텍스트로 이동합니다. 6번 슬라이드의 'QnA'는 그대로 유지하기 위해 [건너뛰기]를 클릭합니다.

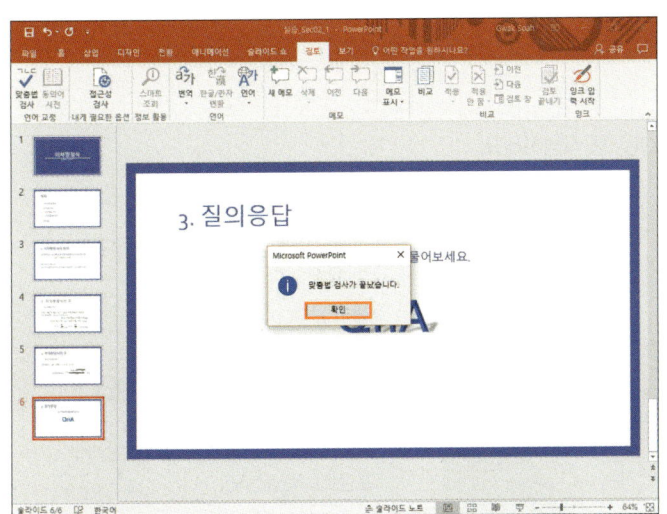

04 맞춤법 검사 종료 메시지가 표시되면 [확인]을 클릭하여 검사를 종료합니다.

 **다른 언어로 텍스트 번역하기**

[검토] – [언어]의 [번역](🔤) 기능은 텍스트를 다른 언어로 번역해 줍니다. [선택한 텍스트 번역하기]는 선택한 텍스트를 원하는 언어로 번역합니다. [미니 번역기]는 마우스 포인터로 가리킨 텍스트의 번역 내용을 표시합니다.

▼ 선택한 텍스트 번역하기

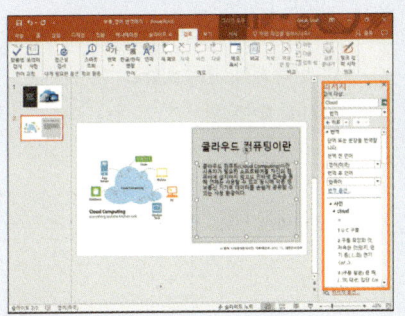

▼ 미니 번역기 사용하기

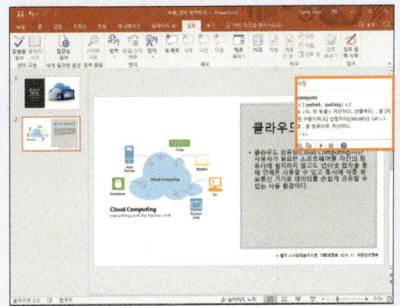

 ## 정리 한마당

- [검토] – [언어] – [한글/한자변환]에서 한글을 한자로 변환하여 입력합니다.
- [삽입] – [기호] – [수식/기호]에서 다양한 기호 및 수식을 입력합니다.
- [홈] – [글꼴]에서 텍스트의 글꼴, 색, 크기, 문자 간격, 줄 간격 등을 변경합니다.
- 워드아트는 텍스트를 돋보이게 합니다. [그리기 도구] – [서식] – [WordArt 스타일] – [빠른 스타일]에서 텍스트 효과를 빠르게 적용합니다.
- 하나의 슬라이드에 전달하고자 하는 내용이 많을 때에는 단락의 서식을 지정하여 보기 좋게 정리합니다.
- [홈] – [단락]에서 단락의 서식을 지정하고, 글머리 기호 또는 번호를 삽입합니다.
- [홈] – [클립보드]에서 개체를 복사/잘라내기/붙여넣기 합니다.
- [홈] – [편집] – [찾기]에서 원하는 텍스트를 검색하고 변경합니다.
- [검토] – [언어 교정] – [맞춤법 검사]에서 잘못 입력된 텍스트를 교정합니다.

기초 문제

1 '기초_Sec02.pptx' 파일을 열고 다음 지시대로 문서를 작성하세요.

1) 제목 입력 : 텃밭 채소

2) 부제목 입력 : 쉽고 재미있게 키우는 텃밭 채소

3) 출처 입력
- 텍스트 상자 삽입 후 출처 입력
- 입력 내용 : ※ 출처 – 유기농 채소 기르기 텃밭백과
- 텍스트 서식 : 글꼴(맑은 고딕), 크기(12 포인트), 색상(흰색)

▲ 완성파일 : 기초_Sec01_1_완성.pptx

2 앞의 문서에 이어서 다음 지시대로 지시대로 문서를 작성하세요.

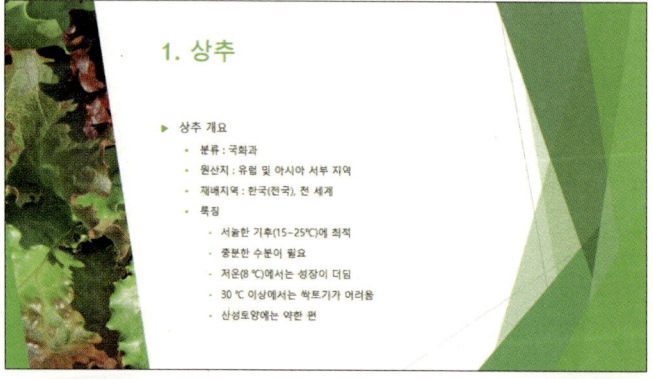

1) 2번 슬라이드
- 줄 간격 : 1.0
- 단락 서식 : 왼쪽 맞춤

2) 5번 슬라이드
- 적용 범위 : 두 번째 줄부터
- 단락 수준 : 목록 수준 늘림
- 글머리 기호 : 번호 1) 2) 3)

▲ 완성파일 : 기초_Sec01_2_완성.pptx

심화 문제

1 '심화_Sec02.pptx' 파일을 열고 2번 슬라이드에서 다음 지시대로 문서를 작성하세요.

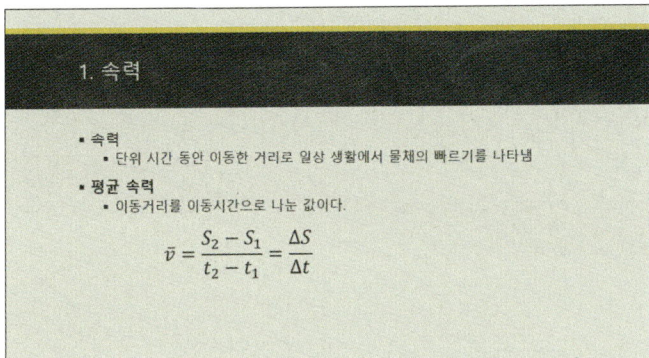

1) 수식 삽입 : 잉크 수식기능을 이용하여 '평균 속력' 수식을 삽입
• 수식의 글씨 크기 : 30 포인트
• 수식의 위치 : 슬라이드 화면 하단-중앙
2) 바닥글 삽입 : 슬라이드 번호를 바닥글로 삽입 (단, 2번 슬라이드의 번호가 1번이 되도록 지정)

▲ 완성파일 : 심화_Sec02_1_완성.pptx

힌트　• 바닥글 입력하기
① [삽입] – [텍스트] – [머리글/바닥글](▢)을 클릭하여 [머리글/바닥글] 대화상자를 엽니다.
② [머리글/바닥글] 대화상자가 열리면 [슬라이드] 탭에서 [슬라이드 번호]와 [제목 슬라이드에는 표시 안함]에 체크하고 [모두 적용]을 클릭합니다.
③ [디자인] – [슬라이드 크기] – [사용자 지정 슬라이드 크기]를 클릭합니다.
④ [슬라이드 크기] 대화상자가 열리면 [슬라이드 시작 번호]를 '0'으로 변경하고 [확인]을 클릭합니다.

2 앞의 문서에 이어서 다음 지시대로 문서를 작성하세요.

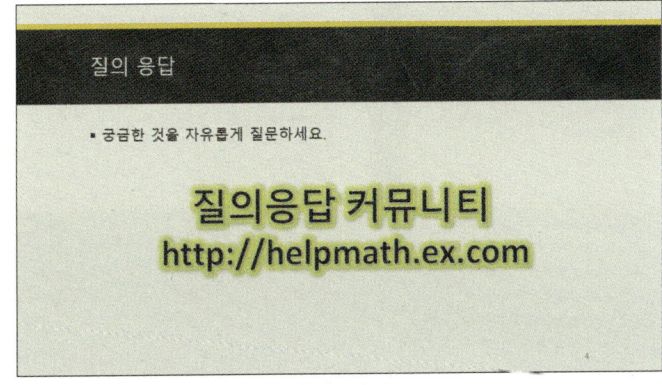

1) 텍스트 찾기 : 문서 전체에서 '초등학교'를 검색하여 '고등학교'로 변경
2) 맞춤법 검사 : 맞춤법 검사를 실시하고 문서 전체에서 '물채'를 '물체'로 교정
3) 워드 아트 삽입 : 4번 슬라이드에 '질의 응답 커뮤니티 http://helpmath.ex.com'를 워드아트로 삽입
• 워드아트 스타일 : 채우기: 진한 녹색, 텍스트 색 1, 윤곽선: 황갈색, 배경색 1, 진한 그림자
• 워드아트 효과 : 네온: 18pt, 황금색, 강조색

▲ 완성파일 : 심화_Sec02_2_완성.pptx

도해 디자인하기

슬라이드의 내용을 다양한 도형으로 표현한 것이 바로 도해입니다. 프레젠테이션 내용을 텍스트로만 보여주는 것보다 도형이나 스마트아트 그래픽으로 표현하면 청중들이 더욱 주목하게 됩니다. 도해를 이용하여 슬라이드 내용을 디자인하면 전달하고자 하는 내용을 이해하기 쉽고 효과적으로 표현할 수 있기 때문입니다. 슬라이드에 도형을 삽입하고 도형 개체를 다루는 기본적인 방법들을 살펴봅니다. 그리고 도형을 꾸미고 균형 있게 배치/정렬하기, 도형에 텍스트를 입력하고 텍스트의 서식을 변경하는 방법들을 학습합니다. 또, 스마트아트 그래픽을 이용하여 슬라이드의 내용을 전문가 수준으로 디자인하는 방법들을 살펴봅니다.

 결과 미리보기

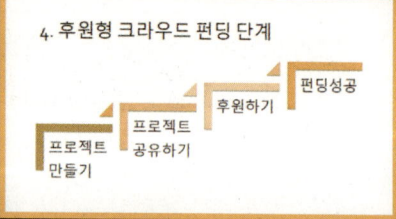

▲ 준비 파일 : 실습_Sec03.pptx

완성 파일 : 실습_Sec03_완성.pptx

Powerpoint 1 | 도형 그리기

슬라이드에 도형을 삽입하고 여러 가지 핸들을 이용하여 도형 개체를 다루는 기본적인 방법을 학습합니다. 그리고 여러 개의 도형들을 적절히 배치하고 그룹으로 지정하여 하나의 도형 개체처럼 다루어 봅니다.

직접 해보기 **도형 그리기**

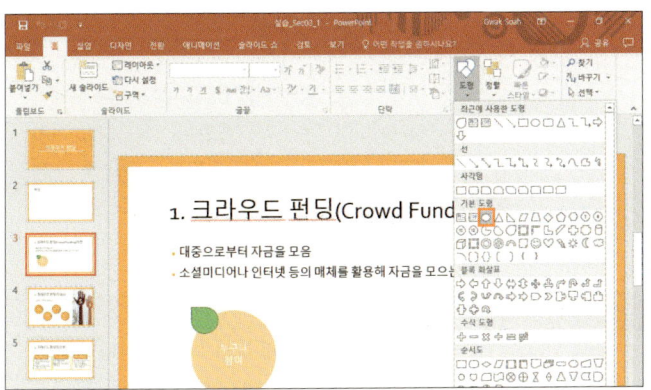

01 '실습_Sec03.pptx' 파일을 열고, 내비게이터에서 3번 슬라이드를 선택합니다. [홈] - [그리기]에서 [도형]()을 클릭하고 [기본 도형] - [타원(○)]을 클릭합니다.

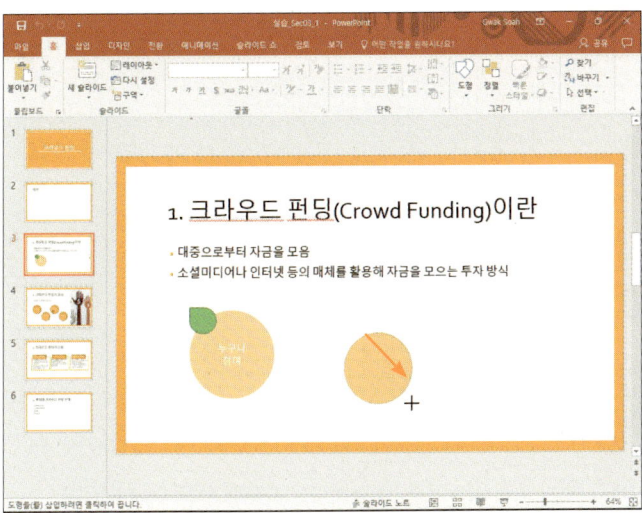

02 마우스 포인터가 (+) 모양으로 바뀌면 Shift 를 누른 상태에서 슬라이드의 빈 공간에 대각선 방향으로 드래그하여 정원을 그립니다.

강의노트

정형 도형을 그리기 위해서는 Shift 를 누른 상태에서 마우스 왼쪽 버튼을 클릭한 채 원하는 크기만큼 드래그합니다.

보충수업 **도형 기본 다루기**

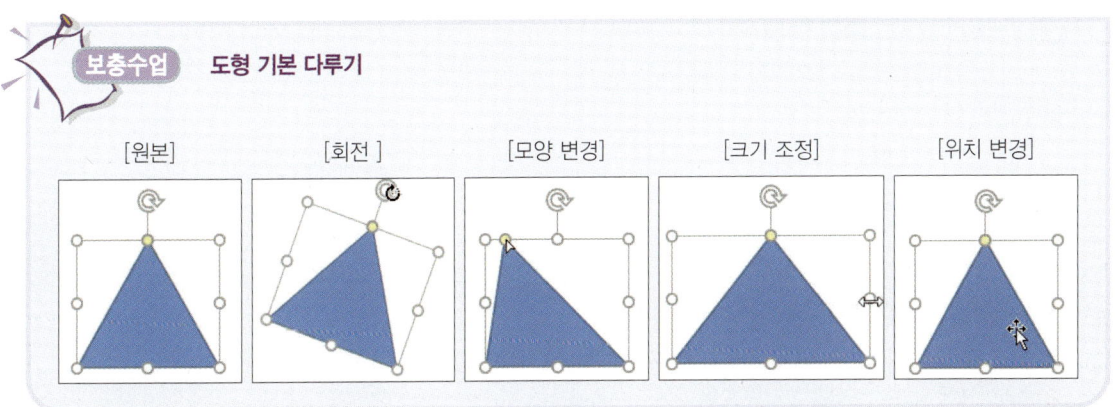

[원본] [회전] [모양 변경] [크기 조정] [위치 변경]

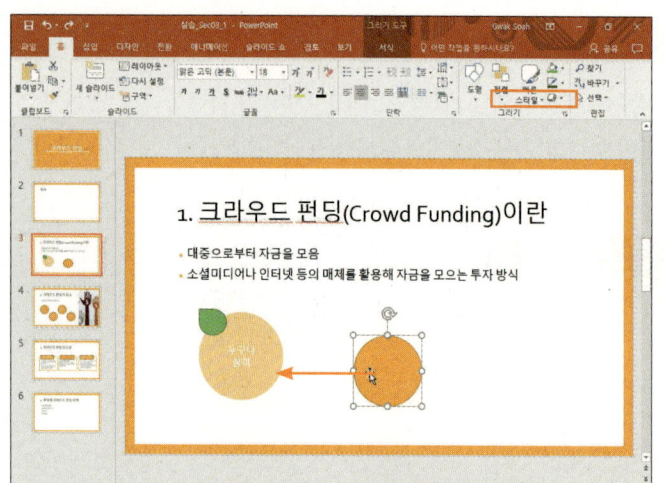

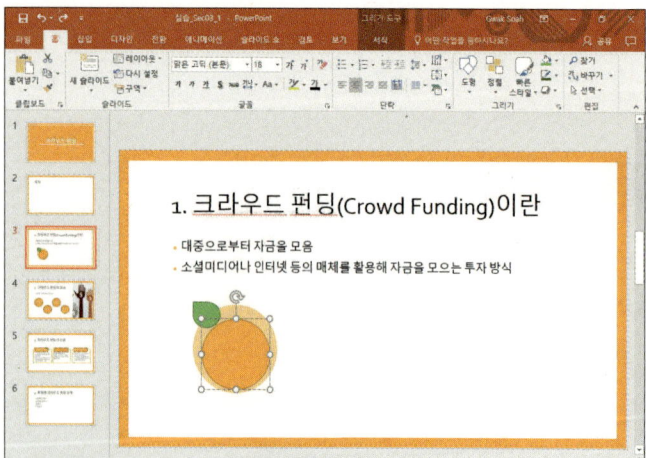

 **03** 도형의 위치를 변경하기 위해 정원의 크기 조정 핸들 위에 마우스를 올려놓습니다. 미리 삽입된 원의 안쪽으로 드래그합니다.

강의노트

도형 개체를 선택한 후 Delete를 누르면 개체가 삭제됩니다. 삽입한 도형의 모양을 변경하려면 [그리기 도구] – [서식] – [도형 삽입]에서 [도형 모양 변경]( )을 클릭하고 원하는 모양을 클릭합니다.

 **04** 그러면 미리 삽입된 원의 안쪽으로 정원이 이동합니다.

강의노트

파워포인트 2016에서는 다양한 범주의 아이콘을 제공합니다. [삽입] – [일러스트레이션]에서 [아이콘]( )을 클릭하고 원하는 아이콘을 선택하여 삽입합니다.

 **잉크입력 기능으로 도형 그리기**

파워포인트 2016에서 잉크 입력은 [검토] – [잉크]에서 [잉크 입력 시작]( )을 클릭하여 사용합니다.

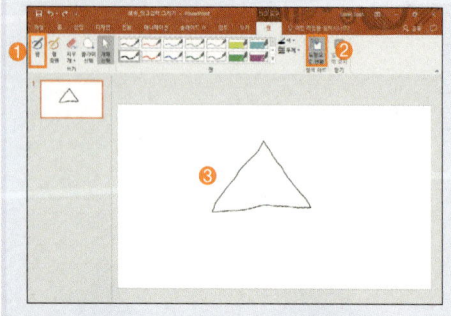

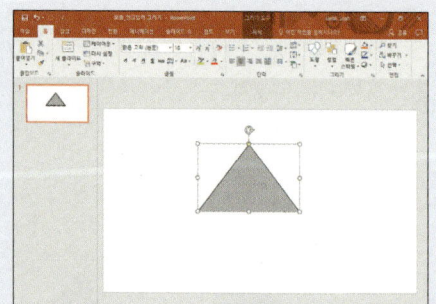

❶ [잉크 도구] – [쓰기]에서 [펜]( )을 클릭합니다.
❷ [잉크 도구] – [잉크 아트]에서 [도형으로 변환]( )을 클릭합니다.
❸ 슬라이드에 원하는 도형을 그리면 도형 개체로 변환됩니다.

직접 해보기 | 도형 배치하고 그룹화 하기

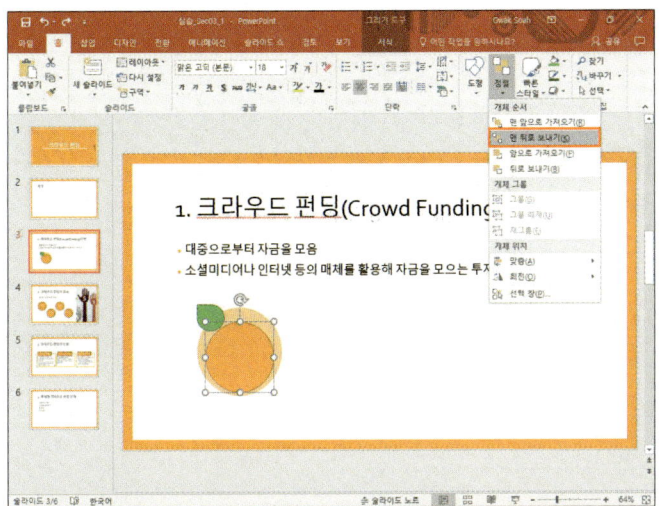

01 새로 삽입한 정원을 선택한 상태에서 [홈] – [그리기] – [정렬]을 클릭한 후 [개체 순서] – [맨 뒤로 보내기]를 클릭합니다.

그리기 개체 선택한 후 마우스 오른쪽 버튼을 클릭하여 [맨 앞으로 가져오기] 또는 [맨 뒤로 보내기]를 설정할 수 있습니다.

02 "누구나 참여" 텍스트가 맨 앞으로 배치되면 Shift 를 누른 상태에서 두 개의 원형 개체를 차례대로 선택합니다. 그리고 [홈] – [그리기] – [정렬]에서 [맞춤] – [가운데 맞춤]을 클릭합니다.

[정렬]에서는 도형 개체의 배치 순서 및 위치, 그룹화, 회전 및 대칭 등의 세부 옵션을 지정합니다.

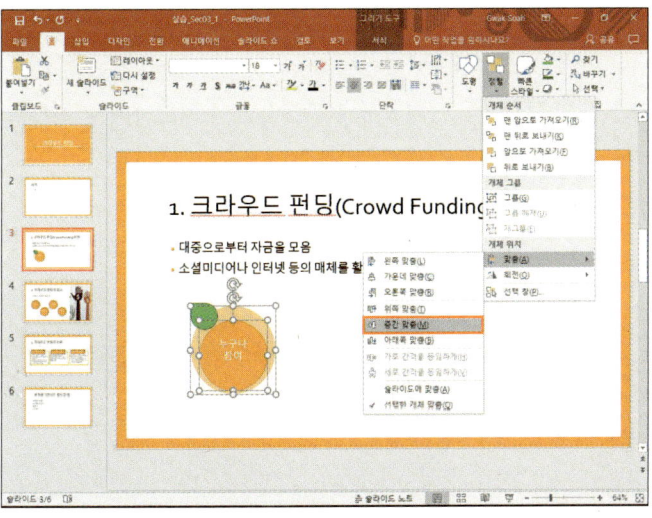

03 두 개의 원형 개체가 선택된 성태에서 [홈] – [그리기] – [정렬]에서 [맞춤] – [중간 맞춤]을 클릭합니다.

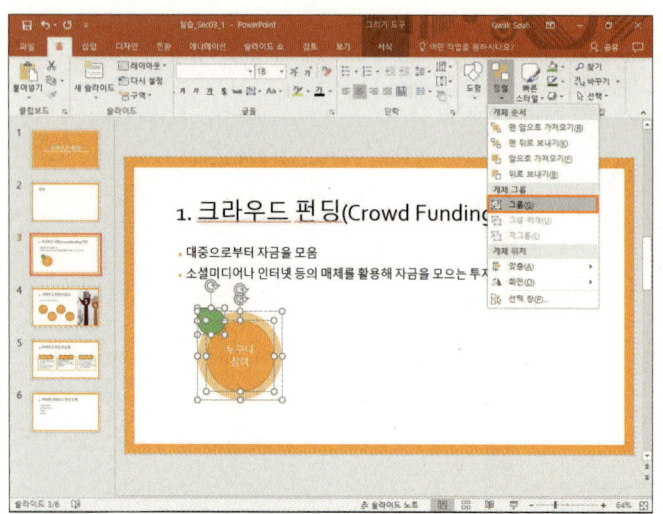

04 그러면 두 개의 원형 개체의 중심이 맞춰집니다. 이번에는 세 개의 도형들을 하나의 그룹으로 묶으려고 합니다. 세 개의 도형들을 모두 포함하도록 마우스로 드래그합니다. 도형들이 모두 선택된 상태에서 [홈] – [그리기] – [정렬]을 클릭하고 [그룹]을 클릭합니다.

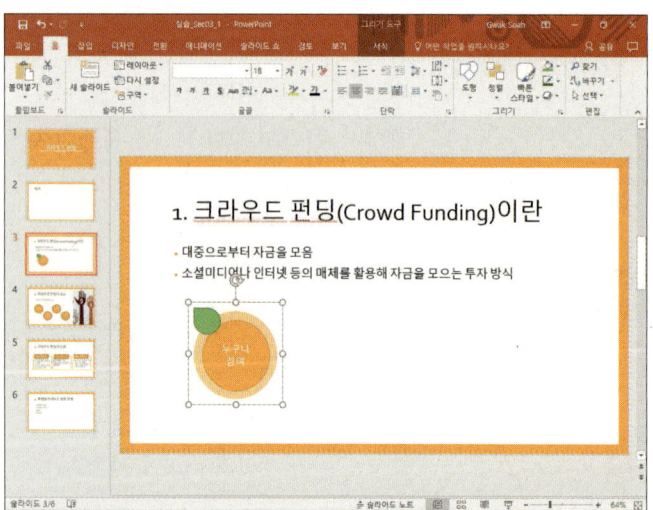

05 그러면 세 개의 도형들이 하나의 객체로 묶입니다.

도형, 그림 또는 다른 개체를 그룹화하면 더욱 빠르게 작업할 수 있습니다. 그룹 내 모든 도형 또는 개체를 한 번에 이동하거나 회전 및 대칭, 크기 변경 및 채우기 색 변경을 할 수 있습니다.

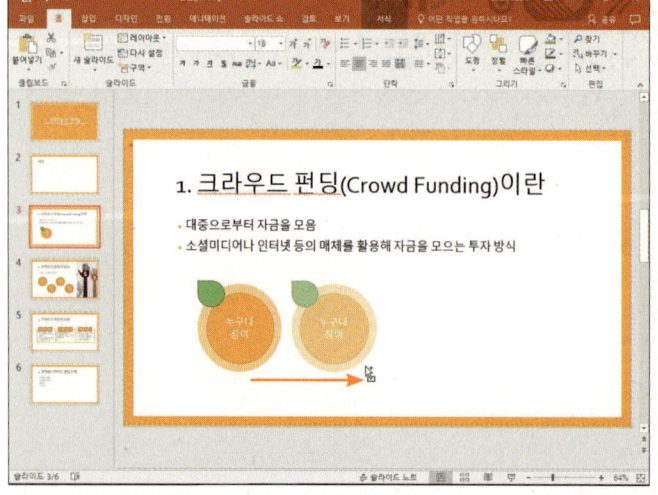

06 그룹화된 도형 개체를 선택하고 Ctrl + Shift 를 누른 상태에서 오른쪽으로 드래그하여 수평복사를 합니다.

개체를 복사하려면 Ctrl 을 누른 상태에서 마우스로 드래그합니다. 만약 도형을 수평 또는 수직으로 복사히하려면 Ctrl + Shift 를 누른 상태에서 마우스로 드래그합니다.

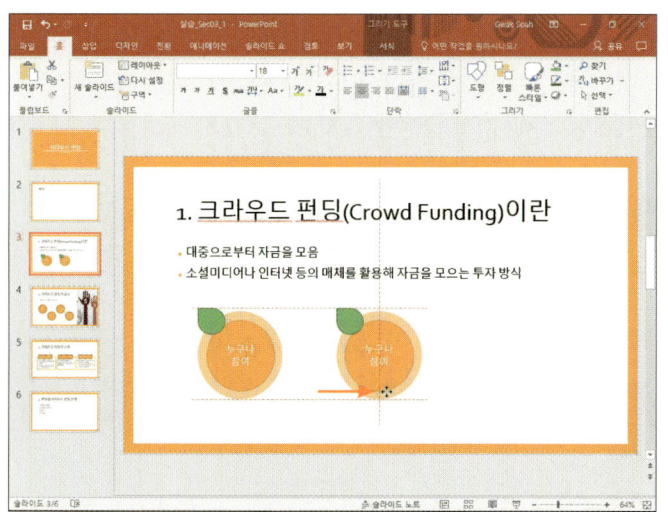

07 도형 개체가 복사되면 [Shift]를 누른 채로 드래그하여 스마트가이드가 '개체가 슬라이드의 중심으로 배치되었다는 것'을 표시한 곳으로 이동 시킵니다.

만약 스마트가이드가 표시되지 않으면 슬라이드의 빈 공간에서 마우스 오른쪽을 클릭한 다음 [눈금 및 안내선] – [스마트 가이드]를 선택합니다.

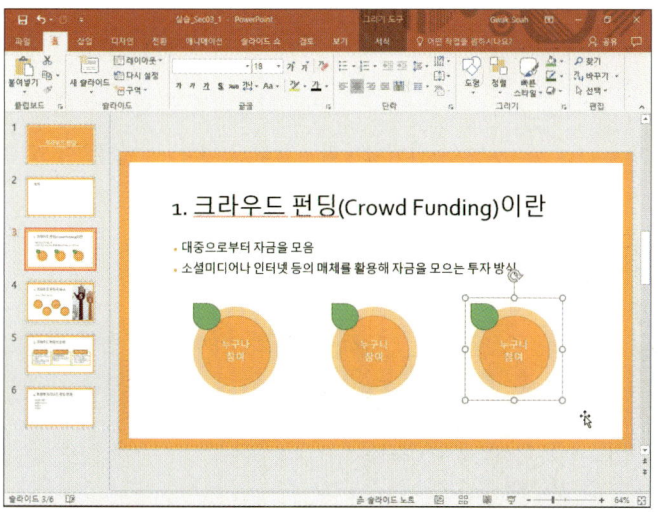

08 같은 방법으로 도형 개체를 한 개 더 수평복사한 후 스마트 가이드가 '개체가 균등한 간격으로 배치되었다는 것'을 표시한 곳으로 이동 시킵니다.

09 세 개의 그룹 개체가 균등하게 배치된 것을 확인합니다.

슬라이드에 삽입한 도형 개체에 텍스트를 삽입하고 서식을 설정하는 방법을 살펴봅니다.

직접 해보기 | **도형 텍스트 입력하기**

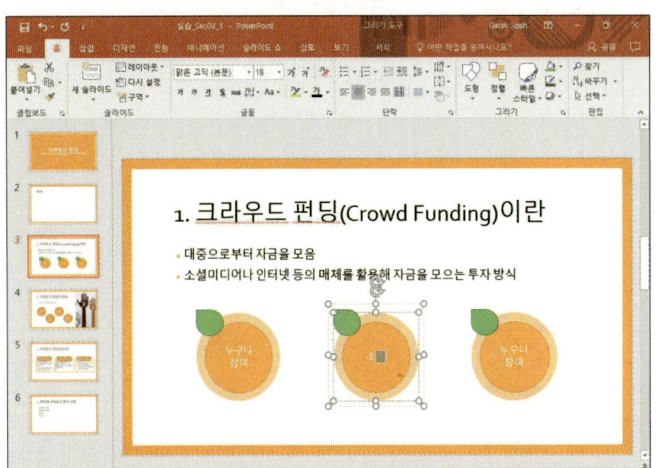

01 3번 슬라이드에서 두 번째 도형 그룹의 가운데를 클릭합니다. 그룹의 안쪽에 마우스 커서가 생기면 '누구나 참여'를 삭제하고 "소통"을 입력합니다.

📖 **강의노트**

도형 그룹을 더블클릭하여 텍스트를 입력해도 됩니다.

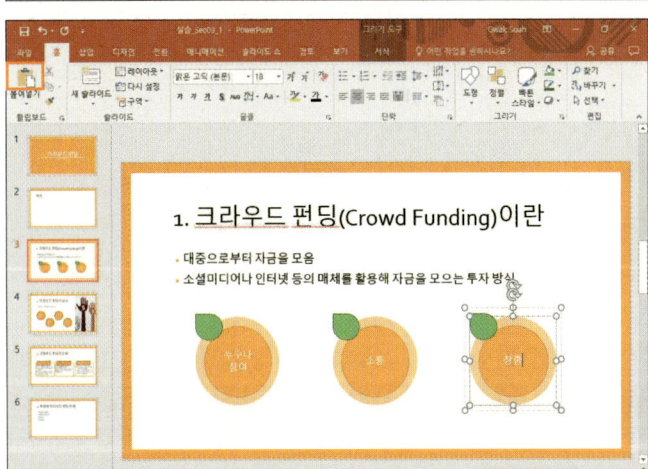

02 같은 방법으로 세 번째 도형 그룹의 안쪽에는 "창출"을 입력하고 Esc 를 누릅니다.

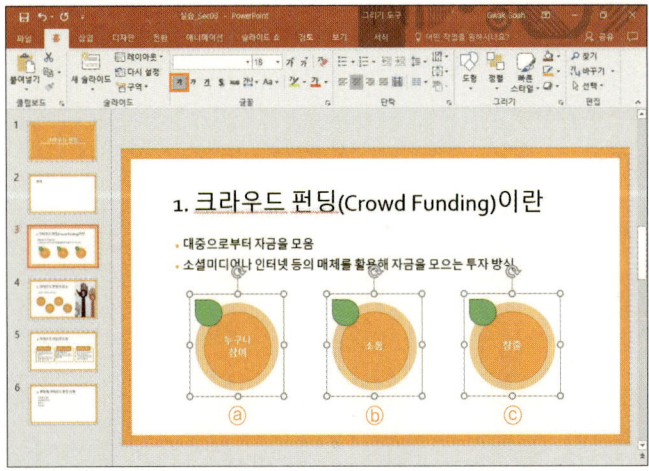

03 Shift 를 누른 상태에서 ⓐ~ ⓒ를 차례대로 클릭하여 모두 선택합니다. 그리고 [홈] – [글꼴]에서 [굵게](가)를 클릭하여 텍스트를 굵게 변경합니다.

📖 **강의노트**

텍스트를 굵게 하려면 단축키 Ctrl + B 를 클릭해도 됩니다.

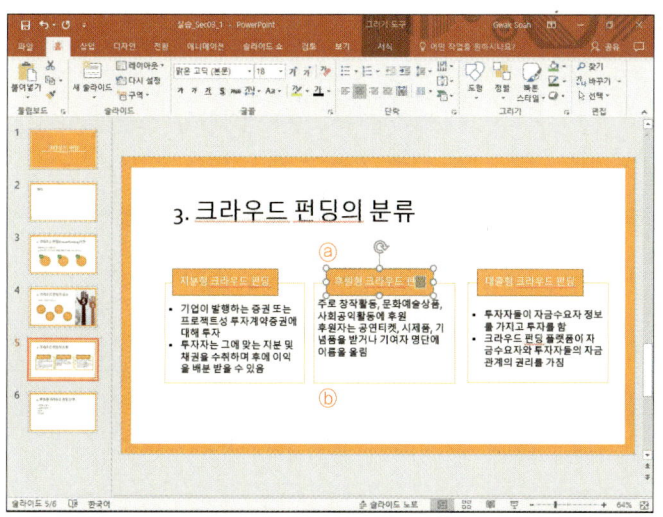

04 5번 슬라이드로 이동하여 ⓐ 를 클릭하고 "후원형 크라우드 펀딩"을 입력합니다.

강의노트

개체가 선택된 상태에서 마우스 오른쪽을 클릭하여 '텍스트 편집'을 선택해도 됩니다. 만약 도형이 그룹으로 지정되어 있다면 더블 클릭 후 텍스트를 입력합니다.

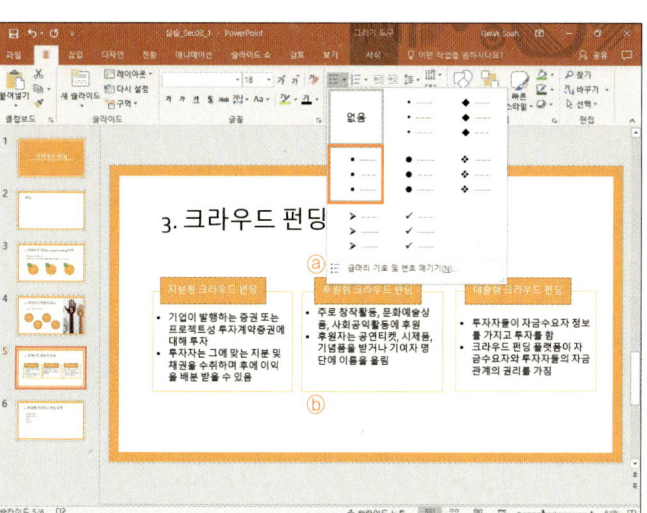

05 ⓑ의 테두리를 선택한 후 [홈] – [단락]에서 [글머리 기호] (▤)의 목록 단추를 클릭하고 [속이 찬 정사각형 글머리 기호]를 클릭합니다.

강의노트

[글머리 기호] 목록에 마우스를 올려 놓으면 도형에 적용할 글머리를 미리 확인할 수 있습니다.

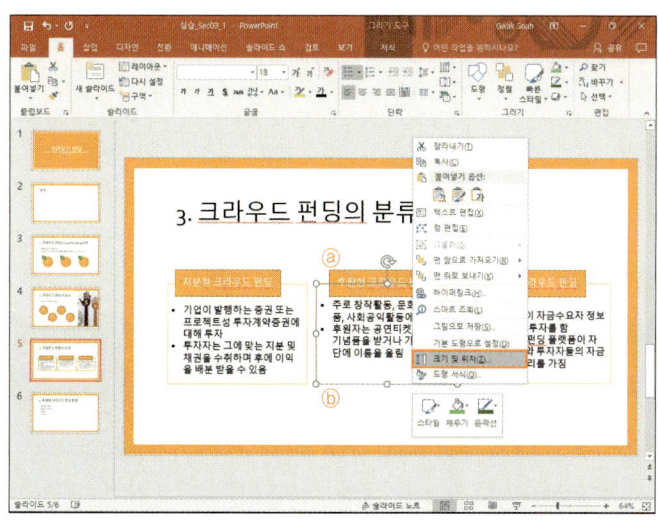

06 ⓑ의 테두리를 선택한 상태에서 마우스 오른쪽을 클릭하여 [크기 및 위치]를 클릭합니다.

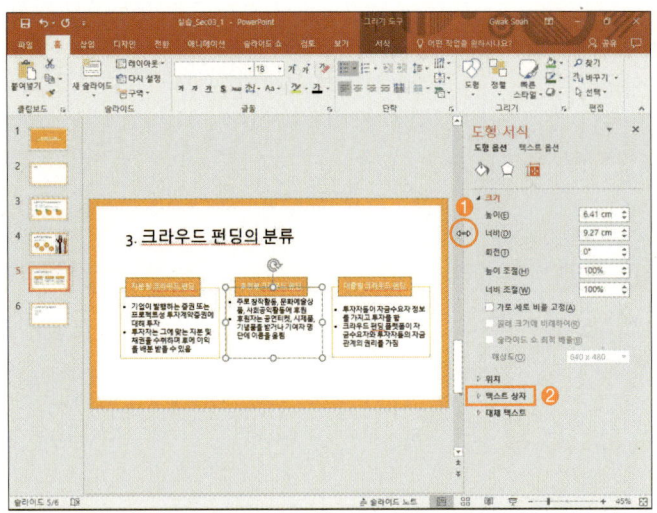

07 화면 오른쪽에 [도형 서식] 대화상자가 열리면 [도형 서식] 대화상자의 경계선에 마우스를 옮깁니다. 마우스 포인터 모양이 (〈—〉)으로 변경되면 원하는 만큼 드래그하여 창 크기를 조절합니다. 그리고 [도형 옵션] 탭에서 [텍스트 상자]의 확장 단추(▷)를 클릭합니다.

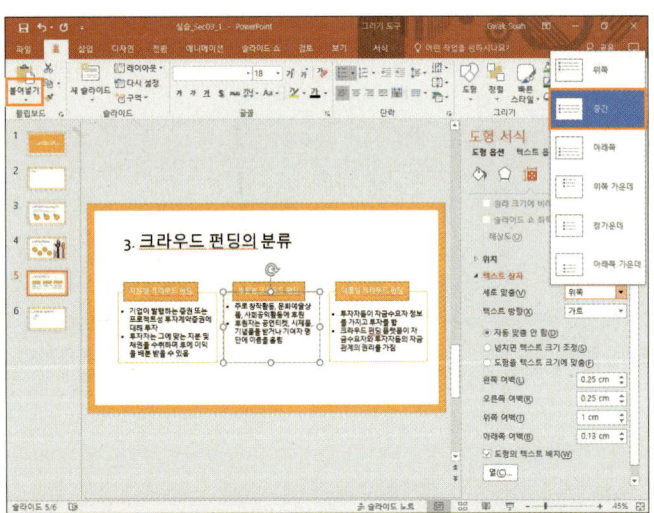

08 [텍스트 상자] 메뉴가 표시되면 [세로 맞춤]의 목록 단추(▼)를 클릭하여 [중간]을 클릭하고 [닫기](×)를 누릅니다.

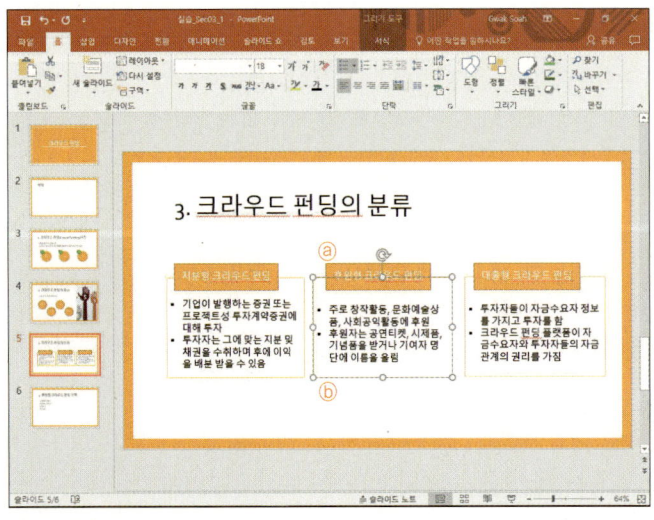

09 ⓑ에 입력된 텍스트의 서식 및 맞춤이 변경된 것을 확인합니다.

Powerpoint 3 　도형 꾸미기

빠른 스타일을 이용하여 도형을 쉽고 빠르게 꾸며봅니다. 그리고 그리기 도구 모음을 이용하여 도형 개체의 채우기
색, 윤곽선 스타일, 윤곽선 색 등을 변경하고 원근감 및 입체 효과를 적용하는 방법을 학습합니다.

직접 해보기　빠른 스타일로 도형 꾸미기

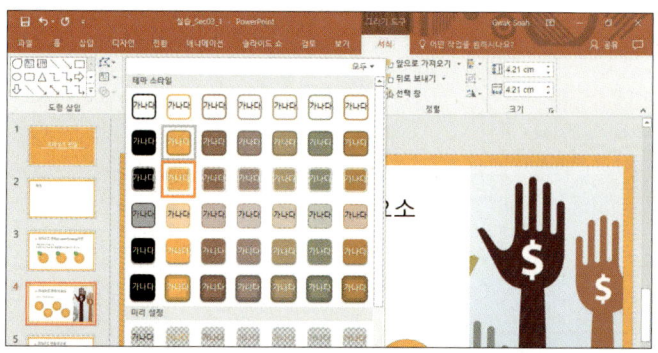

01 내비게이터에서 4번 슬라이드를 선택합니다. 첫 번째 원을 선택하고 [그리기 도구] – [서식] – [도형 스타일]에서 자세히 단추()를 클릭하고 [밝은 색 1 윤곽선, 색 채우기 – 주황, 강조 1]을 클릭합니다.

02 같은 방법으로 남은 세 개의 원을 각각 [밝은 색 1 윤곽선, 색 채우기 – 밤색, 강조 2], [밝은 색 1 윤곽선, 색 채우기 – 밤색, 강조 5], [밝은 색 1 윤곽선, 색 채우기 – 주황, 강조 6]으로 각각 변경합니다.

강의노트

도형들을 모두 포함하도록 마우스를 드래그하거나 Shift 를 누른 상태에서 도형들을 차례대로 클릭하여 모두 선택한 후 스타일을 적용합니다.

03 원 도형들의 스타일이 변경된 것을 확인합니다.

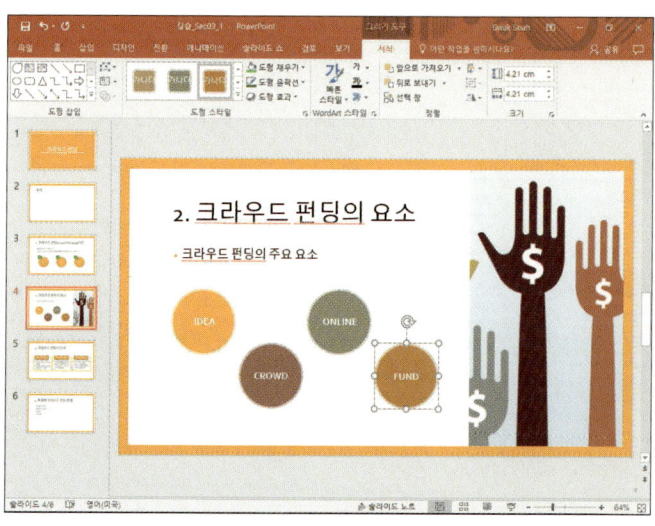

직접 해보기   도형 색과 윤곽선 지정하기

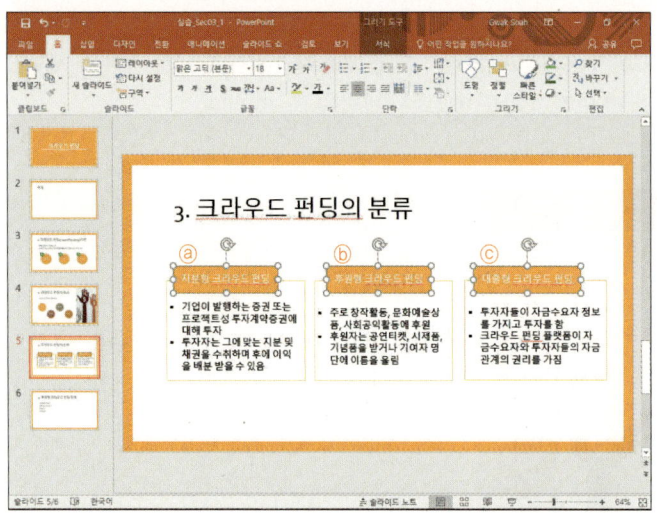

01 내비게이터에서 5번 슬라이드를 선택합니다. Shift 를 누른 상태에서 ⓐ~ⓒ를 차례대로 클릭합니다.

강의노트

Shift 를 이용하지 않고 마우스를 드래그하여 여러 개의 도형을 한꺼번에 선택할 수 있습니다. 이 때는 드래그 영역에 다른 도형 또는 다른 개체가 포함되지 않도록 주의합니다.

02 [홈] – [그리기]에서 [도형 채우기]()의 목록 단추를 클릭하고 [테마 색]에서 [밤색, 강조 4, 25% 더 어둡게]를 클릭합니다.

강의노트

[다른 채우기 색]에서는 사용자가 원하는 색상을 직접 지정하고 적용할 수 있습니다. 도형 채우기를 없애려면 [채우기 없음]을 클릭합니다.

03 ⓐ~ⓒ에 채우기 효과가 적용된 것을 확인합니다.

강의노트

[도형 채우기]의 [그라데이션]에서 다양한 그라데이션 효과를 적용할 수 있습니다. [기타 그라데이션]에서는 그라데이션의 종류, 방향, 각도, 지점, 색, 위치, 투명도, 밝기 등을 상세히 지정할 수 있습니다. 그라데이션 효과를 없애려면 [그라데이션 없음]을 클릭합니다.

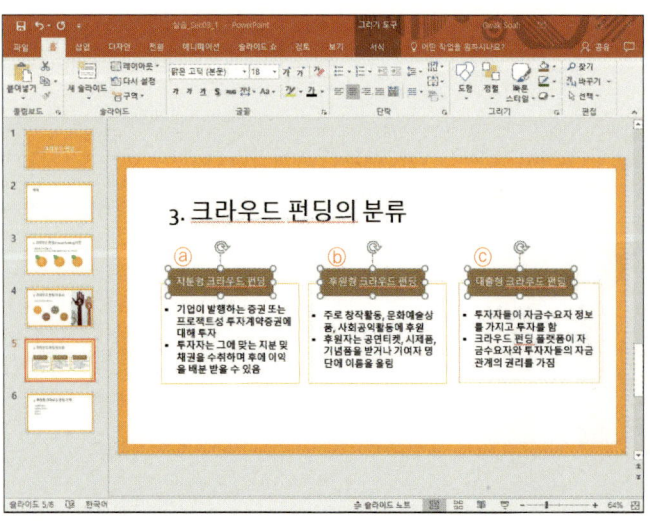

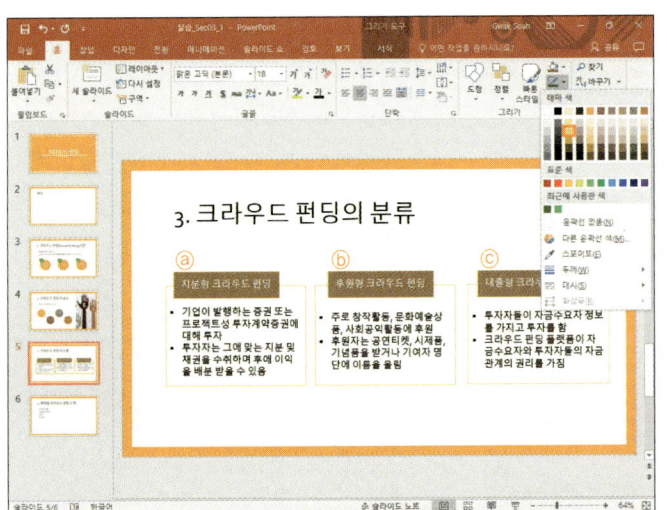

ⓐ~ⓒ가 모두 선택된 상태에서 [홈] 탭의 [그리기]에서 [도형 윤곽선]을 클릭합니다. [테마 색]에서 "연한 노랑, 배경 2, 25% 더 어둡게"를 클릭합니다.

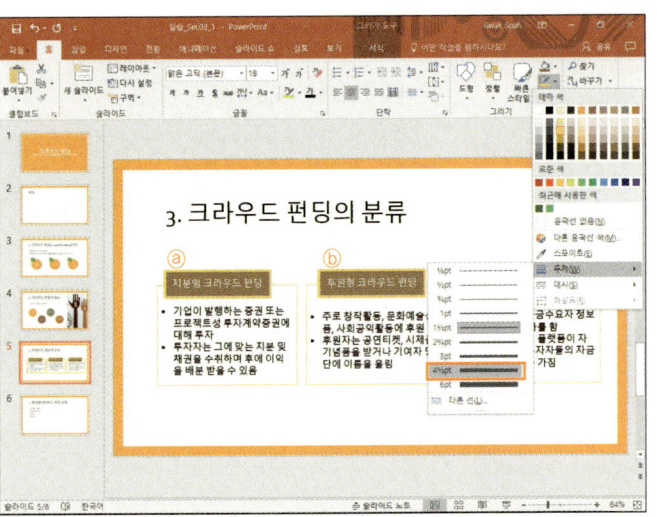

ⓐ~ⓒ가 모두 선택된 상태에서 [홈] - [그리기]에서 [도형 윤곽선]( )의 목록 단추를 클릭하고 [두께]에서 [4pt]를 클릭합니다.

강의노트

[대시] 또는 [화살표]에서는 도형의 윤곽선을 점선이나 화살표로 변경할 수 있습니다. 윤곽선을 없애려면 [윤곽선 없음]을 클릭합니다.

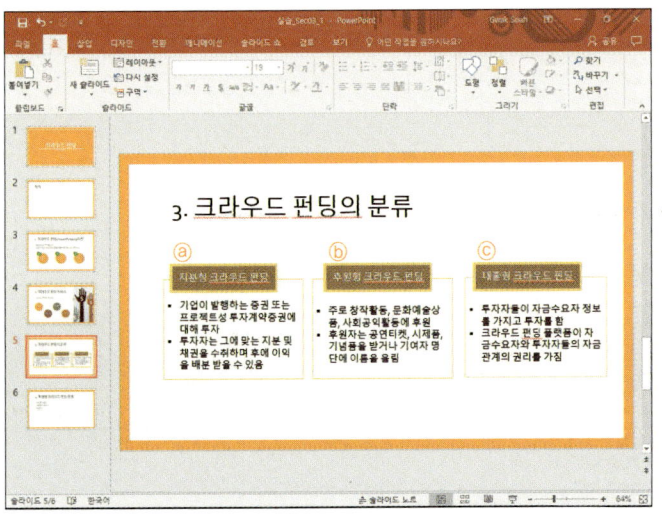

ⓐ~ⓒ에 윤곽선 서식이 적용된 것을 확인합니다.

직접 해보기 도형에 효과 주기

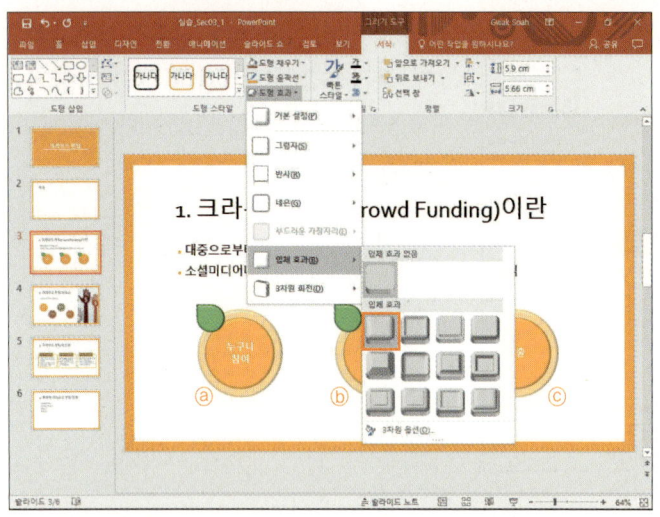

01 내비게이터에서 3번 슬라이드를 선택합니다. [Shift]를 누른 상태에서 ⓐ~ⓒ를 차례대로 클릭하여 모두 선택합니다. 그리고 [그리기 도구] - [서식] - [도형 스타일]에서 [도형 효과](▢)를 클릭하고 [입체 효과] - [입체 효과] - [둥글게]를 클릭합니다.

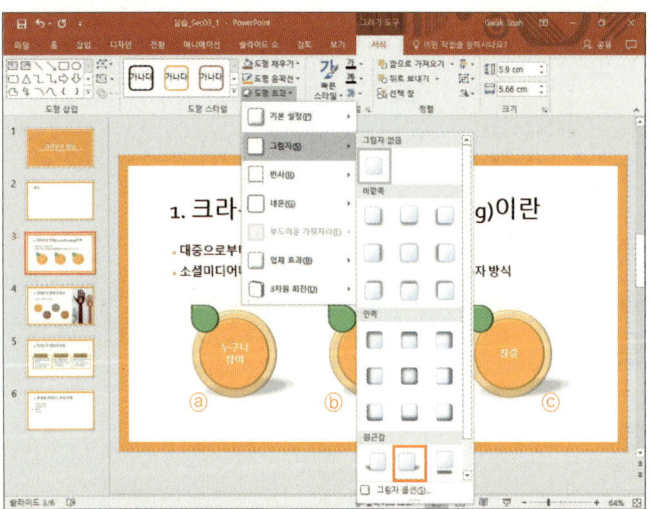

02 ⓐ~ⓒ에 입체 효과가 적용되면 [도형 효과]를 클릭하고 [그림자] - [원근감] - [원근감: 오른쪽 위]를 클릭합니다.

 강의노트

여기서는 그룹으로 묶여있는 모든 도형 개체들에 효과가 적용됩니다.

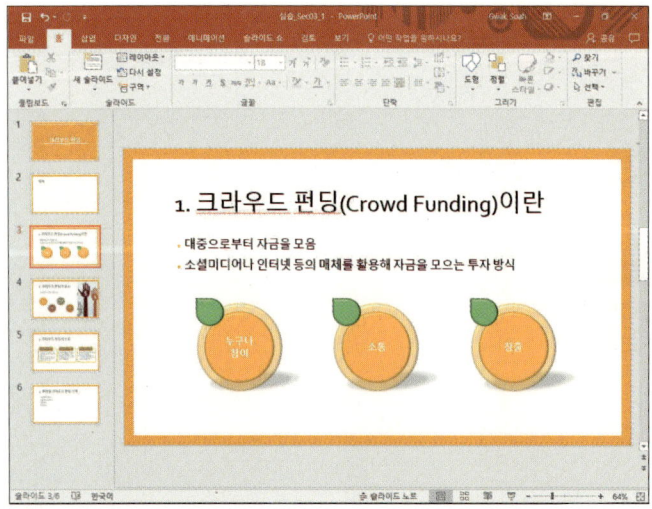

03 그러면 도형 개체에 원근감이 적용됩니다.

Powerpoint 4 　스마트아트 그래픽 디자인하기

스마트아트 그래픽은 정보와 아이디어를 시각적으로 표현한 것입니다. 스마트아트 그래픽을 삽입하여 메시지를 효과적으로 전달하는 방법을 살펴봅니다.

직접 해보기　스마트아트 그래픽 삽입하기

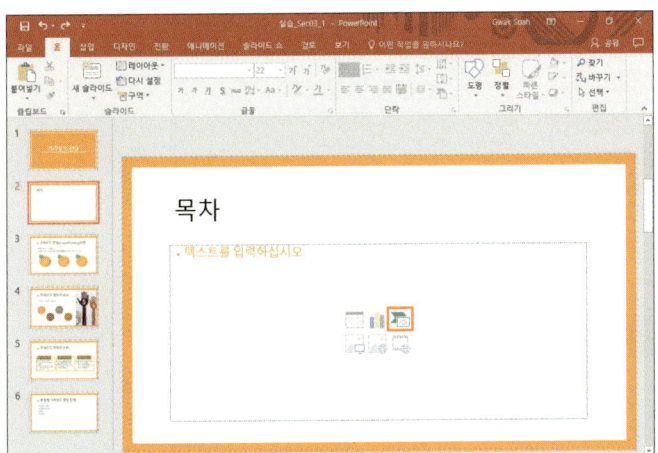

01 내비게이터에서 2번 슬라이드를 선택합니다. 내용 개체 틀에서 [SmartArt 그래픽 삽입]() 단추를 클릭합니다.

강의노트

[삽입] − [일러스트레이션]에서 [SmartArt 그래픽 삽입]( )을 클릭해도 됩니다.

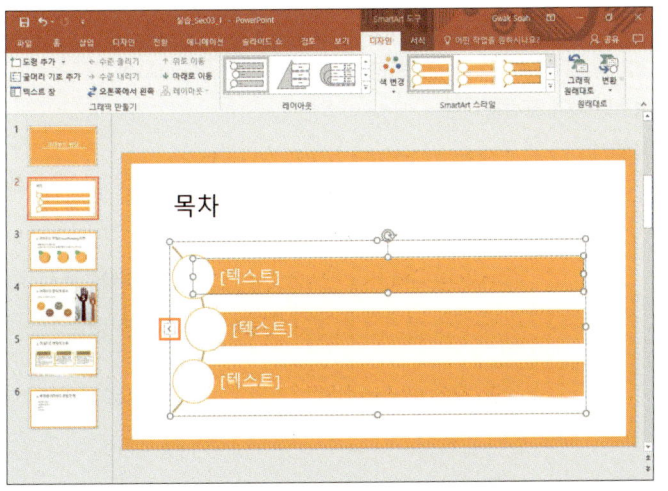

02 [SmartArt 그래픽 선택] 대화상자가 열리면 [목록형] − [세로 곡선 목록형]을 클릭하고 [확인]을 클릭합니다.

03 스마트아트 그래픽이 삽입되면 스마트 그래픽의 왼쪽에 있는 단추()를 클릭합니다.

강의노트

만약 [텍스트 창] 대화상자가 보이지 않으면 스마트 그래픽 위에서 마우스 오른쪽 버튼을 클릭하고 [텍스트 창 표시]를 클릭합니다. 또는 [SmartArt 도구] − [디자인] − [그래픽 만들기]에서 [텍스트 창]( )을 클릭합니다.

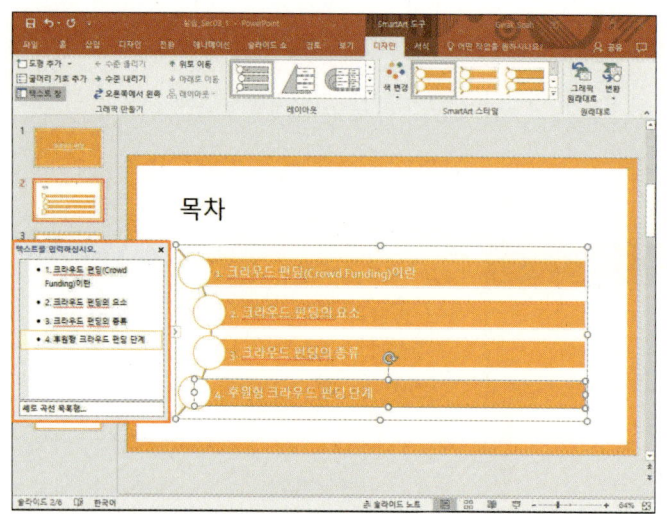

04 [텍스트 창] 대화상자가 열리면 다음과 같이 텍스트를 입력하고 닫기(✖)를 클릭합니다.

1. 크라우드 펀딩(Crowd Funding)이란
2. 크라우드 펀딩의 요소
3. 크라우드 펀딩의 종류
4. 후원형 크라우드 펀딩 단계

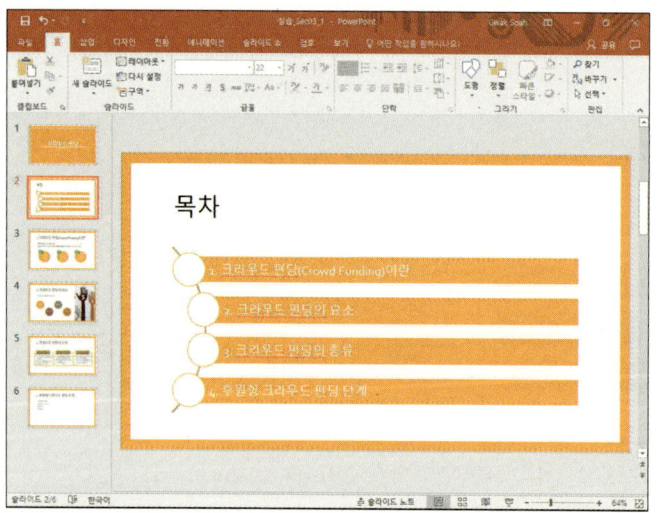

05 스마트아트 그래픽으로 완성한 목차를 확인합니다.

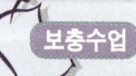

삽입한 스마트아트 그래픽의 레이아웃을 변경하려면 스마트아트 그래픽을 선택하고 [SmartArt 도구] – [디자인] – [레이아웃]에서 자세히 단추(▾)를 클릭하고 [기타 레이아웃]을 클릭합니다. [SmartArt 그래픽 선택] 대화상자가 열리면 원하는 레이아웃으로 변경합니다.

보충수업 **그래픽 만들기 메뉴 살펴보기**

스마트아트 그래픽에 새로 도형을 추가하고 도형의 수준과 위치를 적절히 배치할 수 있습니다. [SmartArt 도구] – [디자인] – [그래픽 만들기]의 메뉴를 자세히 살펴보면 다음과 같습니다.

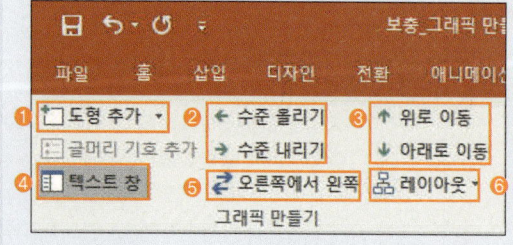

❶ 스마트아트 그래픽에 도형을 추가합니다.
❷ 도형의 수준을 변경합니다.
❸ 같은 수준 내에서 도형의 위치를 변경합니다.
❹ 스마트아트 그래픽의 레이아웃을 좌우 대칭 전환합니다.
❺ 스마트아트 그래픽의 레이아웃의 배열 구조를 변경합니다.
❻ 텍스트 창을 표시합니다.

직접 해보기 **스마트아트 꾸미기**

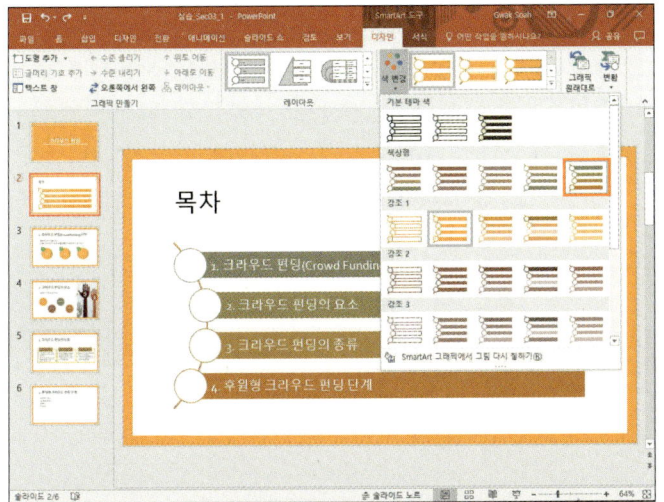

01 2번 슬라이드에서 스마트아트 그래픽을 선택합니다. 그리고 [SmartArt 도구] – [SmartArt 스타일]에서 색 변경(　)을 클릭하고 [색상형 범위 – 강조색 5 또는 6]을 클릭합니다.

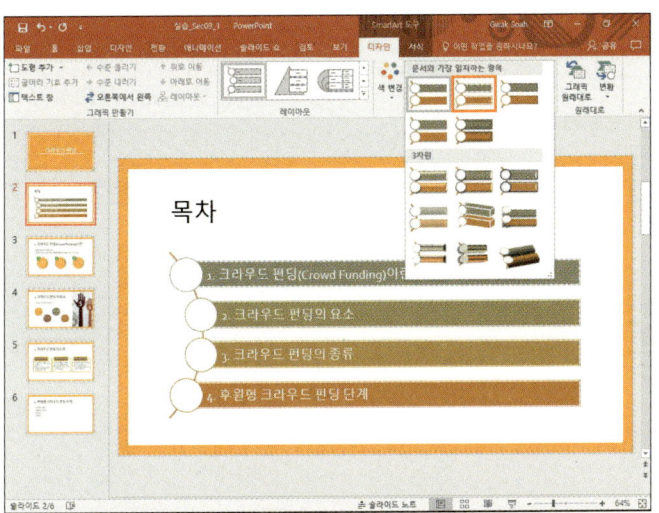

02 스마트아트 그래픽의 색상이 변경되면 [SmartArt 도구] – [SmartArt 스타일]에서 자세히 단추(　)를 클릭하고 [문서와 가장 일치하는 항목] – [흰색 윤곽선]을 클릭합니다.

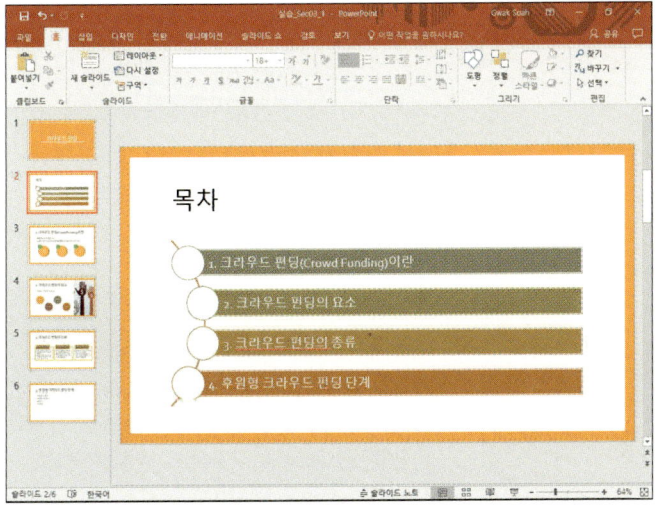

03 스마트아트 그래픽의 스타일이 변경된 것을 확인합니다.

　텍스트를 스마트아트 그래픽으로 변경하기

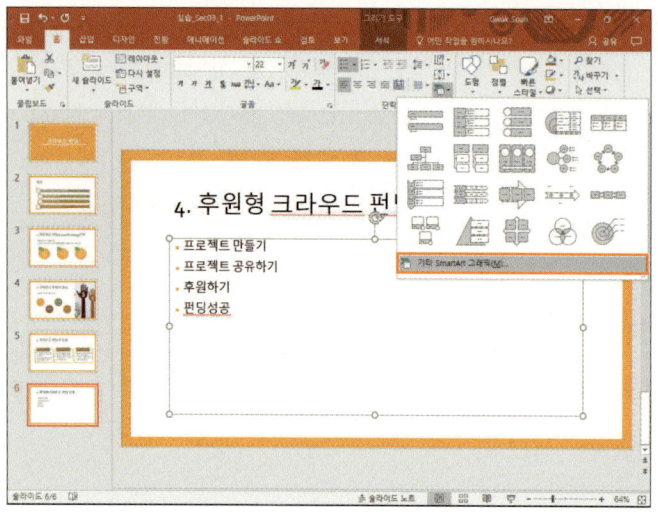

01　내비게이터에서 6번 슬라이드를 선택합니다. 내용 개체 틀을 선택하고 [홈] - [단락]에서 [SmartArt 그래픽으로 변환]( )을 클릭하고 [기타 SmartArt 그래픽]을 클릭합니다.

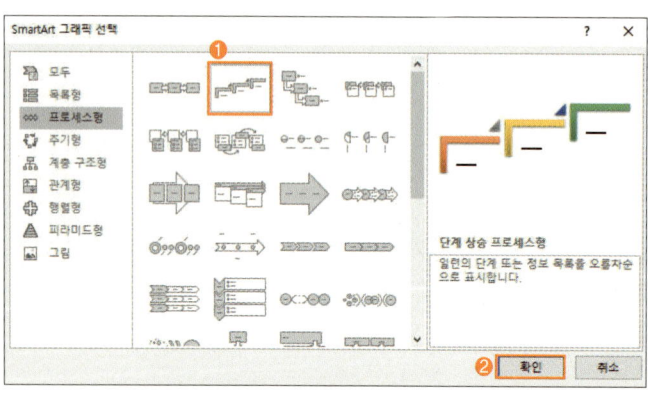

02　[SmartArt 그래픽] 대화상자가 열리면 [프로세스형]에서 [단계 상승 프로세스형]을 클릭하고 [확인]을 클릭합니다.

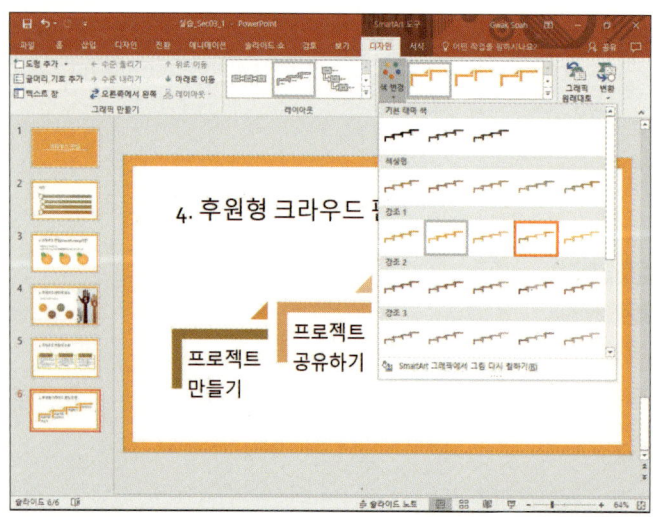

03　텍스트가 스마트아트로 변경되면 [SmartArt 도구] - [디자인] - [색 변경]을 클릭하고 [강조 1] - [그라데이션 반복 - 강조 1]을 클릭합니다.

 강의노트

스마트아트 그래픽을 다시 텍스트로 변경하기 위해서는 내용이 입력된 스마트아트 개체를 선택하고 [SmartArt 도구] - [디자인] - [원래대로]에서 변환( )을 클릭하고 [텍스트로 변환]을 클릭합니다.

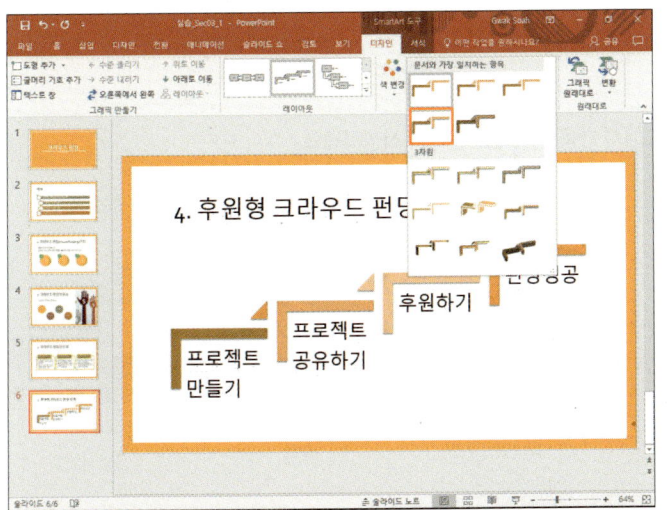

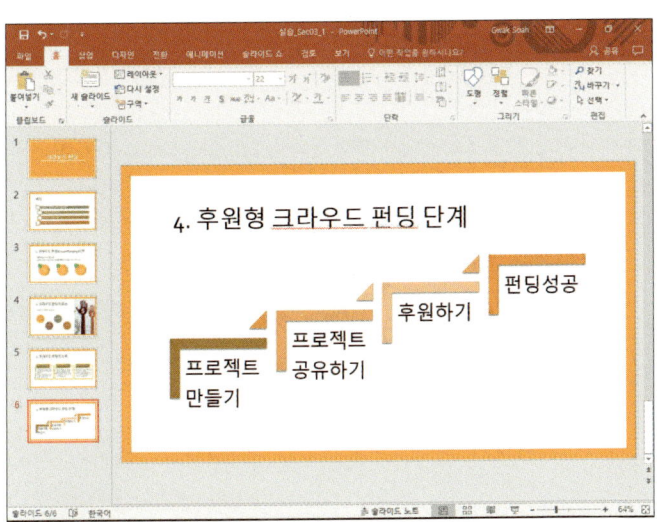

04 스마트아트 그래픽의 색상이 변경되면 [SmartArt 도구] – [디자인]에서 자세히 단추(▼)를 클릭하고 [문서와 가장 일치하는 항목] – [보통 효과]를 클릭합니다.

05 스마트아트 그래픽에 효과가 적용된 것을 확인합니다.

 강의노트

스마트아트 그래픽을 이용하면 복잡하거나 그리기 어려운 도형도 쉽고 빠르게 만들 수 있습니다. 스마트아트 개체를 선택하고 [SmartArt 도구] – [디자인] – [원래대로]에서 변환(🔁)을 클릭하고 [도형으로 변환]을 클릭하면 스마트아트가 도형으로 변환됩니다.

정리 한마당

- [홈] – [그리기] – [도형]에서 원하는 도형을 선택하고 마우스로 드래그하여 도형을 삽입합니다.
- 여러 개의 도형을 그룹으로 묶으면 한 번에 이동하거나 서식을 변경할 수 있습니다. [홈] – [그리기] – [정렬] – [그룹]에서 그룹으로 묶거나 해제합니다.
- 스마트 가이드는 도형 개체를 수평/수직으로 또는 균등한 간격으로 배치하였다는 것을 표시해 줍니다.
- 도형 개체를 선택하여 텍스트를 입력합니다. 그리고 텍스트를 입력한 도형 개체 위에서 마우스 오른쪽 버튼을 클릭하여 [크기 및 위치]를 클릭하여 [도형 서식] 대화상자를 열고 텍스트의 서식 및 맞춤을 설정합니다.
- [홈] – [그리기 도구] – [빠른 스타일] 기능으로 도형을 빠르고 쉽게 꾸밀 수 있습니다.
- 도형 개체는 [그리기 도구]의 다양한 기능으로 채우기 색이나 선 색을 변경하고 효과를 적용합니다.
- 스마트아트 그래픽은 정보와 아이디어를 시각적으로 표현히여 내용을 효과적으로 전달합니다.
- [삽입] – [일러스트레이션] – [SmartArt 그래픽 삽입]에서 스마트아트 그래픽을 삽입합니다.

기초 문제

1 '기초_Sec03_1.pptx' 파일을 열고 2번 슬라이드에서 다음 지시대로 문서를 작성하세요.

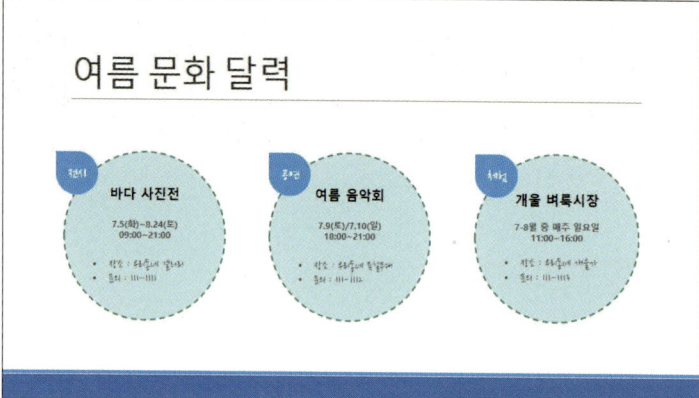

• 정원 색 채우기 : [옥색, 강조 3, 80% 더 밝게]
• 정원 윤곽선 : 색 – [녹색, 강조 4, 25% 더 어둡게], 두께 – 2¼ pt, 대시 – 파선
• 도형 배치 : 도형 개체 █와 정원의 왼쪽 상단이 겹치도록 배치. 단, █이 맨 앞으로 오도록 배치

▲ 완성파일 : 기초_Sec03_1_완성.pptx

힌트 • 도형의 윤곽선 대시 변경하기 : [그리기 도구] – [도형 스타일]에서 [도형 윤곽선](🖋)을 클릭하고 [대시]를 클릭하여 원하는 모양을 클릭합니다.

2 '기초_Sec03_2.pptx' 파일을 열고 2번 슬라이드에서 다음 지시대로 스마트아트 그래픽을 삽입하고 서식을 변경하세요.

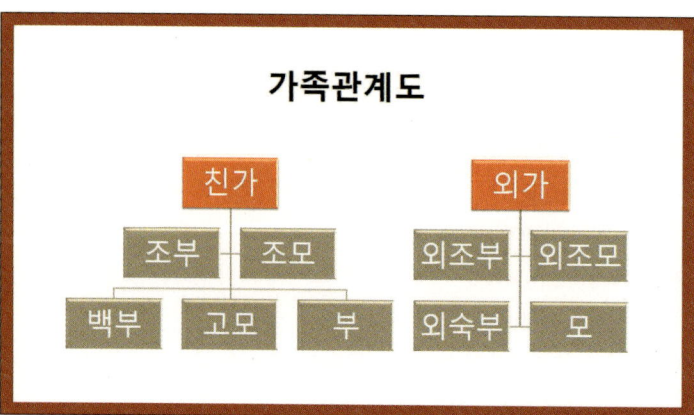

• 레이아웃 : 조직도형
• 색 : 색상형 범위 – 강조색 3 또는 4
• 스타일 : 3차원 – 광택처리

▲ 완성파일 : 기초_Sec03_2_완성.pptx

심화 문제

1 '심화_Sec03_1.pptx' 파일을 열고 4번 슬라이드에서 다음 지시대로 문서를 작성하세요.

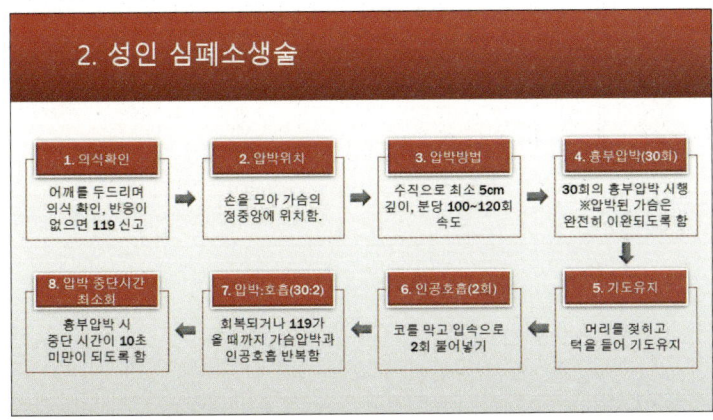

• 그룹으로 묶기 : 두 개의 사각형 도형 개체를 하나의 그룹으로 지정
• 그룹 복사 및 배치 : 그룹 개체를 7개 더 복사하고 스마트 가이드를 활용하여 일정한 간격으로 배치
• 텍스트 입력 : 아래 그림처럼 텍스트 입력

▲ 완성파일 : 심화_Sec03_1_완성.pptx

2 앞의 문서에 이어서 5번 슬라이드에서 다음 지시대로 문서를 작성하세요.

• [병합하기] : '하트' 도형과 '덧셈 기호' 도형을 병합하여 삽입
• 병합한 도형에 효과 적용하기 : 입체효과 – 둥글게, 그림자 – 원근감 아래쪽, 3차원 회전 – 원근감 강조(왼쪽)

▲ 완성파일 : 심화_Sec03_2_완성.pptx

힌트 • 도형 병합하기 : 기본으로 제공하는 도형 외에도 사용자가 직접 두개 이상의 도형을 병합하여 새로운 하나의 도형을 만들 수 있습니다.
① [홈] – [그리기] – [도형]( )을 클릭하고 '하트'를 클릭하고 적절한 위치에 드래그하여 그립니다.
② 같은 방법으로 먼저 삽입한 '하트' 위에 '덧셈 기호'를 삽입합니다.
③ Shift 를 누른 상태에서 하트와 덧셈 기호를 차례대로 선택하고 [그리기 도구] – [도형 삽입]에서 [도형 병합]( )을 클릭하고 [결합]을 클릭합니다.

14 section

표와 차트 만들기

표와 차트는 파워포인트의 핵심 기능 중 하나입니다. 표는 프레젠테이션 내용을 일목요연하게 보여주는 개체로 비교·분석한 내용을 효과적으로 표현합니다. 차트는 수치 데이터를 그림으로 표현해 주는 개체로 수치의 차이 및 변화 등을 표현하는 데 적합합니다. 특히 파워포인트 2016은 차트의 종류 및 기능이 더욱 강화되었습니다. Section14에서는 표를 삽입하고 내용을 입력하는 것을 비롯하여 표의 서식을 변경하는 방법, 표의 스타일 및 레이아웃을 변경하는 방법을 학습합니다. 그리고 내용에 맞는 차트를 삽입하고 스타일 및 레이아웃을 변경하는 방법, 차트의 요소 및 서식을 보기 좋게 디자인하는 방법들을 살펴봅니다.

 결과 미리보기

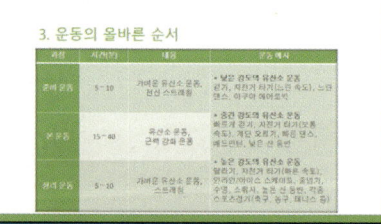

▲ 준비 파일 : 실습_Sec04.pptx
완성 파일 : 실습_Sec04_완성.pptx

Powerpoint 1 | 표 만들고 꾸미기

내용을 비교 · 분석한 것을 표로 정리하면 한 눈에 쉽게 볼 수 있습니다. 표를 삽입하고 텍스트를 입력하는 기본적인 방법을 비롯하여 표 안의 내용을 보기 좋게 표시하는 방법, 표의 스타일 및 레이아웃을 변경하는 방법을 살펴봅니다.

직접 해보기 표 만들고 텍스트 입력하기

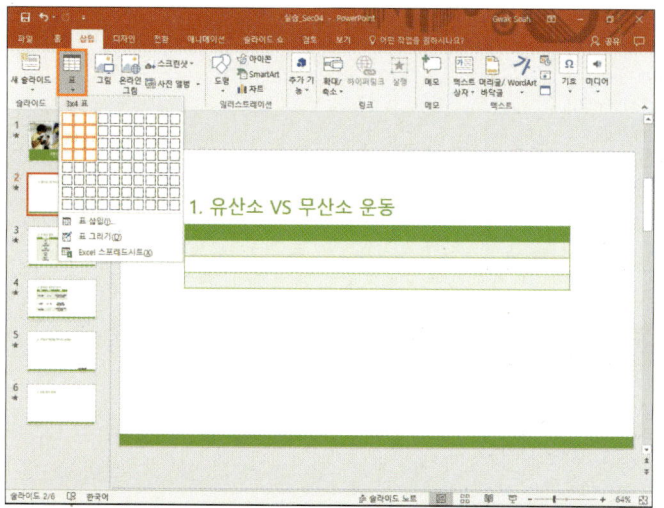

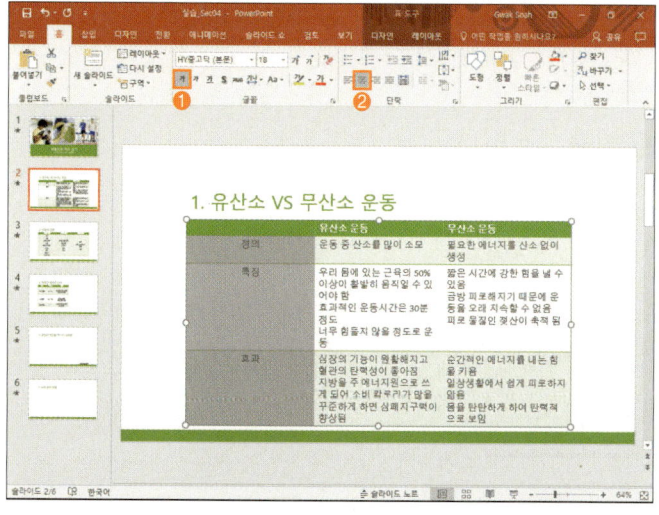

O1 '실습_Sec04.pptx' 파일을 열고, 내비게이터에서 2번 슬라이드를 선택합니다. [삽입] – [표]에서 [표 추가](▦)를 클릭하고 표의 크기를 의미하는 목록이 열리면 '3×4' 표 모양이 되도록 드래그합니다.

내용 개체 틀에서 [표 삽입](▦) 단추를 클릭하고 [삽입] 대화상자가 열리면 [열 개수]에 '3'을, [행 개수]에 '4'를 입력하고 [확인]을 클릭해도 됩니다.

O2 3열 4행의 표가 삽입되면 다음과 같이 내용을 입력합니다.

표의 다음 칸에 텍스트를 입력할 때 [Tab]을 누르면 자동으로 커서가 이동하므로 마우스로 일일이 다음 칸을 클릭하지 않아도 됩니다. 여기서는 미리 적용한 테마에 맞춰 내용이 표시됩니다.

O3 표의 1열을 전부 드래그하고 [홈] – [단락]에서 [가운데 맞춤](▤) 단추를 클릭합니다. 이어서 [홈] – [글꼴]에서 [굵게](가) 단추를 클릭합니다. 그러면 1열의 텍스트가 가운데 맞춤, 굵게 변경됩니다.

가운데 맞춤 단축키는 [Ctrl]+[E], 굵게 단축키는 [Ctrl]+[B]입니다.

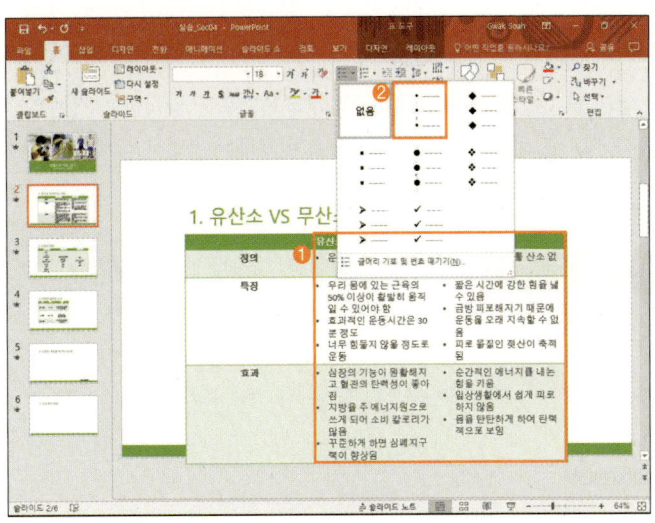

04 표의 2행 2열부터 4행 4열까지를 범위로 선택합니다. 그리고 [홈] – [단락]에서 [글머리 기호]( )의 목록 단추를 클릭하고 [속이 찬 둥근 글머리 기호]를 클릭합니다.

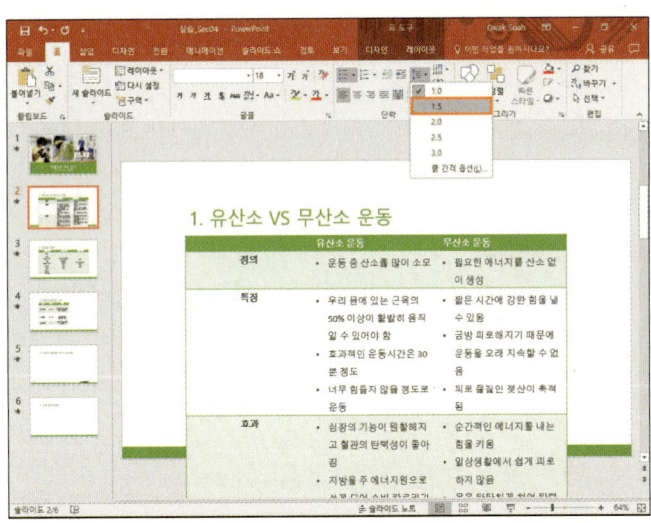

05 범위에 글머리 기호가 삽입되면 다음과 같이 표의 일부를 범위로 선택합니다. 그리고 [홈] – [단락]에서 [줄 간격]( )을 클릭하고 [1.5]를 클릭합니다.

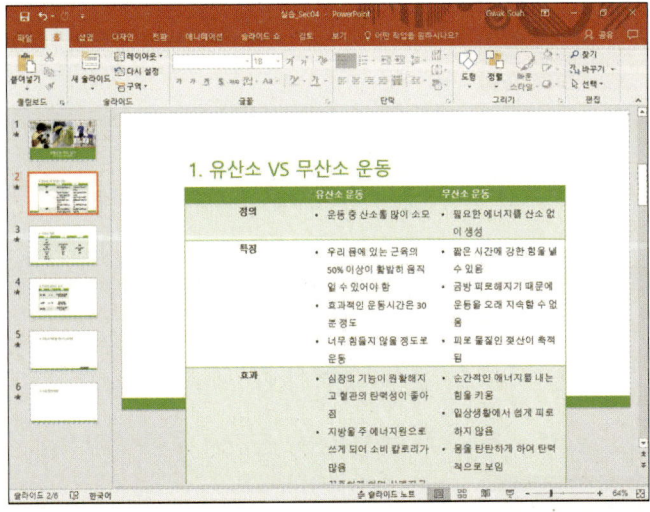

06 텍스트의 줄 간격이 변경된 것을 확인합니다.

직접 해보기 표 스타일 변경하기

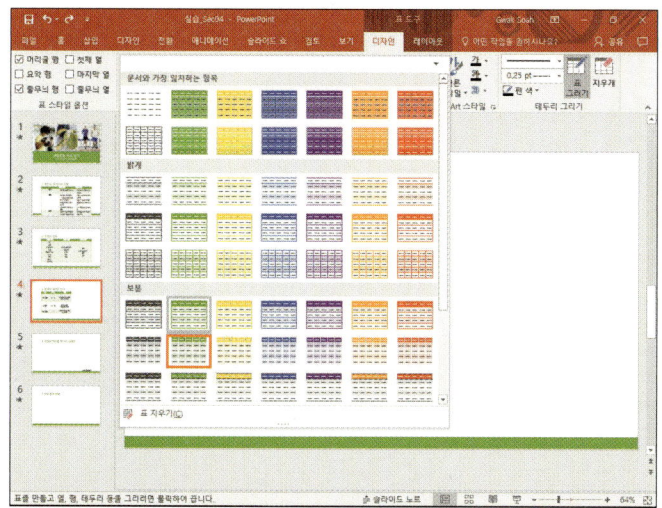

01 내비게이터에서 4번 슬라이드를 선택합니다. 표를 선택하고 [표 도구] – [디자인] – [표 스타일]의 자세히 단추(▼)를 클릭한 후 [보통] – [보통 스타일 2 – 강조 1]을 클릭합니다.

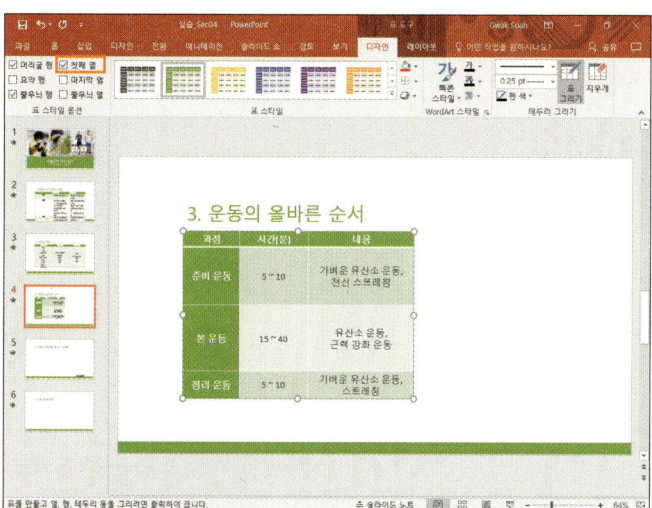

02 표의 스타일이 변경되면 [표 도구] – [디자인] – [표 스타일 옵션]에서 [첫째 열]에 체크합니다.

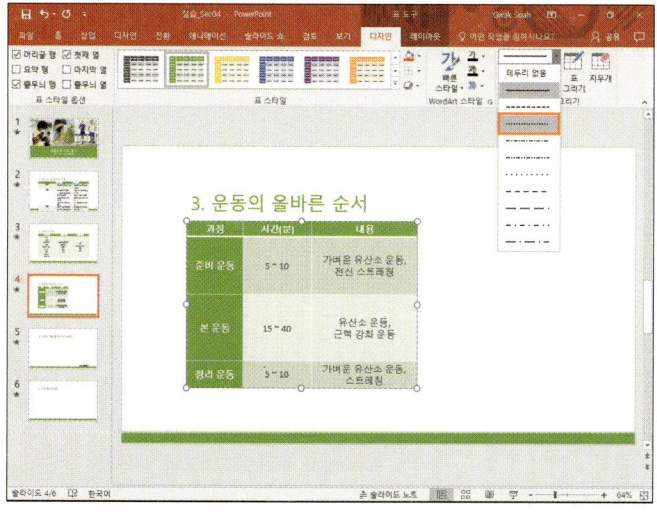

03 그러면 표의 첫째 열이 강조됩니다. 이번에는 표의 테두리를 변경하려고 합니다. 표가 선택된 상태에서 [표 도구] – [디자인] –[테두리 그리기]에서 [펜 스타일](━━━━ ▼)의 목록 단추를 클릭하고 [점선](┈┈┈┈┈)을 클릭합니다.

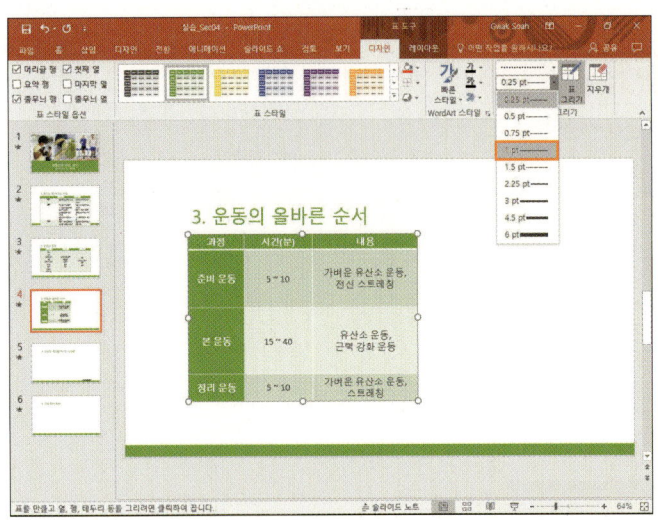

04 이어서 [펜 두께](0.25 pt ▼)의 목록 단추를 클릭하고 [1pt]를 클릭합니다.

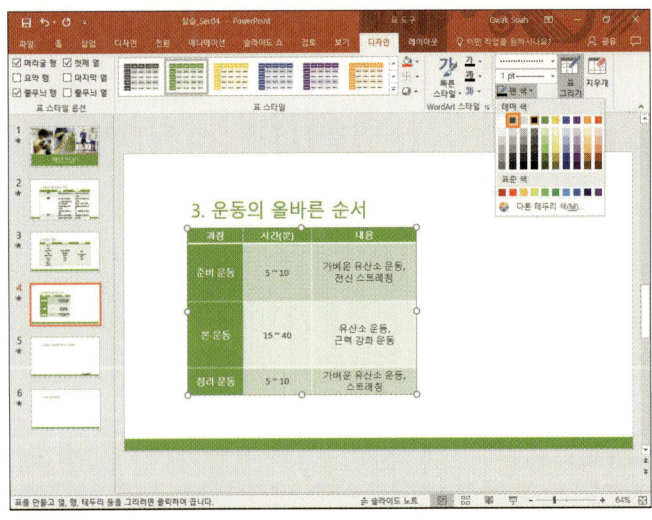

05 [펜 색](펜 색 ▼)을 클릭하여 [테마 색] - [진한 회색, 텍스트 1]을 클릭합니다.

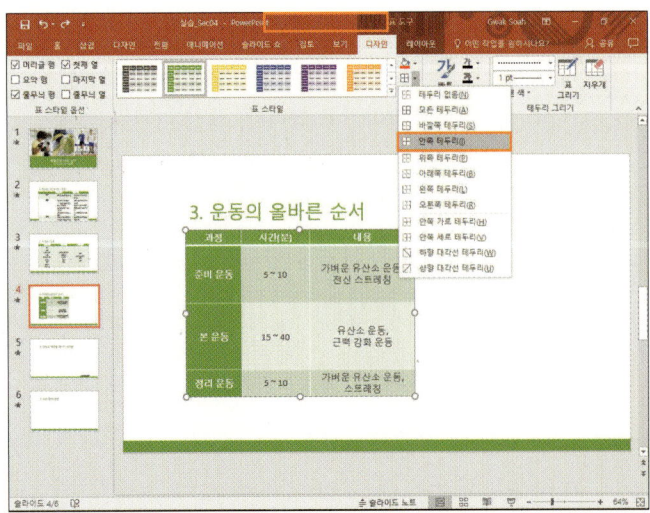

06 펜의 종류, 두께, 색을 모두 선택하면 [표 도구] - [디자인] - [표 스타일]의 [테두리]( )를 클릭하고 [안쪽 테두리]를 클릭합니다.

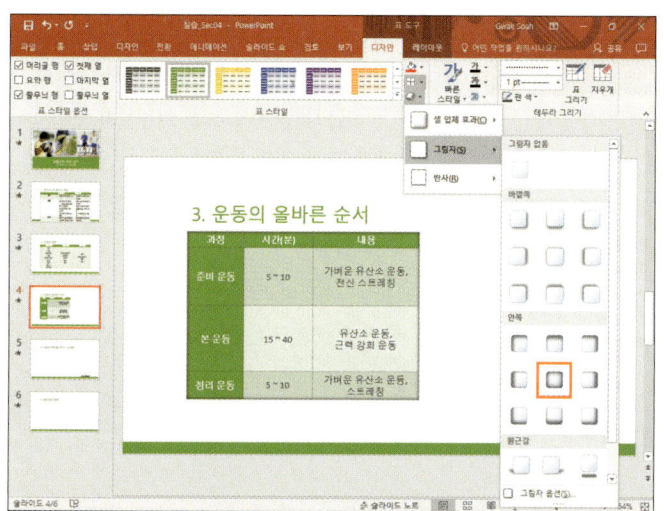

07 그러면 표의 안쪽 테두리가 변경됩니다. 표를 선택한 상태에서 [표 도구] – [디자인] – [표 스타일]의 [효과]()를 클릭하고 [그림자] – [안쪽] – [안쪽: 가운데]를 클릭합니다.

 강의노트

펜의 종류, 두께, 색 등을 선택하면 마우스 포인터가 펜 모양으로 변경됩니다. 마우스 포인터로 원하는 테두리를 각각 클릭하여 테두리의 서식을 변경할 수 있습니다.

08 표에 그림자 효과가 적용된 것을 확인합니다.

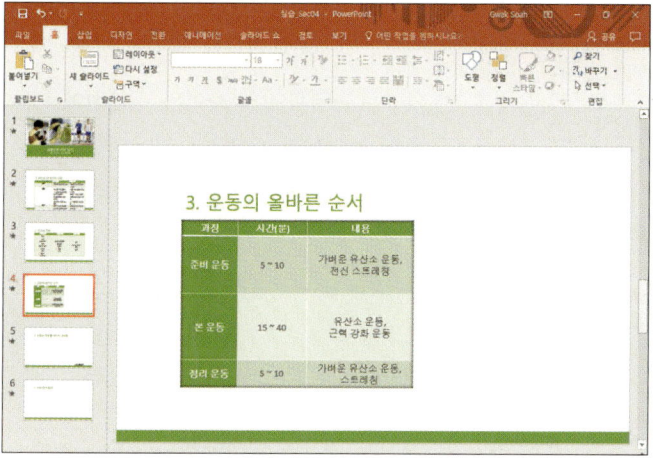

보충수업 **엑셀 데이터 표 복사하기**

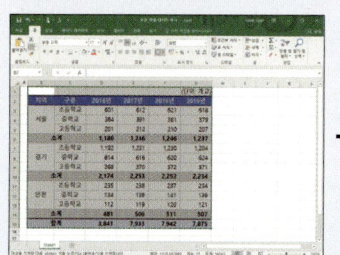

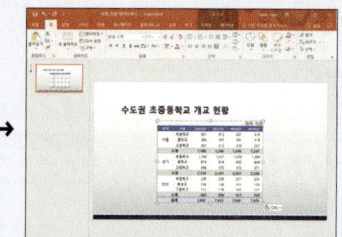

엑셀 데이터의 범위를 선택하고 [홈] – [클립보드]에서 [복사](🗐)를 클릭합니다. Ctrl + C 를 눌러도 됩니다.

파워포인트에서 [홈] – [클립보드]에서 [붙여넣기](🗐)를 클릭하고 [원본서식 유지]를 클릭합니다.

표의 원본 서식이 유지되어 복사됩니다.

직접 해보기 표 레이아웃 변경하기

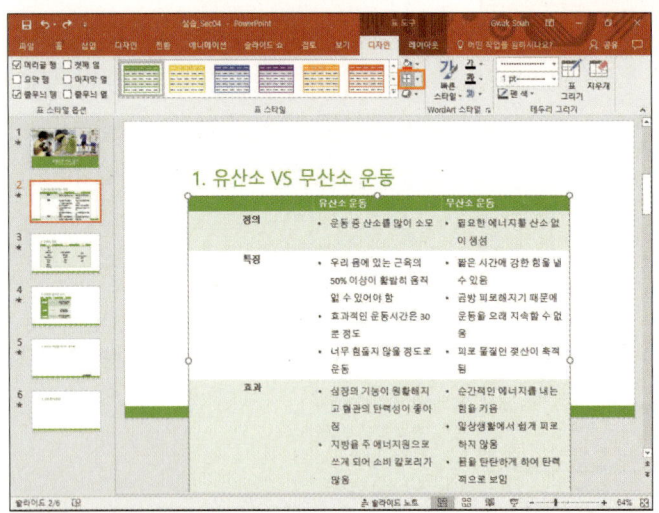

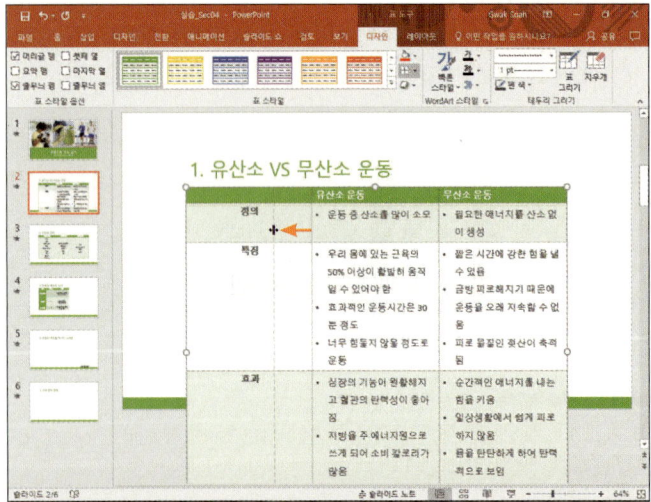

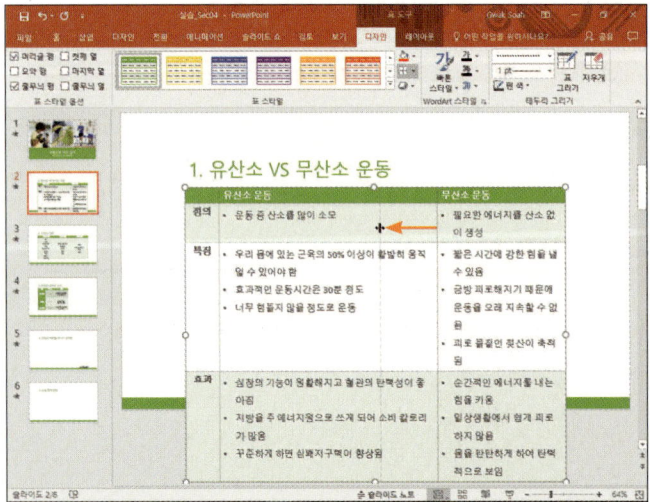

 다시 2번 슬라이드로 이동합니다. 표를 선택하고 [표 도구] – [디자인] – [표 스타일]에서 [안쪽 테두리]( )를 클릭하고 [안쪽 테두리]를 클릭합니다.

강의노트

앞에서 미리 지정한 펜의 종류, 두께, 색이 반영됩니다.

02 1열의 너비를 조절하기 위해 1열과 2열 사이의 경계선에 마우스 포인터를 올려 둔 다음 왼쪽으로 드래그하여 열의 너비를 조정합니다.

03 같은 방법으로 2열의 너비를 알맞게 조정합니다.

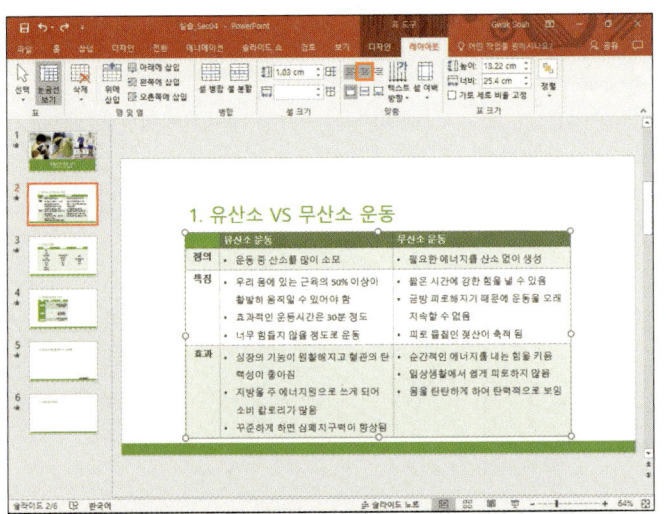

04 첫 행을 전부 드래그하고 [홈] – [단락]에서 [가운데 맞춤] () 단추를 클릭합니다.

📖 강의노트

단축키 Ctrl + E 를 눌러도 됩니다.

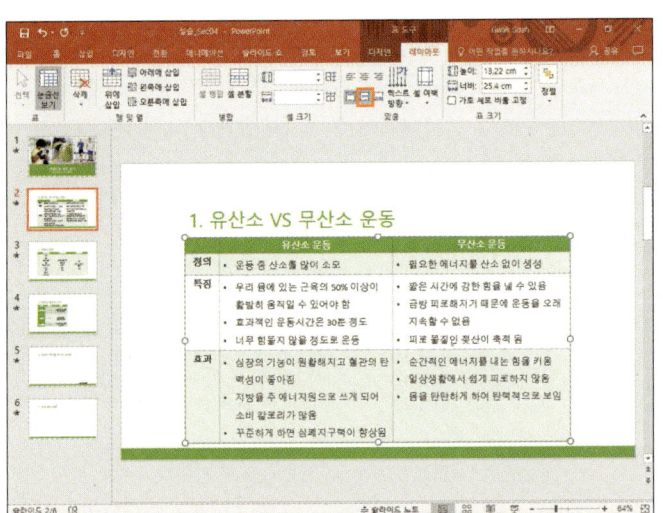

05 그러면 1열의 텍스트가 가운데 맞춤됩니다. 이번에는 표 전체를 선택하고 [표 도구] – [레이아웃]에서 [세로 중간 맞춤]()을 클릭합니다.

📖 강의노트

표의 테두리를 클릭하면 표 전체가 선택됩니다.

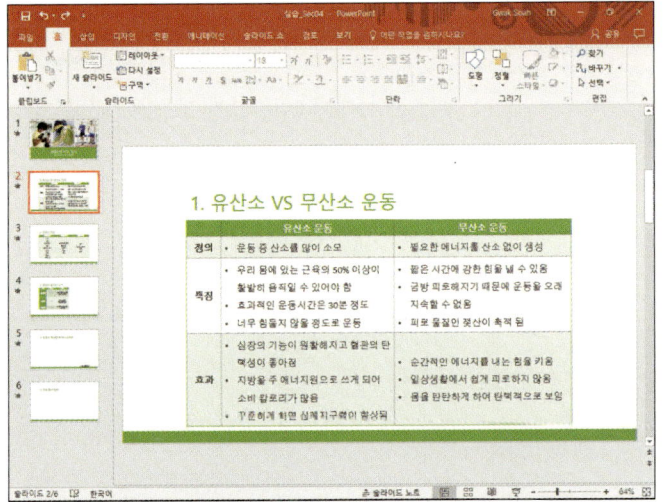

06 표 안의 내용이 보기 좋게 정리된 것을 확인합니다.

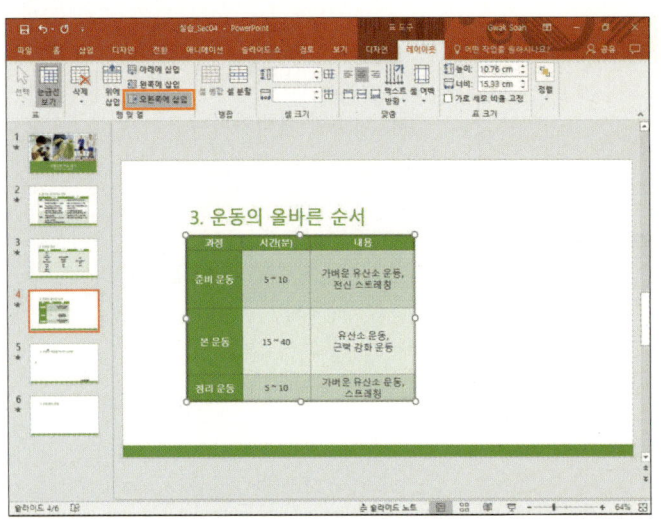

07 4번 슬라이드로 이동하여 표를 선택합니다. [표 도구] − [레이아웃] − [행 및 열]에서 [오른쪽에 삽입]()을 클릭합니다.

강의노트

표 위에서 마우스 오른쪽 단추를 클릭하고 [삽입] (▦)과 [오른쪽에 열 삽입]을 차례대로 클릭해도 됩니다.

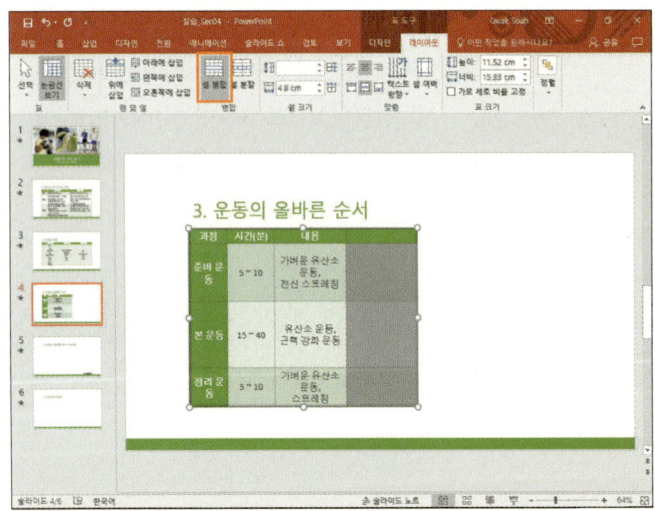

08 새로 삽입된 열의 2~4행을 범위로 선택하고 [표 도구] − [레이아웃] − [병합]에서 [셀 병합](▦)을 클릭합니다.

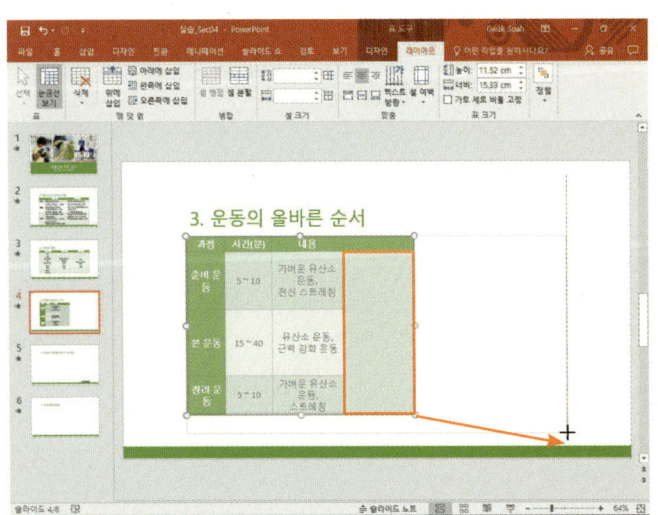

09 그러면 세 개의 셀이 병합됩니다. 마우스 포인터를 표의 오른쪽 아래에 있는 크기 조절점으로 옮겨서 대각선 방향으로 드래그합니다.

강의노트

스마트 가이드가 좌우 여백의 균형이 맞는다는 것을 알려줍니다.

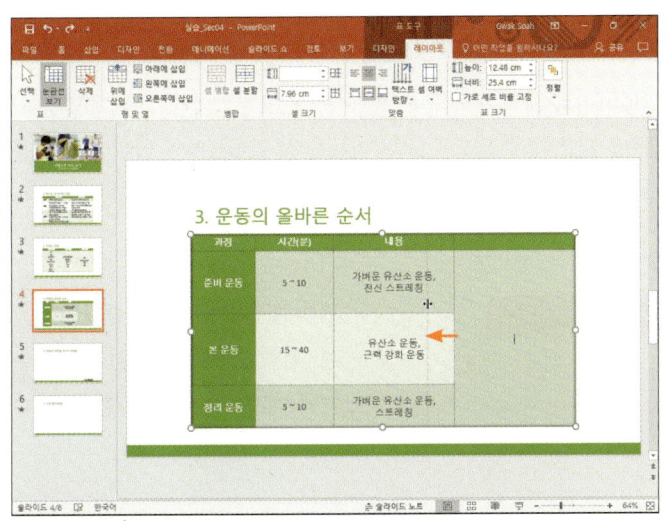

10 마우스 포인터를 3열과 4열 사이의 경계선에 두고 왼쪽으로 드래그합니다. 같은 방법으로 1~3 열의 너비도 알맞게 조절합니다.

강의노트

열과 열 사이의 경계에서 마우스로 드래그하여 열의 너비를 조절합니다.

과정	시간(분)	내용	운동 예시
준비 운동	5 ~ 10	가벼운 유산소 운동, 전신 스트레칭	*** 낮은 강도의 유산소 운동** 걷기, 자전거 타기(느린 속도), 느린 댄스, 아쿠아 에어로빅
본 운동	15 ~ 40	유산소 운동, 근력 강화 운동	*** 중간 강도의 유산소 운동** 빠르게 걷기, 자전거 타기(보통 속도), 계단 오르기, 빠른 댄스, 배드민턴, 낮은 산 등반
정리 운동	5 ~ 10	가벼운 유산소 운동, 스트레칭	*** 높은 강도의 유산소 운동** 달리기, 자전거 타기(빠른 속도), 인라인/아이스 스케이트, 줄넘기, 수영, 스쿼시, 높은 산 등반, 각종 스포츠경기(축구, 농구, 테니스 등)

11 4열에 다음과 같이 내용을 입력하고 행의 높이를 알맞게 조절합니다.

강의노트

단축키 Ctrl + L 은 텍스트를 왼쪽 맞춤, 단축키 Ctrl + B 는 텍스트를 굵게합니다.

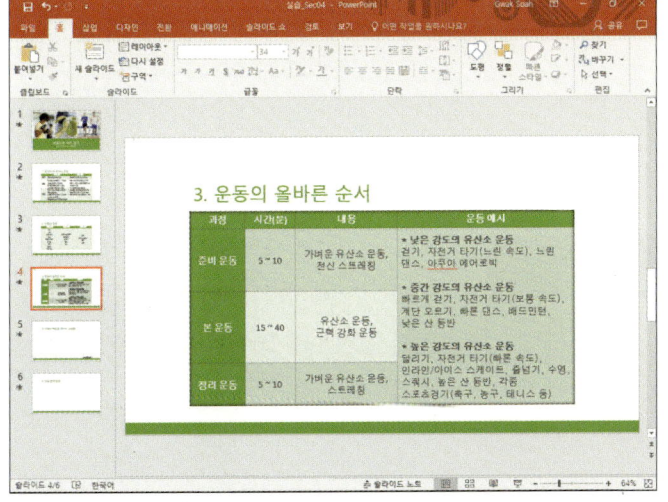

12 표의 내용이 보기 좋게 편집된 것을 확인합니다.

Powerpoint 2 | 차트 만들기

차트는 내용을 그림으로 표현해 주는 개체로 수치의 차이, 수치의 변화 등을 효과적으로 표현합니다. 내용에 맞는 차트를 삽입하는 것이 중요하며, 전달하고자 하는 내용을 강조할 수 있도록 관련 기능을 잘 알아두어야 합니다. 차트를 삽입하고 스타일 및 레이아웃을 변경하는 방법, 차트의 요소를 추가하고 서식을 지정하는 방법을 학습합니다.

직접 해보기 **차트 만들기**

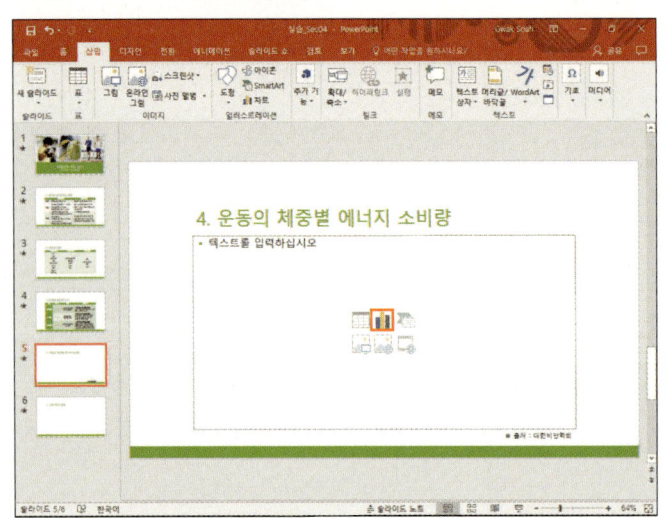

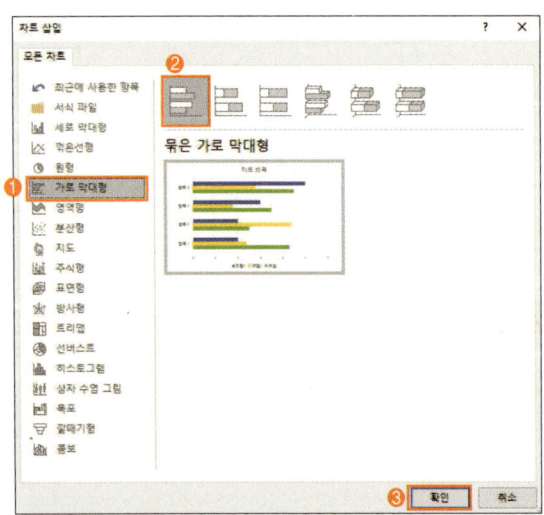

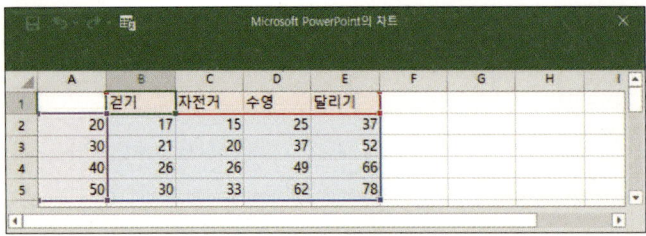

O1   내비게이터에서 5번 슬라이드를 선택합니다. [삽입] – [일러스트레이션]에서 [차트]()를 클릭합니다.

강의노트

내용 개체 틀에서 [차트 삽입](📊)을 클릭해도 됩니다.

O2   [차트 삽입] 대화상자가 열리면 [가로 막대형]을 클릭하고 [묶은 가로 막대형]을 클릭하고 [확인]을 클릭합니다.

O3   차트 데이터를 입력할 수 있는 [데이터 시트] 창이 열리면 다음과 같이 내용을 입력하고 [닫기](❌)를 클릭합니다.

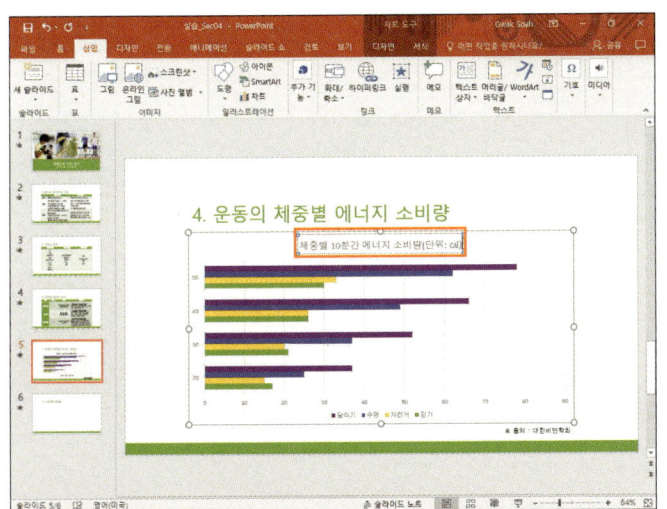

04 차트가 삽입되면 차트 제목을 클릭하고 "체중별 10분간 에너지 소비량(단위: ㎈)"를 입력합니다.

 강의노트

특수문자 '㎈'은 [삽입] – [기호] – [기호]를 클릭하고 [기호] 대화상자에서 입력합니다. 또는 한글 자음 〈ㄹ〉+<kbd>한자</kbd>를 클릭하고 해당 기호를 선택합니다.

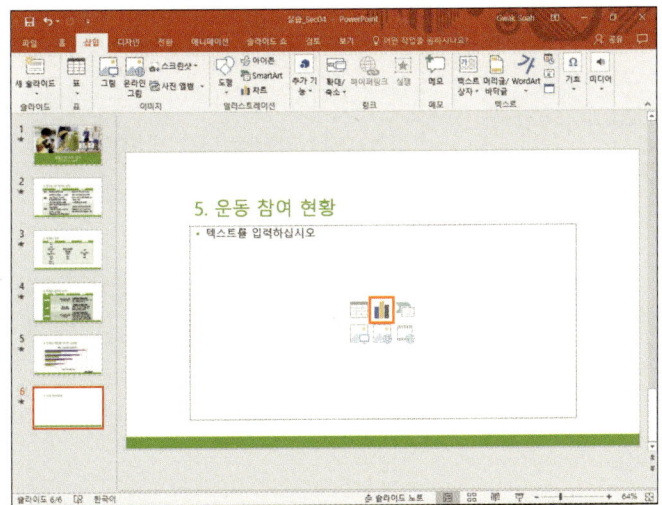

05 6번 슬라이드로 이동하여 내용 개체 틀에서 [차트 삽입] (📊)을 클릭합니다.

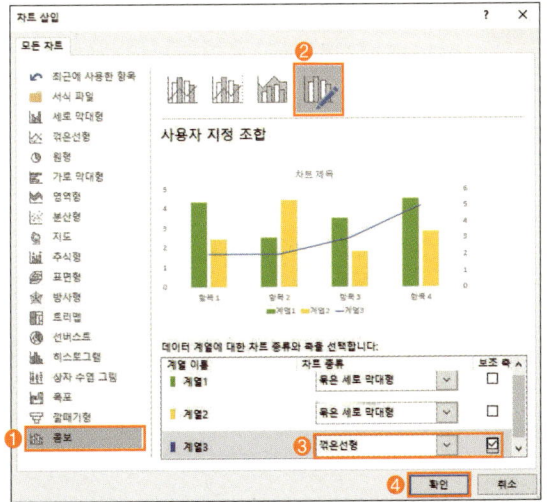

06 [차트 삽입] 대화상자가 열리면 [콤보]를 클릭하고 [묶은 세로 막대형 – 꺾은 선형]을 클릭합니다. 그리고 [계열 3]의 [보조 축]에 체크한 후 [확인]을 클릭합니다.

 강의노트

콤보 차트는 데이터 계열이 광범위 하거나 서로 다른 데이터 계열을 혼합하여 표시고자 할 때 사용하는 차트입니다.

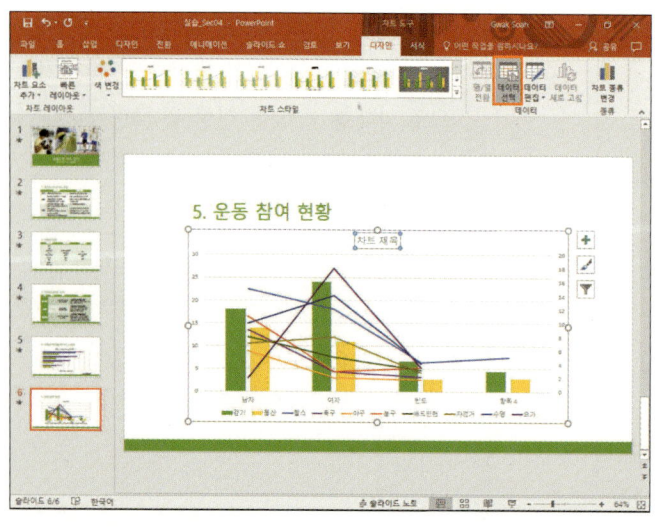

	A	B	C	D	E	F	G	H	I	J	K
1		걷기	등산	헬스	축구	야구	농구	배드민턴	자전거	수영	요가
2	남자	18	14	15	9	6	11	8	7	10	2
3	여자	24	11	12	3	2	3	5	8	14	18
4	빈도	6.7	2.7	4.3	2.1	1.7	3.5	3.1	2.8	4.1	3.5
5	항목 4	4.5	2.8	5							

07 데이터 시트] 창이 열리면 다음과 같이 내용을 입력합니다.

항목 4의 내용은 입력하지 않습니다.

08 차트 데이터의 마지막 셀인 [K5] 셀에 마우스 포인터를 옮기고 [K4]까지 드래그하여 차트 범위를 수정합니다. 마지막으로 [닫기](✕)를 클릭합니다.

5행을 차트 범위에서 제외하려면 5행의 머리글을 마우스 오른쪽 단축키로 클릭하고 [삭제]를 클릭해도 됩니다.

09 차트가 선택 된 상태에서 [차트 도구] – [디자인] – [데이터]에서 [데이터 선택](▦)을 클릭합니다.

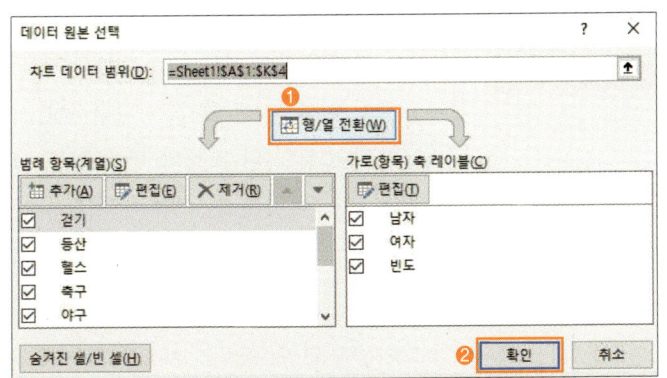

10 [데이터 원본 선택] 대화상자가 열리면 [행/열 전환]을 클릭하고 [확인]을 클릭합니다.

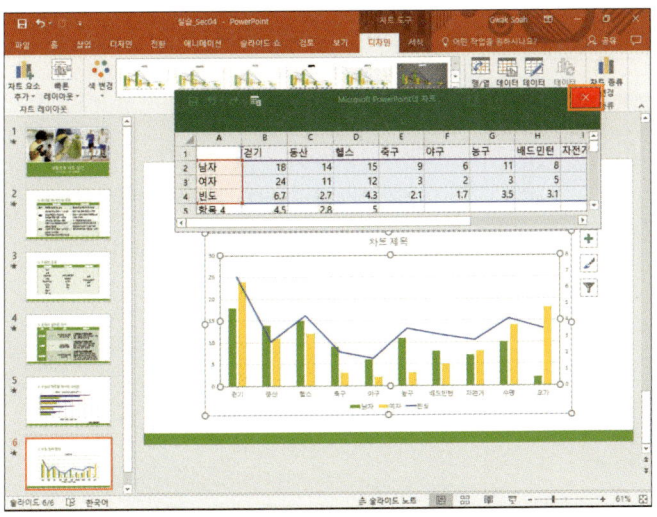

11 차트의 행/열이 전환되면 [데이터 시트] 창의 닫기( )를 클릭합니다.

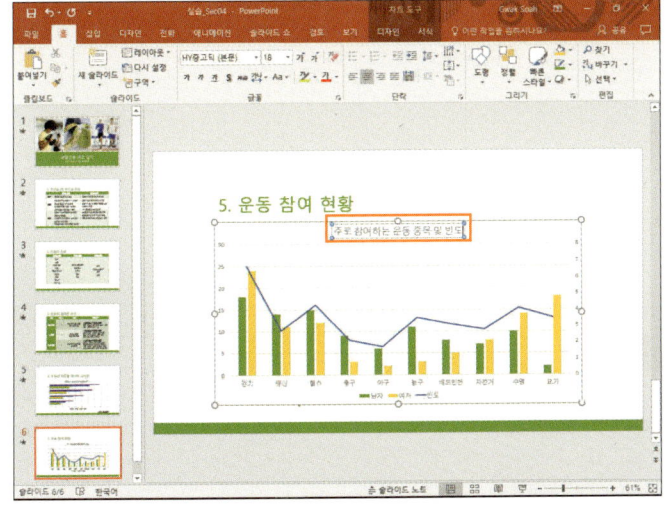

12 차트 제목을 클릭하고 "주로 참여하는 운동 종목 및 빈도"를 입력합니다.

삽입한 차트의 종류를 변경하려면 차트를 선택하고 [차트 도구] – [디자인] – [종류]에서 [차트 종류 변경]( )을 클릭합니다. [차트 종류 변경] 대화상자가 열리면 변경하고자 하는 차트의 종류를 선택하고 [확인]을 클릭합니다.

직접 해보기 **차트 스타일 및 레이아웃 변경하기**

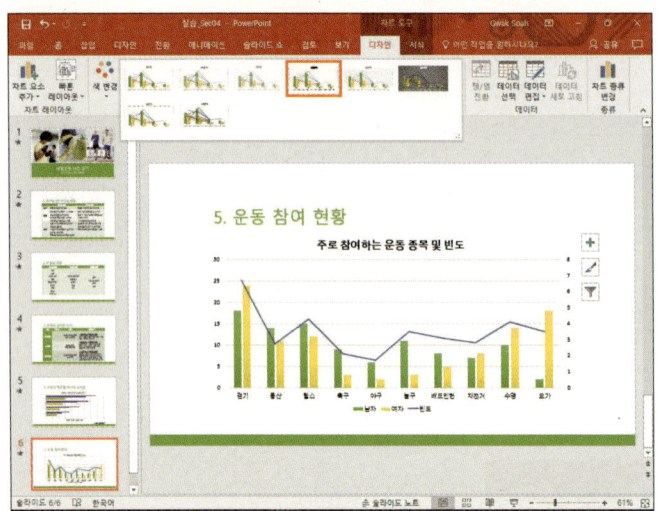

 **01** 6번 슬라이드의 차트를 선택하고 [차트 도구] – [디자인] – [차트 스타일]의 자세히 단추(▼)를 클릭하고 [스타일 4]를 클릭합니다.

📖 강의노트

차트를 선택하면 오른쪽 위에 보이는 [차트 스타일](✎) 단추를 클릭하고 [스타일]에서 원하는 스타일을 선택해도 됩니다.

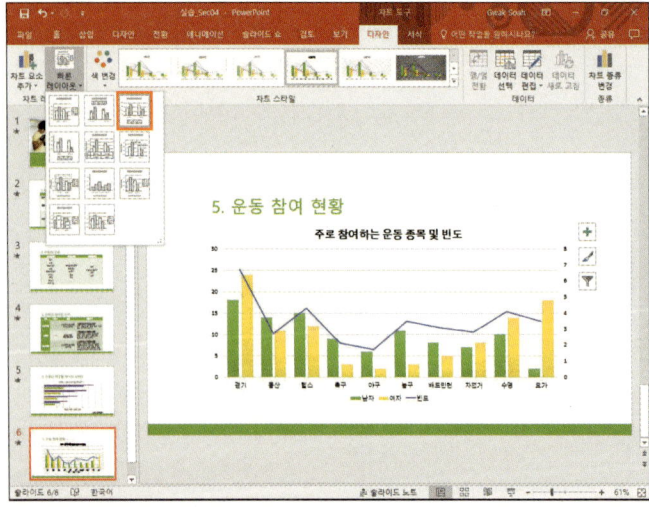

02 차트 스타일이 변경되면 [차트 도구] – [디자인] – [차트 레이아웃]에서 [빠른 레이아웃](▦)을 클릭하고 [레이아웃 3]을 클릭합니다.

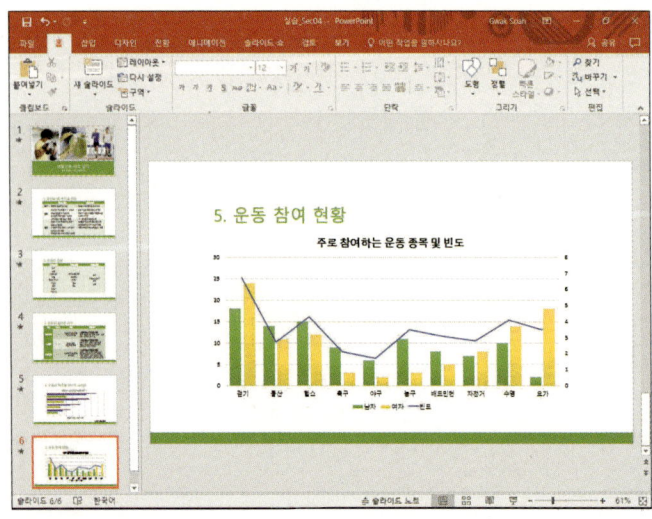

03 변경된 레이아웃을 확인합니다.

직접 해보기 차트 요소 및 서식 지정하기

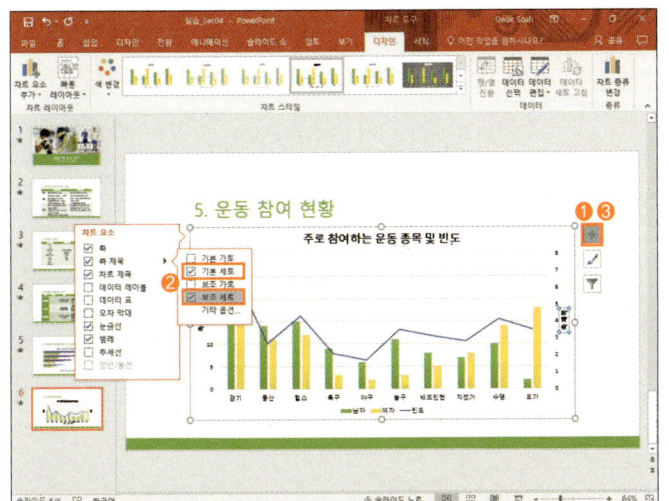

01 6번 슬라이드에서 차트를 선택하고 차트의 오른쪽 위에 보이는 [차트 요소](➕) 단추를 클릭합니다. [축 제목]의 화살표를 클릭하고 [기본 세로]와 [보조 세로]에 체크한 후 [차트 요소](➕) 단추를 클릭합니다.

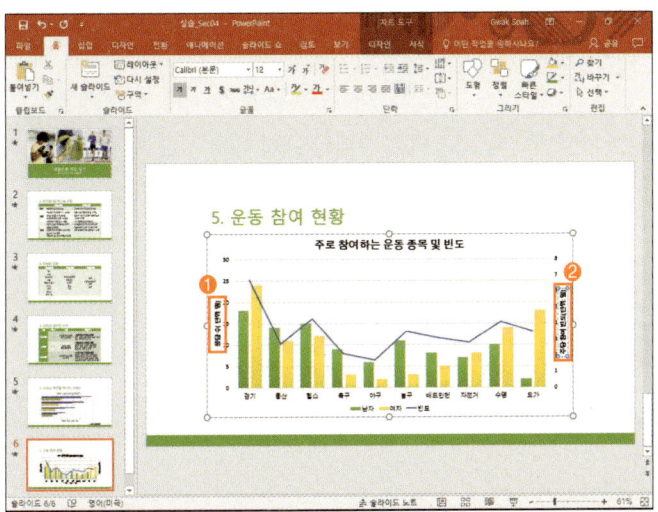

02 기본 세로 제목과 보조 세로 제목에 "응답 수(단위: 명)"와 "주당 참여 빈도(단위: 일)"를 각각 입력합니다.

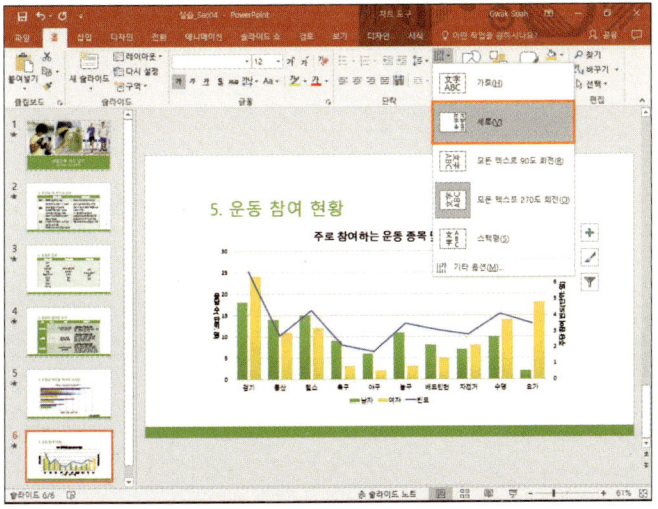

03 기본 세로 제목을 선택하고 [홈] – [단락]에서 [텍스트 방향](▥)을 클릭하고 [세로]를 클릭합니다. 같은 방법으로 보조 세로 제목의 방향을 세로로 변경합니다.

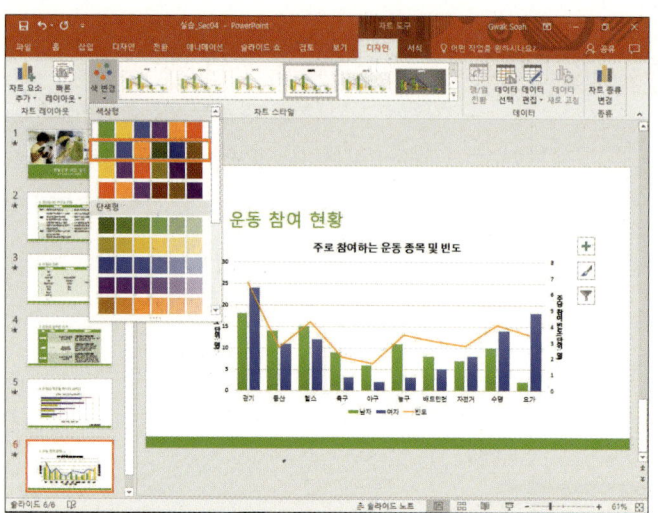

04

이번에는 차트 계열의 색상을 변경하려고 합니다. 차트를 선택하고 [차트 도구] – [디자인] – [차트 스타일]의 [색 변경]()을 클릭하고 [다양한 색상표 2]를 클릭합니다.

강의노트

차트를 선택하면 오른쪽 위에 보이는 [차트 스타일](✎) 단추를 클릭하고 [색]을 클릭하여 원하는 색상을 선택해도 됩니다.

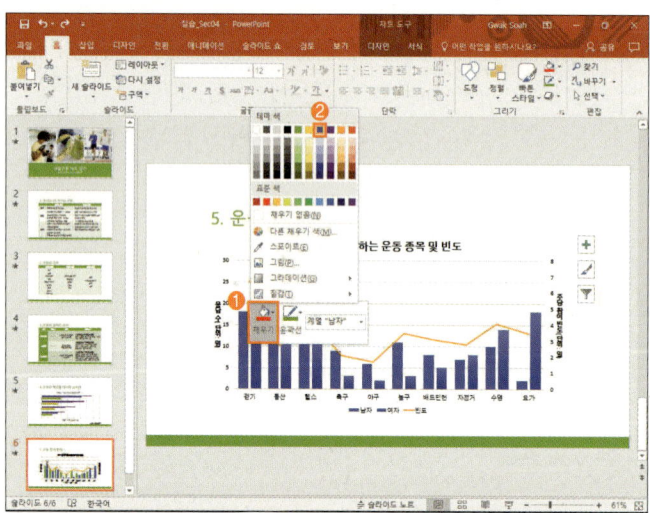

05 그러면 차트의 전체적인 색이 변경됩니다. 여기서는 성별 계열의 차이를 강조하기 위해 남자 계열의 세로 막대 위에서 마우스 오른쪽 단추를 클릭합니다. 그리고 [채우기](🎨)를 클릭하고 [파랑, 강조 3]을 클릭합니다.

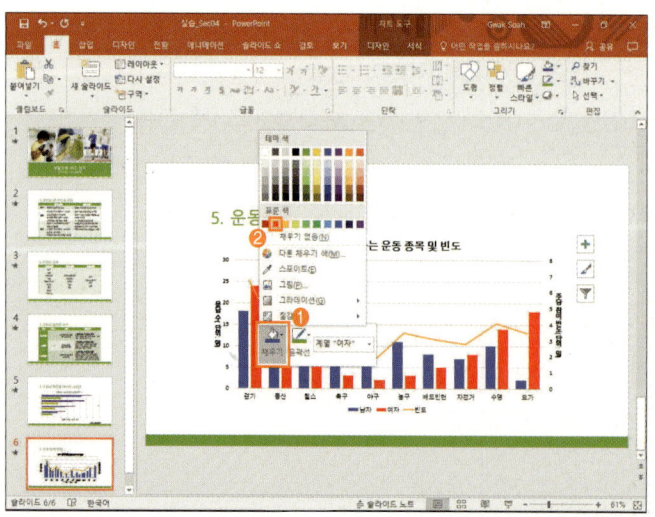

06 같은 방법으로 여자 계열의 세로 막대 색을 [빨강]으로 변경합니다.

강의노트

[차트 스타일] – [색]에 원하는 색상이 없을 경우 계열을 선택하여 직접 색상을 변경할 수 있습니다.

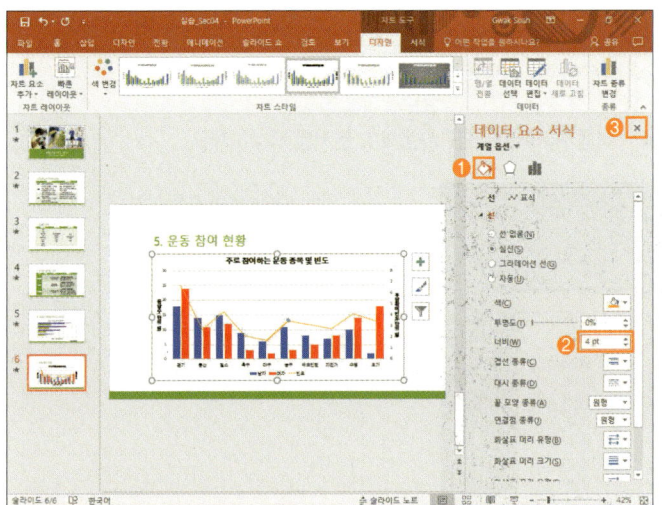

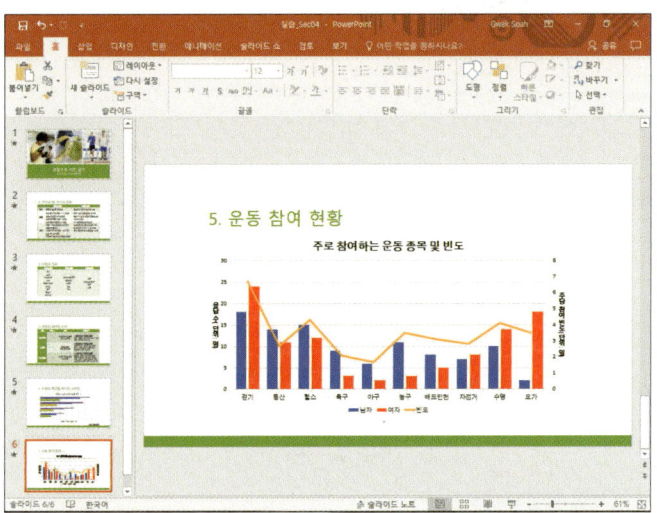

07 차트의 꺾은 선형 그래프를 더블클릭합니다. 그러면 화면의 오른쪽에 [데이터 요소 서식] 대화상자가 열립니다. [채우기 및 선]( )을 클릭하고 [선] – [너비]를 '4pt'로 변경하고 닫기(×)를 클릭합니다.

📖 강의노트

너비에 '4'를 입력하거나 화살표를 클릭하여 조절합니다.

08 꺾은선 그래프의 서식이 변경된 것을 확인합니다.

 정리 한마당

- 표는 프레젠테이션의 내용을 일목요연하게 보여주는 개체입니다. [삽입] – [표] – [표 추가]를 클릭하거나 내용 개체 틀에서 [표 삽입] 단추를 클릭하여 표를 삽입합니다.
- [표 도구] – [디자인]에서 표의 스타일을 변경하고 다양한 서식 및 옵션을 지정합니다.
- [표 도구] – [레이아웃]에서 행 또는 열을 삽입하거나 삭제합니다.
- [표 도구] – [레이아웃] – [맞춤]에서 셀에 입력한 텍스트의 맞춤 및 방향, 셀 여백을 설정합니다.
- 차트는 내용을 그림으로 표현 해 주는 개체로 다양한 시각자료로 활용됩니다. [삽입] – [일러스트레이션]에서 [차트]를 클릭하거나 내용 개체 틀에서 [차트 삽입] 단추를 클릭하여 차트를 삽입합니다.
- [차트 도구] – [디자인]에서 차트의 스타일 및 차트의 레이아웃을 변경합니다.
- 차트의 오른쪽 위에 보이는 [차트 요소] 단추를 클릭하여 필요한 요소를 추가합니다.

기초 문제

1 '기초_Sec04.pptx' 파일을 열고 2번 슬라이드에서 다음 지시대로 표를 사용하여 문서를 작성하세요.

자주 틀리는 표현

들린 표현(○)	바른 표현(X)	들린 표현(○)	바른 표현(X)
줏어	주워	납짝하다	납작하다
설레임	설렘	미쳐	미처
되물림	대물림	간지르다	간질이다
역할	역할	통채로	통째로
금새	금세	요컨데	요컨대
구지	굳이	대가	대가
어의없다	어이없다	옹큼	옹큼
깨끗이	깨끗이	안성맞춤	안성맞춤
가벼히	가벼이	요세	요새

- 표 삽입 : 10행 4열의 표를 삽입
- 표 스타일 : 보통 스타일 3 – 강조 1
- 테두리 : 안쪽 세로 테두리(실선, 1pt, 진한회색, 배경 2)
- 그림과 같이 내용 입력

▲ 완성파일 : 기초_Sec04_1_완성.pptx

2 3번 슬라이드에서 다음 지시대로 표를 사용하여 문서를 작성하세요.

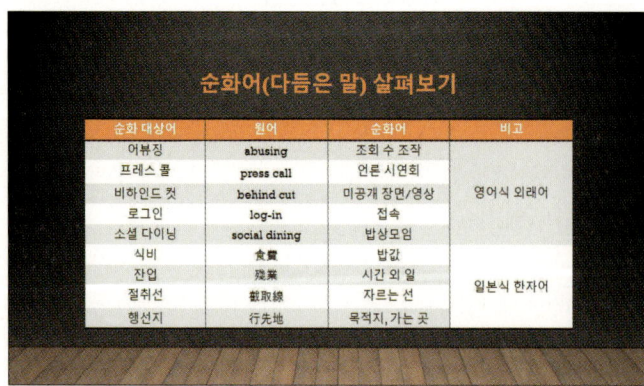

- 표 삽입 : 10행 4열의 표를 삽입
- 표 스타일 및 테두리는 '기초 1번' 문항과 동일하게 적용
- 셀 병합 : 4열의 2~6행, 7~10행을 각각 셀 병합
- 텍스트 맞춤 : 세로 가운데 맞춤
- 그림과 같이 내용 입력

▲ 완성파일 : 기초_Sec04_2_완성.pptx

힌트 • 한자 입력하기 : 한글을 입력하고 [한자]를 누르거나 [검토] – [언어]에서 [한글/한자 변환](🈳)을 클릭하여 [한글/한자 변환] 대화상자를 열고 해당 한자를 선택하여 입력합니다.

심화 문제

1 '심화_Sec04.pptx' 파일을 열고 4번 슬라이드에서 다음 지시대로 차트를 사용하여 문서를 작성하세요.

- 차트 삽입 : 등치 지역도 지도 차트 삽입
- 데이터 입력 : 3번 슬라이드의 내용을 참고하여 차트 데이터 입력
- 차트 요소 : 데이터 레이블 표시

▲ 완성파일 : 심화_Sec04_1_완성.pptx

 • 지도 차트 삽입하기 : 내용 개체 틀에서 [차트 삽입](📊) 단추를 클릭하고 [차트 삽입] 대화상자를 열어 [지도] – [등치 지역도]를 클릭하고 [확인]을 클릭합니다.
- 데이터 레이블 표시하기 : 차트를 선택하면 오른쪽 위에 보이는 [차트 요소](➕) 단추를 클릭하고 [데이터 레이블]에 체크합니다.

2 앞의 문서에 이어서 5번 슬라이드에서 다음 지시대로 차트를 사용하여 문서를 작성하세요.

유무선 인터넷 사용 현황

- 차트 삽입 : 꺾은 선형 차트 삽입
- 차트 스타일 : 스타일 6
- 데이터 입력 : 5번 슬라이드의 내용을 참고하여 차트 데이터 입력
- 차트 요소 : 데이터 레이블 표시
- 꺾은선 그래프 서식 변경 : '무선 인터 넷만 사용'의 꺾은 선 색을 '노랑', 너비 를 '4pt'로 변경

▲ 완성파일 : 심화_Sec04_2_완성.pptx

15 section

그림 및 멀티미디어 자료 활용하기

슬라이드에 주제와 연관된 이미지 또는 미디어 자료를 활용하면 청중의 관심과 몰입을 높일 수 있습니다. 특히 파워포인트 2016에서는 이미지에 적용할 수 있는 다양한 서식과 효과를 제공하고 있으며, 미디어 자료의 편집 기능이 더욱 강화되었습니다. Section15에서는 슬라이드에 그림 파일을 삽입하고 다양하게 편집하는 방법을 학습합니다. 그리고 오디오 및 비디오 파일을 삽입하고 트리밍하여 슬라이드 쇼에서 재생해 봅니다.

 결과 미리보기

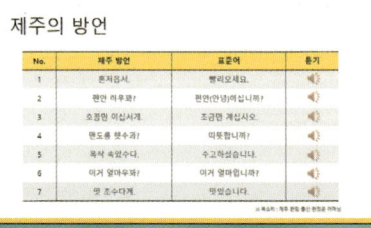

▲ 준비 파일 : 실습_Sec05.pptx
완성 파일 : 실습_Sec05_완성.pptx

Powerpoint 1 그림 삽입하고 편집하기

파워포인트 2016에서는 이미지에 적용할 수 있는 다양한 서식과 효과를 제공하고 있으며, 미디어 자료의 편집 기능이 더욱 강화되었습니다. 슬라이드에 그림 파일 및 멀티미디어 자료를 삽입하고 다양하게 편집하는 방법을 학습합니다.

직접 해보기 그림 삽입하기

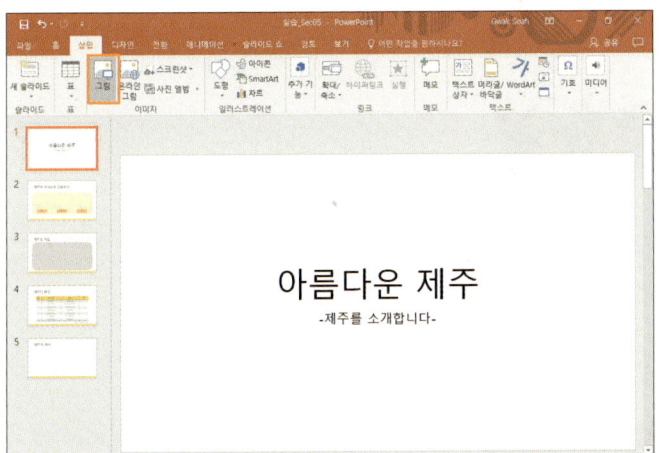

01 '실습_Sec05.pptx' 파일을 열고, 내비게이터에서 제목 슬라이드를 선택합니다. 슬라이드에서 [삽입] - [이미지]에서 [그림]()을 클릭합니다.

 강의노트

내용 슬라이드에서는 내용 개체 틀의 [그림](📷) 단추를 클릭해도 됩니다.

02 [그림 삽입] 대화상자가 열리면 실습예제 폴더에서 `Ctrl` 을 누른 상태에서 '제목1.jpg', '제목2.jpg', '제목3.jpg', '제목4.jpg' 파일들을 차례대로 클릭하여 모두 선택하고 [삽입]을 클릭합니다.

03 화면 오른쪽에 [디자인 아이디어] 대화상자가 열리면 마음에 드는 디자인을 클릭하고 [닫기](×)를 클릭합니다.

강의노트

슬라이드에 일정 크기(200×200픽셀) 이상의 그림 파일을 삽입하면 화면의 오른쪽에 [디자인 아이디어] 대화상자가 자동으로 나타닙니다.

O4 그러면 제목 슬라이드에 디자인 아이디어가 적용됩니다.

 강의노트

[디자인 아이디어]에서 원하는 디자인을 선택하면 즉시 슬라이드에 적용이 되며, 만약 추천 목록에서 디자인을 선택하지 않으면 [디자인 아이디어] 대화상자는 자동으로 사라집니다.

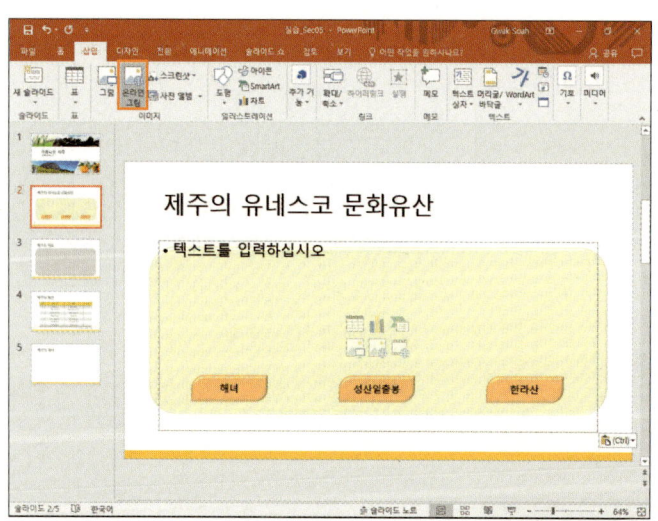

O5 이번에는 온라인에서 이미지를 검색하여 슬라이드에 삽입해 보겠습니다. 2번 슬라이드로 이동하여 [삽입] - [이미지]에서 [온라인 그림]( )을 클릭합니다.

 강의노트

내용 개체 틀의 [온라인 그림]( ) 단추를 클릭해도 됩니다.

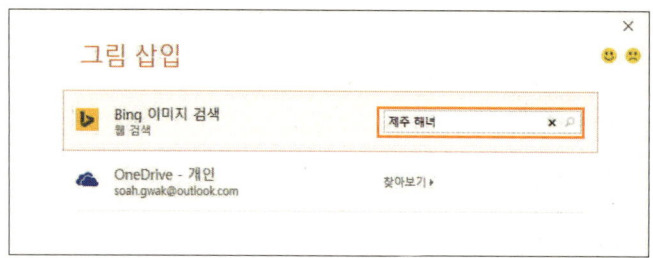

O6 [그림 삽입] 대화상자가 열리면 검색란에 "제주 해녀"를 입력하고 Enter 를 누릅니다.

07 검색 결과 목록에서 원하는 그림에 체크하고 [삽입]을 클릭합니다.

결과 목록에서 원하는 그림을 모두 선택하고 [삽입]을 클릭하면 한 번에 여러 개의 그림을 삽입할 수 있습니다.

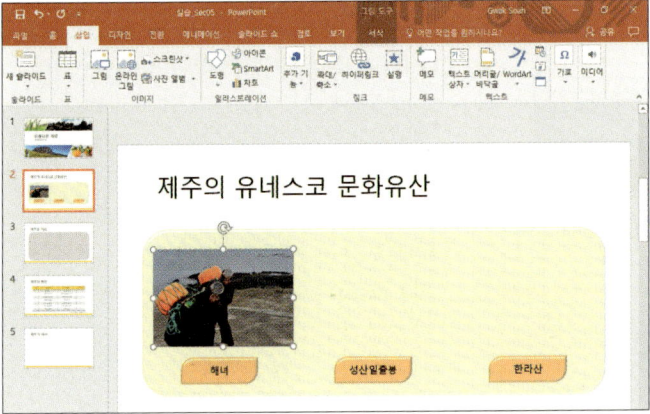

08 그림의 크기와 위치를 적절히 조절합니다.

 **보충수업**　　**스마트 조회 기능으로 검색하기**

스마트 조회는 문서 작업 도중에 필요한 내용을 검색하고 적용할 수 있는 기능입니다. 스마트 조회는 해당 텍스트를 선택한 후 [검토] − [정보 활용]에서 스마트 조회(🔍)를 클릭하여 실행합니다. 해당 텍스트 위에서 마우스 오른쪽 단추를 누른 후 [스마트 조회]를 클릭하거나 검색 상자에 단어나 구를 입력하고 Enter 를 눌러도 됩니다.

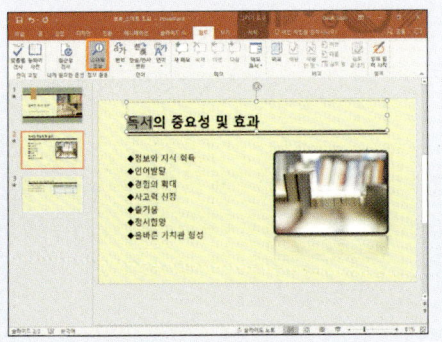 →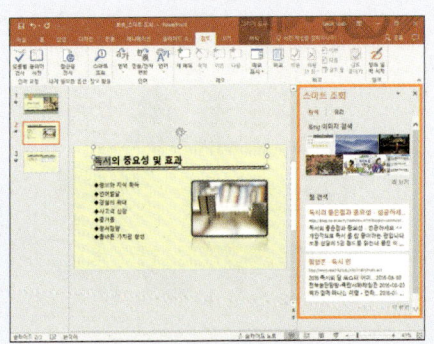

09 같은 방법으로 "성산일출봉"과 "한라산" 그림을 삽입합니다.

10 세 개의 그림들을 동일한 크기로 나란히 배치합니다.

 강의노트

스마트 가이드 기능을 활용하면 쉽게 그림의 간격과 줄을 맞출 수 있습니다. 스마트 가이드가 실행되지 않을 경우 슬라이드의 빈 공간에 마우스를 옮겨 놓고 오른쪽 버튼을 클릭합니다. [눈금 및 안내선]에서 [스마트 가이드]에 체크합니다.

보충수업 **필터 기능으로 온라인 그림 검색하기**

파워포인트 2016에서는 로컬 컴퓨터에 저장되어 있는 그림 이외에 온라인 자료에서 관련 이미지를 검색하고 삽입할 수 있습니다. 검색 엔진의 필터 기능으로 이미지 파일 크기, 이미지 유형, 이미지 색상을 지정하여 원하는 이미지를 검색합니다.

① 크기 : 그림 파일의 크기를 선택합니다.

② 유형 : 사진, 일러스트레이션, 라인 드로잉, 투명 등의 특정 유형으로 그림을 필터 합니다.

③ 색 : 컬러 또는 흑백, 특정 색상의 그림을 필터합니다.

④ 저작권 : 기본 검색 필터는 "CC(Creative Commons)만"으로 되어 있습니다. CC는 그림 파일에 대한 저작권 이용 허락을 부여한 콘텐츠입니다. 필터를 "전체"로 변경하면 검색 결과가 모든 Bing 이미지를 표시하도록 확장됩니다. 온라인 그림을 삽입할 때에는 저작권을 준수하여 사용하도록 합니다.

직접 해보기 · 그림 자르기

01 슬라이드에 삽입한 그림은 원하는 비율과 모양에 맞춰 자를 수 있습니다. 2번 슬라이드에서 해녀 그림을 선택합니다. 그리고 [그림 도구] – [서식] – [크기]에서 [자르기]( )의 목록 단추를 클릭하고 [가로 세로 비율] – [정사각형] – [1:1]을 클릭합니다.

02 해녀의 모습을 정사각형 안에 포함하기 위해 마우스 포인터를 정사각형의 테두리 위에 올리고 왼쪽으로 드래그합니다.

강의노트

정사각형의 크기를 변경하려면 정사각형의 크기 조절점 위에 마우스를 올려놓고 드래그합니다.

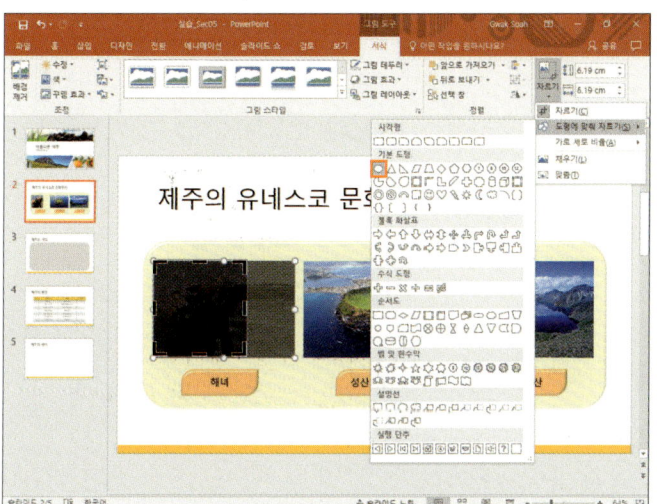

03 다시 한 번 [자르기] 메뉴를 열고 [도형에 맞춰 자르기] – [기본 도형]에서 [타원]을 클릭합니다.

04 그러면 타원형 안에 해녀의 그림이 보입니다.

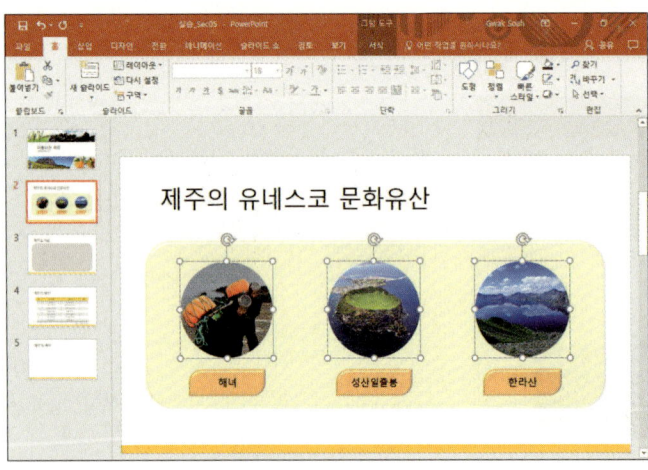

05 나머지 그림들도 같은 방법으로 편집하여 균형 있게 배치합니다.

 **보충수업** **그림 레이아웃 적용하기**

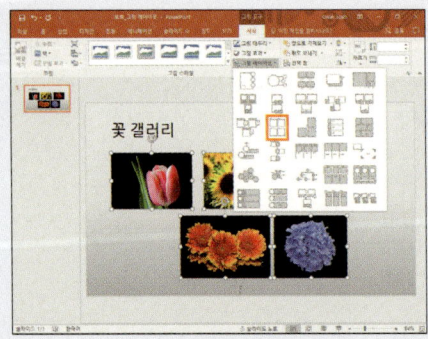 →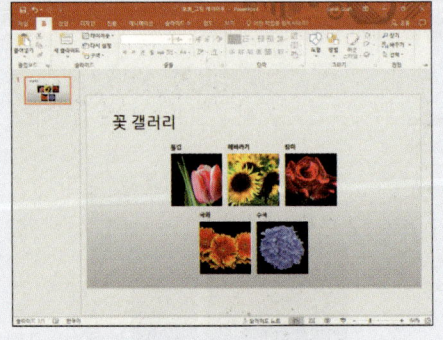

해당 그림들을 모두 선택하고 [그림 도구] − [서식]에서 [그림 레이아웃](⊞)을 클릭하고 원하는 레이아웃을 클릭합니다.

그림에 레이아웃이 적용되면 크기와 위치를 적절히 조절하고 텍스트를 입력합니다.

직접 해보기 **그림에 효과주기**

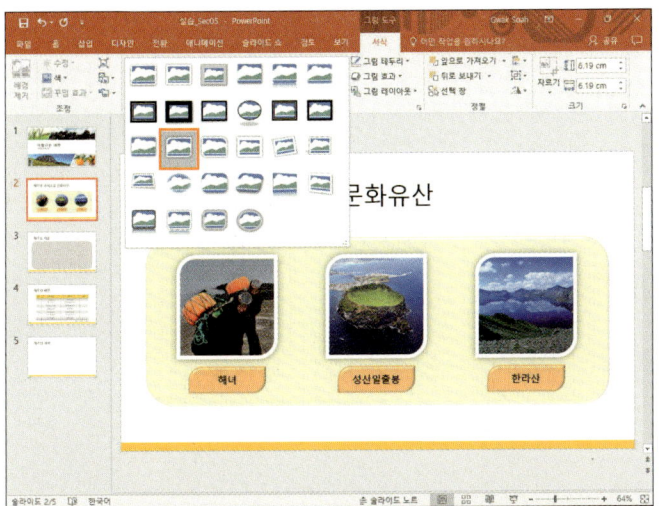

 이번에는 그림 스타일을 바꾸려고 합니다. 세 개의 그림을 모두 선택하고 [그림 도구] – [서식] – [그림 스타일]의 자세히 단추(▾)를 클릭한 후 [둥근 대각선 모서리, 흰색]을 클릭합니다.

강의노트

그림 스타일 목록에서 그림의 스타일을 빠르고 쉽게 변경할 수 있습니다.

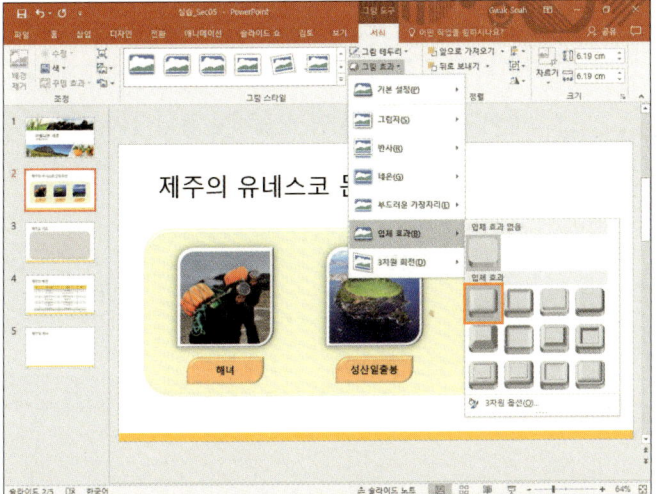

07 다시 한 번 [그림 스타일]에서 [그림 효과]를 클릭하고 [입체 효과] – [입체 효과] – [둥글게]를 클릭합니다.

08 그림에 효과가 적용된 것을 확인합니다.

강의노트

슬라이드에 삽입하고 편집한 결과물을 별도의 그림파일로 저장하면 다양한 용도로 사용할 수 있습니다. 원하는 그림을 마우스 오른쪽 단추로 클릭하고 [그림으로 저장]을 클릭하여 저장합니다.

직접 해보기 그림에서 불필요한 부분 지우기

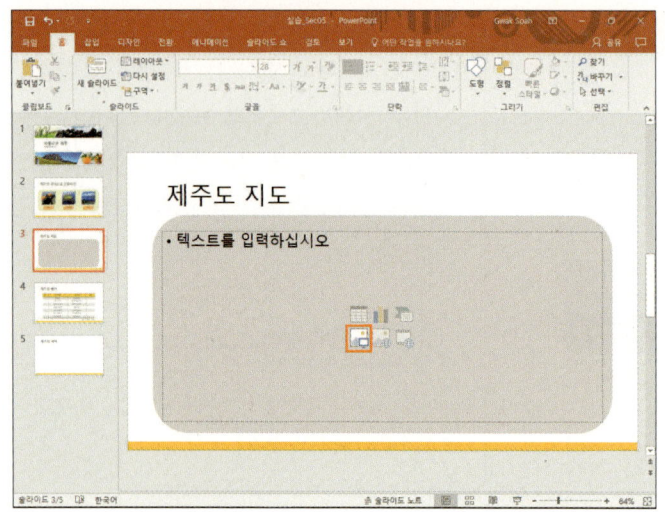

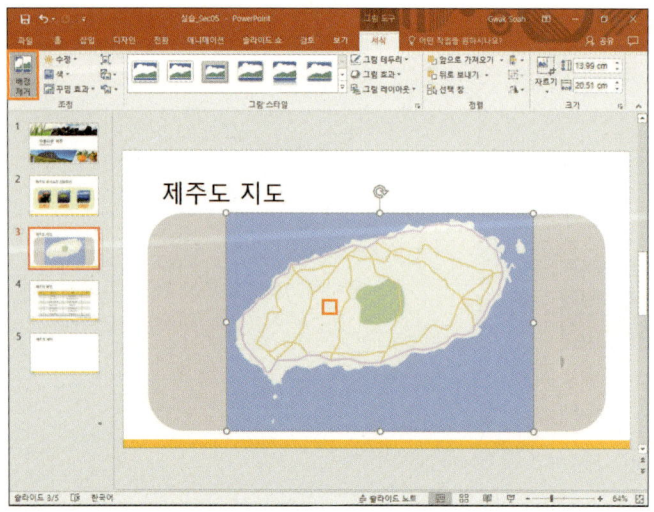

09 내비게이터에서 3번 슬라이드를 선택합니다. 내용 개체 틀에서 [그림]() 단추를 클릭합니다.

강의노트

[삽입] – [이미지]에서 [그림]()을 클릭해도 됩니다.

10 [그림 삽입] 대화상자가 열리면 실습예제 폴더에서 '제주도 지도.jpg'를 클릭하고 [삽입]을 클릭합니다.

11 둥근 모서리 사각형 안에 그림이 포함되도록 크기와 위치를 알맞게 조절합니다. 그리고 제주도 지도 그림에서 불필요한 부분을 제거하기 위해 [그림 도구] – [서식] – [조정]에서 [배경 제거]()를 클릭합니다.

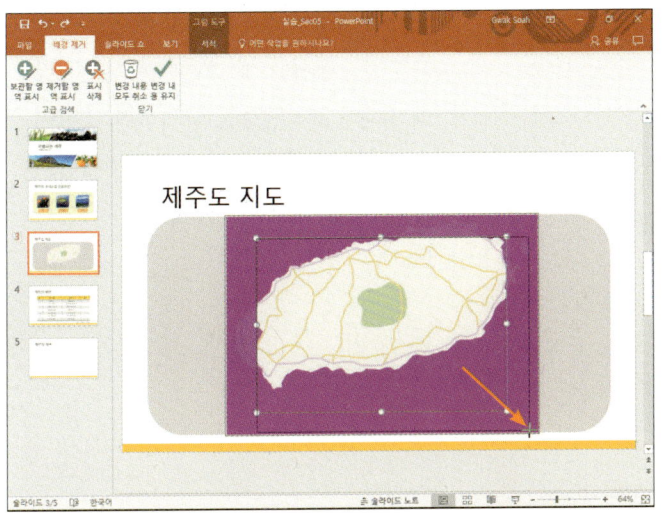

12 배경 제거 모드에서 아래에 있는 크기 조정 핸들에 마우스 포인터를 올려두고 드래그하여 배경 제거 영역을 확장합니다.

 강의노트

자주색으로 표시된 부분이 그림에서 제거될 부분입니다. 원치 않는 부분이 잘리는 것을 방지하기 위해 자주색의 크기를 조절합니다.

13 [배경 제거] - [고급 검색]에서 [보관할 영역 표시]( )를 클릭합니다. 마우스 포인터가 연필 모양( )으로 바뀌면 자주색으로 변한 부분에서 살리고 싶은 부분을 클릭합니다. 클릭한 부분은 (+)으로 표시됩니다.

강의노트

[제거할 영역 표시]( )는 그림에서 제거할 부분을 (-)로 표시합니다. [보관할 영역 표시] 또는 [제거할 영역 표시]로 설정한 곳을 취소하려면 [표시 삭제]( )를 클릭하고 해당 부분을 클릭합니다.

14 화면의 오른쪽 아래에 있는 확대/축소 슬라이더의 확대(+) 단추를 클릭하여 꼼꼼히 편집합니다.

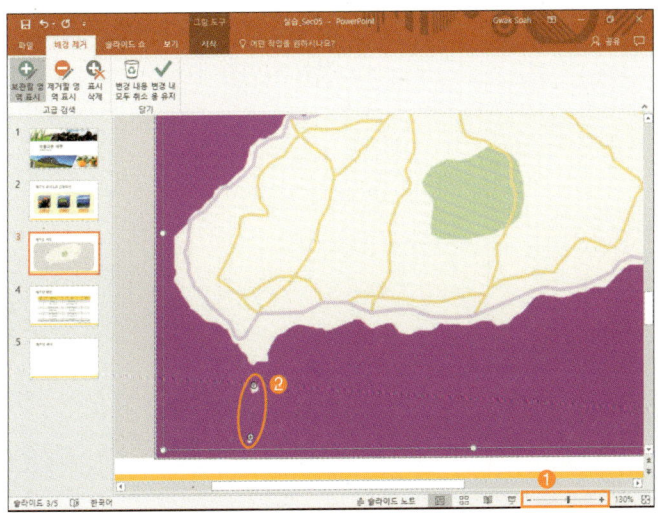

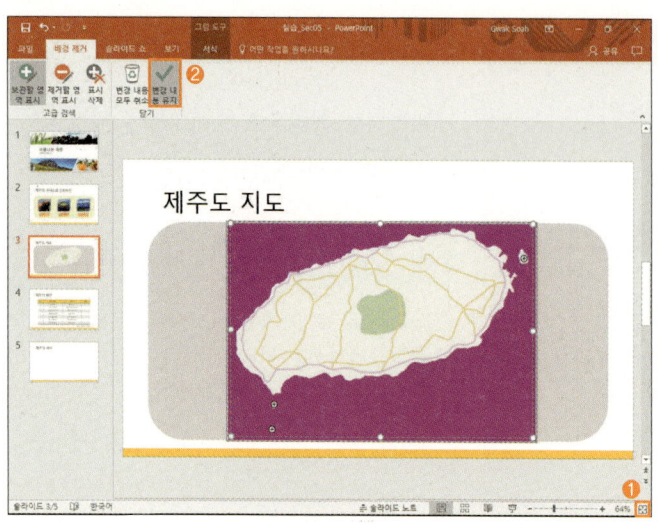

16 세부 편집을 마친 후에는 상태 표시줄 맨 오른쪽에 있는 [창에 맞춤](⊞) 단추를 클릭하여 슬라이드 전체를 확인합니다. 편집이 만족스러우면 [변경 내용 유지](✓)를 클릭합니다.

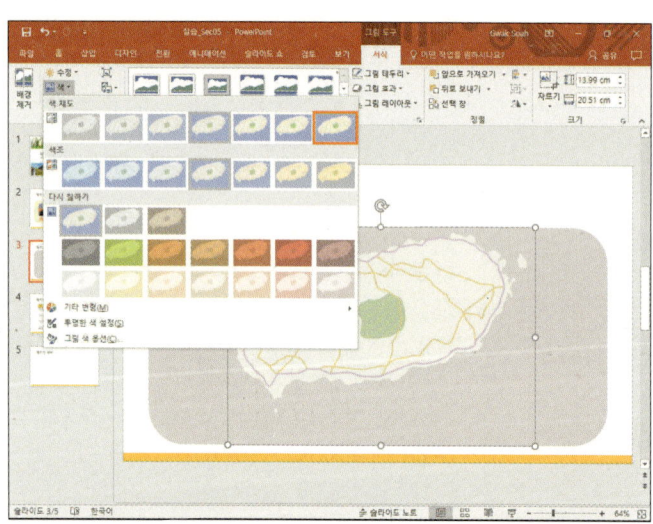

17 제주도 지도에서 배경이 삭제되면 [그림 도구] – [서식] – [조정]에서 [색](🖼)을 클릭하고 [색 채도] – [채도: 400%]을 클릭합니다.

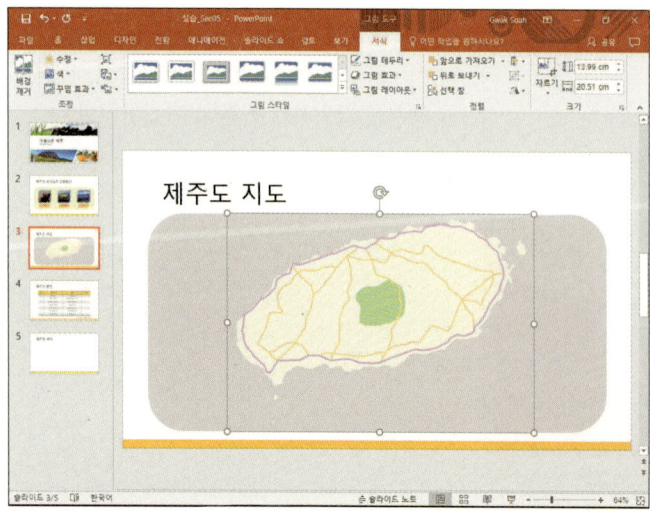

18 지도의 색이 선명하게 변경된 것을 확인합니다.

직접 해보기 아이콘으로 그림 꾸미기

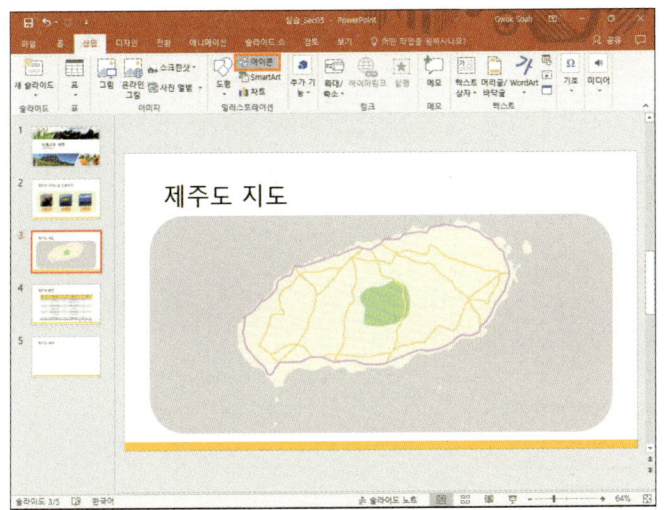

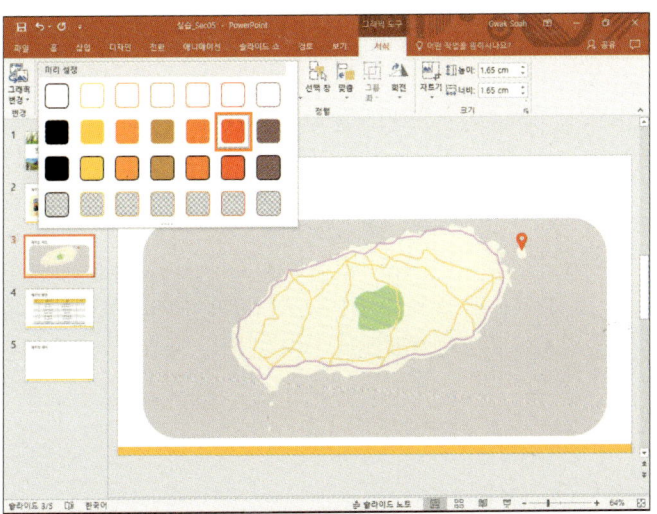

01 3번 슬라이드에서 [삽입] – [일러스트레이션]에서 [아이콘]()을 클릭합니다.

02 [아이콘 삽입] 대화상자가 열리면 [위치]에서 ( ) 모양에 체크하고 [삽입]을 클릭합니다.

📖 **강의노트**

아이콘은 범주별로 정리되어 있으며 한 번에 여러 개를 선택하여 삽입할 수 있습니다.

03 아이콘이 삽입되면 다음과 같이 크기와 위치를 조절하고 [그래픽 도구] – [서식]에서 [그래픽 스타일]의 자세히 단추(▾)를 클릭하고 [그래픽 채우기 – 강조 5, 윤곽선 없음]을 클릭합니다.

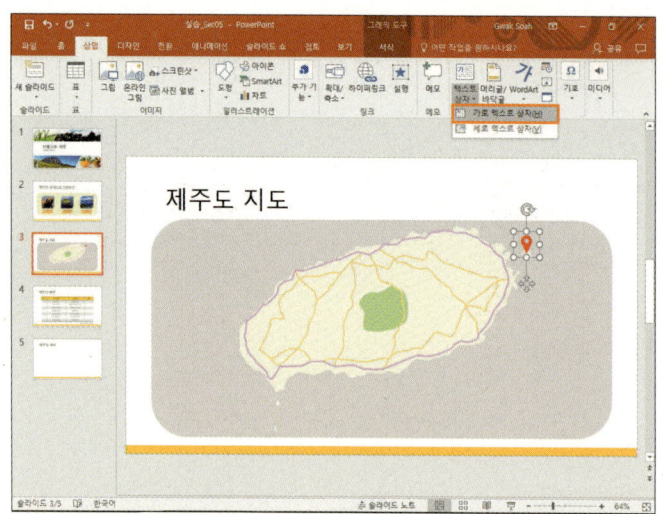

04 아이콘의 스타일이 변경되면 [삽입] – [텍스트 상자] – [가로 텍스트 상자]를 클릭합니다.

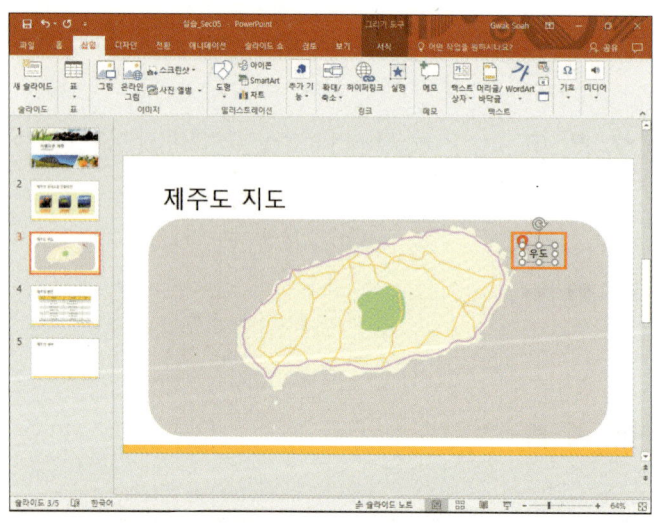

05 먼저 삽입한 아이콘 옆에서 마우스로 드래그하여 텍스트 상자를 삽입하고 "우도"를 입력합니다.

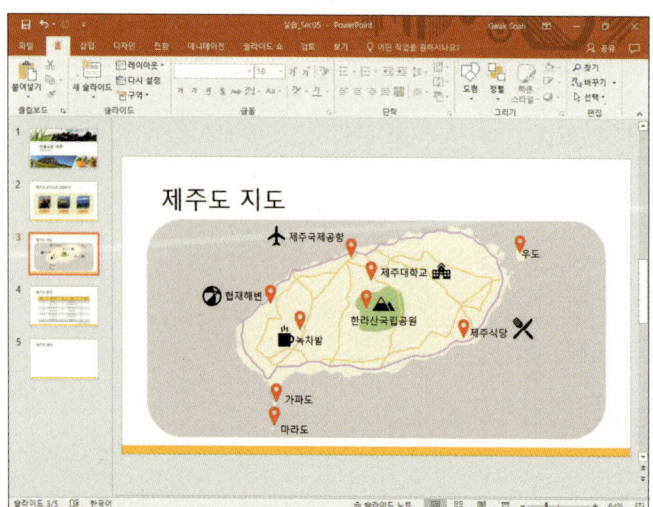

06 다음과 같이 아이콘과 텍스트 상자를 추가로 입력하여 제주도 지도를 완성합니다.

전달할 내용에 맞는 아이콘을 적절히 배치하면 청중의 관심을 끌고 자료의 이해도를 높일 수 있습니다.

Powerpoint 2 | 오디오 파일 삽입하기

프레젠테이션에 오디오 또는 비디오와 같은 미디어 자료를 사용하면 전달하고자 하는 내용을 더욱 실감나고 생동감 있게 전달할 수 있습니다. 파워포인트 2016에서 더욱 강화된 미디어자료의 편집 기능을 알맞게 사용하는 방법을 학습합니다.

직접 해보기 | 오디오 파일 삽입하기

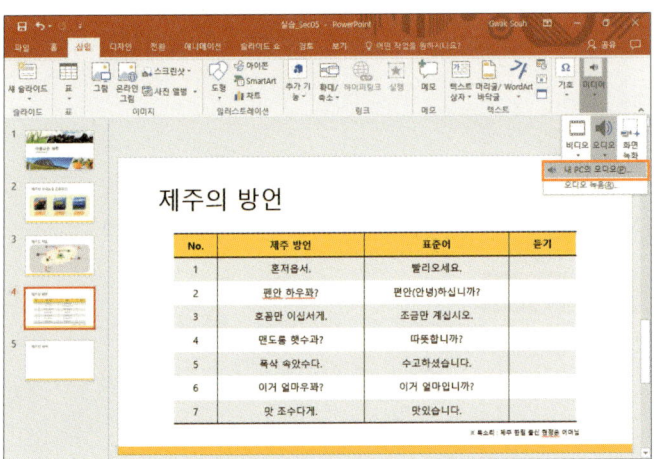

01 내비게이터에서 4번 슬라이드를 선택합니다. [삽입] – [미디어]에서 [오디오]( )를 클릭하고 [내 PC의 오디오]를 클릭합니다.

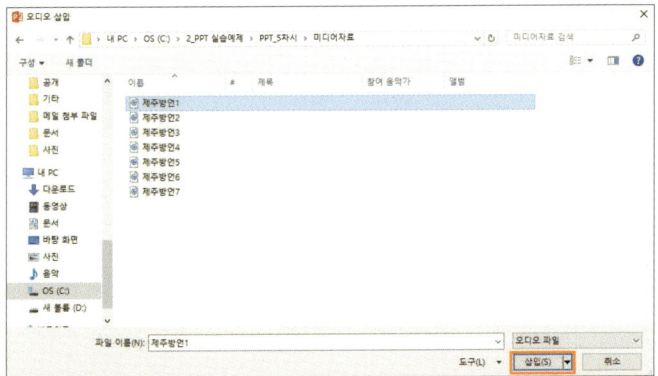

02 [오디오 삽입] 대화상자가 열리면 실습예제 폴더에서 '제주방언1.m4a'를 선택하고 [삽입]을 클릭합니다.

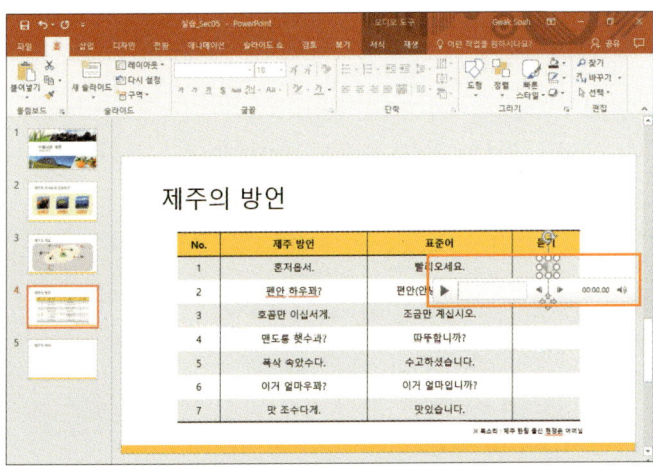

03 현재 슬라이드에 오디오가 추가되고 오디오 아이콘( )이 표시됩니다. 1번 듣기 영역에 아이콘을 옮기고 크기를 알맞게 조절합니다.

 강의노트

오디오 아이콘을 선택하면 아래에 재생 막대가 표시됩니다. 재생 막대를 이용하여 오디오를 재생하고 정지합니다.

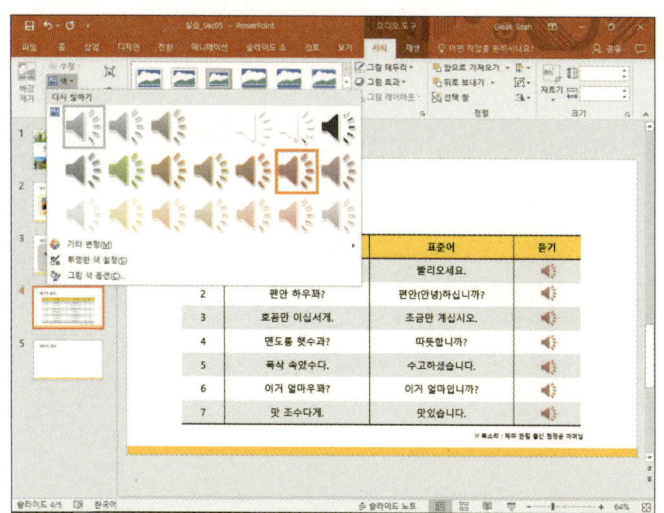

04 같은 방법으로 '제주방언 2.m4a'부터 '제주방언7.m4a' 까지 오디오를 모두 삽입하고 아이콘을 균형 있게 배치합니다. 그리고 오디오 아이콘을 모두 선택한 상태에서 [서식] – [조정]에서 [색]()을 클릭하고 [주황, 어두운 강조색 4]를 클릭합니다.

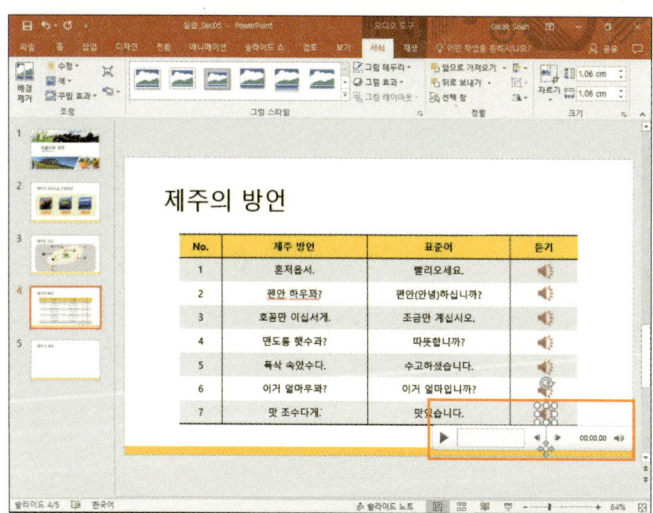

제주의 방언

No.	제주 방언	표준어	듣기
1	혼저옵서.	빨리오세요.	🔊
2	편안 하우꽈?	편안(안녕)하십니까?	🔊
3	호꼼만 이십서게.	조금만 계십시오.	🔊
4	맨도롱 헷수과?	따뜻합니까?	🔊
5	폭삭 속았수다.	수고하셨습니다.	🔊
6	이거 얼마우꽈?	이거 얼마입니까?	🔊
7	맛 조수다게.	맛있습니다.	🔊

05 오디오가 모두 삽입되면 오디오 아이콘을 선택하고 오디오 재생 막대의 재생 버튼(▶)을 클릭하여 오디오를 재생해 봅니다.

강의노트

오디오가 재생되면 재생 막대의 재생버튼이 일시 정지(▮▮)로 변경됩니다. 일시정지 버튼을 클릭하면 오디오 재생이 일시 정지되며, 화살표(◀ / ▶)를 클릭하면 0.25초씩 뒤 또는 앞으로 이동합니다. 그리고 음소거(🔊)를 클릭하면 볼륨을 조정하거나 음소거를 할 수 있습니다.

보충수업 **녹음하여 오디오 삽입하기**

파워포인트에서는 로컬 컴퓨터에 저장되어 있는 오디오 이외에 사용자가 오디오 파일을 직접 녹음하여 삽입할 수 있습니다. 오디오를 녹음하기 위해서는 [삽입] – [미디어]에서 [오디오](🔊)를 클릭하고 [오디오 녹음]을 클릭합니다. 단, 컴퓨터에 소리를 입력할 수 있는 마이크가 연결되어 있어야 합니다.

▶ 녹음 버튼 클릭하기

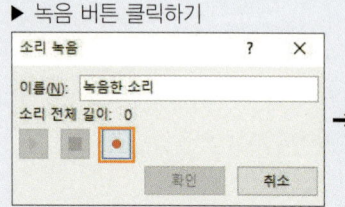

▶ 녹음 후 중지버튼 클릭하기

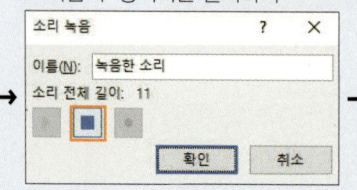

▶ 재생하여 확인 후 [확인] 클릭하기

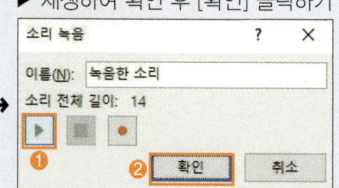

직접 해보기 오디오 트리밍하고 재생하기

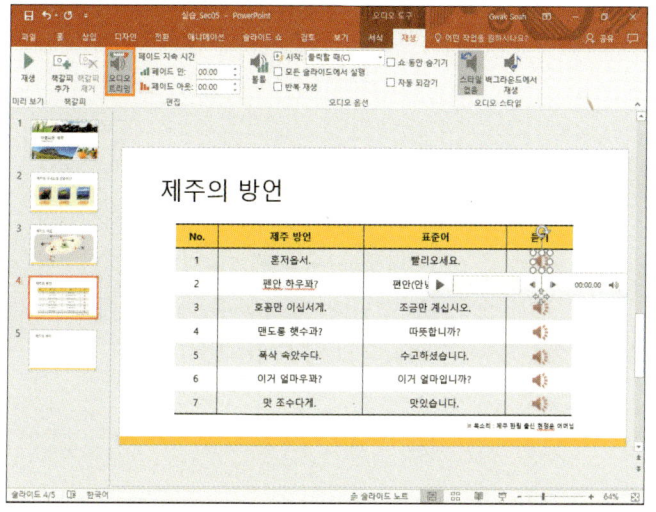

01 4번 슬라이드에서 1번 오디오 아이콘을 선택하고 [오디오 도구] – [재생] – [편집]에서 [오디오 트리밍]( )을 클릭합니다.

강의노트

오디오 트리밍(trimming)은 오디오 파일에서 원하지 않는 부분을 잘라내는 기법입니다. 파워포인트 2016에서는 오디오 트리밍을 통해 오디오의 처음과 끝 부분을 다듬고 자연스럽게 재생되도록 편집할 수 있습니다.

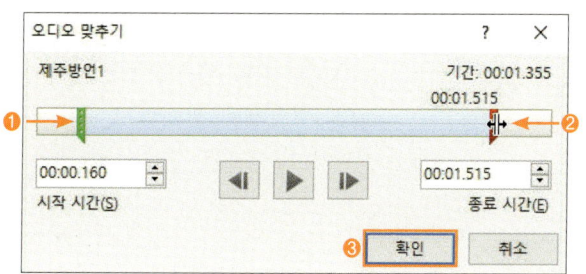

02 [오디오 맞추기] 대화상자가 열리면 [시작 시간]의 막대에 마우스 포인터를 올려두고 오른쪽으로 드래그합니다. 그리고 [종료 시간] 막대를 왼쪽으로 드래그한 후 [확인]을 클릭합니다. 그러면 필요한 부분만 재생할 수 있습니다.

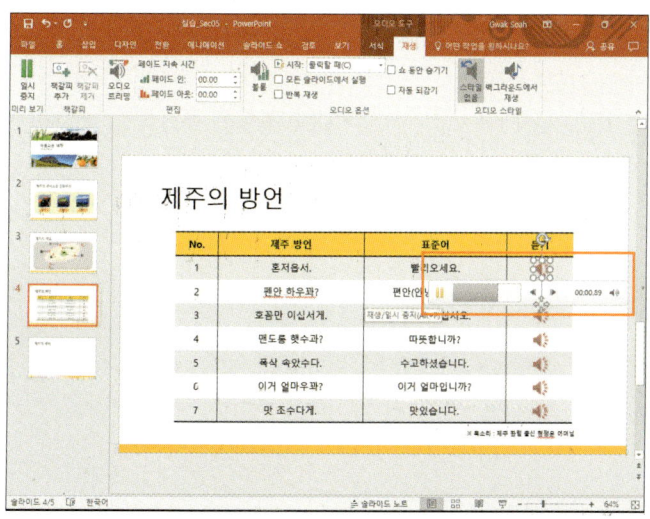

03 1번 오디오의 재생(▶) 단추를 클릭하여 트리밍 결과를 확인합니다. 같은 방법으로 2~7번 오디오 파일을 트리밍합니다.

강의노트

오디오는 기본적으로 슬라이드 쇼를 진행할 때 아이콘을 클릭하여 실행합니다. 현재 슬라이드에서 자동으로 오디오를 실행시키려면 [오디오 도구] – [오디오 옵션]에서 [시작]의 목록 단추를 클릭하고 [자동 실행]을 클릭합니다.

Powerpoint 3 · 비디오 파일 삽입하기

슬라이드에 비디오를 삽입 및 편집하고, 자연스럽고 생동감 있게 연출하는 방법들을 살펴봅니다.

직접 해보기 · 비디오 파일 삽입하기

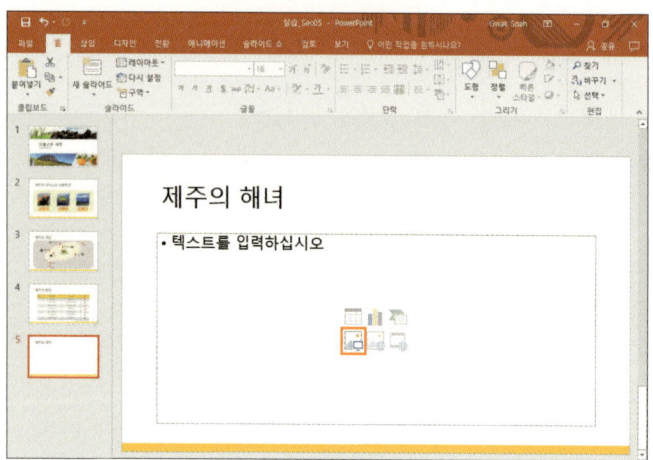

01 내비게이터에서 5번 슬라이드를 선택합니다. TV 화면에서 비디오를 재생하는 것처럼 디자인하려고 합니다. 먼저 내용 개체 틀에서 [그림]( ) 단추를 클릭합니다.

 강의노트

슬라이드에서 [삽입] – [이미지]에서 [그림]( )을 클릭해도 됩니다.

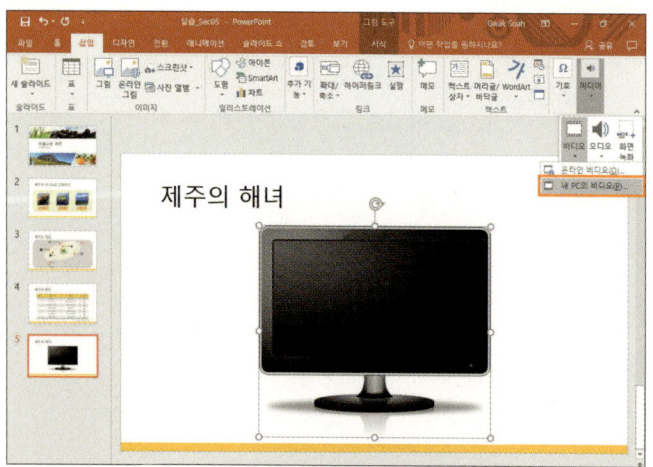

02 [그림 삽입] 대화상자가 열리면 실습예제 폴더에서 'TV. jpg'를 선택하고 [삽입]을 클릭합니다.

03 TV 그림의 크기와 위치를 적절히 조절한 후 [삽입] – [미디어]에서 [비디오]( )를 클릭하고 [내 PC의 비디오]를 클릭합니다.

 강의노트

화면 오른쪽에 디자인 아이디어 대화상자가 열리면 닫기(×)를 클릭합니다.

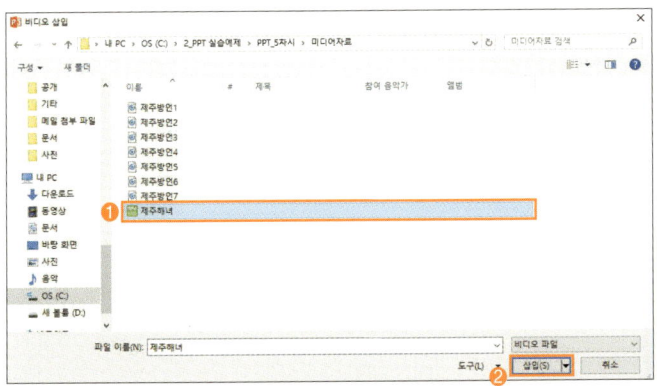

[비디오 삽입] 대화상자가 열리면 실습예제 폴더에서 '제주해녀.mp4'를 클릭하고 [삽입]을 클릭합니다.

온라인에서 비디오를 검색하여 삽입하기 위해서는 [삽입] – [비디오] – [온라인 비디오]를 클릭하거나 내용 개체 틀에서 [온라인 비디오(🖳)] 단추를 클릭합니다.

비디오 화면이 TV 모니터 안에 보이도록 크기와 위치를 적절히 조절합니다. 그리고 [비디오 도구] – [서식] – [비디오 스타일]에서 자세히 단추(▼)를 클릭하여 [일반] – [일반 프레인 검정]을 클릭합니다.

그러면 TV 모니터 안에 비디오 화면이 자연스럽게 배치됩니다.

직접 해보기 비디오 트리밍하고 재생하기

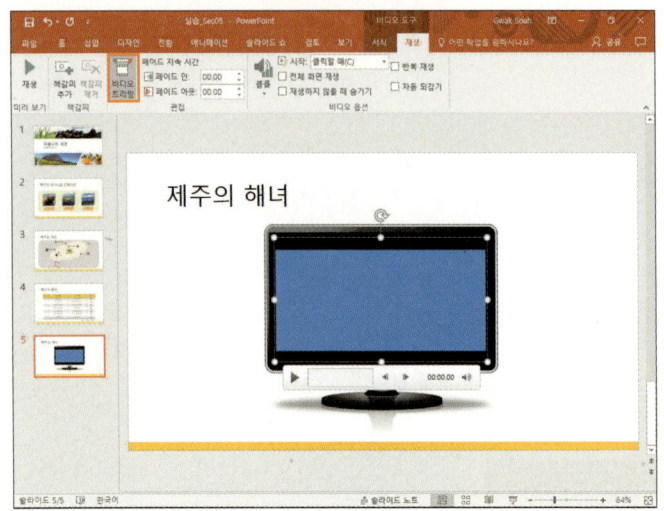

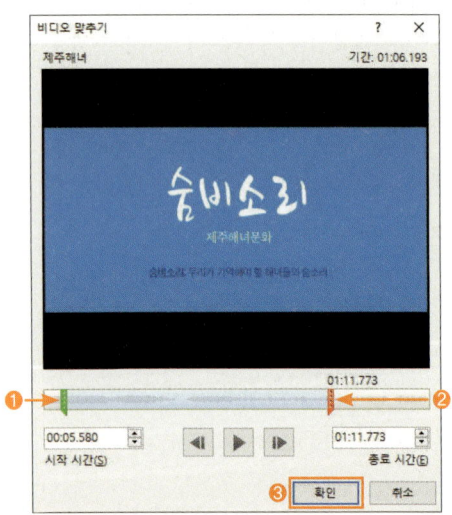

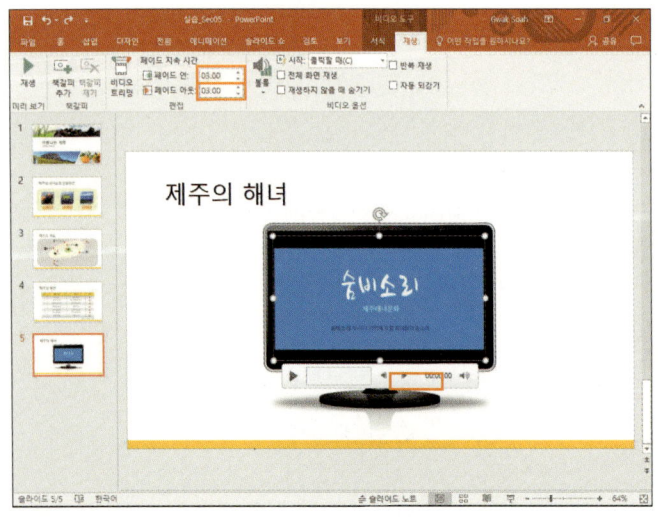

01 5번 슬라이드에서 비디오를 선택하고 [비디오 도구] – [재생] – [편집]에서 [비디오 트리밍]()을 클릭합니다.

02 [비디오 맞추기] 대화상자가 열리면 [시작 시간]의 막대에 마우스 포인터를 올려두고 오른쪽으로 드래그합니다. 그리고 [종료 시간] 막대를 왼쪽으로 드래그한 후 [확인]을 클릭합니다. 그러면 필요한 비디오의 일부만 선택하여 재생할 수 있습니다.

강의노트

[시작 시간]과 [종료 시간]에 직접 숫자를 입력해도 됩니다.

03 다시 한 번 [편집]에서 [페이드 인]와 [페이드 아웃]에 모두 "03.00"을 입력합니다.

강의노트

페이드 인과 페이드 아웃 기능은 화면이 점차 밝아지거나 어두워지도록 합니다. 비디오를 자연스럽게 시작 또는 종료하려면 페이드 인/페이드 아웃 기능을 사용합니다.

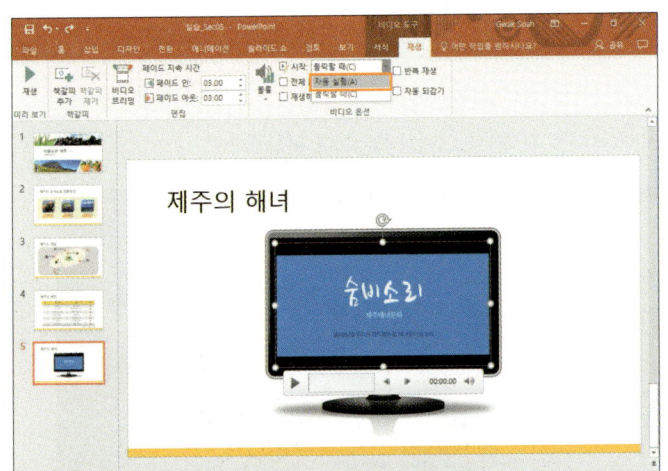

 비디오가 선택된 상태에서 [비디오 도구] – [재생] – [비디오 옵션]에서 [시작]()의 목록 단추를 클릭하고 [자동 실행]을 클릭합니다.

강의노트

[비디오 옵션]의 [전체 화면 재생]에 체크하면 비디오가 전체화면으로 재생됩니다.

 화면 오른쪽 아래의 [슬라이드 쇼]() 단추를 클릭하고 현재 슬라이드에서 비디오가 자동으로 재생되는지 확인합니다.

강의노트

현재 슬라이드부터 슬라이드 쇼를 진행하려면 [슬라이드 쇼] – [슬라이드 쇼 시작]에서 [현재 슬라이드부터]()를 클릭하거나 Shift + F5 를 누릅니다.

 정리 한마당

- 슬라이드에 그림 및 멀티미디어 자료를 활용하면 청중의 관심과 몰입을 높일 수 있습니다
- 슬라이드에 그림을 삽입하려면 [삽입] – [이미지] – [그림]/[온라인 그림]을 클릭하거나 내용 개체 틀에서 [그림]/[온라인 그림] 단추를 클릭합니다. 단, 온라인에서 그림을 검색하여 삽입할 때는 그림의 저작권을 반드시 확인해야합니다.
- 삽입한 그림은 [그림 도구] – [서식]의 다양한 기능을 이용하여 편집합니다.
- [삽입] – [미디어] – [오디오] – [내 PC의 오디오]/[오디오 녹음]을 클릭하여 컴퓨터에 저장되어 있는 오디오 파일을 삽입하거나 직접 오디오를 녹음하여 삽입합니다.
- [오디오 도구] – [재생] – [편집]에서 오디오 파일을 트리밍하고, [오디오 옵션]에서 재생 방법을 설정합니다.
- 비디오 파일을 삽입하려면 [삽입] – [미디어] – [비디오] – [내 PC의 비디오] 또는 [온라인 비디오]를 클릭합니다.
- [비디오 도구] – [재생] – [편집]에서 비디오를 트리밍하고 페이드 인/페이드 아웃 등을 설정합니다.

기초 문제

1 '기초_Sec05'.pptx 파일을 열고 2~3번 슬라이드에서 다음 지시대로 그림을 삽입하고 편집하세요.

▲ 완성파일 : 기초_Sec05_1_완성.pptx

• 그림 삽입 : 실습예제 폴더에서 '봄.jpg', '여름.jpg', '가을.jpg', '겨울.jpg' 삽입

• 그림 테두리 : 흰색, 배경 1, 35% 더 어둡게

• 그림 효과 : 입체 효과(둥글게), 그림자(바깥쪽 - 오프셋: 오른쪽 아래)

2 앞의 문서에 이어서 4번 슬라이드에서 다음 지시대로 그림을 삽입하고 편집하세요.

1) 그림 레이아웃 적용

• 그림 삽입 : 실습예제 폴더에서 '봄.jpg', 여름.jpg', '가을.jpg', '겨울.jpg' 삽입

• 그림 레이아웃 : 제목 그림 라인업형

• 텍스트 삽입 : 다음 그림과 같이 사진을 소개하는 텍스트 입력(필요시 텍스트 상자 입력 후 텍스트 삽입)

2) 카메라 그림 삽입

• 그림 삽입 : 실습예제 폴더에서 '카메라.jpg' 그림을 삽입

• 배경 제거 : 카메라 그림의 배경을 제거

▲ 완성파일 : 기초_Sec05_2_완성.pptx

힌트 • 그림 레이아웃 적용하기 : 해당 그림들을 모두 선택하고 [그림 도구] – [서식]에서 [그림 레이아웃](🖼)을 클릭하고 원하는 레이아웃을 클릭합니다.

심화 문제

1 '심화_Sec05.pptx' 파일을 열고 2∼3번 슬라이드에서 다음 지시대로 그림을 삽입하고 편집하세요.

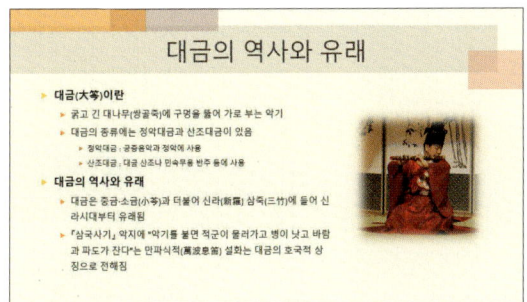 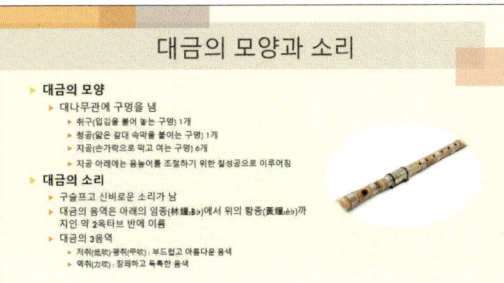

▲ 완성파일 : 심화_Sec05_1_완성.pptx

1) 2번 슬라이드
- 그림 삽입 : 온라인에서 '대금 연주'를 검색하고 대금 연주자 그림 삽입
- 그림 자르기 : 가로 세로 비율(정사각형 1:1)
- 그림 효과 : 부드러운 가장자리(25 포인트)

2) 3번 슬라이드
- 그림 삽입 : 온라인에서 '대금'을 검색하고 대금 그림 삽입
- 그림 스타일 : 부드러운 가장자리 타원

2 앞의 문서에 이어서 4번 슬라이드에서 다음 지시대로 오디오 및 비디오 파일을 삽입하세요.

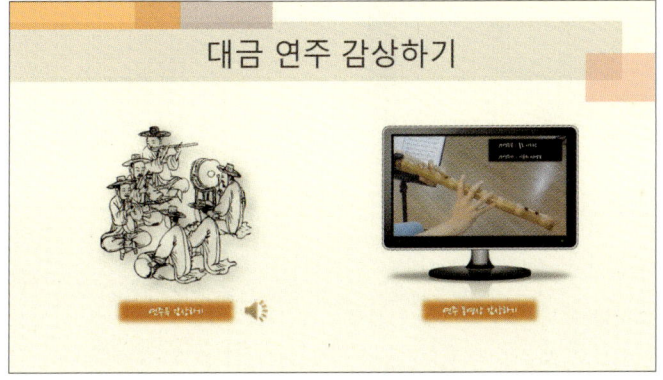

1) 오디오 삽입
- 오디오 삽입 : 실습예제 폴더에서 '홀로 아리랑.mp3' 삽입
- 오디오 아이콘 색 : 주황, 어두운 강조 색 2
- 오디오 재생 방법 : 반복 재생

2) 비디오 파일 삽입
- 비디오 삽입 : 실습예제 폴더에서 '홀로 아리랑.mp4' 삽입
- 비디오 스타일 : 단순형 프레임, 검정
- 비디오 트리밍 : 페이드 인/페이드 아웃 모두 01.00초 설정

16 section

애니메이션·전환·하이퍼링크 설정하기

프레젠테이션 문서에 애니메이션 효과 및 화면전환 효과를 적용하면 텍스트, 도형 등과 같은 개체를 하나씩 표시하거나 사라지도록 하고, 슬라이드 화면이 자연스럽게 전환되도록 할 수 있습니다. 그리고 하이퍼링크를 삽입하면 현재 문서 내에서 다른 슬라이드로 이동하거나 다른 문서 또는 웹 페이지로 이동할 수 있습니다. 이렇게 프레젠테이션 문서에서 개체에 움직임을 주어 화면을 생동감 있게 보여주거나 내용과 관련된 자료들을 연계하여 보여주면 청중의 흥미와 집중을 높일 수 있습니다. Section16에서는 애니메이션 및 전환 효과를 적용하고, 하이퍼링크를 삽입하여 다양한 옵션을 설정하는 방법을 학습합니다.

 결과 미리보기

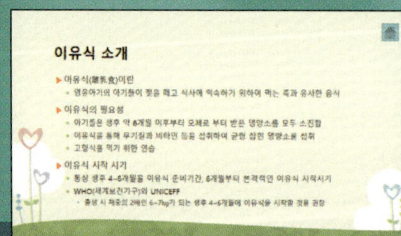

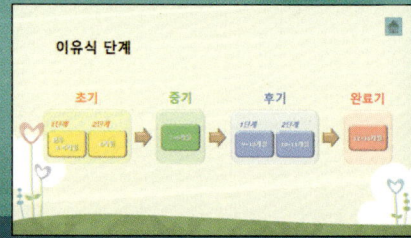

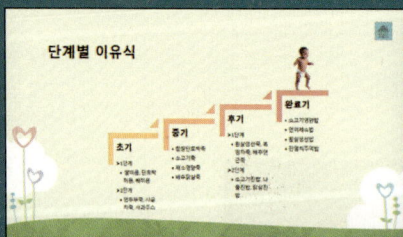

▲ 준비 파일 : 실습_Sec06.pptx
　　완성 파일 : 실습_Sec06_완성.pptx

애니메이션 효과주기

슬라이드의 텍스트, 그림 및 도형에 애니메이션 효과를 적용하면 청중의 주목을 끌 수 있습니다. 슬라이드의 다양한 개체에 애니메이션 효과를 적용하고 실행하는 방법을 살펴봅니다.

직접 해보기 **나타내기 효과 및 타이밍 설정하기**

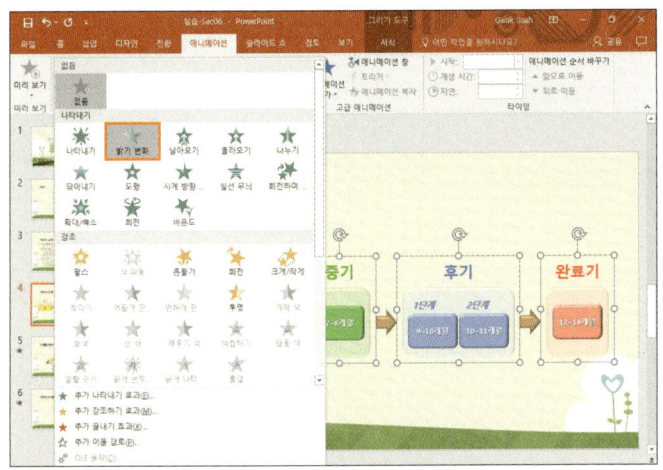

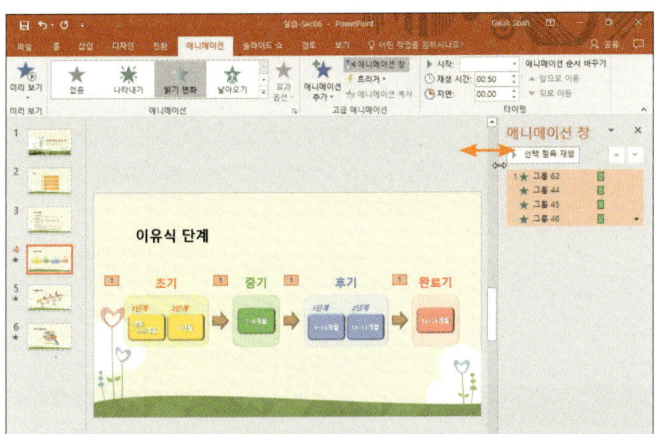

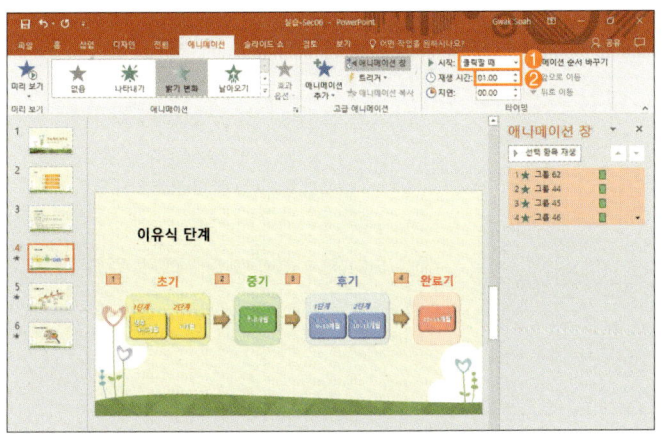

01 '실습_Sec06.pptx' 파일에서 4번 슬라이드를 선택합니다. Ctrl 을 누른 상태로 초기, 중기, 후기, 완료기를 차례대로 클릭하여 모두 선택하고 [애니메이션] – [애니메이션]의 자세히 단추()를 클릭하여 [나타내기] – [밝기 변화]를 클릭합니다.

강의노트

이유식 단계가 각 그룹으로 설정되어 있습니다.

02 [애니메이션] – [고급 애니메이션]에서 [애니메이션 창]을 클릭합니다. 그러면 화면 오른쪽에 [애니메이션 창] 대화상자가 열립니다. [애니메이션 창] 대화상자의 경계선에 마우스 포인터를 올려두고 왼쪽으로 드래그하여 대화상자의 너비를 알맞게 조절합니다.

03 [애니메이션 창] 대화상자에서 모든 애니메이션이 선택된 상태에서 [애니메이션] – [타이밍]에서 [시작]의 내림단추(▼)를 클릭하고 [클릭할 때]를 클릭합니다. 그리고 [재생 시간]을 '01.00(초)'로 변경합니다. 그러면 마우스를 클릭할 때마다 각 애니메이션을 1초 동안 재생합니다.

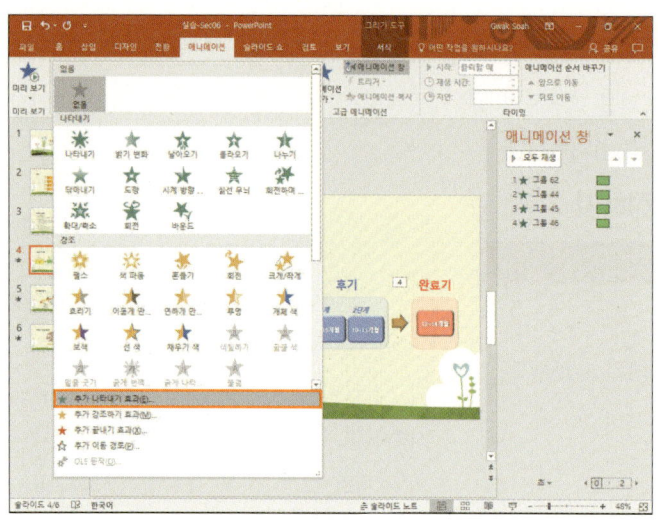

04 이번에는 첫 번째 화살표를 선택하고 [애니메이션] - [애니메이션]의 자세히 단추(▾)를 클릭하고 [추가 나타내기 효과]를 클릭합니다.

05 [나타내기 효과 변경] 대화상자가 열리면 [기본 효과]에서 [바둑판 무늬]를 클릭하고 [확인]을 클릭합니다.

📖 강의노트

[나타내기 효과 변경] 대화상자의 아래쪽에 있는 [효과 미리 보기]에 체크하면 해당 효과를 클릭할 때마다 미리보기를 할 수 있습니다.

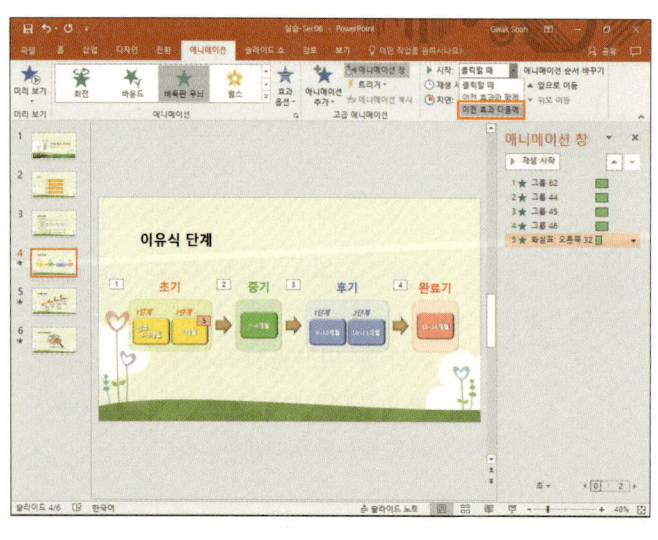

06 [애니메이션 창] 대화상자에서 새로 추가된 애니메이션이 선택된 상태에서 [애니메이션] - [타이밍]에서 [시작]의 목록 단추(▾)를 클릭하고 [이전 효과 다음에]를 클릭합니다.

📖 강의노트

[애니메이션] - [애니메이션]에서 [효과 옵션](★)을 클릭하면 효과의 적용 방향을 [옆으로] 또는 [아래쪽]으로 설정할 수 있습니다.

직접 해보기   애니메이션 복사하기

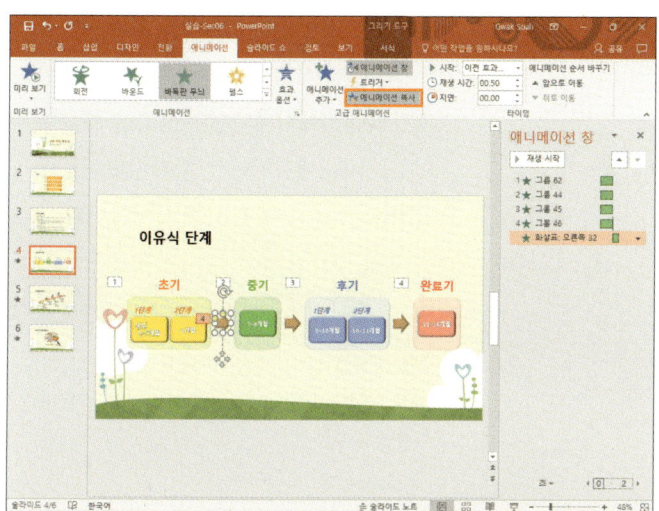

01 애니메이션을 설정한 첫 번째 화살표를 선택하고 [애니메이션] – [고급 애니메이션]에서 [애니메이션 복사](⭐)를 클릭합니다.

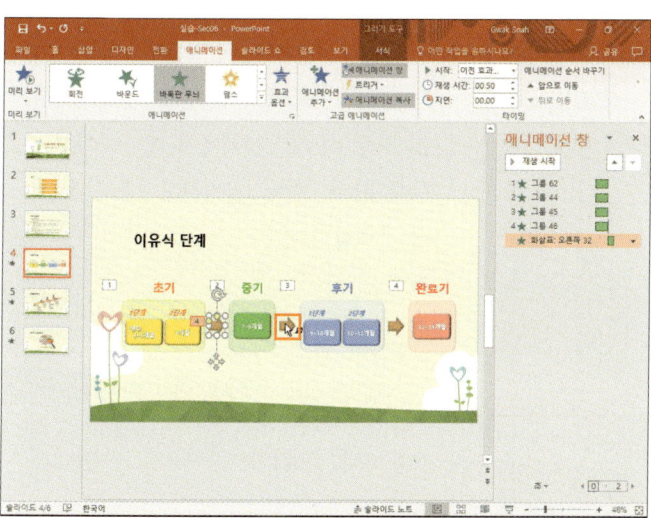

02 마우스 포인터가 붓 모양(🖌)으로 변경되면 두 번째 화살표를 클릭합니다. 같은 방법으로 세 번째 화살표에도 애니메이션을 복사합니다.

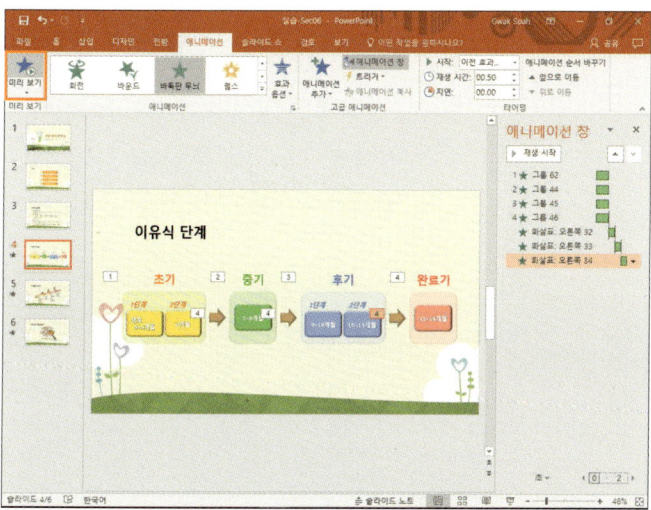

03 [애니메이션] – [미리 보기]에서 [미리 보기](⭐)를 클릭하고 지금까지 추가된 애니메이션을 미리 보기합니다.

강의노트

기본적으로 애니메이션을 추가하면 미리 보기가 됩니다. 자동 미리 보기를 해제하려면 [미리 보기] – [자동 미리 보기]에서 체크를 해제합니다.

직접 해보기   **강조하기 효과 및 순서 설정하기**

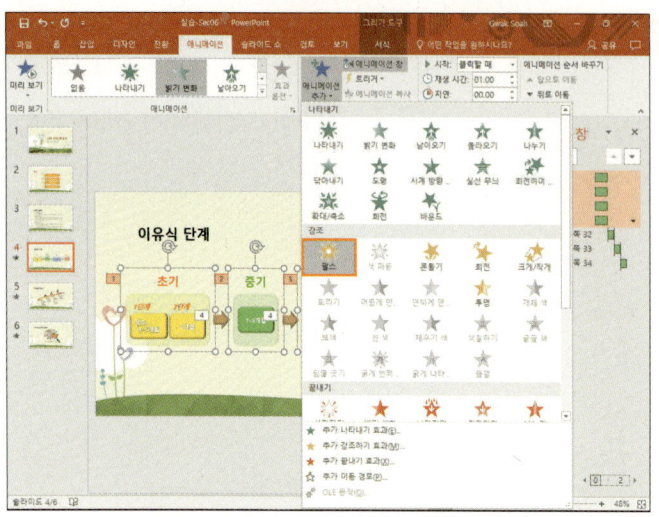

O1   4번 슬라이드에서 초기, 중기, 후기, 완료기 개체를 모두 선택합니다. [애니메이션] – [고급 애니메이션]에서 [애니메이션 추가]()를 클릭하고 [강조] – [펄스]를 클릭합니다.

강의노트

[애니메이션 추가] 기능은 개체에 이미 애니메이션이 설정되어 있는 경우 별도의 애니메이션을 추가로 설정합니다.

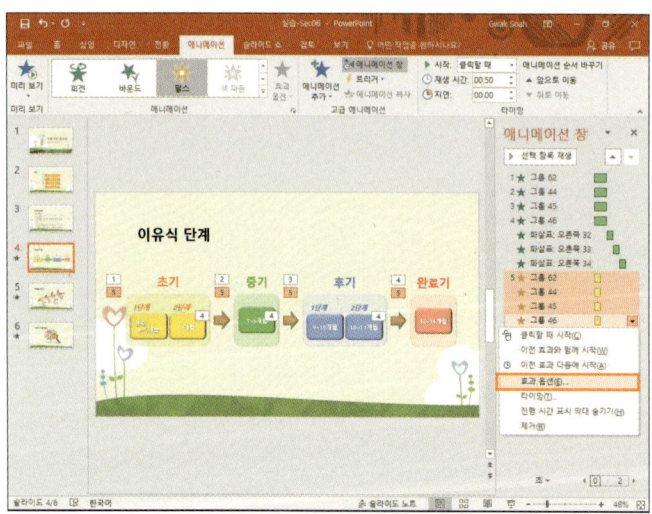

O2   [애니메이션 창] 대화상자에서 새로 추가된 강조 애니메이션이 모두 선택된 상태에서 애니메이션의 목록 단추(▼)를 클릭하고 [효과 옵션]을 클릭합니다.

강의노트

[애니메이션 창]에서 연속된 여러 개의 애니메이션을 선택하려면 Shift 를 누른 상태에서 첫 번째와 마지막 애니메이션을 차례대로 클릭합니다.

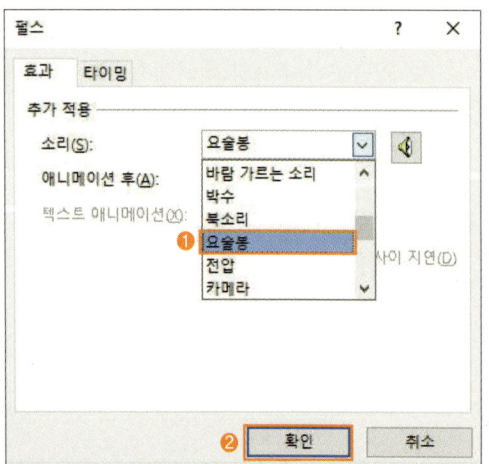

O3   [펄스] 대화상자가 열리면 [효과] 탭을 클릭합니다. [소리]에서 목록 단추(▼)를 클릭하고 [요술봉]을 클릭한 후 [타이밍] 탭을 클릭합니다.

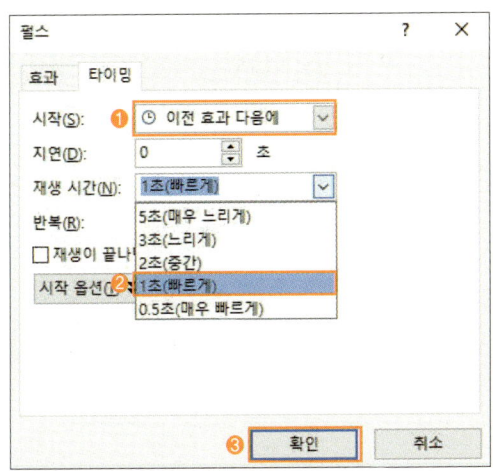

04 [시작]의 목록 단추(⌄)를 클릭하고 [이전 효과 다음에]를 클릭합니다. 그리고 [재생 시간]에서 목록 단추(⌄)를 클릭하고 [1초(빠르게)]를 클릭한 후 [확인]을 클릭합니다. 그러면 새로 적용된 강조 애니메이션 효과가 미리 보기됩니다.

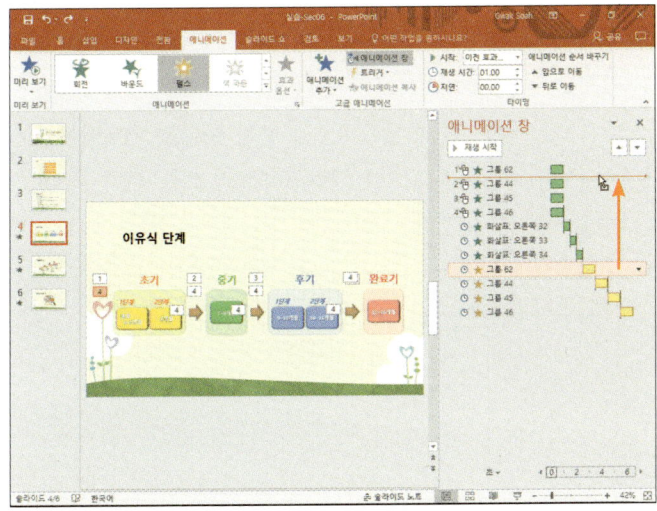

05 이제 슬라이드 쇼에서 애니메이션이 자연스럽게 실행되도록 애니메이션의 순서들을 변경해 보겠습니다. 첫 번째 강조 애니메이션을 1번 애니메이션 밑으로 드래그합니다.

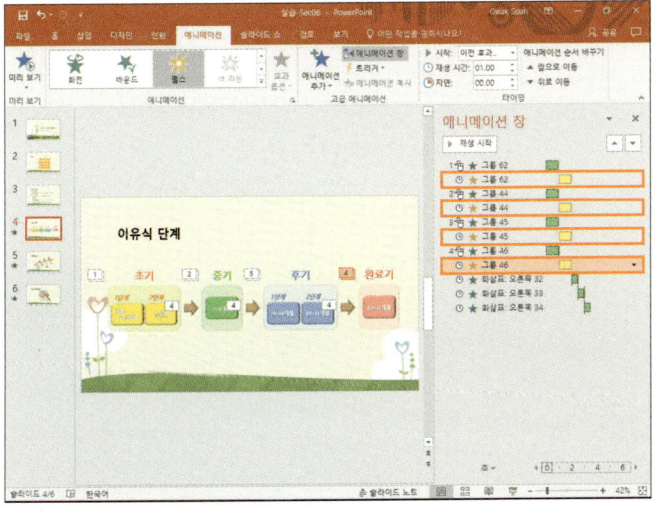

06 같은 방법으로 남은 강조 애니메이션들을 각각 2번, 3번, 4번 밑으로 위치 시켜서 순서를 변경합니다.

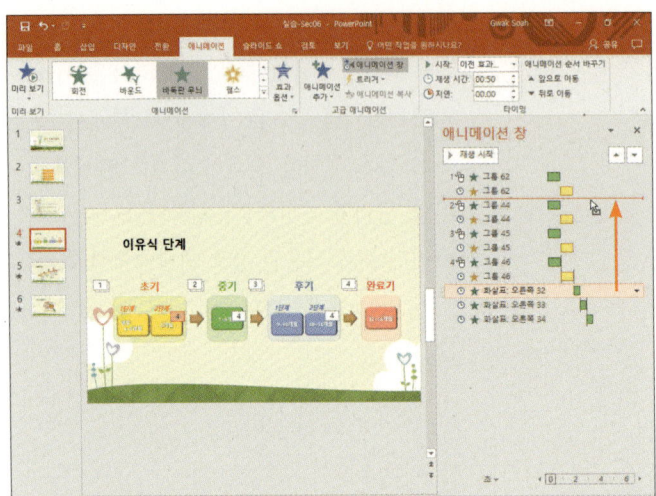

05 이어서 첫 번째 화살표의 나타내기 애니메이션을 2번 애니메이션 위로 드래그합니다.

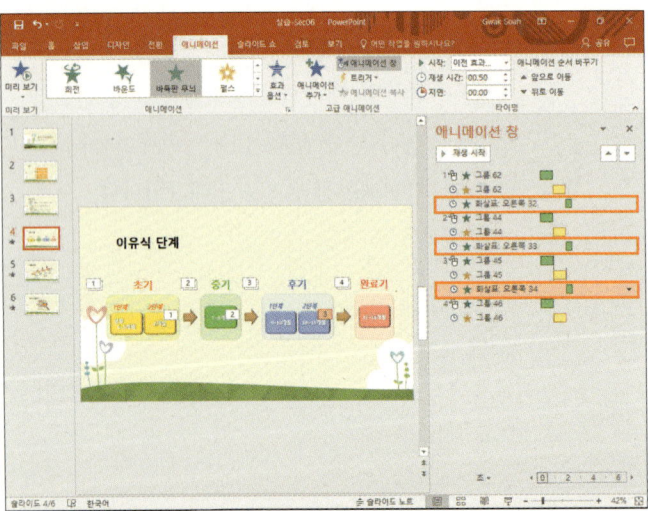

06 같은 방법으로 두 번째 화살표 애니메이션을 2번 애니메이션의 밑으로, 세 번째 화살표 애니메이션을 3번 애니메이션 밑으로 위치시킵니다.

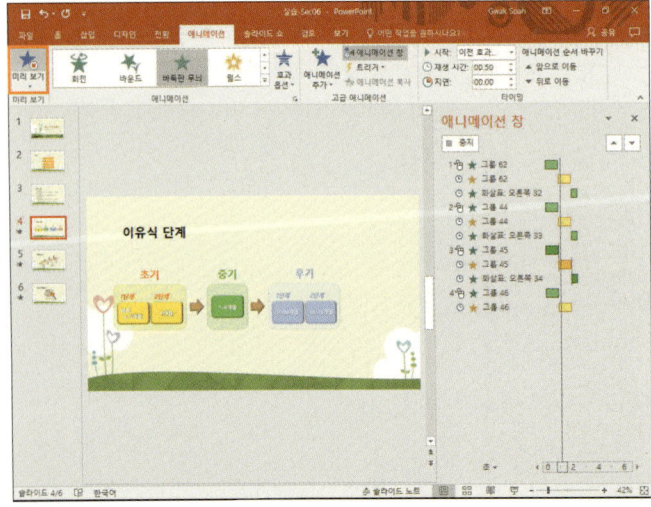

07 [애니메이션] – [미리 보기]에서 [미리 보기](★)를 클릭하고 지금까지 추가된 애니메이션을 미리 보기합니다.

직접 해보기 · 이동 경로 및 끝내기 효과 설정하기

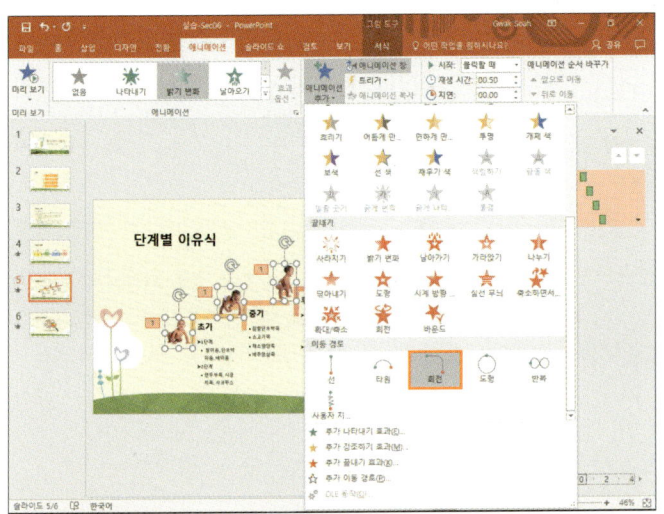

01 내비게이터에서 5번 슬라이드를 선택합니다. 이동 경로 애니메이션으로 개체가 자연스럽게 움직이도록 해보겠습니다. 먼저 아기 이미지를 모두 선택합니다. 그리고 [애니메이션] – [고급 애니메이션]에서 [애니메이션 추가](★)를 클릭하고 [이동 경로] – [회전]을 클릭합니다.

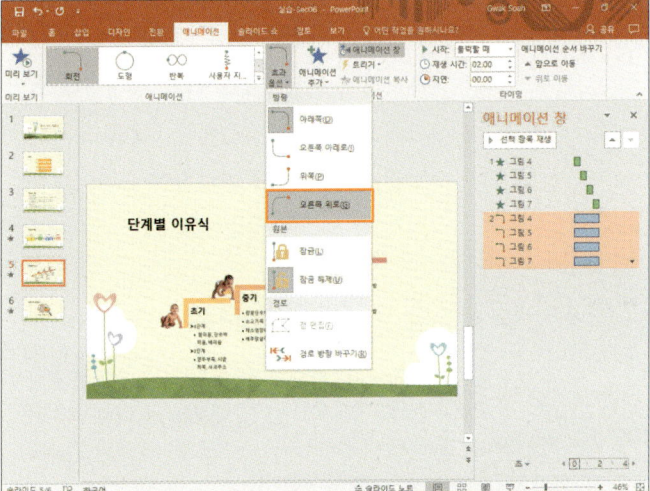

02 새로 추가된 이동 경로 애니메이션이 모두 선택된 상태에서 [애니메이션] – [애니메이션]에서 [효과 옵션]()을 클릭하고 [오른쪽 위로]를 클릭합니다.

📖 강의노트

각각의 아기 이미지에는 [나타내기] – [밝기 변화] 애니메이션을 미리 설정 해 두었습니다. 슬라이드 쇼에서 마우스로 클릭하면 해당 애니메이션들이 실행됩니다.

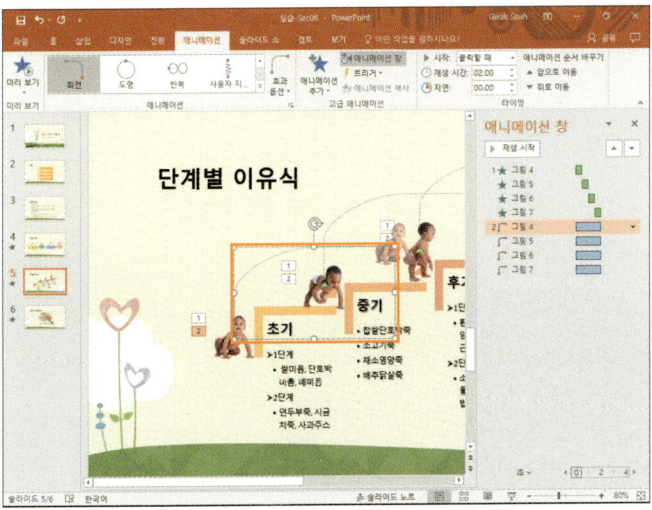

03 상태 표시줄에서 [화면 확대] (+) 단추를 몇 번 클릭합니다. 화면을 알맞게 확대하고 첫 번째 아기 그림에 표시된 이동 경로를 클릭합니다.

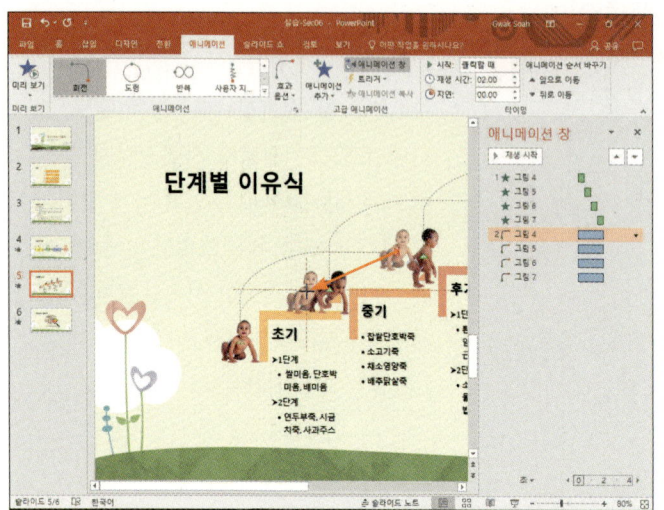

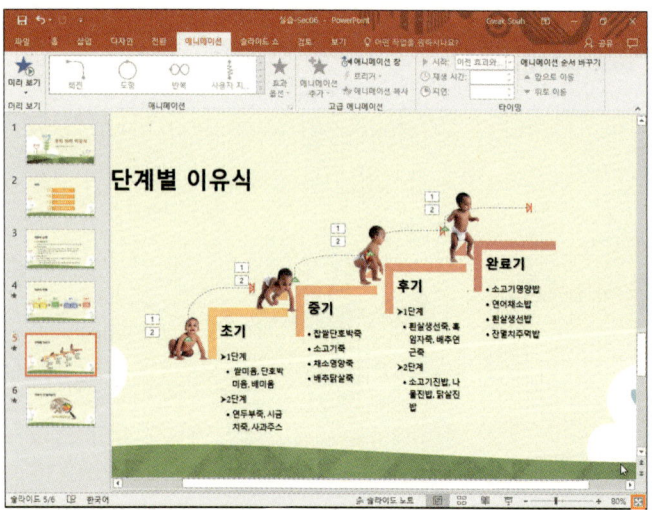

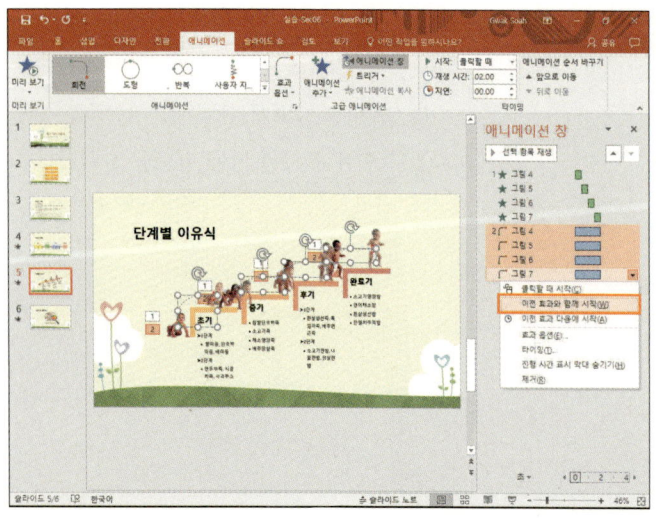

04 이동 경로의 종료 지점 표시 ()에 마우스 포인터를 위치시키고 다음과 같이 대각선 아래쪽으로 드래그합니다.

강의노트

첫 번째 아기의 이동 경로 종료 지점이 두 번째 아기 그림의 바로 앞에 위치하도록 설정합니다. 스마트가이드를 활용하면 이동 경로를 균형 있게 설정할 수 있습니다.

05 같은 방법으로 다른 아기 이미지에도 중기, 후기, 완료기에 해당하는 이동경로를 각각 설정합니다. 그리고 상태 표시줄에서 [화면 크기에 맞춤](⊞) 단추를 클릭하여 슬라이드를 현재 창 크기에 맞춥니다.

강의노트

필요시 [애니메이션 창] 대화상자의 닫기를 클릭합니다. [애니메이션 창] 대화상자를 다시 열기 위해서는 [애니메이션] – [고급 애니메이션] – [애니메이션 창]을 클릭합니다.

06 [애니메이션 창] 대화상자에서 Shift 를 누른 상태에서 새로 추가된 이동 경로를 차례대로 클릭하여 모두 선택합니다. 그리고 애니메이션의 목록 단추(▼)를 클릭하고 [이전 효과와 함께 시작]을 클릭합니다.

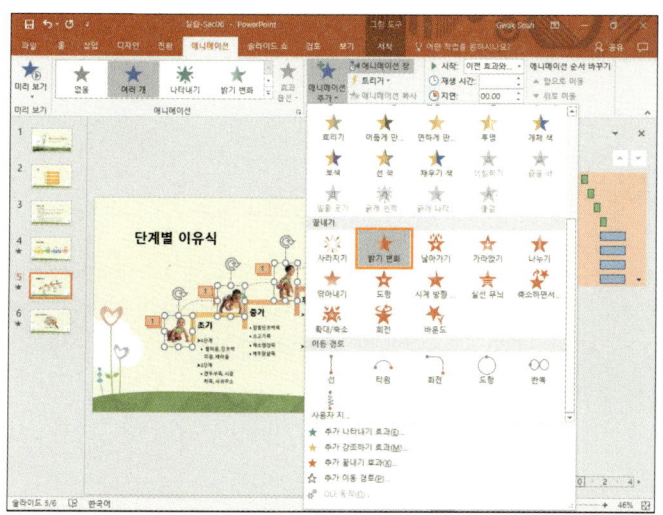

07 이번에는 끝내기 애니메이션을 추가하려고 합니다. 슬라이드에서 아기 이미지를 모두 선택하고 [애니메이션] – [고급 애니메이션]에서 [애니메이션 추가](⭐)를 클릭하여 [끝내기] – [밝기 변화]를 클릭합니다.

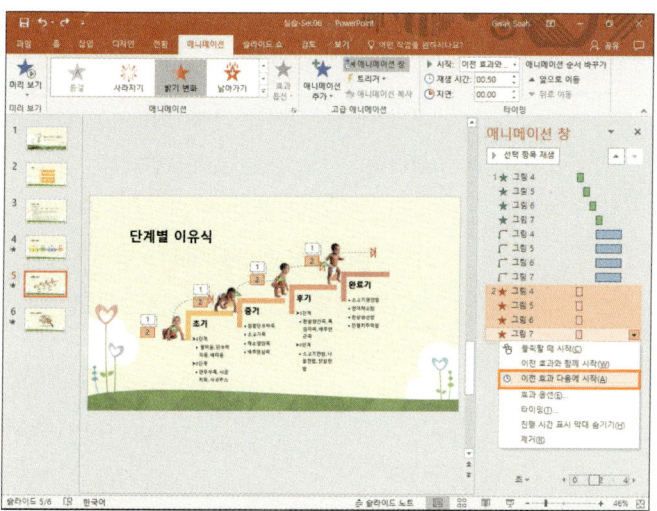

08 [애니메이션 창] 대화상자에 끝내기 애니메이션이 추가되면 애니메이션의 목록 단추(▼)를 클릭하고 [이전 효과 다음에 시작]을 클릭합니다.

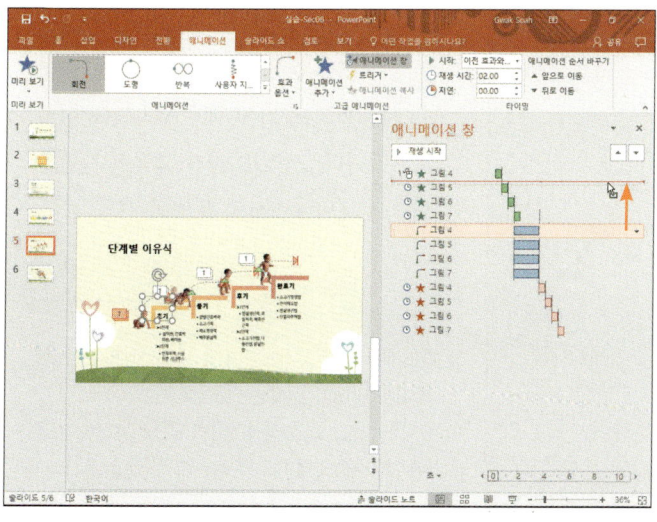

09 이제 애니메이션 순서를 변경해 보겠습니다. 먼저 그림 4의 이동경로 애니메이션을 그림 4의 나타내기 애니메이션 밑으로 드래그합니다.

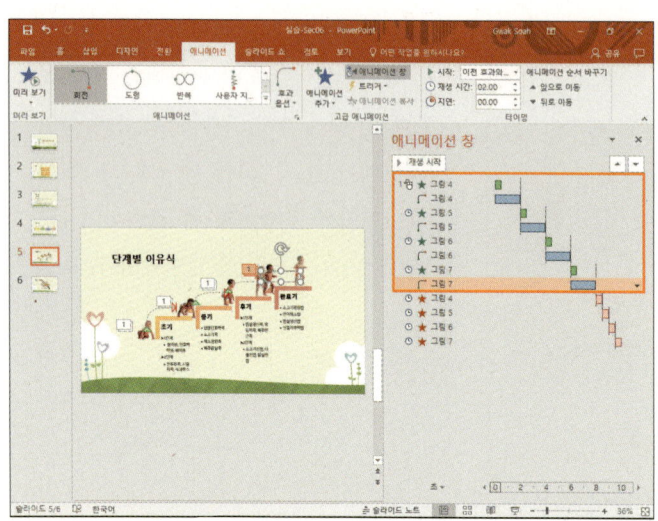

10 이어서 나머지 이동 경로 애니메이션들의 순서를 다음과 같이 변경합니다.

📖 강의노트

필요시 [애니메이션 창] 대화상자의 경계선에 마우스 포인터를 올려두고 드래그하여 대화상자의 너비를 알맞게 조절합니다.

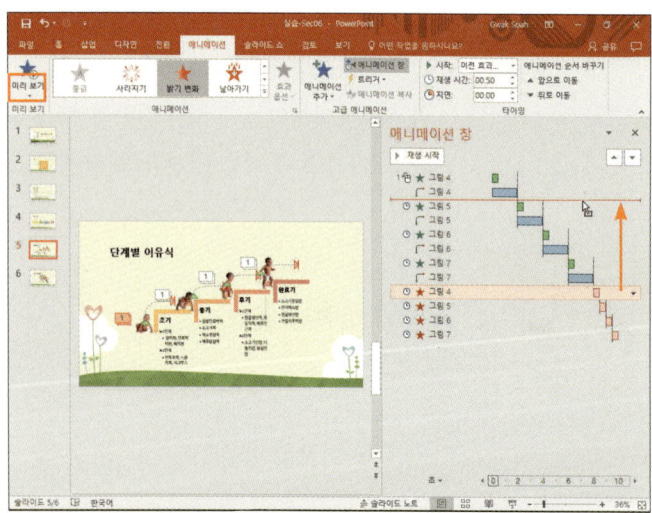

11 이동 경로 애니메이션의 위치가 모두 변경되면 그림 4의 끝내기 애니메이션을 그림 4의 이동 경로 애니메이션 밑으로 드래그합니다. 같은 방법으로 그림 5, 그림 6, 그림 7의 끝내기 애니메이션의 순서를 그림 5 ~ 그림 7의 이동 경로 애니메이션 밑으로 각각 드래그합니다.

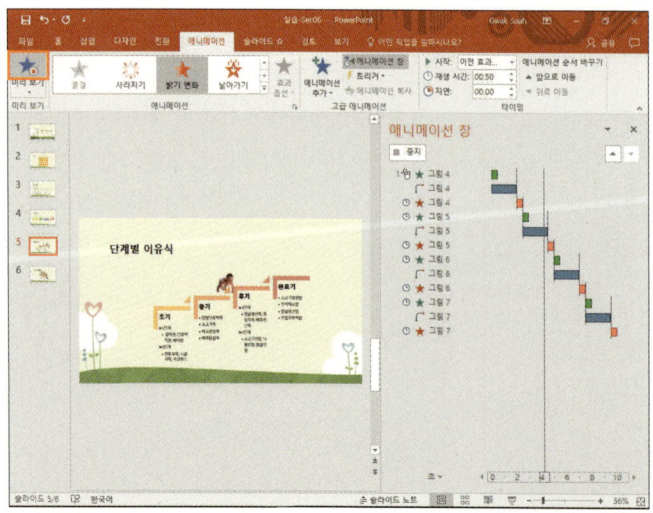

12 [애니메이션] – [미리 보기]에서 [미리 보기](⭐)를 클릭하고 지금까지 추가된 애니메이션을 미리 보기합니다. 그러면 아기 그림이 계단을 오르는 애니메이션이 재생됩니다.

📖 강의노트

애니메이션이 재생되면 [애니메이션 창]의 아래쪽에서 막대가 왼쪽 –> 오른쪽으로 움직이는 것이 보입니다. 이 막대를 통해 시간의 흐름에 따른 애니메이션 재생 정도를 확인할 수 있습니다.

Powerpoint 2 화면 전환 효과 설정하기

화면 전환 효과는 현재 슬라이드에서 다른 슬라이드 화면으로 전환할 때 마치 문이 활짝 열리는 것 처럼 보여줍니다. 여러 슬라이드에 화면 전환 효과를 적용하고, 화면 전환 방법 및 적용 시간 등의 효과 옵션을 설정하는 방법을 살펴봅니다.

직접 해보기 **화면 전환 효과 설정하기**

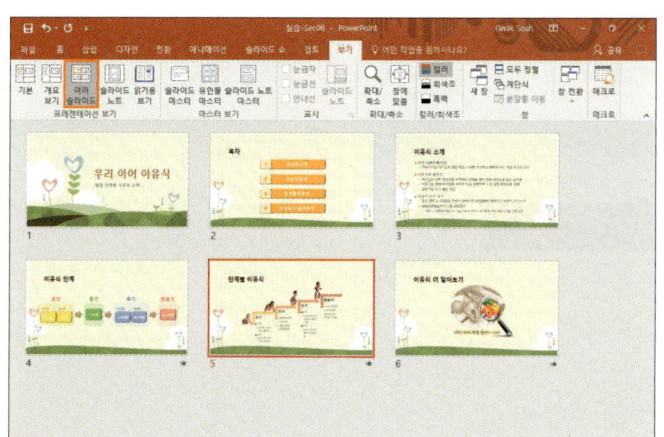

01 여러 개의 슬라이드에 화면 전환 효과를 설정하기 위해 [보기] – [프레젠테이션 보기]에서 [여러 슬라이드](🔳)를 클릭하고 필요시 상태 표시줄에서 화면 축소(-) 단추를 몇 번 클릭합니다. 그러면 모든 슬라이드를 한 눈에 볼 수 있습니다.

02 1번 슬라이드를 선택하고 [전환] – [슬라이드 화면 전환]에서 자세히 단추(⬇)를 클릭하여 [은은한 효과] – [밝기 변화]를 클릭합니다.

슬라이드에 애니메이션이나 전환 기능이 적용되면 슬라이드 썸네일 오른쪽 아래에 별표(✦)가 표시됩니다. 별표를 클릭하면 애니메이션이나 전환을 미리 볼 수 있습니다.

03 모든 슬라이드에 동일한 화면 전환 효과를 적용하기 위해 [모두 적용](🔲)을 클릭합니다. 그러면 모든 슬라이드 오른쪽 아래에 별표(✦) 가 표시됩니다.

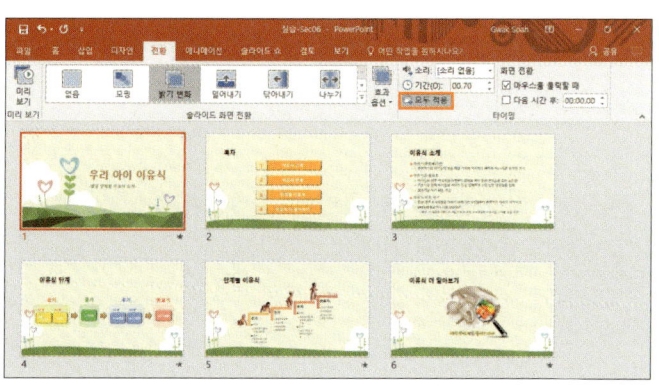

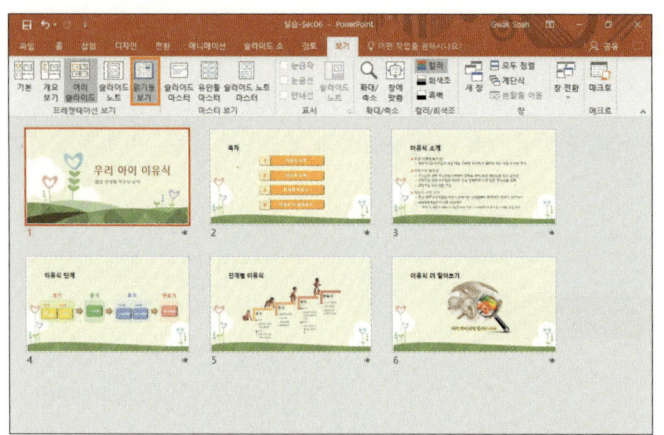

04 [보기] – [프레젠테이션 보기]에서 [읽기용 보기]()를 클릭합니다.

4 ~ 6번 슬라이드에는 화면 전환 효과 외에도 애니메이션 효과가 적용되어 있으므로 화면 전환 효과를 적용하기 전에도 별표(★)가 표시됩니다.

05 읽기용 보기 화면에서 화면 전환 효과를 확인합니다.

보충수업 **모핑(morphing) 전환하기**

모핑 전환하기 기능은 파워포인트 2016의 새 기능으로, 두 개 이상의 슬라이드에서 동일한 개체를 사용할 때 개체의 이동 및 슬라이드 화면을 부드럽게 전환시켜줍니다.

▼ 모핑 전환 효과 적용하기

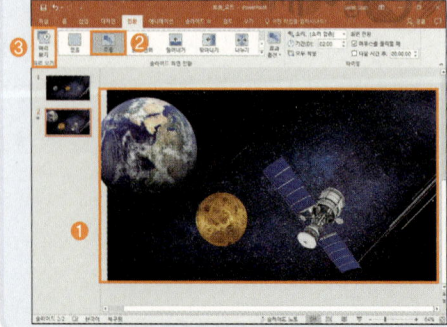

❶ 모핑 전환을 효과적으로 사용하려면 해당 슬라이드를 복사한 뒤 공통된 개체의 위치 및 크기 등을 변경합니다.

❷ 내비게이터에서 복사된 슬라이드를 선택하고 [전환] – [슬라이드 화면 전환] 목록에서 [모핑](🖼)을 클릭합니다.

❸ 적용된 모핑 전환 효과는 [전환] – [미리 보기]에서 [미리 보기](⭐)를 클릭하여 확인합니다.

직접 해보기 **전환 옵션 설정하기**

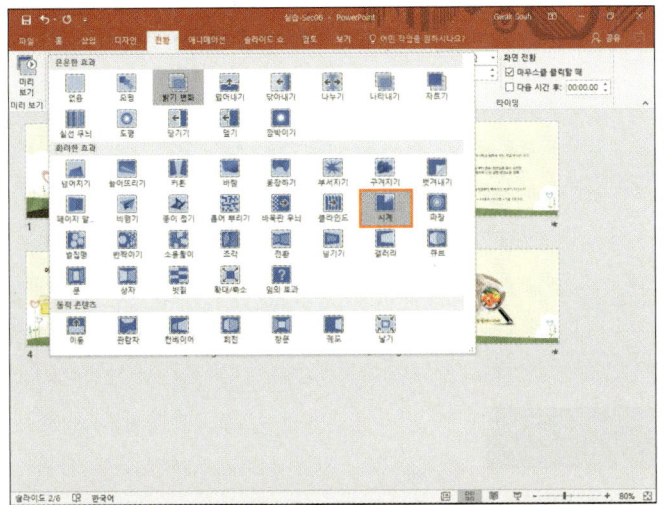

01 이번에는 2번 슬라이드를 선택하고 [전환] – [슬라이드 화면 전환]에서 자세히 단추(▾)를 클릭하고 [화려한 효과] – [시계]를 클릭합니다.

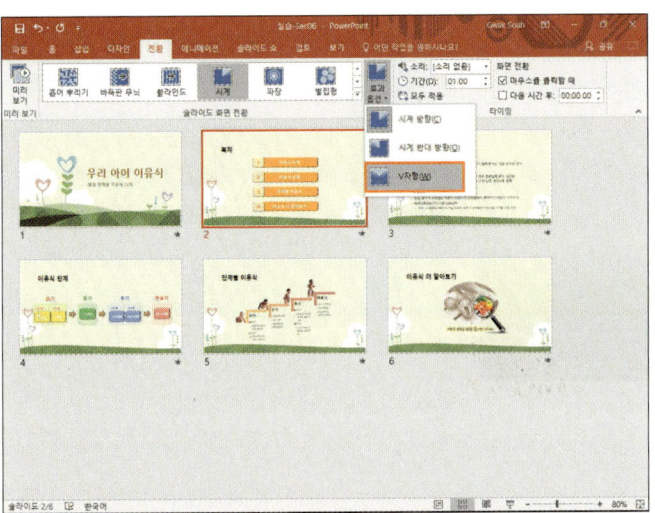

02 2번 슬라이드가 선택된 상태에서 [전환] – [슬라이드 화면 전환]에서 [효과 옵션](▩)을 클릭하고 [V자형]을 클릭합니다.

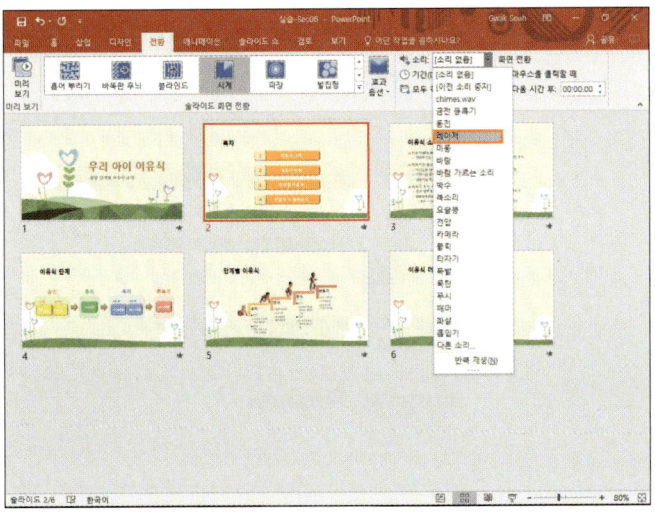

03 [전환] – [타이밍]에서 [소리](🔊)의 목록 단추(▾)를 클릭하고 [레이저]를 클릭합니다.

[소리] – [다른 소리]를 클릭하면 PC에 저장되어 있는 오디오 파일을 삽입할 수 있습니다.

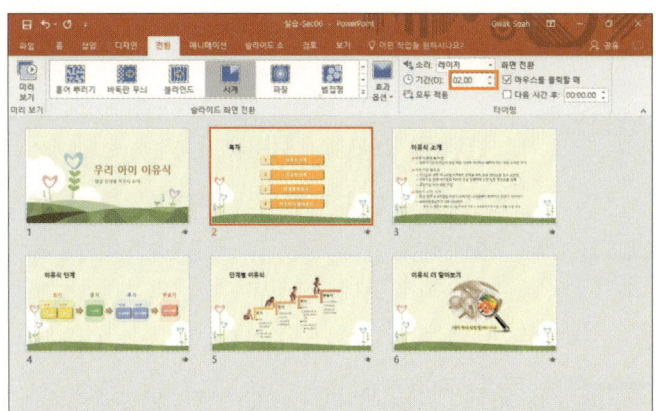

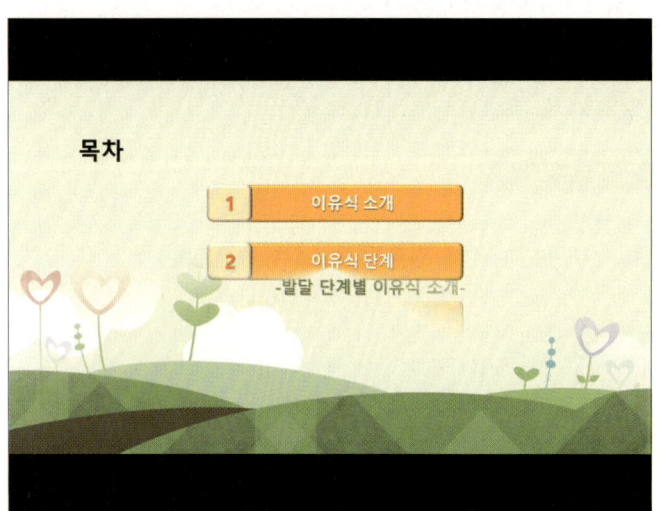

04 이어서 [기간]에 "02.00(초)"을 입력합니다.

02 F5를 누르고 슬라이드 쇼 화면에서 화면전환 효과를 확인합니다.

 강의노트

슬라이드 쇼를 처음부터 시작하려면 [슬라이드 쇼] – [슬라이드 쇼 시작]에서 [처음부터](🞂)를 클릭합니다. 슬라이드 쇼를 마치려면 단축키 Esc 를 누르거나 마우스 오른쪽 단추를 클릭하고 [쇼 마침]을 클릭합니다.

 **보충수업** **슬라이드 자동 전환하기**

슬라이드를 자동으로 전환하기 위해서는 내비게이터에서 원하는 슬라이드를 선택한 뒤 [전환] – [타이밍]에서 [다음 시간 후]에 적절한 시간을 입력합니다.

▼ 전체 슬라이드를 3초 마다 전환하기

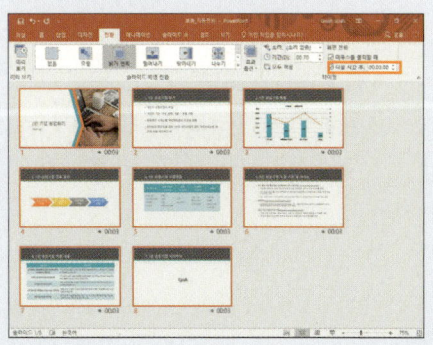

→

▼ 3, 5, 7번 슬라이드만 5초 뒤에 전환하기

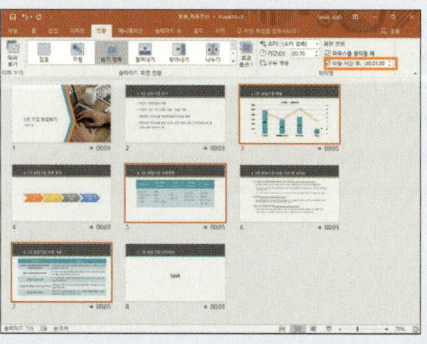

Powerpoint 3 하이퍼링크 설정하기

하이퍼링크를 사용하면 프레젠테이션 도중에 문서의 다른 위치 또는 다른 문서나 웹사이트로 신속하게 이동할 수 있습니다. 새 파일을 열거나 슬라이드에 포함된 전자 메일 주소로 메일을 작성하기 위해서 하이퍼링크를 사용하기도 합니다. 그림, 도형 및 실행 단추에 하이퍼링크를 삽입하여 다른 화면으로 이동하는 방법을 학습합니다.

직접 해보기 목차 내 문서로 이동하기

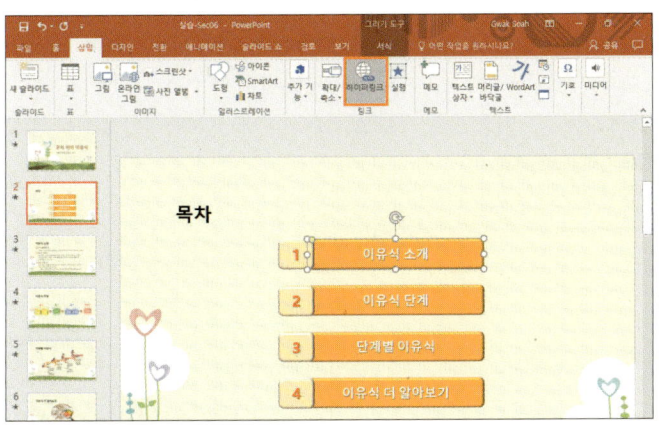

01 상태표시줄에서 [기본 보기](回) 단추를 클릭하고 내비게이터에서 2번 슬라이드를 선택합니다. 첫 번째 목차 도형을 선택하고 [삽입] – [링크]에서 [하이퍼링크](🌐)를 클릭합니다.

02 [하이퍼링크 삽입] 대화상자가 열리면 [연결 대상]에서 [현재 문서]를 클릭합니다. 그리고 [이 문서에서 위치 선택]에서 '3. 이유식 소개'를 클릭하고 [확인]을 클릭합니다. 남은 목차에도 해당 슬라이드의 하이퍼링크를 삽입합니다.

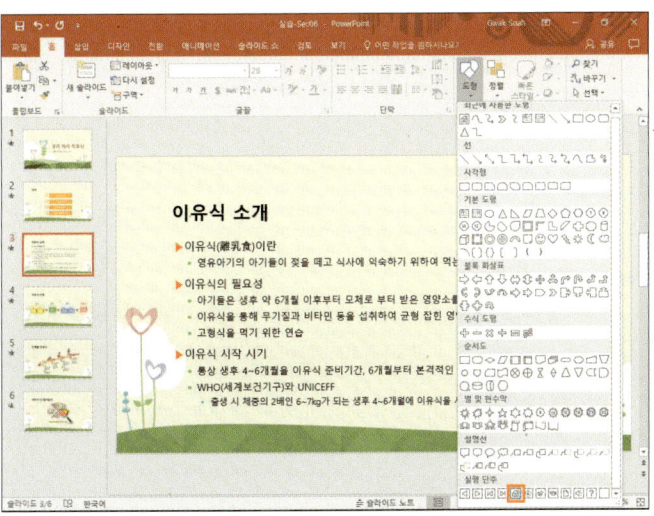

03 이번에는 각각의 슬라이드에서 목차로 이동하는 하이퍼링크를 삽입해 보겠습니다. 3번 슬라이드로 이동하여 [홈] – [그리기]에서 [도형](🔽)을 클릭하고 [실행 단추] – [홈](🏠)을 클릭합니다.

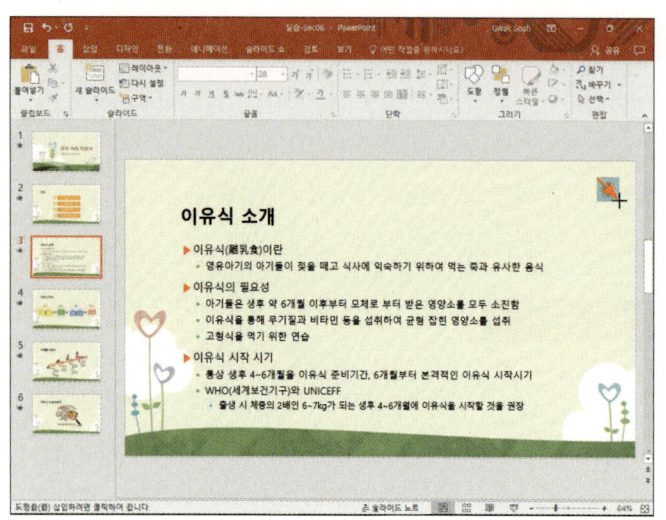

04 마우스 포인터가 (+) 모양으로 바뀌면 슬라이드의 오른쪽 상단에서 드래그하여 홈 실행단추를 삽입합니다.

05 [실행 설정] 대화상자가 열리면 [마우스를 클릭할 때] 탭에서 [하이퍼링크]의 목록 단추(▼)를 클릭하고 [슬라이드]를 클릭합니다.

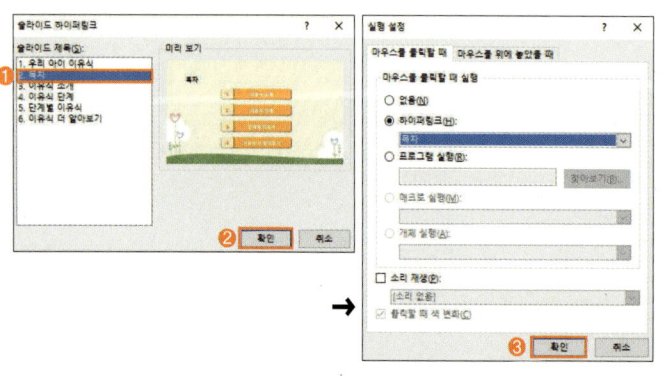

05 [슬라이드 하이퍼링크] 대화상자가 열리면 [슬라이드 제목]에서 [2. 목차]를 클릭하고 [확인]을 클릭합니다. 다시 [실행 설정] 대화상자로 돌아오면 [확인]을 클릭합니다.

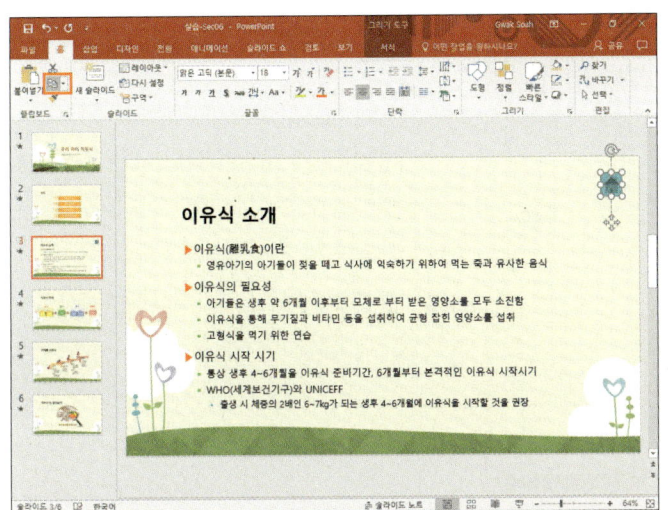

07 하이퍼링크가 적용된 [홈] 실행 단추를 다른 슬라이드에도 복사하기 위해 [홈] – [클립 보드]에서 [복사]()를 클릭합니다.

강의노트

단축키 Ctrl + C 를 눌러도 됩니다.

08 4 ~ 6번 슬라이드에서 각각 [클립보드] – [붙여넣기] ()를 클릭하여 [홈] 실행 단추를 붙여넣기 합니다.

강의노트

단축키 Ctrl + V 를 눌러도 됩니다.

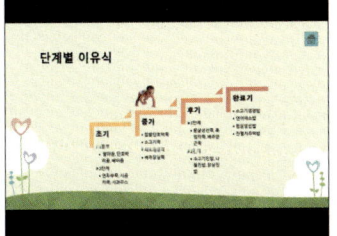

09 단축키 F5 를 눌러 처음부터 슬라이드 쇼를 시작하고 하이퍼링크가 제대로 설정되었는지 확인합니다. 슬라이드 쇼를 마치려면 Esc 를 누릅니다.

강의노트

2번 슬라이드에서는 각각의 목차를 클릭하여 해당 하이퍼링크가 제대로 설정되었는지 확인합니다. 그리고 3 ~ 6번 슬라이드에서는 실행 단추를 클릭하였을 때 2번 슬라이드인 '목차'로 이동하는지 확인합니다.

직접 해보기 　다른 문서로 이동하기

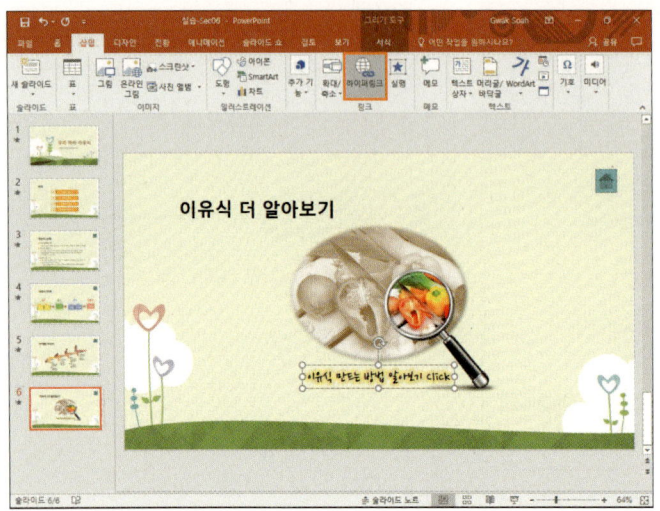

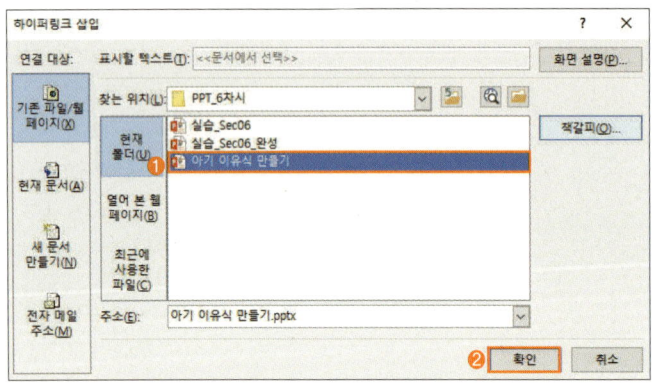

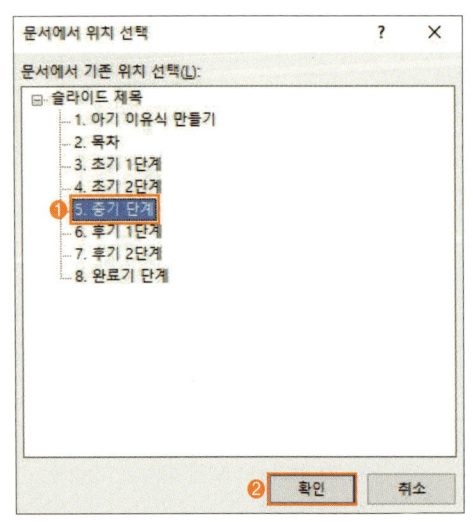

01 내비게이터에서 6번 슬라이드를 선택합니다. 하이퍼링크를 사용하여 현재 문서가 아닌 다른 문서로 이동할 수 있습니다. 화면 아래의 '이유식 만드는 방법 알아보기 Click' 텍스트를 선택하고 [삽입] - [링크]에서 [하이퍼링크]()를 클릭합니다.

02 [하이퍼링크 삽입] 대화상자가 열리면 [연결 대상]에서 [기존 파일/웹 페이지]를 클릭하고 실습예제 폴더에서 '아기 이유식 만들기.pptx'를 클릭한 후 [책갈피]를 클릭합니다.

📖 강의노트

다른 위치에 있는 문서를 선택하려면 [찾는 위치]에서 [한 수준 위 폴더](📁) 단추 또는 [파일 찾아보기](📂) 단추를 클릭하여 원하는 파일을 검색하고 선택하면 하이퍼링크가 연결됩니다.

03 [문서에서 위치 선택] 대화상자가 열리면 '5. 중기 단계'를 클릭하고 [확인]을 클릭합니다.

📖 강의노트

책갈피는 문서 내의 특정 위치를 지정하는 것으로 하이퍼링크를 통해 해당 위치가 연결됩니다.

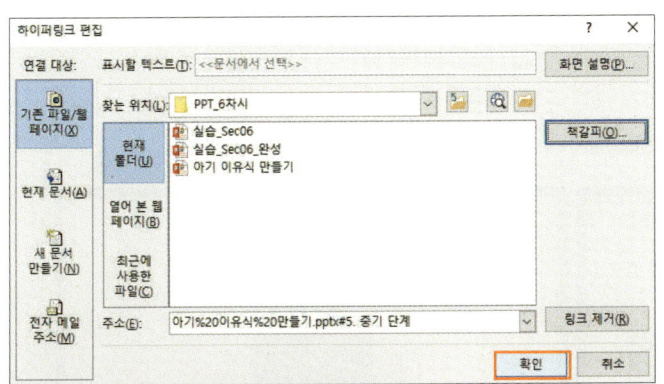

다시 [하이퍼링크 편집] 대화 상자로 돌아오면 [확인]을 클릭합니다.

05 단축키 Shift + F5 를 눌러 현재부터 슬라이드 쇼를 실행하고 새로 추가한 하이퍼링크가 제대로 적용되었는지 확인합니다.

 강의노트

슬라이드 쇼 화면에서 '이유식 만드는 방법 알아보기 Click' 텍스트를 클릭하면 '아기 이유식 만들기.pptx' 파일의 '5. 중기 단계' 화면으로 이동합니다.

 정리 한마당

- 애니메이션 효과는 슬라이드의 텍스트, 그림 및 도형을 생동감 있게 표시하고 사라지게 합니다. [애니메이션] – [애니메이션]의 [나타내기]/[강조]/[끝내기]/[이동 경로]에서 원하는 효과를 선택하고 적용합니다.
- 애니메이션을 다른 개체에 복사하기 위해서는 [애니메이션] – [고급 애니메이션] – [애니메이션 복사]를 클릭합니다.
- 애니메이션 시작 방법 및 재생 시간은 [애니메이션] – [타이밍]에서 설정하고, 애니메이션 재생 순서는 [애니메이션 창] 대화상자에서 변경합니다.
- 화면 전환 효과는 현재 슬라이드에서 다른 슬라이드 화면으로 전환할 때 마치 문이 활짝 열리는 것처럼 보여줍니다. 여러 슬라이드에 화면 전환 효과를 효과적으로 적용하기 위해서는 [여러 슬라이드 보기] 화면에서 전환 효과를 설정합니다.
- 화면 전환 효과를 적용하기 위해서는 해당 슬라이드를 선택한 후 [전환] – [슬라이드 화면 전환]에서 원하는 효과를 적용합니다. 그리고 [전환] – [타이밍]에서는 전환 방법 및 시간, 소리 등의 세부 옵션을 설정합니다.
- 하이퍼링크는 [삽입] – [링크]에서 [하이퍼링크]를 클릭하여 [하이퍼링크 삽입] 대화상자를 열고 해당 링크를 입력합니다.

기초 문제

1 '기초_Sec06.pptx' 파일을 열고 5번과 7번 슬라이드에서 다음 지시대로 애니메이션 효과를 적용하세요.

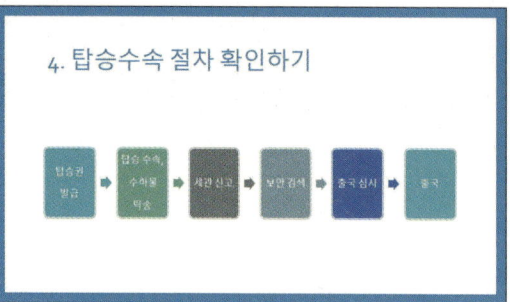

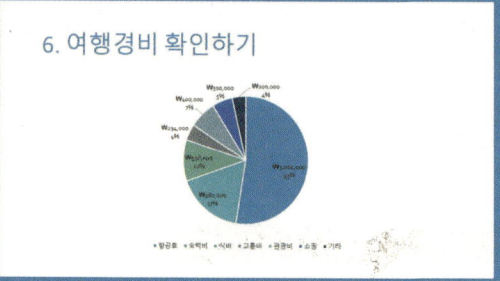

▲ 완성파일 : 기초_Sec06_1_완성.pptx

1) 5번 슬라이드의 '탑승수속 절차' 스마트아트에 각 개체별로 애니메이션 효과 적용하기
• 나타내기 효과 적용 : '닦아내기'
• 애니메이션 재생 방법 : 클릭할 때 시작

2) 7번 슬라이드의 '여행경비' 차트에 각 계열별로 애니메이션 효과 적용하기
• 나타내기 효과 적용 : '밝기 변화'
• 애니메이션 재생 방법 : 이전 효과 다음에 시작

힌트
• 스마트아트의 각 개체별로 애니메이션 지정하기 : 스마트아트에 원하는 애니메이션을 지정한 후 [애니메이션] – [애니메이션]에서 [효과 옵션](📇)을 클릭하고 [개별적으로]를 클릭합니다.
• 차트의 각 계열별로 애니메이션 지정하기 : 차트에 원하는 애니메이션을 지정한 후 [애니메이션] – [애니메이션]에서 [효과 옵션](📊)을 클릭하고 [항목별로]를 클릭합니다.

2 앞의 문서에 이어서 5번 슬라이드에서 다음 지시대로 애니메이션 효과를 적용하세요.

▲ 완성파일 : 기초_Sec06_2_완성.pptx

힌트
• 여행경로 애니메이션 지정하기 : 다음과 같이 [애니메이션 창] 대화상자에서 애니메이션의 순서 및 효과를 지정합니다.

• 나타내기 : 마우스를 클릭할 때마다 비행기 경로(파란색 점선)가 '밝기 변화' 효과로 나타나기
• 이동 경로 : 마우스를 클릭할 때마다 비행기 그림이 경로를 따라 이동하기(단, 비행기 경로는 Republic of Korea → India → Republic of South Africa → United States of America → Republic of Korea)
• 끝내기 : 비행기 그림이 'United States of America'에 도착하면 해당 그림이 사라지고, 클릭하면 좌우 반전이 된 비행기 그림이 나타나도록 함

심화 문제

1 '심화_Sec06.pptx' 파일을 열고 다음 지시대로 화면 전환 효과를 적용하세요.

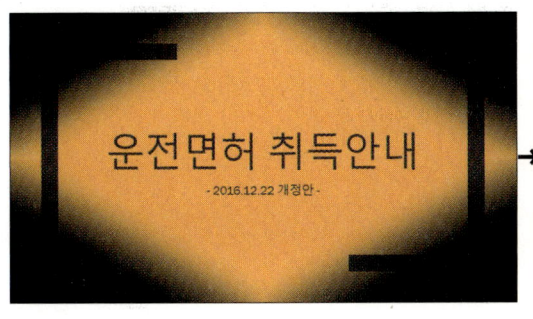 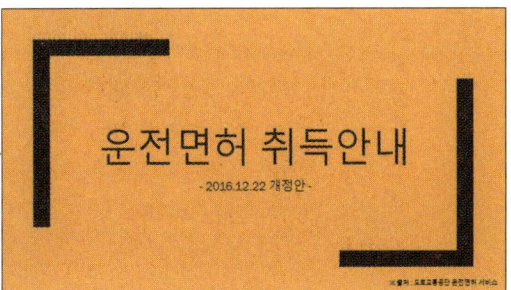

▲ 완성파일 : 심화_Sec06_1_완성.pptx

- 화면 전환 적용 대상 : 모든 슬라이드
- 화면 전환 효과 : [은은한 효과] – [도형]
- 효과 옵션 : 다이아몬드
- 타이밍 : [마우스를 클릭할 때], 1초 동안 적용
- 소리 효과 : 바람 가르는 소리

2 앞의 문서에 이어서 지시대로 하이퍼링크를 삽입하세요.

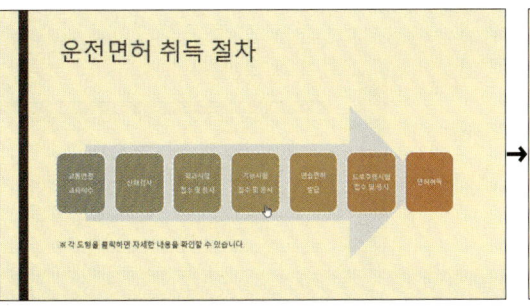 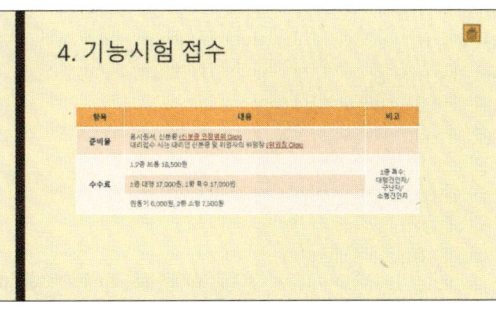

▲ 완성파일 : 심화_Sec06_2_완성.pptx

1) 2번 슬라이드에서 스마트아트의 각 개체를 클릭하면 해당 화면으로 이동하도록 하이퍼링크를 삽입
2) 텍스트 '(신분증 인정 범위 Click)'를 클릭하면 웹사이트 (http://dl.koroad.or.kr/PAGE_license/view.jsp?code=100735)로 이동하도록 하이퍼링크 삽입
3) 3번 ~ 8번 슬라이드의 오른쪽 위에 [홈 실행 단추]를 삽입하고, 클릭하면 2번 슬라이드로 이동하도록 하이퍼링크 삽입

 힌트
- 문서 내 텍스트 찾기 : Ctrl + F 를 눌러 [찾기] 대화상자를 열고 [찾을 내용]에 검색하고자 하는 텍스트를 입력한 후 [다음 찾기]를 클릭합니다.
- 하이퍼링크로 웹 페이지 설정하기 : [하이퍼링크 삽입] 대화상자에서 [기존 파일/웹 페이지]를 클릭하고 [주소]에 해당 링크를 입력한 후 [확인]을 클릭합니다.

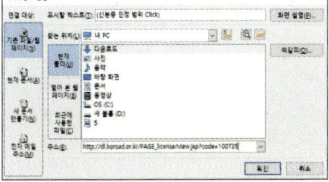

17 section

테마와 마스터로 디자인하기

테마(Thema)는 슬라이드의 테마 색, 테마 글꼴, 테마 효과뿐만 아니라 파워포인트에서 사용할 수 있는 각종 디자인 요소 모두를 일컫습니다. 테마를 사용하면 전문가 수준의 프레젠테이션 문서를 만들 수 있으며, 기본으로 제공되는 테마 외에도 사용자가 직접 테마를 만들어 사용할 수 있습니다. Section17에서는 슬라이드 마스터를 사용하여 한 번에 여러 슬라이드를 디자인하고, 테마 및 레이아웃 정보를 설정하는 과정을 학습합니다. 그리고 새로 저장한 테마를 다른 문서에서 사용하는 방법을 살펴봅니다.

 결과 미리보기

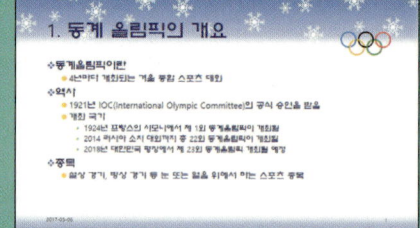
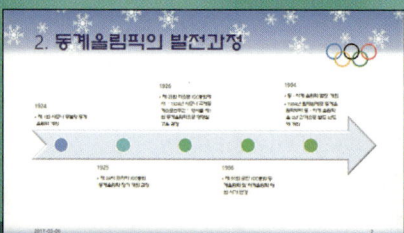

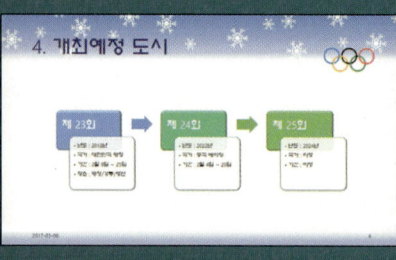

▲ 준비 파일 : 실습_Sec07.pptx
완성 파일 : 실습_Sec07_완성.pptx

Powerpoint 1 슬라이드 마스터 디자인하기

슬라이드 마스터는 테마 및 슬라이드 레이아웃 정보를 저장하는 슬라이드 계층 구조의 최상위 슬라이드입니다. 슬라이드 마스터를 통해 여러 슬라이드에 배경 서식을 지정하고, 테마 글꼴 설정 및 텍스트를 디자인하는 방법을 학습합니다.

직접 해보기 배경 디자인하기

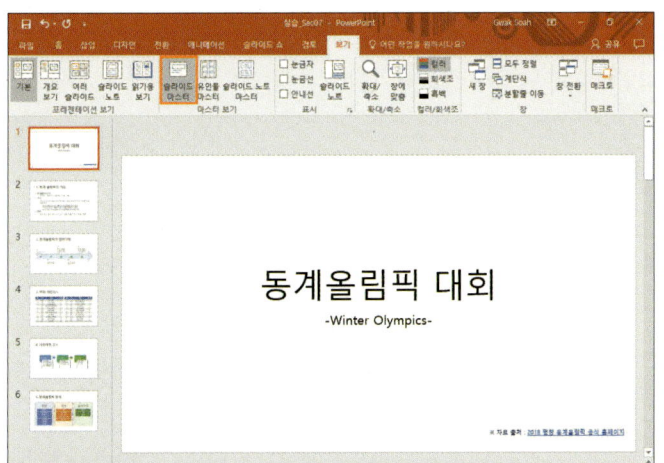

01 슬라이드 마스터를 이용하면 문서 전체에 통일된 양식을 표현할 수 있습니다. '실습_Sec07.pptx' 파일을 열고, [보기] – [마스터 보기]에서 [슬라이드 마스터]()를 클릭합니다.

02 슬라이드 마스터 보기로 전환되면 내비게이터에서 첫 번째 슬라이드 마스터를 선택합니다. 그리고 [슬라이드 마스터] – [배경]에서 [배경 스타일]()을 클릭하고 [배경 서식]을 클릭합니다.

 강의노트

슬라이드 마스터에서 첫 번째 슬라이드의 디자인은 모든 슬라이드에 적용됩니다.

보충수업 **슬라이드 마스터 살펴보기**

❶ 슬라이드 마스터 : 슬라이드 마스터에서 하나 이상의 레이아웃을 수정하면 기본적으로 슬라이드 마스터가 수정됩니다. 각 슬라이드 레이아웃은 서로 다르게 설정되지만 해당 슬라이드 마스터와 연결되어 있는 모든 레이아웃에는 동일한 테마(색 구성표, 글꼴 및 효과)가 적용됩니다.

❷ 슬라이드 레이아웃 : 기본적으로 여러 종류의 레이아웃이 설정되어 있습니다. 사용자가 새로 추가하여 원하는 레이아웃을 직접 만들 수 있습니다.

❸ 편집 화면 : 슬라이드 마스터 및 레이아웃을 편집합니다.

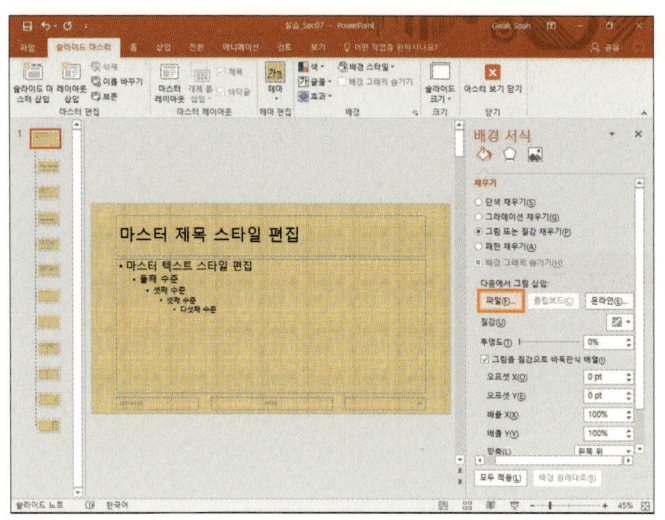

03 화면의 오른쪽에 [배경 서식] 대화상자가 열리면 [채우기] − [그림 또는 질감 채우기]를 클릭하고 [파일]을 클릭합니다.

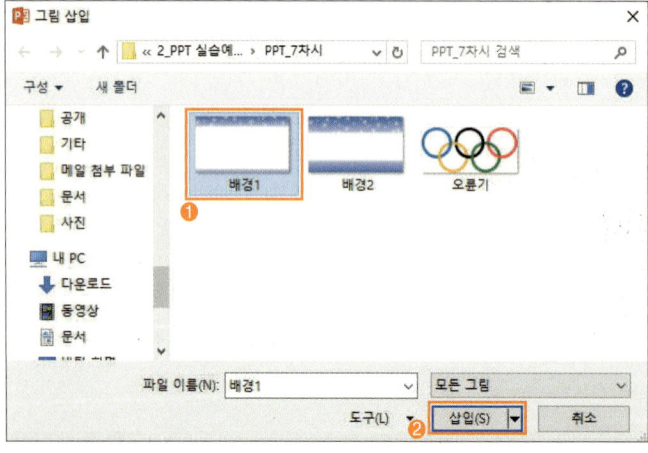

04 [그림 삽입] 대화상자가 열리면 실습예제 폴더에서 '배경 1.jpg'를 클릭하고 [삽입]을 클릭합니다.

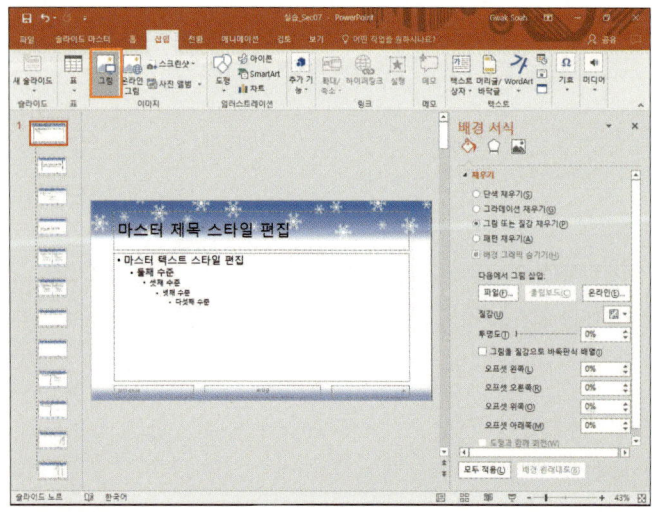

05 그러면 모든 슬라이드에 '슬라이드 마스터'와 같은 배경 그림이 삽입됩니다. 이번에는 올림픽 오륜기를 배경에 삽입하기 위해 [삽입] − [이미지]에서 [그림]( )을 클릭합니다.

06 [그림 삽입] 대화상자가 열리면 실습예제 폴더에서 '오륜기.jpg'를 클릭하고 [삽입]을 클릭합니다.

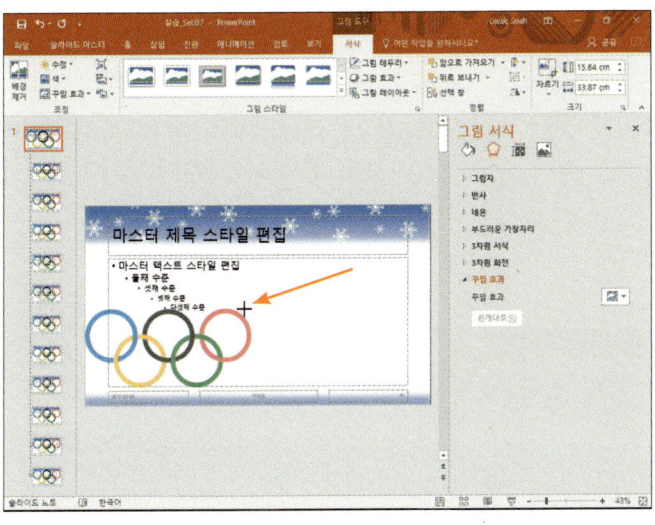

07 오륜기 그림이 삽입되면 그림의 크기 조절점을 대각선 아래 방향으로 드래그하여 크기를 적절히 조절합니다.

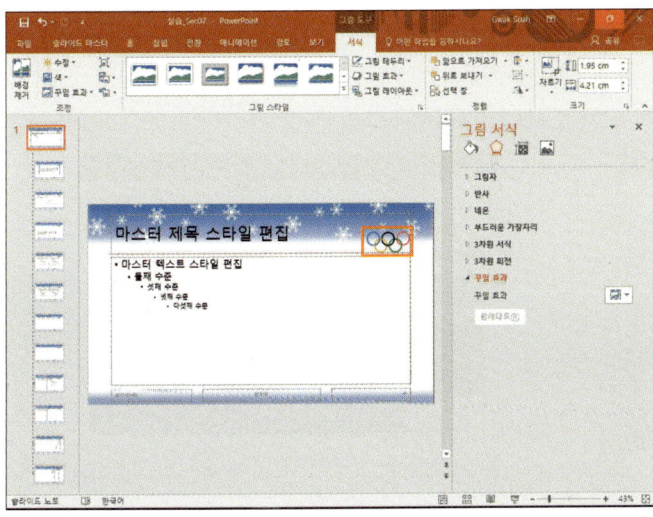

08 이어서 오륜기 그림을 제목 개체 틀의 오른쪽 하단에 맞춰 배치합니다.

스마트가이드를 이용하면 개체를 균형 있게 배치할 수 있습니다. 만약 스마트가이드가 표시되지 않으면 슬라이드의 빈 공간에서 마우스 오른쪽 단추를 클릭하고 [눈금 및 안내선]에서 [스마트 가이드]에 체크합니다.

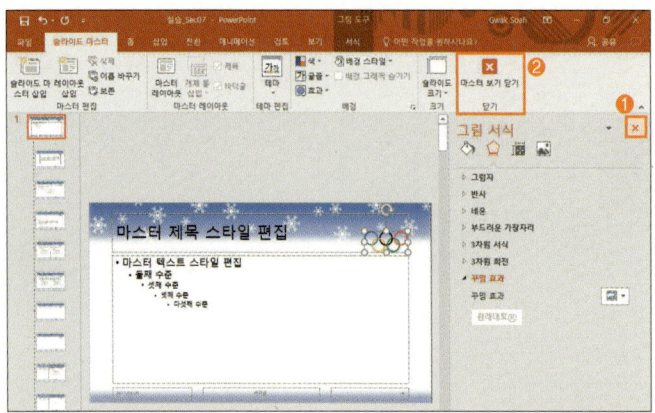

09 화면 오른쪽의 [그림 서식] 대화상자의 [닫기](×)를 클릭합니다. 그리고 [슬라이드 마스터] – [닫기]에서 [마스터 보기 닫기]()를 클릭하여 기본 보기로 전환합니다.

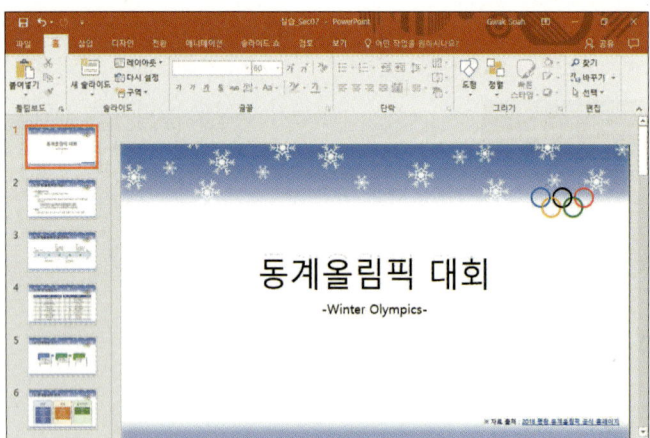

10 기본 보기에서 편집 내용이 잘 적용되었는지 확인합니다.

강의노트

화면을 기본 보기로 전환하려면 상태표시줄에서 [기본 보기](▭) 단추를 클릭해도 됩니다.

보충수업 **서식과 테마 비교하기**

파워포인트의 서식은 레이아웃, 색 구성, 개체 서식, 배경 스타일 등을 주제에 맞게 잘 조화 시켜 놓은 템플릿(Template)입니다. 테마(Thema)는 서식 보다 좀 더 발전된 개념으로 테마 색, 테마 글꼴, 테마 효과뿐만 아니라 파워포인트에서 사용할 수 있는 각종 디자인 요소를 모두 포함합니다.

▶ '중소기업 비로슈어' 서식

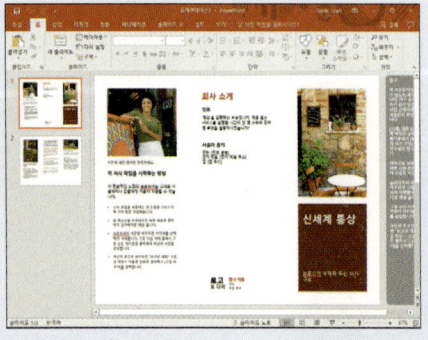

▶ '어린이' 테마와 레이아웃

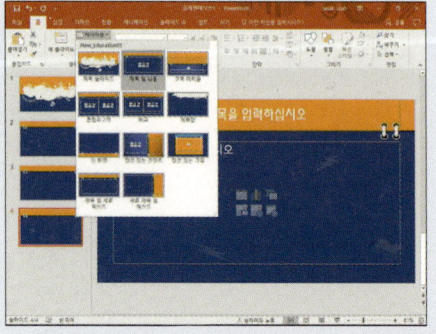

직접 해보기 **텍스트 디자인하기**

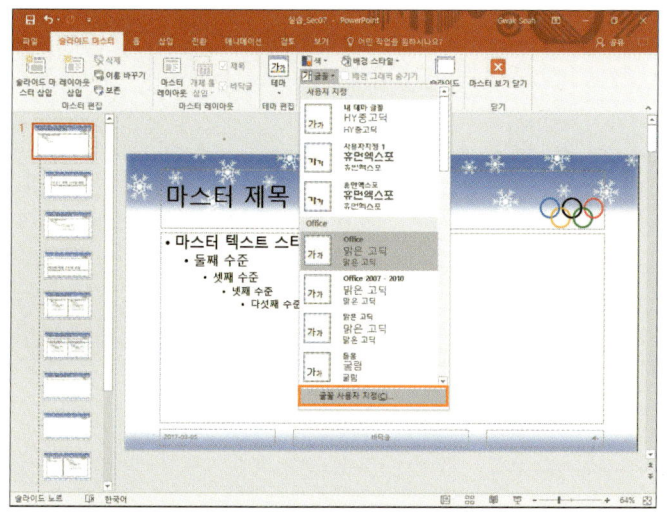

01 Shift + [기본 보기]( ) 단 추를 클릭하여 슬라이드 마스터 화면으로 전환하고 내비게이터에서 맨 위에 있는 슬라이드 마스터를 선택합니다. 테마 글꼴을 설정하기 위해 [슬라이드 마스터] – [배경]에서 [글꼴]( )을 클릭하고 [글꼴 사용자 지정]을 클릭합니다.

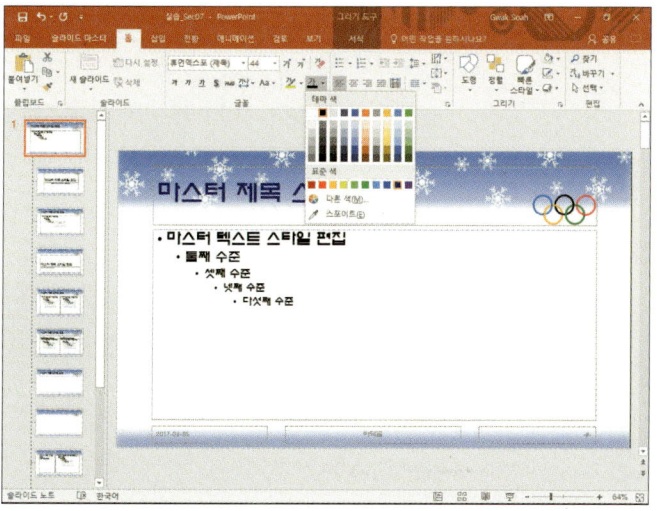

02 [새 테마 글꼴 만들기] 대화상자가 열리면 다음과 같이 테마 글꼴을 지정하고 테마글꼴의 이름을 저장합니다. 그리고 [저장]을 클릭하여 테마 글꼴을 저장합니다.

 강의노트

테마 글꼴은 파워포인트에서 텍스트를 입력할 때 기본적으로 적용되는 글꼴입니다. 기본적으로 제공하는 테마 글꼴을 사용하거나 사용자가 직접 테마 글꼴을 설정하여 사용할 수 있습니다.

03 모든 슬라이드에 테마 글꼴이 적용되면 내비게이터에서 맨 위에 있는 슬라이드 마스터를 선택합니다. 제목 개체 틀을 선택하고 [홈] – [글꼴]에서 [글꼴 색]( )을 클릭하고 [진한 파랑]을 클릭합니다.

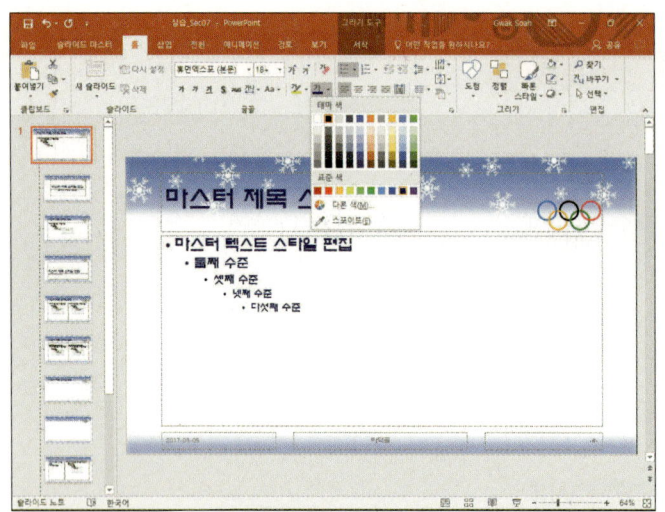

04 같은 방법으로 내용 개체 틀의 글꼴 색을 [진한 파랑]으로 변경합니다.

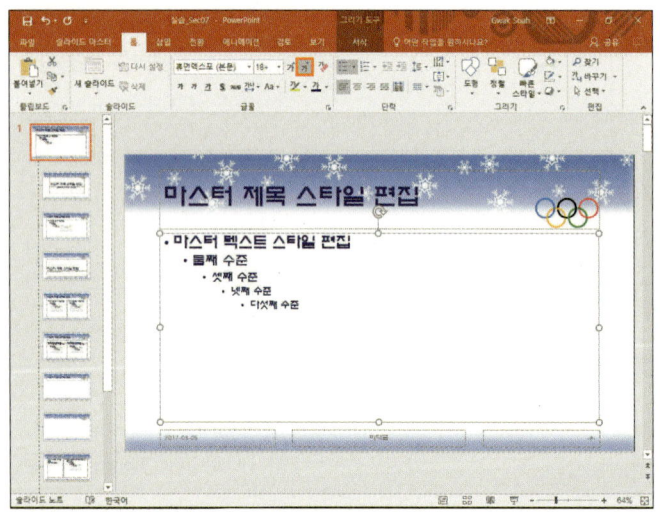

05 이번에는 내용 개체 틀의 단락 수준에 따라 글꼴 및 글머리 기호를 다르게 설정해 보겠습니다. 내용 개체 틀을 선택한 상태에서 [홈] - [글꼴]에서 [글꼴 크기 작게](가)를 한 번 클릭하여 글꼴 크기를 [16+]로 변경합니다.

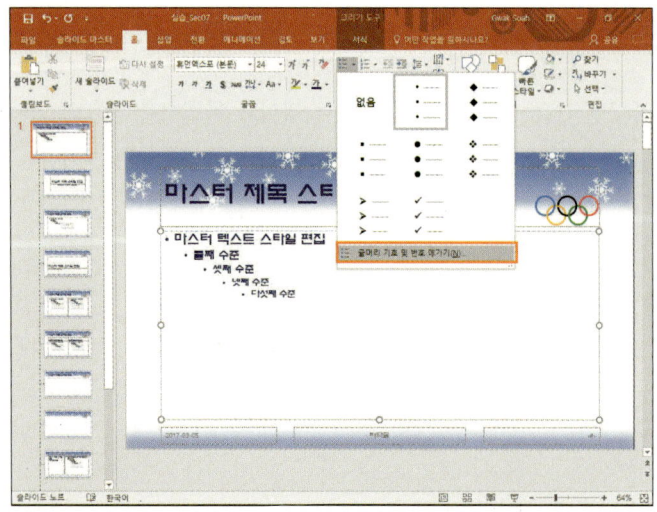

06 마우스 커서를 첫 번째 줄의 맨 앞에 옮겨두고 [홈] - [단락]에서 [글머리 기호](☰·)의 목록 단추를 클릭하고 [글머리 기호 및 번호 매기기]를 클릭합니다.

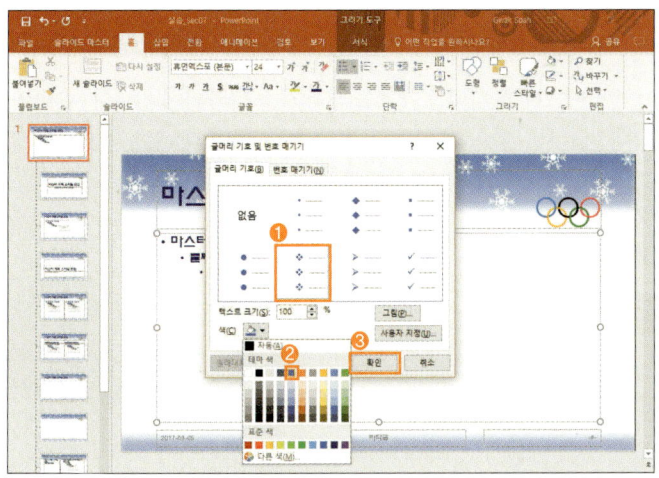

07 [글머리 기호 및 번호 매기기] 대화상자가 열리면 [글머리 기호] 목록에서 [별표 글머리 기호]를 클릭합니다. 그리고 [색]( )의 목록 단추를 클릭하고 [파랑]을 클릭한 후 [확인]을 클릭합니다.

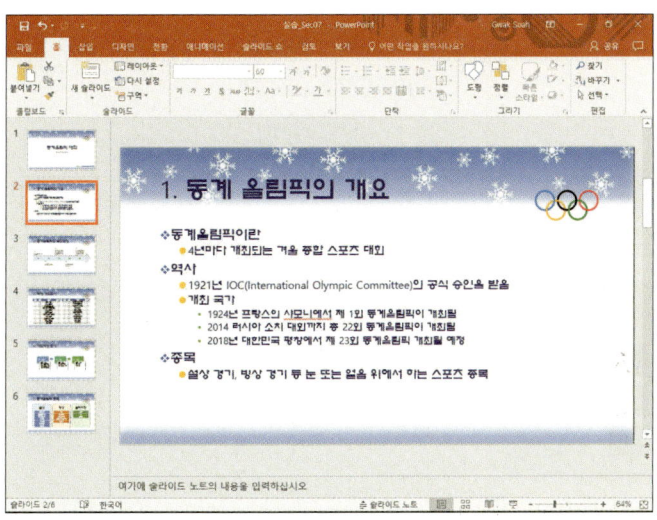

08 같은 방법으로 다음과 같이 글머리 기호를 변경합니다. 그리고 [슬라이드 마스터] – [닫기]에서 [마스터 보기 닫기]( )를 클릭합니다.

- 첫째 수준 : 별표 글머리 기호, 색 : 파랑, 강조 1
- 둘째 수준 : 속이 찬 큰 둥근 글머리 기호, 색 : 황금색, 강조 4
- 셋째 수준 : 속이 찬 둥근 글머리 기호, 색 : 녹색, 강조 6
- 넷째 수준 : 속이 찬 둥근 글머리 기호, 색 : 회색, 강조 3

09 2번 슬라이드에서 편집 내용이 잘 적용되었는지 확인합니다.

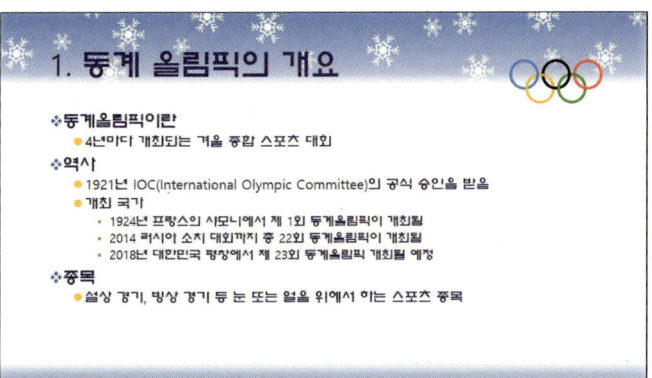

 강의노트

[글머리 기호 및 번호 매기기] 대화상자에서 기본 목록에 있는 글머리 기호 외에도 [그림] 또는 [사용자 지정]을 클릭하여 그림이나 특수기호를 글머리로 지정할 수 있습니다.

Powerpoint 2 **슬라이드 레이아웃 디자인하기**

슬라이드 레이아웃은 텍스트, 그림, 차트 등과 같이 슬라이드에 표시되는 개체들의 배치를 나타낸 것입니다. 슬라이드 마스터를 사용하여 제목 슬라이드 레이아웃을 비롯한 다양한 레이아웃을 디자인 해 보고, 필요에 따라 새로운 레이아웃을 추가하거나 삭제하는 방법을 살펴봅니다.

직접 해보기   **제목 슬라이드 레이아웃 디자인하기**

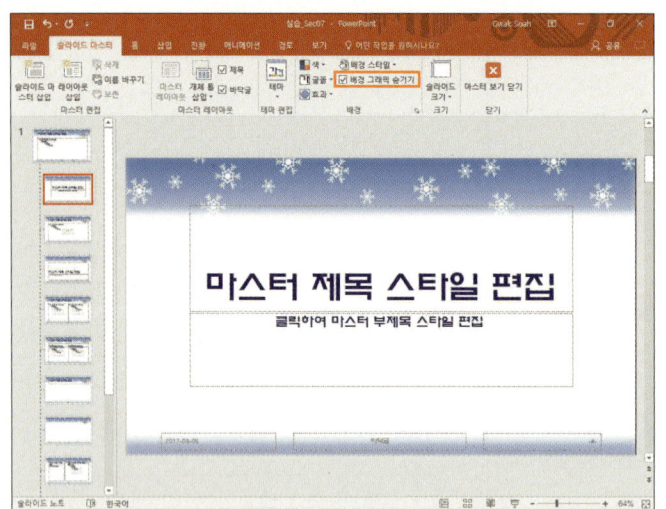

01 슬라이드 마스터 화면으로 전환하고 내비게이터에서 제목 슬라이드 레이아웃을 선택합니다. 제목 슬라이드의 배경 그림을 변경하기 위해 [슬라이드 마스터] – [배경]에서 [배경 그래픽 숨기기]에 체크합니다. 그러면 슬라이드 마스터에서 삽입했던 그림이 사라집니다.

강의노트

슬라이드 마스터와는 달리 제목 슬라이드에서 편집한 내용은 제목 슬라이드에만 적용됩니다.

02 이어서 [배경 스타일]( )을 클릭하고 [배경 서식]을 클릭합니다. 화면 오른쪽에 [배경 서식] 대화상자가 열리면 [채우기] – [파일]을 클릭합니다.

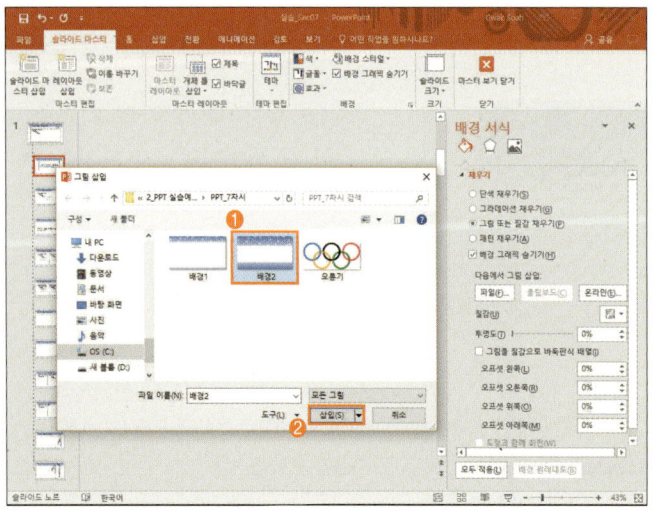

03 [그림 삽입] 대화상자가 열리면 실습예제 폴더에서 '배경2.jpg'를 클릭한 후 [삽입]을 클릭합니다.

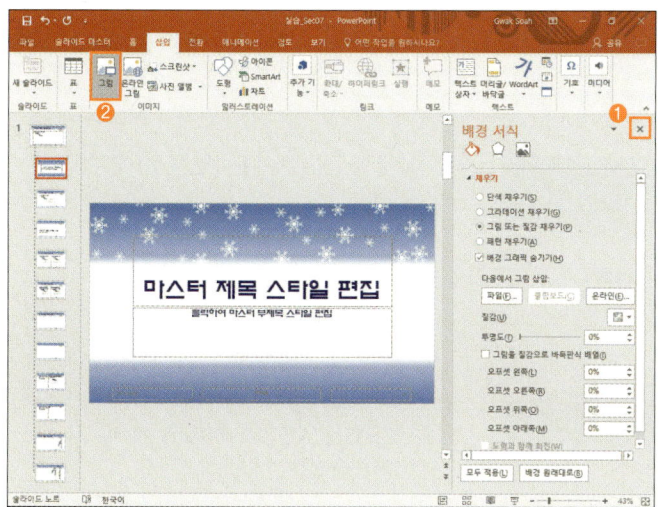

04 제목 슬라이드 레이아웃의 배경이 변경되면 화면의 오른쪽에 있는 [배경 서식] 대화상자의 닫기(×)를 클릭합니다. 그리고 [삽입] − [이미지]에서 [그림]( )을 합니다.

제목 슬라이드 레이아웃의 배경 이미지를 다른 슬라이드 레이아웃에도 적용하기 위해서는 [배경 서식] 대화상자의 아래쪽에 있는 [모두 적용]을 클릭합니다.

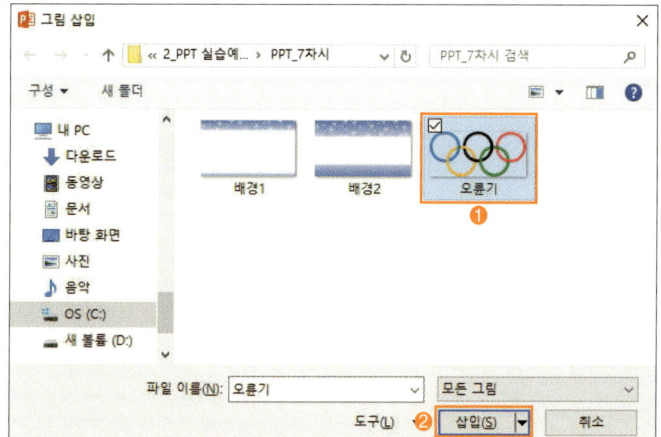

05 [그림 삽입] 대화상자가 열리면 실습예제 폴더에서 '오륜기.jpg'를 클릭하고 [삽입]을 클릭합니다.

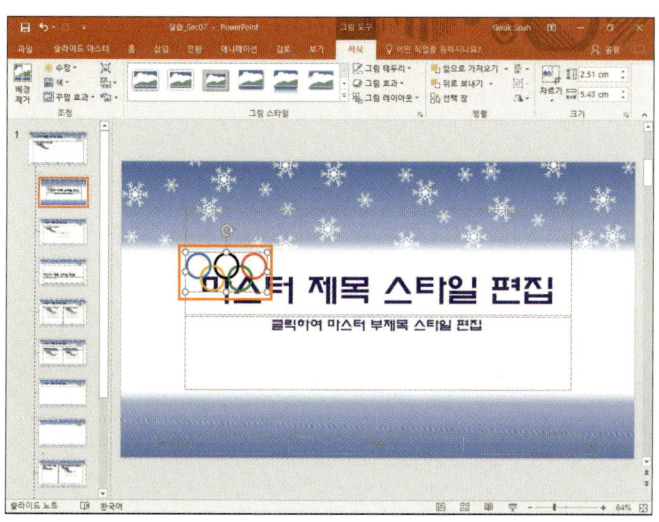

06 새로 삽입된 오륜기의 크기를 적절히 조절하고 제목 개체 틀의 왼쪽에 배치합니다. 그러면 제목 슬라이드 레이아웃에만 오륜기가 다르게 표시됩니다.

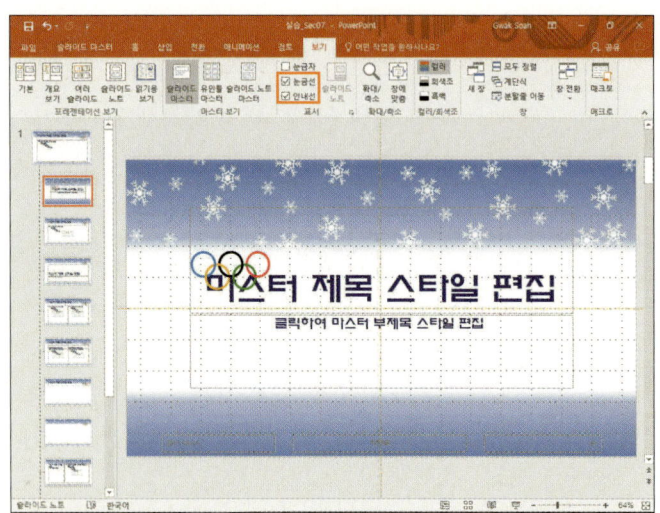

 이번에는 제목 개체 틀과 부제목 개체 틀의 크기와 위치를 변경하려고 합니다. 먼저 [보기] – [표시]에서 [눈금선]과 [안내선]에 체크를 합니다.

강의노트

눈금선은 슬라이드에 일정하게 배치되는 점입니다. 안내선은 눈금선과는 달리 빨간색 점선입니다. 눈금선과 안내선을 사용하면 개체의 크기와 위치를 쉽게 만출 수 있습니다.

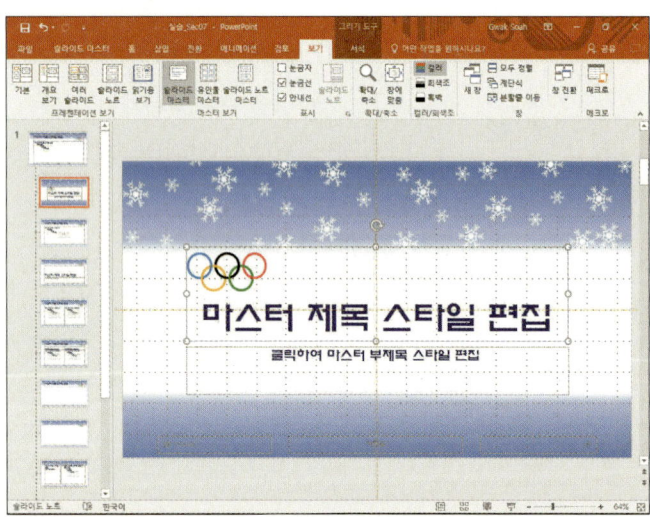

08 슬라이드 위에 눈금선과 안내선을 참고하여 제목 개체 틀과 부제목 개체 틀의 크기와 위치를 적절히 조절합니다.

09 [보기] – [표시]의 [눈금선]과 [안내선]에서 각각 체크를 해제합니다.

강의노트

눈금선은 단축키 Shift + F9 를, 안내선 은 단축키 Alt + F9 를 눌러서 표시하거나 숨길 수 있습니다.

직접 해보기   레이아웃 추가 및 삭제하기

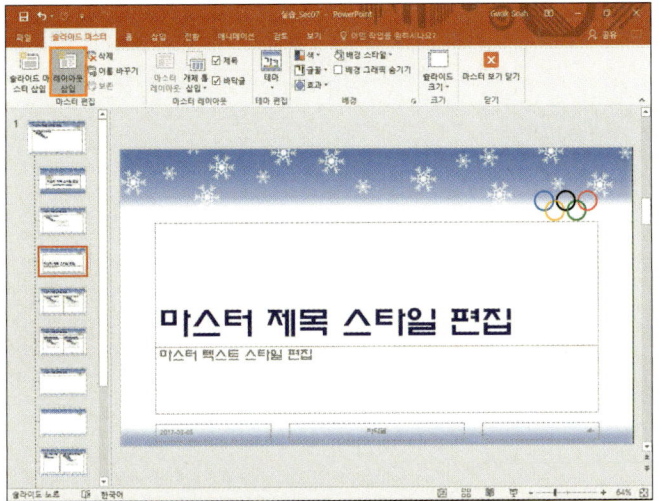

01 내비게이터에서 구역 머리글 레이아웃을 선택합니다. 새로운 레이아웃을 추가하기 위해 [슬라이드 마스터] – [마스터 편집]에서 [레이아웃 삽입]()을 클릭합니다.

📖 강의노트

파워포인트 2016에서는 기본적으로 11종의 레이아웃이 제공됩니다. 필요에 따라 새로운 레이아웃을 추가하거나 삭제할 수 있습니다.

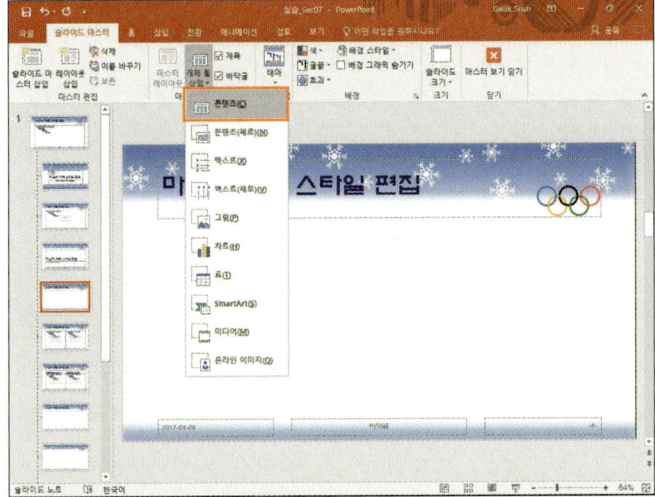

02 [슬라이드 마스터] – [마스터 레이아웃]에서 [개체 틀 삽입]( )을 클릭하고 [콘텐츠]를 클릭합니다.

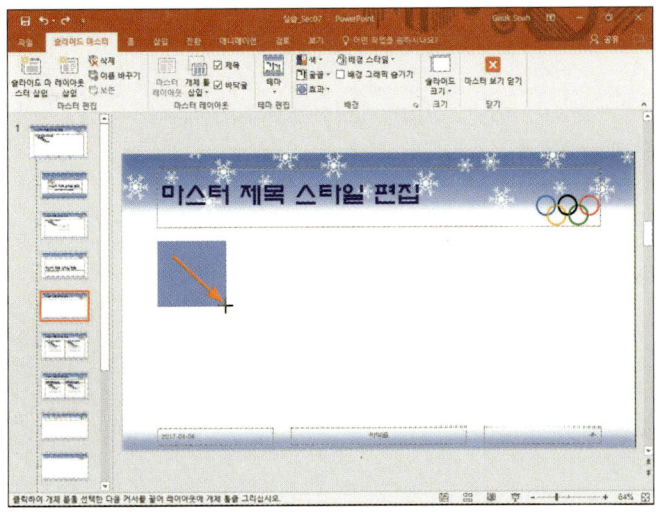

03 마우스 포인터가 (+) 모양으로 변경되면 마우스를 대각선으로 드래그하여 콘텐츠 개체 틀을 삽입합니다. 그리고 크기와 위치를 적절히 조절하여 슬라이드의 왼쪽에 배치합니다.

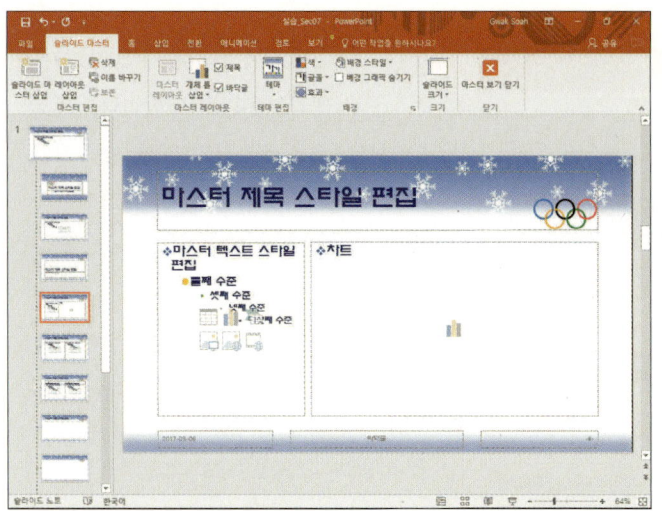

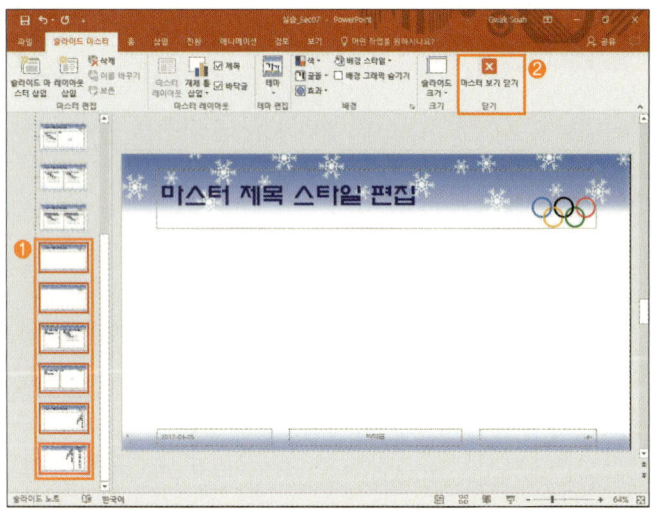

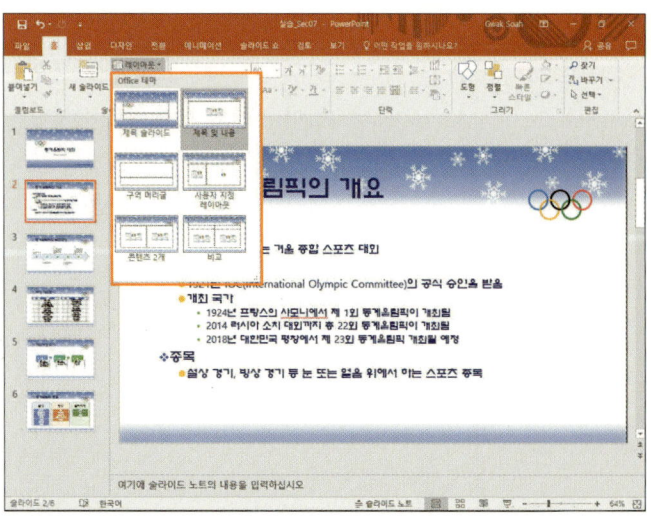

04 같은 방법으로 차트 개체 틀을 삽입하고 슬라이드의 오른쪽에 배치합니다.

 강의노트

새로 추가한 레이아웃에 이름을 지정하려면 [슬라이드 마스터] – [마스터 편집]에서 [이름 바꾸기]를 클릭하고 [레이아웃 이름 바꾸기] 대화상자를 열어 새로운 이름을 입력합니다.

05 이번에는 필요 없는 레이아웃을 삭제하려고 합니다. 내비게이터에서 [제목만 레이아웃]을 선택하고 Shift 를 누른 상태에서 [세로 제목 및 텍스트 레이아웃]을 클릭하여 여섯 개의 슬라이드를 모두 선택하고 Delete 를 눌러 삭제합니다. 그리고 [슬라이드 마스터] – [닫기]에서 [마스터 보기 닫기] (x)를 클릭하여 기본 보기 화면으로 전환합니다.

06 [홈] – [슬라이드]에서 [레이아웃](□)을 클릭하고 현재 테마의 레이아웃을 확인합니다.

직접 해보기 바닥글 삽입하기

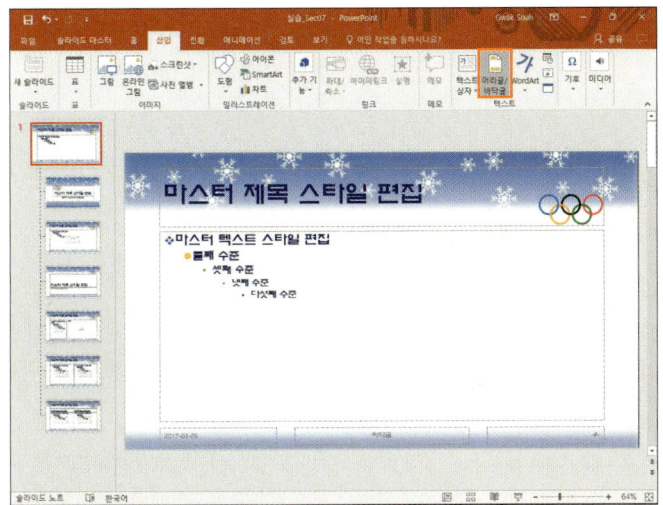

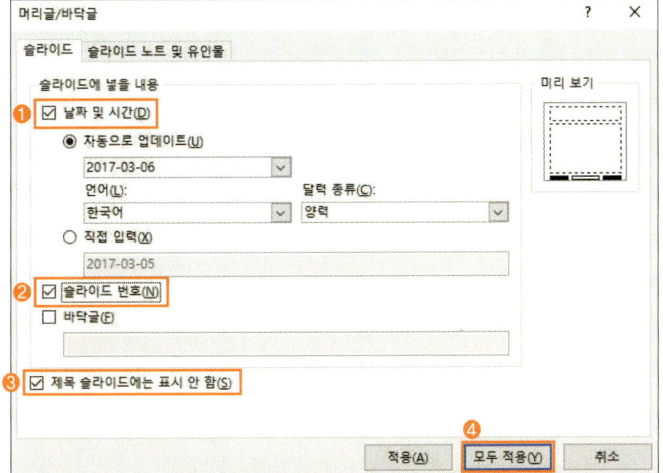

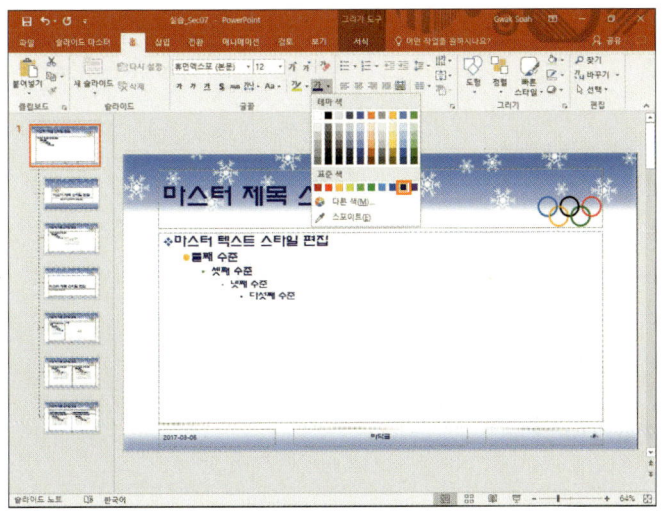

01 다시 슬라이드 마스터 화면으로 전환하고, 내비게이터에서 슬라이드 마스터를 클릭합니다. 바닥글을 삽입하기 위해 [삽입] – [텍스트]에서 [머리글/바닥글]을 클릭합니다.

강의노트

머리글 및 바닥글이란 슬라이드의 위쪽 또는 아래쪽에 있는 간략한 세부 정보를 의미합니다. 슬라이드 번호, 텍스트 바닥글, 날짜 등이 이에 해당합니다. 머리글 및 바닥글은 테마와 슬라이드 레이아웃에 따라 다양한 위치에 표시됩니다.

02 [머리글/바닥글] 대화상자가 열리면 [슬라이드] 탭에서 [날짜 및 시간], [슬라이드 번호], [제목 슬라이드에는 표시 안 함]에 각각 체크하고 [모두 적용]을 클릭합니다. 그러면 제목 슬라이드를 제외한 모든 슬라이드에 바닥글이 삽입됩니다.

03 Shift 를 누른 상태에서 슬라이드 마스터의 바닥글을 차례대로 클릭하여 모두 선택합니다. 그리고 [홈] – [글꼴]에서 [글꼴 색](가 ▼)의 목록 단추를 클릭하고 [진한 파랑]을 클릭합니다.

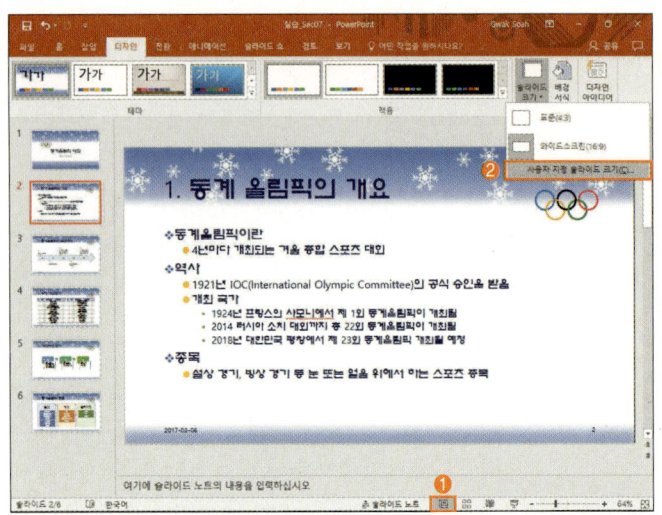

상태 표시줄에서 [기본 보기] (▣) 단추를 클릭하여 기본 보기 화면으로 전환하여 바닥글을 확인합니다. 2번 슬라이드부터 슬라이드 번호를 '1'부터 차례대로 표시하기 위해 [디자인] – [사용자 지정]에서 [슬라이드 크기](▢)를 클릭하고 [사용자 지정 슬라이드 크기]를 클릭합니다.

강의노트

2번 슬라이드의 바닥글을 보면 슬라이드 번호가 '2'로 표시된 것을 확인할 수 있습니다.

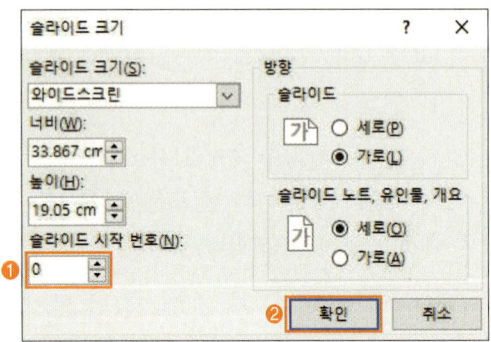

05 [슬라이드 크기] 대화상자가 열리면 [슬라이드 시작 번호]에 '0'을 입력하고 [확인]을 클릭합니다.

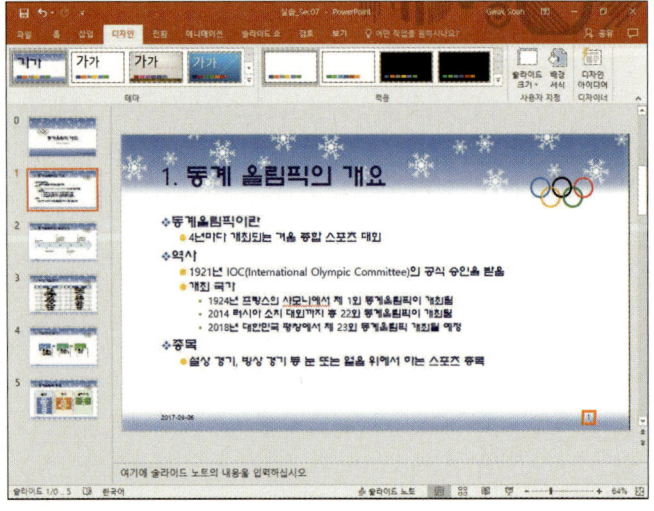

06 그러면 2번 슬라이드에서 슬라이드 번호가 1부터 시작됩니다.

Powerpoint 3   테마 저장하고 사용하기

슬라이드 마스터에서 편집한 내용은 새로운 테마로 저장하고, 다른 문서에서 사용할 수 있습니다. 사용자 지정 테마를 저장하고, 사용자 지정 테마를 적용하여 새로운 문서를 시작하는 방법을 학습합니다.

직접 해보기   **테마 저장하기**

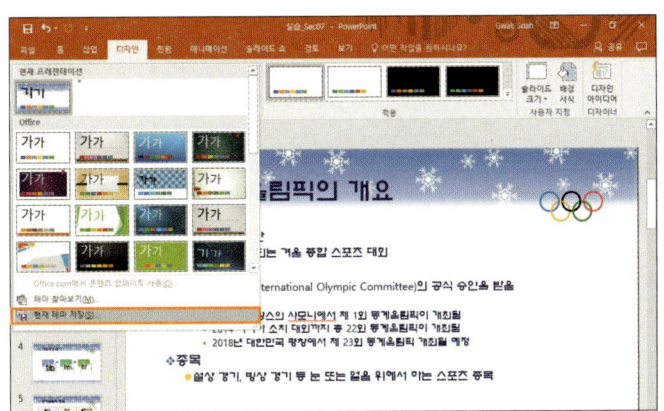

O1 슬라이드 마스터에서 편집한 디자인은 새로운 테마로 저장하여 다른 문서에서 사용할 수 있습니다. 먼저, 지금까지 편집한 슬라이드 디자인을 새 테마로 저장해 보겠습니다. [디자인] – [테마]에서 자세히 단추(▾)를 클릭하고 [현재 테마 저장]을 클릭합니다.

O2 [현재 테마 저장] 대화상자가 열리면 [파일 이름]에 "겨울, 올림픽, 눈"을 입력하고 [저장]을 클릭합니다. 그러면 현재 문서의 슬라이드 마스터, 테마 글꼴, 테마 색이 저장됩니다.

O3 [디자인] – [테마]에서 자세히 단추(▾)를 클릭하고 [사용자 지정]에서 새로 저장된 [겨울, 올림픽, 눈] 테마를 확인합니다.

직접 해보기 암호 지정해서 저장하기

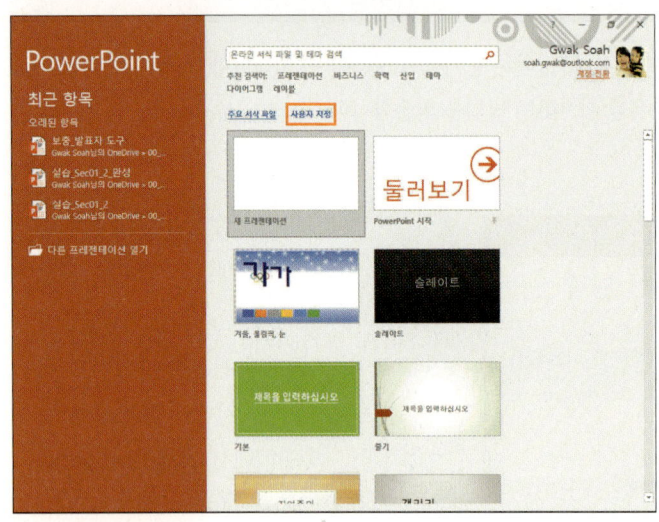

01 파워포인트에서 새 문서를 시작합니다. [새로 만들기]에서 [사용자 지정]을 클릭합니다.

📖 강의노트

다른 문서에서 사용자 지정 테마를 적용하기 위해서는 [디자인] – [테마]에서 자세히 단추()를 클릭하고 [사용자 지정]에서 원하는 테마를 선택합니다.

02 사용자 지정 목록에서 [겨울, 올림픽, 눈]을 클릭합니다.

03 [겨울, 올림픽, 눈] 테마의 [만들기]를 클릭합니다. [겨울, 올림픽, 눈] 테마로 새 프레젠테이션이 시작되면 문서를 작성합니다.

 **서식 파일로 저장하기**

슬라이드 마스터로 디자인한 슬라이드는 서식 파일로 저장하고, 저장한 서식은 다른 문서에서 사용할 수 있습니다.

▶ 서식 파일로 저장하기

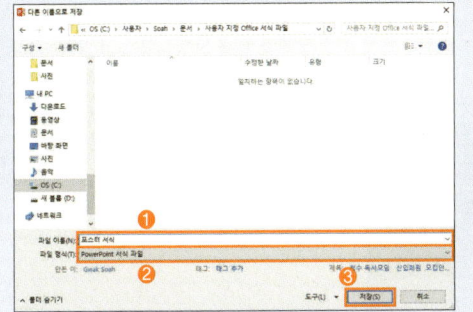

▶ 서식파일 사용하기

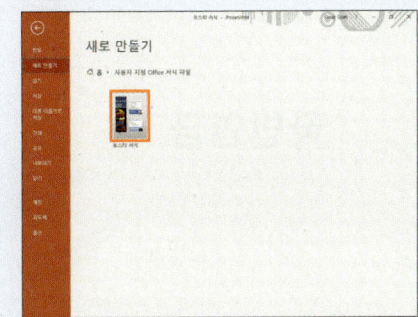

[다른 이름으로 저장] 대화상자에서 [파일 이름]에 서식 이름을 입력하고 [파일 형식]을 'PowerPoint 서식 파일'로 변경한 후 [저장]을 클릭합니다.

파워포인트를 시작하고 [새로 만들기] 화면에서 [사용자 지정] - [사용자 지정 Office 서식 파일]을 클릭하고 '포스터 서식'을 클릭합니다.

 정리 한마당

- 슬라이드 마스터를 사용하여 한 번에 여러 슬라이드를 디자인하고, 테마 및 레이아웃 정보를 설정할 수 있습니다.
- [슬라이드 마스터] - [배경] - [배경 스타일]을 클릭하여 [배경 서식] 대화상자를 열고 배경의 서식을 설정합니다.
- 테마 글꼴은 파워포인트에서 텍스트를 입력할 때 기본적으로 적용되는 글꼴입니다. [슬라이드 마스터] - [배경] - [글꼴] - [글꼴 사용자 지정]을 클릭하여 설정합니다.
- [삽입] - [텍스트] - [머리글/바닥글]을 클릭하여 슬라이드 하단에 날짜 및 시간, 슬라이드 번호 등을 표시합니다.
- 슬라이드 마스터에서 편집한 내용은 [디자인] - [테마]에서 자세히 단추와 [현재 테마 저장]을 차례대로 클릭하여 사용자 지정 테마로 저장합니다.

기초 문제

1 '기초_Sec07.pptx' 파일을 열고 다음 지시대로 슬라이드 마스터를 작성하여 문서에 적용하세요.

- 배경 : 실습예제 폴더에서 '배경_선인 장.jpg'를 삽입하고 투명도 75%로 설정
- 테마 글꼴 : 한글 제목 글꼴(맑은 고딕), 한글 본문 글꼴(맑은 고딕 Semilight)
- 글머리 기호 : 첫 째 수준(◆), 둘째 수준(■), 셋째 수준(●), 넷째 수준(●)

▲ 완성파일 : 기초_Sec07_1_완성.pptx

2 앞의 문서에 이어서 다음과 지시대로 제목 슬라이드 레이아웃 작성하여 문서에 적용하세요.

국민연금의 특징

◆모든 국민이 대상
  ■ 의무적으로 가입
  ■ 국민연금 수혜
◆소득 재분배로 사회 통합에 기여
  ■ 세대내 소득 재분배
  ■ 세대간 소득 재분배
◆노령연금, 장애연금, 유족연금 등 다양한 혜택
◆물가 반영한 연금액 수령

- 배경 : 실습예제 폴더에서 '배경_선인 장.jpg'를 삽입하고 투명도 0%로 설정
- 레이아웃 편집 : 제목 개체 틀과 부제목 개체 틀의 너비를 줄여서 슬라이드의 왼쪽에 배치
  (단, 눈금선과 안내선을 표시하여 편집)
- 글꼴 서식 : 부제목 개체 틀의 글꼴 색 상을 녹색, 강조 6, 50% 더 어둡게

▲ 완성파일 : 기초_Sec07_2_완성.pptx

힌트 • 레이아웃 편집하기 : 다음 그림과 같이 눈금선, 안내선을 참고하 여 제목 및 부제목 개체 틀의 너비를 편집합니다.

심화 문제

1 '심화_Sec07.pptx' 파일을 열고 다음 지시대로 슬라이드 마스터를 작성하세요.

▲ 완성파일 : 심화_Sec07_1_완성.pptx

- 로고 삽입 : 실습예제 폴더에서 '로고.jpg'를 모든 슬라이드의 바닥글 위치에 삽입
  (단, 제목 슬라이드와 구역 머리글 레이아웃에는 로고를 크게 표시)
- 바닥글 : 현재 날짜, 슬라이드 번호 표시(단, 2번 슬라이드부터 슬라이드 번호 시작)
- 새 레이아웃 삽입 : 제목 및 내용 개체 틀을 슬라이드의 왼쪽에 배치하고 배경을 '검정'색으로 채우기

2 앞의 문서에 이어서 다음 지시대로 문서를 작성하세요.

▶ 제목 슬라이드 적용 ▶ 사용자 지정 레이아웃 적용 ▶ 제목 및 내용 레이아웃 적용

▲ 완성파일 : 심화_Sec07_1_완성.pptx

1) 테마 저장 : 앞에서 편집한 슬라이드 마스터를 '요리' 테마로 저장
2) '심화_Sec07_2.pptx' 파일을 열고 '요리' 테마를 적용하여 문서를 작성

힌트 • 사용자 지정 레이아웃으로 변경하기 : 2번 슬라이드의 레이아웃을 사용자 지정 레이아웃으로 변경하기 위해
[홈] – [슬라이드] – [레이아웃]을 클릭하고 [사용자 지정 레이아웃] – [요리]를 클릭합니다.

OKOKOK알찬 예제로 배우는
Excel 2016 + Powerpoint 2016

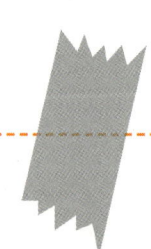

2017년 7월 20일 초판 1쇄 인쇄
2017년 7월 30일 초판 1쇄 발행

지은이 : 곽소아
펴낸이 : 양진오
펴낸곳 : (주)교학사
주   소 : (공장) 서울특별시 금천구 가산디지털1로 42 (가산동)
　　　　　(사무소) 서울특별시 마포구 마포대로14길 4 (공덕동)
전   화 : 02-707-5314(편집), 02-839-2505, 02-707-5147(영업)
팩   스 : 02-707-5316(편집), 02-839-2728(영업)
등   록 : 1962년 6월 26일 〈18-7〉

교학사 홈페이지 주소
http://www.kyohak.co.kr